普通院校金融理财系列教材
金融理财师（AFP）资格认证培训教材
上海市普通高校优秀教材奖
中国大学出版社协会优秀教材奖

FINANCIAL PLANNING STUDY

金融理财学

（第三版）

艾正家·主编　殷林森　伦晓波·副主编

复旦大学出版社

内容提要

本次修订后的《金融理财学》(第三版)在知识结构体系上设置了四大板块:一是介绍金融理财工具与产品及其风险收益特征和运用策略;二是研究金融理财技术理论;三是讨论金融理财产品的设计、开发与营销;四是阐述金融理财市场的发展、创新与监管。较第二版,本版的金融理论知识体系更完整、结构更合理、内容更丰富。

本书可以作为高等院校金融学专业(金融理财方向)本科学生的教材,也可作为从事金融理财规划职业的从业人员、干部培训、金融理财爱好者自学的学习参考读物。特别是,本书对银行业、证券业、保险业等金融行业的从业人员资格考试和CFA、CFP等专业证书考试有较好的辅导助考作用。

总　序

随着我国经济的快速发展,居民个人财富日益增长,中等收入的居民和家庭数量不断增加。在满足基本生活之后,如何安排子女教育、住房、社会医疗和退休保障,加强家庭财产风险管理,是摆在人们面前的一系列现实问题。近几年,金融市场迅猛发展,呈现出金融产品多样化、投资决策复杂化、家庭理财综合化的特点。人们的理财意识不断增强,依靠专业人士对家庭进行综合理财筹划的需求也日益高涨。

2004年9月,中国金融教育发展基金会金融理财标准委员会成立,并加入国际金融理财标准委员会(FPSB),获得授权在大陆独家开展国际金融理财的黄金标准——CFP(是 certified financial planner 的首个字母缩写,意为国际金融理财师)资格认证工作,积极推广 CFP 资格认证培训。

CFP 资格认证培训结合中国本土特点,秉承注重专业、侧重实务的原则,专注于为国内私人银行、财富管理、金融理财、零售银行等专业人士进行金融培训,赢得了国内主流金融机构的高度认可及海内外业界人士的广泛赞誉。国内各大银行、保险公司、证券公司、基金公司等机构积极开展 CFP 资格认证培训,加大理财师队伍的培养和建设。

国外金融理财业的迅速发展引起了教育界的关注,金融理财已经成为一门新兴的学科。在美国,多所高等教育机构培养了金融理财研究生,有几所大学还设立了金融理财的博士学位。但在国内高校金融学科教学科研中,对金融理财方面的研究还不够。

2006年,上海金融学院获中国金融教育发展基金会金融理财标准委员会授权,开始进行金融理财师的培训。该院依托学校金融学科的综合优势,在金融理财方面的教学实践过程中,已经初步形成以培养应用型人才为目标的金融理财教学特色,为金融理财学科的建设奠定了基础。

上海金融学院在上海市教委的大力支持下,获得了上海市教委高水平特色项目——金融理财中心建设。该项目建设任务之一是在金融学专业下新设金融理财方向。围绕这个新型专业方向的设立,需要建立相应的课程体系。学院在总结以往教材建设的基础上,结合应用型本科教育的经验,借鉴国内外的先进理念和做法,组织了长期在教学一线的教师,经过反复研究、讨论,推出了这套具有金融理财特色的系列教材,包括《金融理财学》《税务筹划》《保险理财学》《金融理财分析与技巧》《金融投资实务》和《金融理财规划》。

这套教材作为"金融理财中心"项目建设的标志性成果,具有鲜明的特点。一是超前性。吸收了西方发达国家金融理财的理论和方法,对我国的理财实践具有一定的借鉴意义。二是创新性。教材的理论结构和内容体系思路新颖,体例独特。三是应用性。充分体现了应用型本科教学和金融理财专业的方向特色,将基础知识、专业理论和理财实践融为一体,注重基础与专业的结合及理论与实践的结合,培养学生的专业技能和综合素质。

金融理财这个新型专业方向在上海金融学院的创建,丰富了该学院金融学的学科体系,有力地推动了金融理财的教学和研究工作,有利于培养金融理财专业人才,以更好地满足日益增长的理财需求。

我们期待着这套教材早日出版。

蔡重直

2009 年 12 月

第三版出版说明

自2013年7月《金融理财学》第二版出版已经8年过去了。8年来,我国金融理财市场发展和创新突飞猛进,金融理财行业已经和正在发生前所未有的深刻变化,突出反映在两个方面:一是构建起了金融理财市场规范发展和监管的新架构,标志性事件是央行、银保监会、证监会、外汇局联合在2018年4月27日发布《关于规范金融机构资产管理业务的指导意见》("资管新规")以及银保监会在2018年9月26日发布《商业银行理财业务监督管理办法》("银行理财新规");二是资本市场的改革在深水区持续、稳步推进,主要体现在继推出科创板后注册制改革全面铺开、退市制度不断完善、多层次资本市场体系建设和资本市场对外开放持续推进、投资者结构日益优化等,我国金融理财市场展现出了全新的发展生态和良好变局。因此,高校教材理应根据实践发展和变化的新情况、新特点,在知识内容和结构体系上作出与时俱进的调整和优化,以不断推进学科建设和课程建设。正是基于这样的考虑,我们决定对《金融理财学》进行再一次修订并推出第三版。

第三版有以下特点:一是根据金融理财工具与产品知识链的内在逻辑联系,将第二版第十章中各个理财工具与产品的理财策略分别分拆、归并至从第三章到第七章的对应理财工具与产品的介绍中。由于第三章至第七章相应增加了各个理财工具与产品的理财策略,相关章节的复习思考题做了增加和调整。二是鉴于在第五章中有关于金融期权的系统介绍,在股权分置改革中大股东作为换取流通权的对价补偿方式而发行的权证业已到期退出市场,因此删除了第二版第四章中的第四节和第八章中的第三节的"四、权证的价值评价"及第十章第二节中的"四、权证投资策略",同时依据贴近市场实践的要求,增加了融资融券交易策略,改写了股票投资策略。三是为了全面反映改革开放以来我国金融理财市场发展、创新的过程和监管的演进,同时也为了填补和丰富《金融理财学》第二版的内容,进一步完善知识体系,新增编写了第十一章"金融理财市场的发展、创新与监管",包括金融理财市场的发展和创新、金融理财市场的监管、金融理财从业人员职业道德与职业操守等三节内容。四是对第二版教材中过时与陈旧的数据与案例做了更新。

本次修订后的《金融理财学》第三版在知识结构体系上设置了四大板块:一是介绍金融理财工具与产品及其风险收益特征和运用策略;二是研究金融理财技术理论;三是讨论金融理财产品的设计、开发与营销;四是阐述金融理财市场的发展、创新与监管。因此,全书安排了十一章内容,分别是第一章"绪论"、第二章"资金时间价值"、第三章"货币市场理财工具与产品"、第四章"资本市场理财工具与产品"、第五章"金融衍生品市场理财工具与产品"、

第六章"个人及家庭理财工具与产品"、第七章"其他理财市场理财工具与产品"、第八章"金融理财主要工具与产品价值评价"、第九章"现代金融理财技术理论"、第十章"金融理财产品的设计、开发与营销"、第十一章"金融理财市场的发展、创新与监管"。

《金融理财学》第三版由艾正家担任主编,上海立信会计金融学院教授殷林森博士和副教授伦晓波博士担任副主编,艾正家负责前两项内容的修订和编写,伦晓波编写了第十一章"金融理财市场的发展、创新与监管",并对第二版教材中过时与陈旧的数据和案例做了更新。

本次《金融理财学》的修订和出版得到了复旦大学出版社王联合先生的精心指导和大力支持,在此深表感谢!

由于我们的能力、水平有限,第三版《金融理财学》一定存在不少遗漏、错误之处,期待业内专家、读者斧正。

艾正家

2021 年 6 月

第二版出版说明

承蒙各位读者、各教材使用单位的厚爱,《金融理财学》自 2010 年 3 月第一版出版以来,发行较为顺利,并先后于 2011 年 11 月和 2011 年 12 月分别获得上海市 2011 年普通高校优秀教材二等奖及中国大学出版社协会主办的中国大学出版社第二届优秀图书奖优秀教材二等奖。但是,近年来我国金融理财市场飞速发展,金融理财产品和金融理财工具的创新层出不穷,本教材第一版已暴露出部分知识内容相对陈旧、落后和知识体系不够完整的问题,而且根据近年来参加金融行业各类从业人员资格考试和 CFA、CFP 等专业证书考试的高校学生越来越多的趋势,为了有助于读者参加上述从业人员资格与专业证书考试,本教材的知识点布局与内容结构有必要尽量对接、紧扣金融行业各类从业人员资格和专业证书考试的考纲要求,同时经过征询部分读者、本教材使用单位的意见,我们决定对本教材的体系及内容做出修订并推出第二版。

《金融理财学》第二版的特点表现在:第一,将金融理财学的知识结构体系设置为四大板块,一是介绍金融理财工具与产品,二是阐述金融理财技术理论,三是讨论金融理财策略,四是研究金融理财产品的设计、开发和营销及制作金融理财规划的相关理论与方法,故第二版在第一版已有十章内容的基础上新增了第十一章内容,即"金融理财产品的设计、开发与营销",以系统、全面地阐释金融理财产品的设计、开发与营销及金融理财规划的制作所涉及的理论知识和方法。第二,根据金融理财市场的最新发展并结合最新的金融理财知识与动态信息,对第一版的第一章、第二章、第三章、第四章、第五章、第六章、第七章、第八章、第十章的部分内容进行了修订。第三,按照基本知识点通俗易懂和培养学生国际视野的要求,对第一版的第九章"现代金融理财技术理论"进行了重新编写。第四,尽量结合银行业、证券业、保险业等金融行业的从业人员资格考试和 CFA、CFP 等专业证书考试的考纲要求,采集、组织各章节知识点和修订各章节内容,对读者参加上述从业人员资格考试与专业证书考试具有较好的助考作用。因此,《金融理财学》的第二版较之第一版在金融理财知识的体系上更完整、结构上更合理、内容上更丰富。

《金融理财学》第二版由艾正家担任主编,殷林森担任副主编。艾正家负责本书第一章、第四章、第五章、第八章、第九章、第十章第二节、第三节及第十一章的修订与编写,殷林森负责第二章、第三章、第六章、第七章、第十章第一节、第四节、第五节的修订与编写。《金融理财学》第二版的修订与编写参考了其他相关专业教材、论著对金融理财部分知识点的表述及在金融理财理论研究方面的最新成果,并已将参考的相关教材、论著列于本教材的参考文献中,在此,特向参考文献的编著者致以诚挚的谢意!

  本教材的修订与出版得到了复旦大学出版社王联合先生的悉心指导和鼎力支持,在此特别致谢!

  《金融理财学》的编者期待通过本次修订能进一步推动金融理财学科的发展。但限于修订时间及编者的能力、水平,本教材的二版内容一定存在不少错漏之处,敬请各位读者斧正。

艾正家
2013 年 6 月

第一版出版说明

改革开放以来,我国经济创造了连续三十多年高速增长的神话和奇迹,社会财富总量不断增加,人们的可支配收入和财产也同步、显著增长,特别是党的十七大提出增加和扩大居民财产性收入,并以此作为促进经济持续和稳定增长的战略性措施。人们对现有财富和资产的积累、保值与增值的强烈期望催生了一个需求不断上升和潜在需求巨大的金融理财市场,而且在银行、证券、信托、保险等金融经营服务机构变革传统商业模式和盈利模式的巨大内生力量助推下,不断创新中的金融理财工具与产品在谱系上日臻完善、内容上日趋丰富,各类金融理财市场得到了快速发展,标志着我国进入了一个全新的财富管理时代,金融理财业应该以使命般的热情积极回应这一重大历史性机遇。

与此同时,我们注意到目前熟悉各类金融理财产品风险收益特性与金融理财产品研发技术、掌握客户风险收益偏好和金融理财综合解决方案设计技能、懂得金融理财规划与综合金融理财报告编制技巧、能够开展各类金融理财工具与产品风险收益特征分析及金融投资理财决策的专业金融理财人员严重紧缺,已经成为影响金融理财业和金融理财市场发展的主要制约因素。因此,如何培养适合市场需求的专业金融理财人员成为各经济金融类高校的重要课题。编写一本符合大学需要的金融理财学教材也自然成为金融学(金融理财方向)学科和专业建设面临的急迫任务。面对市场上种类繁多的金融理财方面的专著和教科书,如何编写一本具有自身特色,同时又符合金融学专业(金融理财方向)学生特点的金融理财学教材,已然成为一个不小的挑战。有鉴于此,我们在参考和借鉴现有教材的基础上,本着力求在体系和内容上有所创新的想法编写了这本呈现在读者面前的《金融理财学》。

本书有五大特点。

第一,力争在知识内容与体系上达到更宽的覆盖效果,拓展和延伸金融理财学科基础理论知识边界。目前面世的金融理财方面的专著和教科书要么只关注个人与家庭理财,要么就是只涉及资本市场与金融衍生品市场主要投资工具的金融投资学或证券投资学。我们试图在反映金融理财的内容和体系上力争融合以上专著和教科书各自的特点,提供一本在理论知识体系上比较完整的金融理财学教材,使读者既能了解各个金融理财市场的主要理财工具与产品的特性和价值评价方法,能够进行独立的金融理财投资决策,又能像金融理财规划师那样可以针对风险收益偏好不同的客户,提供不同的金融理财产品与资产配置组合。

第二,在章节关系上,注重从简单的金融理财工具与产品逐步过渡到较复杂的工具与产品,从各类金融理财市场的理财工具与产品特性深入到各工具与产品的价值评价,从各类理财工具与产品过渡至个人与家庭理财,力争在章节内容安排和布局上反映、展示金融理财知识内生的梯度层次与逻辑联系的紧密性。

第三,注意跟踪金融理财市场的最新发展。一方面系统地介绍现有的主要金融工具与产品,另一方面根据最新的市场数据资料反映金融理财市场以及相关金融理财工具与产品创新的发展动态,以增强知识的前瞻性,使学生尽可能在学习基本理论知识的基础上贴近和接触金融理财行业发展与相关理论研究的前沿。

第四,力争较完整地在宏观上把握金融理财学的基础知识结构,提供宽口径的知识面,为学生进一步深入、系统地学习金融理财规划、金融理财分析技术与技巧、金融理财综合实验等后期课程与知识奠定良好基础。

第五,力求在专业特色鲜明的基础上浅显易懂地系统讲解金融理财知识,既有利于金融学专业(金融理财方向)的大学生和实践者系统地了解金融理财学科的知识,也可为初学者提供通俗的金融理财读本,为未来理财打下知识基础。

本书在结构体系上设置了三大板块:一是介绍金融理财工具与产品;二是阐述金融理财技术理论;三是讨论金融理财策略。依此思路,全书安排和布局了十章内容。

第一章"绪论",主要介绍金融理财的含义、内容、作用、一般过程和树立科学、理性的金融理财理念的重要性。重点是正确理解金融理财的含义,了解金融理财的一般过程,掌握树立科学、理性的金融理财理念的重要性和科学、理性的金融理财理念的基本内容。

第二章"资金时间价值",主要介绍资金时间价值的含义及其计算方法,这是金融理财财务预算和金融理财财务分析的重要基础知识。

第三章"货币市场理财工具与产品",主要介绍储蓄、人民币集合理财、信用卡理财、外汇理财、货币市场基金等货币市场常用和主要的理财工具与产品的风险收益特征。货币市场理财工具与产品是金融理财中构建资产组合时风险较低和最基础性的配置工具与产品。

第四章"资本市场理财工具与产品",主要介绍股票、债券、证券投资基金、权证等目前资本市场中主要的投资工具与产品的风险收益特征。这些工具与产品的风险收益波动性显著地高于货币市场理财工具与产品,适合风险偏好型人群在金融理财中进行组合配置。

第五章"金融衍生品市场理财工具与产品",主要介绍金融期货、金融期权、信用交易、可转换公司债券等金融衍生品的风险收益特征。金融衍生品市场的理财工具与产品具有极高的风险收益波动性,适合于风险偏好者进行高杠杆组合配置,也可满足套期保值者的需要。

第六章"个人与家庭理财工具与产品",涉及房地产投资与居住规划、教育与培训规划、保险理财、个人税收筹划、退休规划等,涵盖了个人与家庭理财中常见的主要工具与产品,是金融理财的基础性内容之一。

第七章"其他理财市场理财工具与产品",包括黄金、艺术品、邮币卡等,是金融理财市场工具与产品的重要补充。

第八章"金融理财主要工具与产品价值评价",主要介绍股票、债券、证券投资基金、权证、金融期货、金融期权、可转换公司债券等核心和基础的金融理财工具与产品的估值和定价模型。掌握金融理财工具与产品的估值和定价方法是投资理财者理性、科学理财的基础。

第九章"现代金融理财技术理论",主要介绍投资组合理论、资本资产定价模型、套利定价理论和指数模型。从投资组合的基本概念入手,并以理财产品和资产的收益与风险定量分析为主线,讨论理财产品和资产优化组合如何确定及其均衡价格如何形成等问题。

第十章"金融理财策略",涉及货币市场、资本市场、衍生品市场、个人与家庭、其他理财市场的投资与理财的策略分析,是金融理财最重要的内容之一。

本书由艾正家主编,殷林森副主编,艾正家负责写作大纲的设计和全书的总纂。各章节编写分工如下:艾正家负责第一章、第四章、第五章、第八章、第九章和第十章第二节、第三节的编写;殷林森负责第二章、第三章、第六章、第七章和第十章第一节、第四节、第五节的编写。编写过程中,参考了目前金融理财、金融投资、证券投资等方面的相关资料、文章和书籍,采用了其中的合理之处和部分研究成果,并将其列于本书参考文献中,在此,向提供了前期成果的参考文献编著者们表示诚挚的谢意!

本书可作为高等院校金融学专业(金融理财方向)本科生的教材,也可作为金融理财规划职业的从业人员、干部培训、金融理财爱好者自学的参考读物。

金融理财学是金融学中正在发展和壮大的新兴学科分支。由于我们的认识能力和知识水平有限,本书一定存在不少疏漏和错误之处,敬请各位专家、读者斧正。

艾正家

2009 年 9 月

目 录

第一章 绪论 ... 1
第一节 金融理财的含义 ... 1
第二节 金融理财的内容 ... 6
第三节 金融理财的作用 ... 10
第四节 金融理财的一般过程 ... 12
第五节 树立科学、理性的金融理财理念 ... 14
复习思考题 ... 19

第二章 资金时间价值 ... 20
第一节 资金时间价值的含义 ... 20
第二节 资金时间价值的衡量 ... 21
复习思考题 ... 30

第三章 货币市场理财工具与产品 ... 31
第一节 储蓄 ... 31
第二节 人民币集合理财 ... 41
第三节 信用卡理财 ... 55
第四节 外汇理财 ... 59
第五节 货币市场基金 ... 70
复习思考题 ... 76

第四章 资本市场理财工具与产品 ... 78
第一节 股票 ... 78
第二节 债券 ... 109
第三节 证券投资基金 ... 126
复习思考题 ... 142

第五章 金融衍生品市场理财工具与产品 ... 144
第一节 金融期货 ... 144

第二节　金融期权 177
　　第三节　信用交易 205
　　第四节　可转换公司债券 217
　　复习思考题 228

第六章　个人及家庭理财工具与产品 229
　　第一节　现金规划 229
　　第二节　房地产投资与居住规划 232
　　第三节　教育与培训规划 240
　　第四节　保险理财 246
　　第五节　个人税收筹划 255
　　第六节　退休规划 264
　　第七节　个人与家庭理财策略 270
　　复习思考题 276

第七章　其他理财市场理财工具与产品 278
　　第一节　黄金 278
　　第二节　艺术品 294
　　第三节　邮币卡 302
　　复习思考题 313

第八章　金融理财主要工具与产品价值评价 314
　　第一节　金融理财工具与产品价值评价的特性 314
　　第二节　货币市场理财工具与产品的价值评价 317
　　第三节　资本市场理财工具与产品的价值评价 318
　　第四节　金融衍生品市场理财工具与产品的价值评价 342
　　复习思考题 358

第九章　现代金融理财技术理论 359
　　第一节　投资组合理论 359
　　第二节　资本资产定价模型 394
　　第三节　指数模型 403
　　第四节　套利定价理论 410
　　复习思考题 421

第十章 金融理财产品的设计、开发与营销 ············ 423
第一节 金融理财产品的设计和开发 ············ 423
第二节 金融理财产品的营销 ············ 437
第三节 金融理财规划的制作 ············ 449
复习思考题 ············ 468

第十一章 金融理财市场的发展、创新与监管 ············ 469
第一节 金融理财市场的发展和创新 ············ 469
第二节 金融理财市场的监管 ············ 482
第三节 金融理财从业人员职业道德与职业操守 ············ 492
复习思考题 ············ 496

参考文献 ············ 498

第一章 绪 论

【本章导读】

> 通过本章的学习,准确地理解金融理财的含义,掌握金融理财的分类方法,熟悉金融理财的内容,正确认识金融理财的作用和金融理财的一般过程,懂得树立科学、理性的金融理财理念的要求和内容,为金融理财后续知识的学习奠定基础。

第一节 金融理财的含义

一、什么是理财

在现实生活中,人们不经意间就在亲密接触各种理财活动和理财现象。当人们在证券公司营业部开立证券账户,购买股票、债券和证券投资基金或在银行营业机构购买开放式证券投资基金、记账式国债等各类银行理财产品时是在理财;当人们对本月收入做支出的合理安排、在满足日常生活需要后将剩余收入部分用于购买适合的保险产品,部分存入银行,部分用于孩子音乐修养、礼仪培训等增强技能、提升综合素质的学习时是在理财;当人们到黄金或外汇市场,购买一些用于当期消费目的之外的黄金或外汇时是在理财;当一对新婚夫妇以一次性付款或按揭贷款等不同方式购买一套住房时是在理财;在古玩、艺术品、钱币、邮票、首日封等收藏品市场上,人们购买一些适合、中意的收藏品时是在理财;一个公司或企业用未分配利润采购固定资产、原材料、劳动力、技术、信息等生产经营要素以扩大生产能力和经营规模,对公司或企业的产权所有者和股东来说是在理财;甚至,当年轻学子们为成就未来成为职业经理人的志愿而参加 MBA 的学习计划和各种职业资格培训以提升职业技能和未来生活品质、增加择业自由选择空间时同样是在理财。

尽管现实生活中的理财活动和理财现象林林总总,但从不同的理财活动中仍然可以探析和总结一些带有共性的基本特征:一是理财活动的主体包括国家与政府、公司与企业、个人与家庭;二是理财活动是当期消费的延迟行为;三是理财活动要求理财主体依据收支预算约束,关注在时间跨度上合理安排当期消费结构,根据自身的风险收益偏好选择风险收益特征不同的市场理财工具和产品;四是理财的目的是追求财富与资产的积累、保值和增值,实现预期投资收益与效用满足最大化。

理财活动作为理财主体当期消费的延迟行为理当受到激励,这意味着理财活动应获取一个潜在的正的回报率,以使理财主体未来可以获得更多的财富价值,从而使未来的消费机会大于现在的消费机会。理财主体在理财活动中必然追求理财效应最大化。在一个均衡市场,这个效应最大化的意义是指理财主体的理财活动能够达到无风险利率的预期收益和效用满足,因为无风险利率的预期收益和效用满足是不承担丝毫风险的。一定要追求一个高于无风险利率的预期收益和效用满足则意味着理财主体必须承担额外的风险。

到此,可以给理财下一个定义。理财是指理财主体在延迟当期消费基础上,根据自身收支预算约束和风险收益偏好,选择风险收益特征不同的市场工具与产品,以追求财富与资产的积累、保值、增值并实现预期投资收益与效用满足最大化的活动。

二、什么是金融理财

金融理财是手段最多样、内容最丰富、范围最广泛、管理最复杂的理财活动。

根据理财的定义,所谓金融理财是指理财主体在延迟当期消费基础上,根据自身收支预算约束和风险收益偏好,在金融市场选择风险收益特征不同的金融工具与产品,以追求财富与资产的保值和增值、实现预期投资收益与效用满足最大化的活动。

金融理财有以下六种不同的分类。

(一)根据金融理财主体的不同,金融理财可以分为国家与政府金融理财、公司与企业金融理财、个人与家庭金融理财

国家与政府金融理财是指国家与政府作为理财主体在延迟当期消费的基础上,根据财政收支预算约束、外汇储备资产状况和风险收益偏好,在金融市场选择风险收益特征不同的金融工具与产品,以追求资产的保值和增值、实现预期投资收益与效用满足最大化的活动。国家与政府在履行职能中需要必要的财务支持,国家与政府每年都需要编制财政收入与财政支出预算,根据预期财政收入状况合理安排财政支出。在积极的财政政策实施过程中通常会出现预算赤字,在这种情形下国家需要发行国债填补赤字缺口。在国债发行中,为了降低发行成本和成功募集资金,需要科学判断市场需求,合理确定债券要素,灵活选择发行方式。这些就是政府的金融理财活动。为了实现国有资产的保值和增值,国家与政府可以利用所控制的某些投资机构,比如中投公司、中央汇金公司等主权基金,直接向境内外企业进行股权、债权等形式不同的投资。从国家的经常账户和资本账户的结构及两者之间的关系来看,我国高达3万亿美元的外汇储备实质上是国家放弃当前消费,而以美元形式持有的一种投资品和资产,同时我国从巨额的外汇储备中还拿出1万亿美元购买了美国国债。这些同样表现为国家与政府的金融理财活动。

公司与企业金融理财是指公司与企业作为理财主体在延迟当期消费基础上,根据自身收支预算约束、财务流动性状况和风险收益偏好,在金融市场选择风险收益特征不同的金融工具与产品,以追求资产的积累、保值和增值并实现预期投资收益与效用满足最大化的活动。公司与企业理财是企业经营活动的中心,是扩大企业生产经营规模、提高经营效果和实现企业发展战略的基本手段。公司与企业为了实现财富的聚集膨胀和扩张必须开展一系列资本运作的理财活动,其中金融资本运作是最重要的理财活动形式。金融资本运作是指公司与企业直接以金融市场的工具和产品为对象所进行的理财活动。理财结果表现为有价证券的金融工具和产品形式,目标是追求资本的价值增值。金融资本运作具有资产流动性极高、变现能力较强、所需要的资本额度可大可小、操作风险和收益波动性较大、效果

不稳定等特性。

个人与家庭金融理财是指个人与家庭作为理财主体在延迟当期消费基础上,根据自身收支预算约束和风险收益偏好,在金融市场选择风险收益特征不同的金融工具与产品,以追求财富与资产的积累、保值和增值及实现预期投资收益与效用满足最大化的活动。个人与家庭理财实质上是一种财务规划,需要针对个人在一生不同时期收入、支出状况的变化,制订个人与家庭财务管理的预算规划方案,实现人们在人生各个阶段的需求目标。通过个人与家庭理财,不仅要确保财富的积累和保值,还要达到财富的稳定增值。在个人与家庭理财中,个人可以根据自身风险收益偏好选择保险、储蓄、股票、债券、证券投资基金、黄金、外汇等风险收益特征不同的金融市场工具和产品进行单独或组合配置的投资,实现存量财富与资产的积累、保值和增值,达到未来最大限度的需求效用满足。个人与家庭也可以作为客户来寻求、接受金融理财规划师的援助和建议。作为专业人士的金融理财规划师会根据客户的财富资产状况与风险收益偏好,立足客户的需求与目标,以"帮助客户"为核心理念,采取一整套规范的模式为客户提供全面的财务建议,为客户量身定做一个最适合的综合理财解决方案,以最终满足客户人生不同阶段的财务需求。

就理财主体而言,金融理财学重点讨论和介绍的是公司与企业金融理财和个人与家庭金融理财。

(二) 根据金融理财内涵的不同,金融理财可以分为生活理财、投资理财

生活理财是指金融理财专业人士根据客户的风险收益偏好和财富资产状况,帮助客户设计与其整个生命的生涯事件相关的财务规划,包括房地产投资与居住规划、教育与培训、保险、个人税收筹划、退休规划等各方面。专业理财人士通过向客户提供生活理财服务,帮助客户保障生活品质,即使到年老体弱或收入锐减的时候,也能保持自己所设定的生活水准,最终实现人生的财务自由、自主和自在。

投资理财则是在现有生产经营活动或者基本生活目标得到满足的基础上,理财主体根据自身的风险收益偏好将资本投资于金融市场风险收益特征各异的理财工具和产品,以取得合理回报和实现财富的积累。理财主体在科学、理性理财理念引导下,通过投资理财活动可以在确保资金的安全性和资产的流动性前提下,追求投资的最优回报;或者实现企业资产的累积、生产经营规模的快速扩张、经营业绩的提升并向产权所有者提供优厚的投资收益;或者加速个人与家庭财富的成长,实现最大限度的财务自由,提高生活品质。

(三) 根据金融理财对象的不同,金融理财可以分为货币市场理财、资本市场理财、金融衍生品市场理财、其他理财市场理财

货币市场理财是指理财主体将资金投资于大额存单、短期国债、短期融资券、未到期商业票据、外汇、证券回购、央行票据、短期理财产品等货币市场工具与产品的理财活动。由于货币市场工具与产品通常具有期限短、风险小、流动性强的特征,因此,货币市场理财具有理财风险较小、收益率较低但收益率稳定的特点,是适合风险偏好低的防守型理财主体的理财组合配置。

资本市场理财是指理财主体将资金投资于股票(股权)、中长期债券、证券投资基金、权证等资本市场工具与产品的理财活动。由于资本市场工具与产品通常具有期限较长、风险较大、流动性较差的特征,因此,资本市场理财具有风险较大、收益率较高但收益率波动性较大的特点,是适合有一定风险偏好的理财主体的理财组合配置。

金融衍生品市场理财是指理财主体将资金投资于杠杆性的金融期货、金融期权、可转换公司债券、融资融券交易等金融衍生品市场工具与产品的理财活动。由于金融衍生品市场工具与产品具有杠杆性和产品构造的复杂性,具有风险很大、收益不确定性很高和套期保值对冲现货市场风险的特征,因此,金融衍生品市场理财具有风险极大、收益波动性高的特点,故要求理财主体必须具有很高的风险承受、判别和控制能力,适合于有很强风险偏好的理财主体或套期保值者的理财组合配置。

其他理财市场理财是指理财主体参与黄金、艺术品、邮币卡等理财工具与产品的投资活动。艺术品和邮币卡投资的专业性很强,相关投资品估值十分复杂,需要理财主体具备独特的鉴赏与价值评价技能和独到的投资眼光。从这个意义上讲,邮币卡和艺术品投资绩效的不确定性很高。黄金一向被认为是财富的象征,理财主体可以通过投资实金、黄金期货与期权、金矿股票等方式参与黄金市场的理财活动。投资黄金是较安全的理财方式,特别是投资实金具有明显的保值增值功能,类似于购买了一份财产保险。

(四)根据金融理财方式的不同,金融理财可以分为直接金融理财、间接金融理财

直接金融理财是指理财主体依靠自身的独立判断和经验,将财富和资金直接转化为金融市场风险收益特征不同的各类金融工具和产品,以期实现财富与资产的保值和增值,实现预期投资收益与未来效用满足最大化。比如,个人在证券公司开立证券账户,直接投资股票、债券、基金等;又如,公司与企业独立参与衍生品市场的套期保值活动等。

间接金融理财是指理财主体借助委托理财、集合理财计划方式和金融理财规划师的援助与建议进行理财活动。目前,包括合规证券公司、基金公司、信托公司、保险公司、商业银行等在内的金融中介服务机构为了实现商业模式与盈利模式的创新,都在不断地向社会和金融理财市场提供、推出不同规模的委托理财、集合理财和基金产品,特别是创新性的结构性理财产品。这些委托理财、集合理财和基金产品有不同的风险收益特征,在设计上力求满足金融理财市场不同理财主体的风险收益特性需要。理财主体可以借助这些委托理财、集合理财和基金产品间接参与金融市场理财。同时,目前商业银行、证券公司、信托公司、保险公司及其他金融中介服务机构为了培育业务竞争力优势,十分注意通过理财专员向客户提供高品质的理财服务,根据客户的风险收益偏好量身打造合适的理财综合解决方案,以吸引和有效维护客户资源,特别是高端客户资源。因此,理财主体可以借助各类金融中介服务机构的金融理财规划师和理财专员的服务间接参与金融理财活动。

(五)根据金融理财的工具和产品的收益特点不同,金融理财可以分为固定收益金融理财、变动收益金融理财

固定收益金融理财是指理财主体对名义收益确定的金融理财工具与产品的投资,如货币市场理财工具与产品、债券工具、优先股等。固定收益金融理财虽然有确定的名义收益,但由于市场利率水平的波动和通货膨胀的干扰,其所谓的"固定收益"不是绝对的而是相对的。从这个意义上讲,由于机会成本的变化呈现出常态性,其实际与真实收益通常是相对变化的。

变动收益金融理财是指理财主体对未来收益不确定的金融理财工具与产品的投资,如股票、外汇、证券投资基金、浮动利率债券、期货期权、黄金、艺术品与邮币卡等。这类理财工具与产品的收益取决于其本身品质优劣、市场供求关系与市场流动性状况等,其风险性明显高于固定收益类理财工具与产品。

（六）根据金融理财的工具和产品的风险属性不同，金融理财可以分为高风险金融理财、低风险金融理财

高风险金融理财是指理财主体在股票市场、高杠杆性的金融衍生品市场的理财活动。这类理财市场的工具与产品的价格变动受较多因素的影响，其价值评价复杂，准确定价困难，收益波动性较大，适合高风险偏好的理财主体和套期保值者参与。

低风险金融理财是指理财主体在货币市场、债券市场、基金市场、保险市场等金融市场的理财活动。这类理财工具与产品的价格变动弹性较小，价值评价简单，准确定价容易，收益波动性较小，适合低风险偏好的理财主体参与。

三、金融理财的产生与发展

金融理财的产生和发展决定于社会生产力的发展水平。

改革开放以前，长期的计划经济体制严重束缚了社会生产力的发展，社会经济活力和企业经营活力严重不足，居民的可支配收入与财产有限，金融理财缺乏社会需求基础，勤俭节约成为人们支配性的理财理念，一定要说存在金融理财的话，也只是表现为储蓄和存款的唯一形式，金融理财处于极为落后的状况。

改革开放以来，我国经济体制历经了从计划经济体制到有计划的商品经济体制，再到今天建设社会主义市场经济体制的变迁。在这一历史进程中，由于国家采取和执行了一系列正确的经济建设的方针和政策，充分尊重价值规律在经济运行过程中的地位和作用，市场机制逐步在社会资源配置中发挥基础性作用，极大地解放了社会生产力，经济发展出现并不断强化着两个方面的变化和趋势。

一方面是随着社会生产力的发展和进步，社会经济与企业活力不断增强，社会财富总量显著增加，不仅表现在国家的财力不断增长，也表现在企业拥有的资产总量、规模和居民与家庭的可支配收入、财产大幅度增加。据统计，我国国民生产总值在 1978 年时仅为 3 645 亿元人民币，2019 年已达到 99.09 万亿元人民币，位居世界第二。同时，市场经济机制也使经济周期性波动成为一种常态，人们越来越关注通货膨胀、利率变动、物价涨跌、名义和真实收益与现实财富、资产的关联性，如何保持已有财富、资产的有效积累、保值和增值成为人们街谈巷议、茶余饭后的话题和谈资，社会对金融理财的需求历史性地进入人们的视野，特别是进入新世纪以来，随着我国经济的高速增长和社会财富、个人与家庭可支配财产的爆炸性成长，这一需求出现令人眩晕的快速上升并显示出难以度量的巨大潜力，金融理财以难以想象的速度和方式进入人们的现实生活。

另一方面是随着社会生产力的发展和进步，各类要素和产品市场开始出现并日渐繁荣，特别是货币市场、资本市场和衍生品市场的产生和发展，各种金融投资理财的手段、方式、工具和产品日益丰富，尤其是加入 WTO 后跨国银行纷纷登陆我国市场，要适应新的竞争格局并在竞争中生存和发展就必须实现商业盈利模式的变革与创新，于是我国的商业银行、证券公司、信托公司、保险公司等众多金融中介服务机构开始重视和关注在提高服务质量与水平基础上，不断地大力拓展个人零售与委托理财等中间增值业务。根据市场需求提供多样化、个性化的理财产品与工具，创新型集合理财产品谱系与产品链日益完整，金融理财产品供给日趋丰富，促进了金融理财市场的大发展，人们也从金融理财和金融理财市场发展中深刻感知金融深化的积极社会效应。

应该看到的是,随着社会经济的发展,人们对进一步增加财产性收入、提升未来生活品质的要求和期望越来越高,而国家社会保障、医疗、教育、养老、住房等领域改革的推广和深化,将促使人们更加关注个人与家庭财务预算安排问题。与此同时,公司与企业在各类要素市场不断发展和完善的基础上,更加注重通过合理利用和运作金融市场工具与产品,来扩大生产经营规模、防范经营风险、提高经营效果和实现企业发展战略,这些都注定了金融理财业与金融理财市场必将有一个更加广阔和光明的发展前景。

第二节　金融理财的内容

作为金融学中正在发展壮大的新兴学科分支,金融理财有着十分丰富的内容。从知识体系和研究对象看,金融理财包括金融理财工具与产品、金融理财技术、金融理财策略等三大内容。

一、金融理财工具与产品

金融市场包括货币市场、资本市场和金融衍生品市场。这些不同市场的理财工具和产品在期限、性质、风险收益特征等方面都有差异及不同的特质。

货币市场从严格的意义上讲是指一年期以内的短期金融工具与产品交易所形成的供求关系和运行机制的总和。它是固定收益市场的重要组成部分。在这个市场中,主要的金融工具和产品有短期国债、大额存单、未到期商业票据、证券回购、货币市场基金等。考虑到货币市场更多地与银行业务活动有关,相关工具与产品流动性、收益性独有特质的相似性,以及大众对金融理财的习惯感知,通常将储蓄、人民币集合理财、信用卡理财、外汇理财、货币市场基金等理财工具与产品视为货币市场的理财内容。由于货币市场工具与产品期限短、流动性强,即使面临市场利率变动风险,该类风险也较小且易规避。同时,由于变现容易,价格稳定,理财风险较小,虽然通货膨胀风险和汇率变动风险难以避免,但其强流动性使其易于撤离市场而不至于被套牢。

货币市场理财中最大众化的工具与产品就是储蓄。储蓄是个人与家庭将有限的收入节余用于投资获利的最稳妥的一种金融理财方式,具有风险与收益低、安全性高、流动性强等特点。虽然储蓄在还本付息上是安全性很高的理财方式,但市场利率水平与通货膨胀的变动会对储蓄的本金构成贬值和实际收益下降的影响。对抗这一风险的最好方法是将储蓄在期限、品种、到期日等方面分散化。人民币集合理财产品是指由商业银行、信托公司、证券公司等金融服务中介机构自行设计并发行,将募集到的人民币资金根据产品合同约定投入相关金融市场及购买相关金融工具与产品,获取投资收益后,根据合同约定分配给投资人的一类理财产品。其实质是以基础资产未来现金流为基础,在货币市场和资本市场上发行信托收益凭证等进行融资的过程。基础资产主要有银行间市场国债、政策性银行金融债券、央行票据、企业债、资产证券化产品、金融市场上信托计划以及股票申购等。其具体操作原理是理财主体通过现金或储蓄存款的形式购买该产品,银行等金融服务中介机构和理财主体之间共同签署一份承诺到期还本付息的理财合同,之后银行等金融服务中介机构将募集到的资金集中起来进行投资,最后将扣除银行应得收益外的投资收益按照之前的承诺返还给理财主体。人民币集合理财产品根据投资期限不同,分为短期、中期和长期理财产品;按照产品设计思路和运用金融工具的不同,分为债券型、信托型、结构型及QDII理财产品;按照发售地区的不同,分为仅在某一地区发行、在全国发行的理财产品;按照是否可以赎回,分为可赎回、不可赎回理财产品;按照投资起点的高低,分为高起点、中起点和低起点的理财产品;按照是否有保底收益,分为保底收益、不保底收益理财产品。人民币集合理财产品具有信誉高、收益高且稳健、风险低的特点。信用卡是银行或其他财务机构签发给那些资信状况良好人士的一种特制卡片,是一种特殊的信用凭证。持卡人可凭卡在发卡机构指定的商户购物和消费,也可在指定的银行机构存取现金。从广义上说,凡是能够为持卡人提供信用证明、持卡人可凭卡购物、消费或享受特定服务的特制卡片均可称为信用卡。广义上的信用卡包括贷记卡、准贷记卡、借记卡、储蓄卡、提款卡(ATM卡)、支票卡及赊账卡等。从狭义上说,信用卡是指先存款后消费、允许小额、善意透支的信用卡,即贷记卡或准贷记卡。信用卡是当今发展最快的一项金融业务之一,它是一种可在一定范围内替代传统现金流通的电子货币,同时具有支付和信贷两种功能。持卡人可用其购买商品和享受服务,还可通过使用信用卡从发卡机构获得一定的贷款,具有理财功能。货币市场基金是一种专门投资于货币市场的短期债务工具,适宜广大理财主体的开放式集合投资方式。由于货币市场上流通的金融工具与产品往往是期限不超过一年的短期债务工具,因此,货币市场基金具有流动性强、安全性高、成本低、收益稳定的特点和优势,从而成为货币市场理财的重要内容。

资本市场是指期限在一年以上的资金融通活动的总和,包括期限在一年以上的证券市场和一年期以上的银行信贷市场。由于我国资本市场中最重要的是证券市场部分,同时融资证券化已经成为当今融资活动的重要形式和主要特征,因此,通常在提及资本市场时一般指证券市场。目前,我国公开交易的证券市场主要有股票、债券、证券投资基金、权证等工具和产品。它们是金融理财中理财主体可选择的最重要、最基本、最普遍、最大众化的投资工具和产品。资本市场的参与者主要有发行人、理财主体、中介机构、市场组织者和监管机构,在市场层次上可以划分为发行市场和交易市场。相较于货币市场,资本市场的工具与产品具有期限长、风险较高、收益不确定、流动性较差等特点。这就要求在参与资本市场的投资理财活动时,理财主体必须具备一定的风险承受能力。

股票是资本市场中最主要、最基础的金融工具和产品。它是股份有限公司经过一定的法定程序发行的、证明股东对公司财产拥有所有权及其份额的凭证。在自由竞价的股票市场上,股票价格对市场的供给与需求、公司自身基本因素、宏观经济变化等保持着高度敏感。股票的收益由持有期间的派息分红和转让时的买卖差价构成。由于对公司经营业绩、宏观经济变化等因素的准确预期有较大难度,股票价格面临非系统与系统风险变化的影响,决定了股票的收益具有较高的不确定性,因此,股票是风险程度较高的投资理财工具和产品。债券也是资本市场很重要的金融工具和产品。债券是由政府、金融机构、企业或公司等为筹集资金而发行的,保证按规定时间向持有人(即债权人)支付利息和偿还本金的凭证。债券的收益由利息收入、买卖差价和利息再投资收益构成。作为一种有价证券和最主要的固定收益凭证,债券面临市场利率波动、利息再投资、违约、通货膨胀和流动性风险。债券是理财主体在金融市场中主要的投资理财对象和资产配置的工具。证券投资基金是指通过发行基金单位,集中投资者的资金,由基金托管人托管,由基金管理人管理和运作,从事股票、债券等金融工具和产品的投资,并将投资收益按基金持有人的基金持有份额进行分配的一种收益共享、风险共担的集合理财方式。在我国的资本市场中,证券投资基金既是理财主体重要的直接投资工具和产品,也是间接投资资本市场的方式。由于证券投资基金在风险收益特征上有众多的类别,从而为不同风险收益偏好的理财主体提供了选择空间。

金融衍生品市场是在金融基础资产的现货交易基础上创新开发的衍生工具和产品交易而形成的金融市场。由于我国市场经济发展起步较晚,金融市场的深化和发育程度有限,目前的金融衍生品市场在交易品种、方式、内容上与成熟市场国家和地区相比存在较大差距,除有可转换公司债券、权证、互换(掉期)等部分工具与产品的交易外,金融期货、期权、信用交易几乎是空白或者产品极为有限,这也反映出我国金融衍生品市场具有巨大的发展空间。金融期货是指以各种金融产品或工具作为标的物的标准化期货合约的交易方式。作为基础资产的金融产品和工具主要有股票及股价指数、外汇、债券、存款凭证、商业票据等。期权是一种理财主体能在未来某个日期或该日期之前以约定的价格(协定价格或行权价格)向交易对手买进或卖出一定数量的某种商品的选择权。因此,期权交易实质上是一种权利的交易。金融期权是指以各种金融产品或金融衍生产品为标的物的期权交易方式。在衍生品市场中讨论的主要内容有金融衍生品的基本概念、主要种类、交易制度与规则等。

个人与家庭理财是金融理财的重要内容。个人与家庭在收入预算约束下,如何科学实施财务规划与策划,合理选择理财工具与产品,并最终提高个人与家庭的生活品质是个人与家庭理财的基本要义。个人与家庭理财的主要工具与产品有房产、教育、保险、退休规划、个人税收筹划等。

金融理财中除了货币市场理财、资本市场理财、金融衍生品市场理财、个人与家庭理财等主体内容外,还存在一个以黄金、艺术品、邮币卡等为主要工具与产品的其他理财市场。这个理财市场是金融理财市场的重要补充。一般地,其他理财市场工具与产品既是传承丰富历史文化内涵的载体,又是使理财主体财富保值和增值的很好方式,正逐渐成为社会性的文化时尚和不少理财主体的理财偏好对象。由于其他理财市场工具与产品的独特性,需要理财主体具备独到的专业技术背景与鉴赏能力。从这个意义上讲,这个市场具有较高的门槛。

二、金融理财技术理论

成功与成熟的金融理财要求理财主体熟练掌握科学的金融理财技术与相关分析方法,核心问题是能够正确地评估金融理财工具与产品的内在价值或理论价格,了解金融理财工具与产品的价值变动特性,掌握决定和影响金融理财工具与产品内在价值的因素。金融理财技术理论涉及三大方面的内容:一是金融理财财务知识,二是金融理财工具与产品的价值评价方法,三是现代金融理财技术理论。

金融理财财务知识是金融理财分析的基础,实际上就是资金时间价值的计算,它在金融理财规划中是经常使用的重要工具。由于资金直接或间接地参与了社会资本周转,从而获得了价值增值。资金时间价值的实质就是资金周转使用后的增值额。资金时间价值的计算是金融理财中基本变量的计算,在方式上涉及现值和终值、年金终值和年金现值等不同形式。

金融理财工具与产品的价值评价是金融理财技术理论的最基本分析方法,包括股票、债券、证券投资基金、权证、金融期货、金融期权、可转换公司债券等主要金融理财工具与产品的内在价值估值模型描述以及估值模型的运用条件和环境解释等。作为金融理财工具与产品,其价值评价的基本方法就是用无风险利率作为折现率将金融理财工具与产品未来的现金收入与收益流量折算为现值,这种做法源于资产估值通常采用中性估价方式,即不论金融理财工具与产品风险程度高低,其预期收益率都应该等于无风险利率。由于受未来宏观经济环境、行业冷暖变迁、公司运营状况等众多不确定因素的影响,金融理财工具与产品未来的现金收入与收益流量通常难以准确预期,同时,由于受到市场利率水平波动、理财工具与产品品质变化、理财主体风险收益偏好差异等因素的影响,作为折现率的无风险利率通常具有可变性,从而决定了金融理财工具与产品的价值评价和估值不是一成不变的;相反,正是由于上述两方面因素的作用,金融理财工具与产品的价值评价和估值结果不可能十分精确且具有某种不可靠性,当价值评价和估值的条件和环境发生改变后,价值评价和估值结果也会变化。因此,一般来说,金融理财工具与产品的价值评价结果只可作为理财主体的理财决策参考,理财主体必须在理财过程中坚持动态的金融理财工具与产品的价值评价和估值理念。

理财工具与产品的组合分析与最优组合的构建是金融理财分析的又一个重要内容,其核心是如何在一系列可行的资产组合中决定最佳风险—收益机会并选择出最优的资产组合,这是现代金融理财技术理论要解决的问题,在内容上主要包括投资组合理论、资本资产定价模型、套利定价理论与指数模型。现代金融理财技术理论从金融投资组合的基本概念入手,分析金融资产的收益与风险,并在定量分析和建立评价标准的基础上,从各类可供选择的金融资产中形成最优组合,且进一步论证金融资产在市场均衡状态下的风险和收益的特征、关系及各类金融资产如何在市场上均衡定价。

三、金融理财产品的设计、开发与营销

设计、开发适销对路的金融理财产品并精准找到其客户群是金融经营机构金融理财工作团队的一项十分重要的工作,也是当下各个金融经营机构业务竞争的一个重要领域。要设计、开发出好的金融理财产品就需要了解优质金融理财产品的基本特征和金融理财产品的基本构成要素,掌握设计、开发金融理财产品的方法和技巧;要高效率地营销金融理财产品、实现金融理财产品的精准营销就必须了解金融理财产品营销的各个渠道及特点,掌握金融理财产品营销的基本方式及相关技能。同时,作为工作在金融理财岗位一线的理财客户经理和金融理财规划师能否为客户制订适合客户风险收益偏好、助力客户实现财务自由的金融理财规划不仅直接影响金融理财产品的营销,也反映了该金融经营机构金融理财服务的水平、质量,甚至影响到该金融经营机构在业内的声誉、品牌与市场竞争力,这就需要一线金融理财岗位的理财客户经理和金融理财规划师十分熟悉一份金融理财规划的基本格式、架构及主要内容,很好地掌握制作金融理财规划和撰写金融理财规划报告的基本过程、要求、方法和技能,由此可见,系统、全面介绍金融理财规划制作的相关知识十分必要。因此,讨论金融理财产品的设计、开发与营销以及金融理财规划制作的相关知识和技能是构成金融理财学知识体系的一个重要内容。

四、金融理财市场的发展、创新与监管

改革开放以来,我国金融理财市场历经了从无到有、从小到大、从弱到强的发展变迁和蜕变式进程,这一历史演进得益于我国经济创造了世界上史无前例的四十多年持续、高速增长的神话。与此同时,我国金融理财市场也曾经历过行业野蛮生长、内部竞争失序、乱象风

险丛生的成长中的烦恼阶段,特别是打着理财创新幌子、恶意逃避监管的不当监管套利行为往往成为金融风险的主要集聚点和核心敞口。毫无例外的是,恰恰在这些阶段频现监管滞后、出现监管盲区和监管不适应市场发展需要的突出问题与矛盾,而正是呼唤、期盼金融理财市场健康发展的迫切现实需求的倒逼,我国金融理财市场的监管不断创新方式和工具并跃升到新的形态,才有效缓释和管控了金融理财市场的风险,从而确保了市场总体保持平稳、健康发展的良好势头。可以说,金融理财市场发展中的博弈与金融理财市场监管的完善之间呈现出魔高一尺、道高一丈的螺旋上升格局和高度正相关性。历史是一面镜子,鉴古知今,学史明智。通过系统、全面总结我国金融理财市场发展的历史进程有利于我们认清我国金融理财市场监管不断走向成熟的历史脉络与演进趋势,便可以为金融理财市场在更高水平上的高质量发展搭建监管架构和做好监管的顶层设计,并为改变金融理财市场发展不充分不平衡的问题和保持市场持续、健康发展保驾护航。因此,回顾、分析我国金融理财市场发展、创新与监管不断完善的历史过程意义重大。作为配合市场监管的有效策应,加强行业自律对增强自我约束、规范行业行为、维护公平竞争、协调利益关系、改善行业生态有积极作用。而实现行业自律的逻辑起点首先是了解和掌握金融理财从业人员的职业道德与职业操守。所以,学习职业道德、职业操守的内容和特征,特别是掌握金融理财从业人员职业道德与职业操守的基本要求是作为未来行业后备力量的在校大学生素养的重要方面。因此,介绍我国金融理财市场的发展、创新与监管的历史演进以及阐述金融理财从业人员职业道德与职业操守是金融理财学知识结构中一个不可或缺的重要板块。

第三节　金融理财的作用

金融理财的兴起、发展和繁荣对建立健全金融市场体系、促进社会经济发展和社会财富增长、提高人民生活水平和生活品质具有重大意义。其作用主要表现在以下五个方面。

一、集聚、转化和转换资本

理财主体通过在金融市场特别是在资本市场的各项理财活动,将非资本性的货币资金通过购买股票、债券等金融理财工具和产品,集中于股份公司和企业手中并进入以企业的再生产经营过程为代表的实体经济后便成了生产经营性资本。以股票市场、债券市场为主要内容的资本市场发达程度和成熟程度越高,公司与企业的品质越好,向投资者提供的投资回报越优厚,公司与企业的直接融资效果就越好,资本市场的聚集资本和筹资能力就越强,金融市场的有效性就能得到较好保障,与此同时,资本市场将非资本性资金转化为生产经营资本的功能就越强大。而且,各类理财主体进入资本市场投资还可以通过对理财工具与产品的买卖交易赋予资本市场转换公司资本所有权的职能。因为股票是股份公司筹集资本的基础工具,而股票具有不可返还性的特点,但理财主体可以通过股票流通市场自由转让股权,这既可以保证理财主体随时收回投资,又保持了公司职能资本的完整性。

二、形成合理的金融资产价格

金融理财工具与产品等金融资产的定价是在金融市场的交易中完成的。金融资产价格的高低取决于金融市场中该金融资产的供求关系。由于金融市场特别是公开竞价交易市场提供了一个集中、充分的竞争环境,通过各类理财主体的积极参与和有效竞价,能够促进市场生成价格发现机制,因而有利于形成合理的金融资产价格。同时,金融市场特别是资本市场的金融资产价格波动能够反映社会经济趋势和宏观经济面的变化以及有关公司和企业等微观经济基础的生产经营状况的冷暖,从而通过价格信号可以较好地引导社会资本的流向,使社会资本有效地向优势行业、企业和产品集中。

三、促进社会资源优化配置

正因为各类理财主体的积极参与和有效竞价,使金融市场生成价格发现机制,于是各类金融资产在市场有效情形下可以形成合理的金融资产价格。品质优秀的公司与企业,由于其提供的产品和劳务的市场需求增加,其产品与劳务的市场价格上升,理财主体通过对其所发行股票与债券的期望收益率评价上调、风险评价下调,乐观的潜在理财回报能力促使相关公司与企业的股票或债券的市场价格保持足够的活跃度,将导致更多的非生产性资金流入该类公司和企业,从而带动生产要素——原材料、劳动力、技术、信息等向这些行业和企业流动,进而使整个社会资源的配置通过市场规律的作用趋于优化。同时,由于众多理财主体参与资本市场的交易活动,在自身利益驱动下,能够促使社会、市场形成对发行股票的公司与企业的外部社会化约束力,这表现在劣质的公司与企业不仅因为股票价格得不到资金的关注而表现欠佳有损于其社会形象,而且由于融资功能的丧失难以展开进一步的筹资活动,这些压力都将促使公司与企业不断改善经营管理,努力开拓市场,提高资金的使用效果。

四、促进金融市场体系的不断完善和工具与产品的不断创新

金融业是典型的现代服务业,而金融理财则是最具代表性和成长最快速的现代金融业务。金融业作为一个行业的发展依赖于两方面力量:一是随着社会经济的发展和进步,客观上形成了对金融业广泛的社会需求,正是这一社会需求的不断升级换代以及有效竞争的市场环境的催化,金融行业外部力量的加入、推动和内部力量的作用,促使金融服务的内容方式不断演绎、丰富和提升,金融市场体系不断发育、完善并走向成熟,因此,社会对金融理财的现实需求有利于促进金融要素市场的发展;二是有效竞争的市场环境促使金融行业内部运行效率不断提高,不断实施制度、工具与产品的创新和提供更优质的金融服务成为微观金融主体生存和发展竞相追逐的基本模式,一个具有充沛创新力的金融结构不仅能够满足社会不断增长的金融理财需求,还能够有效作用于实体经济循环,促进实体经济的升级和进步。

五、提高居民财产性收入水平和生活品质

作为理财主体的个人与家庭,在金融理财中最为关注的问题是如何在收入预算约束下将所得在确保财务安全基础上获得尽量高的回报率和尽量大的效用满足,然而金融理财需要理财主体具备丰富的实务经验和专业技能,金融机构的专业金融理财规划师可以弥补个人与家庭在投资经验和理财技能方面的缺陷,从而获得较高和稳定的回报,提高个人与家庭的生活水平。针对个人在生命周期中各个阶段收入获取的不均衡,金融理财规划师可以站在一个整体规划的角度,帮助理财主体制订一生的目标与计划,使理财主体在保证财务安全的前提下享受更高品质的生活。同时,在人们的日常生活中,类似失业、疾病伤残、通货膨

胀、政治动荡等意外事件风险无处不在，冲击着个人与家庭的财务安全，金融理财规划师通过为理财主体量身定做理财规划和建议合理的金融理财工具与产品组合策略，以预先准备充足的失业保险，保持资产足够的流动性，确保财富与资产保值增值，从而可以有效化解和对抗各种意外风险，保障正常生活。而且，为了应对职场竞争愈演愈烈的情势和有利于子女综合素质提升的教育支出通常要占据家庭预算安排的重要部分，同时还要面对子女教育费用日趋昂贵的压力，对此金融理财规划师可以帮助理财主体将子女的教育计划纳入家庭的整个财务策划中，从而为子女未来的教育支出提前做好合理规划，避免因为可能的财务困难而影响子女的成长。

第四节　金融理财的一般过程

金融理财的一般过程有以下七个方面。

一、准确判断、识别和把握理财主体的风险收益偏好

不同的理财主体具有不同的风险收益偏好。由于人们的职业、收入、所处生命周期阶段、生活与事业经历、个性等存在区别，财务预算能力存在着很大的差异，决定了人们具有不同的风险与收益偏好特征；不同行业的公司或企业处于成长的不同阶段，即使是同一行业内的公司与企业也会由于基本面差异，在财务流动性和资金实力上具有不同特点，对投资理财的需求就一定会有很大的区别，而只有准确判断、识别和把握了理财主体的风险收益偏好特征，才能量身定制合适的财务策划并有针对性地设计、配置、选择理财产品和实施相应的理财策略，在有效控制风险的基础上实现收益最大化的理财目标。

对于金融理财规划师而言，只有充分了解客户的风险与收益偏好特征，才能准确知晓客户理财需求信息，量身打造适合客户风险与收益偏好的理财综合解决方案，实现客户理财目标，以优质的增值服务来巩固、扩大客户群尤其是高端客户市场，提升机构的盈利能力和竞争实力；对于职业投资人士来说，只有充分了解自身的风险与收益偏好特征，才能选择适合的理财产品，构建适合的理财产品组合，实现自身理财目标，尽情享受财富人生的乐趣；对于个人与家庭来说，只有充分了解个人与家庭的风险与收益偏好特征，才能选择适合的理财顾问，制定适中的理财规划，介入适宜的理财市场，选择适当的理财工具与理财产品，实现个人与家庭理财目标，确保子女教育、住房家居、保险、退休、个人税收与遗产得到合理与有效规划，提升个人与家庭的生活品质。可见，准确把握风险与收益偏好特征对成功理财意义重大。

二、制定合理的财务预算与金融理财规划

有效的金融理财必须科学编制理财主体的资产负债表、损益表和现金流量表，积极开展财务分析，安排收支预算，明确理财主体的金融理财投资需求，合理制定金融理财规划。对于个人与家庭来说，主要就是合理制定短期、中期、长期等不同时限的金融理财规划，以实现不同阶段的金融理财目标。

三、确定合适的理财工具与产品

在特定的理财阶段，确定理财工具与产品体现了金融理财的路径和理财主体的风格。

理财工具与产品确定的过程和结果取决于两个因素：一是上述理财主体的风险收益偏好，另一个就是对理财工具与产品的风险与收益的衡量。理财主体风险收益偏好通过自选择过程，将不同风险收益偏好的理财主体导向不同金融工具与产品交易的金融理财市场。在既定的理财主体风险收益偏好下，理财主体通过科学衡量理财工具与产品的风险与收益，并进一步通过对可选择的金融理财工具与产品的风险与收益的权衡和比较，便可确定合适的理财工具与产品。

四、选择最优的具体理财策略

具体理财策略的选择取决于金融理财市场的属性、理财主体具备的条件和其他理财主体状况。从市场属性的角度看，金融理财市场微观结构由技术、规则、信息、理财主体和理财工具与产品组成。不同理财市场风险收益特征的差异是客观存在的，并随上述五个因素的变化而变化。不同的理财主体对不同理财市场的认识是有差异的。认为金融理财市场是有效的，从长远来看理财主体不能战胜市场，其隐含的理财策略就是被动投资理财策略；相反，认为市场是无效的，就意味着理财工具与产品的市场价格具有某种可预测性，那么就应该选择主动投资理财策略。从理财主体对自身和其他理财主体认识的角度看，其知己知彼的程度对具体理财策略的选择有着重要影响。在一定的金融理财环境下，由于一项交易事实上是作为理财市场参与者的交易双方之间的博弈，所以理财策略的选择是一个动态调整的过程，并且随着交易的进行而彼此互动。在这种策略互动过程中，理财主体必须不断获取信息，以进一步调整理财策略。由于存在信息对价格的重要影响，知情交易者将利用自身的信息垄断优势获取有利的交易态势并进而在交易中获得最大收益，未知情交易者一方面要尽量避免信息劣势导致的交易损失，另一方面要尽可能地达到自身的交易目的，所以两者的理财策略存在显著差异。此外，根据人类行为模式的一些共同特性，可以总结出一些具有共性的理财策略。行为金融学分析了许多与投资策略相关的行为投资理财模式，例如噪声交易者风险模型、投资理财主体情绪模型、正反馈理财策略、行为套利策略等，对这些行为投资理财策略的分析，有助于更全面地理解投资理财策略的选择和实施。

五、展开理财工具与产品的价值评价

对具体可供选择的金融工具与产品进行价值评价，就是要对金融理财工具与产品展开精确的价值计算，为理财主体完成理财工具与产品的选择提供基础，这是金融理财中十分重要的步骤和过程。例如，在资本市场主要要进行股票、债券、证券投资基金以及金融衍生品的价值分析，从原理上讲，这些金融工具与产品的价值分析都以预期收益的折现作为基础分析方法，顺利完成价值分析的关键是确定预期收益与折现率。在本质上，理财工具与产品的价值评价和分析是一种预测行为，并且是用对未来现金流的预测去分析理财产品与工具的未来价值，这种价值分析的预测行为通过指导交易反映在市场供求上就形成了金融理财工具与产品的价格。在价值评价与分析的各种理论中，一直存在着关于价格的可预测性以及可预测性的时间属性等的争论。尽管如此，对于具体的投资理财实践来说，仍然需要进行与理财目标和理财策略相匹配的价值评价和分析。在价值评价与分析中，重点是明确各类金融理财工具与产品的内在价值变动特点、定价原理和价值评价模型。

六、构建理财工具与产品组合

构建金融理财工具与产品组合的目的是要提高组合对抗通货膨胀及市场价格波动等风险的能力,增强财富与价值的确定性,以实现理财收益和风险的最佳匹配。在构建理财工具与产品组合之前,首先要进行组合价值评价和分析,由于组合中各类金融理财工具与产品在收益与风险上具有不同的相关性,使得理财工具与产品组合的价值有别于各类理财工具与产品价值的简单加总,这就有必要对各类金融理财工具和产品在收益与风险上的相关性进行分析,并在此基础上以实现最大组合价值为目标进行投资理财组合的设计。在理论发展脉络中,经典的金融理财工具与产品的投资理财组合理论包括投资组合理论、资本资产定价模型和套利定价理论。要注意的是,由于经典的金融理财工具与产品的投资理财组合理论是以市场有效和理财主体足够理性为假设前提,模型的结果与实际市场状况可能存在误差。

七、理财绩效评价

在过程上金融理财有必要验证理财绩效与预期是否一致,这就必须展开理财绩效评价。绩效评价在时间上可以从过程评价与事后评价展开。过程评价是一个阶段性的评价,为金融理财过程的动态调整提供必要的信息。事后评价是一种检验性和总结性评价,为后续的投资理财提供必要的经验性信息。通常,以上两种绩效评价在理财过程中是不断交替进行的,其基本作用就是为理财主体的投资理财组合调整提供指导。绩效评价在内容上可以从风险评价和业绩评价展开。金融理财工具和产品组合的风险评价着重于组合风险管理的事后评价,为市场风险管理、信用风险管理、流动性风险管理、操作风险管理提供反馈性信息;而业绩评价着重于组合业绩基准的选择以及如何跟踪投资理财收益与评价基准之间的误差,并分析导致这些误差的原因,达到在总结经验的基础上为后续的理财过程提供指导。

第五节 树立科学、理性的金融理财理念

金融理财的实践表明:金融理财主体要实现成功和有效的金融理财就必须树立和落实科学、理性的金融理财理念。科学、理性的金融理财理念至少包括以下六个方面内容。

一、金融理财具有时间过程的长期性

金融理财中,理财主体要充分认识到金融理财是一个长期的过程,面对常态的短期收益与价格波动要从容淡定,这就需要理财主体历经时间和耐心的考验,而不可抱有一夜暴富和赌博的心态,才能成功地实现理财目标。特别是在投资类似股票这样的金融工具与产品时,在考虑基本面的基础上低估阶段建仓布局、长线持仓投资,做到手中有股、心中无股,往往能收到理财奇效。对于个人与家庭来说,金融理财是一个伴随人的一生的过程。人的生命周期中存在单身期、家庭形成期、家庭成长期、家庭成熟期和家庭衰老期等不同阶段的生活需求,这就要求对不同阶段的财务进行合理的计划与管理,制定切合实际需求的金融理财规划,满足各个生命周期阶段保障生活和提高生活品质的需要。一个公司与企业在存续期间

的生存和发展会受到行业、产品生命周期导致的行业冷暖和经济周期性波动的影响,从而产生公司与企业发展不同阶段财务流动性状况和财务需求的很大差异,把握好金融理财市场的机会可以充分利用财务流动性,实现资产价值的增长或者通过套期保值转移经营风险,进而可以很好地为公司或企业的可持续发展创造积极的条件。在金融理财中,理财主体要善于长期跟踪金融理财市场的变化,根据自身财务流动性特点和理财需求选择理财工具与产品,通过累积长期稳定的收益,分享经济成长的成果和降低经营风险,最终有效实现不同阶段的理财目标。

二、树立风险意识,做最适合的交易

在金融理财特别是在资本市场理财中,最重要的不是一笔投资的盈亏和成败,而是理财主体能否在市场长期生存下去。从理论上讲,金融理财市场不存在无风险的理财工具与产品。所以,任何金融理财都存在程度不同的风险,这就要求理财主体必须树立风险意识,审慎参与理财活动,谨记"小心驶得万年船"的道理。低风险的投资品种,如银行存款、国债等,难以产生高回报,但收益具有稳定性;高风险的投资品种,如股票、实业投资、期货等,有产生高回报的"可能",但也可能导致巨额亏损,不能很好地管理风险,收益就无从谈起。所以,理财主体在市场长久生存下去的法宝只能是将风险防控置于最优先位置,换言之,实战中可以容忍收益低一些,但绝不允许出现理财失败尤其是重大投资损失;可以容忍错过机会,但绝不允许无视风险的鲁莽和冒进理财行为导致亏损而永久地失去机会,因为机会永远存在于市场。因此,金融理财市场的参与者必须把做最适合的交易作为纪律加以恪守。所谓做最适合的交易,至少包括以下四个方面内容。一是做与自己的资金实力匹配的交易和投资,不可超越自身资金实力去负债理财。同时要建立"富余"的支付能力,保持理财工具和产品与自身风险收益偏好匹配的良好流动性,有效和灵活应对市场波动,不可将资金链绷紧,谨记现金为"王",还必须注意不可过度消费和扩张生产经营规模,保持适合的资产负债水平,使消费与收入能力相匹配,使生产经营规模与盈利能力相匹配。二是不同的金融理财工具和产品具有不同的风险收益特征,不同的理财主体必须依据自身的风险收益偏好选择适合的金融理财工具与产品,做到风险与收益的匹配。对个人与家庭来讲,还必须将生活保障(现金、债券、住房、汽车、保险、教育等)与投资增值(股票、实业、不动产等)合理分开,因为生活保障与投资增值具有不同的功能。投资增值是一种长期行为,目的是使生活质量更高,不要因为投资而降低目前的生活质量。投资资金应该是正常生活消费以外的资金,用这样的"闲钱"投资,参与者才会保持一个良好的心态。三是面对不熟悉的交易,在自身技能无法应对的状态下,要求助于金融理财规划师或通过基金、集合理财产品、委托理财等借助专业理财人士的帮助,坚决拒绝不熟悉的交易,包括不熟悉的行业、公司与企业、工具与产品。四是选择和坚守与自身风险收益偏好适合的理财原则。鉴于通常情况下公司与企业的财务预算自由度和选择空间大于个人与家庭,公司与企业可以将理财的盈利性放在第一位,将安全性放在第二位;而个人与家庭必须将安全性置于最优先位置,将盈利性作为次优选项。

三、坚持动态的价值评价和估值理念

只有明确金融工具和产品的内在价值才能把握交易中的金融工具和产品的价格是高估还是低估,充分衡量理财工具与产品的市场安全边际,也才能进行正确的金融理财决策,因此,正确开展金融理财工具和产品的价值评价与估值就成为确保金融理财成功的核心环节和重要步骤。在进行金融理财工具和产品的价值评价与估值时,通常的做法是用一个合适的折现率将金融工具与产品的未来收益现金流折算成现值。由于受宏观经济环境、行业冷暖、微观经济体基本面变化的影响,未来的收益现金流具有不确定性,同时受市场平均利息率水平波动及作为理财对象的金融工具与产品的品质变化的影响,折现率在精确选择上存在难度,而且不同理财主体存在不同的风险收益偏好,对折现率的评价有不同的态度、看法和选择,这就决定了通常按模型进行价值评价和估值的结果只能是一个预测和参考值,一旦决定价值评价与估值的因素和环境发生改变,估值的结果也必然变化,所以价值评价与估值的结果在可信度上是相对的而不是绝对的,也不是一成不变的。从这个意义上讲,价值评价与估值的结果具有不可靠性,因此,在开展金融理财工具和产品的价值评价与估值时必须坚持动态的价值评价与估值理念。

四、坚持和崇尚价值投资

在金融理财中,价值投资就是基于价值规律的投资。价值规律不仅作用于商品市场,也同样作用于金融理财市场,只不过价格围绕价值波动的时间有所加长、空间有所放大而已。在金融理财市场,理财工具与产品的价格围绕价值上下波动,短期内供求关系会放大市场价格波动的范围。理财主体应当认识到,内在价值不是一成不变的,而是随着市场环境的改变不断变化的。"市场先生"短期内是情绪化的、无效的,市场价格可能会严重偏离内在价值,但"市场先生"长期来看又是理智的、有效的,市场价格最终会逐渐向内在价值回归,价值投资就是基于这样一个规律的投资。价值投资的精髓就在于有效利用复利,在保证本金安全和风险控制的基础上,实现持续的复利增长。正是借助于复利的神奇力量,巴菲特才成为世界首屈一指的富豪。复利的公式为

$$F = P \times (1 + r)^t \tag{1.1}$$

式中:F——本利和;

P——本金;

r——回报率;

t——时间。

式1.1表明:未来的总收益不仅取决于回报率,还取决于时间长短。回报率越高,时间越长,未来的总收益就越多。

其实,理解价值投资也可以用一个变相的复利公式代替:

$$VI = (SE + G) \times t \tag{1.2}$$

式中:VI——价值投资;

SE——安全边际;

G——成长;

t——时间。

式1.2中的安全边际就是确保"1"的存在并尽可能大于等于"1",同时,成长与安全边际共同作用使回报率增大,剩下的就是耐心地等待时间来兑现价值投资的收益与红利。

安全边际、成长和时间构成了价值投资的核心三要素,或者说,价值投资是安全边际、成

长和时间的函数。所有价值投资分析的终极目标都是围绕着这三个核心要素展开的。价值投资就是在正确的时间买入正确的理财工具与产品并耐心持有,依靠复利致富。正确的时间是指当市场价格存在明确的安全边际时;正确的理财工具与产品是指具有持续稳定成长的基本面支持的品质优秀的资产;成长是指金融理财工具与产品所依托的微观经济体内在价值的稳定增长,它既包括非周期性微观经济体的成长,也包括周期性微观经济体的复苏性成长。成长从来就是价值的一部分,而不是与价值相互排斥和独立的。

全面理解价值投资的内涵还必须认识到以下五个方面。第一,价值投资是质优价廉的投资。巴菲特投资策略的基本原则包括企业原则、管理原则、财务原则和市场原则。其中,前三个原则都属于理财工具与产品的质量分析原则,本质在于分析理财工具与产品所依托的微观经济体是否具有持续核心竞争优势和是否能够稳定增长;市场原则属于价格原则,即市场价格与内在价值相比是否足够便宜。理财工具与产品的品质好不好,要看未来,看理财工具与产品所依托的微观经济体是否有持续稳定增长的能力;市场价格贵不贵,要看估值,看是否存在明显的安全边际。第二,价值投资是攻守平衡的投资。如果把成长比作进攻的话,那么安全边际就是防守。向前,成长可积极促使微观经济体内在价值增长,市场价格上升;向后,安全边际可有效防范风险,防止本金亏损,起到保值和增值的作用。价值投资的盈利主要来自微观经济体内在价值的增长以及价值发现后市场对价格的修正。第三,价值投资是低风险高回报的投资。安全边际的存在降低了投资的风险,成长的明确提高了回报,时间的效用指数化放大了收益,因此,价值投资具有较低的风险收益比(每笔投资可能承担的风险与预期收益的比值),是低风险高回报的投资。第四,价值投资是与时间为友的投资。在金融理财中,除了安全边际与成长,还有一项很重要的决胜因素,这就是时间。时间会赋予复利强大的力量。因此,时间是杰出的理财者的朋友,却是平庸理财者的敌人。与时间为友,理财就变得简单和快乐,时间定会回馈给你财富。第五,价值投资是可持续发展的投资。安全边际与成长构成了价值投资的双保险,大大增强了收益的确定性。价值投资的确定性来自长期理财工具与产品的市场价格回归内在价值中枢的向心力。只要有足够的耐心,投资就能够持续成功,巴菲特几十年的伟大成就已经证明了这一点。

五、根据金融理财目标科学配置资产

不同的理财主体具有不同的风险收益偏好,从而在金融理财需求、理财工具和产品选择上就存在差异,进而决定了不同理财主体具有不同的金融理财目标。要注意的是,无论在金融理财目标上有多大的差异,不同的理财主体都必须坚持在理财工具与产品选择上的组合配置,因为决定理财收益的主要和最终因素是组合绩效。美国学者吉布森(Gibson)1986年发表于《金融分析家》杂志上一篇题目为《组合绩效的决定》的文章在大量实证研究的基础上得出一个结论:投资收益的91.5%由资产配置决定。也就是说,剔除资产配置对收益的贡献,具体理财产品的选择、择时操作以及其他因素所带来的收益对总收益的贡献份额不足10%。针对股票市场,用一句简单的话来解释就是:长期来看,作出进入或退出股票市场的决定就决定了投资收益的90%以上,而具体买卖哪只股票、买卖的具体时点如何、操作手法如何相比就显得不那么重要了。鉴于国内市场的有效性不及美国市场,相关研究的结论大多支持70%左右的投资收益来自资产配置。很显然,作为普通理财者,要实现和达到自身的理财目标,重点在于把握资产组合配置。广义上讲,资产主要分为三大类:一是权益类资产,即以股票为典型代表、投资收益主要由价格波动带来的资产,包括以此为主要投资标的的各类理财产品(如股票基金等);二是固定收益类资产,包括各类债券、存款以及以此作为投资标的的理财产品(如债券基金、货币基金等);三是其他个人资产,包括个人拥有的其他不动产(房子)和各类集合理财产品、保险等动产。资产配置说到底就是根据理财主体本身对收益的要求、自身的风险承受能力以及市场形势的分析和判断进行有效的大类资产比例划分。而在某类资产中具体选择哪个品种、进入和退出的具体时点选择、方式选择等,并不是资产配置所关注的重点内容。组合配置之所以能带来如此高的绩效,是因为组合配置有其独特的优势和功能。其优势和功能表现在:一是通过组合配置可以做到分散化,也就是不要把鸡蛋放在一个篮子里,进而有效地分散和管理非系统的风险;二是选择在收益率上呈负相关关系的理财工具与产品,特别是通过金融衍生品的交易与组合,可以达到套期保值的效果,有效对抗系统性风险。因此,科学地配置和构建理财工具和产品组合是提高理财效率、降低理财风险的有效手段。

在金融理财中配置资产要注重动态调整。由于宏观经济环境、行业冷暖、微观经济体基本面的变化是市场的常态,这就要求理财主体必须随时根据变化了的市场情况灵活调整理财的资产组合池。理财主体要通过过硬的基本面分析,选择符合理财主体风险收益偏好、品质良好的理财工具与产品构建资产组合池,在此基础上利用技术分析手段判断、把握市场价格波动的趋势尤其是趋势的拐点,随时相机调整资产组合池,提高配置的效率和效益。

六、克服贪婪与恐惧的人性弱点

人类与生俱来的性格弱点是贪婪与恐惧,而这一性格弱点在金融理财特别是在资本市场投资中表现得最淋漓尽致。通常,理财市场的参与者在股市上涨中十分贪婪,希望价格不断上涨、一涨再涨;在股市下跌中因为出现损失又过度悲观,从而失去基本判断力。而无数次不断重演的市场历史表明,市场博弈存在这样一个特征:市场总是在人们一致看好后市、收益期望值不断被调高和修正到不切实际的空前高度、市场价格疯狂高涨中悄然完成顶部的构造,又总是在人们极度悲观、一致看空后市、纷纷斩仓割肉出局并誓言绝不再染指市场的恐惧中悄然完成底部的构筑。其实,市场价格的波动除市场基本面的影响外,还决定于市场参与各方的博弈,这就注定了没有只涨不跌的市场,也没有只跌不涨的市场。巴菲特在谈到他的投资感受时曾说:每个人都会恐惧和贪婪,我不过是在别人恐惧的时候贪婪,在别人贪婪的时候恐惧罢了。这揭示了市场的铁律,那就是在人们贪婪时通常市场价格处于严重被高估状态,在人们恐惧时市场价格处于严重被低估状态,而市场的意义就在于总有一种不可抗拒的力量要去修正市场的错误定价,最终形成市场价格围绕内在价值波动的永久循环。因此,要战胜市场,首先要能够战胜自己和拒绝诱惑。

从人类行为心理角度看,在金融理财中存在必须克服的反映人性弱点的问题:第一,锚定效应。由于大多数市场泡沫具有的典型特征是在破灭的最后阶段到来时价格和增值效应都会持续较长时间,市场参与者往往会改变预期,认为高价格和高估值是合理的。第二,羊群效应与从众心理。即便是精明的专业与职业投资人士,也试图与市场泡沫一起生存、共同膨胀,在价格上涨过程中认为随大流比采用与众不同的方法更安全,循规蹈矩比特立独行犯错的可能性更小。第三,认知失调。人们总是偏好可以坚定自己选择的观点,对与自己相左的有关定价过高或过低的市场判断和舆论预警总是不感兴趣,甚至很愤怒。第四,灾难忽略与灾难放大。即对小概率负面事件,侥幸认为很难发生在自己身上,而当灾难真的发生在自己身上时又担心祸不单行,认为更大的灾难在后面。

复习思考题

1. 什么是金融理财?
2. 金融理财有哪些分类方法? 如何分类?
3. 金融理财产生和发展的基础是什么?
4. 简述生活理财与投资理财的关系。
5. 公司与企业金融资本运作的理财活动具有哪些特点?
6. 如何认识金融理财的内容?
7. 货币市场的理财工具与产品有哪些?
8. 金融理财对社会经济发展具有哪些作用?
9. 金融理财的一般过程有哪些?
10. 在金融理财中,准确判断、识别和把握理财主体的风险收益偏好有什么意义?
11. 主动投资策略与被动投资策略的基本区别是什么?
12. 金融理财绩效的过程评价与事后评价的含义是什么?
13. 树立科学、理性的金融理财理念的内容有哪些?
14. 怎样理解金融理财具有时间过程的长期性?
15. 在金融理财中,做最适合的交易的内容是什么?
16. 在金融理财中,为什么要强调坚持动态的价值评价和估值理念?
17. 什么是价值投资? 怎样理解价值投资的含义与意义?
18. 如何认识根据金融理财目标科学配置资产的意义?
19. 在金融理财中,人性的弱点有哪些? 这些人性的弱点是怎样影响人们的金融理财行为的?
20. 举一个自己熟悉的投资与理财案例,说明树立科学、理性的金融理财理念的作用与意义。

第二章 资金时间价值

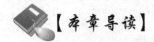【本章导读】

> 通过本章的学习,从理性与感性的角度理解、领会资金在扩大再生产及其循环周转过程中所产生的价值增值过程,明晰金融理财产品价值增值的根源。同时,理解衡量资金时间价值的相关方法,包括单利法、复利法、连续复利法,掌握计算资金时间价值的一些具体内容与计算方法,包括普通现值、终值,普通年金现值、终值等,为金融理财的学习提供财务分析基础。

第一节 资金时间价值的含义

一、资金时间价值的内涵

在商品经济中,资金的时间价值是客观存在的。几乎每个人对时间价值都有一定的生活体验。如果一年期的定期存款利率为3%,那么把100元钱存入银行,一年后就可以得到103元,这3元就是资金的时间价值。

人们常说,现在的100元钱和一年后的100元钱的经济价值是不相等的,一般而言,前者要大于后者,现有的100元钱在一年之后,往往可以变为100元钱以上。因为如果把这100元钱用于投资,那么从社会的角度看,投资就会有一个收益,这个收益就是时间价值。如果从投资者角度看,投资就是将现时的消费推迟为未来的消费,把100元钱用于投资而不是用于现时消费是要有报酬的,即一年之后用于消费的货币要大于现在用于消费的货币,其差额就是资金的时间价值。

资金的时间价值是客观存在的经济范畴。它是指资金在扩大再生产及其循环周转过程中随着时间的变化而产生的资金增值或经济效益。一笔货币作为储藏手段保存起来,数年之后,仍为数量相等的货币。但是,同一笔货币如果作为资金投入生产和经营,经过一段时间,通过人们的劳动,就会产生利润,使其自身增值。即:

$$资金 \xrightarrow[\text{人们的劳动创造}]{\text{时间}} 资金' = 资金 + \Delta 资金$$

式中:Δ资金表示资金的时间价值,具体表现为资金的利息和资金的纯收益。一个投资项目要有生命力,企业要生存、发展,社会要前进,必须要求资金'>资金。

可见,将资金存入银行可以获得利息,将资金运用于公司的经营活动可以获得利润,将资金用于对外投资可以获得投资收益,这种由于资金运用而实现的利息、利润或投资收益就表现为资金的时间价值。

二、衡量资金时间价值的尺度

(一) 利息和纯收益

利息和纯收益(盈利或利润)是资金时间价值的基本形式,它们都是资金增值的一部分,是社会剩余劳动在不同部门的再分配。纯收益(盈利或利润)由生产和经营部门产生,利息是以信贷为媒介的资金使用权的报酬,都是资金在时间推移中的增值。对于利息和纯收益的获得者来说,利息和纯收益都是一种收入,都是投资得到的报酬。因此,利息和纯收益是衡量资金时间价值的绝对尺度。

(二) 利率和收益率

利率和收益率(盈利率或利润率)是一定时间(通常为一年)的利息或纯收益占原投入资金的比率,也可以称为使用资金的报酬率。它反映资金随时间变化的增值率。因此,它是衡量资金时间价值的相对尺度。

例如,某机构投资者2008年年初投资1 000万元用于购买国债,2008年年底收回1 100万元,该投资在2008年的货币时间价值是多少?

用绝对尺度来衡量,时间价值为1 100-1 000=100(万元);用相对尺度来衡量,时间价值为100/1 000×100%=10%。

在现实生活中,投资评价更偏向于相对数,因为它便于人们将两个不同规模的决策方案进行直接比较。比较资金时间价值的绝对值显然不恰当,因为两者的原始投入不同,而比较相对数显然更有价值。

第二节 资金时间价值的衡量

在金融理财中对资金时间价值的衡量,在方式上涉及单利、复利,在内容上涉及现值和终值、普通年金和即付年金等。本节将从这些方面详细阐述资金时间价值的衡量方法。

一、现值和终值的计算

终值和现值是资金时间价值中两个最基本的概念。终值又称未来值,是现在一定量的资金折算到未来某一时点所对应的金额,通常记为 F。现值是指未来某一时点上的一定量资金折算到现在所对应的金额,通常记为 P。

现值和终值是一定量资金在前后两个不同时点上对应的价值,其差额即为资金的时间价值。现实生活中计算利息时所称本金、本利和的概念相当于资金时间价值理论中的现值和终值,利率(用 i 表示)可视为资金时间价值的一种具体表现;现值和终值对应的时点之间可以划分为 n 期($n \geq 1$),相当于计息期。

为方便计算,本节假定有关字母的含义如下:I 为利息,F 为终值,P 为现值,i 为利率(折现率),n 为计息期。

终值和现值的计算分为单利和复利两种。

1. 单利现值和终值

单利法的特点是以最初的本金计算各年的利息额,各年新生的利息不加入本金计算利息。因此,每一期的利息都是相同的。这种计算方法并不能反映真正意义上的资金时间价值。因为单利计算假定每期产生的利息不再进入资本的周转和循环,这样就只考虑了本金的时间价值而没有考虑利息的时间价值。

单利终值就是利息不能生利的本利和。

例如,年利率为3%的10 000元存款,从第1年到第n年,按单利法各年年末(假定第一年年初存入银行)的终值如何计算?

第一年年末的终值为

$F_1 = 10\,000 \times (1 + 3\%) = 10\,300(元)$

第二年年末的终值为

$F_2 = 10\,000 \times (1 + 3\% \times 2) = 10\,600(元)$

第三年年末的终值为

$F_3 = 10\,000 \times (1 + 3\% \times 3) = 10\,900(元)$

依此类推。

故单利终值的一般表达式为

$$F_n = P \times (1 + i \cdot n) \tag{2.1}$$

式中:P——初始现值;

F_n——第n年的终值。

单利现值就是未来的资金按单利计算的现在价值。

例如,为支付一年末的10 300元,在年利率为3%的情况下,按单利法年初应当存入银行多少钱?

年初存入银行的现值为

$$P = \frac{10\,300}{1 + 3\%} = 10\,000(元)$$

故单利现值的一般表达式为

$$P = \frac{F_n}{(1 + i \cdot n)} \tag{2.2}$$

2. 复利现值和终值

复利法的特点是将前期的利息也计入下一期的本金,这样在计算利息时既考虑了本金的时间价值,也考虑了前期利息的时间价值,是真正意义上反映资金时间价值的计算方法。

复利终值就是指本金能够生利,本期利息在下一期列入本金参加计息,俗称"利滚利"。

例如,年利率为3%的10 000元存款,从第1年到第n年,按复利法各年年末(假定第一年年初存入银行)的终值如何计算?

第一年年末的终值为

$F_1 = 10\,000 \times (1 + 3\%) = 10\,300(元)$

第二年年末的终值为
$$F_2 = 10\,000 \times (1 + 3\%)^2 = 10\,609(元)$$
第三年年末的终值为
$$F_3 = 10\,000 \times (1 + 3\%)^3 = 10\,927.27(元)$$
依此类推。

故复利终值的一般表达式为

$$F_n = P(1 + i)^n \tag{2.3}$$

复利现值就是未来的资金按复利计算的现在价值。

例如,为支付第二年年末的 10 609 元,在年利率为 3%的情况下,按复利法年初应当存入银行多少钱?

年初存入银行的现值为
$$P = \frac{10\,609}{(1 + 3\%)^2} = 10\,000(元)$$

故复利现值的一般表达式为

$$P = F_n \frac{1}{(1 + i)^n} \tag{2.4}$$

计算未来资金的现值又称为贴现(也称折现),式(2.4)中的 $\frac{1}{(1+i)^n}$ 称为复利贴现因子, i 也称为贴现率(现实投资估值中贴现率经常用社会平均利息率表示,贴现率的确定对于投资估值的影响非常大)。

3. 连续复利

现值和终值通常是按年来计算的,计息期为一年。但是,有时也会遇到计息期少于一年的情况。如有的债券利息每半年支付一次,股票红利有时按季发放,一些储蓄或借贷甚至以月、日为计息期。当计息期少于一年,而使用的利率又是年利率时,上面的复利终值与现值计算公式表示为

$$F_k = P(1 + r)^k \tag{2.5}$$

其中:$r = \frac{i}{m}$, $k = m \cdot n$。

式中:i——年利率;

n——年数;

m——一年的计息次数。

例如,年利率为 3%的 10 000 元存款,存入银行 5 年,按复利法计算:

(1) 每年计息一次,5 年后的终值为多少?

(2) 每年计息两次,5 年后的终值为多少?

如每年计息一次,5 年后的终值为
$$F_5 = 10\,000 \times (1 + 3\%)^5 = 11\,592.74(元)$$

如每年计息两次,5 年后的终值为
$$F_5 = 10\,000 \times (1 + 1.5\%)^{10} = 11\,605.41(元)$$

如果每年计息的次数越来越多,比如每年计息的次数为无穷多,则年连续复利率因子为

$$i^* = \lim_{m \to \infty}\left(1 + \frac{i}{m}\right)^m - 1 = \lim_{m \to \infty}\left[\left(1 + \frac{i}{m}\right)^{\frac{m}{i}}\right]^i - 1 = e^i - 1 \tag{2.6}$$

故连续复利终值的表达式为

$$F_n = P(1 + i^*)^n = Pe^{in} \tag{2.7}$$

二、年金终值和年金现值的计算

(一) 年金的内涵

年金是指一定时期内一系列相等金额的收付款项。分期付款赊购、分期偿还贷款、发放养老金、支付租金、提取折旧等都属于年金收付形式。按照收付的次数和支付的时间划分,年金可以分为普通年金、即付年金、递延年金和永续年金。

普通年金和即付年金是年金的基本形式,都是从第一期开始发生等额收付,两者的区别是普通年金发生在期末,而即付年金发生在期初。递延年金和永续年金是派生出来的年金。递延年金是从第二期或第二期以后才发生,而永续年金的收付趋向无穷大。

(二) 普通年金的计算

1. 普通年金终值的计算

普通年金终值是指一定时期内,每期期末等额收入或支付的本利和,也就是将每一期的金额按复利换算到最后一期期末的终值,然后加总,就是该年金终值。

一般将每期期末等额收入或支付记为 A,终值记为 F。根据复利终值的计算方法,计算年金终值的公式为

$$F = A + A(1 + i) + A(1 + i)^2 + \cdots + A(1 + i)^{n-1}$$

将两边同时乘以 $(1+i)$ 得

$$F \times (1 + i) = A(1 + i) + A(1 + i)^2 + A(1 + i)^3 + \cdots + A(1 + i)^n$$

两式相减,得

$$F \cdot i = A(1 + i)^n - A = A[(1 + i)^n - 1]$$

得到公式

$$F = A\left[\frac{(1 + i)^n - 1}{i}\right] \tag{2.8}$$

简记为

$$F = A(F/A, i, n)$$

式中: $\frac{(1+i)^n - 1}{i}$ 或 $(F/A, i, n)$ 称为等额支付终值系数或普通年金终值系数。

例如,小王从 2000 年开始为儿子存入一笔教育基金,每年年底存入年金 10 000 元,假定每年的存款利率为 2%,则到 2008 年底共 9 年小王的存款相当于多少钱?

年金终值: $F = A\left[\dfrac{(1 + i)^n - 1}{i}\right] = 10\,000 \times \left[\dfrac{(1 + 2\%)^9 - 1}{2\%}\right] = 97\,546$(元)

或 $F = A(F/A, i, n) = 10\,000 \times 9.7546 = 97\,546(元)$

2. 偿债基金的计算

偿债基金是指为了在约定的未来时点清偿某笔债务或积聚一定数额的资金而必须分次等额形成的存款准备金,也就是为使年金终值达到既定金额的年金数额(即已知年金终值 F,求年金 A)。在普通年金终值公式中解出 A,这个 A 就是偿债基金。

$$A = F\left[\frac{i}{(1+i)^n - 1}\right] \tag{2.9}$$

简记为

$$A = F(A/F, i, n)$$

式中:$\frac{i}{(1+i)^n-1}$ 或 $(A/F, i, n)$ 称为等额支付投入基金系数或偿债基金系数。

例如,小王计划在 2008 年底需使用数额约为 97 546 元资金,故在 2000 年开始等额存入一定数量的现金,假设每年的存款利率为 2%,在这 9 年内,小王每年要存入多少钱?

偿债基金:$A = F(A/F, i, n) = 97\,546 \times \frac{1}{9.7546} = 10\,000(元)$

结论:普通年金终值和偿债基金互为逆运算,普通年金终值系数 $\frac{(1+i)^n-1}{i}$ 和偿债基金系数 $\frac{i}{(1+i)^n-1}$ 互为倒数。

3. 普通年金现值的计算

普通年金现值的计算实际上是已知年金 A,求普通年金现值 P。

根据复利现值的方法计算年金现值的公式为

$$P = A(1+i)^{-1} + A(1+i)^{-2} + \cdots + A(1+i)^{-n}$$

将两边同时乘以 $(1+i)$ 得

$$P(1+i) = A + A(1+i)^{-1} + A(1+i)^{-2} + \cdots + A(1+i)^{-(n-1)}$$

两式相减,得

$$P \cdot i = A[1 - (1+i)^{-n}]$$

得到公式

$$P = A\left[\frac{(1+i)^n - 1}{i(1+i)^n}\right] \tag{2.10}$$

简记为

$$P = A(P/A, i, n)$$

式中:$\frac{(1+i)^n - 1}{i(1+i)^n}$ 或 $(P/A, i, n)$ 称为等额支付现值系数或普通年金现值系数。

例如,某投资项目于 2009 年初动工,设当年投产,从投产之日起每年可得收益 10 万元。若投资收益率为 6%,计算预期 10 年收益的现值。

年金现值：$P = A(P/A, i, n) = 10(P/A, 6\%, 10) = 10 \times 7.3601 = 73.601$（万元）

4. 年资本回收额的计算

年资本回收额是指在约定年限内等额回收初始投入资本或清偿所欠债务的金额。年资本回收额的计算实际上是已知普通年金现值 P，求年金 A。公式为

$$A = P\left[\frac{i(1+i)^n}{(1+i)^n - 1}\right] \tag{2.11}$$

简记为

$$A = P(A/P, i, n)$$

式中：$\frac{i(1+i)^n}{(1+i)^n-1}$ 或 $(A/P, i, n)$ 称为年资本回收额系数或等额支付序列现金回收系数。

例如，某企业借款 73.601 万元，在 10 年内以年利率 6% 等额偿还，则每年应付的金额为多少？

年资本回收额

$$A = P(A/P, i, n) = 73.601 \times (A/P, 6\%, 10) = 73.601 \times \frac{1}{7.3601} = 10（万元）$$

结论：普通年金现值和年资本回收额计算互为逆运算，普通年金现值系数 $\frac{(1+i)^n - 1}{i(1+i)^n}$ 和年资本回收额系数 $\frac{i(1+i)^n}{(1+i)^n - 1}$ 互为倒数。

（三）即付年金的计算

1. 即付年金终值的计算

即付年金终值是指把即付年金每个等额 A 都放在期初收入或支付，再换算成第 n 期期末的数值求和。

即付年金终值的计算公式为

$$F = A(1+i) + A(1+i)^2 + \cdots + A(1+n)^n$$

运用普通年金终值的公式，得

$$F = A\left[\frac{(1+i)^n - 1}{i}\right](1+i)$$

故公式可表达为

$$F = A(F/A, i, n)(1+i) \tag{2.12}$$

另一种理解为

$$F = A[(F/A, i, n+1) - 1]$$

式中：$(F/A, i, n)(1+i)$ 或 $[(F/A, i, n+1) - 1]$ 称为即付年金终值系数。

例如，为给儿子上大学准备资金，小王连续 6 年于每年年初存入银行 10 000 元。若银行存款利率为 5%，则小王在第 6 年年末能一次取出本利和多少钱？

即付年金终值

$$F = A[(F/A, i, n+1) - 1] = 10\,000 \times [(F/A, 5\%, 7) - 1]$$
$$= 10\,000 \times (8.142\,0 - 1) = 71\,420(元)$$

2. 即付年金现值的计算

即付年金现值就是把即付年金每个等额的 A 都换算成第一期期初的数值,再求和。即已知每期期初等额收付的年金 A,求现值 P。

根据复利现值的方法计算年金现值的公式为

$$P = A + A(1+i)^{-1} + A(1+i)^{-2} + \cdots + A(1+i)^{-(n-1)}$$

运用普通年金现值的公式,得

$$P = A\left[\frac{(1+i)^n - 1}{i(1+i)^n}\right](1+i) \tag{2.13}$$

另一种理解为

$$P = A[(P/A, i, n-1) + 1]$$

式中:$\left[\dfrac{(1+i)^n - 1}{i(1+i)^n}\right](1+i)$ 或 $[(P/A, i, n-1) + 1]$ 称为即付年金现值系数。

(四)递延年金的计算

1. 递延年金终值的计算

递延年金终值的计算与普通年金终值的计算一样,只要注意期数即可。

$$F = A(F/A, i, n)$$

式中:n——A 的个数(与递延期无关)。

例如,某投资者拟购买一处房产,开发商提出了三个付款方案。方案一是现在起 15 年内每年年末支付 10 万元;方案二是现在起 15 年内每年年初支付 9.5 万元;方案三是前五年不支付,第 6 年起到第 15 年每年年末支付 18 万元。假设按银行贷款利率 10% 复利计息,若采用终值方式比较,问哪一种付款方式对购买者有利?

方案一:$F = A(F/A, i, n) = 10 \times (F/A, 10\%, 15) = 10 \times 31.772 = 317.72(万元)$

方案二:$F = A[(F/A, i, n+1) - 1] = 9.5 \times [(F/A, 10\%, 16) - 1] = 9.5 \times (35.950 - 1)$
$= 332.03(万元)$

方案三:$F = A(F/A, i, n) = 18 \times (F/A, 10\%, 10) = 18 \times 15.937 = 286.87(万元)$

从上述计算可得出,采用方案三对购房者有利。

2. 递延年金现值的计算

计算方法一:

先将递延年金视为 n 期普通年金,求出在 n 期普通年金现值,然后再折算到第一期期初:

$$P_0 = A(P/A, i, n)(P/F, i, m) \tag{2.14}$$

式中:m——递延期;
n——连续收支期数。

计算方法二:

先计算 $(m+n)$ 期年金现值,再减去 m 期年金现值:

$$P_0 = A(P/A, i, m+n) - A(P/A, i, m) \tag{2.15}$$

计算方法三：

先求递延年金终值，再折现为现值：

$$P_0 = A(F/A, i, n)(P/F, i, m+n) \tag{2.16}$$

（五）永续年金现值的计算

永续年金现值可以看成是一个 n 为无穷大的普通年金的现值，则永续年金现值计算如下：

$$P_{n \to \infty} = \frac{A(1-(1+i)^{-n})}{i} = \frac{A}{i} \tag{2.17}$$

例如，企业家王先生想在某中学设立奖学金，奖学金每年发放一次，奖励每年高考的文理科状元各 10 000 元。奖学金的基金保存在中国工商银行。银行一年的定期存款利率为 2%。问王先生要投资多少钱作为奖励基金？

永续年金现值：$P_{n \to \infty} = \dfrac{A}{i} = \dfrac{20\,000}{2\%} = 1\,000\,000(元)$

三、现值和终值之间的转换关系

在计算现值和终值时，相关的计算系数存在一定的转换关系，分析和研究这些关系对于简化现值和终值计算，并加深对它们之间关系的理解有积极的作用。

（一）等差和等比序列转换公式

在经济问题中，每年以一定数量增加或减少现金流量是常见的。图 2.1 为一个成长性公司的现金收入状况。

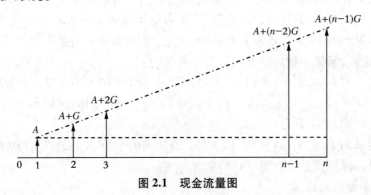

图 2.1　现金流量图

假设递增的等额序列为：$A, A+G, A+2G, A+3G, \cdots, A+(n-1)G$。$G$ 为递增（减）量，又称等差额。

在计算这种支付序列的现值和终值时，可将图 2.1 的现金流量拆分成一个等额支付序列和一个初值为 0 的递增系列。

该递增序列的终值如下：

$$F = G(1+i)^{n-2} + 2G(1+i)^{n-3} + \cdots + (N-2)G(1+i) + (N-1)G$$

运用等差数列的计算公式，推导可得：

$$F = G\left\{\frac{1}{i}\left[\frac{(1+i)^n - 1}{i} - n\right]\right\} \tag{2.18}$$

简记为

$$F = G(F/G, i, n)$$

式(2.18)即为等差序列终值公式，$\frac{1}{i}\left[\frac{(1+i)^n - 1}{i} - n\right]$ 或 $(F/G, i, n)$ 称为等差序列终值系数。

同样，可得等差序列现值公式，如下：

$$P = G\left\{\frac{1}{i}\left[\frac{(1+i)^n - 1}{i(1+i)^n} - \frac{n}{(1+i)^n}\right]\right\} \tag{2.19}$$

简记为

$$P = G(P/G, i, n)$$

式(2.19)即为等差序列现值公式，$\frac{1}{i}\left[\frac{(1+i)^n - 1}{i(1+i)^n} - \frac{n}{(1+i)^n}\right]$ 或 $(P/G, i, n)$ 称为等差序列现值系数。

等差(递增)序列等额年值公式如下：

$$A = G\left[\frac{1}{i} - \frac{n}{(1+i)^n - 1}\right] \tag{2.20}$$

简记为

$$A = G(A/G, i, n)$$

式(2.20)即为等差(递增)序列等额年值公式，$\frac{1}{i} - \frac{n}{(1+i)^n - 1}$ 或 $(A/G, i, n)$ 称为等差(递增)序列等额年值系数。

（二）复利系数之间的转换关系

通过对上述复利系数的推导，可以发现各种复利系数之间存在一定的数量关系。如一些比较简单的倒数关系。

（1）一次支付终值系数与一次支付现值系数之间的倒数关系。

$$(F/P, i, n) = \frac{1}{(P/F, i, n)}$$

（2）等额支付终值系数与等额支付投入基金系数之间的倒数关系。

$$(F/A, i, n) = \frac{1}{(A/F, i, n)}$$

（3）等额支付现值系数与等额支付序列现金回收系数之间的倒数关系。

$$(P/A, i, n) = \frac{1}{(A/P, i, n)}$$

另外，也有较复杂的乘积关系，比如：

（1）一次支付终值系数×等额支付现值系数＝等额支付终值系数

$$(F/P, i, n) \times (P/A, i, n) = (F/A, i, n)$$

（2）等额支付终值系数×等额支付序列现金回收系数＝一次支付终值系数

$$(F/A, i, n) \times (A/P, i, n) = (F/P, i, n)$$

总之，各系数之间存在一定的关系，在实际应用中，可以用公式之间的推导关系找到各系数之间的关系。

复习思考题

1. 资金的时间价值是什么？
2. 为什么说资金时间价值是客观存在的经济范畴？用举例的方式分析资金时间价值在经济范畴中的客观存在性。
3. 衡量资金时间价值的尺度是什么？
4. 什么是终值、现值？终值与现值之间的差异是什么？
5. 什么是单利、复利？单利与复利之间的差异是什么？
6. 小王于年初存入一笔10万元、为期5年的定期存款，若银行年利率为3%，若按单利计息，小王5年后可领回多少钱？若每年计算复利一次，小王5年后可领回多少钱？
7. 什么是普通年金、即付年金、递延年金和永续年金？它们之间的差异是什么？
8. 小王从2008年初开始为儿子存入一笔教育基金以备大学毕业后留学所用，每年存入年金1万元，假定每年的存款利率为3%，则小王儿子10年后大学毕业，小王为其儿子一共存了多少留学基金？
9. 若要5年内累积100万元，年报酬率为6%，则每年最少投资金额为多少？
10. 小王最近购买了一套新房，总房款为100万元，首付20%，其余采用公积金贷款，贷款利率为5%，贷款期限为20年。

还贷方式有两种：

（1）采取等额本金的方式，按月摊还；
（2）采取等额本息的方式，按月摊还。

请针对这两种方式，分析小王的还贷本息，并比较这两种还贷方式的区别。

第三章 货币市场理财工具与产品

【本章导读】

> 通过本章的学习,要熟悉货币市场理财的几种常见工具与产品,包括储蓄、人民币集合理财、信用卡理财、外汇理财及货币市场基金等,熟悉货币市场理财工具与产品的特点及基本类型,为制定货币市场理财规划及理财策略提供基础。

第一节 储 蓄

一、什么是储蓄

(一)储蓄的概念

储蓄的概念有广义和狭义之分。经济学中经常使用的储蓄是广义的储蓄概念,即一个国家或地区在一定时期内国民收入中没有被用于消费的部分,它相当于国民收入的积累。这种广义的储蓄不仅包括个人储蓄,还包括公司储蓄和政府储蓄。广义储蓄的基本内容包括居民手持现金、银行存款和购买各种有价证券等,即包括了一切未被消费的社会财富的各种存在形式。

狭义的储蓄的概念是指城乡居民将暂时不用或节余的货币收入存入银行或其他金融机构的一种存款活动,又称储蓄存款。金融理财中的储蓄是狭义的储蓄概念。

储蓄存款是信用机构的一项重要资金来源。发展储蓄业务,在一定程度上可以促进国民经济比例和结构的调整,可以聚集经济建设资金、稳定市场物价、调节货币流通、引导消费、帮助群众安排生活。

(二)储蓄与理财的关系

理财的前提是有财可理。所以,理财的一个重要基础环节就是如何有效地进行财富的积累。而切合实际的储蓄规划是居民个人及其家庭最稳妥、最便捷、最安全可靠的积累财富的途径。相对于个人投资者投资于其他资产而言,储蓄不仅同样具有获利性,而且变现性和安全性更为明显。因此,对于大多数普通老百姓来说,储蓄是积累财富最具操作性的方式。

改革开放以来,我国居民储蓄存款呈飞速增长态势。目前,储蓄依然是我国居民个人进行财富积累的主要方式,巨额的居民储蓄资产也成为个人和家庭理财的基础。

表3.1列出了截至2008年我国城乡居民储蓄存款的总体情况。

表 3.1　我国城乡居民储蓄存款的总体情况　　　　　　　　　单位：亿元

年份	居民储蓄存款	居民储蓄存款增减额	定期存款	定期存款增减额	活期存款	活期存款增减额
1952	8.60	—	4.80	—	3.80	—
1953	12.30	3.70	6.80	2.00	5.50	1.70
1954	15.90	3.60	9.80	3.00	6.10	0.60
1955	19.90	4.00	13.30	3.50	6.60	0.50
1956	26.70	6.80	15.60	2.30	11.10	4.50
1957	35.20	8.50	19.60	4.00	15.60	4.50
1958	55.20	20.00	23.90	4.30	31.30	15.70
1959	68.30	13.10	31.60	7.70	36.70	5.40
1960	66.30	−2.00	37.30	5.70	29.00	−7.70
1961	55.40	−10.90	29.70	−7.60	25.70	−3.30
1962	41.10	−14.30	25.60	−4.10	15.50	−10.20
1963	45.70	4.60	29.40	3.80	16.30	0.80
1964	55.50	9.80	37.00	7.60	18.50	2.20
1965	65.20	9.70	43.40	6.40	21.80	3.30
1966	72.30	7.10	46.90	3.50	25.40	3.60
1967	73.90	1.60	48.90	2.00	25.00	−0.40
1968	78.30	4.40	50.30	1.40	28.00	3.00
1969	75.90	−2.40	49.40	−0.90	26.50	−1.50
1970	79.50	3.60	53.80	4.40	25.70	−0.80
1971	90.30	10.80	61.40	7.60	28.90	3.20
1972	105.20	14.90	69.60	8.20	35.60	6.70
1973	121.20	16.00	77.70	8.10	43.50	7.90
1974	136.50	15.30	86.70	9.00	49.80	6.30
1975	149.60	13.10	94.50	7.80	55.10	5.30
1976	159.10	9.50	100.60	6.10	58.50	3.40
1977	181.60	22.50	111.70	11.10	69.90	11.40
1978	210.60	29.00	128.90	17.20	81.70	11.80
1979	281.00	70.40	166.40	37.50	114.60	32.90
1980	399.50	118.50	304.90	138.50	94.60	−20.00
1981	523.70	124.20	396.40	91.50	127.30	32.70
1982	675.40	151.70	519.30	122.90	156.10	28.80
1983	892.50	217.10	682.30	163.00	210.20	54.10
1984	1 214.70	322.20	900.90	218.60	313.80	103.60
1985	1 622.60	407.90	1 225.20	324.30	397.40	83.60
1986	2 237.60	615.00	1 729.20	504.00	508.40	111.00

续表

年份	居民储蓄存款	居民储蓄存款增减额	定期存款	定期存款增减额	活期存款	活期存款增减额
1987	3 073.30	835.70	2 356.30	627.10	717.00	208.60
1988	3 801.50	728.20	2 836.70	480.40	964.80	247.80
1989	5 146.90	1 345.40	4 182.10	1 345.40	964.80	0.00
1990	7 119.80	1 972.90	5 851.30	1 669.20	1 268.50	303.70
1991	9 241.60	2 121.80	7 598.70	1 747.40	1 642.90	374.40
1992	11 759.40	2 517.80	9 288.20	1 689.50	2 471.20	828.30
1993	15 203.50	3 444.10	11 627.90	2 339.70	3 575.60	1 104.40
1994	21 518.80	6 315.30	16 838.60	5 210.70	4 680.20	1 104.60
1995	29 662.30	8 143.50	23 778.20	6 939.60	5 884.10	1 203.90
1996	38 520.80	8 858.50	30 873.20	7 095.00	7 647.60	1 763.50
1997	46 279.80	7 759.00	36 226.70	5 353.50	10 053.10	2 405.50
1998	53 407.50	7 127.70	41 791.60	5 564.90	11 615.90	1 562.80
1999	59 621.80	6 214.30	44 955.10	3 163.50	14 666.70	3 050.80
2000	64 332.40	4 710.60	46 141.70	1 186.60	18 190.70	3 524.00
2001	73 762.40	9 430.00	51 434.90	5 293.20	22 327.50	4 136.80
2002	86 910.70	13 148.30	58 788.90	7 354.00	28 121.80	5 794.30
2003	103 617.70	16 707.00	68 498.60	9 709.70	35 119.10	6 997.30
2004	119 555.40	15 937.70	78 138.90	9 640.30	41 416.50	6 297.40
2005	141 051.00	21 495.60	92 263.50	14 124.60	48 787.50	7 371.00
2006	161 587.30	20 536.30	103 011.40	10 747.90	58 575.90	9 788.40
2007	172 534.20	10 946.90	104 934.50	1 923.10	67 599.70	9 023.80
2008	217 885.40	45 353.00	139 300.20	34 369.40	78 585.20	10 983.60
2009	260 771.70	42 886.30	164 728.08	21 059.24	99 924.27	21 587.48
2010	303 302.50	42 530.80	184 035.12	19 307.04	124 344.87	24 420.60
2011	352 797.47	49 494.97	210 469.40	26 434.28	137 576.22	13 231.35
2012	411 362.59	58 565.12	247 919.83	37 450.43	158 271.76	20 695.54
2013	467 031.12	55 668.53	283 319.79	35 399.96	178 050.21	19 778.45
2014	508 878.12	41 847.00	319 798.62	36 478.83	182 705.42	4 655.21
2015	552 073.48	43 195.36	343 208.67	23 410.05	202 869.18	20 163.76
2016	603 504.20	51 430.72	366 121.44	22 912.77	231 629.61	28 760.43
2017	649 341.50	45 837.30	395 528.52	29 407.08	248 239.10	16 609.49
2018	721 688.57	72 347.07	448 823.62	53 295.10	267 214.53	18 975.43
2019	819 161.84	97 473.27	518 304.63	69 481.01	294 712.49	27 497.96
2020	932 966.35	113 804.51	599 223.20	80 918.57	326 762.62	32 050.13

二、我国的储蓄理财产品

（一）我国传统的储蓄理财产品

储蓄存款是我国传统的金融理财产品，目前依然是我国大部分居民常用的金融理财方式。其基本类型有四类。

1. 活期储蓄

活期储蓄不定期限，储户在银行开户时，由银行发给存折，以后储户凭银行存折随时可以支取。这种储蓄一元起存，多存不限，每年6月30日计付一次利息，利息并入本金起息，无存期和金额限制。

2. 定期储蓄

定期储蓄根据所定期限和操作方式的不同，分为整存整取、零存整取、存本取息、整存零取与定活两便储蓄存款等形式。

（1）整存整取定期储蓄。

整存整取定期储蓄存款，50元起存，多存不限，一次存入，约定期限，由银行开具存单，到期凭存单一次支取本息，存期分为三个月、六个月、一年、二年、三年、五年六个档次。本金一次性存入，银行发给存单，凭存单支取本息。储户在开户或到期之前可向银行申请办理自动转存或约定转存业务。整存整取储蓄存款只能办理现金存取和同名转账业务。

（2）零存整取定期储蓄。

零存整取的特点是分期存入，到期后一次性整笔支取本金和利息，便于储户在积少成多的过程中取得高于活期存款的利息收入。该种储蓄要求每月存入固定金额，一般5元起存，存期分为一年、三年、五年三个档次，存款开户金额由储户自定，并提示要固定存入的金额，每月存入一次，中途如有漏存，应于次月补存，未补存者视同违约，到期支取时对违约之前的本金部分按定期储蓄利率计算利息；违约之后存入的本金部分按支取日当日中国人民银行公告的活期储蓄利率计息。

（3）存本取息定期储蓄。

存本取息的基本规定是储户一次存入本金，约定存期和支取利息的期次，在存期内按约定支息期次平均支取利息，到期支取全部本金。此业务适用于数目较大、存期较长而且需要分期支用利息的存储。

该储蓄品种要求本金一次性存入，一般5 000元起存，存期分为一年、三年和五年三个档次，利息凭存单和存折支取，可以一个月或几个月取息一次，由储户与储蓄机构协商确定。如果储户在取息日未支取，以后可随时取用。若中途须提前支取本金，则按定期存款提前支取的规定计算实际应支付的利息，并扣回以前多支付的利息。

（4）整存零取定期储蓄。

整存零取定期储蓄是一种一次将一笔较大的整数款项的本金存入储蓄所，分期按本金平均支取，到期支付利息的储蓄存款。这种储蓄适合有较大的款项收入，而且准备在一定时期内分期陆续使用的家庭存储。储户开户时将本金一次存进，起存金额由银行与储户协商确定，一般最低起存额为1 000元，多存不限，存款期限分为一年、三年、五年三个档次。支取本金期可分为每一个月、三个月或六个月支取一次，支取期限由储户选择和确定，利率计算方法与存本取息相同。

(5) 定活两便储蓄存款。

定活两便储蓄的特点是既有定期存款利息高的优势,又有活期存款流动性好的便利。一般 50 元起存,存单分为记名和不记名两种。记名式可挂失,不记名式不可挂失。储户开户时不必约定存期,银行根据存款的实际期限按相应的规定计息。比如,交通银行对定活两便储蓄存款的计息规定是定活两便储蓄存款的存期不限,存期不满三个月的,按天数计付活期利息;存期三个月以上(含三个月)不满半年的,整个存期按支取日定期整存整取三个月存款利率打六折计息;存期半年以上(含半年)不满一年的,整个存期按支取日定期整存整取半年期存款利率打六折计息;存期在一年以上(含一年),无论存期多长,整个存期一律按支取日定期整存整取一年期存款利率打六折计息。

3. 通知存款

通知存款是指客户存款时不必约定存期,支取时须提前通知银行,约定支取存款日期和金额方能支取的一种存款品种。

通知存款存入时,存款人自由选择通知存款品种,但存款凭证上不注明存期和利率,按支取日挂牌公告的相应利率和实际存期计息,利随本清。部分支取的,支取部分按支取日相应档次的利率计付利息,留存部分仍从开户日计算存期。

通知存款按币值品种分为人民币通知存款和外币通知存款。

人民币通知存款需一次性存入,支取可分一次或多次。不论实际存期多长,按存款人提前通知的期限长短划分为 1 天通知存款和 7 天通知存款两个品种,最低起存金额为 5 万元。准备支取通知存款时,分别需要提前 1 天(或 7 天)通知银行,才不会有利率损失。

外币通知存款只设七天通知存款一个品种,最低起存金额为 5 万元人民币等值外汇;最低支取金额个人为 5 万元人民币等值外汇。对于个人 300 万美元(含 300 万)以上等值外币存款,经与客户协商,可以办理外币大额通知存款。在支取时按照大额外币通知存款实际存期和支取日利率(即支取日上一交易日国际市场利率约定利差)计息。

4. 教育储蓄

教育储蓄是国家为促进教育事业发展而开办的一种城乡居民为其本人或子女接受非义务教育(指九年义务教育之外的全日制高中、大中专、大学本科、硕士和博士研究生)积蓄资金的一种零存整取存续存款。

教育储蓄的存期分为一年、三年和六年,为零存整取定期储蓄,最低起存金额为 50 元,本金合计最高限额为 2 万元。教育储蓄采用实名制,办理开户时,储户要持本人(学生)户口簿或身份证,到银行以储户本人(学生)的姓名开立存款账户。开户时储户与金融机构约定每月固定存入金额,分月存入。中途如有漏存,应在次月补齐,未补存者,按零存整取的有关规定办理。

教育储蓄的利率享受两大优惠政策,一是免征利息税,二是作为零存整取储蓄将享受整存整取利息。图 3.1 为办理免税教育储蓄流程图。

计息时,一年期、三年期教育储蓄按开户日同期同档次整存整取定期储蓄存款利率计息,六年期按开户日五年期整存整取定期存款储蓄存款利率计息。每月在存期内如遇利率调整,仍按开户日利率计息。

到期支取时,储户须凭存折及接受非义务教育的录取通知书原件或学校证明到商业银行一次支取本息。逾期支取,其超过原定存期的部分,按支取日活期储蓄存款利率计息,并

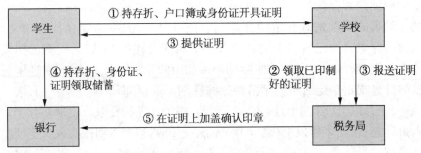

图 3.1 办理免税教育储蓄流程图

按有关规定征收利息所得税。提前支取时,必须全额支取,储户凭存折和学校提供的正在接受非义务教育的学生身份证明支取存款。不能提供证明的,不享受利率优惠,并须缴纳利息所得税。

总结起来,教育储蓄具有以下五个特点。

(1) 储户特定。

教育储蓄的对象(储户)为在校小学四年级(含四年级)以上学生。

(2) 存期灵活。

教育储蓄为零存整取定期储蓄存款。存期分为一年、三年和六年。

(3) 总额控制。

教育储蓄起存金额为 50 元,本金合计最高限额为 2 万元。

(4) 利率优惠。

一年期、三年期教育储蓄按开户日同期同档次整存整取定期储蓄存款利率计息;六年期按开户日五年期整存整取定期储蓄存款利率计息。

(5) 利息免税。

享受免征利息税优惠政策的对象必须是正在接受非义务教育的在校学生,储户凭存折和学校提供的正在接受非义务教育的学生身份证明前来支取教育储蓄时,免征储蓄存款利息所得税。其在就读全日制高中(中专)、大专和大学本科、硕士和博士研究生的三个阶段中,每个学习阶段可分别享受一次 2 万元教育储蓄的免税和利率优惠。也就是说,一个人至多可以享受三次优惠。

(二) 我国储蓄类的新型理财产品

随着个人金融资产的不断增长,人们对资产保值和增值的需求大大增加,投资理念日益成熟,传统的储蓄类个人理财产品远远不能满足个人投资者多样化和个性化的投资需求。另外,证券公司、保险公司等非银行金融机构也通过推出高收益理财产品吸引居民的银行储蓄。商业银行在日益激烈的市场竞争中,为留住储蓄存款客户,扩大存款来源,在原有传统的储蓄产品基础上不断创新,推出了种类繁多的新品种,以满足个人投资者的需求。下面重点介绍国内银行四类结构性存款理财产品及其特点。

1. 浮动利率但收益封顶型结构性存款

该产品有一个固定的存续期限,在存续期限内利率是浮动的,但浮动有一个上限。举例如下。

产品基本情况:存款期限 X 年,利率为浮动利率,每半年结息一次,利率为 6 个月 Libor

(London interbank offer rate,伦敦银行同业拆借利率)+0.75%,但利率上限封顶在6.5%,即如果 X 年内6个月 Libor 利率上涨超过5.75%,存款人只能获取6.5%的收益,超出部分看作存款者的利息损失。该存款银行在满一年后有提前终止的权利;未经银行允许,客户不能提前终止协议和提前支取该笔存款。(一般而言,银行在设计产品时,会规定银行拥有提前终止协议的权利)。

产品特点:该产品是100%保本型产品,拥有优于市场利率的收益机会,即存款利率一般保持在 Libor 水平,但本产品利率高于 Libor 利率,如(Libor+0.75%)。

产品风险:该存款的风险在于如果存款期限 X 年内,Libor 利率上涨超过5.75%,存款者将损失超出部分的收益,Libor + 0.75% - 6.5% = Libor - 5.75%。

该产品适用于预测未来利率走势为保持稳定型或即使上涨也不会超过某一上限的情况。若预测失误,投资者将损失超过上限利率部分的利息收入。

例如:某公司有500万美元闲置资金有待运用,希望获得高息收入,但仅能承担部分利息损失的风险。根据公司的这一要求,某银行理财工作室为其推荐了浮动利率但收益封顶型的结构性存款产品,被该公司接受,签订了如下结构性存款协议。

若 Libor 利率下调,一年后银行可能终止该笔存款,客户收到一年的高息收入。若Libor 利率上涨,此存款将续存下去,客户每半年将获得高于一般性存款的利息收入,一直到 Libor 利率涨到5.75%以上,公司将损失超过(Libor-5.75%)那一部分的利息收入。

2. 与某一利率区间挂钩型结构性存款

该产品有一个固定的存续期限,在存续期限内利率与某一个利率区间挂钩。举例如下:

产品基本情况:与 Libor 利率区间挂钩的存款,其存款期限 X 年,每季结息一次。每一季存款利息都按在约定期限内,在某一约定区间的天数计息,如果该 Libor 利率超过上述规定的利率区间,该日将不计息。

产品特点:100%保本型产品,存款期限灵活。

产品风险:如果美元利率增长过快,超出利率区间,存款收益将降低。

这类产品适用于对未来利率走势预测为较稳定趋势,即使利率上涨或下跌,其上涨幅度或下跌幅度不会或不经常超出利率区间的情况。若预测失误,则客户将会损失部分利息收入。

例如:某公司有300万美元存款,与银行签订与某一利率区间挂钩型结构性存款的协议,协议内容为:存款期限3年,从某年10月2日到其后3年的10月2日,每季结息一次。存款利率为($5.8\% \times N/360$),其中 N 为存款期限内3个月美元 Libor 处在下述利率区间内的实际天数。挂钩利率区间:第一年为0%—4.5%;第二年为0%—5.5%;第三年为0%—6.5%。利息支付方式为按季付息。

假设第一年第一季度的3个月美元 Libor 有60天在挂钩利率区间,则该季度的利息为:$300 \times 5.8\% \times 60/360 = 2.9$ 万美元。其他季度的利息按此方法类推计算。

3. 与某一利率指标(如 Libor)挂钩型结构性存款

该产品有一个固定的存续期限,在存续期限内利率与某一个利率挂钩。举例如下:

产品基本情况:存款期限 X 年,第一年固定利率为4.2%,其余两年利率为(9%-6个月 Libor),每半年付息一次。银行有权在每半年行使一次提前终止存款的权利;未经银行允许,客户不能提前终止协议和提前支取该笔存款。(一般而言,银行在设计产品时,会规定银行拥有提前终止协议的权利)。

假设当时三年期存款利率为3.7%。

产品特点：100%保本型产品。产品的利息收益与利率反向挂钩，当6个月Libor低于4.8%时，该产品可获取高于第一年固定利率4.2%的利息。

产品风险：该存款的风险在于如果一年以后，美元Libor利率上升超过4.8%，存款者的利息收益将低于第一年固定利率4.2%的利息，利率上升得越高，存款的利息越低。

本产品适用于客户预测未来市场利率将保持稳定，即使上升，升幅也不会太大，客户为获得高息收入，愿意承担若美元Libor利率上升超过一定幅度，客户将损失部分存款利息的机会。

例如：某公司有银行存款300万美元，与某银行联系，理财工作室根据客户的需要和要求推荐了本结构性存款，存款期限3年，第一年固定利率4.2%，以后两年利率为(9%-6个月Libor)，利息每半年支付一次，每次付息日银行有权决定提前终止此项存款。

公司认为，若市场利率在此期间下调，则即使银行在此期间后终止协议，但公司可拿第一期存款高息；若市场利率上扬，因为当时三年期固定存款利率为3.7%，只有Libor升到5.3%时，协议存款票面利率才会降到3.7%。

4. 收益递增型结构性存款

该产品有一个固定的存续期限，在存续期限内利率随时间推进保持某一约定增幅。举例如下。

产品基本情况：存款期限X年，票面利率为第一季度2.5%，以后每季度增加0.25%，按季付息。银行有权在存款第一个季度结息时单方面提前中止该笔存款；未经银行允许，客户不能提前终止协议和提前支取该笔存款。

产品特点：属于100%保本型产品，利息按固定的0.25%的幅度每季度增加一次。

产品风险：若市场利率上升速度高于存款利息期票面利率的增长速度0.25%，投资者将损失超出部分的收益。

这类产品首期票面利率一般高于一般性存款的利率，适用于公司希望获得高于一般性存款利率的利息收入，同时公司又预测存款利率在存款期间不会大幅上升的情况。若市场利率不像预测那样稳定，在此期间大幅上升，则客户将损失利率升幅高于协议存款票面利率的那一部分利息收入。

例如：某公司有闲置资金1 000万美元，且该公司预测在这一个季度内美元利率不会大幅上扬，因此与某银行联系，银行可根据客户的预测及风险承担能力、收益需求与客户签订两年期收益递增型存款协议，约定票面利率为第一季度2.5%，以后每季度在此基础上增加0.25%，按季付息，且银行有权在第一个季度结息时单方面提前终止该笔存款；未经银行允许，客户不能提前终止协议和提前支取该笔存款。

三、储蓄计划的制定与管理

（一）储蓄计划的制定

1. 确定投资者的储蓄额度

一个投资者到底该储蓄多少？个人投资者的实际情况千差万别，没有一个统一的标准。一般情况下，在确定储蓄额度时，要考虑个人投资者的收入和支出水平、投资的收益和风险偏好等因素。有的是根据预算确定，即一个月收入多少，扣除各种必需的和可以预见的消费，将剩余的收入在各种金融资产中进行分配，确定适当的储蓄额度。有的则是根据需要进行储蓄,如某人刚参加工作,在两年内需要买一台钢琴,那么从现在开始必须每月储蓄一定金额,两年以后才能够得到这笔购买钢琴的钱。

2. 选择储蓄网点

目前,我国的储蓄网点众多,各网点的储蓄种类、利率差别不明显,似乎到哪儿储蓄差别不大,储户选择的余地很小。其实不尽如此。随着我国金融改革步伐的加快,银行的竞争意识越来越强,不同银行营业时间、规模、地理位置远近及采用设备、工作效率和服务态度的差别比较大。另外,银行卡的普及程度、卡的服务功能和效率也有很大差别。一般人都愿意选择离家较近、存取方便、服务态度好、科技手段先进的银行储蓄网点。

3. 选择储蓄理财方式

储蓄理财产品的种类很多。除了前面介绍的各种储蓄产品外,还会不断有新的产品出现。各种储蓄产品有不同的特色,可互为补充,并能满足不同投资者的理财要求。选择哪种方式储蓄理财,应根据投资者的具体情况确定。如投资者为个体经营者,随时需要使用大量现金,可选择活期储蓄中的 7 天通知存款产品,既可满足投资者的高流动性需求,又可以取得比一般活期存款较高的利息;如为子女未来受教育积累资金,可选择零存整取教育储蓄,不仅可以获得零存整取利息收入,还可免交个人存款利息所得税,等等。

4. 选择储蓄存期

一般而言,存期越长,利率越高。但存期过长,当需要变现时,未到期提取会损失定期存款利息,继续持有又难以满足必要的流动性需求。此外,在利率上升时,会错失利率上升的投资机会。所以,要结合个人的实际情况,兼顾流动性和效益性需求,选择合理的储蓄存期。

(二) 储蓄计划的管理

1. 建立储蓄计划档案

俗话说,没有计划,不成方圆。储蓄计划实质是个人投资者通过购买银行提供的储蓄类产品实现财富积累的理财规划,是个人投资者根据自己的收入、支出状况及风险偏好作出的理性思考,是理财活动实施与操作的依据与指南,因此,建立储蓄计划档案并予以管理具有重要的现实意义。

2. 定期对储蓄计划进行评估与调整

投资者依据制定的储蓄计划购买储蓄产品或储蓄产品组合进行投资,但投资的效果如何,能否达到预期目标,则需要定期对储蓄计划进行评估。另外,银行的储蓄政策经常发生变化,会影响投资者的收益。

四、储蓄的收益与风险

(一) 储蓄的收益

储蓄的收益来源主要是利息收入,由储户储蓄的本金和确定的利率决定利息收入。

(二) 储蓄的风险

(1) 从储蓄资金的价值变化方面分析:储蓄存款受通货膨胀因素的影响较大。

(2) 从流动性和变现性方面分析:储蓄存款与现金面临的风险相等,属于各类理财产品中风险最低的一种,比较容易变现,当然,定期存款在未到期变现时,会丧失绝大部分利息,只能获取活期存款利率的利息。

(3) 从维护成本方面分析:一些国家开征了储蓄税,增加了储蓄的维护成本,从而增加了储蓄的收益风险。当前,我国大部分储蓄存款的利息是免交所得税的,这方面的风险目前没有。

五、储蓄理财策略

在日常理财行为中,一般认为储蓄存款是最简单的,基本上不需要任何理财策略。事实上,不同的储蓄方式获得的收益是不一样的。本书第三章里介绍了活期储蓄、零存整取、整存整取等不同类型的存款利率之间的差异。对于同样金额的一笔存款,不同的储蓄方式所获得的收益不仅存在差别,而且差别很大。采取有效的储蓄方式,可以为投资者带来更加理想的回报。

目前,许多银行已构建了各具特色的金融便利店、理财中心等专门机构,为客户提供多功能、立体化和网络化的理财服务。在储蓄存款领域,银行可以接受客户的委托,为客户办理各种到期存款变更存款种类、期限或金额的转存业务,办理各种储蓄存款账户之间的转账业务,根据客户的意愿,为客户设计最佳的存款组合方案。个人或家庭可以根据银行的各种储蓄方式,选择相应的储蓄策略。

常见的储蓄策略有以下四种。

(一) 自动转存法

根据客户的资金使用习惯,在预设活期存款留存金额的前提下,可以将多余资金自动转为其他能带来更多收益的存款类型。目前,许多单位工资发放均采用活期储蓄的形式,储户在委托银行代扣物业费、保险费、水电费等之外,要注意及时转存,以降低活期储蓄比例和存款金额过高造成的机会成本损失。另外,在股票市场涨幅偏大或风险过高时,投资者也可暂时卖出股票,以通知存款的形式等待机会。在保存资金流动性的同时,获得高于活期储蓄存款利息的收益。

(二) 阶梯存储法

在进行定期储蓄时,选择不止一种存款期限,使不同到期日呈阶梯形状,既可适应利率调整的需要,又能获得较高的利息收入。在所有存款中,整存整取的利率最高,但流动性也最受影响。因此,整存整取期限的确定除了考虑资金用途外,还要预测存款时利率所处的水平。如果利率水平已经偏高,存期最好选择长一些;反之亦然。对于那些较长时间不用,但不能确定具体存期的款项最好用拆零法,即把一笔存款分成几个不同的存期,降低提前支取带来利息损失的可能。另外,对于一笔金额较大的定期存款,可以考虑将其分成多笔,以相对较小的金额存入,因为金额的大小不会影响存款利率的变化,这样可以避免因需提前支取部分资金而导致整笔大额资金的利息全部被转为活期储蓄的利息。

(三) 利滚利存储法

把存款已经产生的利息及时纳入本金,以利生利。要使存本取息储蓄取得更多的收益,最好与零存整取结合使用,产生利滚利的效果。即先将资金以存本取息的形式固定期限,然后将每月的利息以零存整取的形式储蓄。当然,选择这一存款种类的投资者应该事先对利息的用途做出安排,如日常开销或特定使用方向等。

(四) 利率调整应对法

近年来,随着物价与投资情况的变化,储蓄存款利率调整比较频繁。已有的定期存款是否须转存,必须认真核算。例如,2007年7月21日,管理部门在提高储蓄存款利率的同时,从当年8月15日开始,将征收多年的利息税税率从20%下降到5%。对于整存整取的定期存款,如果没有发生提前支取,银行将按照存款单上的利率匡算出 8 月 15 日前后的利息,然后分别按 20% 和 5% 的税率计扣利息税;如果提前支取,则提前支取部分按当日的活期利率结算利息,同时计扣利息税,计扣方法与活期存款相同。如果 8 月 15 日之后的基准利率不变,则一年期储蓄存款的税后利率将由 2.448% 提高到 3.165%,增幅为 0.717 个百分点,1 万元人民币的 1 年期定期存款,可比以前多得 71.55 元利息,其他档次的定期存款情况类似。这是否意味着所有未到期存款均应转存呢?事实并非如此,按照规定的计息方法,截至 2007 年 8 月 15 日,存期 1 年、已存 38 天,存期 2 年、已存 61 天,存期 3 年、已存 75 天,存期 5 年、已存 110 天的存款,如果转存将得不偿失。因此,每次利率调整之前,均应仔细匡算,对不同类型的存款采取不同的应对策略。

第二节 人民币集合理财

一、人民币集合理财的含义[①]

(一)人民币集合理财的概念

集合理财是商业银行凭借其信用能力、融资渠道和专业知识优势,将设定投资对象、投资目标的金融工具出售给投资者,利用所筹集的资金开展投资活动,从而取得相对稳定且高于储蓄存款的投资收益的过程,同时,商业银行根据合同约定将投资收益分配给投资者。而为人民币集合理财所设定的金融工具就是人民币集合理财产品。

从标价货币分类的角度来看,即允许用于购买相应银行理财产品或支付收益的货币类型来看,银行理财产品可以分为人民币理财产品、外币理财产品和双币理财产品。外币理财产品只能用美元、港币等外币购买,人民币理财产品只能用人民币购买,而双币理财产品则同时涉及人民币和外币(见图 3.2)。

图 3.2 银行理财产品分类(按标价货币分类)

本节所谈的集合理财产品主要指人民币理财产品,外币理财产品则在第四节介绍。

(二)人民币集合理财产品与其他理财工具的区别

人民币集合理财起源于储蓄,又不同于储蓄,其主要区别表现如下。

一是流动性低于储蓄。活期储蓄可以随时支取,定期储蓄在损失相应利息的情况下也可以提前支取。而人民币集合理财产品作为一种有固定期限的理财产品,投资者根据协议一般不能提前支取,只能到期取得收益并按规定赎回本金,以方便银行或发行机构更好地制定和实施投资策略。

二是风险性高于储蓄。一般而言,在我国对银行实施严格监管的背景下,储蓄存款基本

[①] 本节部分内容引用《中国银行业从业人员资格认证考试辅导教材:个人理财》,中国金融出版社,2011 年。

是没有利率风险的,但人民币集合理财产品则存在一定的投资风险,甚至有可能损失本金。也正因为如此,我国监管部门已要求商业银行在发售人民币集合理财产品时不能承诺收益,风险由投资者自负。

三是最低限额方面。商业银行内设理财部门的公募理财产品有1万元的销售起点要求,理财子公司的公募产品和储蓄存款则没有这样一个最低限额的要求。

人民币集合理财作为一种专业的理财工具,与一般的证券投资相比,其主要区别表现在:一是所投产品相对期限较短,主要集中在货币市场,涉及长期的资本市场较少。二是相对于股票等资本市场工具而言,其风险性较低。尽管当前的人民币理财产品经常不能承诺保本,但由于所投产品的特性,决定其风险相对较低(见表3.2)。

表3.2 北京农村商业银行"金凤凰理财"产品

产品名称	"金凤凰理财"新股申购优先受益型—一期人民币理财产品(080101Y01)		
所属银行	北京农村商业银行	所在地区	北京
币种	人民币		
发售开始日期	2008-3-5	发售结束日期	2008-3-16
投资期限(月)	12个月		
起点金额	50 000	递增金额	1 000
预期年化收益率	6.22%	期望收益	5%-15%(含15%)
起息日	2008-3-18	到期日	2009-3-17
收益类型	浮动	安全性	既不保本也不保收益
相关费用	销售管理费:0.8%;保管费:0.1%;账户管理费:0.02%		
提前终止权	银行有权提前终止,客户无权提前终止。		
产品介绍	**基础资产:** 　　本理财产品指定投资于中信信托设立的新股申购投资集合资金信托计划之优先受益权。信托资金主要用于上海、深圳证券交易所首次公开发行的A股的网上申购和网下配售、非定向增发新股的申购、首发可转换公司债券的申购、货币市场基金、银行存款、交易所债券逆回购、银行间市场产品、套利金融工具以及受托人投资决策委员会批准的其他运用方式。 **产品特点:** 　　1. 预期收益高。目前的人民币一年期定期存款利率为4.14%,本理财产品预期年化收益率为6.22%,高于同档次存款利率。 　　2. 产品优先受益。本理财产品所投资的信托计划由优先信托资金与一般信托资金共同组成。本理财产品作为信托计划的优先委托人,同时作为优先受益人。信托计划到期终止或提前终止,受托人扣除应由信托财产承担的税费后,按照信托计划约定的预期年化收益率6.22%优先向优先受益人分配信托利益(包括信托本金和应付的预期信托收益)。 　　3. 风险较低。一般信托资金的委托人将以其信托本金与收益为限对本理财产品所投资的优先份额的本金与收益进行保障。基于信托计划的受益权结构、风险控制制度及审慎的条件,测算表明,优先受益人的信托利益不受损失的概率在99.99%以上。 **其他内容:** 　　购买日至发行期结束日之间,客户理财资金按活期利率计付利息。在发行期内认购不接受撤单申请。理财期内银行将在北京农村商业银行网站(www.bjrcb.com)和各营业网点发布相关信息公告。 **风险提示:** 　　1. 投资风险。本产品到期时,若所投资的优先受益权实际获得的分配资金,不足该受益权按照相等期限和相应预期年化收益率计算所应获得的本金和收益金额,投资人将自行承担由此而导致的投资本金和收益延迟收回乃至损失的风险。北京农村商业银行不承担任何还本付息的责任。投资者应充分认识投资风险,谨慎投资。 　　2. 利率风险。产品存续期间,若人民银行提高存款利率,客户将损失利率提高的机会收益。		

（三）人民币集合理财产品的特点

人民币集合理财产品的特点主要表现在以下四个方面。

1. 信誉相对高

由于人民币集合理财产品是商业银行推出的，而商业银行在中国所有金融机构中是信誉度最高的，因此，人民币理财产品具有较高的信誉保障。

2. 收益相对高

人民币集合理财产品可以利用商业银行在银行间债券市场上的绝对优势得到一些特殊的债券品种，从而为客户获得较高的投资收益。一般而言，其平均收益率会高于同期储蓄存款的收益率。

3. 优惠较多

商业银行可以利用其特有的优势为人民币集合理财产品推出一系列独有的优惠条款。

4. 风险较低

购买人民币集合理财产品的客户一般是金融知识相对薄弱的普通储户，风险承受能力也极低，而商业银行人民币集合理财产品信誉很高，风险较低，比较适合普通储户把一部分维持生活必需的"养命钱"用于这项投资。但一般而言，人民币集合理财产品在期限未满前不能提前支取。

二、人民币集合理财产品的基本类型

（一）按银行理财产品收益不同分类

银行理财产品按收益或者本金是否可保全可分为保本产品和非保本产品两类。

保本类理财产品的特点是投资者在到期日可以获得100%的本金，并有机会获得更高投资回报。保本类理财产品适合特定投资风险承受程度为"保守型"或"保守型"以上的客户。保本类理财产品虽然可以保证到期日本金没有损失，但并不意味着完全没有风险。保本类理财产品一般不得提前支取，投资者应确信在投资期间不使用投资本金；或允许提前支取，但需按照银行参照产品市场价值提供的提前赎回价格计算返还金额，可能高于或低于本金。另外，投资者需要有心理准备来面对利率调整和通货膨胀所带来的本金相对价值的减少。

非保本类理财产品的特点是银行不保证在到期日投资者可以获得100%的本金。投资者有可能损失部分或者全部本金。非保本类理财产品适合能承受一定风险的投资者。

2018年9月28日，中国银保监会发布《商业银行理财业务监督管理办法》（以下简称"理财新规"）。根据"理财新规"，非保本理财产品为真正意义上的理财产品；保本理财产品按照是否挂钩衍生产品，可以分为结构性理财产品和非结构性理财产品，应分别按照结构性存款或其他存款进行规范管理，纳入银行表内核算。保本理财产品与非保本理财产品"代客理财"的资产管理属性存在本质差异。

（二）按银行理财产品交易类型分类

银行理财产品按交易类型可分为开放式产品和封闭式产品两类。

与基金类似，开放式产品总体份额与总体金额都是可变的，即可以随时根据市场供求情况发行新份额或被投资者赎回的理财产品。而封闭式产品是总体份额在存续期内不变，而总体金额可能变化的理财产品。对于封闭式产品，投资者在产品存续期既不能申购也不能赎回,或只能赎回不能申购的理财产品。封闭式产品的赎回一般都会有特定的条款,该条款规定客户或者银行在触发条款规定时具有赎回的权利。

（三）按产品期次性分类

银行理财产品按期次性可分为期次类和滚动发行两类。

期次类产品只在一段销售时间内销售,比如委托期为一周或一年的产品,到期后利随本消,产品结束;而滚动发行产品,比如每月滚动销售的产品,是采取循环销售的方式,这样投资者可以进行连续投资,拥有更多的选择机会。在滚动发行的理财产品中,一些银行为了方便客户,通过一次性签约形式自动实现产品的滚动。

（四）按产品投资类型

随着市场的不断发展,银行理财产品的投资模式和投资标的日益多样化和复杂化,从投资类型来看,银行理财产品根据投资或者挂钩的对象可以分为利率挂钩、股票挂钩、基金挂钩、外汇挂钩、商品挂钩、信用挂钩、保险挂钩、混合挂钩八大类。

（五）按产品期限分类

银行理财产品按期限类型可分为6个月以内、1年以内、1年至2年期以及2年以上期产品。其中,6个月以内的产品又可分为1个月以内、1个月至3个月以及3个月至6个月三种类型。根据市场一般性划分,1个月以内的产品称为超短期理财产品,1个月至1年期的理财产品称为短期理财产品,1年至2年期的理财产品称为中期理财产品,2年期以上理财产品称为长期理财产品。

当前,市场上较为常见的理财产品按投资对象主要分为：货币型理财产品、债券类理财产品、股票类理财产品、信贷资产类理财产品、组合投资类理财产品、结构性理财产品、另类理财产品和其他理财产品。其中,货币类理财产品挂钩于利率、外汇等,信贷类挂钩于信用,组合投资类和结构性产品挂钩类别较多。

三、从投资方向来看,人民币集合理财的主要品种

从投资方向分,最常见的人民币集合理财产品有货币型、债券型、股票类、信贷资产类、组合投资类、结构性等。

（一）货币型理财产品

1. 定义

货币型理财产品是投资于货币市场的银行理财产品。它主要投资于信用级别较高、流动性较好的金融工具,包括国债、金融债、中央银行票据、债券回购、高信用级别的企业债、公司债、短期融资券,以及法律法规允许投资的其他金融工具。这些金融工具的市场价格与利率高度相关,因此属于挂钩利率类理财产品。

2. 货币型理财产品的特点

货币型理财产品具有投资期短、资金赎回灵活、本金、收益安全性高等主要特点。该类产品通常被作为活期存款的替代品。

3. 货币型理财产品的风险

由于货币型理财产品的投资方向是具有高信用级别的中短期金融工具,所以其信用风险低,流动性风险小,属于保守、稳健型产品。

4. 货币型理财产品举例

例：A 银行——"××理财计划"

产品投向：本理财计划投资于金融债、中央银行票据、债券回购以及高信用级别的企业债、公司债、短期融资券等。

产品的申购和赎回：理财计划存续期内，投资者可根据资金状况在产品存续期内每个工作日的交易时间内随时申购或赎回。

产品收益：本理财计划预期收益率超过银行七天通知存款利率，A 银行每个工作日根据实际投资运作的收益情况计算并公布产品当日年化收益率。

如某投资者在 4 月 21 日购买该类产品 100 万元，4 月 24 日工作时间卖出，4 月 21 日至 4 月 24 日每天的当日年化收益率（已扣除管理费用）见表 3.3。

表 3.3　"××理财计划"当日年化收益率

4月21日	4月22日	4月23日	4月24日
2.15%	2.20%	2.10%	2.15%

那么，在此期间理财收益为

（2.15%＋2.20%＋2.10%）/365×100 万元 = 176.71 元

（二）债券型理财产品

1. 定义

债券型理财产品是以国债、金融债和中央银行票据为主要投资对象的银行理财产品。与货币型理财产品类似，债券型理财产品也属于挂钩利率类理财产品。

2. 债券型理财产品的特点

债券型理财产品的特点是产品结构简单、投资风险小、客户预期收益稳定。债券型理财产品的市场认知度高，客户容易理解。

3. 债券型理财产品的收益及风险特征

目前，商业银行推出的债券型理财产品的投资对象主要是国债、金融债和中央银行票据等信用等级高、流动性强、风险小的产品，因此，其投资风险较低，收益也不高，属于保守、稳健型产品。基于上述基本特点，其目标客户主要为风险承受能力较低的投资者，适合保守型和稳健型客户投资。

4. 债券型理财产品投资方向

债券型理财产品资金主要投向银行间债券市场、国债市场和企业债市场。银行募集客户资金，进行统一投资，产品到期之后向客户一次性归还本金和收益。

目前，对于投资者而言，购买债券型理财产品面临的最大风险来自利率风险、汇率风险和流动性风险。利率风险主要来自人民币存款利率的变化；汇率风险在外币债券型理财产品中较为普遍，表现为本币和外币汇率的不可预测性；而流动性风险主要是由于目前国内银行业债券理财产品通常不提供提前赎回，投资者的本金在一定时间内会固化在银行里。

5. 债券型理财产品举例

例：A 银行人民币债券理财计划

产品投向：主要投资于银行间债券市场中信用等级较高的债券。

理财收益：A 银行人民币债券理财计划为 1 个月期理财产品，到期一次还本付息，根据本理财产品债券投资组合情况,预期本产品年化收益率为2.62%。

$$理财收益=理财金额×年收益率×实际理财天数/365$$

风险提示:

市场风险。如果在理财期内,市场利率上升,该产品的收益率不随市场利率上升而提高。

流动性风险。投资者没有提前终止权。

其他风险。如果自然灾害、战争等不可抗力因素出现,将严重影响金融市场的正常运行,从而导致理财资产收益降低或损失,甚至影响理财计划的受理、投资、偿还等的正常进行,进而影响理财计划的资金收益安全。

(三)股票类理财产品

股票(或股权)类理财产品品种比较多,其中包括商业银行推出的一些FOF(基金中的基金)产品、私募理财产品等,这些产品都是部分或者全部投资于股票(或股权)的理财产品,风险相对较大。

商业银行内设理财部门的公募理财产品可以通过公募基金间接投资股票;理财子公司发行的公募理财产品可以直接或间接投资股票;私募理财产品的投资范围由合同约定,可以投资于债权类资产和权益类资产等。

例:阳光私募理财产品介绍

虽然没有明确的定义,但与公募基金相对,私募基金是指通过非公开的方式向特定投资者、机构或个人募集资金,按投资方向和管理方协商回报进行投资理财的基金产品。其中证券产品和金融衍生品很多时候是指将非公开募集的资金投资于证券市场产品(多为公共二级市场),一些公开的私募被称为阳光私募。2009年以来,阳光私募产品得到了快速发展,阳光私募基金已经获得市场认可,并成为高端客户的一条理财渠道。

由于银监会对于银行参与证券二级市场的限制,私募基金先后和银行、信托公司合作,发行股票类理财产品。私募理财产品的投资范围包括股票、债券及债券回购、权证、开放式基金、封闭式基金、指数型LOF与ETF等。

私募理财产品的诞生为投资者参与私募基金提供了渠道。它的产生既体现了银行理财产品趋于规范化的过程,又带动了银行理财产品走向多元化的步伐。这类产品投资门槛较高,主要由私人银行面向高净值客户发行。

与私募基金和以往产品相比较,阳光私募理财产品风险较高,属于成长、积极型产品,但由于银行对产品进行全面的监控,并且有效地规范私募机构的投资运作,在一定程度上保证了资金的安全。而且产品由多家机构分别进行管理,稳健、均衡或激进等投资管理风格均有所涵盖,因而能有效地分散和对冲风险。

例:A银行阳光私募理财计划(见表3.4)

表3.4 A银行阳光私募理财计划

产品类型	非保本浮动收益
销售机构	A银行
投资期	386天
投资币种	人民币

续表

投资标的	资本证券市场
投资起点金额	100万元
起售期	2009年11月30日到2009年12月10日
起息日	2009年12月11日
到期日	2010年12月31日
还本利息方式	1. 单利；2. 产品到期后一次性偿还本息
赎回规定	银行有权提前终止产品，投资者无权提前赎回
是否可质押	不可以

产品投向：产品募集资金投向境内 A 股市场，投资范围包括 A 股股票、债券及债券回购、权证、开放式基金、封闭式基金、指数型 LOF 与 ETF 等。其中，投资比例限制分别为：权益类资产（包括股票、股票型基金、混合型基金及以股票为标的资产的金融衍生品）0—98%；投资范围内的非权益类资产 2%—100%。

本理财计划投资对象为 A 银行委托 B 信托投资有限公司设立的新股申购链式信托计划。该链式信托主要通过投资上海证券交易所、深圳证券交易所的首次公开发行股票、增发新股的网上、网下申购，所申购股票原则上于该股票上市首日出售，间歇资金投资于银行间市场、货币市场基金、银行存款等经委托人认可的其他投资方式，风险较低。

收益情况：A 银行阳光私募理财计划为不保本浮动收益，属于积极型理财产品。产品到期不保证本金，主要面临市场风险。投资市场的价格波动可能对投资者的本金或收益产生影响。

（四）信贷资产类理财产品

信贷资产类理财产品大多是通过发行信托的方式进行，因此具有信托的一些特征。

信托具有以下特点：信托是以信任为基础的财产管理制度；信托财产权利主体与利益主体相分离；信托经营方式灵活、适应性强；信托财产具有独立性；信托管理具有连续性；受托人不承担无过失的损失风险；信托利益分配、损益计算遵循实绩原则；信托具有融通资金的职能。

1. 定义

信贷资产类理财产品一般是指信托公司作为受托人成立信托计划，接受银行委托，将银行发行理财产品所募集来的客户资金向理财产品发售银行或第三方购买信贷资产。信托计划到期后由信托投资公司根据信托投资情况支付本金和收益。

根据监管要求，在开发信贷资产类理财产品过程中，金融机构开展信贷资产转让及信贷资产类理财业务时，应保证信贷资产（含贷款和票据融资）是确定的、可转让的，以合法有效地进行转让或投资。银行业金融机构在进行信贷资产转让时，须严格遵守资产转让真实性原则。

根据中国银监会《关于规范借贷资产转让及信贷资产类理财业务有关事项的通知》，信贷资产类理财产品通过资产组合管理的方式投资于多项信贷资产，理财产品的期限与借贷资产的剩余期限不一致时，应将不少于 30%的理财资金投资于高流动性、本金安全程度高的存款、债券等产品。

2. 信贷资产类理财产品特点

信贷资产本身是银行的资产业务，在一定程度上受到宏观经济政策和监管政策限制，通过开发信贷资产类产品,银行可以将部分信贷资产转至表外,由资产业务转变为中间业务,在资产业务规模受到控制的条件下,银行有动力利用信贷资产开发理财产品。从这个意义上说,信贷资产类理财产品的开发是银行调整资产负债结构的一个手段。但在宏观经济政策收紧,信贷规模受到严格控制的条件下,信贷资产类产品的大规模开发会直接影响到宏观经济政策的有效性,因此,信贷资产类产品受到监管部门的重视,甚至会通过窗口指导来压缩此类产品。

3. 信贷资产类理财产品的风险

按照银行业风险属性的分类,信贷资产类理财产品应属于保守、稳健型。这类产品的主要风险有:

信用风险。信贷资产类产品对银行和信托公司而言,都属于表外业务,贷款的信用风险完全由购买理财产品的投资者承担。一旦用款单位出现还款风险,担保人又不能如期履行担保责任,将会给购买理财产品的投资者带来风险,银行业与信托业虽然对此不负有偿还义务,但也将面临系统性的声誉风险。

收益风险。该类产品收益来源于贷款利息,执行人民银行相关利率标准。这意味着委托人的收益上限是贷款利率并扣除一定的信托管理费用、托管费用以及理财产品销售费用。

流动性风险。信托借款人提前归还借款,信托资产类理财产品计划可能提前终止,投资者面临着一定的流动性风险。例如,如果贷款利率上升,借款人提前还贷,理财产品就会面临提前终止的风险。

4. 信贷资产类银行信托理财产品举例

例:A 银行人民币资金信托理财计划

产品投向:本理财产品投资对象为 A 银行××分行信贷资产单一资金信托产品,B 信托投资有限责任公司以受托人名义向 A 银行××分行购买一笔信托资产,信贷资产的借款人为××高速公路有限公司。借款人在 A 银行具有良好的企业信用记录,且在理财计划到期日,A 银行为借款人提供后续贷款安排。

产品收益:该产品理财期限为 1 年,预期年化收益率为 5.0%(高于同期 1 年期存款利率)。

申购和赎回权利:

(1)在理财期间,如果本理财产品所投资的单一资金信托提前终止,与之相对应,本理财产品将提前终止。

(2)投资者无提前终止权。

(五)组合投资类理财产品

1. 定义

组合投资类理财产品通常投资于多种资产组成的资产组合或资产池,其中包括债券、票据、债券回购、货币市场存拆放交易、新股申购、信贷资产以及其他理财产品等多种投资品种,同时发行主体往往采用动态的投资组合管理方法和资产负债管理方法对资产池进行管理。

与其他理财产品相比,组合投资类理财产品实现了两大突破,一是突破了理财产品投资渠道狭窄的限制,进行多种组合投资,甚至可以跨多个市场进行投资;二是突破了银行理财产品间歇性销售的形式,组合投资类理财产品可以滚动发行和连续销售。

2. 组合投资类理财产品的优势和缺点

组合投资类理财产品的优势主要在于:

第一,产品期限覆盖面广,可以全面地满足不同类型客户对投资期限的个性化需求,较为灵活,甚至可以根据特殊需求定制产品,给许多对流动性要求比较高的客户提供了便利;

第二,组合资产池的投资模式在分散投资风险的同时,克服了单一投向理财产品负债期限和资产期限必须严格对应的缺陷,扩大了银行的资金运用范围和客户收益空间;

第三,赋予发行主体充分的主动管理能力,最大限度地发挥了银行在资产管理及风险防控方面的优势,资产管理团队可以根据市场状况及时调整资产池的构成。

然而,在购买组合投资类理财产品时,还需注意如下方面。

第一,组合投资类理财产品存在信息透明度不高的缺点,投资者难以及时、全面地了解详细资产配置,具体投资哪些资产以及以何种比例投资于这些资产并不明确,增加了产品的信息不对称性;

第二,产品的表现更加依赖于发行主体的管理水平,组合投资类理财产品赋予发行主体灵活的主动管理能力,同时对其资产管理和风险防控能力提出更高的要求;

第三,负债期限和资产期限的错配以及复杂衍生结构的嵌入增加了产品的复杂性,导致决定产品最终收益的因素增多,产品投资风险可能会随之扩大。

3. 组合投资类理财产品现状

从收益类型来看,组合投资类理财产品主要有保本浮动收益和非保本浮动收益两种类型。投资者需根据自身对理财产品的收益、风险和流动性偏好水平选择理财产品。

4. 组合投资类理财产品参考案例

以表3.5中的产品为例。

表3.5　A 银行××理财产品××期

发行银行	A 银行	
产品名称	××理财产品××期	
委托期限	起息日	2009-07-14
	到期日	2009-08-13
预期收益率	预期年化收益率1.80%　投资币种	人民币
基础资产	理财产品主要投资但不限于债券市场国债、政策性金融债、企业债、中央银行票据、短期融资券、中期票据、债券回购、货币市场存拆放交易、银行存款、银行承兑汇票、信托计划或投资于以上投资品种的他行理财产品等	
支付条款	在不出现风险提示书所述风险的情况下,购买本理财产品的客户在投资周期结束后将获得理财本金及投资收益,理财收益的计算公式如下: 理财收益=[该期理财产品实际投资收益率-交易费用率-银行管理费率(如有)]×投资周期天数÷365×客户的理财本金 其中, 理财收益率=该期理财产品实际投资收益率-交易费用率-银行管理费率(如有),以银行在投资周期开始前公布的预期最高收益率为上限	
流动性条款	银行有权提前终止该理财产品,投资者不能提前赎回	
收益类型	非保本浮动收益型	

(六)结构性理财产品

1. 结构性理财产品的概念

结构性理财产品是指运用金融工程技术,将存款、零息债券等固定收益产品与金融衍生品（如远期、期权、掉期等）组合在一起而形成的一种金融产品。

2. 结构性理财产品的主要类型

根据挂钩资产的属性，结构性理财产品大致可以细分为利率/债券挂钩类、股票挂钩类、商品挂钩类及混合类等。结构性理财产品的回报率通常取决于挂钩资产（挂钩标的）的表现。

3. 结构性产品案例分析

例1：利率/债券挂钩类理财产品

（1）概念。

利率挂钩类理财产品与境内外货币的利率相挂钩，产品的收益取决于产品结构和利率的走势。

债券挂钩类理财产品主要是指在货币市场和债券市场上进行交换和交易，并由银行发行的理财产品。其特点是收益不高，但非常稳定，一般投资期限固定，不得提前支取。

对于利率挂钩类和债券挂钩类理财产品而言，挂钩标的必定是一组或多组利率/债券，如3个月伦敦金融市场上银行之间相互拆借美元的利率。

利率/债券挂钩类理财产品包括与利率正向挂钩产品、与利率反向挂钩产品、区间累积产品和达标赎回型产品。

（2）挂钩标的。

① 伦敦银行同业拆借利率（Libor）。伦敦银行同业拆借利率是全球贷款方及债券发行人的普遍参考利率，是目前国际间最重要和最常用的市场基准利率。

该利率一般分为两种，即贷款利率和存款利率，两者之间的差额为银行利润。通常，报出的利率为隔夜（两个工作日）、7天、1个月、3个月、6个月和1年期的，超过1年以上的长期利率，则视对方的资信、信贷的金额和期限等情况另定。

参与伦敦金融市场借贷活动的其他银行和金融机构，均以这些报价银行的利率为基础，确定自己的利率。例如，一笔银团贷款利率确定为伦敦银行同业拆借利率加上0.75%，如果当时伦敦银行同业拆借利率为10%，那么这笔银团贷款的利率便为10.75%。

② 国库券。国库券是国家财政当局为弥补国库收支不平衡而发行的一种政府债券契约。国库券的债务人是国家，其还款保证是国家财政收入，所以它几乎不存在信用违约风险，是金融市场风险最小的信用工具。

中国国库券的期限最短为1年，而西方国家国库券品种较多，一般可分为3个月、6个月、9个月、1年期四种，其面额起点各国不一。

国库券利率是市场利率变动情况的集中反映。国库券利率与商业票据、存款证等有密切的关系，国库券期货可为其他凭证在收益波动时提供套期保值。

③ 公司债券。公司债券是股份制公司发行的一种债务契约，公司承诺在未来的特定日期偿还本金并按事先规定的利率支付利息。公司债券主要分为记名公司债券和不记名公司债券、可提前赎回公司债券和不可提前赎回公司债券。

例2：股票挂钩类理财产品

（1）概念。

股票挂钩类理财产品又称联动式投资产品，指通过金融工程技术，针对投资者对资本市场的不同预期，以拆解或组合衍生性金融产品如股票、一篮子股票、指数、一篮子指数等，并搭配零息债券的方式组合而成的各种不同报酬形态的金融产品。

按是否保障本金划分,股票挂钩类理财产品可归纳为:不保障本金理财产品(含部分保障本金理财产品)和保障本金理财产品两大类。

(2) 挂钩标的。

① 单只股票。该理财产品只挂钩一只上市公司的股票作为观察表现和收益回报。

② 股票篮子。股票篮子由多只不同股票组成。根据产品条款,理财产品会根据股票篮子里的所有股票或表现最差股票的表现作为收益回报的基准。

(3) 期权拆解。

股票挂钩类理财产品可以有多种具体结构,如可自动赎回、价幅累积等。这些结构可以被分解为一系列的期权,如认沽期权、认购期权。

① 认沽期权。认沽期权赋予认沽权证持有人在到期日或之前,根据若干转换比率,以行使价出售相关股票或收取适当差额付款的权利。

② 认购期权。认购期权赋予投资者在到期日或之前,根据若干转换比率以行使价买入相关股票或收取差额付款的权利。

③ 股票篮子关联性。指在一篮子股票当中,所有或几只股票的市场价格、风险和回报都存在着一定相关的因素。负相关性指的是一只股票的涨幅(跌幅)有可能影响到篮子里的另一只股票的跌幅(涨幅)。正相关性指的是两只或两只以上的股票当一只股票处于涨势(跌势),另一只有关联性的股票也会同时上涨(下跌)。

(4) 实际案例分析。

K 银行 2007 年 1 月 8 日在市场上发行了一个投资期为 24 个月的"股票挂钩保本理财产品——触发式可自动赎回"。具体细节如下(见表 3.6)。

表 3.6 K 银行理财产品挂钩股票情况

挂 钩 股 票	股票 A	股票 B	股票 C	股票 D
最初股价(港元)	70	12	10	9.5
投资回报触发股价(最初股价的 94%)(港元)	65.8	11.28	9.4	8.93
提早到期触发股价(最初股价的 99%)(港元)	69.3	11.88	9.9	9.41

① 产品运作

由银行预先设定股票组合、投资回报率、到期日、提早到期日及提早到期观察日;

在观察期内任何一个交易所营业日,如挂钩的股票组合中表现最差股票的收市股价达到或超过预先设定的投资回报触发股价,投资者可在相应的提早到期日或到期日或投资回报派发日(视情况而定)收到投资回报;

在每个提早到期观察日,如挂钩的股票组合中表现最差股票的收市股价达到或超过预先设定的提早到期触发股价,投资产品将在相应的提早到期日提早到期,投资者将收回保证投资金额,并获得相应的投资回报;

如于某个提早到期观察日,挂钩的股票组合中表现最差股票的收市股价低于预先设定的提早到期触发股价,则投资者将继续持有该产品,直至于下一个提早到期日发生提早到期或直至到期日为止;

到期日或提早到期日(视情况而定)收回的保证投资金额及获得的投资回报(如有)以

基准货币结算；

基准货币：美元；

投资金额：100 000 美元；

投资金额保证比率：100%；

保证投资金额×投资金额×投资金额保证比率，即 100 000 美元；

投资回报率：1.666 7%（年投资回报率约 10%）；

投资期：约 24 个月（12 个观察期，如无出现提早到期的情况）；

观察期：每两个月；

股票组合：股票 A，股票 B，股票 C，股票 D（均为在境外主要交易所上市的股票，本例为在香港联合交易所上市的股票）；

提早到期观察日、提早到期日、投资回报派发日及相对应的投资回报率见表 3.7。

表 3.7　K 银行理财产品投资回报率

	观察期开始日 （包括在内）	观察期完结日 （包括在内）	提早到期观察日	提早到期日/到期日 （视情况而定）	投资回报率
1	第 1 个观察期初	第 1 个观察期末	第 1 个观察期末	第 1 个观察期末	1.666 7%
2	第 2 个观察期初	第 2 个观察期末	第 2 个观察期末	第 2 个观察期末	1.666 7%
3	第 3 个观察期初	第 3 个观察期末	第 3 个观察期末	第 3 个观察期末	1.666 7%
4	第 4 个观察期初	第 4 个观察期末	第 4 个观察期末	第 4 个观察期末	1.666 7%
5	第 5 个观察期初	第 5 个观察期末	第 5 个观察期末	第 5 个观察期末	1.666 7%
6	第 6 个观察期初	第 6 个观察期末	第 6 个观察期末	第 6 个观察期末	1.666 7%
7	第 7 个观察期初	第 7 个观察期末	第 7 个观察期末	第 7 个观察期末	1.666 7%
8	第 8 个观察期初	第 8 个观察期末	第 8 个观察期末	第 8 个观察期末	1.666 7%
9	第 9 个观察期初	第 9 个观察期末	第 9 个观察期末	第 9 个观察期末	1.666 7%
10	第 10 个观察期初	第 10 个观察期末	第 10 个观察期末	第 10 个观察期末	1.666 7%
11	第 11 个观察期初	第 11 个观察期末	第 11 个观察期末	第 11 个观察期末	1.666 7%
12	第 12 个观察期初	第 12 个观察期末	不适用	第 12 个观察期末	1.666 7%

以上数据均为范例。投资者于相关提早到期日或到期日或投资回报派发日（视情况而定）可获得的投资回报将依据下列公式计算：

$$投资回报 = 保证投资金额 \times 投资回报率$$

就股票组合中的每只股票而言，在观察期内某交易所营业日的股票表现=（当日该股票的收市股价-最初股价）/最初股价×100%，而表现最差股票是指股票组合中按以上公式计算的股票表现值最小的股票。

② 风险回报分析。

情况一：最佳情况

假设于第一个提早到期观察日（第 1 个观察期末），保本理财产品的股票组合中表现最差股票（股票 B）的收市股价等于提早到期触发股价（见表 3.8）。

表 3.8　K 银行理财产品最佳情况案例

挂 钩 股 票	股票 A	股票 B	股票 C	股票 D
最初股价（港元）	70	12	10	9.5
第一个提早到期观察日的收市股价（港元）	75	11.88	11.5	11
投资回报触发股价（最初股价的 94%）（港元）	65.8	11.28	9.4	8.93
提早到期触发股价（最初股价的 99%）（港元）	69.3	11.88	9.9	9.41
第一个提早到期观察日（第一个观察期末）的股票表现（%）	7.14	−1.00	15.00	15.79

保本理财产品将于第一个提早到期日（第 1 个观察期末）提早到期，而由于同时满足了在该观察期内任何一个交易所营业日股票组合中表现最差股票的收市股价等于或高于预先设定的投资回报触发股价的要求，投资者将在该提早到期日收回保证投资金额及投资回报：

保证投资金额×(1+投资回报率) = 100 000×(1+1.666 7%)

= 101 666.70（美元）

情况二：普通情况

在每一个提早到期观察日，保本理财产品的股票组合中表现最差股票的收市股价皆低于提早到期触发股价，该产品并未有提早到期情况发生，投资者须持有产品至到期日（第 12 个观察期末）。届时投资者在整个投资期间的回报将取决于每个观察期内，有否在任何一个交易所营业日中出现股票组合中表现最差股票的收市股价等于或高于预先设定的投资回报触发股价的情况。

假设在整个投资期内的 12 个观察期中有 9 个观察期曾经出现上述情况，即在至少一个交易所营业日中股票组合中表现最差股票的收市股价等于或高于预先设定的投资回报触发股价（初始股价的 94%），那么投资者在 9 个相应的投资回报派发日可收到投资回报：

投资回报 = 保证投资金额×投资回报率

= 100 000×1.666 7%

= 1 666.70（美元）

投资回报（整个投资期合计）= 1 666.70×9 个观察期

= 15 000.30（美元）

情况三：最差情况

在每一个提早到期观察日，保本投资产品的股票组合中表现最差股票的收市股价皆低于提早到期触发股价，该产品并未有提早到期情况发生，投资者须持有产品至到期日（第 12 个观察期末）。届时投资者在整个投资期间的回报将取决于每个观察期内，有否在任何一个交易所营业日中出现股票组合中表现最差股票的收市股价等于或高于预先设定的投资回报触发股价的情况。

假设在整个投资期内的 12 个观察期中没有任何一个交易所营业日中出现股票组合中表现最差股票的收市股价等于或高于预先设定的投资回报触发股价（初始股价的 94%），那么投资者在第 12 个观察期末可收到投资回报：

投资回报 = 保证投资金额×投资回报率

= 100 000×1.666 7%

= 1 666.70（美元）

投资回报(整个投资期合计)= 1 666.70×0 个观察期
$$= 0(美元)$$

4. 结构性理财产品的主要风险

(1) 挂钩标的物的价格波动。

由于结构性理财产品的浮动收益部分来源于其所挂钩的标的资产的价格变动,因此,影响标的资产价格的诸多因素都成为结构性理财产品的风险因素。

(2) 本金风险。

结构性理财产品的保本率直接影响其最高收益率,因此,结构性理财产品的本金是有部分风险的。

(3) 收益风险。

由于结构性理财产品的收益发生必须完全符合其产品说明书所约定的条件,也就是其期权的执行是基于一定标准的,所以结构性理财产品的收益实现往往并不是线性分布的。这使得结构性理财产品的收益计算与传统投资工具如股票等有较大差异,这是结构性理财产品的又一风险所在。

(4) 流动性风险。

结构性理财产品通常是无法提前终止的,其终止是事先约定的条件发生才出现,因此,结构性理财产品的流动性不及一些其他银行理财产品。

四、人民币集合理财产品理财策略

与储蓄存款相比,人民币集合理财产品的品种及特性相对要复杂一些,但也是一种短期的理财产品,其理财策略相对比较简单,也不像股票与债券投资等长期产品那样有比较成熟且丰富的投资策略。

在进行人民币集合理财产品理财策略设计时,可重点关注以下方面。

(一) 产品期限

在考虑投资者资金使用限制的基础上,人民币集合理财产品要考虑利率的变动趋势。如果处于利率下降周期,则可以选择期限较长的理财产品,使投资者可以在以后的一段时期内仍可享受前一时期的较高利率,不受当期利率下降的影响。如果处于利率上升周期,则应选择期限比较短的理财产品,一旦利率向上调整,即可灵活转换投资对象,介入能提供更高收益的理财产品。

(二) 收益率比较

在多种多样的人民币集合理财产品中,既有固定收益类产品,又有变动收益类产品,还有固定收益加变动收益类产品。在固定收益类产品中,中小商业银行发行的产品的收益率一般高于大型商业银行,尽管中小商业银行信用能力相对较低,分支机构也有限,但投资的目的是在控制风险的情况下取得尽可能高的收益,故其发售的固定收益理财产品仍然值得重视。在变动收益类产品中,发行机构一般采取承诺最高收益率的方式,理财者的重点是分析其实现这个目标的可能性和潜在风险,考察其资金流向和历史业绩。在固定收益加变动收益类产品中,由于这类产品承诺的固定收益一般较低,故应重点考察两类收益可能占的比例以及取得变动收益的宏观环境和市场环境等。不管是哪一类产品,都须进行与同期储蓄存款利率、国债收益率的比较,而且是在扣除管理费和所得税后的净收益。

（三）投资限制条款比较

不同类型的理财产品，在投资限额与终止权上各有区别。有的没有限额要求，无论多少资金均可参与，有的投资起点为3万元或5万元不等，投资者可以根据实际情况进行选择。一些理财产品还根据投资额度的大小在收益率上进行了区分，投资起点越高，承诺收益率越高。对一些有条件的投资者，可以调整资金结构，尽可能选取更高收益率的理财产品。在终止权方面，有些理财产品规定客户无权提前收回资金，意味着在理财产品到期前这笔资金基本上失去了流动性，要求客户在购买时仔细筹划，避免在理财过程中给自己的资金调度带来不便。有些理财产品赋予客户一次提前终止权，但如果行权，收益率将下降。有些理财产品尽管没有提前终止权，但允许客户以理财资金作抵押，申请一定比例的质押贷款。根据中国银监会对理财产品的指导性意见，禁止理财产品搭配定期储蓄存款，但在实际执行过程中，个别理财产品可能仍然存在这一要求。因此，理财者须仔细分析各种限制性条款，争取尽可能地把握一切变动因素，取得最好的理财收益。

第三节 信用卡理财

一、信用卡的含义

（一）什么是信用卡

信用卡是一种非现金交易付款的方式，是简单的信贷服务，是商业银行向个人和单位发行的，凭此向特约单位购物、消费和向银行存取现金，具有消费信用的特制载体卡片，其形式是一张正面印有发卡银行名称、有效期、号码、持卡人姓名等内容，背面有磁条、签名条的卡片。

2006年2月28日，全国人大常委会关于有关信用卡的解释规定，《刑法》规定的"信用卡"是指由商业银行或者其他金融机构发行的具有消费支付、信用贷款、转账结算、存取现金等全部功能或者部分功能的电子支付卡。

信用卡分为贷记卡和准贷记卡。贷记卡是指银行发行的、并给予持卡人一定信用额度、持卡人可在信用额度内先消费后还款的信用卡；准贷记卡是指银行发行的，持卡人按要求交存一定金额的备用金，当备用金账户余额不足支付时，可在规定的信用额度内透支的准贷记卡。本节所说的信用卡单指贷记卡。

（二）信用卡的几个重要概念

信用卡有三个重要的日期，即记账日、账单日和到期还款日。

所谓记账日，是指发卡银行（或机构）将信用卡清算交易内容记入持卡人账户的日期，信用卡记账日一般不是刷卡交易的当天，正常情况下银行会在刷卡的第二个工作日或近两个工作日，将刷卡的款项记入账户中，刷卡交易的内容记入账户的日期即为记账日，但如果持卡人提现，则提现当日即为记账日。

所谓账单日，也称结账日，是指发卡银行每月会定期对客户信用卡账户当期发生的各项交易、费用等进行汇总结算，并结计利息，计算当期总欠款金额和最小还款额，此日期即为信用卡的账单日。

所谓到期还款日,是指信用卡发卡银行要求持卡人归还应付款项的最后日期。

信用卡持卡人利用信用卡进行非现金交易,可以享受两个优惠条件,一是免息还款期待遇,二是最低还款额待遇,免息还款期和最低还款额也是两个重要的概念。

所谓免息还款期待遇,是指银行记账日至发卡银行规定的到期还款日之间即为免息还款期,在免息还款期内,持卡人在到期还款日前偿还所使用全部银行款项可享受免息还款期待遇,无须支付非现金交易的利息。免息还款期最长为60天,目前银行的免息期在20—56天之间。

所谓最低还款额待遇,是指持卡人在到期还款日前,偿还所使用全部银行款项如有困难或不愿全部还清,可按照发卡银行规定的最低还款额还款。

信用卡持卡人选择最低还款方式或超过发卡银行批准的信用额度用卡时,不再享受免息还款期待遇,应当支付未偿还部分自银行记账日起按规定利率计算透支的利息。信用卡透支按月计收复利,透支利率为日利率的万分之五。

对于持卡人逾期未还款的违约行为,发卡机构应与持卡人通过协议约定是否收取违约金,以及相关收取方式和标准。

所谓信用卡年费,大部分银行规定,信用卡持卡人须向开卡银行每年支付一笔使用信用卡的年管理费用,一般而言,人民币卡普通卡在20元到60元之间,金卡在50元到120元之间,双币信用卡普通卡年费在80元到100元之间,金卡在160元到200元之间。目前,一些银行为吸引客户持有信用卡,在年费方面有优惠规定,如有刷卡几次或刷卡消费多少金额可抵年费的规定。

二、信用卡的优点与缺点

(一)信用卡的优点

信用卡是现代人出门必备的支付工具,由于应用范围越来越广泛,信用卡也是整合理财记录的好帮手。其优点主要有以下六个方面。

1. 方便安全

大额购物消费时不用携带大量现金,可避免被窃或遗失现金的风险。信用卡特约商店覆盖面越广,信用卡的方便性越大,出国时也不用事先兑换大额外币或旅行支票。

2. 延迟付款节省利息

信用卡最大的功能是可以先消费后付款。通常,国内银行从消费结账日到缴款日,最长有56天的宽限期。这样可以比用现金消费节省一笔利息。

3. 消费折扣或红利积点赠品

有些信用卡可享受某些特约商店的特殊折扣,如加油折扣、报废折扣或机位升级等的礼遇。多数发卡行都有依签账额计算的红利积分,可换取赠品。

4. 免费保险

持卡人以信用卡购买机票,可依普通卡、金卡、白金卡获得5万—100万元的乘机意外险保障,另附加班机延误险及行李遗失险。

5. 可利用信用卡月结单记账

月结单上载明每一笔消费的日期、地点、金额等类似记账的服务。有些发卡行还会对消费项目做分类,让你知道过去半年或一年在衣、食、住、行、娱乐等各项目的消费状况,便于拟定预算或修正原有的消费模式。如果大部分支出都通过刷卡,等于用信用卡账单写下你的理财日记,配合一本收支统合的活期储蓄账户,不用记账就可以厘清每段期间的现金进出情况,对于很难养成记账习惯的现代人而言,确实有很大的帮助。

6. 临时应急

在急需用钱的时候,信用卡的循环信用与预借现金的功能可提供信用额度范围内的临时应急。不过,若无法以近期现金流在短期内还清,有可能变为持卡人的缺点。因为信用卡的循环信用年利率可以高达18%,临时应急的天数不长,利息负担也不大。但对于持续透支的消费者来说,可能会造成很高的利息负担。

(二)信用卡的缺点

信用卡的循环信用年利率达18%左右,每月最低应缴额为循环信用余额的10%。若每月持续刷卡而只缴最低应缴额,当未缴余额累积至信用卡额度上限时便无法再刷卡,但仍要就信用额度的借缴款交利息,否则视同违约,并遭催缴。一旦信用破产,不良的信用记录会对持卡人以后的贷款买车或购房等造成十分不利的影响。因此,如何避免过度扩张信用导致信用破产,是刷卡时必须注意的问题。

三、信用卡的免息期与循环信用计息方式

目前,我国各商业银行发行的信用卡都有免息还款期和最低还款额的规定。所谓免息还款期是指从发卡机构记账日(也就是银行记账日)至到期还款日之间的时间。在这段时间内,持卡人刷卡消费,在到期还款日之前偿还所消费的全部款项,可享受免息还款期待遇,无须支付非现金交易的利息。

银行卡管理办法规定的免息期上限为60天,目前国内银行最长的免息期为56天。因为消费记账日期不同,可享受的免息期也不同,账单日当天消费当天记账,免息期最短只有20天,账单日后一天消费当天记账,免息期可达50天至56天左右。

最低还款额是指使用循环信用时最低需要偿还的金额,包括信用额度内消费款的一定比例(一般为10%)、所有费用、利息、超过信用额度的欠款金额、预借现金本金,以及上期账单最低还款额未还部分的总和。

最低还款额的计算公式如下:

最低还款额=信用额度内消费款的10%+预借现金交易款的100%+前期最低还款额未还部分的100%+超过信用额度消费款的100%+费用和利息的100%

(一)免息期的计算

信用卡持有者持卡消费,通常消费刷卡日当天或只隔两三天即为记账日,消费当天信用卡提取现金,提取日即为记账日。

信用卡一般将每月的某一固定日期设定为账单日,持卡人在到期日之前偿还了全部应还款的,其应还额中在账单日前一个月内发生的消费交易本金,享受自银行记账日至还款日期间的免息待遇。

例如:某持卡人的账单日为每月9日,到期还款日为每月29日。若3月9日该持卡人消费5 000元,且该笔消费款于3月9日记入其信用卡账户(即记账日),则对账日起20天内为免息期。

若该持卡人的账单日为每月9日,到期还款日为每月29日。如果该持卡人在3月10

日消费5 000元,且该笔消费款于3月10日记入其信用卡账户(即记账日),该笔消费款于4月9日账单日出账,则该笔消费款自记账日起至到期还款日51天内为免息期。

（二）循环信用利息的计算

循环信用利息计算是以日计息,利息起算日以记账日计算。

在最后缴款日到来时,如有消费或提现等尚有未完全清偿款项,就会发生循环信用余额。有循环信用时,对新的消费来说,从记账日起就没有缴现宽限期。如果在未缴清循环信用前又有新的消费,则从记账日起开始计息。

利息计算方法是,如到期日前未还清账单上的全部应缴账款余额,按日息万分之五的利率计收利息,并按月计收复利,利息由交易记账日起,以实际欠款金额计算,至还清全部应缴款为止。这部分应缴账款及其相应的利息形成所谓的循环信用利息。

持卡人现金类交易,不享受免息还款期限待遇,按日息万分之五的利率计收利息。

例如:某持卡人的账单日为每月7日,到期还款日为每月27日,若5月20日该持卡人消费10 000元,且该笔消费于5月23日记入其信用卡账户(即记账日),6月7日该持卡人的对账单上会列有本期应缴款10 000元,最低还款额为1 000元。

若从6月8日至7月7日期间未有其他交易入账,该持有卡人于6月27日缴清最低还款1 000元,则其7月7日的账单除列出消费款项未还部分9 000元外,另会列出利息225元,利息计算如下:

从5月23日至6月26日,10 000元应计利息为

10 000×0.000 5×35＝175(元)

从6月27日至7月7日,未还部分9 000元应计利息为

9 000×0.000 5×11＝50(元)

一共应计利息为225元。

例如:假设某持卡人信用卡在6月25日账单日后,月结单上累计应缴金额为25 500元。7月13日该持卡人先交款20 000元,余款5 500元以循环信用支付。7月15日该持卡人预借现金10 000元,7月15日银行拨款代垫10 000元。7月19日该持卡人消费10 000元,7月22日银行拨款代垫10 000元。该持卡人的利息计算如下:

(25 500−20 000)×0.000 5×30＝82.5元

20 000×0.000 5×17＝170(元)

10 000×0.000 5×11＝55(元)

10 000×0.000 5×4＝20(元)

一共应计利息:82.5+170+55+20＝327.5元。表3.9为计算说明。

表3.9 循环信用利息计算说明

计息时间	计息本金	计息天数	利息	计息说明
6/26—7/25	25 500−20 000	30	82.5	扣除7月13日交款20 000元
6/26—7/12	20 000	17	170	未完全清偿款项,自记账日起开始计息
7/15—7/25	10 000	11	55	预借现金自拨款日即记账日开始计息
7/22—7/25	10 000	4	20	未完全清偿款项,自记账日起开始计息

四、信用卡理财基本策略

（一）充分利用多刷卡可以免年费的优点

信用卡每年所收取的 20—200 元的年费常常令办卡人觉得是一笔过高的额外开销。这样看来办信用卡似乎并不划算。然而,在目前国内的信用卡市场,各大银行都推出一年中刷卡若干次即可免年费的优惠政策。充分利用这一优惠政策,就可以做到免费拥有和使用信用卡。

（二）学会计算和使用免息期

使用信用卡一般都可以享受 50—60 天的免息期。在免息期的规定上,各商业银行有所不同,这正是信用卡最吸引人的地方。因为持卡人刷卡消费的时间有先后顺序,因此享受的免息期也有长有短,上面说到的 50—60 天的免息期,则是指最长的免息时间。比如一张信用卡的银行记账日是每月的 20 日,到期还款日是每月的 15 日。那么,如果在本月 20 日刷卡消费,到下月 15 日还款,就享有了 25 天的免息期;但如果本月 21 日刷卡消费,那么就是在再下一个月的 15 日还款,也就享受了 55 天的免息期。而在这 55 天的时间里,持卡人可以享受无息贷款。

此处须特别说明的是,很多持卡人会忘记自己的到期还款日,从而导致利息的产生。为了避免出现这种不必要的损失,办理信用卡的时候,可以设定自动还款功能,即银行在免息还款期限临近的时候自动完成还款。这样就不用担心会有利息损失了。

（三）享受信用卡的增值服务

目前,国内的信用卡还处于快速成长期,各大银行纷纷出奇招来招揽信用卡用户。对于银行的各类促销手段,持卡人可以多加利用。银行的信用卡促销活动是没有单独通知的,均随每月的对账单一起寄至持卡人。收到对账单的信件后,不要急于丢掉,花几分钟的时间仔细阅读相关内容。也可以登录自己所持有信用卡的银行网站,更全面地了解自己所持信用卡可以在哪些商户享受特殊优惠。

总体说来,目前的信用卡促销手段包括积分换礼、协约商家享受特殊折扣、刷卡抽奖、连续刷卡送大礼、商家联名卡特殊优惠等。应该说,使用信用卡比用现金更经济、更优惠,持卡消费 1 元绝对比用现金消费 1 元得到的价值多。

（四）信用卡理财有助商旅出行

经常出差或喜好外出旅行的人,会更加钟爱信用卡。用信用卡通过各大旅行网订购机票,手续简便,可以享受免息的优惠,而且避免了携带大量现金出行的麻烦和不便。此外,信用卡在异地刷卡使用是免手续费的。

（五）持卡人消费时要注意自我约束

虽说可以用明天的钱改善今天的生活,但也不能一味地进行信用卡透支。使用信用卡必须审慎地考虑自身的经济实力,切忌盲目消费和攀比消费,否则,信用卡的办理就得不偿失了。

第四节 外 汇 理 财

一、外汇理财的含义

外汇理财是指个人或机构将其外汇资产通过银行专业的理财服务实现保值和增值的过

程,通过运用各种金融工具及其组合,特别是各类衍生金融工具及其组合,在客户可以接受的风险范围内,实现客户外汇现金或未来现金收入保值和增值的目的。

具体地说,就是商业银行专业人员根据投资者的外汇资金状况和风险承受能力,为投资者提供专业的个人外汇投资建议,制定出切合实际的、具有高度可操作性的外汇投资组合方案,帮助投资者合理、科学地将外汇资金投资于某些金融产品,以实现个人外汇资金的保值和增值,从而满足投资者对投资回报与风险的不同要求。

从投资者角度讲,外汇理财就是确定自己的外汇投资目标,审视自己的外汇资产分配状况及风险承受能力,在专家或理财师的建议下调整外汇资产配置与投资,并及时了解自己的外汇资产账户及相关信息,以达到个人外汇资产的收益最大化。

二、外汇理财的主要品种

目前,外汇理财的主要品种有以下五类。

(一)外币储蓄存款

目前,外币储蓄存款分为活期、定期和通知存款及外币协议存款四大类。

1. 外币活期存款

外币活期存款是指不规定存期、存款人无须预先通知银行、以各币种外币随时存取款、存取金额不限的一种储蓄存款。外币活期存款在存入期间均按结息日挂牌公告的相应币种活期储蓄存款利率计付利息。利息每年结算一次,并入本金起息。

在传统的外币活期存款基础上,有的银行推出了活期外汇存款靠档计息。其最大的特点是,储户无须和银行事先约定,其银联卡内的外币资金计息方式可随存期而变,银行将自动按实际存期靠档计息。比如,活期账户上的钱如果存够1个月,银行就自动按1个月定期存款计息;如果存期够4个月,可按3个月定期加1个月活期计息;存够8个月按照半年定期加两个月活期计息;存够12个月按照一年计息。靠档计息的最高档利率是1年定期存款利率。

2. 外币定期存款

外币定期存款是一种由存款人预先约定期限、到期支取的外币存款,是一次存入本金、整笔支取本金和利息的储蓄。外币定期储蓄存款期限档次分为存期为1个月、3个月、6个月、1年、两年五个档次。

目前,有的银行新增了外币储蓄存款品种选择,例如13个月、15个月和18个月的美元储蓄存款品种。

3. 外币通知存款

外币通知存款是指在存款时不约定存期、支取时需提前通知银行、约定支取存款日期和金额方能支取的一种存款方式。有最低起存金额和最低支取金额的限制,最高存款金额不限。本金一次存入,可一次或分次支取。

外币通知存款较好地兼顾了流动性和收益性,它的年利率高于活期存款,使短期内无投资方向的闲置资金获取较大收益。但是,外币通知存款也有一些其他的规定。如有的银行规定,通知存款实际存期不足通知期限的,按活期存款利率计息;未提前通知而支取的,支取部分按活期存款利率计息;已办理通知手续而提前支取或逾期支取的,支取部分按活期存款利率计息;支取金额不足或超过约定金额的,不足或超过部分按活期存款利率计息;支取金额不足最低支取金额的,按活期存款利率计息。

4. 外币协议储蓄

外币协议储蓄是一种创新的外币储蓄存款，它是商业银行与存款人以协议方式约定存款额度、期限、利率等内容，由银行按协议约定计付存款利息的一种外币储蓄存款。

与传统的外币储蓄存款相比较，外币协议储蓄存款具有以下七个特点：一是规定最低起存金额。该产品的单笔最低起存金额只有等值1万美元，远低于对大额外币的界定标准300万美元，却可享受等同于大额外币存款的贵宾待遇——协议利率。二是收益较高。投资者可获得远高于同期限档次小额外币定期存款的利息收益。另外，在业务存续期间，存款人急需资金而不得不办理存款提前支取时，还可享受比定期存款更优惠的利率——按实际存期靠档计息。三是流动性强。在业务存续期间，可办理一次部分或全部存款提前支取。四是风险低。该产品属性等同于小额外币定期储蓄存款，收益稳定，安全保本，风险远低于目前市场上推出的结构性存款等外币理财产品：首先，是存款人而不是银行掌握提前终止该业务的主动权，有效地避免了存款人收益不确定性的风险，同时也降低了存款人可能蒙受的利率风险和汇率风险；其次，该业务不涉及外资银行的信用风险，不存在投资本金和收益兑付的风险。五是币种多。币种为美元、欧元、英镑、港元、日元等。六是期限灵活。国内银行现有13个月、15个月、18个月和两年等四个期限档次的外币协议储蓄产品，投资者可根据意愿自主选择。七是手续简便。投资者只需携带本人有效身份证件到具有外币经营资格的银行网点即可办理。

（二）外汇结构性存款

外汇结构性存款是一种特殊外汇存款业务，是根据客户所愿承担的风险程度及对汇率、利率等金融产品的价格预期设计出的一系列风险、收益程度不同的存款产品。客户通过承担一定的市场风险获取比普通利息更高的收益。结构性存款业务主要是将客户收益率与市场状况挂钩，可与利率（美元Libor等）、汇率、信用主体等挂钩，也可以根据客户的不同情况量身打造。

自从外汇结构性存款面世后，新产品层出不穷，让人目不暇接。

1. 根据收益率类型不同，可以分为固定收益型和浮动收益型外汇结构性存款

（1）固定收益型外汇结构性存款。

固定收益型外汇结构性存款的特点是不论市场利率或Libor如何变化，投资者都是按照协议以事先确定的利率计算收益。很显然，这类存款的名义收益率不会变化，只承担了实际收益率缩水的风险。尽管这类产品的收益率不高，但与同期外汇存款利率相比，仍有明显的优势。

选择此类产品，除了银行本身的信誉之外，最简单的"好坏之分"就是比较外汇结构性存款的利率高低。如建设银行上海分行推出的第五期"汇得盈"产品，15个月期限的外汇结构性存款理财产品的年收益率为1.63%，其中VIP客户可以达到1.73%；农业银行一年期的"汇利丰"年收益率为1.9%；民生银行一年期的"民生财富外汇理财A计划"的年收益率为2.15%。

尽管享受着比普通外汇存款更高的收益率，但和普通存款不同的是，外汇结构性存款理财产品不能随时提前支取。也就是说，在享受年1.5%—3%的利率同时，也放弃了可以随时支取将该笔存款用于其他投资的权利。在这种情况下，将面临两大风险：一是流动性风险，当这段存期期间急需用钱时，没办法将这笔钱提前支取，它是比定期存款还要死的"死钱"；二是美元或其他币种存款利率上涨带来的相对收益下降风险，比如若美联储将利率提高 0.25%,将不能随之享受调高的利率,所享受的仍是先前协议的固定收益,因此带来的隐形损失即机会成本增大。尤其是如果美元利率继续提高,此类结构性存款的劣势将更加凸显。

表 3.10 是中国工商银行固定收益型外汇结构性存款产品的基本要素。

表 3.10 中国工商银行固定收益型的外汇结构性存款产品条款

产品名称	个人外汇可终止理财产品	个人外汇收益递增型理财产品
货币种类	美元	美元
理财期限	最长 2 年(受可提前终止条款限定)	最长 5 年(受可提前终止条款限定)
年净收益率	0.5 万—4.5 万美元,1.6%; 5 万—19.5 万美元,1.65%; 20 万美元以上,1.75%	起始年利率为 2%,之后每半年递增 0.25%
认购金额	5 000 美元的整数倍	5 000 美元的整数倍
收益支付方式	每 3 个月支付一次	每 6 个月支付一次
提前终止规定	银行有权提前终止	银行有权提前终止

(2) 浮动收益型外汇结构性存款。

浮动收益型外汇结构性存款是一种将外汇投资收益与国际市场上的外汇利率指标(通常为 Libor)相挂钩的投资产品,投资者能否获得投资收益,要看伦敦同业拆借利率(Libor)的走势是否符合所设定的条件,因此,Libor 成为决定收益率的关键。具体分析,浮动收益型的外汇结构性存款可以分为三大类。

① 正向浮动型。产品与 Libor 正向挂钩,即投资者所获得的约定收益率随 Libor 上升而上升,适合于美元利率存在可能快速上涨的情况,对投资者比较有利。

② 反向浮动型。产品与 Libor 反向挂钩,即投资者所获得的约定收益率随 Libor 上升而下降。

③ 利率参考型。Libor 在这里只作为一个参考值。

就浮动收益型的外汇结构性存款而言,投资者所面临的风险主要集中在利率风险和流动性风险上。利率风险主要体现在对未来 Libor 的走势判断上,如果实际情况与所选定的产品条件相逆,就会失去高收益的获利机会。流动性风险主要表现在不能及时提取存款上,一旦急需用钱,就会受到一定的影响。

表 3.11 是中国银行浮动收益型外汇结构性存款产品的基本要素。

表 3.11 中国银行浮动收益型外汇结构性存款产品条款

产品名称	日进斗金理财产品	港币聚宝盆理财产品
货币种类	美元	港元
理财期限	最长 6 年(受可提前终止条款限定)	最长 5 年(受可提前终止条款限定)
年净收益率	第 1 年为 5.6%;第 2 年至第 6 年为 $5.6\% \times n/N$,其中 n 为每个计息期内 6 个月美元 Libor 处于观察区间内的实际天数,N 为每个计息期的实际天数	5 年内累计收益率恒定为 8%,其中:第 1 年为 5%,以后年收益率计算公式为 MAX(6%−2×6 个月 Libor,0%),一旦累计收益率达到 8%,该合约即自动终止
认购金额	5 000 美元的整数倍	5 000 美元的整数倍
收益支付方式	每 6 个月支付一次	每 6 个月支付一次

2. 根据本金有无风险不同,可以分为本金有风险类和本金无风险类外汇结构性存款

本金无风险类外汇结构性存款是在确保存款本金的基础上,外汇存款利率设置成浮动型或与某些指标挂钩,导致利息不能确定的存款。

本金有风险类外汇结构性存款是普通外汇存款和货币期权的组合,即在存款的同时,卖出一个存款货币对另一个货币汇率的看涨期权,期权费收入也以利息方式反映。在存款到期日,如果存款人卖出的期权被执行,则存款货币按事先约定的汇率转换成另一种货币。

例如:有一笔10万美元存款,期限为2008年6月10日至2008年9月10日,存款利率为3%,卖出美元兑日元看涨汇率,其协议看涨转换汇率为107。

到期时,如果美元兑日元的转换汇率高于107,银行自动将美元存款转换成日元,则存款本金转换为1 070万日元;如果美元兑日元的转换汇率低于107,银行放弃转换,则存款本金不变为10万美元。本例中所指的"另一种货币"是日元,称为转换货币。如果美元兑日元的转换汇率高于107,银行将存款本金美元转换成日元,则存款人因美元汇率升值而蒙受汇兑风险的损失。

3. 根据挂钩标的不同,可以分为与汇率挂钩结构性存款、与利率挂钩结构性存款和与其他标的物挂钩结构性存款

如与国际市场黄金价格挂钩、与英国北海原油价格挂钩、与特定地区天气状态挂钩等的外汇存款产品。投资这类产品,需对选定的挂钩标的物的波动趋势有深入的了解,判断失误将会导致收益率的降低。

很多业内人士将外汇结构性存款理解为一种特殊的外汇储蓄产品。由于是外汇储蓄,它的安全性要明显高于"外汇宝"等,但和所有的理财产品一样,外汇结构性存款的风险性也不可忽视,它的风险性不是体现在投资者本金的风险上,而是体现在随着外汇市场利率、汇率的变化而导致的机会成本增大和所投资金的流动性降低等。

(三)外汇挂钩类理财产品

1. 定义

外汇挂钩类理财产品的回报率取决于一组或多组外汇的汇率走势,即挂钩标的是一组或多组外汇的汇率,如美元/日元,欧元/美元等。这样的产品称为外汇挂钩类理财产品。

通常,挂钩的一组或多组外汇的汇率大都依据东京时间下午3时整在路透社或彭博社相应的外汇展示页中的价格而厘定。

2. 期权拆解

对于外汇挂钩类结构性理财产品的大多数结构形式而言,目前较为流行的是看好/看淡,或区间式投资。基本上都可以有一个或一个以上触及点。

① 一触即付期权。一触即付期权严格地说是指在一定期间内,若挂钩外汇在期末触碰或超过银行所预先设定的触及点,则买方将可获得当初双方所协定的回报率。

以外汇挂钩类结构性理财产品中的看好式投资为例。如挂钩外汇走势方向最终符合投资者看好的预期,投资者将在投资期末获得既定潜在回报,否则,投资者将获得最低回报(有时可能为零)。

假设A银行在市场上发行了一个投资期为3个月的看好美元/日元的产品。按照该产品的结构,银行将设定一个触发汇率,到期时,如最终汇率收盘价高于触发汇率,总回报=保

证投资金额×(1+潜在回报率);否则(即最终汇率低于触发汇率),总回报=保证投资金额×(1+最低回报率)。

② 双向不触发期权。双向不触发期权是指在一定投资期间内,若挂钩外汇在整个期间未曾触及买方所预先设定的两个触及点,则买方将可获得当初双方所协定的回报率。

以外汇挂钩类结构性理财产品中的区间投资为例。如挂钩外汇走势方向最终符合投资者在一个固定的区间内波动的预期,投资者将在投资期末获得既定潜在回报,否则,投资者将获得最低回报(有时可能为零)。

假设B银行在市场上发行了一个投资期为3个月的区间投资产品,挂钩欧元/美元汇率。按照该产品的结构,银行将设定两个触发汇率,即触发汇率上限和触发汇率下限。在整个投资期内,如汇率收盘价高于触发汇率上限或低于触发汇率下限,总回报=保证投资金额×(1+最低回报率);否则,汇率收盘价始终在触发汇率上限和触发汇率下限区间内波动,总回报=保证投资金额×(1+潜在回报率)。

③ 实际案例分析。

例1:B银行2007年1月4日在市场上发行了一个投资期为3个月的区间投资产品,挂钩欧元/美元汇率,具体细节如下(见表3.12)。

表3.12　B银行理财产品观察情况

汇率的表现	到期日的总回报
情况1,在整个观察期,有关汇率一直维持在指定的交易区间以内	保证投资金额+潜在回报
情况2,在观察期内任何时间,有关汇率曾等于/低于汇率下限或曾等于/高于汇率上限	保证投资金额+最低回报

• 产品运作

由银行预先设定交易区间:

只要在整个观察期,有关汇率一直维持在指定交易区间以内,投资者即可于到期日获得潜在回报;

即使有关汇率曾在指定的交易区间以外(曾等于/低于汇率下限或曾等于/高于汇率上限),投资者也可取回保证投资金额;

到期日所取回的投资金额及获得的回报(如有)以基准货币结算。

例2:投资者预期欧元/美元的汇率于3个月内一直维持在1.147 2以上,但低于1.125 4。

投资种类:区间投资,欧元/美元

基准货币:美元

投资金额:10 000美元

投资金额保证比率:100%

初始汇率:欧元/美元 1.195 0

交易区间:欧元/美元1.147 2(汇率下限)至欧元/美元1.125 4(汇率上限)(不包括汇率的上下限)

投资期:约3个月

潜在回报率(如有):1.375%(年回报率约为5.5%)

最低回报率(如有):0

• 风险回报分析

按上述例子,假设客户持有该保本投资产品至到期日,可获得的总回报计算如表3.13所示。

表3.13 B银行理财产品总回报计算

观察期内情况	到期日的总回报
情况1,欧元走势跟投资者预期一致 在整个观察期,欧元/美元的汇率一直维持在指定的交易区间以内(即在1.147 2以上,但低于1.125 4)	保证投资金额×(1+潜在回报率) = 10 000 美元×(1+1.375%) = 10 137.5 美元
情况2,欧元走势跟投资者预期相反 在整个观察期内任何时间,欧元/美元的汇率曾等于/低于汇率下限或曾等于/高于汇率上限(即曾达1.147 2或以下,或曾达1.125 4或以上)	保证投资金额 = 10 000 美元

发行外汇挂钩类保本理财产品的银行通常会在产品的认购文件中明确可能存在的投资风险,大致会列出如下风险揭示:外汇挂钩类保本理财产品有投资风险,故不应被视为一般定期存款或其替代品。

流动性风险:由于保本理财产品均有其预设的投资期,故投资者应考虑其在投资期内对流动资金的需求,再作出投资决定。

集中投资风险:投资者应避免过度集中地投资于任何一类投资产品或某一地域或行业,以避免投资组合受到某一种投资风险的过度影响。

保本理财产品回报的风险:相对投资于同类市场的非保本产品,保本理财产品为提供保证而采取的投资策略可能会影响其投资表现。投资者必须准备承担就所投入资金收取较低回报或可能失去通过存款形式所能赚取的利息的风险。

到期时收取保证投资金额的风险:投资者应明确保本理财产品只保证到期时保本,在未到期前将不会获得任何定期的收入。

影响潜在回报的市场风险:任何潜在回报概无保证,保本投资产品的回报取决于市场情形。

汇率风险:如果用作投资的基准货币并不是投资者常用的本地货币而需要将其兑换为本地货币,投资者应当注意其会因汇率波动而承担损失。

提前终止的风险:投资者不可提前终止保本投资产品,银行拥有唯一的、绝对的权利决定提前终止投资产品。在此情况下,投资者的利益会受到不利的影响。

未能成功认购保本理财产品的风险:银行享有审批申请的全部权利,并可在保本理财产品的起始日前拒绝接受全部或部分保本理财产品的申请。

投资者自身状况的风险:投资者需要在投资于保本理财产品之前对其自身的状况进行评估,包括其财务状况、投资经验、专业知识、教育程度、风险偏好、风险承受能力等,投资者自身状况的不同可能会导致其投资于保本理财产品所面临的风险增大或者有其他不同,投资者需要充分认识并考虑这一风险。

(四)外汇期权产品

外汇期权产品是将固定收益外汇产品和利率期权、货币期权等相结合,投资、存款合一的复合产品。

货币期权是指期权购买者在向期权出售者支付相应期权费后获得一项权利,即期权购买者有权在约定的到期日按照双方事先约定的协定汇率和金额向期权出售者买卖约定的外汇。外汇期权买卖的直接对象(标的)是外汇合约,主要以美元、欧元、日元、英镑、瑞士法郎、加拿大元及澳大利亚元等为标的。

利率期权是指买方在支付了期权费后,即取得在合约有效期内或到期时以一定的利率买入或卖出一定面额的利率工具的权利。利率期权合约通常以货币市场的利率、政府短期、中长期债券、欧洲美元债券、大面额可转让存单等利率工具为标的物。

利率期权、货币期权合约都包括标的资产、协定价格、数量、合约到期日、成交日、期权支付日六个基本要素。有关利率期权、货币期权的相关原理将在第五章做具体介绍。

外汇期权买卖是近年来兴起的一种交易方式。我国外汇期权交易始于2002年12月中国银行上海分行推出国内首只基于外汇期权交易的个人外汇投资产品——"两得宝"。2003年5月,中国银行在市场中再推"期权宝"业务,使个人外汇期权业务形成较为完整的体系。目前,商业银行的个人外汇期权产品尽管名称各异,但基本上类似于"两得宝"和"期权宝"这两大类型。

1. 两得宝

"两得宝"也称卖出期权,是指客户在外汇市场横盘整理的时候,在存入一笔定期存款的同时,根据自己的判断向银行卖出一份期权,客户除收入定期存款利息之外,还可得到一笔可观的期权费。期权到期时,银行有权根据汇率变动对银行是否有利选择是否将客户的定期存款按原协定汇率折成相对应的挂钩货币。

投资者除获得定期存款利息(扣除息税)外,还可在交易达成两天后得到一笔期权费。期权到期时,如果汇率变动对银行不利,则银行不行使期权,投资者可获得高于定期存款利息的收益;如果汇率变动对银行有利,则银行行使期权,将投资者的定期存款按协定汇率兑换成相对应的挂钩货币。

例如:假设当前美元兑日元协定汇率为1∶118,客户存款货币是美元10万元,客户判断美元兑日元未来1个月将横盘整理或小幅下跌,于是选择"两得宝"投资,向银行卖出一份期权,期限1个月,存款货币是美元,指定挂钩货币是日元,买入日期权费率为1.5%,则客户可得到期权费为1 500美元(100 000×1.5%=1 500)。假设当时美元的1个月期存款利率为0.682 5%。

期权到期日,假设汇率变为1∶110,则银行不会行使期权,客户的美元定期存款自行解冻。客户收入为:100 000×0.682 5%×30÷360+1 500=1 556.88美元。

如果到期日汇率高于或等于118.00,则银行将行使期权,按协定汇率将客户的10万美元存款折成为11 800 000日元,存入客户账户。

"两得宝"的特点表现在四个方面:一是期限多样,包括1个星期、两个星期、1个月、3个月等;二是收益两得,即在获得外汇定期存款利息收入的同时,还能获得额外的期权费收入;三是起点金额低,一般要求5万美元或等值5万美元的其他外汇存款;四是收益固定,风险不定,即当客户对未来汇率的变动方向判断错误时,则手中的存款将折成另一种货币。

2. 期权宝

"期权宝"也称买入期权,是投资者根据自己对外汇汇率走势的判断,选择看涨或看跌货币,并根据银行的报价支付一笔期权费,同时提供与期权面值金额相应的外币存款作为担保;期权到期时,若汇率走势同投资者预期相符,投资者就可以通过执行买权或卖权,获得额外的投资收益。

"期权宝"分为买入看涨期权和买入看跌期权两种。对于买入看涨期权的投资者来说,只有当期权到期时即期汇率超过协定汇率时,投资者才能执行买权并获利,否则,投资者放弃执行并损失期权费。

对于买入看跌期权的投资者来说,只有当期权到期时即期汇率低于协定汇率时,投资者才能执行卖权并获利,否则,投资者放弃执行并损失期权费。

中国银行目前提供美元、日元、欧元、英镑、澳元五种货币的期权交易,但看涨货币与看跌货币中必须有一种是美元。"期权宝"业务的最低金额为5万美元或等值的其他货币。

例如:假设当前美元兑日元的协定汇率为121.3,客户觉得美元兑日元近期已经达到高点并将于中期反转。于是,在中国银行买了面值5万美元期限为1个月的美元看跌日元看涨期权,行权价格为121.3,根据期权费率即时报价为1.0%,即期权费500美元。一个月后美元汇率下降到117.5,客户持有的期权到期执行。

此时客户的收益为:50 000×(121.3-117.5)/117.5=1 617美元,扣除期权费净收益为1 117美元,一个月的收益率为1 117/50 000×100%=2.234%,远高于定期存款利率。

然而,如果到期汇率高于121.30,无论汇率升得多高,客户持有期权到期不执行,客户的最大损失就是期权费500美元。

外汇"期权宝"业务有两个特点。

一是存款保本,买入期权。银行将投资者的外汇存款定期利息中高于活期利息的部分用于参加国际外汇市场的外汇期权交易,买入期权。这样,当市场汇率向有利于投资者的方向发展时,就有超额收益。即使市场汇率对投资者不利,放弃执行期权,投资者仍然可以得到外汇存款的本金和相应的活期利息。

二是投机汇市,损失封顶。因为在该投资计划中,银行代投资者在国际外汇市场中买入外汇期权。作为期权买方,同样可以投机于汇市,只需缴纳相应的期权费而已。一旦客户判断失误,最大的损失也即为客户支付的期权费,损失可以封顶。

(五)外汇交易

外汇交易,又称外汇买卖,是指金融机构接受客户的委托,为其办理两种可自由兑换外币之间进行的买卖。外汇交易投资者可以通过外汇交易工具把自己持有的外币转化为有升值潜力或利息较高的其他货币,以赚取汇率波动时的差价或更高的利息收入,使手中的外币升值。

个人外汇交易按照是否可以透支,分为个人实盘外汇交易和个人虚盘外汇交易两种。

个人实盘外汇交易一种现货交易,是指客户通过柜台服务或其他金融电子服务方式进行的、不可透支的可自由兑换外汇的交易,即客户在交易时必须持有足够金额的可卖出的外币,银行不垫付资金,买卖成交后必须进行实际交割,它要求客户持有多少外汇才能做相应金额的交易,客户在完成交易后即持有另一货币。因此,它除了提供利用汇率波动赚取差价的机会外,还可满足客户的兑换需求。

虚盘交易也称外汇保证金交易,是指客户在银行缴纳一定的保证金后进行的、交易金额可放大若干倍的外汇交易,在这种交易中,银行要垫付资金。由于可将手中外汇放大上百倍进行交易,因而虚盘客户所承担的风险和可得的赢利都被相应放大。

按我国现行有关政策规定,个人只能进行实盘外汇交易,不能进行虚盘外汇交易。个人外汇交易在进行实盘外汇交易时,只有当交易人委托卖出的货币金额不超过其账户余额时,银行方可受理。

我国个人外汇交易始于1994年初，交通银行在上海首先推出"外汇宝"业务，这是一种实盘外汇买卖业务。此后，中国工商银行、中国银行、中国建设银行、交通银行、中国农业银行、招商银行、光大银行等都开办了具有自己特色的外汇买卖业务。

（六）人民币特种股票

人民币特种股票，也称B股股票。1992年1月15日，中国发行的第一张人民币特种股票样票（B种股票）——由上海真空电子器材股份有限公司发行的B股，在香港、上海等地认购。人民币特种股票于1995年年底改称境内上市外资股，为便于与人民币普通股票（A股）相区分而简称B股。

B股股票是以人民币标明股票面值，以外币认购和买卖，在境内（上海、深圳）证券交易所上市交易。在B股市场上市的公司是境内注册的公司。

根据国家外汇管理局的有关规定：境内居民个人存入境内商业银行的现汇存款和外币现钞存款以及从境外汇入的外汇资金，可以随时入市投资B股，但不能使用外币现钞购买B股。

目前，上海证券交易所B股交易结算币种为美元，深圳证券交易所B股交易结算币种为港元。如果境内居民个人外汇存款为其他币种，要到商业银行办理外汇资金划转时进行币种转换。

B股在交易制度上类似于A股，但也存在着一些差别。如B股的交收期为T+3日，但可进行T+0回转交易，即投资者委托买入的B股经交易系统确认成交后，在未完成结算割期间，可在交易日当天T+0至T+3日前卖出所买入的全部或部分B股股票。而A股实行的是T+1交易。

三、外汇理财规划

外汇理财规划是指外汇理财投资者在金融理财规划师的建议下，在明确个人外汇理财目标、分析自身外汇资金状况和风险承受能力的前提下，制订出切实可行的方案，以实现个人外汇资产的收益最大化。外汇理财规划是金融理财规划的一部分。

对专业的理财机构来说，为投资者制订外汇理财规划，是针对投资者现有的外汇资产和投资者的需要提出一套适合投资者需求的、以外汇保值和增值为目的的外汇理财方案。对外汇理财投资者来说，外汇理财规划就是确定自己的外汇投资目标，审视自己的外汇资产分配状况及风险承受能力，在专家建议下调整自己的外汇资产配置与投资，并及时了解自己的外汇资产账户及相关信息，达到外汇资产收益最大化的目的。

外汇理财规划的基本内容有以下两个方面。

（一）确定个人外汇理财目标

外汇投资者可能会有很多理财愿望，如分散投资风险、实现外汇保值和增值、为未来出国留学及出国旅游准备外汇等。但这些愿望并不能简单地等同于理财目标。进行外汇理财规划的基本目标，就是要把外汇投资者合理的外汇理财愿望转化为具体的外汇理财目标。理财目标和理财愿望相比有两个明显的特征：一是理财目标可以用货币进行量化；二是有可以实现的期限。外汇投资者可以在专业理财人员的帮助下，区分出短期、中期及远期的理财愿望，并将合理的愿望转化为目标。

（二）选择外汇理财产品

作外汇理财规划时，由于风险承受能力的不同，不同的外汇投资者有不同的选择。对于资金规模不同的投资者,外汇理财产品的选择要适当区分。根据投资规模,投资者可分为小、中、大三类。根据对风险的态度,可将投资者分为保守型投资者和进取型投资者。

对于资金规模小的保守型投资者,由于不愿意承担过大的风险,应该将资金主要用于安全度较高的品种,如外汇活期储蓄及信托产品。这样既可以通过信托来获得比定期储蓄高的收益,又能够通过活期储蓄保持足够的流动性。对于资金规模小的进取型投资者,可将大部分资金投入汇市,将小部分资金放入外汇活期储蓄,一旦汇市出现亏损,可用外汇活期储蓄资金进行补仓。

对于资金规模中等的保守型投资者,在储蓄和信托产品的基础上,可将50%的资金交给银行进行专业理财规划。资金规模中等的进取型投资者可以加大进入外汇市场的比例,由于资金量大,一般都能和银行洽谈,以求在收益率的点差和服务上获得最大便利。

对于资金规模大的保守型投资者,在选择投资组合时,可要求银行理财专家进行具体的个人规划。资金规模大的进取型投资者应尽可能利用银行提供的外汇衍生工具,在汇市中进行套期,从而获得满意的收益。

四、外汇理财策略

与人民币理财产品相比,外汇理财产品对理财策略的要求更高。投资者不但须判断整体利率趋势和各种外汇的利率趋势,还须判断不同外汇的汇率趋势。不同外汇的利率不同,通过外汇理财,可以将低利率的货币兑换成高利率的货币,增加存款利息收入;不同外汇的汇率走势不同,通过外汇理财,可以将可能贬值的货币兑换成可能升值的货币,在保值的同时降低风险。

在进行外汇理财时,要善于分析外汇市场的汇率、利率的变化情况,这需要理财者具备较为丰富的投资经验。

(一)外汇理财基本方式

外汇理财基本方式有保值、套利、套汇,而且可以将三种基本方式统合进行外汇理财策略的设计。

1. 保值

个人外汇买卖的基本目的首先应该是外币资产的保值。如果投资者的外币资产美元比重比较大,为了防止美元贬值带来的下跌损失,可以卖出一部分美元,买入欧元、澳元等其他外币,避免外汇风险。

2. 套利

投资者可以将所持有的利率较低的外币兑换成另外一种利率较高的外币,从而增加存款的利息收入。

3. 套汇

套汇的基本原则是低买高卖。假如投资者持有1 000美元,在欧元兑换美元为1.12时买入1 000/1.12欧元,在欧元兑换美元上升至1.2时卖出所得欧元,买回1 000÷1.12×1.2,即1 071美元,这样可以实现套汇收益。

(二)外汇理财产品的组合配置

根据不同投资者的资金流动性和风险承受能力,在个人实盘外汇买卖、个人外汇期权、个人外汇结构性理财产品之间做不同比例的组合配置。个人实盘外汇买卖主要由投资者自已操作,且必须是现货交易,风险相对有限;个人外汇期权作为一种选择权交易,由于可以通过保证金比例来放大交易规模,存在高收益、高风险的机会;个人外汇结构性理财产品可以在保证本金安全的基础上取得或固定或浮动的收益。这三种外汇理财产品各有特点,投资者可将资金总额按比例分成三部分,通过组合在安全性、收益性与流动性上创造单一理财产品投资所不能达到的效果。

(三) 外汇理财操作策略

外汇市场与股票市场一样,整个市场的变动与个别币种的变动都要受到多种因素的影响,既存在系统性风险,也存在非系统性风险。进行外汇投资理财时,需要像股票投资那样进行基本面分析和技术分析。了解货币发行国的经济增长速度、财政金融状况、就业与物价情况、政治制度与政权变革情况等,须借助统计学、心理学知识,通过对各种货币以往汇率走势的研究,预测未来的走势。例如,假定货币发行国经济、政治状况没有显著的变化,而其汇率相对于其他货币已持续下跌,则存在随时走强的可能,有买入价值。在外汇实务投资中,股票投资分析中常用的技术指标如移动平均线、相对强弱指标、动量指标、心理指标等,同样可以用于外汇投资的分析。

因此,在外汇理财操作策略分析中,也可以从基本面分析和技术分析的角度出发,包括外汇汇率走势基本分析方法和外汇汇率走势技术分析方法。

第五节 货币市场基金

一、货币市场基金的含义

(一) 货币市场基金的概念

货币市场基金是伴随货币市场与证券投资基金制度的发展而产生并逐渐兴盛起来的一种货币市场理财产品。它是以货币市场工具为投资对象的一种基金,其投资对象期限在1年以内,包括银行短期存款、国库券、公司债券、银行承兑票据及商业票据等货币市场工具。

与股权类和债券类基金不同,该基金主要投资于短期货币市场工具,如国库券、商业票据、银行定期存单、政府短期债券、企业债券等短期有价证券,是流动性强的货币市场品种。

在我国,根据《证券投资基金运作管理办法》的规定,仅投资于货币市场工具的,为货币市场基金。

按照中国证监会和中国人民银行联合发布的《货币市场基金监督管理办法》以及其他有关规定,我国货币市场基金能够进行投资的金融工具包括:(1)现金;(2)期限在1年以内(含1年)的银行存款、债券回购、中央银行票据、同业存单;(3)剩余期限在397天以内(含397天)的债券、非金融企业债务融资工具、资产支持证券;(4)中国证监会、中国人民银行认可的其他具有良好流动性的货币市场工具。

货币市场基金不得投资于以下金融工具:(1)股票;(2)可转换债券;(3)剩余期限超过397天的债券;(4)信用等级在AAA级以下的企业债券;(5)国内信用评级机构评定的A-1级或相当于A-1级的短期信用级别及该标准以下的短期融资券;(6)流通受限的证券;(7)中国证监会、中国人民银行禁止投资的其他金融工具。

(二) 货币市场基金的特点

货币市场基金有五个特点。

1. 投资净值固定不变

通常,货币市场基金每基金单位为1元。投资该基金后,投资者可利用收益再投资,投资收益就不断累积,增加投资者所拥有的基金份额。比如,投资者以100元投资于某个货币市场基金,可拥有100个基金单位;一年后,若投资报酬率是8%,则该投资者就多了8个基金单位,总共108个基金单位,价值108元。

2. 安全性高

由于货币市场是一个风险低、流动性高的金融市场,货币市场基金的投资组合平均期限一般为3至6个月(目前我国法规限制在180天内),因此,其投资风险较低。

3. 流动性好

货币市场基金均为开放式基金,投资者可随时要求赎回,赎回基金单位的资金到账时间短。目前我国货币市场基金的赎回资金到账时间可以达到T+0日。2018年5月,中国证监会、中国人民银行发布《关于进一步规范货币市场基金互联网销售、赎回相关服务的指导意见》,加强了货币基金互联网销售业务、赎回业务的监管力度。单个投资者在单个销售渠道持有的单只货币市场基金单个自然日的T+0提现金额不高于1万元;非银行支付机构不得为货币市场基金提供T+0提现垫支业务。因此,货币市场基金的高安全性和流动性使得货币市场基金具有"准储蓄"的特征。

4. 费率低

货币市场基金通常不收取认购、申购、赎回费用,并且其管理费用、托管费用也较低,货币市场基金的年管理费用大约为基金资产净值的0.25%—1%,比传统的基金年管理费率1%—2.5%低。

5. 收益率相对高于银行储蓄类产品

货币市场基金一般是在高利率、高通胀的经济环境中诞生的,最初目的是为了获取高于银行短期储蓄的收益率。货币市场基金最初产生于美国,起因就是由于金融机构大额存款的利率远远超过普通银行储蓄存款利率。货币市场基金的产生为普通投资者的零散资金提供了参与货币市场、分享较高市场资金收益率的机会。

货币市场基金的资金流入与货币市场基金和银行存款两者的利差有紧密的关系。这已经被美国货币市场基金的历史所证明。在20世纪90年代以后,机构对货币市场基金的资金净流入一直增长,表明越来越多的机构使用货币市场基金作为现金管理工具,而个人也越来越趋向于将富余的短期流动性资金交给货币市场基金进行理财。

二、货币市场基金的交易

(一) 货币市场基金的购买渠道

货币市场基金购买的主要渠道有四个,分别为银行、证券公司、基金公司直销中心和第三方代销机构。

1. 通过银行柜台和网上银行购买基金

银行的社会信誉较好,大多数投资者认为在银行购买基金比较放心。对投资者来说,银行最大的优点在于它服务网点多,存取款方便,非常贴近投资者。通过银行购买基金,还可面对面地和柜台人员交流,能比较方便地得到帮助和建议。

同时,在银行买卖基金有如下缺点。

(1) 需要亲临网点,并且要在工作日规定的时间办理。

(2) 银行代销的基金种类有限,不同银行代销的基金种类也不同。投资者如果要购买多只基金,很难在一家银行办妥。

(3) 银行通常不代销一家基金公司旗下的所有基金,这就给日后可能需要的基金转换等业务带来麻烦。

(4) 银行基本上都是销售新基金,而且排档期经常变换。

2. 通过证券公司购买基金

证券公司也是一个传统的基金代销点,相比银行,它有如下的优点。

(1) 专业化的投资理财服务。货币市场基金是在证券市场上进行操作的,而证券公司对证券行情的把握及基金产品的选择最具专业性,能向投资者提供更合理的建议。

(2) 代销基金种类较多,而且方便快捷。大的证券公司代销的基金品种较多,有点像基金的"超级市场"。而且,证券公司一般与基金公司都有实时联网的交易通道,保证了开市期间随到随买,免去预约、排队之苦。更重要的是申购、赎回周期短,便于基民的资金周转,提高资金使用效率。

(3) 对于拥有股票账户的投资者来说,通过证券公司,可以在二级市场上买卖基金。

(4) 开户临柜一次,电话、网上、柜台委托三种下单方式任意选择,十分方便。

3. 通过基金公司直销中心购买基金

基金公司直销分为柜台直销和网上直销两种。柜台直销是传统的销售渠道,以服务VIP客户为主,有专业的服务人员提供咨询服务,而且还可以获得费用上的折扣。网上直销是新兴的交易渠道,大部分基金公司均已开设网上直销服务。

网上直销有如下优点。

(1) 网上直销只需要一张银行卡即可,不受地区限制,而且提供24小时全天候服务,非常方便。

(2) 由于不用经过代销渠道这一环节,赎回基金后资金可以更快到账。

网上直销有如下缺点。

(1) 不同基金公司要求的结算卡不同,所以,如果购买多只基金,往往需要为该基金组合办理不同的银行卡。

(2) 需要在每家基金公司的网站上开户、交易,购买的基金比较多且涉及多家基金公司时,相对证券公司的交易系统,基金公司直销操作更费时。

(3) 并非所有基金公司都开通了网上直销业务,而且也有一些基金公司直销中心没有费率优惠。

4. 通过第三方代销机构购买基金

第三方代销有如下优点。

(1) 代销基金种类齐全。

(2) 费率享有折扣。

(3) 方便快捷。

第三方代销机构迅速发展的同时,也存在如下问题。

（1）某些无基金销售牌照的机构从事基金销售业务。合法的基金销售机构，可以在中国证监会官方网站—合法机构名录—公开募集基金销售机构名录里进行查询。

（2）某些代销机构在宣传推介的时候强调收益性和流动性，缺乏风险揭示。

（3）某些代销机构违背公平竞争要求，进行歧视性、排他性、绑定性销售。

（二）货币市场基金的开户

投资者在参与货币市场基金认购、申购、赎回等业务之前，必须到基金管理公司的销售机构，即在各地的直销网点或代销网点申请开立基金账户。

基金账户是基金管理公司识别投资者的标志，即基金 TA 账户，是指注册登记人为投资人建立的用于管理和记录投资人交易该注册登记人所注册登记的基金种类、数量变化情况的账户。一个投资者在一个基金公司只能开立一个基金账户，基金账户由注册登记人集中确认发放。销售机构 T 日受理投资者开立基金账户的申请，注册登记中心 T+1 日提供投资者的基金账户号，投资者可于 T+2 日在销售机构查询基金账户开户是否成功（T 为申请交易日），投资者在开立基金账户的同时可以获得销售机构发放的交易账户号。

基金交易账户，简称交易账户，指基金销售机构（包括直销和代销机构）为投资人开立的用于管理和记录投资人在该销售机构交易的基金种类和数量变化情况的账户。投资者使用同一开户证件只能开立一个基金账户，但在这一基金账户下可以在不同的销售机构开立相对应的交易账户。

同时，投资者需要有一个基金资金账户，是投资人办理有关基金申购、赎回、红利分配等事项时的资金收付的账户，也就是投资者用来开户的个人存折或银行卡，其账号就是存折账户号或银行卡号。投资者可以利用现有的个人存折或银行卡作为基金资金账户，或者到银行重新办理。

（三）货币市场基金的认购、申购、赎回和转换

基金认购是指投资者在货币市场基金募集期间、基金尚未成立时购买基金单位的过程。认购价通常为基金单位面值(1 元)加上一定的销售费用。投资者认购基金应在基金销售点填写认购申请书，交付认购款项。

基金申购是指投资者到基金管理公司或选定的基金代销机构开设基金账户，按照规定的程序申请购买货币市场基金单位。申购基金单位的数量是以申购日的基金单位资产净值为基础计算的，具体计算方法须符合监管部门有关规定的要求，并在基金销售文件中载明。货币市场基金的认购与申购过程见图 3.3。

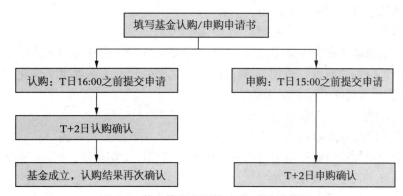

图 3.3　基金管理公司的认购、申购流程图

基金赎回是投资人将已经持有的货币市场基金单位出售给基金管理人并收回资金的行为。

基金转换是指投资者在持有基金管理公司发行的货币市场基金后,可直接自由转换到同一管理人管理的其他开放式基金,或者作相反方向的转换,而不须先赎回已持有的基金单位,再申购目标基金。例如,在目前已经发行的两只开放式基金当中,投资者可以将持有的南方宝元债券型基金的份额转换为南方稳健成长基金的份额;也可以将持有的南方稳健成长基金的份额转换为南方宝元债券型基金的份额。

基金转托管是指基金份额持有人申请将其在某一销售机构交易账户持有的货币市场基金份额全部或部分转出并转入另一销售机构交易账户的行为,也可以说,转托管是指同一投资人将托管在一个代销机构的基金份额转出至另一个代销机构的业务。

三、货币市场基金的收益

货币市场基金的份额净值不变,固定为 1 元人民币,基金收益采用日每万份基金净收益和最近 7 日年化收益率表示。日每万份基金净收益是把货币市场基金每天运作的净收益平均分摊到每一基金份额上,然后以 1 万份为标准进行衡量。最近 7 日年化收益率是以最近 7 个自然日日平均收益率折算的年化收益率。这两个收益指标都是短期指标。

1. 日每万份基金净收益的计算公式

日每万份基金净收益=当日基金净收益÷当日基金份额总额×10 000

2. 7 日年化收益率的计算公式

货币市场基金在计算和披露 7 日年化收益率时,由于收益分配频率的不同有所差异。

按日结转份额的 7 日年化收益率 $= \left\{ \left[\prod_{i=1}^{7} \left(1 + \frac{R_i}{10\,000} \right) \right]^{\frac{365}{7}} - 1 \right\} \times 100\%$

按月转结份额的 7 日年化收益率 $= \dfrac{\sum_{i=1}^{7} R_i}{7} \times \dfrac{365}{10\,000} \times 100\%$

式中:R_i——最近第 i 个自然日(包括计算当日)的每万份基金净收益。

四、货币市场基金的风险类型及控制指标

(一)货币市场基金的风险类型

货币市场基金面临如下五类风险。

1. 利率风险

当货币市场基础利率大幅度提高后,货币市场基金持有的债券价格面临着下跌风险,特别是一些到期日较长的债券。而且,不同金融资产之间的比价关系发生了变化,如储蓄存款利率上升后,货币市场基金的相对优势下降。

2. 流动性风险

如果利率大幅度提高以及出现大额赎回、巨额赎回或连续大额赎回,投资者将面临流动性风险。基金为应付赎回而被迫出售债券资产或提前提取定期存款,导致基金收益受损。

3. 跨市场投资的资金分流风险

由于货币市场基金是对活期存款、新股投资资金等低风险资金的投资替代,当低风险或

无风险投资机会出现时,就会分流货币市场基金的资金。比如,2005年我国由于证券市场股权分置改革而暂停新股发行,大量投资新股的低风险资金进入了货币市场基金;而2006年5月以后,新股发行重新启动,结果2006年第二季度,货币市场基金被净赎回的份额就超过了1 000亿份。

4. 信用风险

货币市场基金投资缺乏担保,客观上存在信用风险。

5. 违规操作风险

货币市场基金经理为提高基金收益率,可能进行违反有关投资收益监管规定的操作。

(二)货币市场基金的风险控制指标

一般而言,货币市场基金的投资风险较低,但并非没有投资风险。在分析货币市场基金风险时,主要有以下三项分析指标。

1. 组合平均剩余期限

组合平均剩余期限越短,基金的利率风险就越低,当然,收益率一般也比较低。目前,我国法规要求货币市场基金投资组合的平均剩余期限在每个交易日均不得超过180天。有的货币市场基金可能在基金合同中作出更严格的规定,如组合平均剩余期限不得超过90天等。

基金组合平均剩余期限的计算公式为

$$基金组合平均剩余期限=(\sum 投资于金融工具产生的资产 \times 剩余期限 - \sum 投资于金融工具产生的负债 \times 剩余期限 + 债券正回购 \times 剩余期限) \div (投资于金融工具产生的资产 - 投资于金融工具产生的负债 + 债券正回购)$$

在比较不同货币市场基金收益和风险时,应考虑基金组合平均剩余期限的控制要求。对于单只货币市场基金,要特别注意其组合平均剩余期限的变化情况以及各期间资产剩余期限的分布情况。

2. 杠杆融资比例

一般情况下,货币市场基金负债融资比率(即财务杠杆)越高,基金的潜在收益率就越大,但风险也相应增加。我国法律规定,除巨额赎回的情况下,债券正回购的比率不得超过20%。因此,在比较不同货币市场基金收益率时,应同时考虑基金同期的财务杠杆融资比例。

3. 浮动利率债券投资情况

货币市场基金可以投资于浮动利率债券,浮动利率债券的剩余期限小于397天,但剩余存续期往往很长,甚至长达10年。因此,浮动利率债券在利率风险、流动性、信用风险、收益率等方面与有同样剩余期限的固定利率债券存在着显著差异。在判断基金组合剩余期限分布时,必须充分考虑基金投资于浮动利率债券的情况。

五、货币市场基金投资策略

(一)申购时首先要考虑基金的安全性和流动性

对于申购货币市场基金的安全性和流动性问题,主要从以下三个因素来衡量。

(1)基金规模的大小。若大量资金投资于规模太小的货币市场基金,显然难以保障其流动性。因此,在选择货币市场基金时要注意规模的选择,避免规模过小使基金难以流动。但是,也并非基金规模越大越好,因为一定时期内货币市场的容量是有限的,在遇到突发事件导致持有人出现共进退的情况时,市场容量及单个基金管理能力的有限性对超大规模的货币市场基金是存在影响的。

(2) 基金份额变化趋势。基金份额持续上升的基金更容易保障原持有人投资的流动性。因此,在投资货币市场基金时要从基金长期的份额变化情况分析基金的流动性。

(3) 放大投资的杠杆比例和组合的剩余期限也是值得关注的指标。

(二) 要对货币市场基金的收益进行评价

投资货币市场基金的一个重要原因就是其安全性、流动性类似于储蓄存款,但其收益一般会高于储蓄存款。因此,在选择投资货币市场基金时,对其收益率的考虑是关键。对货币市场基金收益率方面的考虑,主要从货币市场基金公布的每万份基金的收益进行客观评价,常见的评价指标有日每万份基金净收益和7日年化收益率。通过对比各种货币市场基金公布的这两个指标以作出选择。另外,货币市场基金属于证券投资基金的一个类别,有关证券投资基金的绩效评价同样适用于货币市场基金,相关内容参见本章第二节资本市场理财策略中的证券投资基金投资策略。

当然,在评价过程中,要注意已公布数据属于历史业绩,不能完全代表未来的收益情况。另外,投资时还应考察基金管理人对突发因素的应变能力和预测能力以及申购、赎回速度等方面。

复习思考题

1. 我国传统的储蓄产品有哪些类型?各自的特点是什么?
2. 我国储蓄类的新型理财产品有哪些?各自的特点是什么?
3. 请简述储蓄理财的基本步骤。
4. 储蓄有哪些理财策略?
5. 人民币集合理财产品有哪些特点?
6. 请比较结构型人民币理财产品和资产连接型人民币理财产品的基本区别。
7. 人民币集合理财产品有哪些基本类型?
8. 人民币集合理财产品有哪些理财策略?
9. 什么是免息还款期待遇?什么是最低还款额待遇?
10. 请简述信用卡理财策略。
11. 请收集资料,结合卖出期权的特点,详细说明中国银行"两得宝"产品的特点、交易过程,并对其损益情况进行分析。
12. 请收集资料,结合看涨期权和看跌期权的特点,详细说明中国银行"期权宝"产品的特点、交易过程,并对其损益情况进行分析。
13. 什么是外汇实盘交易?什么是外汇虚盘交易?请简述交通银行"外汇宝"业务的基本特点。
14. 外汇理财有哪些理财策略?
15. 什么是货币市场基金?
16. 货币市场基金的主要投资对象有哪些?
17. 请收集一只我国典型的货币市场基金的资料,介绍该基金的投资对象,并说明各投资对象的投资比重。

18. 请简述货币市场基金的基本特点。

19. 请收集某只货币市场基金的资料,说明该基金日每万份基金净收益和7日年化收益率指标在衡量该基金收益情况中的作用。

20. 货币市场基金的投资策略是什么?

第四章　资本市场理财工具与产品

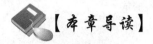【本章导读】

> 股票、债券、证券投资基金、权证是目前我国资本市场的主要理财工具与产品。通过本章的学习,理解股票、债券、证券投资基金的概念、性质、特征和类别,熟悉股票、债券、证券投资基金的发行和交易方式,掌握股票、债券、证券投资基金的风险与收益特性。

第一节　股　票

一、什么是股票

（一）股票的含义

股票是股份有限公司经过一定的法定程序发行、证明股东对公司财产拥有所有权及其份额的凭证。可见,股票的签发主体是股份有限公司,其发行必须依照相关法定程序;其基本功能是证明股东对公司出资后所持有的股份与股份份额和相应享有的财产权利与权利份额。在目前的金融理财市场中,股票是最大众化的投资理财工具和产品。

股份有限公司将筹集的资本划分为股份,每一股份的金额相等,份额以一股为单位,用股票表示。在我国,目前每一股份的人民币价值均统一为一元。购买股票的投资者即成为公司的股东,股票实质上代表了股东对股份公司的财产所有权,这个财产所有权集中反映在股东有权利参加股东大会并决定经营管理方面的决策、定期获得公司的股息和红利、在新增发行新股时拥有优先认股权、公司破产和清算时可参与剩余财产分配,同时也承担相应的责任与风险。

（二）股票的性质

1. 股票是一种所有权凭证

股票所体现的公司与作为投资者的股东之间的关系是所有权关系,股东的所有权大小视其所持有的股份比例而定。股东根据其拥有的所有权相应行使对公司的经营管理、分红派息、认购新股、剩余财产分配等权利。

2. 股票是一种有价证券

通常讲到有价证券,主要是指其所代表的权利是一种具有财产价值的权利,同时行使这种权利必须以持有该证券作为必要条件。从这一点来看,股票是有价证券的一种。第一,虽然股票本身没有价值,但其包含着股东要求股份公司按规定分配股息和红利的请求权,因此,股票也反映和代表着一定的价值。价值量的大小取决于持有股票的数量和以股份公司的价值创造能力与价值增值能力为代表的公司品质。第二,股票与其代表的股东权利有不可分离的关系,即股东权利的转让应与股票占有的转移同时进行。

3. 股票是一种资本证券

股份公司发行股票是筹措公司自有资本的重要手段,对于认购和购买并持有股票的人来说,这种认购和购买并持有股票就是一种投资行为。因此,股票实际上是投入股份公司的资本份额的证券化,属于资本证券。但股票又不是一种现实的财富,股份公司通过发行股票筹措的资金,是公司用于营运的真实资本,股票独立于真实资本之外,只是凭借着它所代表的资本额和股东权益在股票市场上进行着独立的价值运动,是一种虚拟资本。

4. 股票是一种要式证券

股票应记载一定的事项,其内容应全面、真实、可信,这些事项往往通过法律形式加以规定。关于股票应记载的事项,在股票的含义中已经作了介绍。要强调的是,股票如果缺少以这些事项为内容的规定要件便无法律效力。而且,股票的制作和发行须经有关主管机构的审核和批准,任何个人或团体不得擅自印制和发行股票。

5. 股票是一种证权证券

证权证券是指证券是权利的一种物化的外在形式,它是权利的载体,权利是现实存在的。证权证券是指证券所代表的权利本来并不存在,权利的发生是以证券的制作和存在为条件的。由于股票代表的是股东权利,其发行是以股份的存在为条件的,股票只是把已经存在的股东权利表现为证券的形式,它并不创造股东权利,只是证明股东权利。而股东权利一般不会因为股票损毁遗失就消失,股东可以依照法定程序要求公司补发新的股票。因此,股票是证权证券。

股票的性质决定了股票具有收益性、风险性、流动性、永久性、参与性和价格波动性的基本特征。

(三) 普通股与优先股

普通股与优先股是股票最基本的分类,分类依据是股东权利配置的不同。

1. 普通股

一般来说,股份公司在设立的时候,最初公开发行的股票多为普通股,由其发行所筹集的资金成为股份公司股本的基础,由于普通股最常见、最普遍、数量也最多,因此,普通股是最基本、最重要的股票种类。普通股的持有者是股份公司的基本股东,平等享有股东的基本权利,并在权利义务上不附加任何条件,因此,它是一种标准股票。普通股持有者作为公司的股东和公司财产的所有者,有权要求分享公司的盈利。但是,普通股的股息收益在股票发行时是不确定的,它完全随股份公司的经营状况和盈利大小而变化。而且在分配顺序上,普通股的股息收益排在各种类股票的最后,在公司偿付了其债务和债息及优先股股息之后才能分得,加之普通股的价格波动幅度较大,普通股股东的收益具有很大的不确定性和波动性,因此,普通股是风险最大的股票。

2. 优先股

优先股是一种特殊股票,也可以说是在普通股基础上进行的一种创新。优先股的"优先"含义是指优先股股东在股份公司盈利分配和剩余财产分配上的权利优先于普通股股东,即优先股股东领取股息优先,且股息率一般事先预设、确定或固定,不随公司经营状况波动;优先股股东在股份公司破产清算时分配剩余财产优先,但排在债权人之后。正是优先股的权利设置存在以上明显优于普通股的方面,通常优先股股东在参与公司经营决策和公司新增发股票时的优先认股权利方面受到严格的限制,也就是说,优先股优先权的取得是要付出一定代价的。通常情况下,优先股的表决权会被加以限制甚至被剥夺,对公司经营决策不起实际作用;优先股的股利固定,当公司经营情况良好时股利不会因此而提高;优先股一般没有优先认股权。

优先股作为创新的股票种类对股份公司和投资者都有一定的意义。对股份公司来说,发行优先股既可以筹集到长期稳定的公司资本,又可以避免公司经营决策权的改变和稀释,这种股权融资方案对于公司的控股股东具有吸引力。对投资者来说,由于优先股的股息收益稳定可靠,而且在财产清偿时的顺序上先于普通股股东,故其风险相对较小,因而对优先规避风险的投资者具有较强的吸引力,不失为一种较有特色的投资对象。当然,正如上面提及的,持有优先股并不总是有利的,特别是在公司利润大幅增长的情况下,优先股的股息收益可能会大大低于普通股。从这个意义上讲,业绩稳定的公用事业类公司和非周期类公司的优先股可以作为优先股投资者的首选品种。

股份公司为了更好地筹集资本,在发行优先股时往往附加一定的优惠条件以吸引投资者。根据优惠条件的不同,又可以进一步将优先股的类别细分为累积优先股与非累积优先股、参与优先股与非参与优先股、可转换优先股与不可转换优先股、可赎回优先股与不可赎回优先股。

3. 普通股与优先股的区别

(1) 经营决策投票权不同。

普通股股东承担了比优先股股东更多的风险,因此,普通股股东对公司的重大事务进行投票表决,对公司经营决策拥有最终控制权。优先股股东没有投票权,不能参与股份公司经营管理的决策。

(2) 优先认股权不同。

普通股股东在公司新增发行股票时具有优先认股权,而优先股股东不能享有该项权利。为了普通股股东利益不受损害,公司一般会以一个较低的价格让普通股股东优先认购。普通股股东若不愿意购进新股,也可以一定的价格出售转让优先认股权。同时,普通股股东行使优先认股权,可以确保在公司的股份比例以及相应的股东权益不发生变化。

(3) 公司盈利分配权不同。

普通股股东有权从公司的净利润中享受分红派息。但是,由于普通股股东享有经营决策权和优先认股权,因此,在公司盈利分配顺序上就做出了在优先股股东先行分配后普通股股东再对剩余盈利进行分配的让步。正是这种盈利分配顺序的安排,有可能导致在公司经营状况一般的年份,公司盈利在满足了优先股股东的分配后不再有盈利剩余而出现普通股股东不能享受公司派息分红的情况发生。

(4) 剩余财产分配权不同。

股份公司破产清算后,普通股股东有权参与公司剩余财产的分配,但由于普通股股东已经享有经营决策投票权和优先认股权,因此,普通股股东的剩余财产分配权的实现要在顺序上后于优先股股东。由于多数公司破产案源于公司严重资不抵债,处于公司剩余财产分配顺序末端的普通股股东一般是颗粒无收。

（四）我国现有的股票种类

我国股票市场的新兴加转轨性质以及独特的国情，决定了上市公司的股本结构较为复杂，现有的股票类型庞杂。目前，我国上市公司发行和上市流通的股票均为普通股。在这些普通股中，根据出资主体和上市地点的不同，又划分为国家股、法人股、个人股和人民币特种股股票。

国家股又称国有股，是指有权代表国家的政府部门或机构以国有资产投入股份公司而形成的股份。国家股大多是原国有企业改制为股份有限公司时，原企业中的国有资产折股而来，且在相当多的上市公司的股本结构中位列第一大股东，处于相对或绝对控股地位。

法人股是指企业法人以其依法可支配的资产投入股份公司形成的股份，或具有法人资格的事业单位和社会团体以国家允许用于经营的资产向股份公司投资所形成的股份。若法人股东为国有企业、事业单位，其持有的股份就是国有法人股，除此之外的其他法人股东持有的股份为一般法人股。

个人股也称社会公众股或称 A 股，它是社会公众以私有财产投入股份公司所形成的股份。它与国家股和法人股一样，都是以人民币标明面值，以人民币认购、计价、交易、结算的在境内法定交易场所交易转让的股份。

人民币特种股也称 B 股，它是以人民币标明面值，以外币认购、计价、交易、结算的在境内法定交易场所交易转让的外资股，或者叫境内上市外资股。其中，在上海证券交易所上市交易的 B 股，以美元认购、计价、交易、结算；在深圳证券交易所上市交易的 B 股以港元认购、计价、交易、结算。

此外，还有境外上市外资股的类型，即所谓的 H 股、N 股、S 股等。它们同样是用人民币标明面值，但分别是以港元、美元、新加坡元认购、计价、交易、结算的在香港联交所、美国纽约和新加坡证券市场挂牌交易的股票。

二、股票的价格

（一）股票的价格属性

从本质上讲，股票只是虚拟资本的一种存在形式，其基本功能只是用以证明持有人的财产权利，它不像普通商品那样包含有使用价值，因此，仅仅作为一种凭证，它本身并没有价值，即使是纸质标准化券面格式的股票，一定要说它含有价值，也微乎其微。从这个意义上说，股票也不可能有价格。但是，股票作为权利凭证具有收益性的特征，当持有人持有股票从而成为股东后，就享有了相应的股东权利，不仅可以参与股东大会，对股份公司的经营管理决策施加影响，更重要的是，在股份公司有税后利润时，股东还能行使分红和派息的权利，分享好处和相应的经济利益。股份公司的成长性越佳，资产价值创造和价值增值能力越强，税后利润越多，股东获取的经济利益就越丰厚，股东持有的股票的价值就越高。股票的收益性赋予其价值属性；股票作为虚拟资本的特殊商品在进入市场进行流通转让时就产生了其反映价值的价格规定，形成了它与普通商品不同的价格属性。不难看出，股票的价值和价格是用货币的形式来衡量股票作为获利手段的。所谓获利手段，即是作为股东的股票持有人凭借持有的股票可取得经济利益，可取得的利益越大，股票的价值就越大，股票在流通中的价格就越高。

(二) 股票的价格种类

1. 票面价格

股票的票面价格通常是指股票的面值,也就是股票发行时在股票上标明的金额。其基本作用是用来表明每一张股票所包含的资本数额,作为确认股东权利的依据。在现实经济生活中,股票在发行时其面额之和构成公司的实收资本,溢价部分计入资本公积金,因而票面价格也具有簿记方面的作用。此外,股票票面价格在最初发行时就设计已定,与公司经营状况无关,因此它与股票的市场价格没有直接联系。

目前,我国股份公司在发行股票时票面价格都统一规定为每股一元人民币。

2. 账面价格

股票的账面价格,也称为每股净资产值,指的是用会计方法计算出来的每股股票所包含的净资产值。其计算方法是将公司的股东权益除以发行的股票总数。所谓股东权益即股份公司的总资产减总负债,是股份公司的净资产总额。

在没有财务操控或者财务数据真实的前提下,每股账面价格的高低足以反映一个股份公司的实力和品质。因为账面价格越高,意味着股东实际拥有的财产就多,公司在经营中的抗风险能力就越强,公司的品质就越好;反之则反是。因此,在实际投资中,投资者往往关注一个公司股票的账面价格的波动,把它作为判断股票投资价值的重要参考指标之一。一般来说,股票的市场价格越接近每股净资产值,或者说越接近其账面价格,该股票越具有投资价值,至少封杀了进一步下跌的空间。实践表明,较多股票市场价格接近或跌破账面价格时往往形成市场的阶段性低点,甚至成为市场出现反转的重要契机。所以,股票的账面价格与其市场价格有着密切联系,当股票的市场价格远远高于每股账面价格时,往往意味着较多的市场泡沫,股票的市场价格严重偏离了其实际价值。

当然,由于账面价格往往依据静态的过往的财务记录,因此建立动态的账面价格理念就非常重要。当股份公司预期经营状况恶化,甚至出现巨额亏损时,未来每股净值和账面价格将趋于下降,现有的市场价格就缺乏公司基本面的支持,存在价格下跌和价值回归的风险;反之,当预期经营状况大幅改善,公司品质提升,未来每股净值和账面价格将明显回升,现有的价格就存在重新估值和定位的优势,这种现在看起来并不好的股票的价格在后市往往具有极强的涨升爆发力。

3. 清算价格

股票的清算价格是指股份公司破产或解散进行清算时每股股票所含有的实际价值。从理论上讲,股票的每股清算价值应当与股票的账面价格相一致,但企业在破产或解散清算时,其剩余财产价值的计算依据是实际的市场销售价格,而在剩余财产处置时,通常售价都会低于实际价值而产生跌价损失,与此同时,清算过程中少不了发生清算费用,从而出现股票的清算价格与股票的账面价格不一致,一般都会小于账面价格。股票的清算价格只有在股份公司因破产或解散丧失法人资格、进行清算而被作为确定股票价格的根据时才具有意义,它与股票的市场价格无关,因为所有的投资者不至于在进行股票投资时不自信到首先要考虑其清算价格。

4. 市场价格

股票的市场价格即股票在市场上交易的价格。股票的市场价格主要决定于股票的内在价值。由于股票的市场价格最终由市场供求关系决定并受多种因素影响,因而变化频繁。

股票市场价格变动将直接影响投资者的收入,因此,它是投资者最为关心的价格。

5. 除权除息价格

除权除息价格是指除去交易中股票享有的送股、配股、领息的权利而产生的股票市场价格。一般来说,股份公司在一个会计年度终了时,都会向股东分配本年度的股息或送股票;有时股份公司会推出增资配股的再融资计划,为此,股份公司通常会确定一个股权登记日,在登记日股票市场营业时间内持有股票的股东可享受分配股票和股息的派息分红及参与配股的权利,而在登记日后第二个营业日通常为除权日。从除权日开始,股份公司将原股东所能得到的本年度配股和分红派息的权利从市价中除去。由于派息分红和配股将导致股份公司每股账面价格或净资产值发生变动,股东实际享有财产权利不同,这样,除权前后的股票尽管面值相等,其市场价格也要做出修正和变换,从而出现市场价格的除权缺口。

除权除息价的计算方法如下。

(1) 当股份公司推出派息方案时,除权除息价的计算公式为

$$P = P_r - d \qquad (4.1)$$

式中:P——除权除息价格;
P_r——登记日收盘价格;
d——每股股息。

(2) 当股份公司推出送股方案时,除权除息价的计算公式为

$$P = \frac{P_r}{1+k} \qquad (4.2)$$

式中:k——每股送股率。

(3) 当股份公司推出既有派息又有送股方案时,除权除息价的计算公式为

$$P = \frac{P_r - d}{1+k} \qquad (4.3)$$

(4) 当股份公司推出派息送股,同时又实施配股时,除权除息价的计算公式为

$$P = \frac{P_r - d + p \times g}{1 + k + g} \qquad (4.4)$$

式中:p——每股配股价格;
g——每股配股率。

6. 理论价格

股票的理论价格即股票的内在价值,是决定股票市场价格的重要依据。一般来说,股票的市场价格应该围绕理论价格波动并最终趋于理论价格。确定股票理论价格的方法称为收入的资本化定价法,即将未来的预期现金股利按一定的贴现率折现成现值。有关股票理论价格的计算模型,将在第八章股票的价值评价中作详细的讲解。

(三) 影响股票市场价格的基本因素

在自由竞价的股票市场上,股票的市场价格变动频繁。引起股票市场价格变动的直接原因是供求关系的变化。但往往在供求关系的背后却有着一系列更深层次的原因。除股份

公司本身的经营状况以外,任何政治、经济、财政、金融、贸易、外交、军事、社会的相关状况和政策的变动都会导致投资者对后市的预期发生改变,对未来市场趋势和价格表现的判断变得乐观或者悲观起来,从而直接决定其投资行为,影响股市上的供求关系进而影响股票价格的涨跌。在影响股票价格的诸多因素中,有的是影响股市长期发展的基本因素,有的只是影响股价短期波动的暂时因素;有的因素对股价的影响长久而深远,有的则直接而火爆。因此,在具体分析股票市场价格变动趋势时,既要作全面考虑,又要适时地突出重点。

1. 市场内部因素

它主要是指市场的供给和需求,即资金面和筹码面的相对比例,如一定阶段的股市扩容节奏将成为该因素的重要部分。

2. 公司自身因素

股份公司的经营状况是股票价格的基石。从理论上分析,公司经营状况与股票市场价格呈正相关关系。公司自身的因素主要包括公司利润、股息及红利的分配、股票是否为首次上市、股票分割、公司投资方向、产品销路及董事会和主要负责人调整等,公司经营状况好坏可以从以上各项来分析。具体说明如下。

(1) 公司利润因素。

股份公司的盈利水平是影响股票市场价格的主要因素之一。由于股票价值是未来各期股票收益的折现值,而股息又来自公司利润,因此,利润的增减变动就成为影响股票价值以及股票市场价格的本质因素。一般来讲,公司利润上升时,股价会上升;盈利下降时,股价也会随之下降,两者的变动方向是一致的。

(2) 股息红利因素。

一般情况下,股价与股利水平呈同方向变动,股份公司派息分红的信息对股票市场价格会发生显著的影响。公司宣布派息分红及提高派息分红水平,将会引起股价上升,公司宣布取消派息分红及降低派息分红水平,股价将会应声下跌。

(3) 股票分割因素。

一般在股份公司进行决算的月份,宣布股票分割。在股票分割时,股票持有者所持有的股份能得到与以前相同的股利,因此会刺激一些人在股份公司决算期间因指望得到分红和无偿支付而增加购买股票,股价就会相应上升。分割结束时,价格又趋于稳定。

(4) 股票是否为初次上市因素。

由于发行承销价偏低,新股上市时,股价通常会逐步上升。上市初期,购买者持续地高估股票价值,新上市股票的报酬率通常大于市场上一般股票的报酬率。

(5) 重大人事变动因素。

实力大户一般对发行公司的管理权很重视,在董事会、监事会改选前,常会逐步买进股票,以便控制董事会和监事会。此间,股票市场价格就可能被抬高。

3. 宏观经济因素

宏观经济发展水平和状况是股票市场的背景和后盾,也是影响股票市场价格的重要因素。宏观经济影响股票市场价格的特点是波及范围广、干扰程度深、作用机制复杂和股价波动幅度较大。宏观经济因素主要包括以下内容。

(1) 经济增长。

经济增长主要是指一国在一定时期内国民生产总值的增长率。一般来讲,股票价格是与经济增长同方向运动的,经济增长加速,社会需求将日益旺盛,从而使投资者对上市公司的业绩前景持乐观判断,会推动股票市场价格的上涨。

(2) 经济周期循环。

经济周期循环是指经济从萧条、回升到高涨的过程。当预期经济不久将走出低谷而出现回升拐点时,商人会补充存货,生产者利润将增加,从而投资也会相应增加,工资、就业及货币所得水平也将随之增加。此时,由于利率仍然处于较低水平,将增加股票的价值(股息、红利及资产净值增加),股票市场价格也就会上涨,并会持续到经济回升或扩张的中期。

(3) 货币政策。

货币供应量是一国货币政策的主要调控指标,当中央银行放松银根、增加货币供应量时,一方面用于购买股票的资金增多,需求增加,因而股价会上涨;另一方面,货币供应量增加,也会使利率下降,投资和消费需求增加,生产和销售增加,企业利润增加,这些因素都会促使股票市场价格上涨。反之,当中央银行紧缩银根、减少货币供应量时,就会产生相反的结果。

(4) 财政政策。

财政政策主要是指财政增加或减少支出、增加或降低税收对股价上涨或下降所产生的影响。一般来讲,财政支出增加,社会总需求也会相应增加,会促进经济扩张,从而会推动股价上涨。反之,如果财政支出紧缩,社会需求也将相应萎缩,经济景气会下降,由此会推动股价下跌。财政税收增加或下降,会起到相反的影响。

(5) 市场利率。

利率对股价变动影响最大,也最直接。利率上升时,一方面会增加借款成本,减少利润,降低投资需求,会导致资金从股票市场流入银行存款市场,减少对股票的需求;另一方面,利率上升也会使投资者评价股票价值所用的折现率上升,会促使股票市场价格下跌。而当利率下降时,会推动股票市场价格上涨。

(6) 通货膨胀。

物价因素也是一个影响股票市场价格的很重要的因素。一般来讲,物价上涨,会使股份公司的利润、资产净值及发展能力等相应增加,从而会增加股票的内在价值,促使股票市场价格上涨。同时,在通货膨胀情形下,投资者投资股票具有保值效应,因而会踊跃购买股票,扩大对股票的需求,促进股价的上涨。当然,当发生严重通货膨胀时,经济运行秩序混乱,动摇投资者对经济前景的信心,促使股价下跌。

(7) 投资与消费因素。

投资与消费构成了社会总需求的最主要因素。投资和消费的增长直接推动社会总需求和经济的扩张,从而会推动股价的上涨。

(8) 汇率变化。

汇率变化也是影响股价变动的重要因素。特别是在一个开放的经济中,以及在货币可自由或相对自由兑换的环境中,汇率变化直接对股价形成冲击。

(9) 国际收支状况。

一般来讲,国际收支出现持续顺差,外汇储备增加,本币投放增加,会刺激投资和经济增长,有利于形成促使汇价和股价上升的心理预期,推动股价的上涨。反之,则促使股价下跌。

4. 政治因素

政治因素对股票市场价格的影响很大,往往因具有较大的不确定性而很难预料。它是指足以影响股票市场价格变动的国内外重大事件,如战争、政权更迭、领袖更替等以及政府的政策、措施、法令等重大事件的发生;政府的社会经济发展计划、经济政策的调整、新颁布法令和管理条例等均会影响到股价的变动。

5. 其他因素

如自然因素(主要指自然灾害)、投机和心理因素。

总之,影响股票市场价格的因素很多,凡是能作用于一国经济状况的因素都会在股票市场上体现出来,所以说,股票市场是一国经济的"晴雨表"。

(四)股票价格指数

股票价格指数是将计算期的股票价格与基期股票价格相比较而得出的相对变化数,它是用来描述和反映整个股票市场总体价格水平及其变动趋势的指标,同时也是反映一个国家或地区社会经济发展状况的灵敏信号。它是由证券交易所或金融服务机构编制并用来反映股票市场变动的一种指数。

股票价格指数通常采用派许指数法编制,即以报告期成交量或发行量为权数编制股价指数。这一方法计算复杂,但是适用性很强,特别是在以发行量为权数计算股价指数情况下,尽管股票分割、派息分红和增资配股产生除权除息而导致价格修正致使股票市场价格下降,应该看到的是与此同时股票的数量增加了,计算期的股票市值并没有发生变化,所以不需要进行调整,虽然基期市值需要修正,但计算相对简单。此外,派许指数比较精确,具有很高的连续性,因此,派许指数计算方法被广泛应用于股票价格指数的编制中。其计算方法为

$$P = \frac{\sum_{i=1}^{n} P_{1i} Q_{1i}}{\sum_{i=1}^{n} P_{0i} Q_{1i}} \times t \tag{4.5}$$

式中:P——股价指数;

P_{1i}——报告期第i只股票的价格;

P_{0i}——基期第i只股票的价格;

Q_{1i}——第i只股票的报告期发行量或成交量;

t——固定乘数。

上述加权股票价格指数在样本股股本发生变动时,随着计算基础的变化,其公式应作相应修正。最通常的一种方法是改用前一营业日为新基日,并以前一日的股票价格指数为新基数,用"连锁"方法将计算得到的指数溯源到原有基日,以维持指数的连续性。"连锁"计算公式为

$$P = P_0 \times \frac{M_1}{M_0} \tag{4.6}$$

式中:P——今日即时指数;

P_0——上日收市指数;

M_1——今日即时总市值;

M_0——上日收市总市值。

其中,今日即时总市值采用变动后的股本作为权数,上日收市总市值则要根据样本股的

变动作相应调整。

三、股票的发行与流通

（一）股票市场的基本结构

所谓股票市场，就是股票发行与流通市场的总称。

股票发行市场又称一级市场，在这个市场上只买卖新发行的股票，即发行市场是通过发行和顺利推销股票进行筹资活动的市场。在发行市场上，一方面为资本的需求者提供筹集资金的渠道，另一方面为资本的供应者提供投资场所。发行市场是实现资本职能转化的场所，通过股票发行，把社会闲散资金转化为生产资本。发行市场本身又可以划分为首次公开发行和再发行。首次公开发行（IPO）是指股票第一次在一级市场上向公众发行；再发行（SO）是指已发行过的股票在股票市场上的额外发行。

流通市场又称二级市场，是已发行股票进行流通转让的市场。流通市场一方面为股票持有者提供随时变现的机会，另一方面又为新的投资者提供投资机会。与发行市场的一次性行为不同，在流通市场上股票可以不断地进行交易。更重要的是，流通市场还为股票持有者、投资者获得社会公平价格、建立股份公司价值的社会公正评价体系提供了平台。流通市场本身又可以划分为证券交易所市场和场外交易市场。由于发行股票的股份公司的品质不同，对于那些已发行并合乎一定上市标准的股票，可以申请并在证券交易所挂牌进行交易和转让；对于那些不符合在证券交易所挂牌条件的股票，可以在证券交易所以外的场外交易市场进行交易和转让。

发行市场是流通市场的基础和前提，流通市场又是发行市场得以存在和发展的条件。发行市场的规模决定了流通市场的规模，影响着流通市场的交易价格。没有发行市场，流通市场就成为无源之水、无本之木。所以，发行市场和流通市场是相互依存、互为补充的整体。

（二）股票发行与上市的条件

1. 股票发行的条件

股份公司在股票市场发行股票筹集资本的工作较复杂，其一般条件有：完成股份制改制；制定和提交规范的股份公司章程；提交发行股票申请书；公告发行股票说明书；签订股票承销合同；提交经会计师事务所及律师事务所、公证处审核的资产报表、财务报表、经营状况的有关文件。

2. 股票上市的条件

股票上市是指股份公司发行的股票依法定条件和程序在证券交易所或其他法定交易市场上公开挂牌交易的法律行为。股票上市的条件要求反映在股票上须是：经监管层审核批准已向社会公开发行的股票；股本总额不少于规定要求；有符合要求的持续经营记录和连续赢利记录；股东人数要达到法定数量；无重大违法违规记录且财务会计报告无虚假记载等。

（三）股票发行的方式

股票发行的方式主要有四类。

1. 公开发行与内部发行

公开发行即公募，是指股份公司按照《公司法》《证券法》的有关规定，办理有关发行审核程序，并将其财务状况予以公开，向社会公众募集的股票发行。内部发行即私募，是指不办理公开发行的审核程序，也不向社会公众发行股票，而只向特定的投资者征募股份。特定的投资者可以是公司的内部职工,也可以是公司外部的特定自然人或法人。

2. 筹资发行与增资发行

筹资发行为新设立的股份公司的股票发行。由于筹资发行是新创建的公司首次发行股票,因此必须由发起人拟定公司章程,经律师和会计师审查,在指定媒体公布,同时报经主管机关审查合格准予登记,领取登记证书,在法律上取得独立的法人资格后,才准予向社会发行。增资发行则是已设立的股份公司为增资扩股而发行股票,它是股份公司为追加投资而进行的募股行为。由于股份公司发行股票必须有一定经营年限,因而大多数股票发行都是增资发行。根据增资发行的目的和具体方式不同,又可分为有偿增资(股东配售、第三者配售与公开招股)、无偿增资(无偿配送、送红股和债券转股)和并行增资等几种不同的发行方式。

3. 直接发行与间接发行

直接发行又称自营发行,是指股份公司不通过中介机构,自己直接向投资者发行股票的方式。直接发行使股份公司能直接控制发行过程,发行费用相对较少;但公司要自己承担股票发行过程中的风险,同时还必须配备专职人员承担发行工作,因而这种方式往往只有那些具有较强实力和较高知名度的大公司采用。目前,我国规定只有内部发行的股票方可由企业直接发行。

间接发行是指股份公司委托金融中介机构办理发行事务的发行方式。公开发行的股票一般都采用间接发行方式发行。采用间接发行方式,股份公司须向其委托的代理发行机构支付一笔手续费。手续费的多少根据代理发行机构承担的责任大小而定。由于代理发行机构具有专业的人才、雄厚的资金、丰富的发行经验以及众多的机构网点,因而采用间接发行方式可以促进股票的顺利发行,使企业在较短的时间内筹到所需资金。另外,还可由代理发行机构分担部分发行风险。采用间接发行有代销、余额承销和包销三种具体方式。

4. 议价发行与竞价发行

议价发行是采用商议的方式确定发行价格,即由股份公司与承销机构协商,参照市场上同行业企业股票的价格水平,加上对企业发展前景与风险指标的衡量以及宏观经济环境等因素的综合考虑,确定发行市盈率并最终确定发行价格。议价发行以市盈率作为定价的基本依据,市盈率是反映市场供求状况的一个综合指标,因此,通过市盈率推算出的发行价格不会打破市场的供求平衡。

竞价发行是采用竞争的方式确定发行价格。竞价发行包括两个层次,即承销商竞价和投资者竞价。承销商竞价是指由股份公司将其股票发行计划和招标文件向一定范围内的所有股票承销商公告,各股票承销商根据对股份公司状况及筹资计划的了解拟订各自的投标书,以投标方式竞争股票承销业务,以中标标书中的价格作为股票的发行价格。投资者竞价是指发行股票的公司和承销商事先确定一个发行底价,然后投资者在此价格之上按照自己意愿和购买能力进行自由报价,最后按价格优先、时间优先的原则,由高到低对价格排序以确定投资者是否认购成功。

股票发行价格的确定通常以市盈率法为基础,其做法是:首先应根据注册会计师审核后的盈利预测计算出发行人的每股收益,然后发行人会同主承销商确定股票发行市盈率,最后依发行市盈率与预测每股收益的乘积决定股票发行价格。

市盈率又称本益比(P/E),是指股票市场价格与每股收益的比率。市盈率有流通市盈率与发行市盈率之分。确定发行市盈率,往往既要参照二级市场的平均市盈率,又要结合同行业其他公司的市盈率,以及发行人的状况、市场行情等因素共同决定。

确定预测每股收益有两种方法:一是完全摊薄法,即用发行当年预测全部税后利润除以总股本,直接得出每股税后利润;二是加权平均法。其计算公式为

$$E = \frac{E_f}{C + c \times (12 - t) \div 12} \quad (4.7)$$

式中: E——每股税后利润;

E_f——发行当年预测税后利润;

C——发行前总股本;

c——本次发行股本;

t——发行月份。

不同的方法会得出不同的发行价格。每股收益采用加权平均法较为合理。因为股票发行的时间不同,资金实际到位的先后对企业效益有影响,同时投资者在购股后才应享受应有的权益。

(四) 股票的流通市场

根据股票具体交易方式和场所的不同,可以将股票流通市场划分为证券交易所市场和场外交易市场。

1. 证券交易所市场

证券交易所市场是指通过证券交易所进行股票买卖所形成的市场,它是高度组织化的有形市场。我国《证券法》明确规定,证券交易所是"提供证券集中竞价交易的不以营利为目的的法人"。证券交易所是证券买卖双方公开交易的场所,是一个有组织、有固定地点、集中进行包括股票在内的证券交易的市场,是股票流通市场的重要组成部分。证券交易所本身并不买卖股票,也不决定股票市场价格,而是为股票交易提供一定的场所和设施,配备必要的管理和服务人员,并对股票交易进行周密的组织和严格的管理,为股票交易顺利进行提供一个稳定、公开、高效的市场。按照证券交易所的组织类型划分,证券交易所可以划分为公司制证券交易所和会员制证券交易所两类。公司制证券交易所是采用股份公司组织形式,以营利为目的的法人组织。公司制证券交易所的最高决策管理机构是董事会,董事由股东大会选举产生。会员制证券交易所是一个由会员自愿出资共同组成、不以营利为目的的法人团体。会员制证券交易所的最高权力机关为会员大会,下设理事会,理事会由全体会员选举产生,理事会中的理事还必须有一部分由非会员担任,以代表公众利益。

2. 场外交易市场

场外交易市场是对证券交易所以外的证券交易市场的总称。

场外交易市场的代表形式是柜台市场或称店头市场。在股票市场发展的初期,由于没有建立集中交易的证券交易所,大多数股票的买卖都是通过证券商的柜台来进行的;交易所建立后,由于交易所市场的容量有限,上市条件也相当严格,因此有相当多的股票不能在证券交易所上市交易,另外还有一些交易所不接纳的特定证券也有交易需求,这些都极大地促进了柜台交易市场的发展。随着通信技术的进步,目前许多柜台市场交易已不再直接在证券经营机构柜台前进行,而是由客户与证券经营机构通过电话、电传、计算机网络等手段进行交易。除了柜台市场,场外交易市场还包括为规避交易所佣金而产生的第三市场以及绕

过证券商直接交易的第四市场等,这些市场形式所占的市场份额相对较小。

3. 证券交易所与场外交易市场的区别

证券交易所与场外交易市场的区别主要表现在以下五个方面。

(1) 交易场所和交易时间不同。

证券交易所是一个有形市场,有固定的场所,有专门的机构来组织交易,有系统的交易章程和交易制度,有固定的交易时间。场外交易市场是一个分散的、无形的市场,它没有固定的、集中的交易场所,而是由许多各自独立经营的证券经营机构分别进行交易,并且主要是依靠电话、电传、电报和计算机网络联系成交。

(2) 交易组织方式不同。

证券交易所采用经纪代理制,即一般投资者不能直接进入交易所买卖股票,只能委托会员作为经纪人间接进行交易。场外交易市场采用做市商制,在场外交易市场股票交易通常在证券经营机构之间或是在证券经营机构与投资者之间直接进行,不需中介人,投资者可直接参与交易。在做市商制下,证券经营机构先行垫入资金买进若干股票作为库存,然后挂牌对外进行交易,它们以较低价格买进,较高价格卖出,从中赚取差价。由于证券商既是交易的直接参加者,又是市场的组织者,它们制造出股票交易的机会并组织市场活动,因此被称为"做市商"。

(3) 交易对象不同。

证券交易所的交易对象限于合乎一定标准的上市证券。场外交易市场的交易对象十分广泛,其中,以未能在证券交易所上市的证券为主,但也有够资格上市而不愿在交易所挂牌买卖的股票,还包括已经上市的证券因不足整手卖而只能在场外交易的情形,此外,还有一些特殊证券,如开放式基金、大多数的债券,都在场外市场进行交易。

(4) 价格形成机制不同。

证券交易所场内人员代表众多的买者和卖者集中展开竞买竞卖,根据价格优先、时间优先的原则撮合并达成交易,有利于公正价格的形成,可见证券交易所是通过公开竞价的方式决定交易价格的。场外交易市场的价格不是公开竞价,而是由买卖双方协商决定,即证券经营机构对自己所经营的股票同时挂出买入价和卖出价,并无条件地按买入价买入股票和按卖出价卖出股票,最终成交价是在牌价基础上经双方协商决定的不含佣金的净价,可见,场外交易市场的价格是议价方式的结果。

(5) 监管程度不同。

证券交易所有严格的管理制度,包括严格的规章和操作规程以及对入场交易会员、上市股票资格、上市交易程序及交易后结算和清算的详细规定,对违规者都将予以严厉制裁;同时,证券交易所还规定有严格的信息披露制度,要求所有的上市公司必须全面、真实、准确地公布其经营情况和财务状况,从而有利于投资者进行理性的判断和选择。场外交易市场是分散、无形的市场,缺乏统一的组织和章程,难以取得统一公正的价格,同时分散化的交易也不易管理和监督,因此,场外交易市场的管理较为宽松,容易产生欺诈和投机行为,其交易效率也不及证券交易所。

(五) 股票的暂停上市与终止上市

1. 暂停上市

交易中的上市公司股票遭遇以下四种情形将被暂停上市:公司股本总额、股权分布等发生变化,不再具备上市条件;公司不按规定公开其财务状况,或者对财务会计报告作虚假记载;公司有重大违法行为;公司最近三年连续亏损。存在暂停上市风险的公司要尽早聘请主办券商,委托登记结算公司为终止上市后的登记结算机构,并同意终止上市后股份进入代办转让系统交易等。股票在暂停上市期间,股份公司仍应履行信息披露义务。

2. 股票终止上市

导致上市公司终止上市的情形有:连续三年以上亏损且限期内难以扭亏;发布虚假财务报告、未依法定期限披露定期报告造成重大影响;股东大会决定终止上市或解散公司、法院宣布公司破产后裁定终结破产程序或行政主管部门责令公司关闭、因收购原因最终导致股东分布不符合《公司法》规定等。股份公司股份在交易所发布终止上市的公告后45个交易日内可以进入代办股份转让系统进行转让。

3. 退市风险警示

应实行退市风险警示的条件是:最近两年连续亏损,即最近连续两年年度报告披露的当年经审计净利润均为负数;因追溯调整导致最近两年连续亏损;未在规定期限内按照中国证监会的要求改正重大会计差错或虚假记载,且公司股票已停牌两个月;未在法定期限内依法披露年度报告或者半年度报告,公司股票已停牌两个月;因要约收购导致被收购公司的股权分布不符合《公司法》规定的上市条件,且收购人持股比例未超过被收购公司总股本的90%;法院受理关于公司破产的案件。实行退市风险警示的上市公司名称前面加"ST"的符号。

四、股票的收益与风险

(一) 股票收益的构成

股票的性质决定了股票收益具有如下五个特点。

(1) 股票发放的收入分为两种,即优先股收入与普通股收入。优先股获取的收入称为股息,一般都事先规定。支付额及支付时间相对稳定。优先股大多按面值发行,因此,优先股收益特点与债券相似。普通股获取的收入称为红利,红利分配与否、分配数额大小以及支付时间均不事先规定,这要根据公司经营状况及发展战略逐期确定,因此,红利收益具有不确定性和不固定性的特征。

(2) 按现行财务制度规定,公司税后利润分配要按一定顺序进行。如先弥补以前年度亏损,后提取法定公积金、公益金,再支付优先股股息及提取任意公积金,最后才考虑支付普通股红利。由于多个项目扣除后才可分配,因而不具有债券利息计入成本必须支付那种法律保证。

(3) 股票不存在期限问题,投资者能否收回本金或者收回的资金能否大于本金并不由股票发行者予以保证,更不受法律保护。这只能由股票在交易市场价格变化状况及流通状况决定。由此表明股票收益的获得伴随着较大的风险。

(4) 股票红利的分配额理论上不受限制,它可随公司经营状况的好转及公司的发展而日益增多,也可无限期地获得,除非公司破产解散。再加上市场诸多因素影响,导致股票价格的波动范围很大,由价格波动而获得的差价收入机会甚多且收益率很高。从这一角度讲,股票收益更多与此有关,因而虚拟性特征十分明显。

(5) 股票红利分配不固定,市场价格变化的因素又错综复杂,导致股票收益(率)的可预测性低,投资风险就不言而喻了。

股票收益的构成主要包括红利收益、股本扩张收益及股价升值收益等三部分,其中后两部分在股票收益中占很大比重。

红利收益高低与公司盈利状况紧密相关,如公司经营亏损就不存在红利分配。此外,也与公司分配政策及公司发展所处阶段有关:如公司发展处在高速成长期,可能更注重积累与资本扩张,因此即使盈利率很高,也未必发放很高的红利;反之,公司发展处在稳定阶段(成熟期)时,即使赢利能力一般,也可能维持较高的红利发放率。

红利的具体形式主要有两种。一是现金红利,即以现金支付红利。现金红利的发放取决于董事会对公司长远利益和股东近期利益的权衡。另外,税收也是公司在发放现金红利时重点考虑的因素。二是股票红利,即公司将新增发的股票作为红利发给股东。这实际上是公司将应分配的红利转入了资本,再发行同等金额的新股票,按股东持股比例分配给股东。这种做法,对公司来讲可防止资金的外流,但股票数量的增加也会影响股票价格,并加重公司以后的红利负担;对股东而言,股票红利往往会提高投资者的投资增值预期,而受到投资者追捧。

资本扩张收益主要是公司送配股后股价填权带来的收益。公司的股本扩张主要通过送股与配股实现。送股又称为无偿增资扩股,它是一种投资者不必缴款就可获取收益的扩股形式。它有两种类型:一是将盈余公积金中本可发放现金红利的部分转为股票赠送给股东(也称红利发放);二是将资本公积金(包括盈余结存及资产重估增值等)转入资本金,股东无偿取得新发股票。配股又称为有偿增资扩股,即公司按老股东持股比例配售新股的扩股形式。配售扩股的价格一般低于市场价,作为对老股东的优惠。经过送配,股价将除权。若除完权后,实际价格回升到理论除权价之上为填权,投资者获得资本扩张收益;反之为贴权,投资者受损。

股价升值收益也是股票投资收益的主要来源之一,只要低价买入,高价卖出,即可获得差价收益(又称为资本利得)。在投机性甚强的不成熟市场中,这一收益十分可观,当然也包含着很大风险。

(二)股票收益率的计算

一般来说,股票收益率的计算有三种方法。

1. 股息收益率

股息收益率是指公司派发的年现金红利与股票买入价之间的比率。该指标可用于计算已得的收益率,也可用来预测未来一两年后可能得到的收益率,以此作为投资决策的依据。其计算公式为

$$R = \frac{D}{P_0(或P_1)} \times 100\% \quad 或 \quad R = \frac{D \div N}{P_0(或P_1)} \times 100\% \tag{4.8}$$

式中:R——股息收益率;
D——年每股现金红利;
P_0——发行市场买入价;
P_1——交易市场买入价;
N——持有年限。

应当指出的是,股息发放后,市场价格将出现除权除息情况,即股价要跌去相当红利部分的金额。若市场不景气,价格不回升并补去这一跌去部分,则红利收益暂时得不到。其

次,若投资者获得红利后,即卖出股票,持有股票不到 1 年,事实上其收益率就高得多。

2. 持有期收益率

持有期收益率是指投资者持有股票期间的红利收入与买卖差价占股票买入价的比率。由于股票没有到期日,投资者既可长期持股投资,也可短线操作投机,再加上差价收入成为股票收益的主要来源,因此,持有期收益率的计算十分重要,考虑到所有金融工具收益率的计算均以年率为基础,股票收益率的计算也不例外。其计算公式为

$$R = \frac{D + \{P_2 - [P_0(或 P_1)]\}}{N \cdot P_0(或 P_1)} \times 100\% \tag{4.9}$$

式中：R——持有期收益率；

D——年每股现金红利；

P_2——交易市场卖出价；

P_0——发行市场买入价；

P_1——交易市场买入价；

N——持有年限。

如果出现送股,股票数量增加了,同时除权后市场价格下跌了;如果是配股,还要考虑买入金额增加这一因素;如果是拆细,同送股情况相同。上述不同情况下的收益率计算公式应作如下调整。

送股情况下的计算公式为

$$R = \frac{D + [(P_2 + P_3) - P_0(或 P_1)]}{N \cdot P_0(或 P_1)} \times 100\% \tag{4.10}$$

配股情况下的计算公式为

$$R = \frac{D + \{(P_2 + P_4) - [P_1(或 P_0) + P_5]\}}{N \cdot [P_0(或 P_1) + P_5]} \times 100\% \tag{4.11}$$

送配股同时出现情况下的计算公式为

$$R = \frac{D + \{(P_2 + P_3 + P_4) - [P_1(或 P_0) + P_5]\}}{N \cdot [P_0(或 P_1) + P_5]} \tag{4.12}$$

式中：R——持有期收益率；

D——年每股现金红利；

P_2——除权后卖出价与原有股票数量之乘积；

P_3——除权后卖出价与红股派送数量(含无偿转赠及拆股增加数量)之乘积；

P_4——除权后卖出价与配股数量之乘积；

P_5——原除权前买入价与原有股数之乘积(配股需加配股价与配股量之乘积)；

N——持有年限。

3. 持有期回收率

持有期回收率是从另一个角度来考察投资结果的。它是指持有股票期间现金红利收入与股票卖出价占买入价的比率,主要反映投资回收状况。若投资者出现亏损,收益率会出现

负数,这时可用持有期回收率指标作补充分析。计算公式为

$$R = \frac{D + P_2}{P_0(或 P_1)} \times 100\% \qquad (4.13)$$

式中:R——持有期回收率。

(三)影响股票收益率的因素

影响股票收益率主要有七个因素。

1. 企业经营业绩

企业经营业绩既决定了红利分配额多少,又对股票市场价格有重大影响。企业经营业绩优良,赢利能力强,未分配利润较多,资本公积金较多,净资产值较高,因而派发红利、送股及公积金转赠的基础厚实,使投资者能更多地获得现金红利或通过资本扩张获得资本增值收益。其次,业绩优良又是股票市场价格上升的重要因素,投资者能获取差价收益;反之,业绩平平、业绩较差甚至亏损的企业情况则相反。

2. 企业分配政策

由于不同企业所处的发展阶段不同、经营效率不同、现金流量状况不同及规模扩张程度不同,因此会有不同的分配政策。这会直接影响红利分配数量及红利分配的形式,也对资本增值收益产生间接的影响。

3. 企业所处行业的特征

通常,企业所处行业若为新兴行业、高科技行业,因这些行业成长性高、发展前景广阔而被市场看好。市场预期趋同使这类股票受到追捧,从而有较高市场价或存在着较高的价格上升潜力;反之,处于传统产业甚至夕阳产业的企业股票则表现平平。由于市场价格的变化成为影响股票投资的主要来源,因此这一因素的影响力不可小视。

4. 宏观经济状况

宏观经济状况是股价变化的重要外部因素,具体包括经济增长周期、经济政策及经济指标变化特征等。

5. 政治因素

政治因素主要是指重大政治事件、政局变化、国家或地区之间战争等导致投资者改变对经济前景的预期,进而影响投资股票的决策并进一步影响股票的市场价格表现。

6. 市场供求关系变化

一定时期内进入市场资金的多少与股票增发的规模和速度构成市场供求的两个方面。两者的平衡状况直接影响股价波动:若供大于求,股价下跌;供小于求,股价上涨。

7. 投机因素

过度投机是股价暴涨暴跌的主要因素之一,而投机程度与一国市场成熟度、投资者素质及股票等投资工具是否具有投资价值等因素有关。通常,投机性强的市场获取差价收益的机会较大,但面临的风险也大。

除此之外,投资者的心理因素、突发性政策变动因素等都是影响股票价格进而影响投资收益的因素。

总之,影响股价变化及收益变化的因素错综复杂,如何利用有利因素、规避不利因素是投资者争取更大收益、减少风险的关键。

（四）股票投资风险的类型

股票投资活动中的风险是普遍存在的。根据风险形成的特点，可划分为系统性风险与非系统性风险。

1. 系统性风险

系统性风险是指由于社会、政治、经济等全局性的因素变化而使所有股票价格均受影响，进而导致投资收益变动的风险。这些因素主要包括政治风险、经济周期波动风险、市场风险、利率风险及通货膨胀风险等。这些风险具有的共同特征：一是这些影响因素是"外在的"，来自整个经济运行过程的随机性、偶然性的变化或不可预测的趋势；二是这些影响是总体的，任何股票价格都会受到影响，只是程度不同而已；三是由于其产生的影响是总体的，因而是不可回避的，即使通过分散投资也是无法抵消的，所以，这一风险又被称为不可规避的风险。

以下对系统性风险形成的各个因素作较为详细的分析。

（1）政治风险。

政治风险主要指国家政局的变动、国家重要领导人的人事变动以及政治体制的重大变动给市场所带来的风险。这种影响所造成的风险往往是突然的，程度上也是很强烈的。

（2）政策风险。

政策风险是指政府一般经济政策及有关股票市场的政策发生重大变化或有重要的法规出台，引起市场波动，从而给投资者带来的风险。通常，政策风险可分为两个层次。一是一般经济政策变化所带来的风险。如一段时间银根收紧，实行紧缩的财政货币政策，具体表现为缩小货币供应量、加息、增加税率、扩大税收面等，由此必然使股票市场价格受到影响，从而给投资者带来风险。二是针对股票市场的具体政策法规的出台所带来的风险。从理论上讲，有关股票市场的政策法规是在一国政府充分考虑本国的经济制度和经济发展阶段的特点，并根据市场运行规律而制定出的，应该具有稳定性及长远性特点，但为了使市场有序运转，或为了达到某一阶段特定的发展目标及管理目标，政府还会运用经济的、法律的、行政的手段做一些阶段性调控，出台一些抑制发展、强化规范的措施，制定出一些新的交易规则，由此会影响到市场原有运行轨迹，造成市场短期震荡。当一国股票市场处在发展初期时，由于对市场运行规律认识不足，再加上法规不健全，管理不完善，更容易频繁地更换管理规则，从而使政策性风险影响力更大。一旦出现这种风险，几乎所有股票的市场价格均会受到影响，因此该风险也属于系统性风险。

（3）经济周期波动风险。

经济周期是指社会经济发展的循环与波动现象，即经济发展从萧条至复苏、走向繁荣再转为衰退这样一个不断再现的过程。由于股票市场本身是社会经济的一个组成部分，因而所有股票价格的变化必然会受此影响，在经济发展处在衰退及萧条阶段时，所有企业发展都不景气。虽然不同行业的企业所受影响不同，这时股票市场价格波动总体处在下滑及低谷时期。相反，经济发展处在复苏繁荣阶段时，企业效益回升并逐步提高，表现在股票市场上，即为价格走出低谷，逐步攀高。在与经济周期循环相关的股市波动中，几乎所有股票价格都会随之波动，因而这一风险的系统性特征也十分明显。

（4）市场风险。

市场风险是指由股票市场行情总体波动而引起的风险。这种行情波动可通过股价指数全面反映。这种波动并不是指市场价格长期波动趋势，而是指中期波动与日常波动。前者与经济周期有关,后者形成的原因错综复杂,它更多地与市场供求关系、投资者心理变化等市场因素有关。虽然人们至今仍未明确了解市场频繁波动的具体规律是什么,但这种波动是客观存在的,显然,若不能顺势而为,就会带来很大风险。

(5) 利率风险。

利率风险是指市场利率变动引起投资收益减少甚至亏损的风险。这种风险是通过利率变化,进而影响股票价格变动而产生的。由于价格的变动使股票收益尤其是差价收益产生不确定性,因而风险就不可避免。按一般规律,利率与股票价格呈反向关系,即利率下调时,股票价格上涨;而利率上调时,股票价格下跌。利率对股票价格的影响是由投资者比较利益、公司经营成本及供求关系诸方面原因造成的。由于市场利率下跌,使滞留在银行及其他货币市场上的资金收益减少,根据比较利益及平均利润率调节原则,投资者的资金必然流向收益率略高的股票市场,当资金额与股票数量对比发生供大于求时,股票价格必然上涨;反之,在市场利率上升时,作用的机理相反,导致股票价格下跌。此外,由于利率下跌,公司经营成本(融资财务成本)降低,在其他条件不变的情况下,必然使盈利及派发的红利相应增加,由此使股票的内在价值提高,进而推动其市场价格上涨;反之,在市场利率上升时,则产生相反的结果。

市场利率不会有自发变化,在现代经济中,利率政策也是中央银行调节社会资金供求关系的重要货币工具。当中央银行调整利率时,其产生的风险可归为政策风险。

(6) 通货膨胀风险。

通货膨胀风险又称为购买力风险。它是指由于通货膨胀货币贬值使股票投资者实际收益水平下降带来的风险。通货膨胀所造成的风险主要表现在两个方面。一是通货膨胀导致物价普遍上涨,货币贬值,即每一单位的货币购买力下降了。虽然投资者通过股票投资增加了收益,但这只是用货币表示的名义收益。如考虑通货膨胀与货币贬值因素,实际收益可能并未增加或增加有限。为此,人们在计算实际收益率时往往要在名义收益率基础上扣除通货膨胀率,而只有当实际收益为正值时,投资才有价值。二是在通货膨胀初期,通货膨胀形成的危害并未被人们所认识,但到了恶性通货膨胀时,会使企业经营成本提高,经营环境恶化,产品销售困难重重,由此导致企业效益下滑,最终使股票内在价值降低。这时若投资者丧失投资信心,纷纷抛售股票,股价更会加剧跌落,显然,这种风险也不可忽略。

通货膨胀风险对不同类型的股票的影响程度也不完全相同。对优先股来说,由于其固定收益证券的属性决定了它遭受的风险可能更大。因为其名义收益率是固定的,当物价上涨时,其实际收益下降是不可避免的。当然,为避免这一风险,后设计出的可参与优先股就弥补了标准优先股的这一缺陷。对普通股来说,通货膨胀风险就略小些。因为发生通货膨胀时,公司产品价格上涨,公司名义收益也会增加,特别是当公司产品价格上涨幅度大于生产费用的涨幅时,公司净利润更高。这时可多分红利,股价也随之上涨。由此,普通股股东增加的收益可弥补通货膨胀所造成的损失。然而,凡事都有一个度。通常,在通货膨胀初期或中期,上述积极影响可能表现得更为突出;一旦进入恶性通货膨胀阶段,其负面效应就增加了。由于公司已难以消化日益上涨的生产费用,再加上竞争激烈,企业盈利下降,分红自然减少,加上投资者更多地抢购实物或保值商品,投资股票的信心降低,从而又导致市场股价下跌。这时,通货膨胀风险就与日俱增了。进一步分析表明,不同股票由于公司所处行业及经营的产品不同,通货膨胀所造成的影响也不尽相同。因为在同样的通货膨胀情况下,不同公司产品的价格上涨幅度不同,市场需求大小不同,价格上涨时间先后不同,对生产费用上升的消化能力不同,最后受国家有关政策的控制程度不同,因此,股价变动就肯定不同。无疑地,持有那些率先涨价的产品、上游行业产品、供不应求产品的股票通货膨胀风险较小些;反之,持有那些下游行业产品、供过于求产品的股票通货膨胀风险较大。

2. 非系统性风险

非系统性风险是指由于某个行业或个别公司内部因素变化而使其股票的市场价格受到影响,进而使投资这类股票的投资者收益发生变化的风险。非系统性风险主要由信用风险、经营风险、财务风险等因素构成。与系统性风险相比,非系统性风险的主要特征为:一是这些风险产生的原因是"内在的",即由行业企业内部因素变化所致;二是这些风险造成的影响是个别的,不对股票市场所有股票价格产生影响,即与股票市场价格总体变动不存在系统的、全面的联系,只对个别或部分股票收益产生影响;三是这些风险可通过多元化分散投资来抵消,即通过投资组合可最大限度地降低其风险,甚至完全消除风险。因此,这一风险又称为可分散风险或可规避风险。

以下就非系统性风险的不同表现形式作较为详细的分析。

(1) 行业风险。

行业风险是指由股票发行企业所处行业特征所引起该股票价格及投资收益变动的风险。不同行业在国民经济中所处的地位不尽相同,所处的发展阶段也不同,再加上不同行业在经济周期波动中表现各不一样,因此,不同行业既会给投资者带来独特的收益,也会产生程度不同的风险。行业风险具体表现为如下三个方面。

① 不同行业与经济周期波动的相关性程度并不一样。有些行业随经济周期而波动的特点较明显,甚至波幅更大、更超前。投资这类行业,若不把握好它的波动特点,将会遇到很大风险。相反,有些行业运行及增长具有相对独立性及稳定性,这些行业大多为需求稳定或是与生产生活必需品相关的行业。投资这类行业的股票风险较小,但收益也低。

② 不同行业有不同生命周期特征。处于行业生命周期不同阶段的企业,其股票风险程度也不同。通常,投资处在开拓期、成长初期及衰退期的企业股票风险很大,而投资成熟期企业的股票,风险则较小;投资基础产业、公用事业类企业的股票,因不确定因素少,所以风险略小,而投资高新技术行业企业的股票因不确定因素太多,则风险较大,虽然将来这些行业一旦崛起,可能带来十分可观的收益。

③ 不同行业内部竞争垄断程度并不一样,同时行业内不同企业在行业竞争中的地位也不同,因此风险程度也不同。一般来说,垄断程度较高的行业企业可获得稳定利润,因而投资这类股票风险较小;反之,竞争过于激烈的行业或在行业中无优势企业的股票风险略大一些。

(2) 违约风险。

违约风险又称信用风险,是指股票发行人不能按股票发行合约确定的要求履行义务,如任意变更募资投向、不支付红利等,从而使投资者遭受损失的风险。这种风险产生的原因主要是公司因财务状况不佳、经营不善导致赢利前景堪忧,不仅会影响股价,而且一旦公司连年亏损,股票退市甚至因资不抵债而最终公司破产,该公司股票会一文不值,给投资者带来巨大风险。

(3) 经营风险。

经营风险是指公司经营不善导致企业业绩下滑,甚至竞争失败从而使投资者无法获取预期收益导致亏损的风险。这种风险主要来自内部与外部或主观与客观两方面因素。就内部因素即主观因素而言，主要有以下四个方面。

① 企业经营管理人员投资决策失误造成的，即未对投资项目做好可行性研究，主观随意，草率上马，从而造成重大损失。

② 企业内部管理混乱，产品质量低劣，成本开支过大，丧失赢利能力。

③ 不注意技术更新，使本企业在行业中无竞争优势。

④ 不注意市场调查和研究、开发新产品、拓展新市场，公司产品的市场占有率与竞争力下降。

就外部因素即客观因素而言，主要有政府产业政策调整、本行业衰退、产品供大于求、行业内部竞争过于激烈、出现竞争实力更强的企业使本公司处于相对劣势地位以及其他不可预料的市场因素等。

公司经营风险对投资者收益的影响也是十分明显的。公司的经营状况最终表现为盈利水平的变化及资产增值状况。一旦公司经营风险增大势必影响其盈利及资产增值速度。若企业盈利及资产增值速度只是阶段性的暂时回落，对投资者收益的影响还不显著，只是对股价产生阶段性波动冲击；若企业经营出现亏损，净资产缩水，这种风险便属中度风险，股票投资者受到影响进一步扩大，其一已无红利可分，其二历来累积的盈利及资本公积金也因弥补亏损而耗尽，同时，这种状况又使该公司股票价格急剧下跌，投资者还要遭受市价降低变现困难的危害，若走向极端，即企业经营失败导致破产则属于高度风险。至此，股票交易转让资格也丧失，投资者只能等待清算与追索剩余资产。若企业资不抵债，股票投资者不仅得不到红利，因其资产追索权置于债券投资者之后，很可能持有的股票会一文不值。由此可见，对股票投资者来说，公司经营风险是很高的非系统性风险。

（4）财务风险。

财务风险是指公司财务结构不合理、融资不当而使投资者承担预期收益下降的风险。广义地讲，财务风险也属于公司经营风险的一种形式。在现代经济中，每个企业都存在负债经营的问题。通过负债经营可弥补自有资金的不足，扩大企业规模，提高竞争能力，也可利用借贷资金实现更多利润。然而，要做到这一点，有一个前提条件，即公司借贷资金实现的利润率必须高于借贷利息率，否则负债比例越高，亏损越严重。由此可见，负债经营是一把双刃剑，既可能带来更多收益，又可能造成亏损，关键是如何调整好公司资本结构及合理地融资、用资。

系统性风险是不可回避的，但可尽量降低其风险程度。主要措施是在战略上把握市场周期波动的规律，在战术上采用灵活的操作策略，既可在现货市场上做出总量变化结构调整的灵活反应，也可通过期货、期权等衍生工具与现货的对冲来降低风险。由于非系统性风险来源于个别上市公司及其股票，从理论上讲，投资者可通过多样化投资即分散投资来规避这类风险。因为当某些股票价格下跌、收益减少时，另一些股票价格可能正好上升、收益增加，这样就使风险被抵消，平均收益不至下降。

五、股票投资策略

由于投资者的风险收益偏好不同、标的品种风险收益结构差异、行情板块轮动特点转换，甚至在行情发展的不同阶段，股票市场投资的操作都会有不同的策略，因此，股市实战的操作策略是一个十分复杂的问题,需要包括个人投资者(散户)、法人(公司股东)、境内专业机构(公募与私募基金、券商、银行理财子公司、保险、信托、期货资管、财务公司、社保基金、养老基金、资产管理机构等)、境外机构(合格境外机构投资者 QFII、人民币合格境外机构投资者 RQFII、沪深股通北向资金等)等各类投资者在全面、深度、系统认知我国股票市场特点基础上,不断总结适合自身风险收益偏好特征的操作策略,才能在有效控制风险基础上取得良好的投资业绩。限于篇幅,我们仅从个人投资者(散户)视角,就股市投资策略作一介绍,其中投资决策过程涉及的环节与要求也适合其他各类投资者参考。

(一) 基本分析

基本分析就是通过对影响股票市场供求关系的基本因素进行分析,确定股票的真正价值,判断市场价格走势,为投资者理性选择投资对象提供基础,是为实践证明具有较高成功概率的趋势投资的主要分析方法。基本分析方法注重宏观经济的走向、行业景气的变化及股票品质的优劣,而忽略那些引起价格短期波动的因素。基本分析方法认为,影响股票品质的因素主要有三个方面:一是宏观经济环境是繁荣还是萧条;二是各经济部门,如工业、农业、商业、运输业、公用事业、金融业等各行各业的景气状况;三是股票发行公司的经营状况,如经营稳健、盈利丰盛,则其品质就好、内在价值就高,反之其品质就差、内在价值就低。基本分析方法的一般思路是利用丰富的统计资料,运用多种多样的经济指标和信息,采用比例、动态的分析方法,首先研究宏观经济运行状况,然后进行中观行业兴衰分析,进而从微观角度分析企业的经营状况和发展前景,对股票与市场作出客观评价,并预测其未来的变化趋势,为投资者的理性投资提供依据,从而在经济周期性循环波动的经济增长拐点处和宏观经济步入复苏、繁荣期的最具成长性的行业中准确把握投资先机、捕捉投资热点、优选投资对象,分享经济增长和行业、公司成长带来的好处,实现投资的价值增值。因此,基本分析方法是战略性介入或退出市场的重要分析方法。可见,基本分析的核心任务是寻找、判断和识别大周期的底部与顶部,在优质赛道中锁定具体投资标的,也就是要解决投资中择股的问题,为构建符合自身风险收益偏好的资产自选池提供基础。

1. 宏观经济运行分析

宏观经济运行分析就是以整个国民经济活动为研究和考察对象,分析各相关总量指标及其变动,特别是研究国民生产总值和国民收入的变动及与社会就业、经济周期波动、通货膨胀、经济增长等之间的关系,从而全面、完整、准确把握目前宏观经济运行状况、宏观经济运行处于什么阶段及宏观经济运行的趋势。通常,宏观经济运行出现趋势性向上拐点信号时,是战略性进入市场的时间窗口,可以分享未来经济成长、繁荣和处于上升景气周期带来的公司业绩持续增长的好处;宏观经济运行出现趋势性向下拐点信号时,是战略性退出市场的时间窗口,可以有效规避未来经济大周期衰退致使公司业绩下滑带来的回撤风险。

判断宏观经济运行出现趋势性拐点的指标主要有经济增长(GDP)、经济周期循环(从危机、萧条、复苏到高涨的过程)、城镇调查失业率、货币信贷政策、财政政策、市场利率、产能利用率、基建投资、居民消费零售额、采购经理指数(PMI)和制造业采购经理指数(PMI)、通货膨胀(CPI、PPI)、外贸、汇率变化与国际收支状况、发电量、货运量等。如果出现 GDP 抬头、经济周期进入复苏回升阶段、调查失业率下降、货币投放增加、社融扩张、财政赤字加大、市场利率温和上升、产能利用率提高、CPI 转升、PMI 回升、投资与消费上升、本币升值、外贸增长、国际收支改善、发电量和货运量持续回升等信号,基本可以确认宏观经济运行出现了趋势性向上的拐点,应不失时机地逐步逢低分期分批布局市场。相反,基本可以确认宏观经济运行出现了趋势性向下的拐点,应及时逐步逢高分期分批兑现利润、退出市场。如 2015 年 6 月至 2018 年 9 月,我国 GDP 逐年下滑,新常态下的经济下行压力不断加大,产能严重过剩的结构性问题突出,经济开启了去杠杆操作,大周期和趋势性机会明显很少,在股市的投资就要把握好不同级别反弹的减仓退出市场机会,尽量减少操作,学会空仓,短线高手可适量参与结构性机会,同时,要充分认知到把握具有操作空间的结构性机会须保持对政策面的足够敏感,而且由于是存量博弈,操作难度较大,并要恪守止盈、止损纪律。

应该看到的是,由于我国现阶段的股市仍是带有众多不成熟特征的典型政策市,很多情况下市场行情的演绎更多受制于政策的基本面变化和市场对未来经济景气的预期,因此市场行情时常表现出业绩基本面支持不扎实和与宏观经济运行不同步的特点,即若政策的基本面明显改观和转向,便能有效点燃和刺激市场情绪,触发风偏上升和激发多头氛围,引导各路资金积极入市,产生极具操作价值的至少是波段性的牛市行情,因此投资者就必须要经常高度关注政策基本面的走向和管理层对市场的态度。如果政策鼓励并营造做多氛围、新股发行与市场扩容适度、监管宽松、鼓励提高杠杆(融资交易)、降低税费、采取实质举措引导境内外资金入市、提升政策红利(股权分置改革、未来的 B 股改革、发行注册制改革等重大事件),就可能引爆和催生行情,成为启动具有操作机会的中级以上行情的重要线索与契机。如 2018 年第四季度开启的行情,虽然经济基本面并不支持走出一轮牛市,但设立科创板和力推注册制的政策预期和管理层的积极呵护以及降准降息的一系列货币政策操作,市场一改 2015 年以来的颓势,走出了一段具有良好操作机会的大行情,特别是进入 2020 年后,突如其来的新冠疫情使 GDP 一度负增长,上市公司大面积业绩滑坡,在国内疫情阶段性得到防控、全球疫情仍未出现拐点,经济复苏依然充满很大不确定性的情况下,市场还是走出了远超预期的牛市行情,足以说明在我国股票市场投资者精准把握政策基本面具有重大意义。基本道理与逻辑是:情绪改善和资金推动是市场活跃的一个关键因素。隐含的经济学原理是当名义 GDP 的增速跟广义货币 M2 出现剪刀差,当 M2 的增速超过 GDP 增速一段时间后,形成一个剪刀差的货币敞口,极利于营造市场牛市氛围。从有统计数据的 1995 年开始,1996 年我国 M2 增速开始超过 GDP 增速,当时 GDP 由 24% 一路下滑到 1998 年 3 月的 6%,而 M2 增速尽管也从 28.5% 一路下滑,可是增速一直高于 GDP,1996 年到 1997 年两年之间出现了上证指数上涨 3 倍的牛市。但是随着国家实施货币紧缩政策,牛市终结,到 1998 年股市一直处于震荡状态。随着货币政策变化,从 1998 年 6 月开始,GDP 继续下行的过程中货币政策开始放松,直到 1999 年爆发了著名的 5.19 行情,风险敞口在互联网的风潮中将行情推向极致。2007 年的牛市除了股权分置改革的制度红利,货币因素同样不可忽视。到 2007 年 12 月,GDP 的增速已经超越 M2 的增速,形成了巨大的剪刀差,货币开始收紧,牛市结束。2008 年国际金融危机爆发,全球开始货币放水,我国实施了 4 万亿的救市措施,GDP 依然处于颓势,M2 的增速超过 GDP,再次出现巨大货币敞口,上证指数从 1 700 点附近飙升到 3 500 点。到了 2014 年,GDP 喊出了保 8 的口号,M2 的增速拉升到 13% 左右,2015 年出现了短暂的牛市,那一次数万亿的杠杆资金抽离,令牛市夭折。之后到 2018 年 10 月,管理层开始去杠杆操作,收缩流动性,GDP 的增速高于 M2,熊市开始出现。2018 年第四季度以来,稳经济成了管理层的重中之重,去杠杆开始退后,稳杠杆成为政策重点,并开启了降准降息操作,市场趋于活跃,加之2020年初爆发的新冠疫情影响,GDP出现断崖式下跌,宽松的货币政策再度成为政策选项,M2的增速拉升到12%以上,货币敞口再次形成,因此,从货币供给端可以判断,如果未来不出现流动性边际收紧的扰动,自2018年底开启的牛市进程不会轻易终结。

2. 行业分析

行业分析是指根据经济学原理,综合应用统计学、计量经济学等分析工具对行业经济的运行状况、产品生产、销售、消费、技术、行业竞争力、市场竞争格局、行业政策等行业要素进行深入的分析,从而发现行业运行的内在经济规律,进而进一步预测未来行业发展的趋势。行业分析是介于宏观经济运行与公司分析之间的中观层次的分析,是公司分析的前提。行业分析的基本任务是解释行业本身所处的发展阶段及其在国民经济中的地位,分析影响行业发展的各种因素以及判断对行业的影响力度,同时对不同的行业进行横向比较,预测行业的未来发展趋势,判断行业投资价值和揭示行业投资风险,以便投资者挖掘最具投资潜力的行业,为遴选、确定和占据最有潜力的优质赛道提供决策依据。行业分析的主要内容有行业基本状况分析、行业一般特征分析、行业结构分析。行业基本状况分析包括行业概述、行业发展的历史回顾、行业发展的现状与格局分析、行业发展趋势分析、行业的市场容量、销售增长率现状及趋势预测、行业的毛利率、净资产收益率现状及发展趋势预测等。行业一般特征分析包括行业的市场类型分析(完全竞争、垄断竞争、寡头垄断、完全垄断)、行业的经济周期分析(增长型行业、周期型行业、防守型行业)、行业生命周期分析(引入期、成长期、成熟期、衰退期)。行业结构分析主要有产业组织分析SCP理论和波特五力模型分析。产业组织分析SCP理论构建了系统化的市场结构(structure)—市场行为(conduct)—市场绩效(performance)的分析框架,通过识别行业的各细分市场的变化情况,揭示出在变化中所蕴含的机会与威胁。分析内容主要包括各产品的容量及结构变化、各地区的容量及结构变化、各消费群的容量及结构变化。波特五力模型分析关注一个行业中存在的五种基本的竞争力量,即潜在的加入者、替代品、购买者、供应者以及行业中现有竞争者间的抗衡。通过行业分析要清晰认知行业的未来成长性是否具有投资价值、行业内的龙头企业是哪些以及行业内的竞争取得超越竞争对手的关键因素是哪些。

通常,在市场出现趋势性机会后,投资者就要高度关注行业的分析与把握。在宏观经济运行开启新的景气后各行业受益有先后顺序,通常生产资料行业、顺周期行业会率先受益,然后景气会在行业间依次传递,在资产配置上要布局最先受益的行业并关注受益行业的轮动。同时,在结构性机会明确的市场,要注意行业有冷暖,要积极寻找能穿越经济波动与市场牛熊周期以及政策鼓励与扶持的优势行业,因为这些行业所在的赛道能在熊市中跌得较少、在牛市中涨得较多,如优质硬核科技、白酒、医药、军工等白马股。

当然,行业分析还必须结合阶段性的政策引导与事件驱动,特别是在市场行情缺乏趋势性逻辑和仅存结构性机会的阶段更要把握政策走向与事件刺激。如2018年第四季度以来,尽管缺乏扎实的经济基本面支持且受到2020年初突如其来的新冠疫情冲击,但是由于推出科创板和创业板引入注册制等引发的市场预期与宽松货币政策的加持,还是爆发了一轮以新一代信息技术、新能源、节能环保、生物医药、高端装备制造、新材料等为代表的科技行业引领的大行情,创业板指数从2018年第四季度最低的1 184点涨至2020年7月中旬的2 896点,展现出了良好的结构性投资盈利机会。又如2020年初以来,中美关系、中印关系、朝鲜半岛、南海、台海等多方面出现紧张局势,导致沪深两市军工行业股票深受投资者追捧,国防军工指数从年初最低的 990 点一路涨升至 7 月中旬的 1 572 点。

3. 公司分析

在宏观经济运行发出趋势性向上拐点信号、经济即将进入景气周期的趋势性机会与结构性机会中,处于优质赛道的行业聚集了众多上市公司,如何优选和锁定优势赛道行业里的最具投资价值的上市公司,以构建资产自选池,即是公司分析要解决的问题和基本任务。

公司分析是指通过定性分析与定量分析手段对上市公司财务状况、发展潜力、成长性及质地品质的综合评价。在公司分析中要研究的项目和内容主要有上市公司财务报表、上市公司所在行业、上市公司产品和市场、上市公司文化和管理层素质等,如果条件具备投资者还应进一步对上市公司进行实地参访与考察。

(1) 上市公司财务报表分析。

在公司财务报表分析中,要依据上市公司公开披露的年报、中报和季报等资料、信息,对以下反映公司盈利与持续经营能力、经营效率、成长性的重要指标和项目展开分析。

上市公司的市盈率。市盈率=每股市价÷每股收益。这是投资者关注的一个重要指标,它代表市场上投资者对公司每股盈利付出的价格。如公司的市盈率高于股市的平均市盈率,代表投资者看好这家公司的未来成长性,反之是并不看好该公司的成长性。公司的市盈率也是一个评价该股票投机和泡沫成分的指标。如果市盈率高并超出该股票的成长性,这是庄家和跟庄者的投机炒作,投资者要规避此类股票,防止掉入庄家和跟庄者的多头陷阱。

每股收益。每股收益=净利润÷总股本。每股收益是评价上市公司财务和盈利能力最重要的指标。它体现了公司的经营能力、管理能力和对股东的回报能力。该指标可以用逐年进行对比的方法来评价一个公司的成长性,也可以和其他公司进行横向对比,找出公司之间的经营差距。

净利润的构成。公司利润包括主营业务利润、投资收益、营业外收入、其他业务利润。只有主营业务利润收入才是决定公司长期和稳定发展的重要因素。靠买卖股票、资产置换、政府补贴、一段时期的税收返还和减免、处置固定资产的投资收入以及其他营业外收入都不能代表公司的持久经营能力和获利能力。如果一个上市公司的主营业务收入利润长期处在总利润的 50% 以下,那么这个公司的获利能力和长期投资价值就值得怀疑。在对上市公司净利润构成分析中要高度关注公司财务报表陷阱和虚假利润。通常,财务报表中的利润包装和陷阱可以从至少三个方面反映出来:一是会计政策。上市公司可以利用会计政策合法地增加或减少利润。如改变公司固定资产的折旧率,增加折旧的年限,可使折旧费用减少,成本降低,利润增加,反之利润减少。上市公司的应收账、呆账和坏账的处置也可用来调节公司的利润。如产品库存、原材料库存的过低和过高估价也是上市公司增减利润的手段。一般来说,上市公司借款数额巨大,借款利息的资本化也会成为调控利润的手段。会计账目中的巨额冲销可以把公司以后的损失提前确认或把损失延后确认。总之,利用会计政策调节公司利润的名目繁多,投资者要擦亮眼睛,谨防上当。二是关联交易。上市公司可通过关联交易来改变上市公司的利润。通常使用的手法是与母公司及相关的子公司搞合作投资,最后达到配股和影响股价的目的。关联的购销业务可以在产、供、销各个环节中用转嫁成本的方法调控利润。关联的资产租赁和资金拆借也是一个重要的调控利润手段。三是地方政府的扶持和财政补贴。地方政府的扶持和财政补贴可增加公司的利润。为了让一些公司达到上市标准、上市公司配股标准以及上市公司摘掉ST"帽子",地方政府通过采用财政补贴、减免利息、降低税收和低价给予土地资源等手段达到增加公司利润的目的。

每股股息的分配。每股股息的分配是评价一个上市公司对股东回报的一个重要指标。股息的分配包括现金分红、送红股和配股,股东从这些回报中得到投资的增值。尽管一些公司年年盈利,但从来不给股东回报,这些公司的投资价值会大打折扣,投资者最好远离此类公司。每股股息的分配也应该从纵向和横向进行对比,挖出它的投资价值。投资者应将每年回报递增的公司股票作为长线投资的首选股票。

每股净资产。每股净资产=年末股东权益÷总股本。每股净资产体现上市公司的资本扩张能力。每股净资产逐年增加说明上市公司不断扩张壮大,反之不断缩小。

每股经营现金流量。每股经营现金流量=(主营营业收入-营业成本-所得税)÷总股本。这一指标主要反映平均每股所获得的现金流量,隐含了上市公司在维持期初现金流量情况下,有能力发给股东的最高现金股利金额。公司现金流强劲,很大程度上表明主营业务收入回款力度较大,产品竞争力强,公司信用度高,经营发展前景有潜力。但应该注意的是,经营活动现金净流量并不能完全替代净利润来评价企业的盈利能力,每股现金流量也不能替代每股净利润的作用。上市公司股票价格是由公司未来的每股收益和每股现金流量的净现值来决定的。盈亏已经不是决定股票价值唯一重要因素。单从财务报表所反映的信息来看,现金流量日益取代净利润,成为评价公司股票价值的一个重要标准。

市净率。市净率=每股市价÷每股净资产。市净率把股价和每股净资产联系起来,市净率越高,资产越优良。高科技股、IT行业和新兴行业都有较高的市净率。

净资产收益率。净资产收益率=净利润÷平均股东权益。净资产收益率是评价上市公司盈利能力的一个重要指标。净资产收益率越高,说明资产的盈利能力越强,给投资带来的收益就越高。

成本费用率。成本费用率=利润总额÷成本费用总额。成本费用率反映每花掉1元费用给公司带来的利润。对于投资者来说,该指标越高,给投资者带来的利润越高。

销售净利润。销售净利润=净利润÷销售收入。销售净利润反映每1元销售收入给公司带来的净利润量,评价销售收入的收益水平。该指标越高,公司的销售能力越强。

流动比率。流动比率=流动资产÷流动负债。流动比率表示每1元流动负债有多少流动资产作为偿付担保。这一比例越高,债权人的安全性越高。但这个比例过高,则表明上市公司的资产利用率较低,流动资金闲置严重。一般流动比率为2左右较为合适。上市公司所属行业不同,流动比率也不同,商业类公司可偏低。

应收账款周转率。应收账款周转率=销售收入÷平均应收账款。应收账款周转率越高,平均应收账款周期越短,资金回收越快。否则上市公司的资金过多地滞留在应收账上,会影响资金正常的周转。

负债比率。负债比率=负债总额÷资产总额。负债比率反映的是偿还债务的保险程度。对于债权人来说,这一比率越高,偿还债务能力越差。但对于投资者来说,负债比率高,表明当上市公司资本利润率大于借款支付的利率时,股东所得利润将增加。

现金比率。现金比率=现金余额÷现金负债。现金比率直接反映企业的短期偿付能力,也是盈利的资本。过高的现金比率将会降低企业的获利能力。如新股上市,新上市公司的现金比率很高,长期保持在过高的水平,说明现金并没有投到新的项目中去。

(2) 上市公司所在行业分析。

上市公司所在行业分析主要包括两个方面的内容,即上市公司所在行业的整体分析与上市公司所在行业的地位分析。上市公司所在行业的分析对长线投资优选赛道相当重要。行业的当前状况和未来的发展趋势对该行业上市公司的影响巨大。当某个行业处于整体增长期间,未来的发展空间很大,该行业的所有上市公司都有较好的表现和较大的发展空间。例如深沪两市的通信行业、电脑软件行业和高科技行业,整体公司业绩要高于其他行业。

上市公司所在行业分析首先要分析行业的成长分类。每一个行业都有四个发展时期：引入期、成长期、成熟期、衰退期。处在下降衰退时期的行业称为夕阳行业；处在引入和成长时期的行业称为朝阳行业。当大盘从底部启动后,投资者最好挑选朝阳行业的股票,不要进入夕阳行业的股票。朝阳行业和夕阳行业的划分是相对的,并有时间和地域的限制。某一个国家的夕阳行业可能是其他国家的朝阳行业,如美国的高速公路建设,几年前已决定不再新建,与高速公路建设有关的行业也处在夕阳时期,但高速公路建设在我国却处在朝阳时期。又如美国的汽车工业已处在下降的夕阳时期,而我国的汽车工业仍处在上升朝阳时期。某一个时期是朝阳行业,而在另一个时期可能就变成夕阳行业。五十年前我国的纺织和钢铁行业处在上升朝阳时期,现在却处在下降夕阳时期。

每一个行业内部也有处在上升朝阳时期企业和下降夕阳时期企业之分。如纺织行业在我国处在下降夕阳时期,而采用新技术、新工艺和新材料的企业却处在上升朝阳时期,譬如采用纳米技术的纺织企业就处在引入时期,一旦纳米技术首先在我国的纺织行业应用,我国的纺织行业可能又会处在上升朝阳时期。新技术、新工艺和新材料的应用不仅可以改变企业本身的状况,也可能改变整个行业的状况。

(3) 上市公司产品和市场分析。

上市公司产品和市场分析包括公司产品的市场占有分析、公司产品的品种分析、产品价格分析、产品的销售能力、公司原材料和关键部件的供应分析、公司产品知识产权的研究和分析等六个方面。

公司产品的市场占有分析主要从两个方面展开：一是产品的市场占有率,这是指该公司的产品在同类产品市场中所占有的份额；二是指产品的市场覆盖率,即产品在各个地区的覆盖和分布。两者的组合分析可得到以下四种情况：市场占有率和市场覆盖率都比较高,表明该公司的产品销售和分布在同行业中占有优势地位,产品的竞争能力强。市场占有率高而市场覆盖率低,表明公司的产品在某个地区受欢迎,有竞争能力,但大面积推广缺乏销售网络。市场占有率低而市场覆盖率高,表明公司的销售网络强,但产品的竞争能力较弱。市场占有率和市场覆盖率都低,表明公司的产品缺乏竞争力,产品的前途有问题。

公司产品的品种分析是指公司的产品种类是否齐全、在同行业生产的品种中持有的品种数、这些品种在市场的生命周期和各品种的市场占有分析。例如电视行业中模拟电视品种已被淘汰,大屏幕的数字电视和壁挂式电视将要取代模拟电视。一个没有新品种的电视生产公司势必成为"明日黄花"。在大屏幕的数字电视和壁挂式电视品种中,大屏幕液晶壁挂式数字电视将成为市场的主流。在大屏幕液晶壁挂式数字电视中,与电脑合二为一的品种又将成为主流。

产品价格分析是指公司生产的产品和其他公司生产的同类产品的价格比较。如产品价格是高还是低,产品是否有竞争力等。同时,还应分析产品的价位和消费者的承受能力、产品价位变化所引起的供需变化和市场变化等。

产品的销售能力分析是要考察上市公司的销售渠道、销售网络、销售人员、销售策略、销售成本和销售业绩。销售环节的成本极大地影响公司的利润。虽然上市公司在建立销售网络的初期将投入巨资,但在以后的经营中可减少中间环节的费用,从而增加企业的利润,但同时管理费用又将大大增加。如果借助另一个公司的网络销售产品,又必须让出一定的利润空间给销售公司,使管理费用大大降低。这两种销售方法各有利弊,要进行综合比较分析。

公司的原材料和关键部件的供应与产品的销售一样,同样存在两种情况:一种是自己包打天下,产品的上游原材料和关键部件全部由自己供应和生产,它的好处是原材料和关键部件供应稳定,这一部分利润由该公司独自获得。但缺点是它的战线长,初期投资增加,管理费用增加,产品抗风险性差。另一种情况是原材料和关键部件由专门的原材料公司供应和生产,公司让出一部分应得的利润。两种模式各有利弊。例如,电视生产的模式就是显像管由另外的厂家独立生产来供应主机生产厂家的。由于技术的不断发展,随着显像管向液晶和超大屏幕发展,就会使生产显像管厂家的生产线改动非常大,而主机生产厂家的生产线改动却非常小,这时生产传统的真空显像管厂家的生产线就会面临报废的风险。

一个上市公司的产品是否拥有自主知识产权是相当重要的一项指标,它可以衡量该产品的技术含金量。有自主知识产权的上市公司的利润高,且来源稳定,在该行业中将成为头部企业。在我国的家电生产企业中,很多生产企业都在使用外国公司的知识产权。家电行业的利润依靠大规模生产和劳动力换取,总体利润偏低就是由于缺乏自主知识产权的原因。自主知识产权是一个上市公司发展和壮大的基础,是稳定利润来源的保证。一个没有自主知识产权的上市公司,无论它现有的利润有多高,这个利润是不会长久的,没有自主知识产权的上市公司是不适合长线投资的。

(4)上市公司文化和管理层素质分析。

上市公司文化和管理层素质分析是公司分析的重要方面,其中公司文化是指公司全体职工在长期的生产和经营活动中逐渐形成的共同遵循的规则、价值观、人生观和自身的行为规范准则。对公司文化的分析应着重了解公司文化对全体员工的指导作用、凝聚作用、激励功能和约束作用。管理层素质的分析应包括对公司管理层的文化素质和专业水平、内部协调和沟通能力、公司管理层第一把手的个人经历和工作经历及文化水平、公司管理层的开拓精神等的分析。一个好的管理层在管理公司时,每一年公司都应有很大的变化,最终的结果应从公司的成长性、主营收入、主营利润和每股收益的变化中体现出来。

对条件具备的投资者,应该深入上市公司,认真开展实地调研。对公司的实地考察对于长线投资尤为重要。对中小散户长线投资者来说,由于资金和实力有限,实地考察难度较大。但开展这项工作意义重大。如一个上市公司已经年年亏损,资不抵债,企业已经停产,但该公司的股票在股市上却受到投资者追捧而股价不断攀升。这方面的内容和怪圈,媒体曾多次跟踪报道,曝光了很多上市公司的虚假信息。长线投资者在投资前最好能亲自考察公司的现状、公司的生产和销售情况、公司文化和公司管理层的能力、公司的规章制度、生产规模、生产效益、生产秩序、投资资金的实际执行情况、公司信息披露的准确情况和财务报表的真实性等。机构投资者在进行投资和决策前都会有专门调研部门及团队到上市公司进行全面的实地考察。中小散户如没有足够的资金和实力去进行考察，可以采用几个中小散户联合起来派代表去上市公司进行考察，也可以调查基金对哪些上市公司进行长线投资，根据自己的判断和分析，跟随基金进行长线投资操作。

在公司分析中，除了对上市公司财务报表、上市公司所在行业、上市公司产品和市场、上市公司文化和管理层素质等开展系统分析外，还要充分利用公开披露的信息掌握以下重要讯息：公司所属的概念和题材；商誉及商誉占净资产的比重；未分配利润、公积金及历史派息分红政策；超大单、大单、中单、小单等成交数据反映的主力资金流入流出情况；机构席位成交与大宗交易信息；融资融券的净买入或净卖出情况；换手率；限售股解禁的时间节点与数量及持股成本；股权质押比率；同比、环比持股的机构家数和持股数量与持股占比及变化情况（特别是北向资金的持股增减变化情况）、股东户数与户均持股量及变化情况、投资者平均持仓成本等。通常，如果公司所属概念和题材位列优质赛道、最近三年主营业务收入与利润和每股收益与净资产收益率等连续保持百分之二三十以上的持续增长、无商誉或商誉占净资产比例不高于20%、未分配利润和公积金丰厚并长期实行友好的派息分红政策、近期主力资金流入明显、机构席位成交活跃、融资交易量和融资交易余额不断攀升、换手率明显大幅上升、无限售股解禁冲击或解禁数量有限和持股成本较高、无股权质押或质押比例较低、季度同比特别是环比持股机构家数和数量上升且股东户数不断减少和户均持股量不断上升、股价低于投资者平均持仓成本特别是主力持仓成本，就是纳入资产自选池的优质投资标的公司。

（二）技术分析

在基本分析确认了存在战略性介入市场的机会窗口后，选择相对低点战术性介入和相对高点战术性退出市场就成为维系投资成败的另一个关键问题，而技术分析可以为投资者提供相关分析方法。技术分析从市场行为本身出发，运用统计学、心理学等科学原理与方法，分析价格、成交量和技术指标等已经发生的市场资料数据来预测股票市场价格的变动趋势。如果将技术分析与基本分析作一简单比较，可以说基本分析要解决择股的问题，而技术分析是要解决择时的问题。技术分析的重要性表现在：华尔街曾有这样的流行语——"什么时候买比买什么更重要"。技术分析运用公开的市场信息，探析的是价格变动趋势而不是价格水平，侧重于投资时机的分析，可以帮助投资者决定买卖股票的最佳时机，通常它对大趋势确立后的波段操作更具有指示意义。从早期的道氏理论开启技术分析至今，技术分析方法得到了快速发展，并且由于技术分析的不断创新，新的分析方法与流派不断涌现。目前技术分析流派林立、方法众多、体系庞大，包括K线分析、切线分析、形态分析、指标分析、波浪分析、周期分析等众多的分析方法与理论，应该认识到的是其中任何一种分析方法之所以能够自成一派，都说明有其凝聚有经验的职业投资者特别是投资理论专家智慧的独到思想和被市场检验为具有一定有效性的方法。

技术分析方法林林总总，投资者应在不断积累实战经验基础上，总结一套适合自身风险收益偏好和运用起来便捷、有效、舒适、习惯的分析方法。同时，应该认识到，从统计学角度讲，试图回溯历史行情来找到市场价格变动的规律是有局限性的，因此技术分析只能作为投资分析的一部分，必须进一步结合基本分析才能做出对未来市场行情演绎的大致判断，而且经验告诉我们，基本分析与技术分析在不同市场背景中具有不同的作用。在一个极强势的牛市或极弱势的熊市阶段,市场会在超买基础上进一步超买或在超卖基础上进一步超卖,技术指标会严重钝化,此时技术分析的有效性会大大降低,而基本分析的价值会凸显。而在一个区间震荡或平衡波动的市场阶段,技术分析的价值和有效性才会大大提高。由于投资者风险收益偏好存在差异,不同风偏的投资者在使用技术分析方法时都有分析指标时间周期结构的不同选择。通常,风偏较高的短线投资者专注于一周以内的交易操作,主要观察和分析日线指标,而日线指标对市场噪声过于敏感,交易行为更易受市场情绪主导。风偏中性的中线投资者一般交易操作在一周以上至三个月以内,多以周线指标为投资分析基础和依据,而周线指标对市场信息反映较为均衡。风偏较低的长线投资者的投资周期一般在三个月以上,多以月线指标分析指导投资决策,虽然月线指标迟钝,但较好过滤了市场噪声的影响,有效性、可靠性较高。鉴于篇幅有限,我们仅就指标分析中使用较多的 RSI(相对强弱指标)和 BOLL(布林线)作一简介。

  RSI 跌破 20,表明市场进入超卖区,形成买点,若市场处于情绪持续低落的极弱阶段,可后移买点,在第二次跌破 20 后且出现底背离时进场;RSI 涨破 80,表明市场进入超买区,形成卖点,若市场处于情绪持续高亢的极强阶段,可后移卖点,在第二次涨破 80 后且出现顶背离时离场。布林线向下击穿中轨表明行情步入空头市场,当布林线跌至最好是跌破下轨,为买点;向上击穿中轨表明行情步入多头市场,当布林线涨至最好是突破上轨,为卖点。若 RSI 跌破 20,尤其是第二次跌破 20 且出现底背离,同时叠加布林线向下击穿中轨后再突破下轨,为有效性、可靠性较佳的买点;若 RSI 涨破 80,尤其是第二次涨破 80 且出现顶背离,同时叠加布林线向上击穿中轨后再突破上轨,为有效性、可靠性较佳的卖点。

  RSI 与布林线都有日 K 线、周 K 线、月 K 线的不同时间周期形态。其中日线变化较快,对市场噪声很敏感,而月线变化较慢,对市场反应迟钝,但有效性更强,周线介于两者之间。日线结果适合高风险偏好的进取型频繁交易者使用,月线结果适合风险偏好较低的保守型长线投资者使用,周线介于两者之间。

  RSI 有 6 日、12 日、24 日等三个时间周期值的不同设置。若 6 日短期 RSI 由下向上穿越 12 日、24 日长期 RSI,同时布林线向上突破中轨,意味着市场步入多头格局,以建仓、增仓、持股待涨为主;若 6 日短期 RSI 由上向下穿越 12 日、24 日长期 RSI,同时布林线向下突破中轨,意味着市场步入空头格局,以减仓、轻仓、空仓持币为主。6 日 RSI 线在日线上跌破 20,且布林线跌至最好突破下轨,同时出现底背离,意味着短期底部出现,通常 3 至 4 个月会有一次机会;RSI 从跌破 20 到涨至 80 以上大致要一个多月时间,涨至 80 以上叠加布林线涨至最好突破上轨,出现顶背离,为短期顶部,可短线离场,一般收益率可达 30% 以上。6 日 RSI 线在周线上跌破 20,且布林线跌至最好突破下轨,同时出现底背离,意味着中期底部出现,通常一年左右会有一次机会;RSI 从跌破 20 到涨至 80 以上大致要半年时间,涨至 80 以上叠加布林线涨至最好突破上轨,出现顶背离,为中期顶部,可中线离场,一般收益率可达 50% 以上。6 日 RSI 线在月线上跌破 20,且布林线跌至最好突破下轨,同时出现底背离,意味着大周期底部出现,通常 4、5 年左右会有一次机会;RSI 从跌破 20 到涨至 80 以上大致 2 至 3 年时间,涨至 80 以上叠加布林线涨至最好突破上轨,出现顶背离,为大周期顶部,应清仓长线离场,一般会有翻倍甚至数倍的收益率。

  同时,在实际操作中,投资者要依据自身风险收益偏好与经验,设置好止盈止损位,并利用技术分析的提示,严格执行交易纪律,适时启动止盈止损操作,以保护盈利部位或防御回撤损失。止盈止损操作在市场行情出现重大转折期意义尤为重大。若行情波动与预判方向背离，在买入以后设置止损位为下跌20%，随着行情逐波下行，出现账面浮亏，距离止损位已经非常接近了，此时假如将止损取消，甚至将止损位扩大，大概率造成扩大止损之后继续打止损。当然，不排除向下移动了止损位后出现行情上攻而没有触发止损并最终有盈利的侥幸与可能性，但必须谨记的是一旦行情出现趋势性转折，势必导致深度套牢而出现重大损失。同样，若行情波动与预判方向一致，在买入以后设置止盈位为上升20%，在行情上升中向上不断修正止盈位也是一种错误做法。必须认识到，止盈位是投资者的能力圈决定的预期心理价位和理想交易效果，达到止盈位意味着交易成功。不断向上修正止盈位通常是人性贪婪在作祟，势必导致行情出现回落后失去盈利机会并最终扭曲交易心态。而良好的交易心态是投资者在市场长久生存下去的重要法宝。还值得提及的是，在利用技术分析择时时，还需要结合对市场情绪影响最为敏感的公募基金持仓、北向资金净流入、公募基金发行、场内融资总量等信息变化综合判断，如果公募基金持仓处于低位、北向资金持续大幅净流入、公募基金发行造好、场内融资上升等，则意味着市场最为活跃的交易型机构资金做多后市，叠加技术指标处于低位并出现向上拐点信号，应积极布局市场，及时抓住战机，反之则反是。

（三）模型分析

借助基本分析手段，投资者基本可以完成投资组合可选择的资产自选池的构建。在运用技术分析决定买卖时机进而进入实战之前，通常还有一个对资产池的可选择资产的理论验证的需要，以提高资产池锁定对象的准确性。这就要借助模型分析手段。所谓模型分析是指利用价值评价模型和现代金融理财技术理论的分析思路，确定股票的内在价值并衡量股票的合理均衡价格的分析方法。通常，模型分析从两个方面展开，一是利用价值评价模型，在确定可接受的无风险利率作为折现率基础上计算股票的内在价值，比较现有市场价格定位的合理程度；二是利用投资组合理论、资本资产定价模型、套利定价理论和指数模型提供的分析线索、思路及相关理论，通过收益与风险的衡量，优选资产和确定最优资产组合，同时衡量资产和资产组合的均衡定价，并且利用 β 系数确定资产和资产组合的风险属性，利用 α 系数确定资产和资产组合的定价是否偏离均衡位置，进而为实战组合的最佳配置提供可验证的理论支持。比如，通过衡量资产自选池中不同备选资产的 α 系数，便可以按照 α 系数值的高低对资产排序，在下单时优先布局或加大配置高 α 系数值的资产，做到在牛市阶段增强资产组合的进攻性，在熊市阶段增强资产组合的防御性。又比如，通过度量资产自选池中不同备选资产的 β 系数，便可确认哪些资产因为 β 系数大于1而属于进攻型资产，哪些资产因为 β 系数大于1而属于防御型资产，并按照 β 系数大小对资产排序，做到在牛市阶段配置或加大配置 β 系数大于1的资产中 β 系数排序靠前的资产，确保在牛市中提高资产组合的弹性，取得超越大市涨幅的业绩；而在熊市阶段配置或加大配置 β 系数小于1的资产中 β 系数排序靠后的资产，确保在熊市中控制资产组合的回撤，取得小于大市跌幅的业绩。模型分析的相关理论将在第九章现代金融理财技术理论中进行系统讲解。当然，成功的模型分析需要投资者具备扎实、系统、广博、精深的现代金融理财技术理论知识，要有足够、全面、准确的统计分析资料的积累和一套完备的信息管理系统，还要有丰富的经验积淀。对一般投资者来说，模型分析的确有太高的门槛，不过一般投资者总是可以借助有能力的权威机构的相关分析报告，为自己的投资理财管理提供必要的技术支持。

第二节 债 券

一、什么是债券

（一）债券的含义

债券是发行人依照法定程序发行，并约定在一定期限还本付息的有价证券。它反映的是债权债务关系。债券的定义包含四个方面的基本内容。

（1）债券由债务人出具（或发行），债务人就是债券的发行人，是借入资金的经济主体。一般来说，通过发行债券筹措资金的通常是政府、政府机构、金融机构、公司企业。

（2）债券是由债权人购入的，债权人也就是债券的投资者，是出借资金的经济主体。政府和政府机构、金融机构、事业单位、公司企业、各类基金、自然人是主要的债券投资者。

（3）债务人利用他人资金有一定条件，即须承诺在一定时期付息还本。

（4）债券不仅反映了债券发行人与债券投资者之间的债权债务关系，而且是这一关系的法律凭证。如果双方由此借款筹资行为发生纠纷，债券就是一种法律依据。

（二）债券的票面要素

债券作为证明债权债务关系的凭证，其票面具有四个基本要素。

1. 票面价值

在债券的票面价值中，首先要规定票面价值的币种，即以何种货币作为债券价值的计量标准。确定币种主要考虑债券的发行对象。一般来说，在国内发行的债券通常以本国货币作为面值的计量单位；在国际金融市场筹资，则通常以债券发行地所在国家的货币或以国际通用货币为计量标准。此外，确定币种还应考虑债券发行者本身对币种的需要。币种确定后，还要规定债券的票面金额。票面金额大小不同，可以适应不同的投资对象，同时也会产生不同的发行成本。票面金额定得较小，有利于小额投资者购买，持有者分布面广，但债券本身的印刷及发行工作量大，费用可能较高；票面金额定得较大，有利于少数大额投资者认购，且印刷费用等也会相应减少，但却使小额投资者无法参与。因此，债券票面金额的确定也要根据债券的发行对象、市场资金供给情况及债券发行费用等因素综合考虑。

2. 偿还期限

债券偿还期限是指债券从发行之日起至偿清本息之日的时间。各种债券有着不同的偿还期限，短则几个月，长则几十年，习惯上有短期债券、中期债券和长期债券之分。发行人在确定债券期限时，要考虑以下三种因素的影响。

（1）资金使用方向。

债务人借入资金可能是为了弥补自己临时性资金周转的短缺，也可能是为了满足对长期资金的需求。在前者情况下可以发行一些短期债券，在后者情况下可以相应地发行中长期债券。这样安排的好处是既能保证发行人的资金需要，又不因占用资金时间过长而增加利息负担。

（2）市场利率变化。

债券偿还期限的确定应根据对市场利率的预期，相应选择有助于减少发行者筹资成本的期限。一般来说，当未来市场利率趋于下降时，应选择发行期限较短的债券，这样可以避免市场利率下跌后仍支付较高的利息;而当未来市场利率趋于上升时,应选择发行期限较长的债券,这样能在市场利率趋高的情况下保持较低的利息负担。

(3) 债券变现能力。

这一因素与债券流通市场发育程度有关,流通市场发达,债券容易变现,长期债券的销路就可能好一些;如果流通市场不发达,投资者买了长期债券而又急需资金时不易变现,长期债券的销售就可能不如短期债券。

3. 票面利率

债券票面利率是债券年利息与债券票面价值的比率,年利率通常用百分数表示。因此,利率成为债券票面要素中不可缺少的内容。在实际经济生活中,债券利率有多种形式,如单利、复利和贴现利率等。债券利率受以下四种因素的影响。

(1) 借贷资金市场利率水平。

市场利率普遍较高时,债券的票面利率也相应较高,否则,投资者会选择投资其他金融资产而舍弃债券;反之,市场利率较低时,债券的票面利率也相应较低。

(2) 筹资者的资信。

如果债券发行人的资信状况好,债券信用等级高,投资者的风险小,债券票面利率可以定得低一些;如果债券发行人的资信状况差,债券信用等级低,投资者的风险大,债券票面利率就需要定得高一些。此时,利率差异反映了信用风险的大小,高利率是对高风险的补偿。

(3) 债券期限长短。

一般来说,期限较长的债券,流动性差,风险相对较大,票面利率应该定得高一些;而期限较短的债券,流动性强,风险相对较小,票面利率就可以定得低一些。不过,债券票面利率与期限的关系较复杂,它们还受其他因素的影响,所以有时也能见到短期债券票面利率高而长期债券票面利率低的现象。

(4) 发行者名称。

这一要素指明了该债券的债务主体,也为债权人到期追索本金和利息提供了依据。

以上四个要素虽然是债券票面的基本要素,但并非一定在债券上印制出来。在许多情况下,债券发行者是以公布条例或公告形式向社会公开宣布某债券的期限与利率,只要发行人具备良好的信誉,投资者也会认可接受。此外,债券票面上有时还包含一些其他要素,如还本付息方式等。

(三) 债券的性质

1. 债券是有价证券

首先,债券反映和代表一定的价值。债券本身有一定的面值,它是债券投资者投入资金的量化表现;另外,持有债券可按期取得利息,利息也是债券投资者收益的价值表现。其次,债券与其代表的权利联系在一起,拥有债券也就拥有了债券所代表的权利,转让债券也就将债券代表的权利一并转移。

2. 债券是一种虚拟资本

债券尽管有面值,代表了一定的财产价值,但它只是一种虚拟资本,而非真实资本。因为债券的本质是证明债权债务关系的证书,在债权债务关系建立时所投入的资金已被债务人占用,债券是实际运用的真实资本的证书。债券的流动并不意味着它所代表的实际资本也同样流动,债券独立于实际资本之外。

3. 债券是债权的表现

债券代表债券投资者的权利,这种权利不是直接支配财产权,也不以资产所有权表现,而是一种债权。拥有债券的人是债权人,债权人不同于财产所有人。以公司为例,在某种意义上,财产所有人可以视作公司的内部构成分子,而债权人是与公司相对立的。债权人除了按期取得本息外,对债务人不能作其他干预。

债券的性质表明债券具有偿还性、流动性、安全性和收益性的基本特征。

(四) 债券的种类

1. 根据发行主体的不同,债券可以分为政府债券、金融债券、公司债券

政府债券的发行主体是政府。中央政府发行的债券也可以称为国债,其主要目的是解决由政府投资的公共设施或重点建设项目的资金需要和弥补国家财政赤字。根据不同的发行目的,政府债券有不同的期限,从几个月至几十年。政府债券的发行和收入的安排使用是从整个国民经济的范围和发展来考虑的。政府债券的发行规模、期限结构、未清偿余额等关系着一国的社会政治经济发展的全局。除了政府部门直接发行的债券外,有些国家把政府担保的债券也划归为政府债券体系,称为政府保证债券。这种债券由一些与政府有直接关系的公司或金融机构发行,并由政府提供担保。

金融债券的发行主体是银行或非银行金融机构。金融机构一般有雄厚的资金实力,信用度较高,因此,金融债券往往也有良好的信誉。银行和非银行金融机构是社会信用的中介,它们的资金来源主要靠吸收公众存款,它们发行债券的目的主要有两个:一是筹资用于某种特殊用途;二是改变本身的资产负债结构。对于金融机构来说,吸收存款和发行债券都是它的资金来源,构成了它的负债。由于存款的主动权在存款户,金融机构只能通过提供服务条件来吸引存款,而不能完全控制存款,而发行债券则是金融机构的主动负债,金融机构有更大的主动权和灵活性。金融债券的期限以中期较为多见。

公司债券是公司依照法定程序发行、约定在一定期限还本付息的有价证券。公司债券的发行主体是股份公司,但有些国家也允许非股份制企业发行债券,所以归类时,可将公司债券和企业发行的债券合在一起,称为公司(企业)债券。公司发行债券的目的主要是为了经营需要。由于公司的情况千差万别,有些经营有方、实力雄厚、信誉高,也有一些经营较差,可能处于倒闭的边缘,因此,公司债券的风险性相对于政府债券和金融债券要大一些。公司债券有中长期的,也有短期的,视公司的需要而定。

2. 根据计息与付息方式的不同,债券可以分为单利债券、附息债券、贴现债券、零息债券、累进利率债券

单利债券是指在计算利息时,不论期限长短,仅按本金计息,所生利息不再加入本金计算下期利息的债券。

附息债券又称息票债券,是按照债券票面载明的利率及支付方式定期分次付息的债券。

贴现债券是指在票面上不规定利率,发行时按某一折扣率,以低于票面金额的价格发行,到期时仍按面额偿还本金的债券。贴现债券是属于折价方式发行的债券,其发行价格与票面金额(即偿还价格)的差额,构成了实际的利息。

零息债券是指在存续期内不支付利息,投资者以低于面值的价格购买,购买价格是票面值的现值,投资者的收益是债券面值与购买价格的差额。由于零息债券的期限一般大于

1年,因此实际上是一种以复利方式计息的债券。零息债券与贴现债券的区别在于贴现债券的期限通常小于1年,发行价格是债券面值扣除贴息后的差额;零息债券的期限一般大于1年,发行价格是债券面值按票面利率折现后的现值。零息债券于20世纪80年代初首次在美国债券市场上出现。

累进利率债券是指以利率逐年累进方法计息的债券。与单利债券或附息债券在偿付期内利率固定不变不同,累进利率债券的利率随着时间的推移而递增,后期利率比前期利率高,呈累进状态。这种债券的期限往往是浮动的,但有最短持有期和最长持有期的规定。

3. 根据票面利率固定与否的不同,债券可分为固定利率债券、浮动利率债券

固定利率债券就是在偿还期内利率固定的债券。在该偿还期内,无论市场利率如何变化,债券持有人只能按债券票面载明的利率获取债息。这种债券有可能为债券持有人带来风险。当偿还期内的市场利率上升且超过债券票面利率时,债券持有人就要承担收益率相对降低的风险。当然,在偿还期内,如果利率下降且低于债券票面利率,债券持有人也就获得了由于利率下降而带来的额外收益。

浮动利率债券是指利率可以变动的债券。这种债券的利率与基准利率挂钩,一般高于基准利率的一定百分点。当市场利率上升时,债券的利率也相应上浮;反之,当市场利率下降时,债券的利率就相应下调。这样,浮动利率债券就可以避开因市场利率波动而产生的风险。

4. 根据债券形态的不同,债券可以分为实物债券、凭证式债券、记账式债券

实物债券是一种具有标准格式实物券面的债券。在标准格式的债券券面上,一般印有债券面额、债券利率、债券期限、债券发行人全称、还本付息方式等各种债券票面要素。有时债券利率、债券期限等要素也可以通过公告向社会公布而不再在债券券面上注明。无记名国债就属于这种实物债券,它以实物券的形式记录债权、面值等,不记名,不挂失,可上市流通。实物债券是一般意义上的债券,很多国家通过法律或者法规对实物债券的格式予以明确规定。

凭证式债券的形式是债权人认购债券的一种收款凭证,而不是债券发行人制定的标准格式的债券。我国近年通过银行系统发行的凭证式国债,券面上不印制票面金额,而是根据认购者的认购额填写实际的缴款金额,是一种国家储蓄债券,可记名,可挂失,以"凭证式国债收款凭证"记录债权,不能上市流通,从购买之日起计息。在持有期内,持券人如遇特殊情况需要提取现金,可以到原购买网点提前兑取。提前兑取时,除偿还本金外,利息按实际持有天数及相应的利率档次计算,经办机构按兑付本金的2‰收取手续费。

记账式债券是没有实物形态的票券,只在电脑账户中作记录。在我国,上海证券交易所和深圳证券交易所已为证券投资者建立了电脑证券账户,因此,可以利用证券交易所的交易系统来发行债券。我国近年来通过沪、深交易所的交易系统发行和交易的记账式国债就是这方面的实例。投资者进行记账式债券买卖,必须在证券交易所设立账户。由于记账式债券的发行和交易均无纸化,所以效率高、成本低、交易安全。

5. 根据债券发行时信用状况的不同,债券可以分为信用债券、抵押债券、担保债券

信用债券是指仅靠债券发行人信用而发行的,既没有抵押品作担保,也没有担保人的债券。这类债券一般是政府债券和金融债券。有时少量资信良好、资本雄厚的公司企业也发行信用债券,但在发行时须签订契约,以约束限制发行者行为,保护投资者利益。

抵押债券是指以发行者的不动产或有价证券作为抵押而发行的债券,其中不动产债券就是以土地、房屋、机器、设备等为抵押品而发行的债券。

担保债券是指有第三者担保偿还本息的债券。这种债券的担保人一般是商业银行和非银行金融机构。

6. 根据债券发行地国别的不同,债券可以分为国内债券、国际债券

国内债券是指本国政府或政府机构、金融机构、公司企业在本国债券市场发行、流通,以本国货币标明面值、还本付息的债券。国内债券的投资者主要是银行或其他金融机构、各种基金、公司企业和自然人。

国际债券是指一国政府、政府所属机构、银行或其他金融机构、公司企业及一些国际组织等在国际证券市场上以外国货币标明面值并还本付息,向外国投资者发行的债券。国际债券的投资者主要是银行或其他金融机构、各种基金、公司企业和自然人。

(五) 债券的价格

债券的价格可分为发行价格与市场交易价格两类。

1. 发行价格

债券的发行价格是指在发行市场(一级市场)上,投资者在购买债券时实际支付的价格。通常有三种不同情况:① 按面值发行、面值收回,其间按期支付利息;② 按面值发行,按本息相加额到期一次偿还,我国目前发行债券大多数是这种形式;③ 以低于面值的价格发行,到期按面值偿还,面值与发行价之间的差额即为债券利息。

2. 市场交易价格

债券发行后,一部分可流通债券在流通市场(二级市场)上按不同的价格进行交易。交易价格的高低,取决于公众对该债券的评价、市场利率以及人们对通货膨胀率的预期等。一般来说,债券价格与到期收益率成反比。也就是说,债券价格越高,从二级市场上买入债券的投资者所得到的实际收益率越低;反之则反是。

不论票面利率与到期收益率的差别有多大,只要离债券到期日愈远,其价格的变动就愈大;实行固定的票面利率的债券价格与市场利率及通货膨胀率呈反方向变化,但实行保值贴补的债券例外。

二、债券的发行与承销

(一) 国债的发行与承销

1. 国债的发行与承销方式

承购包销与公开招标是发行国债的两种基本方式。

(1) 承购包销。

承购包销方式是由发行人和承销商签订承购包销合同,合同中的有关条款是通过双方协商确定的。目前,不可上市流通的凭证式国债的发行采用承购包销方式,另外,对于事先已确定发行条款的国债,我国仍采取承购包销方式。

(2) 公开招标。

公开招标方式是通过投标人的直接竞价来确定发行价格(或利率)水平,发行人将投标人的标价自高价向低价排列,或自低利率排到高利率。发行人从高价(或低利率)选起,直到达到需要发行的数额为止。因此,所确定的价格恰好是供求决定的市场价格。目前,在证券

交易所和银行间债券市场发行的记账式国债均采用公开招标方式。

2. 国债的销售价格

(1) 国债销售价格的确定。

在承购包销的发行方式下,国债按规定以面值出售,不存在承销商确定销售价格的问题。在公开招标方式下,每个承销商的中标价格与财政部按市场情况和投标情况确定的发售价格是有差异的。如果按发售价格向投资者销售国债,承销商就有可能发生亏损。因此,财政部允许承销商在发行期内自定销售价格,随行就市发行。

(2) 影响国债销售价格的因素。

① 市场利率。市场利率的高低及其变化对国债销售价格起着显著的导向作用。市场利率趋于上升,就限制了承销商确定销售价格的空间;市场利率趋于下降,就为承销商确定销售价格拓宽了空间。

② 承销商承销国债的中标成本。国债销售的价格一般不应低于承销商与发行人的结算价格;反之,就有可能发生亏损。所以,通过投标获得较低成本的国债,有利于分销工作的顺利开展。

③ 流通市场中可比国债的收益率水平。如果国债承销价格定价过高,即收益率过低,投资者就会倾向于在二级市场上购买已流通的国债,而不是直接购买新发行的国债,从而阻碍国债分销工作的顺利进行。

④ 国债承销的手续费收入。在国债承销中,承销商可获得其承销金额一定比例的手续费收入。对于不同品种的国债,该比例可能不一样,一般为千分之几。由于该项手续费收入的存在,为了促进分销活动,承销商有可能压低销售价格。

⑤ 承销商所期望的资金回收速度。降低销售价格,承销商的分销过程会缩短,资金的回收速度会加快,承销商可以通过获取这部分资金占用期中的利息收入来降低总成本,提高收益。

⑥ 其他国债分销过程中的成本。

其他国债分销过程中的成本主要是指承销商在国债分销过程中发生的与国债分销有关的组建分销团队、广告宣传、场租、会务等费用。

(二) 金融债券的发行与承销

金融债券是由银行和非银行金融机构发行的债券,其中政策性银行发行的债券为典型的金融债券。金融债券的发行与承销方式有以下两种。

1. 计划派购

1998年以前,政策性银行筹集资金一般通过行政手段实行指令性派购发债,即每年根据项目贷款的需要和还本付息额确定当年资金缺口,以此为依据确定当年的发债规模;再参照各商业银行新增贷款规模的一定比例,确定向各商业银行的派购额。发行利率基本上也是通过行政的办法决定。

2. 招标发行

招标发行方式就是由发行人通过市场公开招标,符合条件的承销商可以参加投标,发行利率或收益率由承销团通过竞标确定。1998年,中国人民银行对政策性金融债券的发行机制进行改革,开始采用市场化的招标方式发行政策性金融债券。从1999年起,政策性金融债券全面实行市场化招标发行方式。目前,政策性金融债券主要通过银行间债券市场发行,由各大商业银行和商业保险公司、证券公司、信托投资公司、基金管理公司组成承销团竞标承销;未能进入承销团的其他金融机构通过承销团成员分销购买政策性金融债券。

（三）公司企业债券的发行与承销

1. 公司企业债券的发行条件

企业发行债券必须符合下列条件：企业规模达到国家规定的要求；企业财务会计制度符合国家规定；具有偿债能力；企业经济效益良好，发行债券前连续3年盈利；发行债券的总面额不得大于该企业的自有资产净值；所筹资金用途符合国家产业政策。

2. 公司企业债券的承销

公司企业债券的发行应组织承销团以余额包销的方式承销。根据相关规定，债券应由具备从事公司企业债券承销业务资格的金融机构代理发行（企业集团财务公司可以承销本集团发行的企业债券，但不宜作为主承销商）。已经承担过企业债券发行主承销商或累计承担过3次以上副主承销商的金融机构方可担任主承销商，已经承担过副主承销商或累计承担过3次以上分销商的金融机构方可担任副主承销商。各承销商包销的公司企业债券金额原则上不得超过其上年末净资产的1/3。对于证券公司参与企业债券的承销，还应满足中国证监会关于加强证券公司承销企业债券业务监管的相关要求。

3. 公司企业债券的上市

公司企业债券的上市是指债券发行完成后，经核准在证券交易所挂牌买卖。公司企业申请债券上市须向证券交易所提交下列文件：债券上市申请书；国务院授权部门批准债券发行的文件；债券申请上市的董事会决议；证券交易所会员署名的上市推荐书；公司企业章程；公司企业营业执照；债券募集办法、发行公告、发行总结报告及承销协议；债券资信评级报告；债券募集资金的验资报告；上市公告书；具有证券从业资格的会计师事务所出具的审计报告或者财政主管机关的有关批复；担保人近3年的财务报表等资信情况与担保协议（如属担保发行）；债券持有人名册及债券托管情况说明；具有证券从业资格的律师事务所出具的、关于债券本次发行与上市的法律意见书；各中介机构及签字人员证券业从业资格证书；中国证监会或证券交易所要求的其他文件。债券上市后，发行人应遵守证券交易所相关信息披露原则履行信息披露及持续性义务。

三、债券的收益与风险

（一）债券收益的构成

投资债券的收益由利息收入、买卖差价以及利息再投资收益三部分组成。这三部分收益在债券投资收益分析中具有很重要的作用。

1. 利息收入

利息收入是指按照债券的票面利率计算而来的收益。如果是一次还本付息债券，投资者将于债券到期时一次收入该债券的全部利息；如果是附息票债券，则债券持有人可以定期获得利息收入。显然，这一部分收益是确定的。

2. 买卖差价

买卖差价也称作"资本利得"，是指债券投资者购买债券时所投入资金与债券偿还时或未到期前卖出时所获资金的差额。如果是到期一次还本付息的债券，无论是零息票债券还是贴现债券，其收益都由买卖差价构成，即债券到期的偿还金额或卖出时的价格包含了投资者持有债券期间应得的利息收入，但对附息票债券而言就不一定如此。

3. 利息再投资收益

利息再投资收益是指在附息票债券情况下,投资者将每年定期收到的利息收入再进行投资所获得的收益。显然,利息再投资收入具有两个特征:首先,只有附息票债券才会产生利息再投资收入,而到期一次还本付息债券不具有到期前的利息收入,也就不会有利息再投资收益。其次,利息再投资收益具有很大的不确定性。由于利息是投资者定期收到的,而各期的市场利率是处于变化之中且各不相同的,因此,在不同时期收到的利息的再投资收益可能是各不相同的,故利息再投资收益具有很大的不确定性。此外,越是息票利率高的债券,越是期限长的债券,利息再投资收益就会在总收益中占有越大的比例,因而对总收益的影响程度也越大。

(二)影响债券收益的因素

影响债券收益的因素有很多,可把它们分为内部因素和外部因素。内部因素主要是债券的票面利率、期限和信用级别等,外部因素主要有基准利率、市场利率和通货膨胀等。在其他因素不变的情况下,只要上述其中一个因素发生了变化,债券的收益就会发生变化。

1. 内部因素

(1)债券的票面利率。

债券的票面利率是债券发行的重要条件之一,其高低主要取决于两个因素。一是债券发行人的资信情况。一般来说,在其他因素相同的情况下,发行人的资信水平越高,债券的利率越低;资信水平越低,债券的利率越高。二是发行时市场利率的高低。一般来说,在不考虑发行折价策略的情况下,发行时的市场利率越高,则债券的票面利率越高;市场利率越低,发行时的票面利率越低。

(2)债券的价格。

债券的价格可分为发行价格和交易价格。由于债券票面利率和实际利率有差别,所以它的发行价格往往高于或低于面值。债券价格若高于面值,则它的实际收益率将低于票面利率;反之,收益率则高于票面利率。债券的交易价格是投资者从二级市场上买卖债券的价格,其价差将直接影响到债券收益率的高低。

(3)债券的期限。

在其他因素相同的情况下,债券期限越长,票面利率越高;反之,票面利率越低。除此之外,当债券价格与票面金额不一致时,期限越长,债券价格与面额的差额对收益率的影响越小。当债券以复利方式计息时,由于复利计息实际上是考虑了债券利息收入再投资所得的收益,所以债券期限越长,其收益率越高。

(4)债券的信用级别。

发行债券主体的信用级别是指债券发行人按期履行合约规定的义务,足额支付利息和本金的可靠程度。一般来说,除政府发行的债券之外,其他债券都存在违约风险或信用风险。但是,不同的债券其信用风险不同,这种不同主要从债券的信用级别体现出来。信用级别越低的债券,其隐含的违约风险越高,因而其票面利率相对较高。

2. 外部因素

(1)基准利率。

基准利率一般是指无风险利率。政府债券风险最低,可以近似看作无风险资产,因此,其票面利率可看作无风险利率。基准利率的高低是决定债券票面利率的重要因素。其他债券在发行的时候,总要在无风险利率的基础上增加风险溢价以弥补投资者所额外承担的风险。因此,基准利率越高,债券的票面利率也会越高。

(2)市场利率。

市场利率属于债券投资的机会成本。在市场利率上升时,新发行的债券其收益率也会上升,但已发行债券的市场价格会下跌,因而持有债券的投资者就会遭受损失。相反,市场利率下降时,已发行债券的市场价格就会上升,持有者会因此受益,但新发行的债券其收益率会下降。

(3)通货膨胀。

通货膨胀通常是指一般物价水平的持续上升。通货膨胀的存在可能使得投资者从债券投资中所实现的收益不能弥补由于通货膨胀而造成的购买力损失。

(三)债券的收益率

准确衡量债券收益水平的指标是债券的收益率。债券的收益率是指一定时期(通常为一年)内债券投资产生的收益额与投资本金的比率。投资收益必须综合考虑债券票面利息收益、市价变动产生的资金损益以及面额与投资本金偏离产生的偿还损益;投资本金则是购买债券支付的实际金额,即购买价格。

投资者因购买债券的时点及持有期限的差异,收益也不尽相同。可以用票面收益率、当期收益率、到期收益率、持有期收益率、赎回期收益率、贴现债券收益率和最终收益率这些指标来衡量。

最终收益率是投资人在二级市场购入债券并将其一直持有至偿还期满偿还时,实际收益与购买价之比,由票面利息、资本损益、残存期限及购买价决定。

此外,不同的利息支付方式又导致债券的实际收益构成有所不同,进而影响上述三种收益率指标的计算。

1. 票面收益率

票面收益率即名义收益率,它是指利息收入与债券面额的比率,在数值上等同于平常所说的票面利率。显然,票面收益率假设债券的购买价值等同于面额,并且没有考虑其他的收益来源,因而票面收益率只能是收益率的最简单衡量,并不能说明债券的投资价值。投资者若将按面额发行的债券持至期满,所获得的投资收益率与票面收益率相等。票面收益率的计算公式为

$$y = \frac{C}{M} \times 100\% = i \tag{4.14}$$

式中:y——票面到期收益率;
$\quad\quad C$——年利息收入;
$\quad\quad M$——面额;
$\quad\quad i$——票面利率。

票面收益率只适用于投资者按照票面金额买入债券并持有到期满、到期按票面金额收回本金这种情况,它没有考虑到买入价格可能与票面金额不一致,也没有考虑到并没有将债券持有到期而是中途卖出的可能。因此,票面收益率并不能真实地反映债券投资的收益。

2. 当期收益率

当期收益率,也称为直接收益率,是对票面收益率的缺陷作了部分改进而得到的,它是指利息收入与购买价格的比率。显然,该收益率考虑到债券投资者的资本金可能并不等同

于面额,因而用真实的购买价格取代了债券面额。当期收益率的计算公式为

$$y = \frac{C}{P_0} \times 100\% = \frac{M}{P_0} \times i \tag{4.15}$$

式中:y——当期收益率;
C——年利息收入;
P_0——买入价格;
M——面额;
i——票面利率。

当期收益率反映了投资者的投资成本带来的收益。要注意的是,若投资者以折价购买债券,收益率高于票面利率;反之亦然。当期收益率对那些每年从债券投资中获得一定利息现金收入的投资者来说很有意义。

当期收益率没有考虑购买差价、利息再投资收益等债券投资收益的其他因素,而仅仅考虑了利息收入这一部分。因此,当期收益率也不能真实地反映债券投资的收益,因为它没有考虑到资本利得,即没有计算投资者买入价格和持有债券到期、按照面额偿还本金之间的差额,也没有考虑买入价格和中途卖出价格之间的差额。所以,当期收益率只对那些每年从债券投资中获得一定利息收入的投资者来说有一定的意义。

3. 到期收益率

到期收益率又称认购者收益率,是指投资者在债券发行时购入并一直持有至偿还期满偿还的收益率,由债券偿还期限、票面利率、偿还损益及发行价格决定。其中,偿还损益是面额与发行价之间的差额,当债券采取溢价发行时,发行价高于面额称为偿还差损;反之,则称为偿还差益。由于债券到期按面额偿还本利,偿还损益的存在改变了投资的实际收益,进而影响着投资者收益率水平的高低。

(1) 到期一次还本付息债券的到期收益率。

到期一次还本付息债券在到期前没有任何利息支付,而是在到期时支付固定数量的本金和利息(在贴现国库券情况下是按面额偿付,在单利债券情况下是按面额和利息之和支付)。因此,这种债券的到期收益率的计算比较简单,其计算公式为

$$y = \sqrt[n]{\frac{FV}{P_0}} - 1 \tag{4.16}$$

式中:y——到期收益率;
FV——债券的到期还本付息额;
P_0——购买价格;
n——期限。

其中,购买价格 P_0 有两种情况:在贴现债券下,购买价格肯定小于债券面额;而在单利债券下,购买价格可以大于、小于或等于债券面额,视发行时或中途买入时的价格而定。相对应地,FV 也有两种情况,在贴现债券下,FV 等于债券面额;而在单利债券下,FV 等于债券面额加上预定的 n 年的总利息。

须注意的是,到期一次还本付息债券的票面利率并不能直接表示投资者的收益率。即使是在按面值平价发行时,到期一次还本付息债券的到期收益率也会远远小于其票面利率。

到期一次还本付息债券的到期收益率的计算公式是由货币时间价值的公式直接推导出来的。由货币时间价值原理可知，$FV=P(1+r)^n$，这里 r 是收益率。因此，$r=\sqrt[n]{\dfrac{FV}{P}}-1$，这里的 r 也就是所要计算的到期收益率。

（2）附息票债券的到期收益率。

附息票债券的到期收益率是指购进这种债券后，一直持有至到期日可获得的收益率。附息票债券是每年付息的，因此，它的到期收益率实际上是能使未来的利息和本金贴现之和等于债券购买价格的贴现率，其计算公式为

$$P_0 = \frac{C}{(1+y)} + \frac{C}{(1+y)^2} + \frac{C}{(1+y)^3} + \cdots + \frac{C}{(1+y)^n} + \frac{M}{(1+y)^n} \quad (4.17)$$

式中：P_0——购买价格（可以小于、大于或等于债券面额，视市场情况而定）；
C——每年的利息支付；
y——到期收益率；
M——面额。

附息票债券到期收益率的计算公式同附息票债券价格的计算公式是相同的，只不过前者是计算到期收益率，后者是计算价格。

附息票债券到期收益率的计算比较复杂，因为它涉及次方的运算。从理论上说，在期限 $n>4$ 时，就不一定能够直接求出 y 值。但是，可以用"试错法"来求解该方程：先估计一个 y 值代入，如算出的现值小于债券购买价格，则代入另一个较小的 y 值；相反，如算出的现值大于债券购买价格，则代入另一个较大的 y 值，如此往复，一直到找到一个正确的到期收益率为止。

一般来说，对于平价发行的附息票债券而言，其到期收益率肯定等于票面利率，这是债券到期收益率的一条基本规律。也就是说，不管附息票债券的期限是多少，只要它是以平价发行的，则到期收益率必定等于票面利率。但是注意，只有在期限还剩下整数年限时才会有这种情况。如果在两次利息支付的中间出现市场价格等于面值的情况，则到期收益率肯定会小于其票面利率。

采用"试错法"计算附息票债券的到期收益率比较复杂，在实践中，往往采用近似法来计算附息票债券的到期收益率。虽然这种计算方法并不是十分精确，但由于这种计算方法十分简便，因而也具有较大的适用性。

最常见的近似公式是

$$y = \frac{C+(M-P_0)/n}{(M+P_0)/2} \times 100\% \quad (4.18)$$

式中：y——按近似公式计算的附息票债券的到期收益率；
C——年利息支付；
M——面额；
P_0——购买价格（可以小于、大于或等于债券票面额）；
n——年限。

采用近似方法计算的结果同采用"试错法"计算的结果之间具有一定的差异，但这种差

异并不是很大,在可以接受的范围之内。

4. 持有期收益率

持有期收益率是投资人将未到期债券在二级市级上出售,其持有期间的实际收益与购买价格的比率,由票面利率、资本损益、持有期限及购买价格决定。

在实际理财活动中,许多投资者并不是在购买债券之后就一定要放到到期时兑付,往往有可能中途就卖出。如果中途将债券卖出,那么投资者得到的收益率就不是到期收益率,而是持有期收益率,即从购入到卖出这段持有期限里所能得到的收益率。持有期收益率和到期收益率的差别在于将来值的不同。

（1）到期一次还本付息债券的持有期收益率。

由于到期一次还本付息债券到期前没有利息支付,因而其持有期收益率的计算比较简单,只需取代公式中的将来值(到期还本付息额)即可,即有

$$y = \sqrt[n]{\frac{P_S}{P_0}} - 1 \tag{4.19}$$

式中：y——持有期收益率；
P_S——卖出价格；
P_0——购买价格；
n——持有年限。

（2）附息票债券的持有期收益率。

相对一次还本付息的债券而言,附息票债券的持有期收益率的计算比较复杂。由于投资者持有该债券并中途卖出,因此,对投资者而言,有

$$P = \frac{C}{(1+y)^k} + \frac{C}{(1+y)^{1+k}} + \frac{C}{(1+y)^{2+k}} + \cdots + \frac{C}{(1+y)^{m+k}} + \frac{C}{(1+y)^{m+k+n}} \tag{4.20}$$

式中：y——持有期收益率；
k——投资者购入债券之日至购入后得到首次利息支付的时间(用年数来表示)；
n——卖出债券之日距上次利息支付的时间(用年数来表示)；
m——购入债券与卖出债券之间的整数年限。

若买入债券到卖出债券之间不足1年,且中间没有取得过利息,则该公式可修改为

$$P = \frac{P_S}{(1+y)^{n-(1-k)}} \tag{4.21}$$

同附息票债券的到期收益率的计算一样,也可以采用近似方法来计算附息票债券的持有期收益率。由于近似方法可以免掉"试错法"的繁琐,因而也具有很大的适用性。

最常见的附息票债券持有期收益率计算的近似公式为

$$P = \frac{C + (P_S - P_0)/n}{(P_S + P_0)/2} \times 100\% \tag{4.22}$$

同样,采用近似方法计算的结果同采用"试错法"计算的结果之间差异并不是很大,在可

以接受的范围之内。因此,用近似计算方法得到的附息票债券的持有期收益率也能反映投资者在持有期内的收益率,因而投资者可以运用此近似计算方法或其他相类似的近似计算方法来计算附息票债券的持有期收益率。

投资者习惯使用更简单的方法来计算附息票债券的持有期收益率,其计算公式是

$$P = \frac{C + (P_s - P_0)/n}{P_0} \times 100\% \tag{4.23}$$

对同一种债券而言,使用不同的计算方法,可以得出不同而又非常相近的到期收益率或持有期收益率。在上面介绍的三种方法中,试错法最精确但计算最复杂,近似法次之,而简便的计算法精确度最低,但使用最方便。

5. 赎回收益率

赎回是指债券的发行者在债券到期之前,提前偿还本金的行为,是债券发行人的一种权利。因为对投资者不利,所以很多债券都附有赎回保护条款,如果债券被赎回,发行者必须支付高于债券面额的溢价作为对投资者的补偿。溢价的多少视赎回的时间而定,一般来说,赎回时间越早,赎回溢价越高。其计算公式如下:

$$y = \frac{C + (F_c - P_0)/n}{(F_c + P_0)/2} \times 100\% \tag{4.24}$$

式中:y——赎回收益率;
F_c——赎回时投资者得到的金额;
P_0——买入价格;
n——赎回年限;
C——年利息。

若按实用式,则计算公式为

$$y = \frac{C + (F_c - P_0)/n}{P_0} \times 100\% \tag{4.25}$$

6. 贴现债券收益率

贴现债券又称贴水债券,是指以低于面值发行,发行价与票面金额之差相当于预先支付的利息,债券期满时按面值偿付的债券。它一般用于不超过1年的短期债券的发行。

债券以贴现方式发行的优点是:发行人可省去今后定期支付利息的费用和手续,既省事又方便,投资者感到收益比较可靠;提前扣除利息,既可避免利息收入遭受通货膨胀的风险,又可将该笔利息用于其他投资,得到利息再投资的收益。

贴现债券的收益是贴现额,贴现额是债券面额与发行价格之间的差额。贴现债券发行时只公布面额和贴现率,并不公布发行价格,所以,要计算贴现债券到期收益率必须先计算其发行价格。由于贴现率通常以年利率表示,为了计算方便,习惯上以360天计算年贴现率,在计算发行价格时,还要将年贴现率换算成债券实际期限的贴现率。债券发行价格的计算公式为

$$P_0 = M \times (1 - dn) \tag{4.26}$$

式中:P_0——发行价格;

M——面额；

n——期限；

d——年贴现率（1年按360天计）。

计算出发行价格后，才可以计算其收益率。贴现债券的期限一般不足一年，而债券收益率都以年收益率表示，所以按不足一年的收益计算出的收益率要换算成年收益率。最重要的是，为了便于与其他债券比较，年收益率要按365天计算，而分母一般不再计算平均投入资本。贴现债券的收益率有以下几种。

（1）贴现债券到期收益率。

① 贴现债券单利到期收益率。

贴现债券单利到期收益率的计算公式为

$$y = \frac{M - P_0}{P_0} \times \frac{365}{n} \times 100\% \tag{4.27}$$

式中：y——到期收益率；

M——面额；

P_0——发行价格；

n——期限。

由于贴现额预先扣除，使投资者实际成本小于债券面额，因此，贴现债券的到期收益率会高于贴现率。

② 贴现债券复利到期收益率。

当债券计算期限超过一年时，通常使用复利计算贴现债券到期收益率。其计算方法适用附息票债券的复利最终收益率的计算公式，只是将公式中的年利息设为0。其计算公式为

$$y = \left(\sqrt[n]{\frac{M}{P_0}} - 1\right) \times 100\% \tag{4.28}$$

式中：y——到期收益率；

M——面额；

P_0——发行价格；

n——期限。

（2）贴现债券持有期收益率。

贴现债券也可以不等到期满而中间出售，证券行情表每天公布各种未到期贴现债券二级市场交易的折扣率。投资者必须先计算债券的卖出价，再计算持有期收益率。债券卖出价的计算同公式（4.26），d为二级市场折扣率，n为债券剩余天数。其计算公式为

$$y = \frac{P_1 - P_0}{P_0} \times \frac{365}{n} \times 100\% \tag{4.29}$$

式中：y——持有期收益率；

P_1——卖出价格；

P_0——买入价格；

n——持有期限。

一般来说，贴现债券因有贴现因素，其实际收益率比票面贴现率高。投资者购入贴现债券后不一定要持有至期满，如果持有期收益率高于到期收益率，则中途出售债券更为有利。

7. 最终收益率

计算一次还本付息债券的最终收益率，应考虑债券的前期利息，这部分利息未由债券转让人领取，而计入最终持有人的收益。其计算公式为

$$y = \frac{C + (M - P_0 + C_0) \div n}{P_0} \times 100\% \tag{4.30}$$

式中：y——最终收益率；

C——年票面利息；

M——面额；

P_0——购买价格；

C_0——前期利息；

n——残存期限。

（四）债券投资的风险

作为固定收益产品，与其他证券相比，债券具有安全性高、变现能力强、收益稳定等特点，但是债券投资同样会面临一系列的风险，主要有以下五种。

1. 利率风险

一般而言，债券的价格与利率变化呈反方向变动：利率上升，债券价格下跌；利率下降，债券价格上涨。利率风险是债券投资者所面临的主要风险。

2. 再投资风险

在债券收益的计算中，一般假定所收到的现金流量是被作为再投资的，再投资所获得的收益有时被称作利息的利息，这一收益取决于再投资时的利率水平和再投资策略。由于市场利率变化无常，因此将分期已收到的现金流量进行再投资时，利率可能已经下降了，这种由于市场利率变化所引起的既定投资策略下再投资的不确定性被称为再投资风险。

3. 违约风险

违约风险又叫信用风险，是指发行者不履行其对利息或本金的契约性支付的风险。这种风险多发生在公司与企业债券中，而国债是以国家信用为担保的，一般不存在此风险。

4. 通货膨胀风险

通货膨胀风险又称购买力风险，是指从债券投资中所实现的收益不足以抵补由于通货膨胀而造成的购买力损失。

5. 流动性风险

流动性风险也称适销性风险，是指一种债券能否容易地按照或接近流行的市场价格卖出去。对于计划持有债券直至其到期的投资者来说，流动性风险并不重要。

四、债券投资策略

（一）被动型投资策略

1. 构造免疫资产

构造免疫资产涉及久期的知识与相关运用，而久期的知识将在第八章第三节系统介绍，

故在学习构造免疫资产时建议先预习第八章第三节有关久期的知识或待学习了第八章第三节久期知识后在进一步讨论构建免疫资产问题。运用久期可以导出构造免疫资产的债券投资策略,它通过持有不同期限结构的债券组合,以期在得到未来相对稳定的现金流的同时,免于遭受未来利率变动的不利影响。构造免疫资产用到下面一个重要原理:债券组合的久期等于组合中各债券久期的加权平均,权数是各债券在组合中的投资比例。

$$D_P = w_1 D_1 + w_2 D_2 + \cdots + w_n D_n = \sum_{i=1}^{n} w_i D_i \tag{4.31}$$

式中:w——组合内债券的投资比例;
D——组合内债券的久期。

为说明构造免疫资产的过程,现举例如下:

假定某投资者承诺两年后支付 100 000 元现金,又假定市场上仅有一种 1 年期的债券(面值 100 元、票面利率为 7%)和一种 3 年期的债券(面值 100 元、票面利率为 8%),现行利率为 10%。投资者可以把全部资金用于购买 1 年期债券,收回投资后再购买下一年的 1 年期债券,但如果第二年市场利率下跌,这位投资者就不得不投资于收益较低的债券了。投资者也可以把全部资金投资于 3 年期债券,两年后把债券变现,不过如果两年后市场利率上升,投资者就不得不蒙受债券价格下跌的损失。

其实,投资者可以通过构造上述两种债券的适当组合来规避市场利率变动的风险。首先,计算两种债券的久期。很显然,1 年期债券的久期 $D_1 = 1$ 年,3 年期债券的久期按上面的公式计算:

$$D_3 = \frac{\dfrac{8}{1+0.1} \times 1 + \dfrac{8}{(1+0.1)^2} \times 2 + \dfrac{100+8}{(1+0.1)^3} \times 3}{\dfrac{8}{1+0.1} + \dfrac{8}{(1+0.1)^2} + \dfrac{100+8}{(1+0.1)^3}} = 2.78 \text{ 年}$$

由于 $w_1 + w_3 = 1$,且 $w_1 D_1 + w_3 D_3 = 2$,把 D_1 和 D_3 的值代入,即可解出:

$$w_1 = 0.438\,2,\ w_3 = 0.561\,8$$

而 100 000 元资金的现值为 82 645 = $\dfrac{100\,000}{(1+0.1)^2}$ 元,因此把 82 645 × 0.438 2 = 36 215 元用于购买 1 年期债券,把 82 645 × 0.561 8 = 46 430 元用来购买 3 年期债券,即可满足条件。这样一来,若一年后利率上升,则可用再投资于 1 年期债券的收益来弥补 3 年期债券价格下跌的损失;若一年后利率下降,则用 3 年期债券价格的上涨来弥补 1 年期债券的再投资损失。

2. 构建免疫资产的前提条件

事实上,构建免疫资产的投资策略并不是在任何时候都有效,它需要满足以下一系列条件。

(1)不存在推迟或者提前赎回的情形。从上面介绍的方法可以看到,要构造免疫资产必须知道各种债券的久期,若存在推迟或者提前赎回等意外情况,债券组合将不再"免疫"。

(2)收益率曲线是水平的且平行移动的。债券的收益率曲线是把不同到期日的债券收益率相连接而成的一条曲线。事实上,债券的收益率曲线往往是斜向上的,这表明投资者对期限较长的债券要求更高的收益率,而像上例中1年期债券与3年期债券收益率在两年中一直是10%的情况则很少见。现实中收益率曲线经常无规则变动,这种变动也会使得免疫组合失效。

(3) 平衡的不断调整。很明显,随着时间的推移和市场利率的不断变化,不同债券的久期可能会按不同的速度改变,债券组合就不再具有免疫能力。这就要求投资者不断出售现有的债券,将之调整为其他种类的债券,以构建新的免疫组合。

鉴于债券收益率变动的复杂性,人们提出一种更为简单的投资策略——现金流匹配法。利用这一方法并不对债券投资收益进行再投资,而仅仅选择一组债券,使得债券到期日的现金流入恰好等于要求的现金流出。比如在前面的例子中,人们可能找到一种两年期的零息票债券,买入 $82\,645 = \dfrac{100\,000}{(1+0.1)^2}$ 元该种债券,到期后取得 100 000 元资金。

此外,第四章第三节在指数基金中介绍的指数化投资策略,也是一种被动型管理手段。

(二) 主动型投资策略

1. 追随收益率曲线法

这一策略用于短期固定收入债券的投资中,若当前的收益率曲线是向上倾斜的,而且投资者预测未来一段时间内收益率曲线的形状和收益水平继续保持稳定,则投资于期限较长的债券比投资于期限较短的债券收益率更高,因此,这一策略叫作追随收益率曲线法。

例如,假定当前市场上有两种零息票债券,面值均为1 000元,一种为一年期,收益率为5%,价格为952元;另一种债券为两年期,收益率为6%,价格为890元。又假设投资者仅持有一年,表4.1列示了一年后各种不同情况下投资于一年期债券和投资于两年期债券的不同回报率。

表4.1 追随收益率曲线在不同市场条件下的投资效果

1年后的市场利率		不同投资策略的回报率		追随收益率曲线法的超额收益
一年期债券	两年期债券	持有一年期债券,1年后出售	持有两年期债券,1年后出售	
5%	6%	5%	6%	1%
4%	5%	5%	7.01%	2%
6%	7%	5%	5.01%	0.01%
7%	8%	5%	4.04%	-0.96%

由此可见,当未来收益率曲线保持稳定或平行下移时,追随收益率曲线能获得较高的回报;若收益率曲线上移较小的幅度,仍然有一定的超额收益;但收益率曲线上移较大幅度时,这一投资策略失败。

2. 债券替换法

债券替换法假定市场上总是存在被高估或低估的债券,并不断卖出(或卖空)价格被高估的债券,买入价格被低估的债券。其具体策略如下。

(1) 替代互换。

投资者把一种债券替换成另一种息票率、到期期限以及信用等级等方面均与之相同,仅因市场供求的暂时不均衡使得后者定价更低(收益率更高)的债券。

(2) 市场间价差互换。

投资者利用市场上不同部门债券的收益率差额的暂时不合理,用收益率较低(定价较高)的债券换取收益率较高(定价较低)的债券。

(3) 利率预测互换。

由于长期债券的价格变动对利率的变动更敏感,所以,当投资者预测未来市场利率将进入上升周期(债券价格不断下跌)时,把一部分长期债券替换为短期债券;或者在预期未来市场利率将进入下降周期(债券价格不断上升)时,把一部分短期债券替换为长期债券。

(4) 纯收益率摘取互换。

投资者不想对未来利率或价差进行预测,仅仅从长期考虑把一部分低收益率债券替换为高收益率债券。

3. 或然免疫法

或然免疫法又称有条件免疫法,它要求至少达到一定的收益率,若债券组合的收益率高于预期的收益率,则实施主动的投资策略,若组合的收益率等于预期收益率时,即构建免疫资产。由此可见,或然免疫法兼有主动投资策略和被动投资策略的因素。

仍以构建免疫资产的例子为例。某投资者承诺在两年后支付10万元现金,当前的收益率曲线呈水平状,且等于10%。采用或然免疫法,投资者先设定一个最低的投资收益率,比如8%,这样他可以拿出 $85\,734 = \dfrac{100\,000}{(1+0.08)^2}$ 元形成或然免疫资产,由于当前的收益率水平高于预定目标,可以采取前面讨论过的各种主动投资策略,以谋取更高的投资收益率。

假定投资者把85 734元全部用来购买息票率为8%的3年期债券,一年后收益率曲线平移到11%的水平,这时需要 $90\,090 = \dfrac{100\,000}{(1+0.11)}$ 元,即为一年后的预定目标,此时投资者拥有的现值为一年的利息收入和债券在11%折现率下的现值之和,即:

$$\dfrac{85\,734}{95.03} \times \left[8 + \dfrac{8}{(1+0.11)} + \dfrac{100+8}{(1+0.11)^2} \right] = 92\,840 > 90\,090$$

其中:95.03元为三年期息票债券的价格,即:

$$\dfrac{8}{1+0.10} + \dfrac{8}{(1+0.10)^2} + \dfrac{100+8}{(1+0.10)^3} = 95.03(元)$$

现值大于预定目标90 090,可继续实施主动投资;但若现值接近预定目标90 090,则应构建免疫资产。

第三节 证券投资基金

一、什么是证券投资基金

(一) 证券投资基金的含义

证券投资基金(以下简称基金)是指一种利益共享、风险共担的集合证券投资方式,即通过发行基金单位,集中投资者的资金,由基金托管人托管,由基金管理人管理和运用资金,从事股票、债券等金融工具和产品投资,并将投资收益按基金投资者的投资比例进行分配的一种间接投资方式。

基金是一种积少成多的整体组合投资方式,即投资者通过认购、购买基金单位,将资金交给专业机构(基金管理人)管理,这些专业机构根据法律、法规、基金契约规定的投资原则、投资组合的原理和分配方式,进行分散投资,趋利避险,以达到分散投资风险并兼顾资金的流动性、安全性和获利的目的,最后将投资收益分配、回报给基金单位的持有者。可见,基金具有规模经济效益、多元化投资效益和专业化经营效益的优势。对于那些或资金不多、或没有时间和精力、或缺少投资专门知识的投资者而言,投资基金是最佳的投资选择。目前,基金已经成为金融理财市场广受各类理财主体喜爱的大众化信托投资工具。

基金运作的当事人有三方。一是基金持有人,即投资者。基金投资者享受投资的收益,也承担因投资失败而产生的风险。二是基金管理人。这是负责基金具体投资操作和日常管理的机构,基金管理人由基金管理公司担任。一个基金管理公司旗下可以管理多只基金产品。三是基金托管人。为充分保障基金投资者的权益,防止基金资产被挪用,基金运作中在制度设计上要求必须设立基金托管人专门对基金管理机构的投资操作进行监督和保管基金财产。也就是说,基金的管理与财产保管是分开的,而基金资产的保管由托管人负责。一般的基金托管人由有实力的商业银行或信托投资公司担任。

(二) 基金的特征

证券投资基金独特的制度优势决定于并反映在其特征上。基金具有以下六个特征。

1. 间接的证券投资方式

投资者是通过认购、购买基金份额而间接投资于资本市场的,与直接购买股票成为股东或者购买债券成为债权人的人相比,投资者与上市公司没有任何直接关系,不参与公司的决策和管理,只享有基金利润和收益的分配权。

2. 由专家进行专业化管理

基金由专业的基金管理公司负责管理。基金管理公司配备了大量的专业投资人士和投资专家。他们不仅掌握了广博的投资分析和投资组合理论知识,而且在投资领域和金融理财市场也积累了相当丰富的经验,相比较于一般投资者而言,基金管理公司往往会有更高的研究实力和更高的分析水平。

3. 费用低廉

投资基金最低投资额一般较低,通常每份基金单位为1元,最低投资限额为1000份基金单位。投资者可以根据自己的财力购买基金份额。由于基金集中了大量资金进行证券交易,证券商在交易代理手续费上就会给予一定幅度的优惠。基金的费用通常较低,基金管理公司就提供基金管理服务而向基金收取的管理费一般为基金资产净值的1%—2.5%,与此同时,投资者购买基金需缴纳的费用通常为认购总额的0.25%,低于直接购买股票的费用。

4. 组合投资、分散风险

"不要把鸡蛋放在同一个篮子里"是金融理财市场的著名格言。根据投资专家的统计研究,在股票投资中,要通过构建投资组合达到起码的分散风险,至少要有十种以上的股票。然而,中小投资者通常无力做到这一点。基金通过汇聚众多中小投资者的小额资金,就可以实现这一目标。投资人只要买了一份基金,就相当于持有了几十种甚至是几百种的股票与债券组合,如果其中一些股票或债券价格下跌了,可以被另一些股票与债券价格的上涨所抵消,使投资者不至于遭受损失,分散了风险。

5. 流动性强

对于开放式基金而言,由于其每天都会公开报价,投资者既可以向基金管理公司直接购买或赎回基金,也可以通过证券公司等代理销售机构购买或赎回。对于封闭式基金而言,由于均在证券交易所挂牌上市交易,买卖程序与股票相似,变现能力较强。

6. 收益稳定

基金的投资者按照持有的基金份额分享基金的增值效应,一般而言,基金采取组合投资,一定程度上分散了风险,同时,基金通过大规模、长时间的多元化经营,以整体收益的稳定来保证投资者个别利益的实现,因此,基金的收益和投资基金的收益均比较稳定。

(三)基金的种类

证券投资基金的种类较多,主要有以下四个类别。

1. 根据组织形式的不同,基金可以分为契约型基金、公司型基金

契约型基金又称为单位信托基金,是指把受益人(投资者)、管理人、托管人三者作为基金的当事人,通过签订基金契约的形式发行受益凭证而设立的一种基金。契约型基金是基于契约原理组织起来的代理投资行为,通过基金契约规范当事人的行为。目前,我国的证券投资基金均为契约型基金。

契约型基金的法律关系包括下列四种当事人。

(1)基金持有人。

基金持有人以购买基金单位的方式将自己的财产委托给专业人士进行资产管理,是信托关系中的委托人。

(2)基金受托人。

基金受托人在信托法律关系中是基金财产的名义所有人,代表基金持有人行使一定的民事法律行为,是基金持有人利益的代表者和基金财产的守护者。契约型基金在信托关系的基础上进一步细化了基金受托人的职能分工,将基金财产保管和资产管理两个职责分别委托给基金保管人和基金管理人。

(3)基金保管人。

基金保管人代理基金受托人履行安全保管基金资产的职责,并负责办理基金投资运作的具体清算交收业务。

(4)基金管理人。

基金管理人以基金资产增值为目的,代理基金受托人履行投资运作的职能,负责管理基金资产。基金管理人必须与基金受托人分开,这是投资基金法律关系与一般信托关系的主要区别。基金管理人作为专业的投资理财机构,不能直接掌管基金资产,只能根据基金契约的约定,发出投资指令。显然,这种法律设计是出于互相制约的考虑,避免某些可能侵害基金持有人利益的行为。由此可见,从法律原理上看,契约型基金法律关系的基本架构由两部分组成:基金投资人与基金受托人之间构成的信托法律关系是基金的基础法律关系;基金受托人与基金保管人和基金管理人之间构成代理关系。这两类法律关系结合起来形成契约型基金独有的商事法律关系。

公司型基金是按照公司法以公司形态组成的。该基金公司以发行股份的方式募集资金,一般投资者则通过购买该公司的股份,成为该公司的股东,凭其持有的股份依法享有投资收益。

公司型基金的法律关系包括下列四种当事人。

(1) 基金持有人。

基金持有人以购买基金份额的方式成为基金公司的股东,具有与普通公司股东相同的地位和权利义务关系。

(2) 基金公司。

基金公司按照《公司法》的基本原理组成具有独立法律人格的基金。基金持有人的财产集合为基金公司的财产,基金公司的财产是完全独立于基金持有人、基金保管人和基金管理人的财产。基金公司与普通公司不同的是,它只设立一个绝大多数是独立董事的董事会,而不具有完整的经营机构,因为经营管理的职责已经分离出去了。基金公司在法律上是基金持有人利益的代表,独立董事则承担了具体的守护股东(基金持有人)利益的职责。

(3) 基金保管人。

公司型基金中,基金公司必须委任基金保管人,基金公司与基金保管人之间是代理关系。基金保管人负责安全保管基金公司的资产,并接受基金经理人的投资指令,办理基金公司资产清算交收业务。

(4) 基金管理人。

由于基金公司本身并无具体的经营管理机构,因此,基金管理人受基金公司的委托代为办理所有与经营运作有关的业务。这一角色的定位十分清楚,那就是专家以专业的投资经验,按照基金章程的约定,经营管理基金资产,以达到资产增值的目的。

由此可见,公司型基金的法律关系架构同样包括两个部分:在公司法律关系的基础上运用了代理关系,以资产安全和资产增值为基本原则分离出基金保管人和基金管理人两个角色。公司型基金要受投资基金法和公司法等法律规范的约束。

契约型基金与公司型基金的区别表现在四个方面。

(1) 两者的法律依据不同。

公司型基金依据《公司法》设立,因此,基金公司具有法人资格。公司型基金除了两个当事人,即基金公司及其股东外,其他当事人之间的关系与契约型基金一样。基金公司及其股东之间的权利与义务以及基金运用必须遵守《公司法》的要求。基金公司如果本身不是管理公司,则基金公司与基金管理公司之间也须通过委托管理契约来进行规范。此外,契约型基金与公司型基金所依据的章程契约不同。公司型基金经营信托财产凭借的是公司章程、委托管理契约和委托保管契约等文件,而契约型基金则是凭借信托契约经营信托财产。

(2) 基金发行的凭证不同。

公司型基金通过发行普通股票筹集和组织公司的信托财产。契约型基金组织信托财产是通过发行受益凭证。前者既是一种所有权凭证,又是一种信托关系;后者反映的仅仅是一种信托关系。

(3) 投资者的地位不同。

契约型基金的投资者购买受益凭证后成为基金契约的当事人之一,没有管理基金资产的权利;公司型基金的投资者购买基金公司的股票后成为该公司的股东,享有经营管理的决策权并以股息或红利形式取得投资收益。

(4) 基金的运营依据和方式不同。

契约型基金依据基金契约营运基金,公司型基金依据基金公司章程营运基金。公司型基金由于具有法人资格,因此可以向银行贷款,有利于公司扩大资产规模,公司发展有雄厚的资本作保证。契约型基金因不具备法人资格,一般不能通过向银行贷款来扩大基金规模。在基金运营中,公司型基金同一般股份公司一样,除非根据《公司法》到了破产清算阶段,一般情况下基金公司具有永久性,这有利于公司稳定经营。从宏观经济角度看,基金公司不随意成立和终止,这有利于一个国家资本市场的稳定和国民经济的平稳发展。契约型基金依据信托契约建立和运作,随着契约期满,基金运营也就终止,这不利于基金的长期经营。

2. 根据变现方式的不同,基金可以分为封闭式基金、开放式基金

封闭式基金是指基金资本总额及发行份额在未发行之前就已确定下来,在发行完毕后和规定的期限内,基金的资本总额及发行份数都固定不变,基金宣告成立后进行封闭。基金单位的流通采取在交易所上市的办法,投资者以后要买卖基金单位都必须经过证券经纪商,在二级市场上进行竞价交易,因此,封闭式基金又称为公开交易共同基金。封闭式基金的期限是指基金的存续期,即基金从成立之日起到结束之日止的整个时间。封闭式基金在取得收益后,以股利、利息和可实现的资本利得(或损失净值)等形式支付给投资者。

开放式基金是指基金发起人在设立基金时,基金单位的总数不固定,可视投资者的需要追加发行。投资者也可根据市场状况和各自的投资决策,或者要求发行机构按现期净资产值扣除手续费后赎回基金份额,或者再买入基金份额。由于基金的资本总额可以随时追加,又称为追加型基金。鉴于基金的持份总额可以随市场供求关系变动而变化,若有新份额被购买,则基金便有更多资产可供投资之用;若基金的持份被赎回,则基金的投资总额相应减少,从而引起基金投资组合中的资产变动。若基金被赎回的份额过大,并超过基金正常的现金储备,基金管理机构就只有出售资产池中的有价证券以应对赎回压力。

开放式基金还可以分为收费基金和不收费基金。不收费基金直接按净资产价值出售给投资者,收费基金则要委托证券商或其他经销商出售给投资者,因此在基金发行时,其发行价格由净资产价值加一定的销售费用构成。由于收费基金多收一笔销售费用,相应地减少了投资者实际投资于基金的资本,增加了实际投资成本;不收费基金虽然不收取销售费用,但要收取小额赎回费用。这种收费不利于基金的短期交易,有利于投资长期基金资产。

封闭式基金与开放式基金的区别表现在以下五个方面。

(1) 发行规模和期限不同。

封闭式基金在招募说明书中列明基金规模,开放式基金没有发行规模限制;封闭式基金通常有固定的封闭期限,开放式基金没有固定期限。

(2) 基金单位交易方式不同。

封闭式基金的基金单位在封闭期限内不能赎回,持有人通过证券交易所出售给第三者;开放式基金的投资者则在首次发行结束一段时间(多为3个月)后,可以随时向基金管理人或中介机构提出购买或赎回申请。开放式基金的流动性要高于封闭式基金,可以随时变现或买入基金,从而有利于投资者。

(3) 基金单位的交易价格计算标准不同。

封闭式基金的买卖价格受市场供求关系的影响,并不必然反映基金的净资产值,如市价上涨时,基金买卖价格可以上涨更高,这时投资者的基金资产价值可能增加;反之,当市价下跌时,基金价格下跌得更低,这时投资者就要承受资产价值损失,因此,封闭式基金的投资风险相对大一些。开放式基金的交易价格则取决于基金的每单位资产净值的大小,通常其卖

出价即申购价是基金单位资产净值加一定的购买费;买入价即赎回价是基金单位资产净值减去一定的赎回费。开放式基金的基金交易价格基本不受市场供求关系影响,其买卖价格直接反映其净资产价值,不会出现折价现象。

(4) 买卖费用不同。

在买卖封闭式基金时,须缴纳相同比率的手续费及证券交易税,这与买卖开放式基金不一样,而且买卖封闭式基金一般要通过证券商进行,因而买卖封闭式基金的费用要高于买卖开放式基金的费用。

(5) 投资策略不同。

封闭式基金的基金单位数不变,资本不会减少,基金管理公司可进行长期投资,基金资产的投资组合能有效地按照预定计划进行。基金管理公司可制定长期投资策略,取得长期经营绩效。虽然封闭式基金发行总额变化不大,具有经营稳定的优点,但同时也限制了基金发展规模,特别是当基金发展前景看好时,基金不能随时追加资本、扩大规模,从而影响基金的长远效益。开放式基金在享有追加资本好处的同时,基金管理公司也需承担买回义务,基金的资本额不能全部用于投资,从而影响基金的投资收益,更重要的是投资者的频繁进出,不利于基金资本额稳定,给基金经理投资决策及其执行带来难度。

3. 根据投资标的不同,基金可以分为股票基金、债券基金、货币基金、黄金基金、期权基金、指数基金、认股权证基金

股票基金是基金中的一个重要种类。该类基金的投资目标是以追求资本成长为主,其投资对象主要是股票,包括优先股和普通股。优先股基金是一种可获取稳定收益且风险较小的股票基金。普通股基金以追求资本利得和长期资本增值为目的,基金大部分资本将投资于普通股票,少部分投资于短期政府债券、商业票据等,以方便资本周转或适应投资机会的变化。这类基金的优点是资本成长潜力较大,投资者不仅可以获得资本利得,而且还可以通过该基金使得较少的资本能够分散投资于各类普通股票,这比投资者个人直接投资于普通股的风险要小得多。

债券基金是指基金将其全部或大部分资产投资于收益稳定的债券,它是基金市场上规模仅次于股票基金的另一重要品种,这类基金的投资对象是各种债券。债券基金基本上属于收益型基金。一般情况下,基金定期派息,因而基金资产适合长期投资,但其回报率通常比股票基金低,较适合于欲获取稳定收入的投资者。

货币基金以货币市场工具为投资对象,包括银行短期存款、国库券、银行承兑票据及未到期的商业票据等。

黄金基金是指以投资于黄金或其他贵金属的生产和相关产业的证券为主要对象的基金。

期权基金是指以能分配股利的股票期权作为投资对象的基金。期权基金以购买股利分配情况好的普通股为主,并利用所持有的股票做选择权交易。其投资目的是为获取最大的当期收入。当期收入主要来自股利分配、出售期权收入、买卖组合证券的期权中的短期利得,以及从结束购买交易中获取的利润。期权基金风险较小,适合谋求稳定收入的投资者。

指数基金是指数化产品。它是为使投资者获得与市场平均收益接近的投资回报而开发出的在功能上近似或等于所编制的某种证券市场价格指数的基金。指数基金完全拟合和模拟大盘指数股或债券,采用被动投资策略,跟踪指数的变动而改变其投资组合,很少进行频繁交易。投资者购买了指数基金就相当于持有了指数覆盖下的一篮子股票的组合。由于指

数基金具有开放式基金的特点,存在申购、赎回的一级市场,同时又具有封闭式基金的特点,存在于交易所挂牌交易的二级市场,因此指数基金具有套利功能。指数基金的收益随当期某种价格指数上下波动:当某种价格指数上升时,基金收益也增加;反之,基金收益则减少。因其始终保持当期的市场平均收益水平,故收益不会过高,也不会过低,同时基金风险因基金本身功能而被分散掉,因此,指数基金适合稳健的投资者。

权证基金是以权证为投资对象的基金。该类基金通过权证买卖以获取资本成长。权证是一种金融票据,持有人有权在指定期间按预定的价格购买或出售发行公司一定数量的股份。权证一方面具有较强的资本增值能力,另一方面风险较大,所以它适合风险偏好较强的投资者。正是为了满足这类投资者的需要,一些基金管理公司便创设了权证基金。权证基金较之个人购买权证的优点是:基金通过购买多种认股权证、认沽权证,可将风险降到最低点。由于权证的风险较高,特别是在出现牛市或熊市的极端行情时,权证基金也难以避开风险,因此,监管层通常对推出、推广权证基金十分谨慎,即使该类基金被批准发行,其说明书中也必须进行高风险提示和警示。

4. 根据经营风格的不同,基金可以分为成长型基金、收入型基金、平衡型基金

成长型基金的投资目标在于追求资本的长期成长,故其投资对象多为股价长期稳定增长的绩优股。成长型基金以追求长期资本利得为主,股利分配只占投资收益的一小部分,投资者期望的是基金价格能线性上升。这种基金的净值波动较大,风险也较大。虽然所有的成长型基金都追求资本的长期成长,但为了达到这个目标的投资策略各有差异。因此,投资者选择基金时,应仔细阅读公开说明书,以确定该成长基金的投资目标是否与自己的偏好相吻合。成长型基金又可分为积极成长型基金和新兴成长型基金。积极成长型基金是高成长型基金,它追求资本的最大增值;新兴成长型基金重点投资于新兴产业中成长潜力较高的个股。这种基金的净值波动较大,投资者要承担更高的风险。

收入型基金以投资于可带来现金收入的有价证券为主,并以获取当期的最大收入为目的。其投资对象主要是能带来稳定收入的各种有价证券。收入型基金一方面使该基金保证了投资者投资目标的实现,降低遭受损失的风险;另一方面也使基金丧失了投资于高风险、高成长性的有价证券的机会。对于重视当前收入的投资者来说,为确保基金的稳定收益,不妨将资本分散投资于收入型基金与货币市场基金。当市场利率水平降低时,银行存款利率也要降低,而投资收入型基金可以带来比储蓄高的收益;当市场利率水平上升时,通货膨胀率也会同步趋高,投资者若将大部分资本投资于货币市场基金,少量投资于收入型基金,既可保本又可获得较高的利息收入。因此,收入型基金比较适合保守型投资者。

收入型基金通常又可分为两类,即固定收入型基金和股票收入型基金。固定收入型基金的主要投资对象是债券和优先股股票,长期成长潜力较小,利率波动对净资产价值的影响较大。股票收入型基金的投资对象多是股利分配较优厚的普通股票。投资于该类基金的投资者在追求收益稳定的同时,还注重赚取资本利得,寻求资本成长潜力,但该类基金也面临较大的投资风险。

平衡型基金是指具有多重投资目标的基金,其投资目标大体有确保投资本金、获取当期收入及追求资本和收入的长期成长三类。该类基金的优点是满足投资者的双重投资目标,既追求当期收入又注重资本成长,这就大大降低了损失本金的风险。平衡型基金适合于资金量小的中小投资者,属于保守型投资。在股市出现波动时,平衡型基金在多头市场不如成

长型基金收益增长快;在空头市场,相较于成长型基金又少受市场行情波动的影响。

二、证券投资基金的运作

(一)基金的管理

1. 基金管理人的含义

基金管理人是负责基金的具体投资操作和日常管理的机构。基金管理人一般由基金管理公司担任,通常由证券经纪商、信托投资公司发起成立,具有独立的法人资格。基金发起人在设立基金时须提供以下文件:申请报告、发起人协议、募集说明书、信托契约和公司章程、委托管理协议和委托保管协议。

2. 基金管理人的资格

基金管理人的主要业务是发起设立基金和管理基金,由于基金的持有人通常是人数众多的中小投资者,为了保护这些投资者的利益,必须对基金管理人的资格作出严格规定,使基金管理人更好地负起管理基金的责任。基金管理人须符合的条件有:具有一定数额的资本金;与托管人在行政、财务和管理人员上相互独立;有完整的组织结构;有足够的合格专业人才;具有完备的风险控制制度和内部管理制度。

3. 基金管理人的职责

基金管理人的职责主要有:按照基金契约的规定运用基金资产投资并管理基金资产;及时、足额向基金持有人支付基金收益;按时间要求妥善保管基金的会计账册、记录;编制基金财务报告,及时公告并向监管层报告;计算并公告基金资产净值及每一基金单位资产净值等。开放式基金的管理人还须按相关规定和基金契约要求,及时、准确地办理基金的申购与赎回。

(二)基金的托管

1. 基金托管人的含义

基金托管人是依据基金运行中"管理与保管分开"的原则对基金管理人进行监督和保管基金资产的机构,是基金持有人权益的代表,是基金资产的名义持有人,通常由有实力的商业银行或信托投资公司担任。基金托管人与基金管理人签订托管协议,在托管协议规定的范围内履行自己的职责并收取一定的报酬。基金托管人在基金的运行过程中起着不可或缺的作用。

2. 基金托管人的资格

基金托管人的作用决定了它对所托管的基金承担着重要的法律及行政责任,因此有必要对托管人的资格作出明确的规定。一般来讲,基金托管人的主要条件有:设有专门的基金托管部门;有足够的实收资本并要达到监管层的要求数额;有足够熟悉托管业务的专职人员;具有安全保管基金全部资产的条件;具有安全、高效的清算与交割能力等。

3. 基金托管人的职责

基金托管人的主要职责有:安全保管基金的全部资产;执行基金管理人的投资指令并负责办理基金名下的资金往来;监督基金管理人的投资运作,发现基金管理人违法违规的投资指令,不予执行并及时报告监管层;复核、审查基金管理人计算的基金资产净值及基金价格;按时间要求保存基金的会计账册、记录;出具基金业绩报告,提供基金托管情况并及时报告监管层等。

（三）基金的发行与承销

基金的发行是指基金发起人在其设立或扩募基金的申请获得监管层批准后向投资者推销基金份额、募集资金的行为。基金的发行方式有两种：一是由基金管理公司直接对外发售，二是通过一家或几家承销机构代理发售。尽管基金管理公司负有基金份额发行、交易、赎回和分红派息等工作的责任，但实际上此项工作一般都委托基金承销公司来完成。基金的承销通常由证券经纪商、商业银行、信托公司等机构担任。担任基金承销机构应具备的一般条件有：具有监管层核发的经营金融业务、证券业务许可证的合法金融机构；拥有符合要求的资本金；有足够的富有承销经验的专业人员；具有固定的营业场所和必要的设施等。

封闭式基金在发售时须规定基金的发售总额和发行期限。只要发售总额认购满了，不管是否到期，基金就封闭起来，不再继续发行。如果在规定的发售期限内基金总额未被全额认购，基金管理公司就会相应延长发售期限。此后仍然不能完成发售计划的，则基金不能成立，应退还投资人的认购款。开放式基金的总额虽然是变动的，但在初次发行时也要规定一定的发售总额和发行期限。基金完成发行正式设立三个月后进入开放状态，投资者才能要求基金管理公司赎回基金份额。

（四）基金的交易

1. 封闭式基金的交易

封闭式基金的交易采取在交易所上市流通的办法。投资者要买卖基金份额，必须经过证券经纪商，在二级市场上按照"价格优先、时间优先"的竞价原则进行竞价交易，因此，封闭式基金的交易类似于股票。目前，我国所有在沪、深交易所上市流通的基金都是通过这种转让方式完成交易的。

2. 开放式基金的申购与赎回

开放式基金的申购与赎回是指投资者根据市场状况和自己的投资决策决定赎回基金单位（即要求基金管理公司购回自己持有的基金单位份额），或增购基金单位份额。基金管理人按照基金契约的约定和相关规定，可以资产净值向投资者出售或向投资者赎回基金单位。投资者申请基金购回，可以在自己选定的任何一个营业日内携带基金份额、购回申请书等有关证件，向基金管理人或基金管理人指定可以购回的申请地点提出购回申请。

若基金份额被赎回，则基金的总额就要相应被减少，引起基金资产发生变动。如果基金赎回的份额过大，超过基金的正常储备，基金管理公司就要变现手中的股票、国债等资产。开放式基金在盈利性目标下增加了流动性的要求，因此它多限于选择投资于流动性强的资产，正由于现金储备需要而不能将资金全部用于投资，一定程度上会影响基金的经营绩效。

开放式基金的交易通常是以单位基金资产净值为基础，加上一定的申购费和减去一定的赎回费来确定申购价格与赎回价格。而单位基金资产净值是某一时点上某一基金每份基金单位实际代表的价值，是由基金的总资产减去总负债后的净资产总值再除以基金总份额的结果。它是基金单位价格的内在价值。

（五）基金的运营

基金募集结束并宣告成立后，基金管理公司就可按照契约规定的投资项目、投资组合和投资策略进行投资。投资中，一般要求单只基金持有股票、债券的比例不得低于该基金资产总值的80%，单只基金持有一家上市公司的股票不得超过该基金资产净值的10%，同一基金管理人旗下的基金持有一家上市公司的证券不得超过该证券的10%，单只基金投资于国债的比例不得低于该基金资产净值的20%。另外,还要遵守基金之间相互投资、基金托管人从事基金投资等若干禁止性规定。由于基金管理人是受托理财,因此对基金投资失败引发的亏损不承担弥补责任。基金持有人的权益在制度上除基金托管人通过监督基金管理人提供保障外,基金持有人还可以通过持有人大会的方式来加以体现。基金每年须将运营过程中获取的股息和红利、利息收入、资本利得等构成的收益扣除基金管理费、基金托管费、运作费等构成的成本后产生的净收益,按契约规定的分配方式以现金形式向基金持有人支付投资回报。

在基金管理公司开展正常运营的同时,基金托管机构也应按照契约规定承担起执行基金管理人指令、保管基金资产和监督基金管理公司投资活动的职责。为了便于投资者了解和监督基金的营运状况,基金管理公司通常要在每年的年中和年末分两次编写基金报告,真实完整地向投资者公开该期内所有信息,而且每季度还须在指定信息披露媒体公告投资组合信息,封闭式基金每周要披露过去的一周单位基金资产净值状况,开放式基金每天都要披露前一日的单位基金资产净值状况。

三、证券投资基金的收益与风险

（一）基金的收益构成

基金的投资对象为有价证券,而有价证券的范围非常广泛,决定了基金收益构成的复杂性。目前,我国基金的投资对象主要是国债、公司债券和上市公司的股票。

1. 国债

基金参与国债一级市场运作,可以获取三方面的收益。

（1）承销国债的认购手续费。

承销国债的认购手续费是由财政部根据承销的份额、国债的品种和期限向承销团成员支付的手续费。对基金来说,这是一项稳定的收入来源。

（2）承销国债期间所发生的利息。

政府一般规定承销商承销其所认购的国债有一定的发行期限,承销商在发行初期出售了它所认购的国债后,资金存款在承销商的账户上,直到发行期结束,才划款至财政部账户。这期间产生的利息为承销商所得。

（3）承销"一手国债券"所得的差价。

一般来说,"一手国债券"比该国债上市流通后的"二手国债券"有更高的收益率。

国债流通市场也称为国债二级市场,包括按一定程序进行交易的证券交易所市场和设立在证券中介机构的场外交易市场。二级市场上的国债买卖有现货交易和回购交易等方式。国债二级市场为已发行的国债提供流动性,基金投资国债可取得稳定回报。

2. 公司债券

公司债券是基金投资组合的选择性工具之一,在风险收益序列中介于国债与股票之间。债券的利息收入和资本利得收入构成了基金投资公司债券的收益。债券的利息收入是债券的票面收入,按规定定期或一次性取得。债券的价格会由于债券市场供求关系、市场利率水平变化和其他相关因素的变化而波动,低买高卖形成了资本利得收入。

3. 上市公司的股票

股票市场已经形成了一套比较规范和严谨的交易程序,通常基金在股票市场进行投资时会有较大的自由选择余地,同时还可以对股票投资的风险和收益作出相对客观、科学的评价。股票市场运行效率相对较高,中间费用较少,收益区间较大,可以为基金管理人提供充分的投资组合选择,而且股票市场提供了股票变现极为便利的优势,因此,股票成为众多基金的首选投资工具。

由于股票发行制度的特殊安排,股票上市后的市场价格通常比发行价格要高,一、二级市场间有一定的差价,若以发行价格成功申购了新发行的股票,并在上市后择机出售,即可获得不菲的利润。基金凭借强大的资金实力,在股票的发行市场申购新发行上市的股票,可以获得较好的投资收益。特别是新股发行对基金直接配售的政策优惠,可以使基金不必动用大量的现金即能参加新股发行的申购并直接获得一定比例的新发行股票,进而可以获得无风险收益。

(二)基金收益的衡量

1. 基金组合收益的计算

(1) 简单收益率法。

收益率是一定时期内投资收益与投资总额之比。投资收益主要包括资本利得和红利。基于基金发生资金流量的变动及基金净资产价值的变化是常态,故采用简单收益率的计算方法是对基金收益的最简单度量。其计算公式为

$$R_t = \frac{NAV_t - NAV_{t-1} + I}{NAV_{t-1}} \quad (4.32)$$

式中:R_t——第 t 期投资收益率;

NAV_{t-1}——第 $t-1$ 期资产净值;

NAV_t——第 t 期资产净值;

I——投资者获得的期间收入。

简单收益率法没有很好地实现时间价值的要求,而采用几何平均法计算期间收益率就考虑到了资金时间价值的收益要素,如下式:

$$\bar{R} = \left[\prod_{t=1}^{n}(1+R_t)\right]^{\frac{1}{n}} - 1 \quad (4.33)$$

要注意的是,用几何平均法计算的收益率与用简单算术平均法计算出的收益率不同,期间收益率波动幅度越大,两者计算出的数据差异就越大。利用简单收益率法计算收益率时,如果在对应期间除期末以外的其他时点无收入,那么,用简单收益率法计算收益率既简单又比较准确。但由于通常情况下股票和债券的收益流不是发生在固定时点,用简单收益率法计算收益率时没有考虑到收入实现的时间问题,因此,应将投资者获得的收益作再投资考虑。

(2) 时间权重收益率法。

时间权重收益率法充分考虑了资金或收入的时间价值。时间权重收益率的计算方法是假定投资者在得到现金流入时(如收到股息),立即将这部分收入再投资到现有的投资品上。计算时间权重收益率的过程包括先计算有价证券在现金流入之日的市场价值,再计算下一个时期的期间收益率,最后将各个期间的收益率综合考虑。

计算时间权重收益率有综合法和指数法两种方法。

① 综合法。综合法的计算公式为

$$R_{TW} = [(1+R_1)(1+R_2)\cdots(1+R_n)] - 1 \quad (4.34)$$

式中：R_{TW}——时间权重收益率；

R_1、R_2、$\cdots R_n$——各个时期的期间收益率。

式（4.34）与式（4.33）的区别在于，时间权重收益率表示 1 单位投资在第 n 期的期末价值，即投资者在 n 个时期的总收益率。几何平均收益率反映投资者在 n 期内的平均收益率。

② 指数法。指数法着重强调再投资的时间点，其计算公式为

在第 i 期期末时，投资者用现金股息新购买股票的数量，即：

$$AS_i = \frac{N_{i-1} D_i}{P_i} \tag{4.35}$$

式中：AS_i——新购买股票的数量；

N_{i-1}——投资者在第 i-1 期期末所拥有的股票数量；

D_i——公司在第 i 期支付的每股现金股息；

P_i——第 i 期发放股息后的股票市场价格。

$$N_i = N_{i-1} + AS_i \tag{4.36}$$

式中：N_i——投资者在第 i 期所拥有的股票数量。

$$R = \frac{P_n \cdot N_n}{P_0 \cdot N_0} - 1 \tag{4.37}$$

式中：R——某公司股票的年收益率；

P_0——年初的股票市场价格；

N_n——年末所拥有的股票数量。

用综合法和指数法计算出的股票年收益率是相等的，综合法比较简单易用，指数法清晰地描述了现金流再投资的过程。用简单收益率计算的结果与用时间加权计算的收益率之间的差异在于后者考虑了资金的时间价值，将收到的现金股利进行了再投资并获得利润。

2. 基金收益率的计算

基金的收益率由单位资产净值的增减额加上收入分配额来测度。用 NAV_0 和 NAV_1 分别代表期初和期末的资产净值，有

$$R = \frac{NAV_1 - NAV_0 + 基金分红}{NAV_0} \tag{4.38}$$

常用的计算基金收益水平的公式和方法有以下五种。

（1）累计单位资产净值。

$$ANAV_t = NAV_t + \sum_{t=1}^{n} D_t \tag{4.39}$$

式中：NAV_t——第 t 期的单位资产净值；

D_t——第 t 期派发的红利金额；

$ANAV_t$——第 t 期累计单位资产净值；

n——样本期内的时期数。

(2) 单位资产累计增长率。

$$R = \frac{NAV_t - NAV_0}{NAV_0} \tag{4.40}$$

式中：NAV_0——期初的单位资产净值；
NAV_t——期末的单位资产净值。

(3) 算术平均收益率。

$$R_s = \frac{NAV_1 + NAV_2 + \cdots + NAV_t}{t} \tag{4.41}$$

式中：R_s——基金样本期内的算术平均收益率；
NAV_t——第 t 期的单位资产净值。

(4) 几何平均收益率。

$$R_t = \sqrt[n]{(1 + NAV_1)(1 + NAV_2)\cdots(1 + NAV_t)} - 1 \tag{4.42}$$

式中：R_t——几何平均收益率。

(5) 内部平均收益率。

$$NAV_0 = \frac{D_1}{1 + R_d} + \frac{D_2}{(1 + R_d)^2} + \cdots + \frac{D_t}{(1 + R_d)^t} + \frac{NAV_t}{(1 + R_d)^t} \tag{4.43}$$

式中：R_d——基金内部平均收益率。

基金收益率受基金成本费用的影响，有些费用要按期从资产组合中扣除，减少了净资产价值。因此，基金收益率等于资产组合的总收益率减去总费用率。

(三) 基金的风险

由于基金投资对象所依托的公司或企业基本面及其他不确定因素的存在和影响，基金在运作过程中存在很多风险。主要有以下八种。

1. 财务风险

财务风险是由于基金所投资公司经营不善带来的风险。若个人直接投资于股票或债券，因上市公司经营不善，可能造成公司股价下跌和无法分配股利，或者债券持有人无法收回本息，甚者会破产倒闭致使投资者血本无归。而投资于基金的情况则有所不同，基金管理专家精心选择股票或债券，并通过投资组合在一定程度上抵御个别风险，但不能将其完全消除。

2. 市场风险

市场风险是指基金净值或价格因投资目标的市场价格波动而随之变动所造成的投资损失。由于资本市场的价格波动频繁，投资者存在对基金品种选择和投资时机不当而损失资本的风险。

3. 利率风险

利率变化会直接影响金融资产的价格。如果利率上升，吸引社会资金进入间接融资渠道，减少直接融资市场的资金，对股票市场的需求下降，导致股价下跌，基金价格也往往会下跌；如果利率提高，使公司财务成本上升，利息负担加重，利润减少也会使股票价格下跌，引起基金价格下跌；与此同时，如果利率提高，投资者评估股票和其他有价证券的折现率会上升,从而使股票价格与基金价格下跌。利率下降,则会产生相反的效果,使基金价格上升。

4. 管理风险

管理风险是指基金管理人在基金的管理运作过程中因信息不对称、判断失误等影响基金收益水平的风险。基金业绩取决于基金管理人的专业知识、经验、分析能力及信息资料的完备性等。应该认识到的是,仅具备上述条件的优势就一定可以凭借专家理财获利是不现实的。由于现阶段基金管理费、托管费仍较高,增加了投资基金的成本。实际上,基金在保持平均收益基础上扣除管理费、托管费后,其分红能力与投资国债收益相比优势并不突出。

5. 购买力风险

购买力风险是由价格总水平变动而引起资产的总购买力变动的风险。通货膨胀会侵蚀投资者的财富。通常许多投资者会错误地认为货币越多越富裕,这种货币幻觉使投资者忽视通货膨胀的影响。投资者只有关注实际收益率而非名义收益率,才能克服货币幻觉,而且也只有当实际收益率为正,即名义收益率大于通货膨胀率时,购买力才能实现真正增长。

6. 国际政治风险和外汇风险

当基金在国际资本市场投资时,国际政治风险和外汇风险不可忽视和低估。国际政治风险一般包括剥夺非居民资产、禁止外国投资者撤回资金的外汇管制、不利的捐税和关税、由非居民投资者出让部分所有权的要求、财产权利得不到保障等。外汇风险又称汇率风险,是指经济主体在持有或运用外汇的经济活动中,因汇率变动而蒙受损失的一种可能性。

7. 流动性风险

很多基金管理公司在与投资者的合同中,会约定当单日申请赎回的金额占基金总额的10%以上时,基金管理公司须向监管层申请暂停赎回。当某项利空因素使恐慌性卖出市场出现时,卖盘远大于买盘,股票乏人承接,基金投资者大幅申请赎回,但在市场上又无法卖出股票,此时也会发生基金的流动性风险。

8. 清算风险

基金清算就代表该基金运作行将结束,基金公司会结算这只基金现有资产,将其转为现金后,按投资比例全部平均分配给基金持有人。被清算的基金通常绩效表现不佳,基金清算时投资者在基金上的资金会被冻结一段时间,最后拿回来的钱通常会比起初投资少很多。

四、证券投资基金投资策略

证券投资基金的投资策略包括基金管理人的资产组合配置策略和投资者投资基金的策略。限于篇幅,此处仅讨论投资者投资基金的策略。

投资者投资基金的收益主要来自低净值申购、高净值赎回和低市价买进、高市价卖出的差价,以及长期持有基金以分享其净值不断增长基础上带来的良好分红收益。很显然,只有优质基金才能做到净值稳定增长,而且具有良好的潜在分红预期。这是由于优质基金通常具有更好的市场行情把握和分析能力以及更强的行业、公司研究能力,在资产组合配置上能够很好地实现风险和收益的平衡。因此,投资者对基金的投资策略主要反映在:面对风险收益特征不同的众多基金产品,投资者怎样选择适合自身风险收益偏好的优质基金。这就涉及投资者对基金的绩效评价问题。只有熟悉、掌握了对基金绩效的评价指标和方法,才能较好地对基金展开绩效评价,从而选择优质基金,实现投资效用的最大化。

一般来说,一个优质基金应该有稳定和不断提高的收益率、较高的风险管理水平以及良好的投资管理能力。因此,证券投资基金的绩效评价主要从以下三个方面展开。

(一)收益评估

收益评估包括收益率的评估和收入构成的评估。

收益率的评估可以通过累积收益率、净收益率两个指标加以反映。累积收益率反映基金资产的增值情况;净收益率是净收益除以总发行份额,反映可供分配基金的基数大小,因此,该指标反映每份基金分红能力的大小。另外,基金所获得的收入与总成交量的比称为基金的运作效率指标,该指标比值越大,说明管理水平越高。

基金收入构成指标包括已实现收入比率、主营收入比率、股票收入比率、债券收入比率和新股配售收入比率等五个方面。通过分析基金收入的构成可以判断基金管理人的经营是否有效。具体而言,已实现收入比率是指基金已实现的收入占基金收入的比率,反映基金管理人将基金收入中的多大一部分收入转化成为实在的收入。基金收入可以分为主营业务收入和其他收入两部分。主营业务收入包括证券买卖差价收入、投资收入和未实现投资估值增值三部分。其他收入包括利息收入、发行费节余收入和申购冻结利息收入等。主营业务收入的水平能够真正反映基金管理人水平高低。主营收入比率是指基金的主营收入占基金收入的比率,它是衡量基金主营业务经营情况的重要指标。主营收入比率高,则表明基金管理人的运作成绩较好。股票收入比率是指股票投资收入(主要包括股票买卖差价收入、股息收入和股票投资估值增值三部分收入总和)占基金收入的比率。债券收入比率是指债券投资收入(主要包括债券买卖差价收入、债券利息收入和债券投资估值增值等)占基金收入的比率。新股配售收入比率是基金运作收益中来源于新股配售部分多得到的收入的比率。

(二)收益—风险评估

根据收益与风险的关系可知,单凭收益率的表现并不能完全区分出基金经营业绩的好坏。因此,须采用综合考虑收益与风险的方法来评估基金的业绩。目前较多采用的方法有夏普业绩指数法、特雷诺业绩指数法和詹森业绩指数法。

1. 夏普业绩指数法

夏普业绩指数是指在一段评价期内,基金投资组合的平均超额收益率超过无风险利率部分与该基金的收益率标准差之比。它是建立在资本资产定价模型基础上的,主要考察了风险回报与总风险的关系,计算公式如下:

$$S = \frac{(\bar{r}_P - \bar{r}_f)}{\sigma_P} \qquad (4.44)$$

式中:S——夏普业绩指数;

$\bar{r}_P$——某只基金的平均收益率;

$\bar{r}_f$——无风险资产的平均收益率;

σ_P——某只基金的标准差。

夏普业绩指数认为:对于管理较好的基金,其非系统风险几乎为零,因为它具有良好的选股能力,能够很好地分散非系统风险;而对于管理不好的基金,非系统风险并不能完全消除,造成其总风险与系统风险相差很大。

夏普业绩指数的含义其实是每单位总风险资产获得的超额报酬(超过无风险利率 $\bar{r}_f$)。为了评价绩效,将基金组合的夏普指数与市场指数的夏普指数比较,基金组合高,才能够说明基金经营得比市场好。基金组合的夏普业绩指数越大,基金的表现就越好;反之,基金的表现就越差。根据夏普业绩指数的高低不同,可以对不同的基金进行业绩排序。

2. 特雷诺业绩指数法

与夏普业绩指数相似,特雷诺业绩指数也是通过比较单位风险的超额收益来衡量基金的经营业绩。两者的区别是,夏普考虑的是总风险下的单位超额收益,而由于特雷诺指数法认为足够分散化的组合没有非系统风险,仅有与市场变动存在差异的系统性风险。因此,可以单位系统风险的超额收益率作为评价基金业绩的指标,即特雷诺业绩指数法采用基金投资收益率的 β_P 系数作为衡量风险的指标,而不像夏普业绩指数法那样使用标准差。

$$T = \frac{(\bar{r}_P - \bar{r}_f)}{\beta_P} \quad (4.45)$$

式中:T——特雷诺业绩指数;

$\bar{r}_P$——某只基金的平均收益率;

$\bar{r}_f$——无风险资产的平均收益率;

β_P——某只基金的系统风险。

特雷诺业绩指数的含义是每单位系统风险资产获得的超额报酬(超过无风险利率 $\bar{r}_f$)。特雷诺业绩指数越大,基金的表现就越好;反之,基金的表现就越差。

由于特雷诺业绩指数有一个隐含的前提,就是非系统风险已经被完全分散化了,因此,可以得出如下结论:足够分散化的基金根据特雷诺业绩指数的排序与根据夏普业绩指数的排序相同或相似,而不够分散化的基金的特雷诺业绩指数排序高于夏普业绩指数的排序。

3. 詹森业绩指数法

詹森业绩指数的基础是资本资产定价模型,它被定义为资产组合的期望收益率与位于证券市场线上的资产组合的期望收益率之差,即 α 系数。

$$J = \bar{r}_P - [\bar{r}_f + (\bar{r}_M - \bar{r}_f)\beta_P] \quad (4.46)$$

式中:J——超额收益,简称为詹森业绩指数;

$\bar{r}_M$——市场的平均回报率;

$\bar{r}_M - \bar{r}_f$——市场风险的报酬溢价。

当 J 值显著为正时,表明被评价基金与市场相比较有优越表现;当 J 值显著为负时,表明被评价基金与市场相比较整体表现差。根据 J 值的大小,也可以对不同的基金进行业绩排序。

(三)择时能力与选股能力的评估

1. T-M 模型

T-M 模型是在资本资产定价模型基础上建立的用以判断基金经理择时能力的模型。T-M 模型认为,基金管理人员会根据对市场的判断及时调整资产组合的 β 值,当预测市场收益会上升时,增大组合的 β 值;当预期市场收益下降时,减小组合的 β 值。因此,β 系数变成市场收益的函数,且 $\beta_{PM}(t) = \beta_P + \gamma_P^{TM}(r_{Mt} - r_{ft})$。如果基金运作对市场判断是准确的话,其资产组合的表现将超过具有相同 β 值的基准组合的收益率。其公式为:

$$r_{Pt} - r_{ft} = \alpha_P + \beta_P(r_{Mt} - r_{ft}) + \gamma_P^{TM}(r_{Mt} - r_{ft})^2 + \varepsilon_{Pt} \quad (4.47)$$

式中：α_P——基金经理的资产选择能力；

$\gamma_P^{TM}(r_{Mt} - r_{ft})^2$——基金经理的市场时机选择能力。

α_P、β_P、γ_P^{TM} 均为回归分析后得到的系数。如果回归检验的结果得到 $\gamma_P^{TM} > 0$，代表基金经理存在时机选择能力。

2. H-M 模型

H-M 模型认为，基金经理的择时能力是指基金经理是否能预测风险资产的收益高于或低于无风险利率的能力。因此，H-M 模型引入一个虚拟变量 D_M，当 $r_{Mt} > r_{ft}$，$D_M = 1$；否则 $D_M = 0$。于是，β 值为：

$$\beta_{PM}(t) = \beta_{P0} + (\beta_P - \beta_{P0})D_M \equiv \beta_{P0} + (\beta_P - \beta_{P0})\frac{\text{Max}(0, r_{Mt} - r_{ft})}{r_{Mt} - r_{ft}}$$

得到 H-M 模型公式

$$r_{Pt} - r_{ft} = \alpha_P + (r_{Mt} - r_{ft})\beta_P + \gamma_P^{HM}\text{Max}[0, -(r_{Mt} - r_{ft})] + \varepsilon_{Pt} \tag{4.48}$$

利用回归检验，可以分别得到 α_P、β_P、γ_P^{HM}，α_P 反映基金经理的资产选择能力，当回归结果显示 $\gamma_P^{HM} = (\beta_P - \beta_{P0}) > 0$ 时，说明基金经理具有市场时机选择能力。

3. C-L 模型

C-L 模型立足于 H-M 模型并对 H-M 模型作了进一步的变形和改进，建立了如下的回归模型：

$$r_{Pt} - r_{ft} = \alpha_P + \beta_{1P} \times \text{Min}(0, r_{Mt} - r_{ft}) + \beta_{2P} \times \text{Max}(0, r_{Mt} - r_{ft}) + \varepsilon_{Pt} \tag{4.49}$$

式中：α_P——基金选股能力的大小；

β_{1P}——空头市场下投资组合的 β 系数；

β_{2P}——多头市场下投资组合的 β 系数。

通过对 $(\beta_2 - \beta_1)$ 进行假设检验，可以判断基金经理的择时能力。如果 $(\beta_2 - \beta_1) > 0$，表示基金经理具备时机选择能力。

复习思考题

1. 股票的含义、性质与特征是什么？
2. 普通股与优先股有什么区别？
3. 股票的价格种类有哪些？
4. 影响股票价格的基本因素是什么？
5. 证券交易所市场与场外交易市场有哪些区别？
6. 股票收益的内容、特点是什么？
7. 股票收益率的计算方法有哪些？
8. 股票投资风险有哪些类型？
9. 股票有哪些投资策略？
10. 什么是债券？其票面要素有哪些？
11. 债券有哪些分类标准和方法？

12. 债券投资有哪些风险?
13. 如何计算债券投资收益率?
14. 试比较不同类型债券的收益与风险。
15. 债券有哪些投资策略?
16. 什么是证券投资基金?证券投资基金有哪些特点?
17. 契约型基金与公司型基金有什么区别?
18. 封闭式基金与开放式基金有什么区别?
19. 某投资者用 1 万元购买了一只开放式基金,需付 2% 的手续费等,在购买后的 2 年中,该基金的收益率为 10%,如果投资者持有该基金 1 年或 2 年,他的收益率分别为多少?你认为投资者购买基金与购买股票相比,哪种投资品种更易于投机?哪种投资品种更适合于长期持有?
20. 证券投资基金有哪些投资策略?

第五章 金融衍生品市场理财工具与产品

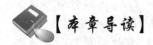
【本章导读】

> 金融期货、金融期权、信用交易、可转换公司债券是衍生金融工具与产品市场的主要内容。通过本章的学习,理解金融期货、金融期权、信用交易、可转换公司债券的概念、性质、特征和类别,掌握金融期货、金融期权、信用交易、可转换公司债券的功能、交易特点与方式。

第一节 金融期货

一、什么是金融期货

（一）金融期货的含义

1. 金融期货的概念

期货交易是指买卖双方约定在将来某个日期以成交时所约定的价格交割一定数量的某种商品的交易方式。所谓金融期货是指以各种金融资产,如外汇、债券、股价指数等作为标的资产的期货交易方式,换言之,金融期货是以金融期货合约为对象的期货交易。所谓金融期货合约是指由交易双方订立的、约定在未来某个日期以成交时所约定的价格交割一定数量的某种金融资产的标准化契约。

金融期货交易产生于20世纪70年代的美国期货市场。1972年5月16日,芝加哥商业交易所(CME)的国际货币市场(IMM)推出了外汇期货交易,标志着金融期货这一新的期货类别的产生。从那时起,不仅外汇期货本身的交易数量迅速增加,而且各种新的金融期货品种也陆续推出,并以异常迅猛的发展速度赶上并超过其他期货类别,逐渐占据了整个期货市场的主导地位。

目前,在世界各大金融期货市场,交易活跃的金融期货合约有数十种之多。根据各种合约标的资产的不同性质,通常将金融期货分为外汇期货、利率期货和股票指数期货三大类,其中影响较大的合约有芝加哥商业交易所的日元期货合约和S&P500股票指数期货合约、芝加哥期货交易所(CBOT)的美国长期国库券期货合约以及香港交易及结算所有限公司(HKEC)的恒生指数期货合约。

2. 金融期货合约的要素

金融期货合约是标准化合约。它是金融期货交易的对象。市场交易参与者正是通过在交易所买卖金融期货合约,转移价格风险,获取风险收益。金融期货合约是在现货合同和现货远期合约的基础上发展起来的,但它们最本质的区别在于合约条款的标准化。金融期货合约在标的金融资产、标的金融资产数量、交割月份、合约期限等方面都是标准化的,从而使合约具有普遍性特征。金融期货价格在交易所以公开竞价方式产生。

金融期货合约具有以下十三个要素(以沪深300指数期货合约为例)。

(1) 合约名称。

合约名称须注明该合约的品种名称、标的现货资产及其上市交易所名称。例如,我国沪深300指数期货交易合约的合约名称为"中国金融交易所沪深300指数期货合约",明确了合约标的现货资产为沪深300指数。

(2) 交易单位。

交易单位是指在交易所交易的每张合约代表的标的金融资产的数量或每张合约的价值规定。沪深300指数期货合约以期货市场报出的即刻指数点位乘上合约乘数来规定每张合约的价值,其合约乘数为每指数点300元人民币。

(3) 报价单位。

报价单位是指在公开竞价过程中对合约报价所使用的单位,即每计量单位的货币价格。由于指数期货交易的特殊性,在沪深300指数期货交易中的报价单位为指数"点",其他的金融期货的报价单位以元(人民币)/张表示。

(4) 最小变动价位。

最小变动价位是指在交易所的公开竞价过程中,对合约标的每单位价格报价的最小变动数值。沪深300指数期货合约的最小变动价位为0.1个指数点,相对应的一张沪深300指数期货合约的价值最小变动即为30元人民币。在金融期货交易中,每次报价必须是其合约规定的最小变动价位的整数倍。合约最小变动价位的确定,通常取决于该合约标的资产的种类、性质、市场价格波动情况等。最小变动价位对市场交易的影响比较直接。一般而言,较小的最小变动价位有利于市场流动性的增加。最小变动价位如果过大,将会减少交易量,影响市场的活跃,不利于套利和套期保值的正常运作;如果过小,将会使交易复杂化,增加交易成本,并影响数据的传输速度。

(5) 每日价格最大波动限制。

每日价格最大波动限制,也称涨跌停板制度,即指合约在一个交易日中的交易价格波动不得高于或者低于规定的涨跌幅度,超过该涨跌幅度的报价将被视为无效,不能成交。涨跌停板一般是以合约上一个交易日的结算价为基准确定的(一般有百分比和固定数量两种形式)。每日价格最大波动限制条款的规定在于防止价格波动幅度过大,造成交易者亏损过大而带来的风险。沪深300指数期货价格每日最大波动限制为上一日收盘价的±10%。为了进一步警示市场风险和增强对市场风险的管理,沪深300指数期货合约在交易中引入熔断制度,即当日价格上涨或下跌至上一日收盘价的±6%时,交易将暂停10分钟。涨跌停板的确定,主要取决于该种金融资产现货市场价格波动的频繁程度和波幅的大小。一般来说,现货资产的价格波动幅度越频繁、越剧烈,该合约的每日停板额就应设置得越大一些;反之,则越小一些。

(6) 合约交割月份。

合约交割月份是指某种金融期货合约到期交割的月份。期货合约的到期实际交割比例很小。合约的交割月份由交易所规定,交易者可自由选择交易不同交割月份的金融期货合约。合约交割月份的确定方式有很多种,最普遍的是以固定月份为交割月的规范交割,还有各种形式的滚动交割。沪深300指数期货合约有四个交易品种,即当月、下月和随后的两个季度的季月品种,其交割采用的是当月、下月及最近两个季月的滚动交割方式。

(7) 交易时间。

金融期货合约的交易时间是固定的。每个交易所对交易时间都有严格规定。一般每周营业5天,周六、周日及国家法定节假日休市。通常每个交易日分为两盘,即上午盘和下午盘。各交易品种的交易时间安排由交易所公告。沪深300指数期货合约的交易时间为每日上午9:15—11:30和下午13:00—15:15。

(8) 最后交易日。

最后交易日即交割日,是指金融期货合约在合约交割月份中进行交易的最后一个交易日,过了这个期限的未平仓期货合约,必须进行实物交割或反向交易平仓以结束头寸。沪深300指数期货合约的最后交易日为每个月的第三个周五,节假日顺延。

(9) 结算价格。

结算价格包括当日结算价格与合约到期结算价格。当日结算价格基于金融期货交易实行每日无负债结算,需要每日产生一个当日结算价格以结算每个账户的浮动盈亏状况及保证金情况。到期结算价格是合约到期日对所有未平仓合约结束头寸时进行反向交易或实物交割的价格。沪深300指数期货交易以每天交易最后1小时成交量加权平均价确定当日结算价格,以到期日沪深300指数的现货价格最后2小时所有指数点算术平均价确定合约到期结算价格。

(10) 交易手续费。

交易手续费是交易所按成交合约价值的一定比例或按成交合约手数收取的费用。交易手续费的高低对市场流动性有一定影响,交易手续费过高会增加市场的交易成本,扩大无套利空间,降低市场的交易量,不利于市场的活跃,但也可以起到抑制过度投机的作用。沪深300指数期货合约交易的手续费为每张合约20元人民币。

(11) 交割方式。

金融期货交易的交割方式分为实物交割和现金交割两种方式,且以现金交割方式为主。沪深300指数期货交易的交割方式为现金结算。

(12) 交易代码。

为便于交易,每一金融期货交易品种都有交易代码。以2009年9月沪深300指数期货仿真交易中的品种IF0909、IF0910、IF0912、IF1003等合约为例,其代码的含义IF是代表沪深300指数期货合约,四位阿拉伯数字的前两位09、10分别代表2009年、2010年,后两位代表到期月份。

(13) 交易保证金。

交易保证金是指买卖金融期货合约所需缴纳的保证金,保证金率一般是以合约价值的一定百分比来表示。在期货合约条款中,交易保证金一般指交易所向其会员所收取的保证金,对于一般投资者来说,期货经纪公司还要在此基础上向上浮动一定的比例。沪深300指数期货交易的保证金水平为10%,期货经纪公司还要在此基础上上浮1%~2%。交易保证金率的高低直接关系到期货交易杠杆效应的大小。保证金率越低,表示买卖合约所需缴纳的保证金就越少,杠杆效应就越明显。这将提高投机者参与的积极性,增加市场的流动性。

但如果保证金率过低,价格波动所引发交易者的盈亏幅度也会越大,其中蕴含的市场风险将增大。因此,在制定交易保证金水平时,一定要充分考虑市场流动性、投机者参与程度以及市场风险等诸多因素。在正常情况下,交易保证金率在5%～10%之间。

3. 金融期货交易的基本特征

金融期货交易的基本特征可以归纳为以下五个方面。

(1) 合约标准化。

金融期货交易是通过买卖金融期货合约进行的,而金融期货合约是标准化的。金融期货合约标准化是指除价格外,标的金融资产、到期时间、结算方式等合约的所有条款都是预先由交易所规定好的,具有标准化的特点。金融期货合约标准化给其交易带来了极大的便利,交易双方不需对交易的具体条款进行协商,从而节约交易时间,减少交易纠纷。

(2) 交易集中化。

金融期货交易必须在交易所内进行。交易所实行会员制,只有会员方能进场交易。那些处在场外的投资者若想参与金融期货交易,只能委托期货经纪公司代理。所以,金融期货市场是一个高度组织化的市场,并且实行严格的管理制度,金融期货交易最终在交易所内集中完成。

(3) 双向交易和对冲机制。

由于金融期货合约是标准化的,无论是买入还是卖出合约,交易者均无须就合约具体条款进行协商,这就为交易者的双向交易提供便利和可能。双向交易也就是金融期货交易者既可以买入合约作为交易的开端(称为买入建仓),也可以卖出合约作为交易的开端(称为卖出建仓)。与双向交易的特点相联系的还有对冲机制。在金融期货交易中大多数交易者并不是通过合约到期时进行实物交割来履行合约,而是通过与建仓时的交易方向相反的交易来解除履约责任。具体说就是买入建仓之后可以通过卖出相同合约的方式解除履约责任,卖出建仓后可以通过买入相同合约的方式解除履约责任。金融期货交易的双向交易和对冲机制的特点吸引了大量投机者参与交易,因为在金融期货市场上,投机者有双重的获利机会:期货价格上涨时,可以通过低买高卖来获利;价格下跌时,可以通过高卖低买来获利,并且投机者可以通过对冲机制免除进行实物交割的麻烦。投机者的参与增加了金融期货市场的流动性。

(4) 杠杆机制。

金融期货交易实行保证金制度,也就是说,交易者在进行交易时只需缴纳少量的保证金,一般为成交合约价值的10%左右,就能完成数倍乃至数十倍于保证金的合约交易,这一特点吸引了大量投机者参与交易。金融期货交易具有的以少量资金就可以进行较大价值额投资的特点,被形象地称为"杠杆机制"。"杠杆机制"使金融期货交易具有高收益的特点。但高收益必然伴随高风险,金融期货交易既能给交易者带来高收益的机会,也给交易者带来可能遭受巨大损失的风险。如果交易者对价格趋势判断错误,买入期货合约后价格下降,卖出合约后价格上涨,都会放大损失。保证金比率越低,交易的杠杆作用就越大,高收益高风险的特征就越明显。

(5) 每日无负债结算制度。

金融期货交易实行每日无负债结算制度,也就是在每个交易日结束后,对交易者当天的盈亏状况进行结算,在不同交易者之间根据盈亏进行资金划转,如果交易者亏损严重,保证金账户资金不足时,则要求交易者必须在下一个交易日开市前追加保证金,以做到"每日无负债",否则,交易所将对其头寸进行强制平仓。金融期货市场是一个高风险的市场,为了有效地防范风险,应将因期货价格不利变动给交易者带来的风险控制在有限的幅度内,从而保证市场的正常运转。

4. 金融期货的功能

金融期货有多方面的经济功能,其中最基本的功能是规避风险和发现价格。

(1) 规避风险。

20世纪70年代以来,汇率、利率的频繁、大幅波动,全面加剧了金融资产的内在风险。广大投资者面对影响日益广泛的金融自由化浪潮,客观上要求规避利率风险、汇率风险及股价波动风险等一系列金融风险。金融期货市场正是顺应这种需求而建立和发展起来的。因此,规避风险是金融期货市场的首要功能。投资者通过购买相关的金融期货合约,在金融期货市场上建立与其现货市场相反的头寸,并根据市场的不同情况在期货合约到期前采取对冲平仓或到期履约交割的方式,实现其规避风险的目的。

从整个金融期货市场看,其规避风险的功能之所以能够实现,主要有三个原因。其一是众多的实物金融资产持有者面临着不同的风险,可以通过达成对各自有利的交易来控制市场的总体风险。例如,进口商担心外汇汇率上升,而出口商担心外汇汇率下跌,他们通过进行反向的外汇期货交易,即可实现风险的对冲。其二是金融资产的期货价格与现货价格一般呈同方向的变动关系。投资者在金融期货市场建立了与金融现货市场相反的头寸之后,金融资产的价格发生变动时,则必然在一个市场获利,而在另一个市场受损,其盈亏可全部或部分抵消,从而达到规避风险的目的。其三是金融期货市场通过规范化的场内交易,集中了众多愿意承担风险而试图获利的投机者。他们通过频繁、迅速的买卖对冲,转移了实物金融资产持有者的价格风险,从而使金融期货市场的规避风险功能得以实现。

(2) 发现价格。

金融期货市场的发现价格功能是指金融期货市场能够提供各种金融资产的有效价格信息。在金融期货市场上,各种金融期货合约都有着众多的买者和卖者。他们通过类似于拍卖的方式来确定交易价格。这种情况接近于完全竞争市场,能够在相当程度上反映出投资者对金融资产价格走势的预期和金融资产的供求状况。因此,某一金融期货合约的成交价格可以综合地反映金融市场各种因素对合约标的资产的影响程度,有公开、透明的特征。

由于现代电子通信技术的发展,主要金融期货品种的价格一般都能够即时播发至全球各地。因此,金融期货市场上所形成的价格不仅对该市场的各类投资者产生直接的指引作用,也为金融期货市场以外的其他相关市场提供了有用的参考信息。各相关市场的职业投资者和实物金融资产持有者通过参考金融期货市场的成交价格,可以形成对金融资产价格的合理预期,进而有计划地安排投资决策和生产经营决策,从而有助于减少信息搜寻成本,提高交易效率,实现公平合理、机会均等的竞争。

(二) 金融期货交易制度

金融期货市场是高度组织化的市场,为了保证金融期货交易有一个公开、公平、公正的环境,以保障市场的平稳运行并对市场的高风险实施有效的控制,交易所制定了一系列的交易制度。这些交易制度主要有九种。

1. 保证金制度

保证金制度是金融期货交易的特点之一,是指在期货交易中任何交易者必须按照其所买卖合约价值的一定比例缴纳资金,用于结算和保证履约。保证金分为结算保证金和交易保证金。结算保证金是指会员为了交易结算,在交易所专用结算账户中预先准备的资金,是未被合约占用的保证金。交易保证金是指会员在交易所专用结算账户中确保合约履行的资金,是已被合约占用的保证金。当买卖双方成交后,交易所按持仓合约价值的一定比例向双方收取交易保证金。交易所可根据金融期货市场的具体情况调整交易保证金水平。对于一般投资者来讲,必须通过期货经纪公司才能进行交易,因此,交易所并不直接向投资者收取保证金。保证金的收取是分级进行的,即交易所向会员收取的保证金和作为会员的期货经纪公司向投资者收取的保证金分别为会员保证金和客户保证金。

2. 当日无负债结算制度

金融期货交易结算是由交易所统一组织进行的。交易所实行当日无负债结算制度,又称"逐日盯市"。它是指每日交易结束后,交易所按当日结算价结算所有合约的浮动盈亏、交易保证金及手续费、税金等费用,对应收应付的款项同时划转,相应增加或减少会员的结算准备金。期货经纪公司根据交易所的结算结果对投资者进行结算,并将结算结果按照约定方式及时通知投资者。交易所会员的保证金不足时,应当及时追加保证金或者自行平仓。会员未在交易所规定的时间内追加保证金或自行平仓的,交易所应当将该会员的合约强行平仓,强行平仓的有关费用和发生的损失由该会员承担。客户保证金不足时,应当及时追加保证金或者自行平仓。投资者未在期货经纪公司规定的时间内追加保证金或自行平仓的,期货经纪公司应当将其合约强行平仓,强行平仓的有关费用和发生的损失由该投资者承担。

3. 涨跌停板制度

所谓涨跌停板制度,又称每日价格最大波动限制,是指金融期货合约在一个交易日中的交易价格波动不得高于或者低于规定的涨跌幅度,超过该涨跌幅度的报价将被视为无效,不能成交。涨跌停板一般是以合约上一交易日的结算价为基准确定的(一般有百分比和固定数量两种形式)。也就是说,合约上一交易日的结算价加上允许的最大涨幅构成当日价格上涨的上限,称为涨停板;而该合约上一交易日的结算价减去允许的最大跌幅则构成当日价格下跌的下限,称为跌停板。涨跌停板的确定主要取决于该金融期货对应的现货市场价格波动的频繁程度和波幅的大小。一般来说,现货资产的价格波动越频繁、越剧烈,该合约的每日停板额就应设置大一些;反之,则小一些。制定涨跌停板制度是因为每日结算制度只能将风险控制在一个交易日内。如果在交易日内期货价格发生剧烈波动,仍然可能会造成会员和投资者的保证金账户大面积亏损甚至透支,交易所将难以担保合约的履行并控制风险。涨跌停板制度的实施能够有效地减缓、抑制一些突发性事件和过度投机行为对期货价格的冲击而造成的狂涨暴跌,减缓每日的价格波动,交易所、会员和投资者的损失也被控制在相对较小的范围内。而且这一制度能够锁定会员和投资者每一交易日所持有合约的最大盈亏,这就为保证金制度的实施创造了有利条件。这是因为向会员和投资者收取的保证金数额只要大于在涨跌幅度内可能发生的亏损金额,就能够保证当日期货价格波动达到涨停板或跌停板时也不会出现透支情形。

4. 持仓限额制度

持仓限额制度是指交易所规定会员或投资者可以持有的、按单边计量的某一合约投机头寸的最大数额。实行持仓限额制度的目的在于防范操纵市场价格的行为和防止市场风险过度集中于少数投资者。

5. 大户报告制度

大户报告制度是与持仓限额制度紧密相关的又一项防范大户操纵市场价格、控制市场风险的制度。通过实施大户报告制度,可以使交易所对持仓量较大的会员或者投资者进行重点监控,了解其持仓动向和意图,对于有效防范市场风险有积极作用。

6. 交割制度

交割是指合约到期时,按照交易所的规则和程序,交易双方通过该合约所载标的金融资产所有权的转移,或者按照规定结算价格进行现金差价结算,了结到期未平仓合约的过程。以标的金融资产所有权转移进行的交割为实物交割,按结算价格进行现金差价结算的交割为现金交割。一般来说,金融期货以现金交割为主。交割是联系期货与现货的纽带。如果没有交割,期货合约就成了毫无基础的空中楼阁。尽管市场的交割率仅占总成交量中很小的比例,但对整体市场交易的正常运行却起着十分重要的作用。如果交割制度得以贯彻执行并不断完善,金融期货交易的正常运行将得到可靠保证,市场风险也将能够得到很好的控制。

7. 强行平仓制度

强行平仓制度是指当会员、投资者违规时,交易所对有关持仓实行平仓的一种强制措施。强制平仓制度也是交易所控制风险的手段之一。

8. 风险准备金制度

风险准备金制度是指为了维护市场正常运转提供财务担保和弥补因不可预见风险带来的亏损而采取的专项资金的制度。期货交易是一种高风险的交易活动,尤其是当价格发生剧烈变动有可能出现投资者大面积亏损以致不能履约等情况时,将会直接影响金融期货市场的正常运转,市场的信誉也会受损。为此,需要交易所、期货经纪公司等相关机构提取一定的资金,用于提供财务担保和弥补不可预见风险带来的亏损。

9. 信息披露制度

信息披露制度是指交易所按有关规定定期公布金融期货交易有关信息的制度。金融期货交易遵循公平、公开、公正原则,信息的公开与透明是"三公"原则的体现。它要求交易所及时公布上市金融期货合约的有关信息及其他应当公布的信息,并保证信息的真实、完整和准确。只有这样,所有交易者才能在公平、公开的基础上接受真实、完整和准确的信息,从而有助于交易者根据所获信息作出正确决策,防止不法交易者利用内幕信息获取不正当利益,损害其他交易者利益。交易所交易信息主要包括在交易所交易活动中所产生的所有上市品种的期货交易行情、各种期货交易数据统计资料、交易所发布的各种公告信息以及监管层指定披露的其他相关信息。

(三) 金融期货的价格

1. 金融期货价格的构成

金融期货价格由现货金融资产持有成本、交易成本和预期利润构成。它们的来源、数量和组成状况不同,影响程度也不一样。

(1) 现货金融资产持有成本。

金融期货交易进行的是未来金融资产的买卖,在期货合约成交时,从原理上讲卖出合约者为将来合约到期时进行实物交割就应该持有现货金融资产,而持有现货金融资产是会发生持有成本的。现货金融资产价格越高,占用资金越多,持有成本越大;离到期日越远的合约,持有期限越长,持有成本越大;市场利率水平越高,占用资金的利息越高,持有成本越大。同时,从理论上讲,要考虑到的是所有金融资产在持有期间可能发生类似股息红利、利息等好处,这个好处需要从持有成本中扣除,而扣除后的持有成本即为净持有成本。一般情况下,现货金融资产的净持有成本就成为金融期货价格的最低经济界限。如果金融期货价格低于净持有成本,市场金融资产的持有者就不会出售金融资产,期货交易也就失去了现实依托而无法进行。因此,现货金融资产的持有成本通常与金融期货价格呈正比例关系,持有成本是决定各种金融期货价格的最基本因素。

(2) 交易成本。

交易成本是在期货交易过程中发生和形成的交易者必须支付的费用,主要包括佣金、交易手续费和保证金利息。保证金利息就是因交易而占用保证金所付出的资金成本,它与交易金额和合约持有的时间呈正相关。资金成本作为金融期货交易必须支付的费用理应得到补偿,成为金融期货价格的因素之一。但保证金本身并不是金融期货价格的构成因素,它的大小不会影响已经确定的金融期货合约的价格。

(3) 预期利润。

交易者在市场上合约建仓价格与合约平仓价格之间的差额,或者合约建仓价格与实物交割时交割结算价格之间的差额即为盈利或亏损。不论是套期保值者还是投机者,从事金融期货交易的目的就是要获得一定的经济收益。因此,预期利润就是金融期货价格的重要构成要素。从理论上讲,金融期货交易的预期利润包括两部分:一是社会平均投资利润,二是金融期货交易的风险利润。应当指出的是,金融期货交易中的预期利润并不是均等地分配在各种金融期货价格或不同时间的金融期货价格之中。对于每一个交易者而言,能否获得预期利润或超额利润,主要取决于其市场判断能力和操作技巧。

2. 金融期货价格与现货价格的关系

随着金融期货合约交割月份的逼近,金融期货价格收敛于标的金融资产的现货价格,如图5.1所示。

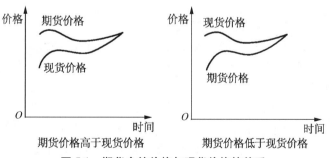

图5.1 期货合约价格与现货价格的关系

当到达交割期限时,金融期货价格等于或非常接近于金融现货价格。否则,市场将存在一个明显的无风险的套利机会。不妨假设在交割期间,金融期货价格高于金融现货价格,则以下投资策略必然会赢利:卖出金融期货合约,买进金融现货资产,进行交割。

如果忽略交易费用,其盈利额等于金融期货价格高于金融现货价格的那部分。由于市场是完全开放透明的,交易者将很快发现这一套利机会,大量地卖空金融期货合约,并在金融现货市场上买入金融现货资产进行交割,结果必然导致金融期货价格下降以及金融现货价格上升,直至两者相等,套利机会消失。反之亦然。

3. 影响金融期货价格的主要因素

(1) 一般物价水准。

一般物价水准及其变动数据是表现整体经济活力的重要信息,也是反映通货膨胀压力程度的替代指标。一般而言,通货膨胀和利率的变动息息相关,也会左右政府的货币政策,改变市场中长期资金状况。具体表现为影响投资者或交易商的投资报酬水准。因此,金融期货市场的参与者,必须密切关注通货膨胀指标的变化。

(2) 货币政策。

政府的货币政策由央行制定,并通过央行系统来执行和管理货币政策。由于央行可通过 M1、M2 的监控及再贴现率的运用来控制货币的流通,因此,其政策取向和措施对利率水准会产生重大影响。

(3) 政府一般性的市场干预措施。

政府为达成其货币管理的目的,除了利用放松或紧缩银根来控制货币流通量外,仍可用其他方式暂时改变市场上流通资金的供给。因此,金融期货市场的交易者除了一边观察政策面对货币的措施乃至一般性金融资产的影响以外,对于央行在公开市场所进行的干预性措施也应加以掌握和了解,才能对金融资产在现货以及期货市场可能的价格波动作出较为正确的判断。

(4) 产业活动及有关的经济指标。

产业活动有关所有商品的供给,也影响市场资金的流动。一般而言,产业活动兴盛,商业资金和贷款的需求增加,会促成利率的上升;产业活动衰退,商业性贷款和资金需求减少,利率也随之下降。因此,政府机构密切关注着产业活动的变化,并发布各种产业经济活动的报告,作为经济政策施行的依据;而私人组织与市场参与者应汇集这些资料与报告,并以此作为经济、金融预测的基础。

(四) 基差

1. 基差的含义

基差是指某种金融资产的现货价格与同种金融资产的某一特定期货合约价格间的价差。可以简单地用公式表示为:基差=现货价格-期货价格。一般来说,基差所指的现货金融资产的品质应该与期货合约规定的品质相同,并且基差所指的期货价格通常是最近的交割月份的期货价格。

2. 正向市场与反向市场

基差可以用来表示市场所处的状态,它是现货价格与期货价格之间实际运行变化的动态指标。对于同质金融资产来说,市场基本上存在两种状态。在正常情况下,期货价格高于现货价格(或者近期月份合约价格低于远期月份合约价格),基差为负值,这种市场状态称为正向市场;在特殊情况下,现货价格高于期货价格(或者近期月份合约价格高于远期月份合约价格),基差为正值,这种市场状态称为反向市场,或称现货溢价。

(1) 正向市场。

在现货金融资产供应充足、市场稳定的正常情况下,期货价格通常要高于现货价格,这是因为期货价格中要包含持仓费用。持仓费用是指为拥有或保留某种金融资产而支付的资金利息。持仓费用与期货价格、现货价格之间的关系可通过下面的例子加以说明。假定某机构在三个月后要使用一笔外汇,该机构可以有两种选择:一是立即买入三个月后交割的该外汇的期货合约,将其持有至到期,接受现货交割;二是立即买入该外汇的现货,将其持有三个月后使用。购买期货合约除了支付少量保证金外,不需要更多的投资。但买入现货不仅须一次性地缴足现金,还会发生一定的保管费、保险费,以及损失一笔因把资金用于购买现货而不能用于其他投资的利息收入。如果期货价格与现货价格相同,很显然,该机构会选择在金融期货市场交易而不愿意在现货市场买入外汇,这会造成期货市场的需求增加、现货市场的需求减少,从而使期货价格上升、现货价格下跌,直至期货合约的价格高出现货价格的部分与持仓费用相同。这时,该机构选择在期货市场还是在现货市场买入外汇是没有区别的。因此,在正向市场中期货价格高出现货价格的部分与持仓费用的大小有关,持仓费用体现的是期货价格形成中的时间价值。持仓费用的高低与持有金融资产的时间长短有关,一般来说,距离交割的期限越近,持有金融资产的成本就越低,期货价格高出现货价格的部分就越少。当交割月到来时,持仓费用将降至零,期货价格与现货价格将趋同。因此,从动态的角度来看,由于受到相同供求关系的影响和持仓费用的作用,现货价格与期货价格的变动呈现同升同降和收敛一致的规律。

(2) 反向市场。

这种市场状态的出现有两个原因:一是近期市场对某种金融资产的需求非常迫切,远大于供给量,使现货价格大幅度上升,高于期货价格;二是预计将来该金融资产的供给会大幅度增加,导致期货价格大幅度下降,低于现货价格。总之,由于人们对现货金融资产的相对需求过于迫切,价格再高也愿意承担,从而造成现货价格急剧上升,近期月份合约价格也随之上升,高出远期月份合约的价格,导致基差为正,出现反向市场状态。这种价格关系并非意味着持有现货没有持仓费用的支出,只要持有现货并持有至未来某一时期,利息支出就是必不可少的。只不过在反向市场上,由于市场对现货及近期月份合约需求迫切,购买者愿意承担全部持仓费用来持有现货金融资产而已。在反向市场上,随着时间的推进,现货价格与期货价格如同在正向市场上一样,会逐步趋同,到交割月份趋向一致。

3. 基差的变化

由于受到相近的供求因素的影响,金融期货价格与金融现货价格表现出同升同降的趋势,但由于供求因素对现货价格、期货市场的影响程度不同以及持仓费用的因素,导致两者的变动幅度不尽相同,因而所计算出的基差也在不断的变化之中,通常用"强"或"弱"来评价基差的变化。如果基差为正且数值越来越大,或者基差从负值变为正值,或者基差为负值且绝对数值越来越小,这种基差的变化为"走强"。相反,如果基差为正且数值越来越小,或者基差从正值变为负值,或者基差为负值且绝对数值越来越大,这种基差的变化为"走弱"。因此,基差的变化可具体分为六种情况:正向市场基差走强、反向市场基差走强;正向市场基差走弱、反向市场基差走弱;正向市场变为反向市场基差走强、反向市场变为正向市场基差走弱。这六种情况可分别用图5.2至图5.7来表示。

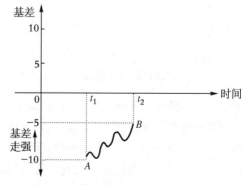

注:A 和 B 分别表示在 t_1 和 t_2 两个时点上的基差,箭头代表基差变动的方向。下同。

图 5.2　正向市场基差走强示意图

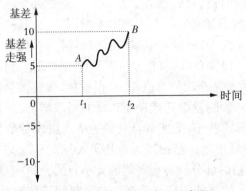
图 5.3　反向市场基差走强示意图

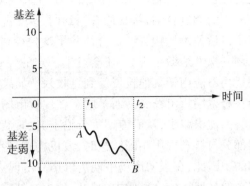
图 5.4　正向市场基差走弱示意图

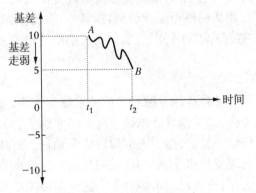
图 5.5　反向市场基差走弱示意图

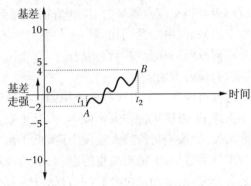
图 5.6　正向市场变为反向市场基差走强示意图

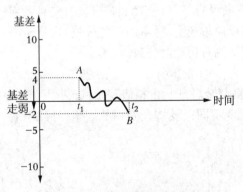
图 5.7　反向市场变为正向市场基差走弱示意图

在图 5.2 中可以看到,在 t_1 和 t_2 两个时间点上基差均为负值,即市场处于正向市场状态,同时虽然基差为负值,但从基差变化方向来看,其离零点的距离更近了,或者说"负"的程度更小了。因此,这种基差的变化称为"走强",在图中使用向上的箭头来表示。

在图 5.3 中,t_1 和 t_2 两个时间点上基差均为正值,表明市场处在反向市场状态,且基差变大了。因此,这种基差的变化也称为"走强",在图中使用向上的箭头来表示。

在图 5.4 中,t_1 和 t_2 两个时间点上基差均为负值,表明市场处于正向市场状态,且基差的变化是离零点更远,表明"负"的程度更大了。因此,这种基差的变化称为"走弱",在图中使用向下的箭头来表示。

在图 5.5 中,t_1 和 t_2 两个时间点上基差均为正值,表明市场处于反向市场状态,且基差变小了。因此,这种基差的变化也称为"走弱",在图中使用向下的箭头来表示。

在图 5.6 中,t_1 时基差为负,市场处于正向状态;t_2 时基差为正,市场处于反向状态。这表明市场状态从正向市场转变为反向市场,基差数值从负值变为正值,因而这种基差变化是"走强"的,在图中使用向上的箭头来表示。

在图 5.7 中，t_1 时基差为正，市场处于反向状态；t_2 时基差为负，市场处于正向状态。这表明市场状态从反向市场转变为正向市场，基差数值从正值变为负值，因而这种基差变化是"走弱"的，在图中使用向下的箭头来表示。

4. 基差的作用

基差在金融期货交易中是一个非常重要的概念，是衡量期货价格与现货价格关系的重要指标。

（1）基差是套期保值成功与否的基础。

套期保值是期货市场的主要经济功能之一，其功能的实现是基于同种金融资产的期货价格和现货价格因受相同的经济因素的影响和制约，具有同升同降的规律。这就为投资者提供了一条利用两个市场互相弥补的途径，也即套期保值者本着"两面下注、反向操作、均等相对"的原则，同时在现货市场和期货市场上反向操作，利用一个市场的盈利来弥补另一个市场的亏损，在两个市场之间建立一种"相互冲抵"机制，从而达到转移价格风险的目的。可见，套期保值是利用期货的价差来弥补现货的价差，即以基差风险取代现货市场的价差风险。

基差的变化对套期保值者来说至关重要，因为它是现货价格与期货价格的变动幅度和变化方向不一致所引起的，所以，只要套期保值者随时观察基差的变化，并选择有利的时机完成交易，就会取得较好的保值效果，甚至获得额外收益。同时，由于基差的变动比期货价格和现货价格相对稳定一些，这就为套期保值交易创造了十分有利的条件。而且基差的变化主要受制于持仓费用，一般比观察现货价格或期货价格的变化情况要方便得多。所以，熟悉基差的变化对套期保值者来说是大有益处的。

套期保值的效果主要是由基差的变化决定的。从理论上讲，如果交易者在进行套期保值之初和结束套期保值之时，基差没有发生变化，结果必然是交易者在这两个市场上盈亏相反且数量相等，由此实现规避价格风险的目的。但在实际的交易活动中，基差不可能保持不变，这就会给套期保值交易带来不同的影响。

（2）基差是价格发现的标尺。

期货价格是成千上万的交易者在分析了各种金融资产供求状况的基础上在交易所公开竞价达成的，较之现货市场上买卖双方私下达成的现货价格，不失为一种公开、公平、公正的价格。同时，期货价格还具有预期性、连续性、权威性等特点，使那些没有涉足期货市场的资本市场参与者也能根据期货价格确定正确的投资与经营决策。在国际市场上，越来越多的有相应期货市场的金融资产，其现货报价就是以期货价格减去基差或下浮一定百分比的方式报出的。当然，这并不意味着期货价格决定现货价格。实际正相反，从根本上讲，是现货市场的供求关系以及市场参与者对未来现货价格的预期决定着期货合约的价格，但这并不妨碍以期货价格为基础报出现货价格。

随着金融期货交易和市场的不断发展与完善，尤其是国际性联网期货市场的出现，期货市场价格发现机制的功能会越来越完善，期货价格就能在更大范围内综合反映更多的影响供求的因素，从而进一步提高期货价格的真实性，成为现货市场金融资产价格的晴雨表，成为现货交易的依据。

（3）基差对期现套利交易很重要。

基差对于投机交易，尤其是期现套利交易也很重要。如果在期货合约成交后，在正向市场上现货价格与期货价格同时上涨,并一直持续到交割月份,基差的绝对值始终大于持仓费用,就会出现无风险的套利机会,促使套利者在卖出期货合约的同时买入现货金融资产并持有到期货交割月,办理实物交割。同理,期货合约成交后,期货价格与现货价格同时下跌,并持续到交割月份,且基差始终小于持仓费用,套利者就会采取与上述相反的无风险套利交易。在反向市场上,套利者也可利用期货价格与现货价格的价差进行套利交易。这样都有助于矫正基差与持仓费用之间的相对关系,对维持期货价格与现货价格之间的同步关系和保持市场稳定具有积极的作用。

（五）金融期货交易的基本方式

金融期货交易的基本方式有以下两种。

1. 买进金融期货合约

当投资者判断在期货市场金融期货合约价格将上涨时,便可按规定缴纳保证金后买进金融期货合约,或持有金融期货合约的多头部位。若未来合约到期前,金融期货价格果真上涨,便可通过卖出合约对冲多头部位,赢利出局;若金融期货价格背离预期而出现下跌,投资者将出现损失,只要损失比例没有低于最低维持保证金率,便没有必要补充保证金,可继续持有合约,等待盈利机会;若损失超过最低保证金维持率,则须追加保证金,否则期货经纪商将予以强制平仓。买进金融期货合约交易的盈利形成如表 5.1 所示(在不考虑交易成本情形下以恒生指数期货交易为例)。

表 5.1　买进恒生指数期货合约盈利形成表

	买 进 合 约	对 冲
3 月 1 日	恒生指数报 15 000 点,看涨期指,买进合约一张。一张合约价值为 15 000×50×1 = 750 000(港元),若保证金率为 10%,须缴纳 75 000 港元保证金	
6 月 1 日	恒生指数报 15 100 点,一张合约价值涨至 755 000 港元	在恒生指数 15 100 点时,卖出合约一张对冲 3 月 1 日买进的合约,于是盈利 100 点,盈利金额为 100×50 = 5 000(港元)

2. 卖出金融期货合约

当投资者判断在期货市场金融期货合约价格将下跌时,便可按规定缴纳保证金后卖出金融期货合约,或持有金融期货合约的空头部位。若未来合约到期前,金融期货价格果真下跌,便可通过买进合约对冲空头部位,赢利出局;若金融期货价格背离预期而出现上涨,投资者将出现损失,只要损失比例没有低于最低维持保证金率,便没有必要补充保证金,可继续持有合约,等待盈利机会;若损失超过最低保证金维持率,则须追加保证金,否则期货经纪商将予以强制平仓。卖出金融期货合约交易的盈利形成如表 5.2 所示(在不考虑交易成本情形下以恒生指数期货交易为例)。

表 5.2　卖出恒生指数期货合约盈利形成表

	卖 出 合 约	对 冲
3 月 1 日	恒生指数报 15 000 点,看跌期指,卖出合约一张。一张合约价值为 15 000×50×1 = 750 000(港元),若保证金率为 10%,须缴纳 75 000 港元保证金	

续表

	卖 出 合 约	对 冲
6月1日	恒生指数报 14 900 点,一张合约价值跌至 745 000	在恒生指数 14 900 点时,买进合约一张对冲 3 月 1 日卖出的合约,于是盈利 100 点,盈利金额为 100×50＝5 000(港元)

可见,金融期货的交易似乎并不复杂,基本交易方式十分简单,只要看涨期货合约价格便买进合约,看跌期货合约价格便卖出合约。但是,投资者交易的依据是基于对未来期货合约价格变化趋势的判断和预测,而要对未来期货合约价格变化趋势作出正确判断和准确预测,就需要投资者具备很高的基本分析能力和技术分析技巧,需要投资者具备扎实、系统的专业知识和丰富的市场投资经验。正是由于市场参与者对未来期货合约价格的变化趋势的分析与判断存在分歧,于是彼此成了博弈与交易的对手。

以上仅简要介绍了金融期货交易的基本方式,至于涉及金融期货的投机、套利与套期保值等交易策略,将在本节的金融期货投资策略中作详细的介绍。

二、外汇期货

1. 外汇期货的概念

外汇期货是指以汇率为标的资产的期货合约,用以规避汇率风险。外汇期货是金融期货中最早出现的品种。通常,外汇的持有人因外汇汇率波动可能面临不利的价值变化并受到损失,而外汇期货的产生正好为外汇持有人规避汇率风险提供了工具。

1972 年 5 月 16 日,美国芝加哥商业交易所(CME)的国际货币市场首次推出外汇期货合约交易,在此之后,外汇期货交易得到迅速的发展。它不仅为广大投资者和金融机构等经济主体提供了有效的套期保值工具,而且也为套利者和投机者提供了新的获利手段。

目前,外汇期货交易的主要品种有美元、欧元、英镑、日元、瑞士法郎、加拿大元、澳大利亚元等。从世界范围看,外汇期货的主要市场在美国,其中又基本上集中在芝加哥商业交易所。美国以外进行外汇期货交易的主要交易所有伦敦国际金融期货交易所(EURONEXT-LIFFE)、新加坡国际金融交易所(SGX-DT)、东京国际金融期货交易所(TIFFE)、法国国际期货交易所(MATIF)等,每个交易所基本上都有本国货币与其他主要货币交易的期货合约。

2. 国际主要外汇期货合约

芝加哥商业交易所是最早开设外汇期货交易的场所,也是美国乃至世界上最重要的外汇期货交易所。表 5.3 是该交易所在 2003 年度成交量超过 160 万张的外汇品种表。

表 5.3 CME2003 年度成交量超过 160 万张的外汇品种表(不含期权) 单位:万张

币 种	欧元	日元	加拿大元	瑞士法郎	英镑	墨西哥比索	澳元
成交量	1 119	609	422	360	260	212	161

下面分别对这些合约的主要内容予以介绍。

(1) 合约月份。

墨西哥比索为连续 13 个日历月再加上两个延后的季度月(3、6、9、12 月)。其余均为 6 个连续的季度月。

(2) 交易时间。

场内公开叫价交易为芝加哥时间周一至周五的 7:20 至 14:00,到期合约在最后交易日上午 9:16 收盘。在假日或假日前,市场将提前收盘,提前收盘的时间,交易所会提前通知。全球电子交易系统(GLOBEX)的交易时间为每日 16:30 至次日 16:00,星期日从 17:30 开始交易。

(3) 最后交易时间。

交割日期前第二个营业日(通常为星期一)的 9:16。

(4) 交割日期。

合约交割月份的第三个星期三。

(5) 交割地点。

结算所指定的各货币发行国银行。

(6) 大户报告制度。

每个交易者持有某个币种的期货合约及期权合约头寸(包括所有月份)的净多或净空超过一定量时,必须向交易所报告。对加拿大元及墨西哥比索而言,其数量标准都为 6 000 张,其余品种为 10 000 张。

(7) 交易单位。

各币种不同,交易单位也不同,详见表 5.4。

表 5.4 CME 各活跃币种规格表

币　　种	交易单位	最小变动价位	每日价格波动限制
欧元	125 000 欧元	0.000 1;每合约 12.50 美元	200 点;每合约 2 500 美元
日元	12 500 000 日元	0.000 001;每合约 12.50 美元	150 点;每合约 1 875 美元
加拿大元	100 000 加元	0.000 1;每合约 10 美元	100 点;每合约 1 000 美元
瑞士法郎	125 000 法郎	0.000 1;每合约 12.50 美元	150 点;每合约 1 875 美元
英镑	62 500 英镑	0.000 2;每合约 12.50 美元	400 点;每合约 2 500 美元
墨西哥比索	500 000 比索	0.000 025;每合约 12.50 美元	200 点;每合约 1 000 美元
澳大利亚元	100 000 澳元	0.000 1;每合约 10 美元	150 点;每合约 1 500 美元

(8) 最小变动价位。

币种不同,最小变动价位也不同,详见表 5.4。值得注意的是,对于价差交易者,最小变动价位可以减半。

(9) 每日价格波动限制。

按规定,只在每日的 7:20 至 7:35 之间设置,7:35 以后不再限制。

3. 外汇期货交易

外汇期货交易一般可分为外汇期货套期保值交易、外货期货投机和套利交易。外汇期货套期保值交易是指利用外汇期货交易保护外币资产或负债免受汇率变动带来的损失。有涉外经济业务的经济主体在日常经营业务中经常要保有外币资产或拥有外币负债。这些资产或负债一般以主要的几种自由兑换货币计值,如美元、欧元、日元等。而国际外汇市场上这些主要货币之间的汇价频繁波动,且方向难以预测,使得以不同货币计值的资产的相对价值不稳定,经常处于升值或贬值的状态中。假如一段时期后经济主体持有的外币资产贬值,或拥有的外币负债升值,便构成这段时期的外汇风险,而这种风险可以通过外汇期货对冲策略予以部分或全部回避。这项业务称为外汇期货套期保值,进一步又可分为外汇空头期货套期保值和外汇多头期货套期保值。外汇空头期货套期保值是指在即期外汇市场上处于多头地位的人,即持有外币资产者,为防止外币的汇价将来下跌而在外汇期货市场上做一笔相应的空头交易。外汇多头期货套期保值是指在即期外汇市场上处于空头地位的人,即持有外币负债者,为防止将来偿还外币时汇价上升而在外汇期货市场上做一笔相应的买进交易。

外汇期货投机交易就是通过买卖外汇期货合约,从外汇期货价格的变动中获取利润并同时承担风险的交易行为。外汇期货投机交易从投机者的持仓头寸方向上可区分为多头投机和空头投机。外汇期货套利交易是指交易者同时买进和卖出两种相关的外汇期货合约,然后再将其手中的合约同时对冲,从两种合约的相对价格变化中套利的交易行为。外汇期货套利形式可分为跨期套利、跨品种套利和跨市套利。

三、利率期货

1. 利率期货的概念

利率期货是指以债券类证券为标的资产的期货合约,它可以回避利率波动所引起的证券价格变动的风险。尽管利率期货的产生比外汇期货晚了三年多,但其发展速度却比外汇期货快得多。目前,无论是在美国还是在美国之外的国家和地区,利率期货的交易量都排在前列,其中交易量最大的几家交易所是CME、CBOT、欧洲期货交易所(EUREX)和泛欧交易所(EURONEXT)。

2. 国际主要利率期货合约

(1) CBOT 30 年期国债期货合约(见表 5.5)。

表 5.5　CBOT 30 年期国债期货合约表

交易单位	100 000 美元面值的长期国债
可交割等级	不可提前赎回的长期国债,其到期日从交割月第一个工作日算起必须为至少 15 年以上;如果是可以提前赎回的长期国债,其最早赎回日至合约到期日必须为至少 15 年以上。发票金额等于期货结算价乘以转换因子再加自然产生的利息。转换因子是 1 美元票面价值的可交割债券相对于 6% 名义利率债券的价格
报价方式	合约价值分为 100 点,每点 1 000 美元。报价为:点—1/32 点,例如,80—16 等于 80 又 16/32 点
最小跳动点	1/32 点(每个合约对应值为 31.25 美元)
价格限制	无
合约月份	3、6、9、12 月
最后交易日	最后交割日之前 7 个交易日
最后交割日	交割月的最后交易日
交割方式	联储电子过户簿记系统
交易时间	公开喊价:周一至周五的上午 7:20—下午 2:00(芝加哥时间) 电子交易:周日至周五的上午 8:00—下午 4:00(芝加哥时间) 最后交易日为芝加哥时间中午

（2）CME 3 个月欧洲美元期货合约（见表 5.6）。

表 5.6　CME 3 个月欧洲美元期货合约表

交易单位	1 000 000 美元
报价方式	指数方式，指数＝100－年利率（不带%）。1 点＝2 500 美元。1 个基点＝0.01 点＝25 美元
最小价格波动	0.005 点，每个合约 12.5 美元（除现货月合约外） 0.002 5 点，每个合约 6.25 美元（现货月合约）
最大波动	场内不限，GLOBEX 为 200 个基点
合约月份	3、6、9、12 月 4 个月份和最近 4 个连续月
交易时间（美国中部时间）	场内集中交易：周一至周五的 7:20—14:00 GLOBEX：周一至周四的 16:30—次日的 16:00；周日从 17:30 开始
最后交易日	合约月份第三个星期三回数的第二个伦敦银行工作日
交割日	最后交易日
交割方式	现金交割
交割价	根据英国银行家协会的结算利率计算

（3）EURONEXT-LIFFE 3 个月欧元利率（Euribor）期货合约（见表 5.7）。

表 5.7　EURONEXT-LIFFE 3 个月欧元利率（Euribor）期货合约表

交易单位	1 000 000 欧元
交割月份	3、6、9、12 月和最近两个连续月，共有 22 个合约可以交易
报价方式	指数式，100.00 减去年利率（不带%）
最小价格波动	0.005 点（每个合约 12.5 欧元）
最后交易日	交割月第三个周三回数第二个交易日的上午 10:00（伦敦时间）
交割日	最后交易日后的第一个交易日
交易时间	7:00—18:00（伦敦时间）
交割方式	按交割结算价现金交割
交割结算价的产生	将最后交易日布鲁塞尔时间 11:00（伦敦时间 10:00）欧洲银行家协会公布的 3 月期欧元存款利率（EBF Euribor）（不带%）四舍五入到第三位小数是 0.005 的倍数，如果是 0.002 5 的奇数倍，则圆整到最小的 0.005 的倍数（例如 EBF Euribor 为 2.537 50，圆整为 2.535），将 100.00 减去该数即为交割结算指数

（4）EUREX 中期国债（Euro-BOBL）期货合约（见表 5.8）。

表 5.8　EUREX 中期国债（Euro-BOBL）期货合约表

合约标准	德国政府发行的剩余期限在 4.5—5.5 年之间、票面利率为 6% 的中期债券，该债券的发行量至少为 20 亿欧元
合约价值	100 000 欧元
报价	合约面值的百分数，保留两位小数
最小价格波动	0.01 个百分点，相当于 10 欧元
交割月份	3、6、9、12 月中的连续 3 个季月
交割日	交割月第 10 个日历日，如该日不是交易所的交易日，顺延至下一交易日

续表

最后交易日	交割日之前第 2 个交易日,终止交易时间为 12:30(中部欧洲时间)
每日结算价	收盘前 15 分钟最后五笔交易的加权平均价(成交量为权重),如果最后一分钟成交量超过五笔,则以最后一分钟的全部成交量加权平均,假如这样的价格没有产生或产生的价格不能反映真实的市场情况,则由 EUREX 指定结算价
最后结算价	最后交易日最后 30 分钟的最后十笔交易的加权平均价,如果最后一分钟成交量超过十笔,则以最后一分钟的全部成交量加权平均。最后结算价在最后交易日的 12:30(中部欧洲时间)确定
卖方交割通知	最后交易日收盘后持有空头头寸的结算会员必须在规定时间内通知 EUREX 将交付何种债券
交易时间	中部欧洲时间 8:00 至 19:00

3. 利率期货交易

利率期货交易一般可分为利率期货套期保值交易、利率期货投机交易和套利交易。利用利率期货进行套期保值,是金融机构、企业以及投资者降低所持有的固定收益证券的利率风险的有效手段。

利率期货的套期保值交易可分为空头期货套期保值和多头期货套期保值。空头期货套期保值是指在期货市场上卖空利率期货合约。卖空的原因是预期债券价格将会下跌,而这种下跌是因为市场利率上升所引致的。因此,空头期货套期保值的目的是规避因利率上升而出现损失的风险。多头期货套期保值是指在期货市场买入利率期货合约,以防止将来债券价格上涨而使以后的买入成本升高,而这种升高是因为市场利率下降所引致的。因此,多头期货套期保值的目的是规避因利率下降而出现的风险。

利率期货投机交易就是通过买卖利率期货合约,从利率期货价格的变动中获取利润并同时承担风险的交易行为。利率期货投机交易从投机者的持仓头寸方向上可区分为多头投机和空头投机。

利率期货套利交易是指交易者同时买进和卖出两种相关的利率期货合约,然后再将其手中合约同时对冲,从两种合约的相对价格变化中获利的交易行为。利率期货套利交易可分为跨期套利、跨品种套利和跨市套利等形式。

四、股票指数期货

1. 股票指数期货的概念

股票指数期货是指以股票价格指数为标的资产的期货合约。股票指数期货是从股市交易中衍生出来的一种新的交易方式,虽然是金融期货中最晚产生的一个类别,但却是交易规模扩大最迅速、交易品种最丰富的金融期货交易。目前,全球最有影响的股票指数期货交易有道琼斯平均指数、标准普尔 500 指数、英国金融时报股票指数、香港恒生指数等。

股票指数期货是专门为人们管理股票市场的价格风险而设计的。其实质是投资者将其对整个股票市场价格指数的预期风险转移至期货市场的过程。股票市场的风险分为系统性风险和非系统性风险。投资组合可以在很大程度上降低非系统性风险,但当整个市场环境或某些全局性的因素发生变动时,即发生系统性风险时,各种股票的市场价格会朝着同一方向变动,单凭股票市场的分散投资显然无法规避价格整体变动的风险。为了避免或减少这种系统性风险的影响,人们从商品期货的套期保值中受到启发,开发设计出股票指数期货。

股票指数期货合约为标准化合约。合约价值是用指数的点位乘以事先规定的单位金额来加以计算。如标准普尔500指数期货规定每点代表250美元,香港恒生指数期货规定每点代表50港元等。合约交易一般以3月、6月、9月、12月为循环月份,也有全年各月都进行交易的,通常以最后交易日的收盘指数为准进行现金结算。

2. 国际主要股票指数期货合约

(1) CME 的 S&P500 与 E-mini S&P500 期货合约(见表5.9)。

表5.9 CME 的 S&P500 与 E-mini S&P500 期货合约表

合约名称	S&P500	E-mini S&P500
符号	SP	ES
合约规格	250美元×S&P500期货价格	50美元×E-mini S&P500期货价格
价格波动限制	按上一交易日结算价的5%、10%、15%、20%的跌幅逐级放开	按上一交易日结算价的5%、10%、15%、20%的跌幅逐级放开
最小跳动点	0.10个指数点(每张合约25美元)。套利交易为0.05个指数点(每张合约12.50美元)	0.25个指数点(每张合约12.50美元)。套利交易为0.10个指数点(每张合约5美元)
合约月份	3、6、9、12月共8个合约	3、6、9、12月共8个合约
交易时间(中部时间)	场内交易:周一至周五的上午8:30—下午3:15;GLOBEX:周一至周四的下午3:45—次日上午8:15;周日或假期,下午5:30—次日上午8:15	GLOBEX:周一至周四的下午3:45—次日下午3:15;周日或假期,下午5:30—次日下午3:15
最后交易日	合约月份第三个周五之前的周四	合约月份第三个周五芝加哥时间上午8:30
最后结算日	合约月份第三个周五	合约月份第三个周五
头寸限制	净多或净空20 000张(所有月份合约合计)	结合S&P500的头寸限制
交割	现金交割	现金交割

(2) Nasdaq-100 指数与 E-mini Nasdaq-100 期货合约(见表5.10)。

表5.10 CME 的 Nasdaq-100 指数与 E-mini Nasdaq-100 期货合约表

合约名称	Nasdaq-100	E-mini Nasdaq-100
符号	ND	NQ
合约规格	100美元×Nasdaq-100期货价格	20美元×E-mini Nasdaq-100期货价格
价格波动限制	按上一交易日结算价的5%、10%、15%、20%的跌幅逐级放开	按上一交易日结算价的5%、10%、15%、20%的跌幅逐级放开
最小跳动点	0.50个指数点(每张合约50美元)。套利交易为0.05个指数点(每张合约5美元)	0.50个指数点(每张合约10美元)。套利交易为0.25个指数点(每张合约5美元)
合约月份	最近的三个季月	最近的两个季月
交易时间(中部时间)	场内交易:周一至周五的上午8:30—下午3:15;GLOBEX:周一至周四的下午3:45—次日上午8:15;周日或假期,下午5:30—次日上午8:15	GLOBEX:周一至周四的下午3:45—次日下午3:15;周日或假期,下午5:30—次日下午3:15
最后交易日	合约月份第三个周五之前的周四	合约月份第三个周五芝加哥时间上午8:30
最后结算日	合约月份第三个周五	合约月份第三个周五
头寸限制	净多或净空5 000张(所有月份合约合计)	结合Nasdaq-100的头寸限制
交割	现金交割	现金交割

（3）香港期货交易所的恒生指数期货(HSI)合约(见表5.11)。

表5.11 恒生指数期货(HSI)合约表

相关指数	恒生指数
合约价值	成交指数×50港元
合约月份	即月、下月及最近两个季月(指3、6、9、12月)
最小变动价位	一个指数点(每张合约50港元)
价格波动限制	无
持仓限额	任何人持有恒指货及期权以所有合约月份计,经delta调整后的多头合约或空头合约不能超过10 000张
大额持仓申报	每一会员公司账户及每一客户账户,任何合约月份多头或空头持仓超过500张时便须申报
交易时间	分两节:第一节为香港时间上午9:45—中午12:30,第二节为下午2:30—4:15
最后交易日交易时间	第一节为上午9:45—中午12:30,第二节为下午2:30—4:00
最后交易日	该月最后第二个营业日
最后结算日	最后交易日之后的第一个营业日
结算方法	以现金结算
最后结算价	最后交易日恒指每5分钟报价的平均值,除去小数点后所得的整数指数点
保证金	由交易所制定并公布

3.股指期货的交易

股指期货的套期保值交易包括股指空头期货套期保值与股指多头期货套期保值。股指空头期货套期保值是指投资者在现货市场买进并持有了股票,即在现货市场面临空头风险,于是在期货市场卖出股指期货合约的期货交易。股指多头期货套期保值是指投资者在现货市场卖出了股票或者空仓,或者未来某一个时点将入市买股票,即在现货市场面临多头风险,于是在期货市场买进股指期货合约的期货交易。股指期货的套利交易是指在各种因素影响下,期指起伏不定,经常会与现指产生偏离,当这种偏离超出一定的范围时,通过合约买卖获取无风险利润的过程。

五、金融期货投资策略

金融期货的投资策略可以分为投机策略、套利策略和套期保值策略三类。

(一)投机策略

金融期货投机是指在金融期货市场上以获取价差收益为目的的期货交易行为。

1.投机者的类型

金融期货市场上的投机者分为下面四类。

(1)根据交易头寸的性质不同,可以分为多头投机者、空头投机者。

在交易中,投机者根据对未来价格变动的预测来确定其交易头寸。买进期货合约投机者,持有多头头寸,被称为多头投机者。卖出期货合约者,持有空头头寸,被称为空头投机者。

(2)根据交易量的不同,可以分为大投机商、中小投机商。

对大、中、小投机商的界定,一般是根据其交易量的大小和拥有资金量的多少。这又与所参与交易的市场规模有关。目前,尚未有绝对的量化标准。

(3) 根据分析预测方法的不同,可以分为基本分析派、技术分析派。

基本分析派是通过分析金融资产供求因素来预测价格走势。技术分析派是通过借助图形和技术指标来对金融资产的价格走势进行分析。

(4) 根据持仓时间的不同,可以分为长线交易者、短线交易者、当日交易者、抢帽子者。

长线交易者通常将合约持有几天、几周甚至几个月,待价格变至对其有利时再将合约对冲。短线交易者一般是当天下单,在一日或几日内了结。当日交易者一般只进行当日或某一交易日的买卖,很少将持有的头寸过夜,一般为交易所的自营会员。抢帽子者又称逐小利者,是利用微小的价格波动来赚取微小利润,交易进出频繁,但交易量很大,期望以大量微利头寸来赚取利润。

2. 投机原则

(1) 充分了解金融期货合约。

为了尽可能准确地判断期货合约价格的将来变化趋势,在决定是否购买或卖出合约之前,应对其种类、数量和价格作全面、准确和谨慎的研究。只有在对合约有足够认识的基础上,才能决定下一步准备购买的合约数量。在买卖合约时切忌贪多,即使有经验的交易者也很难同时进行三种以上不同类型的金融期货合约交易。在交易过程中,交易者应通过基本分析或技术分析,或将两种方法加以综合运用,只有这样才能将市场主动权掌握在自己的手中。

(2) 制订交易计划。

无数投机者的经验教训表明:没有明确的交易计划根本不可能长期在期货市场上立足。一个漫不经心毫无计划的投机者,最明显的特征就是缺少交易的策略计划。在期货交易中交易计划就是获取成功的蓝图。制订交易计划可以使交易者被迫考虑一些可能被遗漏或考虑不周或没有给予足够重视的问题;可以使交易者明确自己正处于何种市场环境,将要采取什么样的交易方向,明确自己应该在什么时候改变交易计划,以应付多变的市场环境;可以使交易者选取适合自身特点的交易方法,只有方法正确方能有利可图。

(3) 确定获利和亏损限度。

一般情况下,个人倾向是决定可接受的最低获利水平和最大亏损限度的重要因素。通过对期货价格走势进行预测,应该把现实的和潜在的各种可获得的交易策略结合起来,获利的潜在可能性应大于所冒的风险。既然从事投机交易就同时面临着盈利和亏损两种可能,那么在决定是否买空或卖空合约的时候,交易者应该事先为自己确定一个最低获利目标和所能承受的最大亏损限度,做好交易前的心理准备。

(4) 确定投入的风险成本。

在确定了获利目标和亏损限度后,还要确定用于风险的资金额度。为了尽可能地增加获利机会,增加利润量,须做到以下三点:一是分散资金投入方向,而不是集中用于某一笔交易,这样有利于减少风险;二是持仓应限定在自己可以完全控制的数量之内,否则,持仓合约数量过大,是一个交易者很难控制的;三是应有长远的眼光,为可能出现的新的交易机会留出一定数额的资金。一些投机商得出这样的经验:只有当最初的持仓方向被证明是正确的,即证明是可获利后,才可以进行追加的投资交易,并且追加的投资额应低于最初的投资额。应该按照当初制订的交易计划进行交易头寸的对冲,严防贪多。不过,市场变化反复无常,投机商应该根据市场行情的实际变化作出适当调整,保持一定的灵活性和应变能力,做到既按计划行事,又不墨守成规。对于一笔交易的获利愿望主要取决于投机商的经验和个人偏好。成功的交易预测和交易结果最终还是受个人情绪、客观现实、分析方法和所制订的交易计划的影响。

3. 投机方法

金融期货交易的投机者只进行期货市场合约的单向交易,不参与现货市场的买卖,仅在期货市场单向买卖合约。看涨期货价格便买进合约,即多头投机交易,看跌期货价格便卖出合约,即空头投机交易,并通过期货合约的投机交易博取买卖价差,获取利润。

(1) 金融期货多头投机。

金融期货多头投机是指投机者预期某种金融期货的市场价格将上涨,从而买进期货合约,以期在市场价格上涨后通过对冲而获利的金融期货交易。

例如,假设某年2月10日,在IMM交易的3月份英镑期货价格为1.552 0。某投机者预期该期货价格将在近期内上涨。于是,他以1.552 0的价格买进40张3月份到期的英镑期货合约。

在买进英镑期货合约后,该投机者将面临如下三种情况:一是期货价格上涨,投机者获利;二是期货价格不变,投机者不盈不亏;三是期货价格下跌,投机者亏损。下面,用假设的数据来分别说明(忽略交易成本、税收和其他费用)。

情况一,在3月10日,3月份到期的英镑期货价格涨至1.572 0,该投机者通过平仓可获利5万美元,其计算方法为

(1.572 0−1.552 0)÷0.000 2×12.5×40=50 000 美元

或 62 500×(1.572 0−1.552 0)×40=50 000 美元

情况二,在3月10日,3月份到期的英镑期货价格仍为1.552 0,则该投机者在平仓时将既无盈利,也无亏损。

情况三,在3月10日,3月份到期的英镑期货价格跌至1.532 0,则该投机者在平仓时将亏损5万美元,其计算方法为

(1.532 0 − 1.552 0) ÷ 0.000 2 × 12.5 × 40 = − 50 000 美元

或 62 500 × (1.532 0 − 1.552 0) × 40 = − 50 000 美元

如用平面图形表示,则上述盈亏情况如图5.8所示。

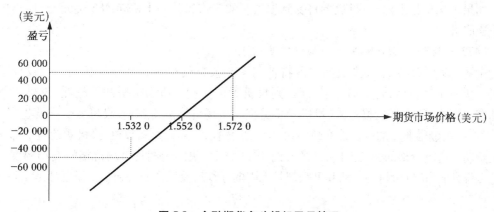

图5.8 金融期货多头投机盈亏情况

由图5.8可看出,投机者一旦建立了多头投机部位,则其盈亏状况将完全取决于期货市场价格的变动方向和变动幅度。若市场价格上涨,则投机者可获利。市场价格涨得越高,投机者获利就越多。反之,若市场价格下跌,则投机者亏损。市场价格跌得越低,投机者亏损

就越多。这说明金融期货的投机实际上是建立了一个风险暴露部位,而这暴露部位的风险是正好对称的。

(2) 金融期货空头投机。

金融期货空头投机是指投机者预期某种金融期货的市场价格将下跌,从而卖出期货合约,以期在市场价格下跌后通过对冲而获利的金融期货交易。

例如,假设某年 11 月 2 日,CBOT 主要市场指数期货的市场价格为 472 美元,某投机者预期该指数期货的市场价格将下跌。于是,他以 472 美元的价格卖出 20 张 12 月份到期的主要市场指数期货合约。这样,在合约到期前,该投机者将面临三种不同的情况,即市场价格下跌、市场价格不变及市场价格上涨。具体盈亏情况如图 5.9 所示。

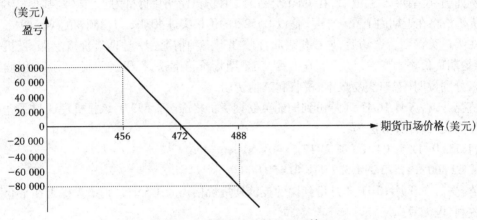

图 5.9　金融期货空头投机盈亏情况

如果市场价格下跌,该投机者可获利。假定市场价格下跌至 456 美元时,他可获得 8 万美元,即:

$(472 - 456) \times 250 \times 20 = 80\,000$ 美元

如果市场价格不变,该投机者将既无盈利,也无亏损。

如果市场价格上涨,该投机者将受到损失。假定市场价格上涨至 488 美元时,他将损失 8 万美元,即:

$(472 - 488) \times 250 \times 20 = -80\,000$ 美元

由图 5.9 可看出,空头投机的盈亏特征与多头投机的盈亏特征正好相反。当投机者建立了空头投机部位后,若市场价格下跌,则投机者可获利。市场价格跌得越低,投机者获利就越多。反之,若市场价格上涨,投机者将受损。市场价格涨得越高,投机者受损就越多。

可见,在金融期货的投机性交易中,无论是多头投机,还是空头投机,投机者的盈亏都完全决定于期货市场价格的变动方向,而盈亏的程度又完全决定于期货市场价格的变动幅度。从理论上说,期货市场价格的上涨和下跌都是无限的,所以,投机者的获利和受损也都是无限的。

(二) 套利策略

套利是指利用相关市场或相关合约之间的价差变化,在相关市场或相关合约上进行交易方向相反的期货交易,以期价差发生有利变化而获利的交易行为。套利者同样不参与现货市场的操作,仅在期货市场进行合约买卖,买进期货价格便宜(低估)的合约,同时卖出期货价格昂贵(高估)的合约,以从价差的有利变动中获取利润。

1. 买进套利与卖出套利

买进套利与卖出套利是最基本的套利方式。

(1) 买进套利。

如果套利者预期不同交割月的金融期货合约的价差将扩大时,则套利者将买入其中价格较高的一边,同时卖出价格较低的一边,此种套利即买进套利。如果价差变动方向与套利者的预期相同,则套利者就会通过同时将两个合约平仓来获利。要理解价差扩大与买进套利的关系,可借助图 5.10 来分析。

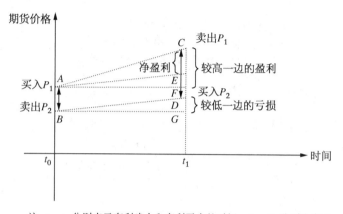

注:t_0、t_1 分别表示套利建仓和套利平仓的时间。P_1、P_2 分别为套利建仓时和套利平仓时较高一边和较低一边的期货合约价格。AB 表示建仓时的价差,CD 表示平仓时的价差,CF 为较高一边的盈利,DG 为较低一边的亏损。AE 是一条与 BD 平行的线,根据几何原理,$AB = ED$,$EF = DG$,净盈利 $= CF - DG = CF - EF = CE$,价差变化量 $= CD - AB = CD - ED = CE$。由此可见,净盈利=价差变化量。

图 5.10　价差扩大与买进套利

从图 5.10 中可以看到,由于价格较高一边的涨幅大于价格较低一边的涨幅,价差是扩大的,进行买进套利会使所买入的价格较高一边的期货合约的盈利大于所卖出的价格较低一边的亏损,整个套利的结果是盈利的。这是期货价格上涨时买进套利出现盈利的一种情况。当然,在期货价格下跌时也可能会出现盈利,即如果价格较高一边的跌幅小于价格较低一边的跌幅,进行买进套利会使所买入的价格较高一边的亏损小于卖出的价格较低一边的盈利,整个套利结果也是盈利的。由此可见,套利交易关注的是价差变化而不是期货价格的上涨或者下跌,只要价差变大,不管期货价格上涨还是下跌,进行买进套利都会盈利。为了分析简便,可直接使用价差图来分析盈亏,见图 5.11。

(2) 卖出套利。

如果套利者预期不同交割月的金融期货合约的价差将缩小时,套利者可通过卖出其中价格较高的一边,同时买入价格较低的一边,这种套利即为卖出套利。价差缩小和卖出套利的关系,可借助图 5.12 来分析。

从图 5.12 中可以看到,由于价格较高一边的涨幅小于价格较低一边的涨幅,价差是缩小的,进行卖出套利会使所卖出的价格较高一边的期货合约的亏损小于所买入的价格较低一边的盈利,整个套利的结果是盈利的。这是期货价格上涨时卖出套利出现盈利的一种情况。当然,在期货价格下跌时也可能会出现盈利,即如果价格较高一边的跌幅大于价格较低

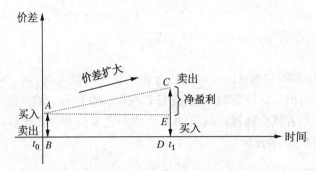

注：t_0、t_1 分别表示套利建仓和套利平仓的时间。AB 表示建仓时的价差，CD 表示平仓时的价差，CE 为净盈利。

图 5.11　买进套利的价差分析示意图

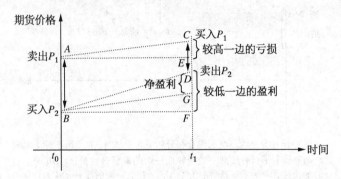

注：t_0、t_1 分别表示套利建仓和套利平仓的时间。P_1、P_2 分别为套利建仓时和套利平仓时较高一边和较低一边的期货合约价格。AB 表示建仓时的价差，CD 表示平仓时的价差，CE 为较高一边的亏损，DF 为较低一边的盈利。BG 是一条与 AC 平行的线，根据几何原理，CE = GF，AB = CG，净盈利 = DF − CE = DF − GF = DG，价差变化量 = CD − AB = CD − CG = −DG。由此可见，净盈利 = −价差变化量（即价差是缩小的）。

图 5.12　价差缩小与卖出套利

一边的跌幅，进行卖出套利会使所卖出的价格较高一边的盈利大于买入的价格较低一边的亏损，整个套利结果是盈利的。由此可见，只要价差缩小，不管期货价格上涨还是下跌，进行卖出套利都会盈利。因此，可直接使用价差图来分析套利的盈亏，见图 5.13。

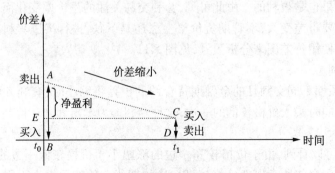

注：t_0、t_1 分别表示套利建仓和套利平仓的时间。AB 表示建仓时的价差，CD 表示平仓时的价差，AE 为净盈利。

图 5.13　卖出套利的价差分析示意图

2. 跨期套利

跨期套利是指利用同一交易所的同种金融资产但不同交割月份的期货合约的价差进行的套利交易。具体来说，就是在同一交易所买入或卖出某一交割月份的某金融资产期货合约的同时，卖出或者买入另一交割月份的同一金融资产的期货合约，以期在有利时机同时将两种期货合约对冲平仓的交易。

跨期套利是在同一交易所相同金融资产但不同交割月份的期货合约间进行套利，利用的是不同交割月份的不合理价差。要做好跨期套利，首先必须对不同交割月的价格关系有清楚的了解。在交易所上市交易的每种期货合约都有两个以上的交割月份，其中，离现货月份较近的称为近期合约，离现货月份较远的称为远期合约。当远期合约价格大于近期合约价格时，称为正向市场；当近期合约价格大于远期合约价格时，称为反向市场。无论是近期合约还是远期合约，随着各自交割月的临近，与现货价格的差异都会逐步缩小，直到收敛，但近期合约价格和远期合约价格相互间不存在收敛问题。

在正常市场中，远期合约价格要高于近期合约价格，这是由持仓费决定的。持仓费是指从近期月份到远期月份之间持有现货金融资产支付的资金成本。在正常市场上，远期合约因持仓费较近期合约大，因而价格也比近期高。远期合约与近期合约的价差要受持仓费的制约。随着持仓费的变化，远期合约与近期合约的价差就会扩大或缩小，否则就会出现无风险的套利机会。反向市场往往是由于近期需求相对过大或近期供给相对短缺，导致近期合约的价格超过远期合约的价格。在反向市场上，近期与远期合约的价差幅度不受限制，价差大小要取决于近期供给相对于需求的短缺程度，以及购买者愿意花多大代价换取近期能得到的金融资产的供给。

根据所买卖的交割月份及买卖方向的差异，跨期套利可以分为牛市套利、熊市套利和蝶式套利三种。

（1）牛市套利。

对于大多数金融期货来说，当市场是牛市或者熊市时，较近月份的合约价格变动幅度往往要大于较远期的合约。具体来说，当市场是牛市时，较近月份的合约价格的上涨幅度往往要大于较远期合约价格的上涨幅度。如果是正向市场，远期合约价格与较近月份合约价格之间的价差往往会缩小；如果是反向市场，则近期合约与远期合约的价差往往会扩大。而无论是正向市场还是反向市场，在这种情况下，买入较近月份的合约同时卖出远期月份合约进行套利盈利的可能性比较大，此种套利即为牛市套利。在进行牛市套利时，要注意的是在正向市场上，牛市套利的损失相对有限而获利的潜力巨大。这是因为在正向市场进行牛市套利，实质上是卖出套利，而卖出套利获利的条件是价差要缩小。如果价差扩大的话，该套利可能会亏损，但由于在正向市场上价差变大的幅度要受到持仓费水平的制约，因为价差如果过大，超过持仓费，就会产生套利行为，会限制价差扩大的幅度，而价差缩小的幅度则不受限制。在上涨行情中很有可能出现近期合约价格大幅度上涨远远超过远期合约的可能性，使正向市场变为反向市场，价差可能从正值变为负值，价差会大幅度缩小，使牛市套利的获利巨大。这可以用图 5.14 加以解释。

现举牛市套利例子加以说明。牛市套利适用于投资者对市场行情看涨并预期近期合约的价格上涨幅度将大于远期合约的价格上涨幅度的市况。例如，某年 3 月 10 日，在国际货币市场上市的 13 周美国国库券行情如表 5.12 所示。

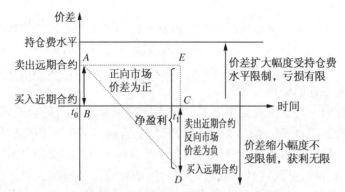

注：t_0、t_1 分别表示套利建仓和套利平仓的时间。AB 表示建仓时的价差，CD 表示平仓时的价差，净盈利 $ED=AB+CD$。

图 5.14　正向市场牛市套利的盈亏分析

表 5.12　IMM T-bill 期货行情（3 月 10 日）

合约月份	价格（IMM 指数）	价差（基点）
6 月	90.00	
9 月	91.00	100
12 月	92.20	120

根据这一行情，某投资者认为 9 月份合约与 12 月份合约之间的价差已超过了正常水平（100 个基点）。因此，当价格上涨时，9 月份合约的上涨幅度将大于 12 月份合约的上涨幅度，以使价格关系回复到正常的水平。于是，该投资者买进 9 月份合约，并同时卖出 12 月份合约。到了 8 月 20 日，9 月份合约的价格涨至 91.80（涨了 80 个基点），而 12 月份合约的价格涨至 92.80（涨了 60 个基点），两种合约的价差缩小为 100 个基点。这样，投资者通过对冲 9 月份合约而获利 1 000 美元（12.50 美元×80），而通过对冲 12 月份合约则损失 750 美元（12.5 美元×60）。所以，在这一交易中，如忽略交易成本及其他费用，则该投资者可获净利 250 美元。

（2）熊市套利。

当市场是熊市时，一般来说，较近月份的合约价格下降幅度往往要大于较远期合约价格的下降幅度。如果是正向市场，远期合约价格与较近月份合约价格之间的价差往往会扩大；如果是反向市场，则近期合约与远期合约的价差会缩小。而无论是在正向市场还是反向市场情况下，卖出较近月份的合约同时买入远期月份的合约进行套利盈利的可能性比较大，此种套利即为熊市套利。在进行熊市套利时，要注意的是如果近期合约的价格已经相当低，以至于它不可能进一步偏离远期合约价格时，进行熊市套利是很难获利的。在反向市场的熊市套利与正向市场不同，因为在反向市场近期价格要高于远期价格，熊市套利是卖出近期合约同时买入远期合约。在这种情况下，熊市套利可以归入卖出套利这一类中，只有在价差缩小时才能够盈利。

（3）蝶式套利。

蝶式套利由两个方向相反、共享居中交割月份的跨期套利组成。蝶式套利与跨期套利的相似之处是，它们都认为同一金融资产但不同交割月份之间的价差出现了不合理的情况。但不同之处在于跨期套利只涉及两个交割月份合约的价差，而蝶式套利认为中间交割月份的期货合约价格与两旁交割月份合约价格之间的相关关系将会出现差异。蝶式套利所涉及的三个交割月份的合约可分别称为近期合约、居中合约和远期合约。蝶式套利的具体做法是：买入（或卖出）近期月份合约，同时卖出（或买入）居中月份合约，并买入（或卖出）远期月份合约，其中，居中月份合约的数量等于近期月份和远期月份数量之和。这相当于在近期与居中月份之间的牛市（或熊市）套利和在居中月份与远期月份之间的熊市（或牛市）套利的一种组合。由于近期与远期月份的期货合约分居于居中月份的两侧，形同蝴蝶的两个翅膀，故称之为蝶式套利。蝶式套利与普通的跨期套利相比，从理论上看风险与利润都较小。

蝶式套利是两个跨期套利的互补平衡的组合，可以说是"套利的套利"。其特点有：第一，蝶式套利实质上是同种金融资产跨交割月份的套利活动；第二，蝶式套利由两个方向相反的跨期套利构成，一个卖空套利和一个买空套利；第三，连接两个跨期套利的纽带是居中月份的期货合约，在合约数量上，居中月份合约等于两旁月份合约之和；第四，蝶式套利必须同时下达三个买空、卖空、买空的指令，并同时对冲。

3. 跨品种套利

跨品种套利是指利用两种不同但相互关联的金融资产之间的期货合约价格差异进行套利，即买入某一交割月份某种金融资产的期货合约，同时卖出另一相同交割月份、相互关联的金融资产期货合约，以期在有利时机同时将这两种合约对冲平仓获利。在进行跨品种套利时，应关注金融期货间价格变动的相关关系。通常从其中一种金融期货合约获利而必然在另一金融期货合约中产生亏损。虽然两种相关金融期货合约的价格变动朝同一方向，但它们的波动幅度并不相同。也就是说，其中某一种金融期货合约价格的上升速度或下跌速度会比另一种金融期货合约价格来得快，这种套利活动成功与否取决于这两种金融期货合约的价差变化幅度。

例如，某年1月5日，在CBOT交易的美国长期国债期货与10年期美国中期国债期货的行情如表5.13所示。

表5.13 CBOT利率期货行情（1月5日）

合约月份	T-bond 期货	10年期 T-note 期货	价　　差
3月份	99—12	100—02	0—22
6月份	99—04	99—21	0—17
9月份	98—29	99—14	0—17

从表5.13可以看出，T-bond 期货与 T-note 期货的价差以3月份合约之间的价差为最大。某投资者认为，这一价差为一不合理的价差。因此，他预期经过一段时间后，这一价差将被缩小。于是，他买进3月份的 T-bond 期货合约，同时卖出3月份的 T-note 期货合约。假如到3月10日时，T-bond 期货的价格涨至99—23（上涨了0—11），而 T-note 期货的价格涨至100—09（上涨了0—07）。投资者通过对冲 T-bond 期货而获利343.75美元（31.25美元×11），同时，通过对冲 T-note 期货而损失218.75美元（31.25美元×7）。两相抵销后，他可获净利125美元。

4. 跨市套利

跨市套利是指在某个交易所买入（或卖出）某一交割月份的某种金融期货合约，同时在另一个交易所卖出(或买进)同一交割月份的同种金融期货合约,以期在有利时机分别在两个交易所对冲在手的合约获利。在金融期货市场上,许多交易所都交易相同或相似的金融期货合约。一般来说,这些品种在各交易所间的价格会有一个稳定的差额,一旦这一差额发生短期的变化,交易者就可以在这两个市场间进行套利,购买相对价格较低的合约,卖出相对价格较高的合约,以期在期货价格趋于正常时平仓,赚取低风险利润。

例如,某年5月8日,欧洲美元期货的行情如表5.14所示。

表5.14 欧洲美元期货行情(5月8日)

合约月份	IMM	LIFFE	价　　差
6月份	87.20	87.21	1个基点
9月份	87.30	87.32	2个基点
12月份	87.32	87.40	8个基点

由表5.14可见,同样是12月份到期的欧洲美元期货合约,在LIFFE的价格比在IMM的价格高8个基点。于是,投资者纷纷在IMM买进,在LIFFE卖出。这种套利行为使IMM的需求增加,使LIFFE的供给增加。因此,IMM的价格上升,LIFFE的价格下跌,两个市场的价差被缩小。投资者通过对冲可在两个市场同时获利。如果这种套利活动使两个市场的价格趋于一致,即使原有的价差全部消除,则套利者在这两个市场上共可获利200美元(25美元×8)。

应注意的是,跨市套利操作中要关注两个因素。一是交易单位与汇率波动。投资者在进行跨市套利时,可能会遇到不同交易单位和报价体系问题,将会在一定程度上影响套利效果。如果在不同国家的市场进行套利,还要承担汇率波动的风险。投资者在进行套利前应对可能出现的损失进行全面估量。二是保证金与佣金成本。跨市套利需要投资者在两个市场缴纳保证金和佣金,保证金的占用成本和佣金费用要计入投资者的成本之中。只有两个市场间套利价差高于上述成本之时,投资者才可以进行跨市套利。由于跨市套利是在两个市场进行交易,其交易成本一般要高于其他套利方式。

另外,金融期货市场与金融现货市场的期现套利交易也属于跨市套利内容。期现套利是指当金融期货市场与金融现货市场在价格差距发生不合理变化时,交易者就会在两个市场进行反向交易,从而利用价差变化获利的行为。期现套利有助于保持期货市场与现货市场之间合理的价格关系。可以说,期现套利是跨市套利的扩展,把套利行为发展到现货与期货两个市场而已。

(三) 套期保值策略

套期保值是指以回避现货价格风险为目的的期货交易行为。一般来讲,当投资者在现货市场上买进或卖出一定数量的现货金融资产时,即在现货市场面临空头或多头风险,这就必须同时在期货市场上卖出或买进与现货金融资产品种相同或相似、数量相当,但交易方向相反的期货合约,以一个市场的盈利去弥补另一个市场的亏损,从而达到提前锁定未来购买现货资产的成本、稳定现货仓位资产价值等规避现货资产价格波动风险的目的。可见,套期保值交易与投机、套利交易不同,套期保值者是双向交易,即既在现货市场买卖金融资产,同时又在期货市场买卖合约,但参与期货市场交易并不是要在期货合约买卖中获利,而是通过参与期货合约买卖,转移现货市场仓位可能面临的多头或空头风险。

1. 套期保值的原理

套期保值之所以能够规避价格风险,是因为期货市场上存在以下基本经济原理。

(1) 同种金融资产的期货价格与现货价格走势一致。

现货市场与期货市场虽然是两个各自独立的市场,但由于某一特定金融资产的期货价格与现货价格在同一市场环境内,会受到相同的经济因素的影响和制约,因而一般情况下两个市场的价格变动趋势相同。套期保值就是利用这两个市场的价格关系,分别在期货市场和现货市场做方向相反的买卖,取得在一个市场出现亏损的同时在另一个市场盈利的结果,以规避未来购买金融现货资产的价格上涨的风险,达到稳定现货仓位资产价值的目的。

(2) 现货市场价格与期货市场价格随期货合约到期日的临近而趋向一致。

期货交易的交割制度,保证了现货市场与期货市场价格随期货合约到期日的临近而趋向一致。从原理上讲,在期货合约到期时,未平仓头寸须进行实物交割。到交割时,如果期货价格与现货价格不同,例如,期货价格高于现货价格,就会有套利者买入低价现货,卖出高价期货,以低价买入的现货在期货市场上高价抛出,在无风险的情况下实现盈利。这种套利交易最终使期货价格与现货价格趋向一致。

2. 套期保值的操作原则

(1) 金融资产种类相同原则。

金融资产种类相同原则是指在做套期保值交易时,所选择的期货品种和套期保值者将在现货市场中买进或卖出的现货金融资产在种类上相同。只有种类相同,期货价格与现货价格之间才有可能形成密切的关系,才能在价格走势上保持大致相同的趋势,从而在两个市场上同时或前后采取反向买卖行动才能取得保值效果。

(2) 金融资产数量相等原则。

金融资产数量相等原则是指在做套期保值交易时,所选用的期货合约上所载的金融资产的数量必须与交易者将要在现货市场上买进或卖出的金融资产数量相等。做套期保值交易之所以必须坚持数量相等的原则,是因为只有保持两个市场上买卖金融资产的数量相等,才能使一个市场上的盈利额与另一个市场上的亏损额相等或最接近。当然,结束套期保值时,两个市场上的盈利额与亏损额的大小还取决于当时的基差与开始做套期保值时的基差是否相等。在基差不变的情况下,只有当两个市场上买卖的数量相等时,两个市场的亏损额和盈利额才会相等,进而才能用盈利额正好弥补亏损额,达到完全规避价格风险的目的。如果两个市场上买卖的金融资产数量不相等,两个市场的盈利额与亏损额就会不相等。当然,由于期货合约是标准化的,每张期货合约所代表的金融资产数量是固定不变的,但是交易者在现货市场上买卖的金融资产数量却是各种各样的,这样就使得做套期保值交易时,有时很难使所买卖的期货金融资产数量等于现货市场上买卖的现货金融资产数量,这就给做套期保值交易带来一定困难,并在一定程度上影响套期保值交易的效果。

(3) 月份相同或相近原则。

月份相同或相近原则是指在做套期保值交易时,所选用的期货合约的交割月份最好与交易者将来在现货市场上实际买进或卖出的现货金融资产的时间相同或相近。这是因为两个市场上出现的亏损额和盈利额受两个市场上价格变动幅度的影响,只有使选用的期货合约的交割月份和交易者决定在现货市场上实际买进或卖出现货金融资产的时间相同或相近,才能使期货价格与现货价格之间的联系更加紧密,增强套期保值效果。因为随着期货合约交割期的到来,期货价格与现货价格会趋向一致。

(4) 交易方向相反原则。

交易方向相反原则是指在做套期保值交易时,套期保值者必须同时或相近时间内在现货市场上和期货市场上采取相反的买卖行动,即进行反向操作,在两个市场上处于相反的买卖位置。只有遵循交易方向相反原则,交易者才能取得在一个市场上亏损的同时在另一个市场上必定会出现盈利的结果,从而才能用一个市场上的盈利去弥补另一个市场上的亏损,达到套期保值的效果。

3. 套期保值的运用

(1) 空头期货套期保值。

空头期货套期保值是指套期保值者先在期货市场上卖出与其将在现货市场上卖出的现货金融资产数量相等、交割日期也相同或相近的金融期货合约,即预先在期货市场上卖空,持有空头合约或建立空头交易部位。然后,当该套期保值者在现货市场上实际卖出现货金融资产的同时或前后,又在期货市场上进行对冲,买进原先卖出的该金融资产的期货合约,结束所做的套期保值交易,进而为其在现货市场上卖出的现货金融资产进行保值。

空头期货套期保值适用于在未来某一时间内准备在现货市场卖出某种金融资产的投资者。由于该类投资者最大的担心就是当未来实际在现货市场上卖出现货金融资产时价格可能下跌,为了日后在现货市场卖出实际金融资产时所得到的价格仍能维持在当前合适的价格水平上,只有实施空头期货套期保值,才可锁定资产价值并有效避免现货价格下跌的风险。

空头期货套期保值的操作方法是:交易者先在期货市场上卖出期货合约,其卖出的金融资产期货品种、数量、交割月都与将来在现货市场上卖出的现货金融资产大致相同,以后如果现货市场价格真的出现下跌,虽然在现货市场上以较低的现货价格卖出现货金融资产,但由于此时他在期货市场上买入原来卖出的期货合约进行对冲平仓获利,这样,用对冲后的期货盈利来弥补因现货市场价格下跌所造成的损失,从而实现保值的目的。

现以股指期货空头套期保值交易为例加以说明。股指期货空头套期保值是指投资者在现货市场买进并持有了股票,即在现货市场面临空头风险,于是在期货市场卖出股指期货合约的期货交易。

例如,某证券投资基金在某年8月底时,其收益率已达到比较理想的水平,鉴于后市不太明朗,下跌的可能性很大,为了保持这一业绩到12月份,决定利用某指数期货进行套期保值。假定其股票组合的现值为两亿元,并且其股票组合指数的 β 系数为0.9。若9月2日的现货指数为2 940点,而12月到期的期货合约指数为2 990点。该基金首先要计算须卖出多少期货合约才能使两亿元股票得到有效保护。其公式为

$$D = \frac{S}{F \times c} \times \beta \tag{5.1}$$

式中:D——期货合约数量;
S——现货组合资产价值;
F——期货指数点位;
c——每指数点价值。

所以，应该卖出的期货合约数 = $\dfrac{200\,000\,000}{2\,990 \times 300} \times 0.9 \approx 201$ 张

12月2日，现货指数跌至2 646点，而期货指数跌至2 691点（现货指数跌294点，期货指数跌299点），即整个市场都跌了10%，但该基金的股票组合价值却只跌了9%，这时，该基金买进201张期货合约进行平仓，则该基金的损益情况为：

现货价值亏损9%，即减值18 000 000元；通过期货合约赢得201×299×300 = 18 029 700元。在忽略手续费的情况下，两者基本相等（见表5.15）。

表5.15　股指期货空头套期保值

日　期	现　货　市　场	期　货　市　场
9月2日	股票总值两亿元，该现货指数为2 940点	卖出201张12月到期的该指数期货合约，期货指数为2 990点，合约价值为 201×2 990×300 = 180 297 000元
12月2日	该现货指数跌至2 646点，该基金持有的股票价值减少18 000 000元	买进平仓201张12月到期的该指数期货合约，期货指数为2 691点，合约价值为 201×2 691×300 = 162 267 300元
损　益	−18 000 000元	18 029 700元

如果到了12月2日，现货指数上涨了5%，涨到3 087点；期货指数也上涨了5%，涨到3 139.5点。这时该基金的股票组合上涨了4.5%，其损益结果见表5.16。

表5.16　股指期货空头套期保值损益结果

日　期	现　货　市　场	期　货　市　场
9月2日	股票总值两亿元，该现货指数为2 940点	卖出201张12月到期的该指数期货合约，期货指数为2 990点，合约价值为180 297 000元
12月2日	该现货指数上涨至3 087点，该基金持有的股票价值增加 200 000 000×4.5% = 9 000 000元	买进平仓201张12月到期的该指数期货合约，期货指数3 139.5点，合约价值为189 311 850元
损　益	9 000 000元	−9 014 850元

从表5.16可以看出，在忽略手续费的情况下，总的损益仍旧基本相等。

（2）多头期货套期保值。

多头期货套期保值是指套期保值者先在期货市场上买入与其将在现货市场上买入的现货金融资产数量相等、交割日期相同或相近的金融期货合约，即预先在期货市场上买空，持有多头合约或建立多头交易部位。然后，当该套期保值者在现货市场上买入现货金融资产的同时，在期货市场上进行对冲，卖出原先买进的该金融资产的期货合约，进而为其在现货市场上买进的现货金融资产进行保值。

多头期货套期保值适用于在未来某一时间准备购进某种金融资产但担心现货价格上涨的交易者。因为如果实施多头期货套期保值，即可提前锁定未来购进的成本，有效避免现货价格上涨的风险。

多头期货套期保值的操作方法是：交易者先在期货市场上买进期货合约，其买入的金融资产期货品种、数量、交割月都与将来在现货市场上买入的现货金融资产大致相同，以后如果现货市场价格真的出现上涨，虽然在现货市场上以较高的现货价格买入现货金融资产，

但由于此时他在期货市场上卖出原来买进的期货合约进行对冲平仓获利,这样,用对冲后的期货盈利来弥补因现货市场价格上涨所造成的损失,从而完成了多头套期保值交易。

现以股指期货多头套期保值交易为例加以说明。股指期货多头套期保值是指投资者在现货市场卖出了股票或者空仓,或者未来某一个时点将再行入市购买股票,即在现货市场面临多头风险,于是实施在期货市场买进股指期货合约的期货交易。

例如,某机构在4月15日得到承诺,6月10日会有300万元资金到账。该机构看中A、B、C三只股票,现在价格分别为20元、25元、50元,如果现在就有资金,每只股票投入100万元就可以分别买进5万股、4万股和2万股。由于现在处于行情看涨期,他们担心资金到账时,股价已上涨,就买不到这么多股票了。于是,采取买进股指期货合约的方法锁定成本。

假定相应的6月到期的期指为1 500点,每点乘数为100元。三只股票的β系数分别为1.5、1.3和0.8,且投资资金在A、B、C三只股票上平均分配,则他们首先得计算应该买进多少期指合约。

$$\beta_P = \beta_A w_A + \beta_B w_B + \beta_C w_C$$

式中:β_P——组合的β;

　　　w——资金配置权数。

组合的β = 1.5 × 1/3 + 1.3 × 1/3 + 0.8 × 1/3 = 1.2

所以,应当买进的期指合约数 = $\dfrac{3\,000\,000}{1\,500 \times 100} \times 1.2 = 24$张

6月10日,该机构如期收到300万元,这时现指与期指均已涨了10%,即期指已涨至1 650点,而三只股票分别上涨至23元(上涨15%)、28.25元(上涨13%)和54元(上涨8%)。如果仍旧分别买进5万股、4万股和2万股,则共需资金23 × 5 + 28.25 × 4 + 54 × 2 = 336万元,显然,资金缺口为36万元。

由于他们在指数期货上做了多头保值,6月10日那天将期指合约卖出平仓,共计可得24 × (1 650 - 1 500) × 100 = 36万元,正好与资金缺口相等。可见,通过套期保值,该机构实际上已把一个多月后买进股票的价格锁定在4月15日的水平上了。同样,如果到时股指与股票价格都跌了,实际效果仍旧如此。这时,该机构在期指合约上亏了,但由于股价低了,扣除亏损的钱后,余额仍旧可以买到足额的股票数量。表5.17仅列出价格上涨时的情况。

表5.17　股指期货多头套期保值

日　期	现货市场	期货市场
4月15日	预计6月10日可收到300万元,准备购买A、B、C三只股票,当天三只股票的市场价格为: A股票20元,β系数1.5 B股票25元,β系数1.3 C股票50元,β系数0.8 按此价格,各投资100万元,可购买 A股票5万股 B股票4万股 C股票2万股	买进24张6月到期的指数期货合约,期指点为1 500点,合约总值为24 × 1 500 × 100 = 360万元

续表

日　期	现货市场	期货市场
6月10日	收到300万元,但股票价格已上涨至: A 股票23元(上涨15%) B 股票28.25元(上涨13%) C 股票54元(上涨8%) 仍按计划数量购买,资金缺口为36万元	卖出24张6月到期的指数期货合约平仓,期指为1 650点,合约总值为24×1 650×100＝396万元
损　益	－36万元	36万元

（3）基差与套期保值效果。

在金融资产实际价格运动过程中,基差总是在不断变动,基差变化是判断能否完全实现套期保值的依据。由于期货合约到期时,现货价格与期货价格会趋于一致。套期保值者利用基差的有利变动,不仅可以取得较好的保值效果,而且还可以通过套期保值交易获得额外的盈余。一旦基差出现不利变动,套期保值的效果就会受到影响,套期保值者则会蒙受一部分损失。

一般来说,如果在进行套期保值时与结束套期保值时的基差没有发生变化,套期保值者无论进行多头期货套期保值还是空头期货套期保值,都能实现在现货市场与期货市场盈亏完全相抵,得到完全保护的套期保值效果;如果在进行套期保值时与结束套期保值时的基差走强,包括正向市场走强、反向市场走强、正向市场转为反向市场等,套期保值者进行空头期货套期保值将能实现在现货市场与期货市场盈亏完全相抵,可以得到完全保护,并且存在净盈利,而进行多头期货套期保值则不能得到完全保护,存在净亏损;如果在进行套期保值时与结束套期保值时的基差走弱,包括正向市场走弱、反向市场走弱、反向市场转为正向市场等,套期保值者进行空头期货套期保值将不能得到完全保护,存在净亏损,而进行多头期货套期保值则能实现在现货市场与期货市场盈亏完全相抵,得到完全保护,并存在净盈利。

第二节　金 融 期 权

一、什么是金融期权

（一）金融期权的含义

金融期权是期权的一个类别。所谓期权,又称选择权,是指一种能在未来某日期或该日期之前,以协定价格买进或卖出一定数量的某种商品的权利。可见,期权交易实质上是对选择权的买卖。所谓金融期权是指以各种金融资产或金融衍生工具与产品作为标的资产的期权交易形式。金融期权是在20世纪70年代的金融创新中发展起来的金融交易形式。与金融期货一样,自其产生以来,发展异常迅猛,应用也十分广泛。尤其是在各种金融风险管理中,它更是一种颇受欢迎的套期保值的新工具。

（二）金融期权的分类

1. 根据标的金融资产买卖方向的不同,金融期权可以分为看涨期权、看跌期权

所谓看涨期权,是指期权购买者可在约定的未来某日期或该日期之前,以协定价格向期权出售者买进一定数量的某种金融资产或金融衍生工具与产品的权利。我国权证市场的认

购权证即为看涨期权。

从看涨期权的定义可以看出,当投资者预期某金融资产现货市场价格将上涨时,即可在期权市场买进该资产为标的物的看涨期权。日后(或在期权到期日),若现货市场价格果然上涨,且涨至协定价格以上,则该投资者便可执行其持有的看涨期权,从原理上讲其可以按低于现货市场价格的协定价格在期权市场行权后买入标的金融资产,并在现货市场按高于协定价格的现货市场价格出售行权后买入的标的金融资产,从而成功获利。获利的多少将视现货市场价格上涨的幅度而定。从理论上说,现货市场价格上涨的幅度无限,故看涨期权购买者的获利程度也将无限。反之,若现货市场价格不变或反而下跌,且跌至协定价格或协定价格以下,则该投资者将放弃执行其所持有的看涨期权。此时,他将受到一定的损失,但这种损失是有限的,且是已知的。因为当期权购买者放弃执行看涨期权时,其最大的损失就是购买该看涨期权时所支付的期权费(期权价格,下同)。因此,对买进看涨期权的投资者而言,其潜在的利润是无限的,而其潜在的损失却是有限的,如图 5.15 所示。

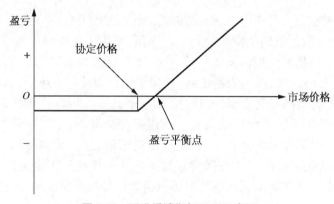

图 5.15　买进看涨期权盈亏示意图

同时,从看涨期权的定义还可以看出,当投资者预期某金融资产现货市场价格将下跌时,即可在期权市场卖出该资产为标的物的看涨期权。日后(或在期权到期日),若现货市场价格果然下跌,且跌至协定价格或协定价格以下,则看涨期权购买者必将放弃执行其持有的看涨期权,从而看涨期权出售者便获得最大利润。这一利润即是他卖出看涨期权时所收取的期权费,因此,看涨期权的出售者的盈利是有限的。但若现货市场价格不跌反涨,且涨至协定价格以上,则期权购买者将要求执行期权,而期权出售者必须无条件履约,这样他将受到一定的损失,其损失的程度将决定于现货市场价格上涨的幅度。从理论上说,现货市场价格上涨的幅度无限,故看涨期权出售者可能发生的损失也将是无限的,如图 5.16 所示。

看跌期权是指期权购买者可在约定的未来某日期或该日期之前,以协定价格向期权出售者卖出一定数量的某种金融资产或金融衍生工具与产品的权利。我国权证市场的认沽权证即为看跌期权。

根据看跌期权的定义,在金融期权交易中,投资者之所以买进看跌期权,是因为他预期标的金融资产的现货市场价格将下跌。买进看跌期权后,若标的金融资产的现货市场价格果然下跌,且跌至协定价格以下,从原理上讲该投资者即可行使其权利,在期权市场

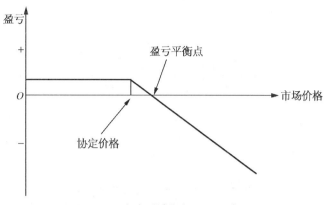

图 5.16 卖出看涨期权盈亏示意图

通过行权以高于现货市场价格的协定价格出售标的金融资产,从而避免现货市场价格下跌所造成的损失。同时,如果期权购买者并不持有该金融资产,则在标的金融资产现货市场价格下跌时,他可在现货市场以较低价格买进标的资产,而在期权市场以较高的协定价格卖出标的金融资产,从而获利,获利程度将取决于标的资产现货市场价格下跌的幅度。由于现货市场价格最低只能跌至零,因此,看跌期权的买方盈利是有限的。反之,在买进看跌期权后,若标的金融资产现货市场价格没有下跌,或者反而上涨,则该投资者将放弃执行该看跌期权而损失其支付的期权费。所以,看跌期权买方的损失是有限的。如图 5.17 所示。

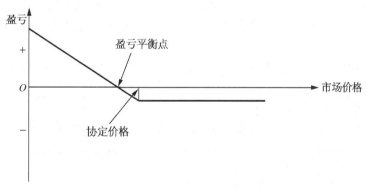

图 5.17 买进看跌期权盈亏示意图

如上所述,如果投资者预期某种金融资产的现货市场价格将上涨,他可买进以该金融资产为标的物的看涨期权,并在现货市场价格上涨时通过执行其持有的看涨期权而获利。实际上,当投资者对现货市场价格看涨时,他还有另外一种策略可以选择,即卖出看跌期权。通过卖出看跌期权,投资者可收取期权费。日后,若金融资产现货市场价格上涨,且涨至协定价格或协定价格以上,则看跌期权购买者将放弃执行该期权。这样,看跌期权的出售者即可获得最大利润,即卖出看跌期权时所收取的期权费。而若现货市场价格下跌,且跌至协定价格以下,则因看跌期权购买者要求执行该看跌期权,看跌期权出售者将遭受损失,其损失的程度取决于现货市场价格下跌的幅度。由于现货市场价格的下跌最大即为零,因此,看跌期权出售者的盈亏都是有限的,如图 5.18 所示。

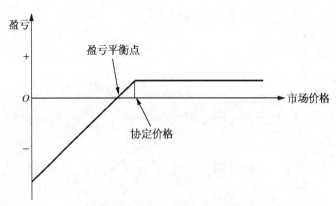

图 5.18 卖出看跌期权盈亏示意图

2. 根据期权合约规定履约时间的不同,金融期权可以分为美式期权、欧式期权

美式期权是指期权购买者既可在期权到期日履约,又可在期权到期日之前的任一营业日履约的期权。

欧式期权是指期权购买者只能在期权到期日履约的期权。

对于期权购买者而言,由于美式期权比欧式期权有更大的选择余地,也可以说,他们可在期权有效期内选择一个比较理想的日期执行期权,从而获取较多的利润或避免较大的损失。对于期权出售者而言,美式期权将使他承担比欧式期权更大的风险。所以,在实际的期权交易中,尤其是在期权定价中,区分欧式期权与美式期权是非常重要的。通常,美式期权的期权费要高于欧式期权的期权费。

3. 根据期权合约标的资产性质的不同,金融期权可以分为现货期权、期货期权

现货期权是指以各种现货金融资产作为标的物的期权,如股票期权、股价指数期权、货币期权、债券期权等。

期货期权是指以各种金融期货合约作为标的物的期权,如各种货币期货期权、利率期货期权、股价指数期货期权等。

(三) 金融期权与金融期货的区别

金融期权与金融期货的交易对象都是标准化合约,交易都是在交易所内通过公开竞价的方式进行,交易达成后都必须通过结算所统一结算,但两者有显著的区别,主要表现在以下五个方面。

(1) 合约性质不同。

金融期货合约是交易双方达成的在未来特定日期交付一定数量的金融资产的标准化合约,因此,金融期货合约的标的物是一般金融资产。金融期权合约是支付了期权费的买方有权在规定的有效期内买入或卖出一定数量的金融资产的标准化合约,金融期权买卖的是一种选择权。

(2) 买卖双方的权利义务不同。

在金融期货交易中,金融期货合约的买卖双方都被赋予了相应的权利和义务,不存在一方只享有权利而不承担义务的情况。买卖双方都有进行实物交割的义务,若想免除到期履行金融期货合约的义务,必须在合约交割期到来之前进行对冲。在金融期权交易中,金融期权合约的买方有权在其认为合适的时候行使权利,但并不负有必须买入或卖出的义务。当买方认为执行期权对自己不利时,可以放弃行权,而不必征得卖方的同意,不过买方会因此而损失一笔期权费;而金融期权合约的卖方却没有任何权利,他有义务满足金融期权买方要

求履行合约时买入或卖出一定数量的金融资产。

（3）保证金规定不同。

在金融期货交易中，买卖双方都要缴纳一定数量的保证金，投资者在开立金融期货交易账户时必须缴纳基础保证金，并将其维持在一定水平。若投资者交易过程中保证金水平不足，应随时追加保证金，作为成交双方的履约保证。在金融期权交易中，金融期权买方无须缴纳保证金，买方所面临的最大损失就是他预先付出的期权费。由于这种风险是有限和能够预知的，其最大亏损不会超过他已支付的期权费，因此，金融期权买方就没有必要开立保证金账户，也不用缴纳履约保证金。对于金融期权卖方来说，其所面临的市场风险与金融期货交易中的风险一样，由于谁也无法准确预测金融期货市场的变动方向，所以，金融期权卖方必须交付一笔保证金，并将其维持在一定水平，以表明他具有相应的履行金融期权合约的能力。

（4）市场风险不同。

在金融期货交易中，交易双方由于价格的不确定变动必然使其中一方盈利，而使另一方亏损，盈利和亏损的程度取决于价格变动的幅度。所以，买卖双方潜在的盈利和亏损都是无限的。在金融期权交易中，由于金融期权买方与卖方的权利和义务的不对称性，他们在交易中的盈亏也具有不对称性。从理论上讲，金融期权买方的亏损风险是有限的（仅以期权费为限），而盈利既可能是无限的（在看涨期权情形下）也可能是有限的（在看跌期权情形下）；金融期权卖方的盈利可能是有限的（仅以期权费为限），而亏损的风险既可能是无限的（在看涨期权情形下）也可能是有限的（在看跌期权情形下）。当然，在现实的金融期权交易中，金融期权卖方并非总是处于不利的地位，因为在金融期权交易中很少以履约平仓的方式进行，也就是说，交易者不是采用对冲平仓方式，就是金融期权买方采用放弃权利的方式进行交易。

（5）获利机会不同。

在金融期货交易中，买卖双方都无权违约，也无权要求提前或推迟交割，而只能在到期前的任一时间通过反向交易而实现对冲。交易者获得意外收益的可能性和遭受意外损失的风险性是均等的，即为对称性风险。例如，套期保值就是通过金融期货交易而抵消这种对称性风险，也就是说，保值交易可避免因价格的不利变动而造成的损失，但为了达到这一目的，保值者必须放弃因价格的有利变动而带来的利益。投机交易有可能获利丰厚，也有可能损失惨重。在金融期权交易中，由于杠杆作用更加突出，给交易者带来了更多的获利机会。例如，金融期权买方既可以执行期权买入或卖出合约标定的金融资产，也可以放弃执行期权。如果交易者在金融期货市场上做保值交易或投机交易时，配合使用金融期权交易，可以降低市场风险，从而增加盈利机会。

（四）金融期权交易制度

金融期权合约是标准化合约。所谓标准化是指金融期权合约中的交易单位、最小变动价位、每日价格波动限制、协定价格、合约月份、交易时间、最后交易日、履约日等都由期权交易所作统一的规定。下面就金融期权合约的主要内容作逐一解释。

1. 期权合约的标准化

（1）交易单位。

金融期权的交易单位（合约规模）由各交易所分别加以规定。因此，即使是标的金融资产相同的金融期权合约，如在不同交易所上市，则其交易单位也不一定相同。但有一些金融期权合约的交易单位是一致的。通常，股票期权的交易单位是100股标的股票，金融期货期权的交易单位是一张相关的金融期货合约,股价指数期权的交易单位是标的指数与某一固定金额(如100美元)的乘积。

(2) 协定价格。

在合约的标准化条款中,协定价格是金融期权合约所特有的。所谓协定价格,是指金融期权合约被执行时,交易双方实际买卖标的金融资产的价格。一般地说,当交易所准备上市某金融期权合约时,将首先根据该合约的标的资产现货市场最近收盘价,依某一特定的形式确定一个中心协定价格,然后再根据既定的幅度设定该中心协定价格的上、下各若干个间距的协定价格。因此,在金融期权的合约规格中,交易所通常只规定协定价格的间距。例如,某股价指数期货合约的市场价格为450点,而以该期货合约为标的资产的期权合约规定,协定价格的间距为5点,则在中心协定价格为450点时,其他可能的协定价格(以点数表示)分别为430、435、440、445、450、455、460、465、470等。

(3) 最后交易日与履约日。

最后交易日是指某种即将到期的金融期权合约在交易所交易的最后截止日。如果期权购买者在最后交易日再不做对冲交易,则他要么放弃期权,要么在规定时间内执行期权。履约日是指期权合约所规定的、期权购买者可执行该期权的日期。由于金融期权有美式期权和欧式期权之分,故不同期权的履约日也不尽相同,而且履约日也未必在最后交易日之后。

在金融期权交易中,由于期权购买者既可执行期权,也可放弃期权,故最后交易日和履约日是两个必须明确的日期。就履约日而言,交易者首先必须明确自己所买进或卖出的期权究竟是欧式期权还是美式期权。如为欧式期权,则履约日即该期权的到期日;如为美式期权,则履约日是该期权有效期内的任一营业日。就最后交易日而言,不同期权也有不同的规定。例如,在 CME 交易的货币期货期权的最后交易日为合约月份第三个星期三往回数的第二个星期五。之所以如此规定,是因为合约月份的第三个星期三是作为期权标的物的货币期权的交割日,而在这一天之前第二个营业日是标的货币期权的最后交易日。又如,在 CBOT 交易的美国长期国债期货期权的最后交易日为相关期货第一通知日之前至少5个营业日之前的第一个星期五。交易所之所以作这样的规定,也是由标的期货的交易规则所决定的。CBOT 长期国债期货的交割日为合约月份的任一营业日,而在实际交割前,合约的卖方必须提前两个营业日向交易所的结算单位发出交割通知。因此,以长期国债期货合约为标的资产的期权合约,应在标的期货第一通知日之前停止交易,而这一最后交易日实际上是在合约月份之前的那个月份的某一营业日。

2. 保证金制度

金融期权中的保证金制度与金融期货中的保证金制度有着相同的性质和功能。但在具体操作中,这两种保证金制度又大不一样。其中,最为显著的不同是在金融期权交易中,只有期权出售者才必须缴纳保证金,而期权购买者则无须缴纳保证金。之所以如此,是因为保证金的作用在于确保履约,而期权购买者没有必须履约的义务。另外,即使是期权出售者,也并不是非以现金缴纳保证金不可。如果期权出售者所出售的是有担保的看涨期权,即在他出售某种看涨期权时,实际拥有该期权的标的现货资产,并预先存放于经纪商处以作为履约的保证,则他也可免交保证金。

3. 对冲与履约

在交易所的金融期权交易中,如果交易者不想继续持有未到期的期权部位,那么在最后交易日或在最后交易日之前,他可随时通过反向交易来了结头寸。这与金融期货交易中的对冲是完全一样的。在金融期权的履约中,不同的期权有不同的履约方式。一般地讲,除指数期权及欧洲美元期权以外的其他各种现货金融期权在履约时,交易双方将以协定价格进行实物交割;各种指数期权及欧洲美元期权则根据协定价格与现货市场价格之差实行现金结算;期货期权则依协定价格将期权部位转化为相应的期货部位。

4. 部位限制

部位限制是指交易所对每一账户所持有的期权部位的最高限额。交易所之所以作这样的规定,主要是为了防止个别投资者承受过大的风险,或者对市场有过大的操纵能力。一般来讲,不同的交易所有不同的部位限制的规定,有的以合约的数量作为限制的标准,有的则以合约的总值作为限制的标准。在金融期货期权中,有的将期权部位与对应的期货部位合并计算,而有的则将期权部位与对应的期货部位分开计算。另外,在对部位限制所作的规定中,一般要分别对每一单方和整个账户的总部位作出规定。这里所谓的单方是指看涨期权的净买方(或净卖方)或者看跌期权的净买方(或净卖方)。

(五)金融期权的价格(期权费)

1. 金融期权价格的构成

在金融期权交易中,期权购买者为获得期权合约所赋予的权利,就必须向期权出售者支付一定的费用,这就是期权费或期权价格。从理论上讲,金融期权价格由内在价值和时间价值两部分构成。

(1)内在价值。

内在价值是指金融期权合约本身所具有的价值,也就是期权购买者如果立即执行该期权所能获得的收益。例如,一种股票的现货市场价格为每股 30 元,而以该股票为标的资产的看涨期权的协定价格为每股 20 元。如果这一看涨期权的交易单位为 100 股该种股票,那么它的购买者只要执行该期权,即可获得 1 000 元的收益。这 1 000 元的收益就是这一看涨期权的内在价值。显然,一种期权有无内在价值及内在价值的大小,取决于该期权的协定价格与其标的资产现货市场价格的关系。而协定价格与现货市场价格的关系可分为三种不同情形,即实值、虚值与平价。所谓实值是指期权的内在价值为正,虚值是指期权的内在价值为负,平价是指期权的内在价值为零。所以,对于看涨期权而言,现货市场价格高于协定价格为实值期权,现货市场价格低于协定价格为虚值期权,现货市场价格等于协定价格为平价期权;对于看跌期权而言,现货市场价格低于协定价格为实值期权,现货市场价格高于协定价格为虚值期权,现货市场价格等于协定价格为平价期权。

如以 X 表示金融期权合约协定价格,以 S 表示金融期权合约标的金融资产的现货市场价格,则金融期权内在价值的状态可用表 5.18 加以说明。

表 5.18 金融期权内在价值的状态

	看涨期权	看跌期权
实值期权(ITM)	$S > X$	$S < X$
虚值期权(OTM)	$S < X$	$S > X$
平价期权(ATM)	$S = X$	$S = X$

需指出的是,虽然从理论上说,实值期权的内在价值为正,虚值期权的内在价值为负,平价期权的内在价值为零。但从实际来看,无论是看涨期权还是看跌期权,也无论期权标的金融资产的现货市场价格处于什么水平,期权的内在价值都必然大于零或等于零,而不可能小于零。之所以如此,是因为对于期权购买者来说,任何期权合约都只是赋予他可以行使的权利,而没有规定他必须履行的义务。也就是说,期权购买者既可执行其持有的期权,也可放弃执行其持有的期权。一般来说,只有当期权有正的内在价值时,期权购买者才愿意行权,因为他通过执行期权将有利可图;相反,当期权无内在价值或内在价值为负时,期权购买者将放弃行权,因为如果执行期权,他将无利可图,甚至反受损失。所以,对看涨期权而言,若现货市场价格高于协定价格,期权购买者将执行期权;若现货市场价格等于或低于协定价格,期权购买者将放弃行权。对看跌期权而言,若现货市场价格低于协定价格,期权购买者将执行期权;而当现货市场价格等于或高于协定价格,期权购买者将放弃行权。

由此可见,金融期权的内在价值虽然决定于现货市场价格与协定价格的关系,但它在任何情况下都不可能为负值。如果以 IV 表示内在价值,以 X 表示期权合约的协定价格,以 S 表示期权合约标定金融资产的现货市场价格,以 m 表示期权合约的交易单位,那么,对于每一个看涨期权来说:

$$IV = \begin{cases} (S-X) \cdot m & (S > X) \\ 0 & (S \leq X) \end{cases} \tag{5.2}$$

相反,对于每一个看跌期权而言:

$$IV = \begin{cases} 0 & (S \geq X) \\ (X-S) \cdot m & (S < X) \end{cases} \tag{5.3}$$

(2) 时间价值。

内在价值固然是决定金融期权价格的主要因素,但不是唯一因素。在现实的金融期权交易中,各种期权通常都是以高于内在价值的价格买卖。尤其是那些平价期权和虚值期权,它们的内在价值虽然为零,但在到期之前,它们的价格却总是大于零。也就是说,即使是平价期权或虚值期权,其所有者也并不因为它们没有内在价值而免费提供给他人。之所以如此,是因为期权价格除了决定于内在价值以外,还决定于时间价值。

所谓时间价值是指金融期权购买者为购买期权而实际支付的期权费超过该期权内在价值的那部分价值。期权购买者之所以支付那部分额外的期权费,是因为他希望随着时间的推移和现货市场价格的变动,该期权的内在价值得以增加,从而使本来没有内在价值的平价期权和虚值期权变成具有内在价值的实值期权,或者使本来就有内在价值的实值期权的内在价值进一步增加。

与内在价值不同,时间价值通常不易直接计算。因此,它一般是用实际的期权费减去该期权的内在价值而求得的。例如,某股票的现货市场价格为每股 25 元,而以该股票为标的资产、协定价格为每股 20 元的看涨期权的期权费为每股 6.5 元。显然,该看涨期权的内在价值为每股 5 元,而其时间价值则为每股 1.5 元。

2. 影响金融期权价格的主要因素

金融期权价格由内在价值与时间价值共同构成,因此,凡是影响内在价值与时间价值的因素都是影响金融期权价格的因素。一般来说,影响金融期权价格的因素主要有以下五个方面。

（1）市场价格与协定价格。

市场价格与协定价格是决定期权形态的基本因素,当然也是决定期权价格的最重要因素。这两种价格及其相互关系不仅决定着内在价值,而且还影响着时间价值,如图 5.19 和图 5.20 所示。

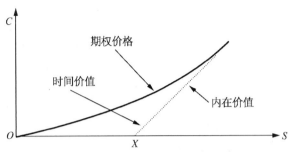

图 5.19　现货市场价格、协定价格与看涨期权的价格

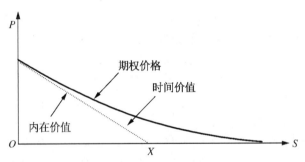

图 5.20　现货市场价格、协定价格与看跌期权的价格

在图 5.19 和图 5.20 中,S 表示期权合约标定金融资产的现货市场价格,X 表示期权合约的协定价格,C 表示看涨期权的价格(即看涨期权的期权费),P 表示看跌期权的价格(即看跌期权的期权费)。在此两图中,实线表示期权价格,虚线表示内在价值,实线与虚线之间的间隔表示时间价值。

显然,在协定价格一定的条件下,标的金融资产的现货市场价格便决定了内在价值。对于看涨期权而言,现货市场价格高于协定价格越多,则内在价值越大;现货市场价格高于协定价格越少,则内在价值越小;当现货市场价格等于或低于协定价格时,内在价值就为零。对于看跌期权而言,现货市场价格低于协定价格越多,则内在价值越大;现货市场价格低于协定价格越少,则内在价值越小;当现货市场价格等于或高于协定价格时,内在价值就为零。

相反,在现货市场价格一定时,协定价格便决定了内在价值。对看涨期权而言,若协定价格提高,则图 5.19 中的虚线将向右边平移,表示在同一现货市场价格水平上,内在价值减少;而若协定价格降低,则图 5.19 中的虚线将向左边平移,表示在同一现货市场价格水平上,内在价值增加。对看跌期权而言,若协定价格提高,则图 5.20 中的虚线也将向右边平移;而若协定价格降低,则图 5.20 中的虚线也将向左边平移。但是,这种平移所反映的内在价值的变动方向却与看涨期权相反。

可见,现货市场价格与协定价格的关系决定了内在价值的有无以及内在价值的大小。不仅如此,这种关系还决定了时间价值的有无以及时间价值的大小。

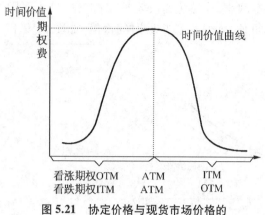

图 5.21 协定价格与现货市场价格的关系对时间价值的影响

通常,协定价格与现货市场价格的差距越大,则时间价值就越小;反之,协定价格与现货市场价格的差距越小,则时间价值就越大。图 5.21 对此进行了很好的图示解释。所以,从图 5.19 和图 5.20 中,可以清楚地看到,当一种期权处于深度实值或深度虚值时,其时间价值将趋向于零;而当一种期权正好处于平价时,其时间价值最大。

为什么时间价值会呈现这样的变动特点?这是因为,当协定价格与现货市场价格一致时,即在期权正好处于平价时,现货市场价格的变动才最有可能使期权增加内在价值,此时的投机性最强,投资者才愿意为买进这种期权付出相等于时间价值的期权费。故此时虽然内在价值为零,但时间价值达到最大。由于此时的时间价值已经最大,任何现货市场价格与协定价格的偏离都将减少这一时间价值。

在看涨期权中,当现货市场价格越来越高于协定价格时,尽管内在价值越来越大,但时间价值越来越小,因为随着现货市场价格越来越高于协定价格,现货市场价格进一步上涨的动能在减弱,此看涨期权作为实值期权其实值部分的扩大会面临越来越大的难度,当处于深度实值时,其进一步增加内在价值的可能性已经极小,而减少内在价值的可能性反而极大,并且,随着现货市场价格越来越高于协定价格,在内在价值不断增加的基础上,该看涨期权被买方行权的可能性越来越高,当买方一旦选择行权,该看涨期权就没有了时间价值。同时,随着现货市场价格越来越低于协定价格,此看涨期权作为虚值期权其虚值部分的扩大会使该看涨期权由虚值期权转变为具有内在价值的实值期权的难度越来越大,当处于深度虚值时,其被买方行权的希望变得十分渺茫而放弃行权的可能性则变得极高。

在看跌期权中,当现货市场价格越来越低于协定价格时,尽管内在价值越来越大,但时间价值同样越来越小,因为随着现货市场价格越来越低于协定价格,现货市场价格进一步下跌的动能在减弱,此看跌期权作为实值期权其实值部分的扩大会面临越来越大的难度,当处于深度实值时,其进一步增加内在价值的可能性已经极小,而减少内在价值的可能性反而极大,随着现货市场价格越来越低于协定价格,在内在价值不断增加的基础上,该看跌期权被买方行权的可能性越来越高,当买方一旦选择行权,该看跌期权就没有任何时间价值。同时,随着现货市场价格越来越高于协定价格,此看跌期权作为虚值期权其虚值部分的扩大会使该看跌期权由虚值期权转变为具有内在价值的实值期权的难度越来越大,当处于深度虚值时,其被买方行权的希望就变得极为渺茫而放弃行权的可能性反而极高。所以,现货市场价格与协定价格的关系对时间价值也有着重大和直接的影响。

(2) 权利期间。

权利期间是指金融期权合约的剩余有效时间。在金融期权交易中,它是期权买卖日至期权到期日的时间。在其他情况不变的条件下,权利期间越长,期权价格越高;权利期间越短,期权价格越低。所以,无论是看涨期权还是看跌期权,只要协定价格相同,则越是远期的期权,期权费越高;越是近期的期权,期权费越低。

权利期间对期权价格的影响主要表现在两个方面。一是期权通常被作为套期保值的工具,而期权价格又通常被作为套期保值者所支付的保险费。所以,权利期间越长,则套期保值的时间越长,于是套期保值者所支付的那种保险费也理应越高。二是权利期间对期权的时间价值有着直接的影响。权利期间越长,时间价值越大;权利期间越短,时间价值越小;在期权到期日,权利期间为零,时间价值也为零。

权利期间的长短虽然对时间价值的大小有着同方向的影响,但这种影响却并不是同比例的。也就是说,权利期间对时间价值的影响是非线性的。在一般情况下,随着权利期间的缩短,时间价值将以越来越快的速度消失,尤其是在期权临近到期日时更是如此,如图5.22所示。

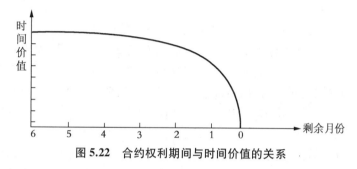

图 5.22　合约权利期间与时间价值的关系

（3）无风险利率。

无风险利率是指无风险资产的收益率。无风险利率对看涨期权的价格有正向的影响,而对看跌期权的价格有负向的影响。这种影响在股票期权中表现得比较明显。因为对买进股票的投资者而言,买进股票本身与买进以该股票为标的资产的看涨期权在一定程度上具有替代性。如果买进股票本身,投资者必须支付股票的全部价款;而如果买进看涨期权,则投资者只需支付期权费。显然,相对于股票的全部价款而言,期权费要少得多。这样,在无风险利率提高时,投资者将倾向于买进看涨期权,而把余下的资金(即股票全部价款与期权费之差)投资于无风险资产,以赚取较多的利息。于是,看涨期权的价格将随其需求的增加而上涨。

与买进股票的投资者一样,卖出股票的投资者也有两种决策可供选择:一是直接卖出股票;二是买进以该股票为标的资产的看跌期权,并继续持有股票。在无风险利率提高时,投资者将倾向于卖出股票以及时收回资金,并投资于无风险资产以赚取较多的利息。这样,看跌期权的价格将随着其需求的减少而下降。

可见,如果单就无风险利率本身对期权价格的影响而言,无风险利率对看涨期权价格有正的影响,而对看跌期权价格有负的影响。但无风险利率对期权价格的影响是复杂的,除了上述影响外,还必须考虑如下两种影响:一是无风险利率的变动将引起期权标的资产现货市场价格的变动,从而引起期权内在价值的变动;二是无风险利率的变动将引起期权费机会成本的变动,从而通过资金在期权市场与其他市场的转移而影响期权价格。所以,无风险利率的变动究竟对期权价格具有何种影响,应根据具体情况作全面的分析。

（4）标的资产现货市场价格的波动率。

标的资产现货市场价格的波动率对期权价格具有重大影响。波动率越大,期权价格越高;

波动率越小,期权价格越低。如果没有波动率,则期权便是多余的,期权价格自然就无从谈起。

标的资产现货市场价格的波动率对期权价格的影响主要是通过对时间价值的影响而实现的。波动率越大,则在期权到期前,标的资产现货市场价格涨至协定价格以上或跌至协定价格以下的可能性也就越大。于是,无论是看涨期权还是看跌期权,其时间价值以及整个期权价格,将随着标的资产现货市场价格波动率的增大而提高;相反,将随着标的资产现货市场价格波动率的缩小而降低。

在标的资产现货市场价格的波动率对期权价格的影响方面,还有两个问题需作进一步说明。

第一,从理论上说,波动率只代表标的资产现货市场价格的波动幅度,并不代表标的资产现货市场价格的波动方向。因而,无论对看涨期权的购买者还是看跌期权的购买者,标的资产现货市场价格的波动率都具有两面性。也就是说,标的资产现货市场价格的这种波动既可能对他有利,也可能对他不利。但由于期权购买者与期权出售者之间有着不对称的权利与义务关系,因而在实际上标的资产现货市场价格的波动,特别是较大幅度的波动,往往对期权购买者有利,而对期权出售者不利。之所以如此,是因为对期权购买者而言,若标的资产现货市场价格的波动对他有利,从而使他持有的虚值期权或平价期权变成实值期权,或者使他持有的实值期权进一步增加内在价值,则他可执行期权;而若标的资产现货市场价格的波动对他不利,从而使他持有的实值期权因丧失内在价值而变成平价期权或虚值期权,则他可放弃期权。因此,就总体而言,波动率越大对期权购买者越有利;相反,波动率越大对期权出售者越不利。之所以对期权出售者不利,是因为波动率越大,他所承受的风险也越大。所以,在标的资产现货市场价格的波动率增大时,期权费的增加其实是对期权出售者承担更大风险的一种补偿。

第二,与决定和影响期权价格的其他因素不同,在期权定价时,标的资产现货市场价格在期权有效期内的波动率还是一个未知数。因此,在期权定价中,标的资产现货市场价格的波动率都只能通过投资者对未来的价格波动程度的估计而求得。在现实生活中,投资者估计波动率的方法主要有两种:一种是利用过去所观察到的标的资产现货市场价格波动的资料来估计未来的波动率,通过这一方法求得的波动率即为历史波动率;另一种方法则是利用期权定价模型,通过将已知的变量代入模型而推算出波动率,这一被推算出来的波动率也即隐含波动率。

(5) 分红。

分红将使股票在除息日之后的现货市场价格下降,对看涨期权是坏消息而对看跌期权则是利好。通常情况下,看涨期权的价格与预期分红的数额呈负相关,而看跌期权的价格与预期分红的数额呈正相关。

二、股票期权

股票期权是指以现货市场的某种股票作为标的资产的金融期权。它是金融期权产品中最早出现的一个品种,也最能反映金融期权的基本性质。利用股票期权交易,投资者既可规避个别股票的风险,又可增加投资这些股票的收益。

例如,在某年 3 月,某投资者预期在两个月后将得到一笔资金,总额为 50 万元,并看好 A 公司股票,于是,该投资者计划在收到该笔资金后即全部投资于 A 公司股票。假定当时 A

公司股票的市场价格为每股25元,则该投资者预期收到的50万元资金可购买A公司股票2万股。但他担心A公司股票价格在未来的两个月内将较大幅度上涨,从而使他失去由股价上涨产生的收益。为此,他决定以A公司股票的看涨期权作套期保值。其具体操作是购买以A公司股票为标的资产的看涨期权合约200张(每张合约标的股票为100股),该看涨期权的协定价格为25元(即平价期权),期权费为每股1元,期权费总额为2万元,合约期限为两个月,该看涨期权类型为欧式期权。

两个月后,A公司股票的现货市场价格可能出现如下三种不同的情形。

(1)现货市场价格不变,即该期权为平价期权。此种情形下,投资者将放弃期权。因为在现货市场价格不变时,执行期权与直接从现货市场购买股票是一样的。于是,该投资者将损失支付的期权费2万元。

(2)现货市场价格下跌,假如跌至每股20元。此种情形下,投资者必然放弃期权,同样,在期权市场损失2万元期权费。但在现货市场却可获得股价下跌带来的好处,即该投资者在现货市场可以以每股20元的价格买入股票,比他原来预计购买2万股所花资金将少付10万元。这就是说,与金融期货的套期保值不同,投资者利用股票期权进行套期保值,可在现货市场价格发生不利变动(本例中的股价上涨)时避免损失,而在现货市场价格发生有利变动(本例中的股价下跌)时又可在一定程度上保住意外收益。

(3)现货市场价格上涨,假如涨至每股35元。此种情形下,该投资者将执行该看涨期权,以每股25元的协定价格向期权出售者买进2万股A公司股票,然后又以每股35元的现货市场价格在现货市场出售这批股票,扣除2万元的期权费并忽略交易成本和税金等因素,该投资者将获利18万元,计算过程为

35×2-25×2-2=18万元

值得指出的是,如果该投资者在两个月后未能如期收到该笔资金,而A公司股票价格已经上涨,他所持有的期权又将到期,则他可直接出售其持有的看涨期权。因为在股票现货市场价格上涨后,看涨期权的价格也将上涨。于是,他通过出售期权也同样可获利。因为当A公司股票从每股25元涨至每股35元时,以A公司股票为标的资产的看涨期权的期权费则由每股1元涨至每股10元,该投资者卖出200张合约,即可获利(10-1)×2=18万元。由此可见,从绝对数来看,该投资者出售期权的收益少于执行期权的收益,但如从收益率来看,则直接出售期权的收益率将远高于执行期权的收益率。

三、货币期权

货币期权是指以某种货币本身作为标的资产的期权。在履约时,期权购买者将以协定价格向期权出售者买进或卖出一定数量的某种货币。如果作为标的资产的货币对市场所在国而言是外汇或外币,则这种期权可称为现汇期权。表5.19所示是费城证券交易所现汇期权合约规格的主要内容。

表5.19 费城证券交易所现汇期权合约规格(摘要)

币种	澳元	英镑	加元	欧元	日元	瑞士法郎
合约规模	50 000	31 250	50 000	62 500	6 250 000	62 500
部位限制	200 000	200 000	200 000	200 000	200 000	200 000

续表

协定价格间距：三个最近月份 6、9、12个月	1美分 1美分	1美分 2美分	0.5美分 0.5美分	1美分 1美分	0.005美分 0.01美分	0.5美分 1美分
变动价位	0.(00)01,每合约5美元	0.(00)01,每合约3.125美元	0.(00)01,每合约5美元	0.(00)01,每合约6.25美元	0.(00)01,每合约6.25美元	0.(00)01,每合约6.25美元
报价方式	美分/澳元	美分/英镑	美分/加元	美分/欧元	百分之一美分/日元	美分/瑞士法郎
基准货币	USD	USD	USD	USD	USD	USD
标的货币	AUD	GBP	CAD	EUR	JPY	CHF
合约月份	3月、6月、9月、12月及两个近期月份					
交易时间	上午2:30至下午2:30(费城时间),星期一至星期五					
最后交易日	到期月份第三个星期三之前的星期五					
履约结算日	到期月份的第三个星期四,但3月、6月、9月、12月到期的为第三个星期三					

下面对费城证券交易所现汇期权合约规格中与期货合约不同的条款作进一步介绍。

1. 合约规模

由表5.19可见,目前在费城证券交易所上市的货币期权主要有澳元期权、英镑期权、加元期权、欧元期权、日元期权和瑞士法郎期权。在芝加哥商业交易所,这几种货币都有相应的期货交易。从合约规模来看,费城证券交易所各种货币期权的交易单位都是芝加哥商业交易所相应货币期权交易单位的一半。

2. 协定价格间距

协定价格是标准化期权合约的重要条款之一。各种货币期权不仅有着不同的到期月份,而且还有着不同的协定价格。但在表5.19中可以看到,它并没有规定各种货币期权的具体协定价格,而只是规定了各种货币期权协定价格的间距。同时,离到期日较近的月份,其协定价格的间距较小;离到期日较远的月份,其协定价格的间距较大。实际上,交易所之所以作如此的规定,是因为近期月份的期权一般交易量较大,流动性较高;而远期月份的期权一般交易量较小,且流动性较低。

四、利率期权

利率期权是指以各种利率相关金融资产、利率期货合约或利率本身作为标的资产的期权交易形式。传统的利率期权是以利率相关金融资产(即各种债务凭证)作为标的资产。在履约时,除了欧洲美元期权外,这类利率期权一般采取实物交割的方式。也就是说,在期权被执行时,期权购买者以协定价格向期权出售者买进或卖出一定数量的某种利率相关金融资产。这类利率期权即是以债务凭证为标的资产的利率期权。另一类利率期权则不同,它是以某种利率或某种债券的到期收益率作为标的资产。在履约时,这类利率期权通常采用现金结算方式。目前,芝加哥期权交易所交易的利率期权就是这种类型的利率期权。这类利率期权即是以利率或收益率为标的资产的利率期权。

(一)以债务凭证为标的资产的利率期权

利率期权首先产生于芝加哥期货交易所(CBOT)。目前,该交易所仍是世界上最大的利率期权市场之一。随着 CBOT 利率期权的发展,美国其他各交易所及其他国家和地区的交易所也纷纷效仿,推出了各种利率期权,如表 5.20 所示。其中,欧洲美元期权及欧洲美元期货期权不仅在美国的交易所交易,而且还在其他许多国家和地区的交易所交易。

表 5.20 美国主要场内利率期权

	标的资产	交易所	交易单位	最小变动价位
现货期权	欧洲美元	PBOT	面值 1 000 000 美元	0.01 点(25 美元)
	美国 90 天期国库券	AMEX	面值 1 000 000 美元	0.01 点(25 美元)
	美国 30 年期长期国债	CBOE	面值 100 000 美元	1/32 点(31.25 美元)
	美国 10 年期中期国债	AMEX	面值 100 000 美元	1/32 点(31.25 美元)
	美国 5 年期中期国债	CBOE	面值 100 000 美元	1/32 点(31.25 美元)
期货期权	欧洲美元期货合约	CME	1 000 000 美元	0.01 点(25 美元)
	美国 90 天期国库券期货合约	CME	1 000 000 美元	0.01 点(25 美元)
	美国 30 年期长期国债期货合约	CBOT	100 000 美元	1/64 点(15.625 美元)
	美国 10 年期中期国债期货合约	CBOT	100 000 美元	1/64 点(15.625 美元)
	美国 5 年期中期国债期货合约	CBOT	100 000 美元	1/64 点(15.625 美元)
	美国 2 年期中期国债期货合约	CBOT	200 000 美元	1/128 点(15.625 美元)

由表 5.20 可看到,CBOT 主要上市美国中长期国债期货期权。所以,期权的标的资产并不是各种中长期国债本身,而是在该交易所上市的各种中长期国债期货合约。这类期货期权的交易单位均为一张对应的中长期国债期货合约。

除了各种中长期国债期货期权之外,CBOT 目前还上市 10 年期和 5 年期的利率互换期权以及 30 天期的联邦基金期权。表 5.21 所列的是目前 CBOT 交易的主要利率期权,包括交易代码和交易时间。可以看到,所有这些利率期权都有两种交易方式:一是在交易所内通过公开喊价交易;二是电子交易。其中的交易时间均为芝加哥时间。

表 5.21 CBOT 主要利率期权合约

合约标的资产	公开喊价代码(看涨/看跌)	公开喊价交易时间	电子交易代码(看涨/看跌)	电子交易时间
30 年期美国国债	CG/PG	上午 7:20—下午 2:00	OZBC/OZBP	上午 5:30—下午 4:00
10 年期美国国债	TC/TP	上午 7:20—下午 2:00	OZNC/OZNP	上午 5:30—下午 4:00
5 年期美国国债	FL/FP	上午 7:20—下午 2:00	OZFC/OZFP	上午 5:30—下午 4:00
2 年期美国国债	TUC/TUP	上午 7:20—下午 2:00	OZTC/OZTP	上午 5:30—下午 4:00
10 年期利率互换	NIC/NIP	上午 7:20—下午 2:00	OSRC/OSRP	上午 5:30—下午 4:00
5 年期利率互换	NGC/NGP	上午 7:20—下午 2:00	OSAC/OSAP	上午 5:30—下午 4:00
30 天联邦基金	FFC/FFP	上午 7:20—下午 2:00	OZQC/OZQP	上午 5:30—下午 4:00

(二) 以利率或收益率为标的资产的利率期权

芝加哥期权交易所(CBOE)是世界上第一个专门化的期权市场,利率期权也是该交易所的主要产品之一。目前,在 CBOE 交易的利率期权主要以美国政府债券的利率或到期收益率作为标的资产。表 5.22 所列的是 CBOE 交易的主要利率期权。与前述的传统利率期权相比,这类利率期权在基本性质及交易规则等方面都有自己的特色。

表 5.22   CBOE 交易的利率期权

期权品种	期权代码	基础债券	标的利率
短期利率期权	IRX	13 周美国国库券(T-bill)	新发行 13 周 T-bill 的年贴现率
5 年期利率期权	FVX	5 年期美国中期债券(T-note)	新发行 5 年期 T-note 的到期收益率
10 年期利率期权	TNX	10 年期美国中期债券(T-note)	新发行 10 年期 T-note 的到期收益率
30 年期利率期权	TYX	30 年期美国长期债券(T-bond)	新发行 30 年期 T-bond 的到期收益率

1. CBOE 利率期权的品种

由表 5.22 可看出,CBOE 提供的利率期权可分为短期利率期权、中期利率期权和长期利率期权,各种利率期权均以美国政府债券的即期收益率作为标的资产。其中,短期利率期权的标的资产是最近发行的 13 周美国国库券(T-bill)的年贴现率。中期利率期权又可根据基础债券的不同期限分为两种:一种是以最近发行的 5 年期美国中期债券(T-note)的到期收益率作为标的资产的利率期权;另一种是以最近发行的 10 年期美国中期债券的到期收益率作为标的资产的利率期权。长期利率期权则是以最近发行的 30 年期美国长期债券(T-bond)的到期收益率作为标的资产的利率期权。在美国,13 周国库券每周发行一次;5 年期中期债券每月发行一次;10 年期中期债券一般每 3 个月发行一次,发行月份为 2 月、5 月、8 月和 11 月;30 年期长期债券每 6 个月发行一次,发行月份一般为 2 月和 8 月。各种债券均以拍卖方式发行。

2. 看涨期权和看跌期权

与传统的利率期权一样,CBOE 交易的利率期权也分为看涨期权和看跌期权两大类。然而,当投资者对未来的利率变动方向作出某种预期时,他们究竟应该买进看涨期权,还是应该买进看跌期权?在这个问题上,这两类利率期权的购买者将作出截然相反的决策。

传统的利率期权以某种债务凭证尤其是由政府发行的各种债券作为标的资产。在履约时,这些利率期权一般实行实物交割。因此,当投资者预期利率将下降、债券价格将上升时,即可买进看涨期权;反之,当投资者预期利率将上升、债券价格将下跌时,即可买进看跌期权。与这类利率期权不同,CBOE 交易的利率期权是以某种利率或某种债券的到期收益率作为标的资产。在履约时,这些利率期权实行现金结算。因此,当投资者预期利率将上升时,即可买进看涨期权;而当投资者预期利率将下降时,即可买进看跌期权。之所以有此不同,是因为债券价格的变动方向往往与市场利率的变动方向正好相反。

3. CBOE 利率期权的特征

在 CBOE 交易的利率期权,具有如下三个特征。

(1) 现金结算。

传统利率期权中,只有欧式美元期权实行现金结算,而其他各种利率期权都在执行时实行实物交割。但 CBOE 交易的利率期权在履约时都采用现金结算的方式。也就是说,在执行期权时,期权出售者必须以现金形式向期权购买者支付协定价格与结算价格之间的差额。显然,对看涨期权而言,只有当结算价格高于协定价格时,期权购买者才会执行其持有的看涨期权;对看跌期权而言,只有当结算价格低于协定价格时,期权购买者才会执行其持有的看跌期权。

(2) 合约规模。

与股票期权一样,CBOE 利率期权的合约规模也规定一个固定的金额,即合约乘数。各种利率期权采用相同的合约乘数,即 100 美元。同时,作为标的资产的利率或到期收益率一般为一百分数。但在期权交易中,这一利率或到期收益率将去掉百分号,再将它扩大 10 倍,所得的数目即为标的资产价值。这一标的资产价值与合约乘数(100 美元)的积是利率期权的合约规模。例如,当最近发行的 30 年期美国长期债券的到期收益率为 7.5% 时,期权的合约规模即为 7 500 美元=7.5×10×100。如果到期收益率由 7.5% 上升到 8%,则看涨期权的持有者将要求执行其持有的看涨期权,通过执行该看涨期权,他可获利 500 美元=(8-7.5)×10×100;而与此同时,该看涨期权的出售者将损失 500 美元。

(3) 欧式期权。

CBOE 交易的利率期权均为欧式期权,也就是说,期权持有者只能在到期日才能执行其持有的期权,而不能提前执行。据 CBOE 称,它们作出这一规定的目的在于消除提前执行的风险,并可简化投资决策。当然,对期权购买者而言,尽管其持有的期权不能提前执行,但他可以在到期日之前出售其持有的期权,以提前结清期权部位。在这种情况下,他既可能获利,也可能亏损。其获利或亏损将取决于他买进期权时所支付的期权费与出售期权时所收取的期权费之间的差额。

五、期货期权

期货期权是指以某种期货合约作为标的资产的期权交易形式。期货期权的实质是实现期货交易与期权交易的有机结合,以达到取长补短的目的。

期货期权与现货期权有着很大的不同。这种不同表现在很多方面,其中较重要的一个方面是在期权被执行时,期权购买者以协定价格所买进或卖出的不是某种金融资产本身,而是以该种金融资产为标的资产的期货合约。所以,期货期权的履约实际上是以期权合约所确定的协定价格,将期权部位转化为相应的期货部位。表 5.23 所示的是现货期权与期货期权在履约方面的区别。

表 5.23 现货期权与期货期权的履约

期权类型	履约前	履约后	期权类型	履约前	履约后
现货看涨期权	期权购买者	现货多头	期货看涨期权	期权购买者	期货多头
	期权出售者	现货空头		期权出售者	期货空头
现货看跌期权	期权购买者	现货空头	期货看跌期权	期权购买者	期货空头
	期权出售者	现货多头		期权出售者	期货多头

由于期货期权的标的资产不是现货金融资产本身,而是以该种金融资产为标的资产的期货合约。所以,如果投资者用期货期权对其现货金融资产实施套期保值,那么,这种套期保值就不是直接套期保值,而是交叉套期保值。这是在利用金融期货期权进行套期保值时

六、金融期权投资策略

与金融期货一样,金融期权同样具有套期保值与投机功能。但金融期权交易与金融期货不同的是,通过现货与金融期权品种的组合以及不同的金融期权品种之间的组合,可以构造出不同盈亏分布的特征。这给投资者提供了新的组合思路进行投资,以实现预期不同的投资目标。

(一) 期权交易较直接股票交易的优势

购买看涨期权可视为牛市策略,也即当股票价格上涨时,期权有利可图,而购买看跌期权是熊市策略。与此相对,出售看涨期权是熊市策略,而出售看跌期权则是牛市策略。因为期权价格取决于期权合约标的股票的现货价格波动,所以,购买期权可视为直接买卖股票的替代行为。那么,为什么期权交易比直接股票交易更有吸引力呢?

为了解析这个问题,可以假设投资者得到近期某现货价格为100元的股票预期价格将有可能上涨的信息,但这样的分析结论也有可能并不确切,万一价格下跌了呢?同时,假定6个月期的看涨期权协定价格为100元,目前期权价格为10元,6个月期利率为3%,投资者有一笔10 000元的预算资本,6个月内股份公司不支付股息,于是投资者可以构建三种不同的投资策略。

策略A:全部投资股票,即买入100股股票。

策略B:全部投资实值看涨期权,即购买10份股票看涨期权合约。

策略C:投资1 000元购买1份股票看涨期权合约,剩余9 000元投资于6个月期的短期国库券,期末国库券的价值为9 000×(1+0.03)= 9 270元。

表5.24 以到期时的股票价格为变量的三种投资组合在到期时可能的收益(元)

资产组合	股票价格(单位:元)					
	95	100	105	110	115	120
资产组合A:	9 500	10 000	10 500	11 000	11 500	12 000
资产组合B:	0	0	5 000	10 000	15 000	20 000
资产组合C:	9 270	9 270	9 770	10 270	10 770	11 270

资产组合A的价值为股票价值的100倍;资产组合B则只在股价高于协定价格时才会有价值,而一旦超过临界点,此资产组合的价值就是股价超过协定价格部分的1 000倍;资产组合C的价值为9 270元与100份看涨期权获利之和。三种组合的初始投资都是10 000元,收益率见表5.25和图5.23。

表5.25 三种组合投资的收益率

资产组合	股票价格(单位:元)					
	95	100	105	110	115	120
资产组合A:	−5.0%	0.0%	5.0%	10.0%	15.0%	20.0%
资产组合B:	−100	−100	−50.0	0.0	50.0	100.0
资产组合C:	−7.3	−7.3	−2.3	2.7	7.7	12.7

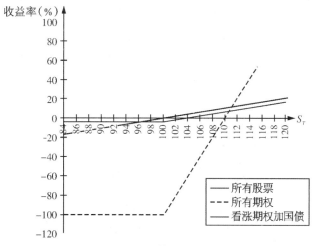

图 5.23 三种策略的收益率

将资产组合 B、C 的收益率与资产组合 A 全部购买股票的简单投资做比较,可以发现期权有两种有趣的特性。一是杠杆作用。比较 B 与 A 的收益率,在股价低于初始价 100 元时,组合 B 的价值为零,收益率为 -100%,但股价高于 100 元以后,随着股票收益率的缓慢增长,期权收益率呈急剧增长,如股价从 115 元到 120 元的 4.3% 增幅导致期权收益率从 50% 升至 100%。在这种情况下,看涨期权是一种放大的股票投资。它们的价值随着股票价值的变化按比例增长。图 5.23 很好地解析了这一点。全期权资产组合比全股票资产组合陡峭得多。正是因为这种杠杆作用,那些制造内部信息的投资者(非法的)常常选择期权作为投资工具。二是期权有潜在的保险功能。如资产组合 C 所示,短期国库券加期权的投资组合不可能低于 9 270 元,因为期权到期时的最低价值为零。资产组合 C 可能的最低收益率为 -7.3%,而理论上股票的最低收益率为 -100%,即公司破产。当然,这种保险是有代价的,当股价上涨时,资产组合 C 的收益并不如资产组合 A 这种全股票投资的业绩好。

这个简单的例子说明了重要一点,尽管期权常被投资者用做有效的杠杆化的股票头寸,如资产组合 B,它们也常被创造性地用来规避风险,如资产组合 C,比如资产组合 C 期权加国库券策略的收益率与只买股票有很大不同,但其风险底线的绝对限制却很有吸引力。

(二)期权交易策略

将现货资产与期权以及将看涨期权与看跌期权进行不同的组合,可以构造出能够达到不同特定交易目的的策略。以下讨论几种常见的期权交易策略。

1. 保护性看跌期权

假如投资者想投资某种股票,却不愿承担超过一定水平的潜在风险,而全部购买股票显然是有风险的,因为从理论上讲,当股份公司遭遇破产时投资者将损失全部投资。因此,投资者可以做这样一个策略安排:投资股票并购买该股票的看跌期权来构造组合,即在股票上持有多头头寸的同时持有其看跌期权的多头头寸。表 5.26 是这种投资组合在到期时的总价值:不管股价如何变化,投资者肯定能在到期时得到一笔等于期权协定价格的收益,因为如果股票价格低于协定价格时,投资者有权利以协定价格出售股票。一方面,假如协定价格为 100 元,到期时股票市场价格为 97 元,那么投资者的投资组合总价值为 100 元,其中股票为 97 元,到期的看跌期权为 $X - S_T = 100 - 97 = 3$ 元,换句话说,投资者既持有股票,又持有它的看跌期权,因为他有权利以 100 元出售股票,投资的最小收益锁定为 100 元。

表 5.26 保护性看跌期权到期时的价值

	$S_T \leq X$	$S_T > X$
股票的收益	S_T	S_T
+看跌期权的收益	$X - S_T$	0
=总计	X	S_T

另一方面,假如股价高于 100 元,比如 104 元,于是期权失去价值,投资者不必执行合约,最后组合的价值全部决定于股票的价值,即 104 元。

图 5.24 显示了保护性看跌期权策略的收益与利润。图 5.24(c)中的实线是总收益,下移的虚线表示建立该头寸的成本 $S_0 + P$。注意:潜在的损失是有限的。

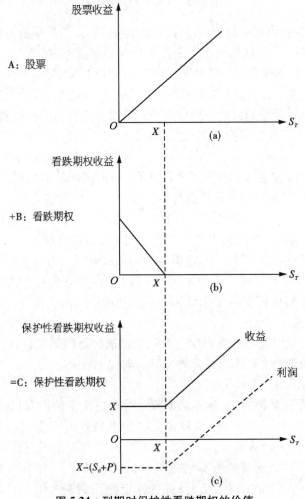

图 5.24 到期时保护性看跌期权的价值

将保护性看跌期权策略的利润与股票投资做比较会得到很多启发。为简便起见,考虑处于两平的保护性看跌期权,这时 $X = S_0$,图 5.25 比较了这两种策略的利润。如果股票价格保持不变，$S_T = S_0$，股票利润为零，并随股价升降而同幅升降。如果 $S_T < S_0$，保护性看跌期权的利润为负，等于购买期权而付出的成本，一旦 $S_T > S_0$，其利润也会随股价同幅上升。

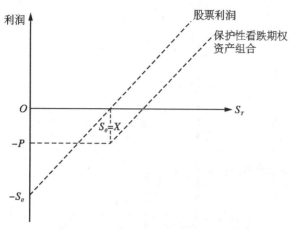

图 5.25　保护性看跌期权与股票投资（平价期权）

图 5.25 表明，保护性看跌期权提供了防止股价下跌的保证，限制了损失。因此，它是一种资产组合保险。保护的成本是：一旦股价上扬，购买期权的费用会减少利润，因为这时购买期权变得没有必要了。这也说明，尽管人们普遍认为金融衍生资产意味着风险，但它们也是进行风险管理的有效工具。

2. 抛补的看涨期权

抛补的看涨期权策略是指买进股票的同时卖出其看涨期权，即股票多头头寸与该股票看涨期权空头头寸的组合。这种策略之所以被称为抛补的看涨期权是因为投资者将来交割股票的义务正好被手中持有的股票抵消。相反，假如没有股票而卖出股票的看涨期权则称为裸露期权。如表 5.27 所示，抛补的看涨期权到期价值等于股票价值减掉期权价值。期权价值之所以被减掉是因为抛补的看涨期权意味着出售了一份看涨期权给其他投资者，如果其他投资者可以执行该期权，其利润就是投资者的亏损。

表 5.27　抛补的看涨期权到期时的价值

	$S_T \leq X$	$S_T > X$
股票的收益	S_T	S_T
+出售看涨期权的收益	−0	$-(S_T-X)$
=总计	S_T	X

图 5.26（c）中的实线描述了抛补的看涨期权的收益特征。可以看出，在 T 时刻，当 $S_T < X$ 时，总价值为 S_T；当 $S_T > X$ 时，总价值达到最大值 X。本质上，出售看涨期权意味着卖出了对股价高出 X 部分的要求权，而获得了初始期权价格。因此，在到期时，抛补的看涨期权的总价值最大为 X。图 5.26（c）中的虚线是其净利润。

出售抛补的看涨期权是机构投资者常用的投资策略。比如，大量投资于股票的基金管理人通过卖出部分或全部股票的看涨期权赚取期权价格收入。尽管在股票价格高于协

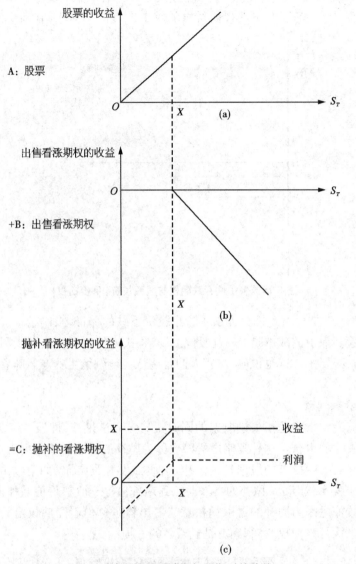

图 5.26 抛补的看涨期权到期时的价值

定价格时仍会损失掉资本利得,但如果 X 是其原来心理预期的股票卖价,那么抛补的看涨期权不失为一种销售策略。这种看涨期权能保证股票按原计划卖出。例如,某养老基金购买了 1 000 股股票,现价为每股 100 元,如果基金管理人打算在股价上升至 110 元时将其卖出,即可在购买股票的同时卖出该股票协定价格为 110 元的看涨期权合约,而且还可以得到额外的期权费收入。当然,假如股票价格超过 110 元,看起来会损失一部分利润,但既然决定在 110 元时出售股票,那么这部分损失的利润就不是已实现利润,也就谈不上损失了。

3. 对敲

对敲是指同时买进具有相同协定价格与到期时间的同一种股票的看涨期权与看跌期权的组合,它意味着投资者要同时持有具有相同协定价格与到期时间的同一种股票看涨期权与看跌期权的多头头寸。对敲对于那些预期股价将大幅升降但不知向哪个方向波动的投资者来说是一个很有用的策略。例如,假设投资者认为一场会影响股份公司命运的官司即将了结,而市场对这一点常不了解。如果案子的判决对公司有利,股价将会翻倍,如果判决对公司不利,股价将会降为原来的一半,那么不管结果如何,对敲都是很好的策略,因为股价以 X 为中心向上或向下变动都使对敲价值增加。对对敲来说,最糟糕的情形是股票价格没有变化。如果 $S_T = X$,那么看涨期权与看跌期权都将毫无价值地失效,投资者就损失了购买期权的支出。对敲实际赌的是价格的波动性,购买对敲的投资者预期股价的波动高于市场判断的波动幅度。相反,对敲的出售者,也就是同时出售看涨期权与看跌期权的人,认为股价的波动没有那么大,他们收到期权价格,并且希望股票价格在期权失效前不发生变化。

对敲的收益如表 5.28 所示。图 5.27(c)中的实线也描述了对敲的收益。该组合的收益除了在 $S_T = X$ 时为零外,总是正值。为什么不是所有的投资者都来采取这种似乎不会亏损的策略?原因是对敲要求必须购买看涨期权与看跌期权。虽然在到期时对敲的价值不会是负值,但至少应超过投资者最初支付的期权价格才会有利润。图 5.27(c)中虚线是对敲的利润,这条线与收益线之间的距离为购买对敲的成本 $P+C$。从图中可以看出,只有在股价与 X 显著偏离时,对敲才会有利润,只有在股价与 X 的偏离到大于看涨期权与看跌期权的期权价格时,投资者才会有利润。底部条式组合与底部带式组合是对敲的变化形式。具有相同执行价格与到期时间的同一种资产的两份看跌期权与一份看涨期权组成一个底部条式组合,而两份看涨期权与一份看跌期权的组合则是底部带式组合。

表 5.28　对敲到期时的价值

	$S_T < X$	$S_T \geq X$
看涨期权的收益	0	$S_T - X$
+看跌期权的收益	$X - S_T$	0
=总计	$X - S_T$	$S_T - X$

4. 期权价差

期权价差是指不同协定价格或到期时间的两个或两个以上看涨期权(或看跌期权)的组合,在有些期权上持有空头头寸,而在另一些期权上持有多头头寸。期权价差分为货币期权价差与时间期权价差。前者是指同时买入和卖出具有不同协定价格但到期时间相同的期权,后者是指同时买入和卖出具有不同到期时间但协定价格相同的期权。

考虑一种货币期权价差,其中买入的看涨期权的协定价格为 X_1,而同时卖出相同到期时间但协定价格为 X_2 的看涨期权。如表 5.29 所示,该头寸的收益是所买卖的两种期权的价差。

表 5.29　牛市期权价差到期时的价值

	$S_T \leq X_1$	$X_1 < S_T \leq X_2$	$S_T \geq X_2$
协定价格为 X_1 的看涨期权多头的收益	0	$S_T - X_1$	$S_T - X_1$
+协定价格为 X_2 的看涨期权空头的收益	−0	−0	$-(S_T - X_2)$
=总计	0	$S_T - X_1$	$X_2 - X_1$

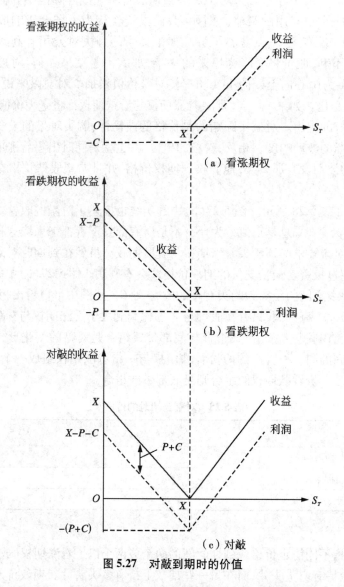

图 5.27 对敲到期时的价值

这需要区别三种而非两种情况：低价区，即 S_T 比 X_1 与 X_2 都低；中价区，即 S_T 在 X_1 与 X_2 之间；高价区，S_T 比 X_1 与 X_2 都高。这种策略被称为牛市期权价差，因为当股票价格升高时，其收益要么增加要么不受影响。图 5.28 描述了这种策略的收益与利润。牛市期权价差的持有者从股价升高中获利。

牛市期权价差产生的一个原因是投资者认为某一期权的价值相对其他期权来说被高估了。例如，如果某投资者认为，与 $X = 110$ 元的看涨期权相比，另一个 $X = 100$ 元的看涨期权很便宜，那么即便其并不看好这种股票，但也可能做期权价差。

与牛市期权价差相反的另一种货币期权价差策略叫熊市期权价差，因为当股票价格下跌时，其收益要么增加要么不受影响。表 5.30 和图 5.29 描述了这种策略的收益与利润。熊市期权价差的持有者将从股价的下跌中获利。

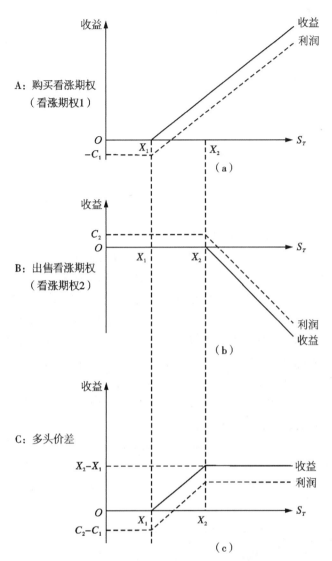

图 5.28 牛市期权价差到期时的价值

表 5.30 熊市期权价差到期时的价值

	$S_T \leq X_1$	$X_1 < S_T \leq X_2$	$S_T \geq X_2$
协定价格为 X_1 的看涨期权空头的收益	0	$-(S_T-X_1)$	$-(S_T-X_1)$
+协定价格为 X_2 的看涨期权多头的收益	−0	−0	S_T-X_2
=总计	0	$-(S_T-X_1)$	X_1-X_2

5. 双限期权

双限期权是把资产组合的价值限定在上下两个界限内的一种期权策略。假设某投资者持有大量的某种股票,其现价为每股 100 元,通过购买协定价格为 90 元的保护性看跌期权就可设定下限为 90 元,但这需要投资者支付看跌期权的价格,于是投资者可以同时出售该股票的看涨期权,假定出售的看涨期权的协定价格为 110 元。看涨期权与看跌期权的期权价格可能基本相等,即这两种头寸的净支出为零。出售看涨期权限定了资产组合价值的上

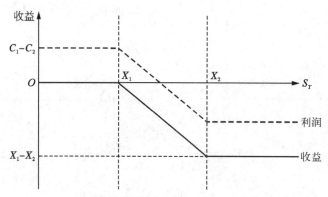

图 5.29 熊市期权价差到期时的价值

限,投资者不能得到高于 110 元的那部分收益,因为价格高于 110 元时,看涨期权会被作为交易对手的买方执行。于是,投资者通过看跌期权的协定价格得到了组合价值的下限保护和下跌保护,同时通过出售看涨期权使组合价值受到上限的限制。

双限期权适合于有一定的财富目标但不愿承担超过一定限度风险的投资者。例如,投资者想购买价值 220 000 元的房子,其现有财务预算能力为 200 000 元,同时又不愿承担超过 20 000 元的损失,那么这一特定的交易需求便可以通过建立双限期权的交易结构予以满足,其步骤为:第一,购买现价为 100 元的股票 2 000 股;第二,购买协定价格为 90 元的该股票的看跌期权合约 20 份;第三,出售协定价格为 110 元的该股票的看涨期权合约 20 份。于是,投资者不必承担大于 20 000 元的损失,却得到了获得 20 000 元资本得利的机会。表 5.31 和图 5.30 描述了双限期权的收益与利润。

表 5.31 双限期权到期时的价值

	$S_T \leqslant 90$	$90 \leqslant S_T \leqslant 110$	$S_T > 110$
买入 $X = 90$ 元的看跌期权的收益	$90 - S_T$	0	0
+股票的收益	S_T	S_T	S_T
+卖出 $X = 110$ 元的看涨期权的收益	-0	-0	$-(S_T - 110)$
=总计	90	S_T	110

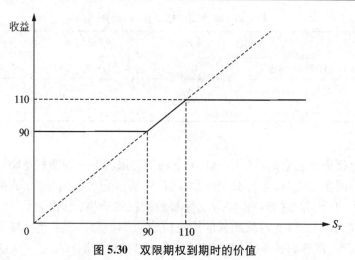

图 5.30 双限期权到期时的价值

(三) 期权平价关系下的套利运作

包括股票与看跌期权在内构造的保护性看跌期权策略可以保证最低收益,但没有限定收益上限。应该认识到的是,看涨期权与无风险国债的组合也能够达到保护性看跌期权提供资产组合价值下跌保护、锁定风险下限而不限定收益上限的同样功能。例如,考虑购买看涨期权策略,同时购买面值等于期权协定价格的无风险国债,两者到期日相同。如果看涨期权协定价格为100元,则每份期权合约执行时需支付10 000元,因此所购买的国债的到期价值也应为10 000元。更一般地,对投资者所持有的协定价格为 X 的期权,需要购买面值为 X 的无风险零息国债。表5.32描述了期权与无风险零息国债的组合到达到期的 T 时刻时的价值。

表5.32 看涨期权与无风险国债的组合到期时的价值

	$S_T \leq X$	$S_T > X$
看涨期权的价值	0	$S_T - X$
+无风险国债的价值	X	X
=总计	X	S_T

可见,如果股价低于协定价格,则看涨期权价值为零,但无风险国债到期时价值为其面值 X。于是,无风险国债的价值是该组合的下限。如果股价高于协定价格 X,则看涨期权价值为 $S_T - X$,与无风险国债面值 X 相加得 S_T。此组合的收益与表5.26中得出的保护性看跌期权的收益完全一致。

如果两种组合的期末价值是相等的,则其成本(期初价值)也应该相等。因此,看涨期权加无风险国债的成本等于股票加看跌期权的成本。看涨期权的成本为 C,无风险国债的成本为 $X/(1+r_f)^T$,因此,看涨期权加无风险国债的成本应为 $C + X/(1+r_f)^T$。股票现价为 S_0(零时刻),看跌期权的成本为 P,于是有

$$C + \frac{X}{(1+r_f)^T} = S_0 + P \tag{5.4}$$

式(5.4)称为看跌-看涨期权平价定理,因为它代表看涨期权与看跌期权价格之间的平价关系。如果该关系被违背,就会出现套利机会,假设存在以下数据:

股价:110元
看涨期权价格(有效期1年,$X=105$元):17元
看跌期权价格(有效期1年,$X=105$元):5元
无风险利率:每年5%
可以用式(5.4)来验证是否违背平价关系:

$$C + \frac{X}{(1+r_f)^T} \stackrel{?}{=} S_0 + P$$

$$17 + \frac{105}{(1+5\%)} \stackrel{?}{=} 110 + 5$$

$$117 \stackrel{?}{=} 115$$

结果显示违背了平价关系，这说明定价有误。为利用这种不正确定价，投资者可以购买"便宜"的组合（等式右边代表的股票加看跌期权的组合），同时出售"昂贵"的组合（等式左边代表的看涨期权加无风险国债的组合）。于是，投资者买进股票，买进看跌期权，卖出看涨期权，借款100元1年（借款是购买无风险国债的反向行为），就可以获得套利利润。

再来看一下这种策略的收益。1年后股票价值为S_T，100元的借款需要归还本息，即现金流出105元。如果S_T大于105元，看涨期权空头的现金流出S_T-105元，如果S_T小于105元，看跌期权多头的收益为$105-S_T$元。表5.33对这一策略的结果进行了总结，现在的现金流为2元，1年后各个头寸的现金流都相互抵消了，也就是说实现了2元的现金流入，但是没有相应的现金流出。投资者都会追求这种套利利润，直到买卖的压力使得式(5.4)成立为止。

表5.33 套利策略

头寸	即期现金流	1年后的现金流	
		$S_T < 105$	$S_T \geq 105$
购买股票	-110	S_T	S_T
+借款 105/1.05=100	+100	-105	-105
+出售看涨期权	+17	0	$-(S_T-105)$
+购买看跌期权	-5	$105-S_T$	0
=总计	2	0	0

式(5.4)实际上只对有效期内不分发股息的情况适用，但可以很直接地将其推广到股票支付股息的欧式看涨期权情况。

看涨期权与看跌期权平价关系的更一般的公式是

$$P = C - S_0 + PV(X) + PV(股息) \tag{5.5}$$

式中，$PV(股息)$是期权有效期内股票所支付的股息的现值。如果股票不支付股息，则式(5.5)变成式(5.4)。

这个一般公式也适用于除了股票外其他资产为标的物的欧式期权，只需让该资产在有效期内的收益代替式(5.5)中股息的位置。例如，债券的欧式看跌期权与看涨期权就满足同样的平价关系，只是债券的息票收入代替了公式中的股息。

但是，这个一般公式只适用于欧式期权，并且只有在每个头寸都持有到到期日，式(5.5)等号两边所代表的两种资产组合的现金流才会相等。如果看涨期权或看跌期权在到期日前的不同时间被执行，则不能保证预期收益是相等的，两种资产组合会有不同的价值。

为了说明看涨期权与看跌期权平价关系的更一般公式的运用，假定4月份到期的协定价格为85元的某公司股票看涨期权价值0.95元，有效期共29天，而对应的看跌期权价值为2.45元，该公司股票的现价为83.2元，市场短期利率为4.7%，在3月23日到期权到期日这段时间内不支付股息，根据平价关系，有

$$P = C - S_0 + PV(X) + PV(股息)$$

$$2.45 \neq 0.95 + \frac{85}{(1+4.7\%)^{\frac{29}{365}}} - 83.2 + 0$$

$$2.45 \neq 0.95 + 84.69 - 83.2$$

$$2.45 \neq 2.44$$

很显然，平价关系不满足，并且有每股 0.01 元的偏离，这个偏离到套利可以利用的程度了吗？可能没有。投资者必须测度潜在的利润是否能够弥补看涨期权、看跌期权与股票的交易成本。更重要的是，在期权交易并不频繁的情况下，与平价之间的偏离可能不是"真"的，而是由于"陈旧"的报价造成的，而且投资者也不再可能用这个报价交易了。

第三节 信用交易

一、信用交易的含义

信用交易又称为保证金交易或垫头交易，是指证券经纪商向投资者提供信用而进行的证券交易。若投资者预期证券市场行情看涨，其将一部分证券款交付给证券经纪商，不足部分由证券经纪商垫付，然后买入证券，投资者按约定利率支付垫款利息给证券经纪商，日后投资者卖出证券归还借款，扣除成本后就是投资者的利润（或亏损）。这种借入部分资金先买后卖的过程称为买空。若投资者预期证券市场行情看跌，其将一部分证券或资金交付给证券经纪商，不足部分证券向证券经纪商借入，然后卖出证券，日后再买入证券归还，买卖之间的差额扣除交易成本后便是投资者的利润（或亏损）。这种借入证券先卖后买的过程即为卖空。投资者在进行信用交易前需开立保证金账户，通常这一账户与现金账户分设，信用交易必须通过保证金账户进行。投资者在融资融券前需和证券经纪商签订协议，约定双方的义务与责任，并符合有关法规和条例。融资需支付利息，买入证券成为融资的抵押品；融券不需支付利息，卖出证券的资金利息归证券经纪商所有。投资者支配保证金账户上的资金需要符合一定的条件。

二、买空信用交易

投资者买空证券时，必须拥有的资金占购买价格总额的百分比称为初始保证金率。其计算公式如式（5.6）所示。

$$r_0 = \frac{M}{n \times P_0} \tag{5.6}$$

式中：r_0——初始保证金率；

M——自有资金额；

n——购买数量；

P_0——购买价格。

一般而言，初始保证金率由证券监管当局确定，而确定这一比率的依据是证券市场行情状况和调控目的，并且证券监管当局通常会根据市场情况的变化适时对这一比率进行调整。在美国，根据 1934 年的《证券交易法》，初始保证金率由联邦储备委员会制定。当证券市场行情火爆、投机氛围浓烈时,可适当调高比率,最高可至100%,即不允许买空交易以抑制过度投机;当证券市场行情低迷时,可适当调低比率,以刺激交投活跃。在美国20世纪30年代初的股市"巴布森崩溃"之后,1937年这一比率被降至40%。一般来说,证券交易所可以根据风险状况确定一个略高于证券监管当局规定的初始保证金率,但不得低于这一比率。证券经纪商根据证券交易所确定的初始保证金率和自身的资金实力、风险管理水平、投资者信用状况,可制定一个稍高的初始保证金率。证券监管当局的初始保证金率是基础,证券经纪商的初始保证金率是投资者必须遵循的保证金比率,证券交易所的初始保证金率介于两者之间,证券经纪商的保证金率最高,证券监管当局的保证金率最低。

在买空信用交易中,当投资者建立第一笔交易头寸时,其自有资金应为股票市价×初始保证金率(证券经纪商,下同)×买空数量,而不足部分为股票市价×(1-初始保证金率)×买空数量,且不足部分由证券经纪商垫付并构成投资者的负债。可见,买空是指投资者与证券经纪商之间的信用关系。当第一笔交易头寸建立后,投资者的资产负债状况是:资产为买空价格×买空数量,负债为买空价格×(1-初始保证金率)×买空数量,资本为买空价格×初始保证金率×买空数量。资产与负债、资本的关系为:资产=负债+资本。

由于股票市场价格是频繁变化的,因此,投资者的资产负债状况也在不断发生变化。当买空的股票市价上涨后,投资者的负债没有变化,但资本增加,投资者有了盈利;当买空的股票市价下跌时,投资者的负债不变,但资本减少,投资者遭遇了亏损。可见,无论股票市价是上涨还是下跌,其实投资者的实际保证金率都会随股票市价的波动而处于不断变化的状态。通常,考核实际保证金率的基本方法用公式可表示为

$$r_1 = \frac{c}{C} \tag{5.7}$$

式中:r_1——实际保证金率;
c——资本;
C——总资产。

要注意的是,在建立买空交易头寸时,实际保证金率等于初始保证金率。当买空交易头寸建立之后,如上所述,随着行情的变化,实际保证金率可能高于或低于初始保证金率。当股票市价跌到某一价位以下时,将导致其作为贷款抵押品的股票市值低于负债总额,投资者已经资不抵债。而这一负债与股票市值之间的差额极可能成为证券经纪商的坏账。显然,证券经纪商不会容忍出现这一状况。因此,证券经纪商必须要求投资者保持一定比率以上的实际保证金,这种实际保证金与资产时价之间的比率称为最低维持保证金率。一般情况下,最低维持保证金率由证券交易所确定,证券经纪商可以制定一个更高的最低维持保证金率。

如果投资者的实际保证金率低于最低维持保证金率,证券经纪商会要求投资者补充保证金。通常,补充保证金的方式有三种:一是在资金或证券账户上存入现金或证券;二是偿还部分贷款;三是抛出部分证券并用收入偿还贷款。这三种做法虽然看似不同,但其实不外乎减少负债或增加资本,其目的都是为了使实际保证金率达到或超过最低维持保证金率。若投资者拒绝证券经纪商的要求,证券经纪商有权根据协议规定强制平仓,使实际保证金率达到最低维持保证金率。

因此,在买空信用交易中,就出现了一个证券经纪商的客户经理和投资者都必须共同关心的问题:股票市价跌至什么价位将使投资者的实际保证金率到达最低维持保证金率,从而投资者需考虑补充保证金呢?需补充保证金的临界价格为

$$p = \frac{(1 - r_0) \times P_0}{(1 - r_2)} \quad (5.8)$$

式中:p——买空信用交易中需补充保证金的临界价格;
    r_0——初始保证金率;
    P_0——购买价格;
    r_2——最低维持保证金率。

在买空信用交易中,当股票市价上涨时,投资者的负债不变而资本增加,账面出现浮动盈利,且其实际保证金率将高于初始保证金率。在此种情形下,投资者可以从自己的保证金账户上取出部分现金,但取出现金的数量以实际保证金率不低于初始保证金率为限。投资者在盈利情况下可从账户上取出的最大现金量为

$$N = V \times (1 - r_0) \quad (5.9)$$

式中:N——可取出的最大现金量;
    V——资本增值;
    r_0——初始保证金率。

可见,在买空信用交易中,当投资者的实际保证金率高于初始保证金率时,说明操作获利,可以从保证金账户上取出部分现金;当投资者的实际保证金率低于最低维持保证金率时,说明操作已亏损到一定程度,投资者需追加补充保证金;而当其实际保证金率介于初始保证金率与最低维持保证金率之间时,投资者既无需追加保证金,也不能从保证金账户上取现,此时投资者的保证金账户处在受限状态。

三、卖空信用交易

投资者预期证券市场价格上涨将会借入资金买空,而当投资者预期证券市场价格下跌则会向他的证券经纪商借入证券卖空,待日后再买入证券归还。在卖空中,交易是顺序颠倒了,是先卖后买,与买空正好相反。卖空证券的收入作为投资者向证券经纪商借入证券的抵押品,投资者不能动用。但仅仅如此是不够的。如果借入证券的价格上升了,证券经纪商将存在遭受损失的可能性,所以,为了确保出借给投资者的证券的安全,证券经纪商会要求投资者卖空时需缴纳一定数量的保证金,这即是初始保证金率。同时,在交易过程中,为了有效控制风险,证券经纪商会确定一个最低维持保证金水平。

在卖空交易中,当投资者建立第一个卖空交易头寸时,其资产负债状况是:资产=(1+初始保证金率)×卖空价格×卖空数量,负债=卖空价格×卖空数量,资本=初始保证金率×卖空价格×卖空数量。

由于股票市场价格是频繁变化的,因此,投资者的资产负债状况也在不断发生变化。当卖空的股票市价上涨后,投资者的资产没有变化,但负债增加,资本减少,投资者遭遇了亏损;当卖空的股票市价下跌时,投资者的资产同样没有变化,但负债减少,资本增加,投资者有了利润。可见,无论股票市价是上涨还是下跌,其实投资者在卖空交易中的实际保证金率

都会随股票市价的波动而处于不断变化的状态。通常,考核实际保证金率的基本方法可用公式(5.10)表示为

$$r_1 = \frac{c}{Z} \tag{5.10}$$

式中:r_1——实际保证金率;
c——资本;
Z——负债。

若投资者的实际保证金率低于最低维持保证金率,则投资者需补充保证金,以使实际保证金率达到或超过最低维持保证金率,否则,证券经纪商有权按协议进行强制平仓,以保证金账户上的剩余资金买入出借的证券并予以收回。

那么,在卖空交易中,股票市价涨至什么价位将使投资者的实际保证金率到达最低维持保证金率,从而投资者需考虑补充保证金呢?需补充保证金的临界价格为

$$p = \frac{(1 + r_0) \times P_1}{(1 + r_2)} \tag{5.11}$$

式中:p——卖空信用交易中需补充保证金的临界价格;
r_0——初始保证金率;
P_1——卖空价格;
r_2——最低维持保证金率。

若投资者卖空交易中证券价格下跌,投资者的负债下降,资本增加并有了利润,投资者可从保证金账户上取出部分现金,但取出的现金数量以实际保证金率不低于初始保证金率为限。其可取出的最大现金数量为

$$N = V \times (1 + r_0) \tag{5.12}$$

式中:N——可取出的最大现金量;
V——资本增值;
r_0——初始保证金率。

可能出现的一种情况是利用式(5.12)求得的可取出现金数量大于实际资本增值部分,这不是问题,只要取出现金后实际保证金率不低于初始保证金率即可。

可见,在卖空信用交易中,当投资者的实际保证金率高于初始保证金率时,说明操作获利,可以从保证金账户上取出部分现金;当投资者的实际保证金率低于最低维持保证金率时,说明操作已亏损到一定程度,投资者需追加补充保证金;而当其实际保证金率介于初始保证金率与最低维持保证金率之间时,投资者既无需追加保证金,也不能从保证金账户上取现,此时投资者的保证金账户处在受限状态。

四、同时买空与卖空

在证券交易活动中,投资者对不同证券的涨跌看法、态度是不同的,因此,他可能同时在某些证券上看涨,而在另一些证券上看跌,从而出现同时买空与卖空的交易行为。在同一保证金账户上,同时买空与卖空证券,其实际保证金率的计算比单单买空或卖空要复杂得多。

但如果掌握了买空与卖空的原理,其计算大同小异。

在同时买空与卖空交易中,当投资者建立第一个交易头寸时,其总资产为买空交易中的资产加卖空交易中的资产,总负债为买空交易中的负债加卖空交易中的负债,总资本为买空交易中的资本加卖空交易中的资本。一段时间后,由于买空与卖空的证券品种的市场价格发生了变化,其总资产、总负债、总资本也发生变化。当实际保证金率低于最低维持保证金率时,投资者必须补充与追加保证金。

证券经纪商要求投资者提供的抵押品能保证到期收回所出借的资金和证券。在卖空情况下,根据实际保证金率=(资产市值-负债)/负债,则资产市值=(1+实际保证金率)×负债;当实际保证金率低于最低维持保证金率时,应补交保证金,其对应资产市值=(1+最低维持保证金率)×负债。在买空情况下,根据实际保证金率=(资产市值-负债)/资产市值,则资产市值=负债/(1-实际保证金率);当实际保证金率低于最低维持保证金率时,应补交保证金,其对应的资产市值=负债/(1-最低维持保证金率)。若在买空与卖空中的资产市值之和小于投资者保证金账户上的资产价值,投资者便无须补交保证金。

投资者账户不受限制的条件是其提供的抵押品价值超过初始保证金率。在卖空情况下,投资者的抵押品价值=负债×(1+初始保证金率);在买空情况下,投资者的抵押品价值=负债/(1-初始保证金率)。两者相加为总的抵押品价值。若投资者保证金账户上的资产价值小于前述两者相加的总抵押品价值,则投资者不能取出现金,其账户受到限制。

总之,买空是低买高卖,而卖空是高卖低买,两者恰好相反。买空卖空都是利用债务方式发挥财务杠杆作用。买空利用债务筹集资金;卖空是借入证券,在增加预期收益的同时,也增大了投资的风险。实际保证金率低于初始保证金率时,投资者须补交保证金;实际保证金率高于初始保证金率时,投资者可取出部分现金;而当实际保证金率介于初始保证金率与最低维持保证金率两者之间时,投资者的账户受到限制,既没有必要补充保证金,也不得从保证金账户上取现。

五、我国的融资融券交易

在我国,信用交易也称融资融券交易,其中的买空信用交易称融资交易,卖空信用交易称融券交易。投资者要进行融资融券交易须按照有关规定在开户交易的券商处签订融资融券合同及风险提示书,并开立信用证券账户和信用资金账户,建立融资融券交易关系。我国的融资融券交易在实际操作中采用资产负债管理,在这一点上与美国等成熟市场国家和地区相同,但在实际保证金的考核或实际维持担保比例的监控上与美国等成熟市场国家和地区的做法有所区别。

(一)几个基本概念

1. 保证金比例的含义

保证金比例是指投资者向券商交付的保证金与融资、融券交易金额的比例。在保证金金额一定情况下,保证金比例越高,券商向投资者的融资融券规模越小,财务杠杆效应便越低,反之,财务杠杆效应越高。其中,融资保证金比例是指投资者融资买入证券时交付的保证金与融资交易金额的比例,计算公式为:融资保证金比例=保证金÷(融资买入证券数量×买入价格)×100%。投资者融资买入证券时,融资保证金比例不得低于50%。若某投资者有100元保证金可用余额,保证金比例为50%,则该投资者在理论上可融资买入200元市值的证券。

融券保证金比例是指投资者融券卖出证券时交付的保证金与融券交易金额的比例,计算公式为:融券保证金比例=保证金÷(融券卖出证券数量×卖出价格)×100%。投资者融券卖出证券时,融券保证金比例不得低于50%。若某投资者有100元保证金可用余额,保证金比例为50%,则该投资者在理论上可融券卖出200元市值的证券。

可作为融资买入或融券卖出的标的证券均为证券交易所指定的股票、证券投资基金、债券和其他证券。其中可以作为标的证券的股票的选择标准是:在证券交易所上市交易满三个月;融资买入标的股票的流通股本不少于1亿股或流通市值不低于5亿元,融券卖出标的股票的流通股本不少于2亿股或流通市值不低于8亿元;股东人数不少于4 000人;近三个月内日均换手率不低于基准指数日均换手率的20%,日均涨跌幅的平均值与基准指数涨跌幅的平均值的偏离值不超过4个百分点,且波动幅度不超过基准指数波动幅度的500%以上;股票发行公司已完成股权分置改革;股票交易未被证券交易所实行特别处理等。证券交易所将在上述规定的证券范围内审核、选取并确定标的证券的名单,并有权根据市场情况调整标的证券的选择标准和名单。券商向投资者公布的标的证券名单不得超出证券交易所规定的范围。标的证券暂停交易、融资融券债务到期日仍未确定恢复交易日或恢复交易日在融资融券债务到期日之后的,融资融券的期限顺延,券商与投资者可以根据双方的约定了结相关融资融券交易。证券交易所对交易被实施特别处理的标的股票,要自该股票被实施特别处理当日起将其调整出标的证券范围,对进入终止上市程序的标的证券,要自发行人作出相关公告当日起将其调整出标的证券范围。证券被调整出标的证券范围的,在调整实施前未了结的融资融券合同仍然有效,券商与投资者可以根据双方的约定提前了结相关融资融券交易。

证券交易所根据市场情况,有权在必要时调整融资、融券保证金比例,并向市场公布。券商公布的融资保证金比例和融券保证金比例不得超出证券交易所规定的标准,且应按照不同标的证券的折算率相应地确定其保证金比例。

2. 保证金可用余额

保证金可用余额是指投资者用于充抵保证金的现金、证券市值及融资融券交易产生的浮盈经折算后形成的保证金总额,减去投资者未了结融资融券交易已占用保证金和相关利息、费用的余额。投资者融资买入或融券卖出时所使用的保证金不得超过其保证金可用余额。保证金可用余额的计算公式为:现金+∑(充抵保证金的证券市值×折算率)+∑[(融资买入证券市值-融资买入金额)×折算率]+∑[(融券卖出金额-融券卖出证券市值)×折算率]-∑(融券卖出金额)-∑(融资买入证券金额×融资保证金比例)-∑(融券卖出证券市值×融券保证金比例)-利息及费用。保证金可用余额计算公式中,融券卖出金额=融券卖出证券的数量×卖出价格,融券卖出证券市值=融券卖出证券数量×市价,融券卖出证券数量是指融券卖出后尚未偿还的证券数量。∑[(融资买入证券市值-融资买入金额)×折算率]、∑[(融券卖出金额-融券卖出证券市值)×折算率]中的折算率是指融资买入、融券卖出证券对应的折算率,当融资买入证券市值低于融资买入金额或融券卖出证券市值高于融券卖出金额时,折算率按100%计算。

充抵保证金的证券在计算保证金金额时以市值按下列折算率进行折算:证券交易所认定的指数成分股股票折算率最高不超过70%,其他股票折算率最高不超过65%;证券交易所交易型开放式指数基金折算率最高不超过90%;国债折算率最高不超过95%;其他上市证券投资基金和债券折算率最高不超过80%。同时,证券交易所将遵循审慎原则,审核、选取并确定可充抵保证金证券的名单,并向市场公布。证券交易所有权根据市场情况调整可充抵保证金证券的名单和折算率。券商有权根据流动性、波动性等指标对充抵保证金的各类证券确定不同的折算率,但不得高于交易所规定的标准。

3. 维持担保比例

维持担保比例(实际保证金比例)是指投资者在进行融资融券交易时建立交易头寸后实际担保物价值与其融资融券债务之间的比例,计算公式为:维持担保比例=(现金+信用证券账户内证券市值)÷(融资买入金额+融券卖出证券数量×市价+利息及费用)。在融资融券交易中,投资者向券商交纳的保证金以及融资买入的全部证券和融券卖出所得全部资金,整体作为向券商融资融券债务的担保物。券商要对投资者提交的担保物进行整体监控,并计算其维持担保比例。证券交易所有权在认为必要时调整维持担保比例,并向市场公布。券商公布的维持担保比例不得超出证券交易所规定的标准。投资者不得将已设定担保或其他第三方权利及被采取查封、冻结等司法措施的证券提交为担保物,券商也不得向投资者借出此类证券。

在建立融资融券交易头寸后,投资者维持担保比例不得低于130%。当投资者维持担保比例低于130%时,券商要向投资者发出追加保证金或担保物通知单。如果投资者判断下一步市场价格将出现有利变化,拟继续持有融资融券交易头寸,则投资者须在约定的期限内(两个交易日)追加保证金或担保物,一种措施是增加作为担保物的现金、证券,另一个措施是卖券还款或买券还券来减少负债,使维持担保比例提升至150%以上;如果投资者判断下一步市场价格将继续出现不利的变化,则应及时平仓,了结融资融券交易头寸,否则,券商将强制平仓。

投资者在融资融券交易中若有浮动盈利时可以提取保证金可用余额中的现金或充抵保证金的证券,但必须满足维持担保比例超过300%的条件,而且投资者提取保证金可用余额中的现金或充抵保证金的证券后,维持担保比例不得低于300%,也即在维持担保比例未超过300%时,信用交易账户是受到限制的。

(二)融资交易

融资交易是指投资者向券商交纳一定数量的保证金,融(借)入一定数量的资金,从而可以更大数量地买入并持有股票的交易行为,是一种看涨标的证券的信用交易策略。融资交易的主要风险有融资的利率调整影响交易成本、标的证券价格下跌以及标的证券调整或暂停与终止上市等。投资者融资买入证券后,可通过卖券还款或直接还款的方式向券商偿还融入资金。卖券还款是指投资者通过其信用证券账户申报卖券,结算时卖出证券所得资金直接划转至券商融资专用账户的一种还款方式。以直接还款方式偿还融入资金的,具体操作按照券商与投资者之间的约定办理。投资者卖出信用证券账户内证券所得价款,须先偿还其融资欠款。

下面举例介绍融资交易的操作。

假定投资者信用账户内有100万元现金作为保证金,看涨股票A并决定进行融资买入,保证金比例为50%,投资者可向券商融资的最大金额为

$$100 \text{ 万元} \div 50\% = 200 \text{ 万元}$$

若股票 A 最近成交价为 5 元,该投资者可用自有资金 100 万元和融资 200 万元,共计 300 万元,以每股 5 元发出委托,可买入的最大数量为 60 万股,自此建立债权债务关系。

1. 当日收盘价未变

若股票 A 当日收盘价仍为每股 5 元,则维持担保比例为 150%,即资产 300 万元÷负债 200 万元 = 150%,投资者没有盈亏。

2. 融资买入股票后价格上涨

若次日股票 A 上涨,收盘价为 5.4 元,资产为 324 万元,负债为 200 万元,维持担保比例为 164%(投资者账户浮盈 24 万元);若第三日股票 A 继续上涨至 5.8 元,资产为 348 万元,负债仍为 200 万元,维持担保比例为 174%(投资者账户浮盈 48 万元)。此时,尽管投资者账面有盈利,但不可提取现金或作为担保物的证券,只有当维持担保比例超过 300% 时才可提取现金或作为担保物的证券,且提取后不得使维持担保比例低于 300%,也即当股票 A 的价格涨至 10 元(300%×融资额÷持有股票数量)以上时,投资者才可从信用交易账户中提取现金或作为担保物的证券。

3. 融资买入股票后价格下跌

若次日股票 A 下跌,收盘价为每股 4.5 元,资产为 270 万元,负债为 200 万元,维持担保比例为 135%(投资者账户浮亏 24 万元);若第三日股票 A 继续下跌至每股 4.1 元,资产为 246 万元,负债仍为 200 万元,维持担保比例进一步下降至 123%(投资者账户浮亏 54 万元),已低于 130%,券商将向投资者发出追加保证金通知单。投资者若继续持有融资交易头寸,则必须在两个交易日内追加现金和担保物,或者卖出部分股票 A 归还融资的负债,使维持担保比例提升至 150% 的水平。

在融资交易中,若融资买入的股票价格出现下跌,投资者将出现损失并使维持担保比例下降,问题是融资买入的股票价格下跌至什么价位将使实际维持担保比例到达 130% 的最低维持担保比例这一红线,从而需要考虑补充保证金呢?这成了券商客户经理和投资者均需关注的问题。融资交易中应追加补充保证金的临界价格=(最低维持担保比例×负债总额)÷融资买入证券数量。在上例中,投资者应补充保证金的临界价格=(130%×200 万元)÷60 万股=4.33 元,因为当股票 A 价格跌至 4.33 元时,实际维持担保比例正好到达 130%,即(4.33 元×60 万股)÷200 万元=130%,从而投资者若继续持有融资买入交易头寸,则必须考虑补充保证金和担保物。

融资买入交易的期限最长为 6 个月,到期时必须平仓,在到期前的任意交易时段,投资者均可出于止盈或止损的目的平仓了结融资买入交易头寸。以上例为例,投资者在第四日拟卖券归还 200 万元债务,若股票 A 的价格为每股 4 元,则需卖出 50 万股,此后账户仅剩余 10 万股股票 A,市值 40 万元,表明此单融资买入交易实际亏损 60 万元。

(三)融券交易

融券交易是指投资者向券商交纳一定数量的保证金,融(借)入一定数量的证券,并在现价卖出以便将来以更低的价格买进并归还券商从而实现盈利的交易行为,是一种看跌标的证券的信用交易策略。融券交易为市场提供了做空机制,也为投资者提供了新的盈利模式和规避风险的途径。投资者融券卖出的申报价格不得低于该证券的最新成交价,当天没有产生成交的,申报价格不得低于其前收盘价,低于上述价格的申报为无效申报。融券期间,投资者通过其所有或控制的证券账户持有与融券卖出标的相同证券的,卖出该证券的价格应遵守前述规定,但超出融券数量的部分除外。投资者融券卖出后,可通过买券还券或直接还券的方式向券商偿还融入证券。买券还券是指投资者通过其信用证券账户申报买券,结算时买入证券直接划转至券商融券专用证券账户的一种还券方式。以直接还券方式偿还融入证券的,按照券商与投资者之间约定以及证券交易所指定登记结算机构的有关规定办理。未了结相关融券交易前,投资者融券卖出所得价款除买券还券外不得他用。融券交易的风险主要有:利率调整影响交易成本、标的证券调整或暂停与终止上市、标的证券价格上涨、杠杆交易放大风险等。

下面举例介绍融券交易的操作。

假定投资者信用账户内有50万元现金作为保证金,看跌股票A并决定进行融券卖出,保证金比例为50%,投资者可向券商借入市值最多为100万元的股票A来卖出,即:

$$50万元 \div 50\% = 100万元$$

若股票A最近成交价为10元,以此价格发出融券交易委托,投资者可融券卖出最大数量为10万股的股票A,自此建立起债权债务关系。

1. 当日收盘价未变

若股票A当日收盘价仍为每股10元,则维持担保比例为150%,即资产150万元÷负债100万元=150%。

2. 融券卖出股票后价格上涨

若次日股票A上涨,收盘价为每股11元,资产为150万元,负债则为110万元,维持担保比例为136%(投资者账户浮亏10万元);若第三日股票A继续上涨至每股12元,资产仍为150万元,负债则升至120万元,维持担保比例降为125%(投资者账户浮亏30万元),并低于130%的最低维持担保比例,此时投资者将收到券商的追加补充保证金通知单。投资者若继续持有融券交易头寸,则必须在两个交易日内追加现金和担保物,或者买入部分A股票来归还融券的负债,使维持担保比例提升至150%的水平。

在融券交易中,若融券卖出的股票价格出现上升,投资者将出现损失并使维持担保比例下降,问题是融券卖出的股票价格上升至什么价位将使实际维持担保比例到达130%的最低维持担保比例这一红线,从而需要考虑补充保证金呢?无论是券商客户经理还是投资者都需对此心中有数。在融券交易中应追加补充保证金的临界价格=(融券卖出证券市值+保证金)÷(最低维持担保比例×融券卖出证券数量)。在上例中,投资者应补充保证金的临界价格=(10万股×10元+50万元)÷(130%×10万股)=11.54元,因为当股票A价格涨至11.54元时,实际维持担保比例正好到达130%,即(100万元+50万元)÷(11.54元×10万股)=130%,从而投资者若继续持有融券卖出交易头寸,则必须考虑补充保证金和担保物。

3. 融券卖出股票后价格下跌

若次日股票A下跌,收盘价为每股9元,资产为150万元,负债则为90万元,维持担保比例为166%(投资者账户浮盈10万元);若第三日股票A继续下跌至每股8元,资产仍为150万元,负债则进一步下降至80万元,维持担保比例升至188%(投资者账户浮盈20万元)。此时,尽管投资者账面有盈利,但不可提取现金或作为担保物的证券,只有当维持担保比例超过300%时才可提取现金或作为担保物的证券,且提取后不得使维持担保比例低于

300%,也就是当股票 A 的价格跌至 5 元[(融券卖出证券市值+保证金)÷(300%×融券卖出证券数量)]以下时,投资者才可从信用交易账户提取现金或作为担保物的证券。

融券交易的期限最长同样为 6 个月,到期时必须平仓,在到期前的任意交易时段,投资者均可出于止盈或止损的目的平仓了结融券卖出交易头寸。继续以上例为例,若第四日股票 A 开盘价为 11.5 元,投资者可申报"买券还券"A 数量 10 万股。买入证券时,先使用融券冻结资金 100 万元,再使用自有资金 15 万元,了结融券债务后信用账户内资产为现金 35 万元,表明此单融券卖出交易实际亏损 15 万元。

六、融资融券交易策略

(一)趋势交易策略

趋势交易策略是指投资者依据指数与个股的趋势进行"融资买入"做多的正向杠杆交易和"融券卖出"做空的反向杠杆交易并博取价差的交易策略。趋势交易策略可以用主观判断的方式进行投资,但也可应用一套完整、科学的交易方法,包括利用择时模型判断进场时点,利用头寸跟随策略判断离场时点。利用择时模型判断进场的买(卖)点后要积极做多(空)该股票;由于趋势交易是通过市场的波动赚取价差盈利,而市场波动通常是双向的,因此在波动之下模型对趋势的判断有可能发生错误从而导致亏损,所以需要有一套头寸跟随策略来判断何时止盈、止损。

在建立了择时模型、头寸跟随策略后,需要用大量的历史数据对建立的择时模型、头寸跟随策略进行回测验证,以确定模型的有效性及参数的稳定性。在收益率稳定、最大回撤较小、信息比较高的情况下,可以通过"融资买入"或者"融券卖出"的手段放大交易杠杆,博取更高额的收益。

(二)日内交易策略

日内交易策略是指投资者结合现货仓位、通过"融资买进"与"融券卖出"实现 T+0 交易效果的交易策略。目前,我国股票现货交易实行 T+1 交收制度,也就是说当日买进的股票当日不可卖出,只能次日卖出,但是通过融资融券交易,可以突破 T+1 交收制度的限制,达到 T+0 的交易效果。

1. 股票的日内交易策略

在多头市场,无论是 T 日持有 A 股或 T 日满仓不持有 A 股或 T 日空仓,均可通过当日"融资买入"、当日"融券卖出"实现多头市场的 T+0 交易效果;在空头市场,无论是 T 日持有 A 股或 T 日满仓不持有 A 股或 T 日空仓,均可通过当日"融券卖出"、当日"买券还券"实现空头市场的 T+0 交易效果。

2. ETF 的日内交易策略

操作原理与前述股票的 T+0 策略类似。但具体步骤上有所不同,具体如下。

(1)在多头市场,在沪市买入 ETF(华夏上证 50ETF、华安上证 180ETF、沪深 300ETF、华泰柏瑞上证红利 ETF、交银上证 180 治理 ETF)后当日即可通过"融券卖出""直接还券"实现 T+0 交易效果。在深市买入 ETF(易方达深 100ETF、华夏中小板 ETF、南方深成 ETF)后,当日即可通过"融券卖出"锁定损益,但 T+1 日才能通过"直接还券"归还融券负债。

(2)在空头市场,无论是沪市 ETF 还是深市 ETF,"融券卖出"ETF 后,均可于当日通过"买券还券"实现 T+0 交易效果。

(三) 对冲交易策略

1. 股票的配对交易策略

股票的配对交易一般指的是寻找同一行业中股价具备均衡关系的两家上市公司,做空相对强势的股票,同时做多相对弱势的股票,以期两股股价重返均衡值时,平仓赚取两只股票价差变动的收益。配对交易由于同时做多和做空同行业的股票,对冲大部分市场风险,因而是一种市场中的多空组合策略,与大盘指数走势的相关度较低。在整个市场无明显趋势性机会时,可以通过配对交易避免股市系统性风险的影响,获取阿尔法绝对收益。

配对交易策略需要应用协整理论或主成分理论等严密的科学理论方法进行交易。第一,需要对所有股票进行行业划分,在同一行业内筛选股票对;第二,对行业内股票价格的相关性展开分析,选出相关系数大于一定阈值的股票对;第三,以协整理论验证股票对之间是否存在长期的协整关系;第四,为了获取更多的交易机会,对满足协整关系的两只股票,尽量找出最好是交替相对走强且残差回复到均值足够快的两只股票;第五,设定好开平仓条件(包括止盈与止损条件),一般而言,当残差超过一定阈值则同时双向开仓这两只股票,当残差回复至 0 或某一阈值时双向平仓;第六,残差满足开仓条件时,普通买入弱势股票,同时"融券卖出"强势股票,残差回复满足平仓条件时,卖出多头,同时"买券还券"偿还融资负债。

2. ETF 的配对交易策略

ETF 的配对交易策略指的是应用协整理论、主成分理论等严密的科学理论方法,从市场上找出与该 ETF 历史价格走势相近的股票或其他 ETF 品种进行配对,当配对证券的价格差偏离历史均值时,则"融券卖出"做空相对强势的标的,同时"融资买入"做多相对弱势的标的。等待它们回归到长期均衡关系,平仓赚取两个标的证券价格差收敛的盈利。

具体操作与前述股票的配对策略类似:以自有资金普通买入配对组合中相对强势的标的,同时以此标的冲抵保证金"融券卖出"相对弱势的另一标的。

3. 股票与股票的多因子交易策略

多因子交易策略主要指在全市场或某一行业内通过估值、盈利、财务质量等基本面因素构建投资组合,普通买入价值被低估的一只股票或组合同时"融券卖出"不被看好的一只股票或组合。当市场整体上涨时,理论上而言一般价值被低估的股票涨幅较大,而当市场下跌时,一般不被看好的股票跌幅较大。只要投资者对于股票相对强弱走势判断正确,则即可从中赚取两个组合不同的上涨或下跌幅度差带来的盈利。

(四) 套利交易策略

1. ETF 与子行业 ETF 的套利交易策略

利用 ETF 及其子指数的 ETF 可以构建获取行业超额收益的套利组合 ETF,以上证180ETF 为例,如果看多上证 180 指数的某个子行业,则可以普通买入该子行业指数对应的 ETF,同时"融券卖出"上证 180ETF,从而获取这个子行业的超额收益。例:若在 2011 年 7 月 28 日判断未来金融行业相对大盘整体而言将有超额收益,而当时上证 180ETF 与上证 180 金融 ETF 的价格比例为 1∶4.816 7,则在当天以收盘价买入 1 000 万份的上证 180 金融 ETF,同时"融券卖出"4 816.7 万份的上证 180ETF,到 2011 年 9 月 14 日上证 180ETF 下跌 7.56%,而同期上证 180 金融 ETF 下跌 1.94%,超额收益率为 5.62%,如果剔除同期融券利息 1.21%,则实际获取的绝对收益率约为 4.41%。

2. ETF 折溢价瞬间套利交易策略

如果单靠普通账户而没有融资融券工具的话,那么当 ETF 溢价时可以买入一篮子成分股,然后申购成为 ETF 份额,再在二级市场卖出,赚取溢价收益;当 ETF 折价时,买入 ETF 份额,赎回成一篮子股票,然后在二级市场卖出,赚取折价收益。然而,这一套利过程仍属于延时套利,即整套操作过程需要一定的时间,或许在此时间里这一折价或溢价已经丧失。

有了融资融券工具,则当 ETF 溢价时,可以买入一篮子成分股,同时"融券卖出"ETF 份额,则已经瞬时锁定了套利收益,后续步骤可以随时完成。随后,将成分股申购为 ETF 份额"直接还券"。相类似的,当 ETF 折价时,可以买入 ETF 份额,同时"融券卖出"一篮子成分股,则已经瞬时锁定了套利收益,后续步骤可以随时完成。随后,赎回 ETF 份额得到一篮子股票"直接还券"。但是这样的话由于涉及大量成分股的融券,实际操作时需要较为先进的交易系统支持。

3. 借助 ETF 实现股指期货的期现套利交易策略

当股指期货相对于沪深 300 指数溢价时,普通买入某只 ETF 份额或几只 ETF 份额的组合,并以此充抵保证金再"融资买入"该 ETF 份额或组合放大交易杠杆,同时股指期货账户中开仓做空。待无溢价或出现折价时,信用账户"卖券还款"且股指期货空头平仓,最终实现股指期货的期现正向套利。当股指期货相对于沪深 300 指数折价时,"融券卖出"某只 ETF 份额或几只 ETF 份额的组合,同时股指期货账户中开仓做多。待无折价或出现溢价时,信用账户"买券还券"且股指期货多头平仓,最终实现股指期货的期现反向套利。

4. 股票与封闭式基金的套利交易策略

封闭式基金折价相对较大时,可以借助融资融券交易实施套利活动,即选取折价封闭式基金构建一基金组合,计算出其相对于某指数的贝塔值,选取某些可融券标的证券构建一股票组合,使得该股票组合相对于同一个指数的贝塔值与基金组合相对于该指数的贝塔值相等。随后,买入所构造的封闭式基金组合,同时"融券卖出"所构造的股票组合。持有封闭式基金组合至到期日或封转开时刻,此时赎回或卖出封闭式基金组合,同时"买券还券"偿还融券负债。需要注意的是,此操作只能选择距离到期日在 6 个月内的封闭式基金来运作,这主要是由于融券最长期限半年的限制,另外若距离到期日较远,则封闭式基金的折价率还有扩大的风险,且时间过长同时也会造成封闭式基金组合与股票组合相对于某标的指数贝塔值远离的风险,从而可能使得投资者在此过长的持仓期间内造成过大的账面损失甚至被强行平仓。

5. 股票与可转换公司债券的套利交易策略

当可转债 T 日出现较大幅度折价时,投资者可以在 T 日买入可转债,同时"融券卖出"可转债对应的标的股票,T+1 日将可转债转换成股票,T+2 日股票到账后"直接还券",获取一定比例的无风险收益。例:2012 年 1 月 16 日工商银行收盘价 4.31 元,相应可转债收盘价 107.89 元,可转债的最新转换价格为 3.97 元。若可转债的转换价值(股票价格×转换比例)大于可转债价格时,则投资者可在 1 月 16 日(T 日)以市场价格买入 N 张工商银行可转债,同时"融券卖出"转换比例×N 股工商银行股票,即 $100 \div 3.97 \times N = 25.19N$ 股;在 1 月 17 日(T+1 日)将 N 张可转债转换成工行股票;1 月 18 日(T+2 日)股票到账后"直接还券"。在忽略交易佣金与融券费率的前提下,可获得一定比例的无风险收益。此例由于可转债的转换价值为 $4.31 \times 100 \div 3.97 = 108.56 > 107.89$,因此忽略成本前提下存在套利空间,可执行上述策略获取无风险收益。

（五）其他交易策略

1. ETF 与封闭式基金的交易策略

《证券投资基金管理暂行办法》规定，基金管理必须以现金形式分配至少 90% 的基金净收益，且每年至少分配一次。而一般封闭式基金三、四月份派发红利的概率较大，因此对于折价率较大的基金且具有正实现收益测算值的封闭式基金，可在分红前买入该基金，同时"融券卖出"ETF 份额，从而在对冲掉市场系统风险的条件下，获取封闭式基金的分红收益及折价回归收益。

2. ETF 与分级基金的交易策略

分级基金中的优先级基金有一定的固定收益，优先级股票型基金到期折算日一般为会计年度最后一个交易日或年初第一个交易日。因此可在分红前买入该基金，同时"融券卖出"ETF 份额，从而在对冲掉市场系统风险的条件下，获取分级基金的分红收益。

第四节 可转换公司债券

一、什么是可转换公司债券

（一）可转换公司债券的含义

可转换公司债券是可转换证券的一种，是附有转换条件的公司债券，是持有人在约定的时间（转换期）内可根据约定的转股价格转换为公司普通股股票的一种债券。可转换公司债券既具有公司债券的特征（有确定的期限和票面利率），又具有股票的属性（持有人可以按约定的条件将可转换公司债券转换为公司普通股股票）。因此，可转换公司债券是一种混合型证券，兼具公司债券和公司股票的双种属性。如果持有人要放弃转股的权利，公司必须在债券到期时还本付息。

（二）可转换公司债券的特征

可转换公司债券具有以下四个特征。

1. 债权性

可转换公司债券在本质上是一种债权债务凭证，在转换前可转换公司债券的持有人只是公司（发行人）的债权人，而不是股东。因此，在债券发行时，可转换公司债券规定一定的票面利率和期限。一般情况下，持有人可以选择不进行转换，而是在到期时按照债券的票面利率收取本金及相应的利息。

2. 股权性

虽然可转换公司债券在转换之前是纯粹的债券，但是债券在转换成股票之后，原债券持有人就由债权人变成股东，这时投资者就可以以股东的身份参与公司的经营管理决策以及利润分配。显然，其股权性不是一般债券所具有的特征。

3. 可转换性

可转换性是可转换公司债券的最本质特征，它表明债券持有人可以按照约定的条件将债券转换成股票。在本质上，可转换性所赋予投资者的转股权是投资者享有的、一般债券所不具有的选择权。这种选择权实质上体现了可转换公司债券是在债券上嵌入了看涨期权的金融创新特点。可转换性的具体特征是由发行人在发行条款中详细规定的，这些条款表明投资者可以按约定的条件(转换期限、转换价格和转换比率)将债券转换成发行公司的普通股股票。但一般情况下,可转换性并不等同于必转换性。如果可转换公司债券的持有人不想转换,则可以继续持有债券,直到到期(或者提前)收取本金和利息。

4. 可赎回性

可赎回性是指可转换公司债券一般带有赎回条款,它规定发行人可以在可转换公司债券到期之前按照一定条件提前赎回可转换公司债券。作为可转换公司债券协议书上的一个附加条款,赎回条款并不是所有可转换公司债券必备的。但绝大多数的可转换公司债券都有赎回条款。具体来说,赎回是指发行人在一定时期内可以提前赎回未到期的可转换公司债券。赎回价格一般高于面值,高出部分被称为赎回溢价。赎回条款的具体内容是决定可赎回性对可转换公司债券投资价值影响的重要因素。

(三) 可转换公司债券对发行公司和投资者的主要优势

可转换公司债券是根据一种事先的约定可以在将来某个时间按约定的条件转换为普通股股票的特殊公司债券,兼具债券、股票和期权的部分特征。相对于股权融资来讲,发行可转换公司债券有效地避免了股票发行后股本迅速扩张和股权稀释的问题,这是上市公司再融资极具吸引力的方面。可转换公司债券融资成本较低,票面利率低于一般债券利率,且不高于同期银行存款利率。一般而言,公司发行的可转换公司债券如果未被转股的话,即相当于发行了利率较低的债券;如果被转股,因为转股的价格一般比公司股票的市场价格高出一定比例,所以又相当于发行了比市价高的股票,并且与直接发行股票相比能筹得更多资金。无论是发行者还是投资者对发行和持有可转换债券都确信这样一个关键性假定,即公司普通股的市价在可预期的时间内会上升到一定的高度来完成转换。如果实现转换的条件不出现,那么在公司资本结构中,将会拥有过大比例的优先权证券,这就背离了公司本来的意愿,形成沉重的负担,也会影响到投资者通过转换来实现预期收益,从而出现失败的可转换公司债券情形。

对投资者来说,持有和配置可转换公司债券是防守-进攻型投资工具。大多数可转换公司债券发行时存在的转换溢价是与可转换公司债券的双重性质紧密联系在一起的。可转换公司债券发行之初,它可为投资者提供固定的票面利息收入,即相当于投资单纯的债券,从而为可转换公司债券的投资价值确立了一个市场价值的最低点。一旦公司业绩得到提升,资本增值的可能性得以展现,公司股票价格就会很快地上升,投资者又可获得自由转换股票的机会。此时行使转换权,将会获得资本利得收益。由此可见,可转换公司债券对投资者具有的吸引力和风险性是任何其他单一性质的证券所不具备的。因此,从投资者的角度来看,转换溢价是值得支付的。习惯上,投资者把这个自由转换权看作防范市场不稳定的屏障,他们乐于接受收益较低的可转换公司债券,胜于投资其他单一债券或股票。可转换公司债券在二级市场交易中还有一些因素有利于其溢价。就这一点而言,可转换公司债券对用借入资金以支付保证金形式来经营证券的投资者也是有吸引力的。保证金是按证券购入价格的一定百分比计算的。一般情形下,由于购买股票的保证金百分比高于购买可转换公司债券,因此,投资者愿意用借入资金款项购买多于股票的可转换公司债券。

(四) 可转换公司债券的类别

可转换公司债券一般可分为传统可转换公司债券(高息或高溢价型、溢价回售型、多次回售型)、零息可转换公司债券、可交换股票的可转换公司债券(上市前预售可转换公司债券,可交换目标公司股票可转换公司债券)、可交换优先股等四大类。传统型可转换公司债券在票面利率、转换溢价等要素的组合上呈现不同的特点。高息或高溢价型可转换公司债券更具债券的属性,而溢价回售型和多次回售型可转换公司债券则多有股票的属性。零息可转换公司债券无票面利率,但在发行时通常以折扣发行,保证到期收益率保持一定水平,这种类型适合发展初期的高成长性企业。

二、可转换公司债券的要素

可转换公司债券的主要要素有期限、票面利率、转换价格及调整、赎回条款和回售条款等。这些要素对于可转换公司债券的成功发行及转换都非常重要。

(一)面值

面值是可转换公司债券到期应兑付的本金值。我国已发行的可转换公司债券的面值一般为100元人民币,最小交易单位为1 000元人民币,通常称为一手,即10张可转换公司债券。

(二)基准股票及币种

基准股票是可转换公司债券可以转换的股票,又称为正股,一般是发行公司的普通股,也可以是其他公司(如发行公司的上市子公司)的普通股。币种与可转换公司债券的发行地市场有关。

(三)票面利率

票面利率是指可转换公司债券票面上载明的利率。票面利率体现了可转换公司债券的债权性,可转换公司债券固定的利息为投资者提供了保底收益,是投资可转换公司债券须考虑的一个基本因素。票面利率同时也在一定程度上构成了发行公司的融资成本,关系到未来几年中的利息负担问题。因此,票面利率最终确定在怎样一个水平上,其实是发行公司和投资者利益博弈与权衡的结果。

可转换公司债券的票面利率一般是一年或半年付息一次。票面利率的确定受当时市场资金供求状况、利率水平、公司债券资信等级以及发行人未来效益预测等因素的综合影响,与可转换公司债券其他条款的关系也很紧密。凡是在发行时做了不利于投资者的条款设计,如转换期限短、转换价格的溢价水平高、设置了赎回条款或强制性转股条款等,投资者对票面利率的要求就要高一些。对于那些发行者行业前景看好、未来股价上升可能性及上升空间都比较大的可转换公司债券,即使票面利率较低,还是具有较好投资价值的。通常,该利率的确定可参照同等条件的普通公司债券并应略低一些(一般为同等风险情况下市场利率的2/3左右),作为可转换公司债券中股票期权的代价。通常,较高的票面利率有利于发行但不利于转股。

(四)期限

可转换公司债券的期限包括债券期限和转换期。

1. 债券期限

债券期限是可转换公司债券从发行日到到期日还本付息的时间。通常,我国可转换公司债券的期限大致在3~5年之间。

2. 转换期

转换期是指可转换公司债券可以转换为股票的起始日至结束日的期间。大多数情况下,转换期是从发行日开始经过一段时间后的某日至债券到期日。在我国,一般是在发行结束 6 个月后进入转换期。

（五）转换价格与转换比率

转换价格是可转换公司债券转换为股票时为每股股票支付的价格；转换比率是指在转换时每单位可转换公司债券可换成的股票数量，用公式可表示为

$$B = \frac{M}{E} \qquad (5.13)$$

式中：B——转换比率；
　　　M——单位可转换公司债券的面值；
　　　E——转换价格。

转换比率与转换价格是在可转换公司债券发行时确定的，不随基准股票市场价格波动而改变。为了防止购买人在买入可转换公司债券后立即进行转换，可转换公司债券的转换价格往往高于发行时基准股票的市场价格。转换价格超过股票市场价格的部分称为转换溢价，即：

$$R = \frac{(E - P)}{P} \qquad (5.14)$$

式中：R——转换溢价率；
　　　E——转换价格；
　　　P——股票市场价格。

上市公司的转换溢价率往往大于零，反映了可转换公司债券中股票期权的价值。我国上市公司的可转换公司债券通常以发行前 1 个月股票的平均价格为基准，上浮一定幅度确定转股价格。

（六）赎回条款

赎回是发行公司按事先约定的价格买回未转股的可转换公司债券。赎回条款是赋予发行公司的一种保护性期权。在市场利率下调时，公司可收回旧券，以新的较低的利率进行融资，减少利息支出；在股价涨到一定程度并持续一段时间后，公司如果可以选择执行赎回条款，会促使投资者尽快实现转股。一般来说，发行人每年可按约定条件行使一次赎回权。每年首次满足赎回条件时，发行人可赎回部分或全部未转股的可转换公司债券。但若首次不实施赎回的，当年不应再行使赎回权。

赎回条款主要包括赎回保护期、赎回期、赎回价格和赎回条件。

1. 赎回保护期

赎回保护期是指从发行日至首次赎回起始日的期间。在该期间内，发行公司不可赎回可转换公司债券，因此也可称为不可赎回期。该期间越长，越有利于投资者。我国可转换公司债券的赎回保护期大致是半年至 1 年。

2. 赎回期

赎回期是指赎回保护期后的可执行赎回条款的期间，可分为定时赎回和不定时赎回两种。前者是在约定时间内执行赎回，后者则视股票市场价格决定何时执行赎回。

3. 赎回价格

赎回价格往往是事先确定的，离发行日时间越长，赎回价格往往越高。一般高于可转换

公司债券面值的 3%~6%。

4. 赎回条件

赎回条件决定发行公司在何时可执行赎回权,是最主要的赎回条款。按不同的赎回条件,赎回又可分为硬赎回(即无条件赎回)与软赎回(即有条件赎回)。硬赎回通常是公司在约定的赎回期内按事先约定的价格买回未实现转股的可转换公司债券,其主要目的就是为了降低利息支付或减轻偿债压力。软赎回是基准股票的股价持续在某一较高价位时,公司按事先约定的价格赎回未实现转股的可转换公司债券。这里涉及"触发价"的概念。所谓触发价是指发行者行使赎回权的界限。赎回权显然对可转换公司债券的持有者是不利的,为此可转换公司债券往往规定股价必须持续超过触发价一段时间后方可进行赎回。触发价往往是转股价格的 130%~150%,主要目的是为了加速转股或防止股权稀释。显然,对投资者而言,没有赎回条款是最有利的,软赎回比硬赎回更有利。

(七)回售条款

回售是指在一定条件下(往往是转股成为不可能时,例如股价持续走低),持有者要求发行公司按高于面值的价格买回可转换公司债券,这是对投资者的一种保护性的看跌期权,主要是为了控制投资者风险,保护投资者利益,吸引投资者购买,从而使发行人能顺利发行可转换公司债券而设置的。与赎回条款类似,回售条款也包括回售期、回售条件和回售价格。

1. 回售期

回售期是可执行回售条款的时间。按有无回售条件可以分为固定回售时间和不固定回售时间两种。前者通常针对无条件回售,多设定在可转换公司债券存续期间的 1/2 至 1/3 处。后者则针对有条件回售,指股价满足回售条件的时间。

2. 回售价格

回售价格是持有者将可转换公司债券出售给发行公司的价格,一般事先确定此价格略高于可转换公司债券票面利率,而低于市场利率。回售条款是对投资者的一种保护,降低了投资风险。

3. 回售条件

回售条件是指投资者可以执行回售的条件,回售可以分为无条件回售和有条件回售。无条件回售是指公司对回售不作特别限制;有条件回售是指基准股票的价格在一段时间内始终低于转股价格一定幅度,投资者可以按事先约定的价格执行回售。由于回售时可以获得高于票面利率的收益,所以回售条款可以保护投资者的利益。我国可转换公司债券回售条款的设置通常是规定一个回售日,持有者在回售日按约定价格进行无条件回售;或者规定在可转换公司债券到期日之前一定时间内(半年或 1 年),持有者按约定价格进行有条件回售。

(八)转股价格调整条款

转股价格一般不可以随意更改,但由于上市公司进行增发股票、配股送股以及股票分裂合并时对股票价格有重大影响,因此可以在可转换公司债券条款中明确转股价格的调整。转股价格调整条款中规定了在一定条件下如何调整转股价格,主要分为除权调整和特别向下调整两种。前者是指公司进行股本变动时对可转换公司债券的转股价格作相应调整;后者是指在股价表现不佳时,将原转股价格下调一定比率使之与股价相匹配以实现转股、增加债券的吸引力。显然,每次下调的比率越大越有利于可转换公司债券持有人,因为它很容易在下跌中触及,而且一旦下调即不可再上调,是不可逆的。我国可转换公司债券转股价格下调比率最小的是5%,最大可达到30%。

（九）强制性转股条款

可转换公司债券的转股分为自愿转股和强制性转股。自愿转股是指持有可转换公司债券的投资者可以在公司规定的转股期间选择任何时候进行转股。强制性转股条款是指发行人约定在一定条件下,要求投资人将持有的可转换公司债券按照约定的转股价格转换为公司股份的条款。该条款虽然可以保证可转换公司债券到期完全转股,发行公司无须到期还本付息,但由于转股限定在同一时间,可能会对股票价格造成很大的冲击,因此上市公司很少使用。对于投资者而言,强制性转股条款也使其面临更大的风险。我国可转换公司债券普遍设有强制性转股条款。

三、可转换公司债券的价值

（一）可转换公司债券的价值构成

可转换公司债券的价值不仅像一般的债券那样受到市场利率与票面利率之间差额的影响,同样也受到基准股票市场价格变动的影响。在基准股票市场价格上涨时,可转换公司债券的价格也会随之上升;反之,当基准股票市场价格下跌时,可转换公司债券的价格也会下跌,但由于此时可转换公司债券仍可以作为债券出售或要求还本付息,因此,其价格一般不会低于相同类型、相同期限的债券的价格。也就是说,可转换公司债券的价值由单纯债券的价值和转换成普通股的价值两者中比较大的来决定。前者称为可转换公司债券的理论价值或直接价值,后者称为可转换公司债券的转换价值。

1. 直接价值

可转换公司债券的直接价值是指当它作为不具有可转换性的一种债券时的价值,也就是可转换公司债券所表示的普通的不可转换债券的理论价值。在数量上,它相当于将未来一系列利息收入以及到期的本金收入按某一个折现率折算成现值和。用公式可表示为

$$V_1 = \frac{C_1}{(1+r)} + \frac{C_2}{(1+r)^2} + \Lambda + \frac{C_n + M}{(1+r)^n} \tag{5.15}$$

式中：V_1——直接价值；

C——利息；

r——折现率（市场平均利息率）；

M——面值；

n——年限。

要注意的是,如果该债券有回售条款,那么直接价值就不仅仅是由债券的本金和利息收入决定了;相反,还要比较一下回售条款中所表示的债券的价值。如果由回售条款决定的可转换公司债券的价值高于其由本金和利息收入决定的可转换公司债券的价值,则可转换公司债券的直接价值就取其中较大的一个。

2. 转换价值

可转换公司债券的转换价值是它实际转换时按转换成的普通股的市场价格计算的理论价值,即是可转换公司债券的期权价值。

$$V_2 = P \times B \tag{5.16}$$

式中：V_2——转换价值；
　　　P——股票市场价格；
　　　B——转换比率。

可转换公司债券的转换价值同基准股票的市场价格 P 密切相关。在转换比率 B 不变的情况下，股票价格越高，可转换公司债券的转换价值就越高，相应地，其价值也就越大。

通常，投资者按直接价值与转换价值中最大的一个进行投资与交易，这就是最小价值原理。所以，可转换公司债券的交易标准即直接价值与转换价值中较大的那个。

3. 市场价格

可转换公司债券的市场价格必须保持在其直接价值和转换价值之上。如果可转换公司债券的市场价格在直接价值之下，该债券价格被低估，这是显而易见的；如果可转换公司债券的市场价格在转换价值之下，购买该债券并立即转换为基准股票就有利可图，从而使该债券价格上涨直到转换价值之上。为了更好地理解这一点，再次引入转换平价这个概念。

转换平价是可转换公司债券持有人在转换期限内可以依据可转换公司债券的市场价格和转换比率把债券转换为基准股票的每股价格，即：

$$\bar{P} = \frac{m}{B} \tag{5.17}$$

式中：$\bar{P}$——转换平价；
　　　m——可转换公司债券的市场价格；
　　　B——转换比率。

转换平价是一个非常有用的指标，因为一旦实际基准股票市场价格上涨至转换平价，任何进一步的股票价格上升肯定会使可转换公司债券的价值增加。因此，转换平价可视为一个盈亏平衡点。显然，转换平价相对于基准股票的市场价格越低，可转换公司债券就越有价值。

（二）可转换公司债券的价值曲线

如前所述，可转换公司债券是一种混合型债券，是在公司债券的基础上附带了一个股票的买入期权，即给予投资者的一种可以选择转换股票或者放弃转换的选择权。这种选择权本质上是一个美式看涨期权，美式期权的执行可以在期权到期日前任何一天。因此，可转换公司债券的价值应该是债券部分的价值与美式看涨期权的价值之和。为了研究方便，假定可转换公司债券的价值为 V_{bc}，债券部分的价值为 V_b，期权部分的价值为 V_c，则 $V_{bc} = V_b + V_c$，如图 5.31 所示。

图 5.31 中，纵轴表示在某时刻的可转换公司债券的价值，横轴是该时刻基准股票的价格。曲线 V_{bc} 是可转换公司债券价值，其两端向 OB、OA 靠拢。在股价 $P_t<$转换价格 E 时，可转换公司债券持有人是不会进行转换的，此时可转换公司债券的价值是其直接价值；一旦 P_t 上涨并超过了 E 时，则可转换公司债券进入了可转换的时期，由最小价值定理，投资者会选择转换价值作为可转换公司债券的最低

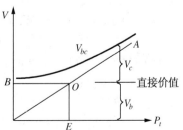

图 5.31　可转换公司债券价值曲线

价值，即底价 BOA 为可转换公司债券市场价格的下限。事实上，可转换公司债券价值 V_{bc} 可视为可转换公司债券直接价值 V_b 和期权价值 V_c 部分的叠加。由期权的知识可知，期权价值由期权的内在价值（IV）和时间价值（TV）两部分组成，其内在价值即图中 V_{bc} 和 BOA 之间的部分。所以，$V_{bc} = V_b + IV + TV$。其前两项即构成 BOA，而期权的时间价值反映了投资者对风险收益的预期。

进一步地，可以定性地解释一下图 5.31，在 $P_t <$ 转换价格 E 时，可转换公司债券主要表现为债券性质，因此，V_{bc} 的变化受股价影响不大，而与债券价值趋同；在 $P_t >$ 转换价格 E 时，可转换公司债券中的股票特征占了上风，V_{bc} 变化率就渐趋于股价的变化率，此时利率对 V_{bc} 的影响变小。

（三）影响可转换公司债券价值的因素

可转换公司债券价值由纯债券部分价值与买入期权价值决定，因此，凡是对直接价值与期权价值有影响的因素均可能影响可转换公司债券的价值，主要包括公司自身状况、市场状况和发行条款等三方面因素。

1. 公司自身因素

（1）公司信用。

公司信用表现在两个方面。首先，可转换公司债券发行时评估的信用等级上升，可转换公司债券的纯粹价值上升，反之则下降。其次，也是最重要的在于公司的诚信度。它主要包括募集资金用途的可行性和公司对待债权人与股东报酬率的态度。

（2）公司业绩。

可转换公司债券是公司的融资凭证，公司的经营业绩反映了公司经营的基本面情况，表现公司的盈利能力和成长潜力，因此，公司的业绩是影响可转换公司债券价值的基本因素。

（3）股票价格的走势及波动性。

在公司股票价格上升时，投资者对可转换公司债券的需求增加，持有它可以用较低的价格转换成股票，从中获利，因此，可转换公司债券的价格将会随股价上升而上扬。此外，股价波动越强则期权价值越大，因为股价暴涨可以带来高的转换溢价，但股价暴跌却不会有什么损失。所以，股价波动越强，期权持有者盈利的可能性越大。

2. 市场状况

（1）市场利率水平。

市场利率与可转换公司债券价值是反向关系。市场利率越高，投资可转换公司债券的收益就相对越低，可转换公司债券的价值就越低。同时，可转换公司债券的价值对市场利率的敏感程度与股价水平有关。股价高于转股价时，可转换公司债券体现为股票性质，受市场利率影响较小；当股价低于转股价时，可转换公司债券体现为债券性质，对市场利率变化较敏感。

（2）股票市场的总体状况。

我国股市在很大程度上受到政策的影响。当整个股市在政策扶持和投资者良好的心理预期下持续地走高时，可转换公司债券的价格也会随股价的升高而升高。

3. 发行条款的设计

（1）票面利率。

通常，在其他条件相同时，票面利率越高，可转换公司债券的价值越高，较高的票面利率有利于成功发行，但是对于转股不利。

(2) 期限。

对纯债券而言,期限不仅影响折现的时间,而且一般来说,期限越长,所面临的风险也就越大,所以,期限对债券价值有较大影响。对期权而言,期限越长,期权升值的空间越大,其时间价值越大。所以,期限对可转换公司债券价值的影响是其对债券与期权部分共同作用的结果。

(3) 赎回条款和回售条款。

赎回条款在设计时已基本限制了可转换公司债券中期权的价值,其中赎回保证期越长,赎回价格就越高,触发价越高,可转换公司债券的价值就越大。回售条款则相反,它的设计保证了投资者的最低获益。

(4) 强制性转股条款及转换价格的调整条款。

强制性转股条款意味着限制了可转换公司债券的期权特性,因而会降低可转换公司债券的价值。而转换价格的调整条款在一定程度上保证了投资者的利益,故对提高可转换公司债券的价值是有利的。

四、可转换公司债券的收益与风险

(一) 可转换公司债券的收益

转股前持有可转换公司债券的利息收入、转股后的股息收入、转股前易手的差价收入、转股后出售股票的差价收入,构成了可转换公司债券的收入来源。可转换公司债券的收益率也可以通过其价值构成加以分析,一般应以纯可转换公司债券的收益率为基础,并考虑股票期权所带来的收益。投资可转换公司债券的根本问题就是如何权衡预期获利与支付的溢价。

(二) 可转换公司债券的风险

与股票相比,可转换公司债券的风险要小得多,但作为一种金融理财工具与产品,其风险性也是不可避免的。具体来说,可转换公司债券主要有七种风险。

1. 股价波动风险

可转换公司债券的价格可以随股价上升而上升,也可以随股价下跌而下跌。在一个成熟的资本市场,两者的相关性相对较大,因此,投资者会承担价格波动的风险。当然,回售条款可以将股价波动的风险限制在一定的范围内。

2. 利率风险

可转换公司债券的价值一部分来自纯债券,市场利率水平上升,可转换公司债券价值下降。如果转股失败,由于可转换公司债券利率低于同风险水平的公司债券,还会有利息损失。

3. 提前赎回风险

大多数可转换公司债券在发行时都约定发行者可以在一定时间后,在一定条件下以某一价格赎回可转换公司债券,也就是说,该条款不仅限制了投资者的最高回报,而且给投资者进行再投资带来了不确定性。

4. 公司信用风险

首先,在可转换公司债券发行时可能存在市场操纵现象。由于转股价格通常是以发行前1个月基准股票的平均价格为基础上浮一定幅度加以确定,从而使得可转换公司债券的发行者有动机在发行前通过各种方式抬高股价,使得转股价格偏高,这显然不利于投资者。

其次,可转换公司债券的发行公司的资信等级若恶化或者公司本身爆发各种危机将导致基准股票价格下跌,甚至发行公司可能无法偿还债务,这将导致投资者面临更大的风险。应该说,我国发行可转换公司债券的公司普遍具有良好的资信等级,且部分可转换公司债券有银行的连带责任担保,因此信用风险相对较低。

5. 并购风险等与公司经营有关的风险

公司的兼并收购一般只涉及股票而不涉及可转换公司债券,因此,兼并收购中可转换公司债券投资者的利益往往得不到保证。如果发行公司被收购,自发出收购要约开始,该公司的股票停牌,可转换公司债券持有者暂时失去转股权;如果兼并收购成功,股票不再上市流通,则可转换公司债券永久地失去期权价值。如果发行公司作为收购方,以其资产和未来收益能力作为抵押,筹集部分资金进行杠杆收购时,可转换公司债券的风险也很大。

6. 回报率较低的风险

当转股失败时可转换公司债券的投资收益率将非常低。所谓转股失败是指转股期内基准股票市场价格低于转股价格或者低于可转换公司债券回售价格所对应的股票价格,因为这个时候可转换公司债券持有者选择转股将无利可图,而选择回售然后再从二级市场上买进股票反而合算。

7. 强制性转换风险

到期的无条件强制转换将使投资者无权收回本金,只能承担股票价格下跌的风险。

五、可转换公司债券投资策略

投资者投资可转换公司债券可采用的策略有以下五种。

(一) 在面值附近购买可转换公司债券

目前,我国可转债的面值均为100元。通常,在105元以下购买可转债,基本上可以把最大亏损控制在10%的范围内。最近几年来,我国上市交易的可转债出现的最低价格是94元,目前市场价格最低的可转债的市场价格在96元左右。这是由可转债的债性和纯债券价值的特性所决定的。而条款比较优厚的可转债则很少会跌破面值。如果投资者买入价格大大高于面值的可转债,那么这与投资股票的区别就很小,风险大大增加,有可能产生较大的亏损。因为此时可转债的债性变得很弱,而股性却变得很强。一般来讲,从经验角度,可转债的市场价格超过110元,最好不要考虑购买。往往可转债的市场价格越高,相较于直接购买股票的优越性就越低。

(二) 投资基本面与成长性好的可转换公司债券

买入面值附近的可转债,只是保证了不会发生大的亏损,但若试图获得理想的投资收益,还主要是看发债公司的基本面与成长性。公司基本面与成长性好,业绩增长有保障,正股就可能出现长期上升的走势,可转债就会随正股基本保持同步上涨;而基本面与成长性差的可转债,业绩不能持续稳定增长,正股价格表现平平,可转债的上涨就失去了基本面的依托和支持,其市场价格很可能长期在面值附近徘徊,最终只能到期赎回。

(三) 买入条款设计优厚的可转换公司债券

在可转债的条款中,以下方面的条款尤其值得投资者关注。

1. 票面利率高低

不同的可转债,票面利率有高有低,有的虽然利率是固定的,但设计了利息补偿条款,有的利率则为浮动的,约定在票面利率基础上随存款利率的上调而调整,这样的可转债更有利于避免市场利率波动带来的风险,比一般固定利率的可转债要好。

2. 转股价格修正条款

不同的可转债在转股价格修正条款设计上有明显区别和差异,有的可转债条款规定,公司股票现金分红将向下修正转股价,这样的可转债相当于变相享受了公司的现金分红,而有的可转债就没有这样的规定。

3. 转股价格特别修正条款

转股价格特别修正条款是指当股价低于转股价的一定比例并持续一定时间时,转股价格可以进行特别向下修正,为转股创造条件。尽管目前我国所有可转债都有相关的规定,但具体条款设计则有很大的不同。有的规定连续 20 个交易日正股价格低于转股价 5%便进入修正程序而向下修正转股价格,有的则规定要达到 20%才可以进行修正。显然,前者更容易触发修正条件,因此对可转债持有者更有利。必须注意的是,即使达到特别修正条款,有的可转债规定董事会有权进行修正,但不是必须修正,因此,是否最终修正转股价实际上是个未知数,具有一定的不确定性。而有的可转债则规定满足修正条件时,董事会必须进行转股价的向下修正,这样的可转债显然对持有人更为有利。因此,仔细甄别可转债的发行条款,是买入可转债的投资者必做的功课。

4. 转换期

不同的可转债转换期有一定的差异,但要高度关注可转债的转换期与募资投资新建项目的竣工期是否保持一致。通常,如果在转换期内,募资项目可以顺利推进并及时完工投产,则有利于扩大生产经营规模,增加公司的业绩,提高净资产收益率,形成对正股价格正面推升的积极影响,从而可以促进可转债市场价格的上扬。这样,无论从实施转股角度,还是从可转债市场价格上扬带来可观的买卖差价角度,都可以使持有人在获取投资收益上处于有利态势,否则,对投资者是不利的。

5. 信用能力

考察可转债的信用能力可以从以下三个方面展开。

(1) 发行可转债的募资金额是否适度。

评价发行可转债的募资金额是否适度须考核发债公司的资产负债率。考核发债完成后,资产负债率是否控制在合理范围。还须从新建项目的可行性研究报告评价出发,衡量新建项目所需资金与发债募资金额是否匹配。

(2) 认真阅读信用评级报告。

按照管理层的要求,在可转债的发行申报和审批时发行公司必须提供信用评级报告,因此,发行可转债的公司在发行前必须聘请具备资格的专业评级机构对其将发行的可转债进行信用等级的评定并出具独立的信用评级报告。信用等级反映了发行可转债的公司在不利的内外部经济环境下全额支付可转债本息的能力。信用评级主要针对公司的基本面展开,包括资本负债结构、偿债能力、资金周转、现金流状况、盈利能力等。通过了解信用等级和阅读信用评级报告,投资者可以对发行可转债公司的基本面有一个全面的了解和认识,把握投资的风险程度。

(3) 是否有实力机构的担保。

通常,可转债的发行公司在发行可转债时需要聘请商业银行或有实力的大型机构提供担保,即当可转债到期,发债人因财务问题不能按时偿还本息时,担保人承担连带责任而负责本息偿还,特别是由商业银行提供担保的可转债一般意味着其具有较高的信用能力。

(四) 测算可转债的内在价值

通过 Black-Scholes 期权定价模型,测定可转债的理论价格,对其内在价值的规定做到心中有数,合理把握投资时机,规避投资风险。可转债的 Black-Scholes 期权定价模型可参见第八章中可转换公司债券的价值评价。

(五) 运用价值评价的传统常用指标判断和选择可转债

可转换公司债券价值评价的传统常用指标有转换溢价率、下跌保护、收益损失和收益优势。

通常,转换溢价率(含转股溢价率)较低的可转债可以使投资者处于更好的待盈利状态,因为这样的可转债只需正股一定的涨幅即可获得较好的转股机会,实现良好的投资收益。下跌保护较好的可转债意味着该可转债具有较高的理论价值,市场价格的下跌空间可以被较高的理论价值有效封杀,相对来说其市场价格的下跌有限,风险较小。收益损失较小的可转债与收益优势明确的可转债相对来说具有更好的风险与收益平衡特征,也具有更好的安全边际,投资价值更为突出。

复习思考题

1. 什么是金融期货?它具有哪些基本经济功能?
2. 金融期货交易制度有哪些主要内容?
3. 金融期货价格的构成要素是什么?
4. 影响金融期货价格的因素有哪些?
5. 基差有什么意义?
6. 金融期货有哪些投资策略?
7. 什么是金融期权?
8. 金融期权与金融期货有哪些区别?
9. 金融期权交易制度的内容有哪些?
10. 金融期权的价格是怎样形成的?
11. 影响金融期权价格的主要因素有哪些?
12. 金融期权有哪些投资策略?
13. 什么是信用交易?
14. 在买空卖空交易中怎样考核实际保证金率?
15. 融资融券有哪些交易策略?
16. 什么是可转换公司债券?其具有哪些特征?
17. 可转换公司债券具有哪些主要要素?
18. 简述可转换公司债券的价值形成。
19. 可转换公司债券具有哪些风险因素?
20. 可转换公司债券有哪些投资策略?

第六章　个人及家庭理财工具与产品

【本章导读】

> 现金规划、房地产投资与居住规划、教育与培训规划、保险理财、个人税收筹划、退休规划等六个领域是个人与家庭理财的基本内容。通过本章的学习,要掌握这六个领域的工具与产品的特点,熟悉这六种理财工具与产品的理财步骤及分析方法,为制定个人与家庭理财策略提供基础。

第一节　现金规划

一、现金规划的含义

现金规划是为满足个人或家庭短期需求而进行的管理日常的现金及现金等价物和短期融资的活动。现金规划既要保持所拥有资产一定的流动性,以满足日常生活费用的需要,又要使流动性较强的资产具有一定的收益。现金规划中所指的现金等价物是指流动性比较强的活期储蓄、各类银行存款和货币市场基金等金融资产。

现金规划的核心目的是满足客户的短期需要。

二、现金规划需要考虑的因素

1. 对金融资产流动性的要求

个人或家庭进行现金规划有交易动机、谨慎动机或预防动机、投机动机等。

所谓交易动机,是指由于个人或家庭的收入和支出在时间上的不同步,需要足够的现金及现金等价物进行交易活动,以维持日常的生活开支需要的动机。影响交易动机的因素有个人或家庭的收入水平、生活习惯等,而个人或家庭的收入水平越高,交易数量越大,其为保证日常开支所需要的货币量就越大。

所谓谨慎动机或预防动机,是指由于未来收入和支出的不确定性,个人或家庭为了预防意外支出而持有一部分现金及现金等价物的动机。影响谨慎动机或预防动机的因素有个人或家庭对意外事件的看法、个人或家庭的收入等。

所谓投机动机,是指为了抓住有利的购买有价证券的机会而持有一部分现金及现金等价物的动机。

2. 持有现金及现金等价物的机会成本

金融资产的流动性与收益率呈反方向变化,高的流动性也意味着收益率较低。现金及现金等价物的流动性较强,则其收益率也相对较低。由于机会成本的存在,持有收益率较低的现金及现金等价物也就意味着丧失了持有收益率较高的投资品种的机会,因此,持有现金及现金等价物存在机会成本。

三、现金规划的工具

1. 现金规划的一般工具

(1) 现金。

这里的现金主要是指流通中的现钞。与其他的现金规划工具相比而言,现金有两个突出的特点:一是在所有的现金规划工具中,流动性最强;二是持有现金的收益率低。

(2) 相关储蓄品种。

目前,国内储蓄机构提供的储蓄业务有活期储蓄、定活两便储蓄、整存整取、零存整取、整存零取、存本取息、个人通知存款、个人支票储蓄存款等。

(3) 货币市场基金。

货币市场基金是以货币市场工具为投资对象的一种基金,其投资对象期限在1年以内,包括银行短期存款、国库券、公司债券、银行承兑票据及商业票据等货币市场工具。

2. 现金规划的融资工具

(1) 信用卡融资。

信用卡是银行或其他发卡机构向社会公开发行的、给予持卡人一定的信用额度,持卡人可在信用额度内先消费后还款,并可在特定的商家购物和消费,或在指定的银行机构存取现金,以人民币结算的特质卡片,国际卡还可在境外使用,以某一指定外币结算。

个人或家庭可以通过申领信用卡进行短期融资。

(2) 银行融资方式。

从商业银行取得贷款是各种贷款方式中最可靠、获取资金最多的一种,贷款手续简便,并且银行雄厚的资金实力、良好的服务、众多的网点以及方便快捷的结算方式,是其他机构所无法比拟的。

针对个人或家庭提供的融资渠道,银行推出了个人贷款服务,其中比较适合个人或家庭的通常有消费贷款、个人抵(质)押循环贷款、凭证式国债质押贷款、存单质押贷款等。

消费贷款是指对消费者个人贷放的全线上、纯信用、用于购买消费品或支付各种消费费用的贷款。特点是:信用贷款,无需担保、无需抵押;授信额度根据个人资信评估结果确定;授信期限在1年到3年之间;授信期间内,可通过柜台或网上银行办理贷款手续,手续简便,随借随还,可选择到期还本、分期还款等付款方式;借款用途限于装修贷款、购车贷款、耐用消费品贷款以及其他消费贷款。

个人抵(质)押循环贷款是根据借款人的还款能力和银行认可的抵押、质押物情况,向借款人提供人民币授信业务。特点是:以银行认可的抵(质)押物作为贷款担保;授信额度根据个人资信情况、担保物价值等综合确定;授信期内,可通过柜台或网上银行办理贷款手续,手续简便。

为了满足凭证式国债投资者的融资需求,促进国债市场的发展,中国人民银行、财政部于 1999 年 7 月 9 日联合颁布了《凭证式国债质押贷款办法》，对城乡个人用凭证式国债申办质押贷款作了详尽的规定。

对贷款质押物与额度的规定：限于 1999 年及以后财政部发行的凭证式国债，并应是未到期的凭证式国债；凡所有权有争议、已作挂失或被依法止付的凭证式国债，不得作为质押品；使用第三人的凭证式国债办理质押时，需以书面形式征得第三人同意，并同时出示本人和第三人的有效身份证件。质押贷款额度起点为 5 000 元，每笔贷款应不超过质押品面额的 90%。

对贷款期限与利率的规定：贷款最长不得超过凭证式国债的到期日，若用不同期限的多张凭证式国债作质押，以距离到期日最近者确定为贷款期限。贷款利率按同期同档次法定贷款利率执行，并实行利随本清，贷期不足 6 个月的按 6 个月的法定贷款利率确定；借款人可以提前还贷，但其实际借款天数的贷款利率仍将按合同原订的贷款利率执行；在贷期内如遇利率调整，贷款利率不变。

对违约处罚的规定：贷款逾期 1 个月以内（含 1 个月）的，自逾期之日起，贷款机构按法定罚息利率向借款人计收罚息；超过 1 个月的，贷款机构有权处理质押的凭证式国债，抵偿贷款本息，若凭证式国债尚未到期，贷款机构则按提前兑付的正常程序办理兑付（提前兑付时，银行按国债票面值收取千分之二的手续费，手续费由借款人承担）；在抵偿了贷款本息及罚息后，再将剩余款退还借款人。质押贷款履行期间如借款人死亡，其法定继承人可按《继承法》等法律规定依法处理质押物。

存单质押贷款是指借款人以贷款银行签发的未到期的个人本外币定期储蓄存单（也有银行办理与本行签订有保证承诺协议的其他金融机构开具的存单的抵押贷款）作为质押，从贷款银行取得一定金额的贷款，并按期归还贷款本息的一种信用业务。

存单质押贷款的贷款期限最长不超过一年或存单的到期日；存单质押贷款额度起点一般为 5 000 元，每笔贷款不超过存单质押价值的 90%，最高可达质押价值的 95%；贷款利率按照中国人民银行规定的同期同档次贷款利率执行，可视借款人情况最多下浮 10%。

（3）保单质押融资。

保单质押融资是投保人把所持有的保单直接抵押给保险公司，按照保单现金价值的一定比例获得资金的一种融资方式。

目前，我国存在两种情况：一种是投保人把保单质押给保险公司，直接从保险公司取得贷款，如果借款人到期不能履行债务，当贷款本息达到退保金额时，保险公司终止其保险合同效力；另一种是投保人将保单质押给银行，由银行支付贷款给借款人，当借款人不能到期履行债务时，银行可依据合同凭保单由保险公司偿还贷款本息。

保单质押贷款的根本作用在于能够满足保单的流动性和变现要求。金融理论认为，流动性是金融资产的基本属性，几乎所有的金融资产都需要有流动性和变现能力，保单作为一种金融资产也不例外。一般金融资产的流动变现能力是依靠二级市场的资产交易得以实现的。但人寿保险保单具有长期性的特征，同时它不能通过建立二级市场和保单交易来实现其流动性变现要求。因此，为赋予保单一定的流动性和变现能力，寿险公司就设计出各种保单质押贷款。

从提供变现、融资的渠道来看，保单质押贷款有别于商业贷款，主要体现在：一是保单持有人没有偿还保单质押贷款的法定义务，保单持有人与保险公司之间并非一般的借贷关系；二是保险人只需要根据保单的现金价值审批贷款，不必对申请贷款的保单持有人进行资信审查,而商业贷款,银行则有严格的审查。因此,对保险公司而言,保单质押贷款业务可以看作是一项附加服务,管理成本较低。当前,我国个人金融消费市场超高速增长,个人金融机构和公司都推陈出新,力图谋求更大的市场份额和收益。与此同时,随着金融理财意识的增强,人们对保险及其所提供的派生服务提出更高要求。因此,发展保险贷款业务能使保险公司提供更富有竞争力的金融服务,扩大市场份额,增强资本实力和竞争力。

保单质押贷款的期限和贷款额度有限制。保单质押贷款的期限较短,一般不超过6个月。最高贷款余额不超过保单现金价值的一定比例,各个保险公司对这个比例有不同的规定,一般在70%左右。期满后贷款一定要及时归还,一旦借款本息超过保单现金价值,保单将永远失效。

(4) 典当融资。

典当融资是指当户将其动产、财产权利作为当物质押或者将其房地产作为当物抵押给典当行,交付一定比例的费用,取得当金并在约定期限内支付当金利息、偿还当金、赎回典当物的行为。

典当行是指依照《中华人民共和国公司法》和《典当行管理办法》设立的专门从事典当活动的企业法人。典当迄今已有1700多年的历史。在中国近代银行业诞生之前,典当是民间主要的融资渠道,在调剂余缺、促进流通、稳定社会等方面占据相当重要的地位。现在典当行是以实物占有权转移形式为非国有中小企业和个人提供临时性质押贷款的特殊金融企业。

典当融资具有较高的灵活性,主要表现在以下四个方面。

一是当物的灵活性。典当行一般接受的抵押、质押的范围包括金银饰品、古玩珠宝、家用电器、机动车辆、生活资料、生产资料、商品房产、有价证券等,这就为个人或家庭的融资提供了广阔的当物范围。

二是当期的灵活性。典当的期限最长可以半年,在典当期限内当户可以提前赎当,经双方同意可以续当。

三是当费的灵活性。典当的息率和费率在法定最高范围内灵活制定,往往要根据淡旺季节、期限长短、资金供求状况、通货膨胀率的高低、当物风险大小及债权人与债务人的交流次数和关系来制定。

四是手续的灵活性。对一些明确无误、货真价实的当物,典当的手续可以十分简便,当物当场付款;对一些需要鉴定、试验的当物,典当行则会争取最快的速度来为出当人解决问题。

第二节 房地产投资与居住规划

一、房地产投资的基本内涵

房地产投资,是指资本所有者将其资本投入到房地产业,以期在将来获取预期收益的一种经济活动。房地产投资从投资房产实物和投资房地产金融工具的角度可以分为房地产实物投资和房地产金融投资,这两类方式都是投资者可以选择的房地产投资理财方式。

(一)个人房地产投资的基本方式

1. 直接投资购置住房

个人用现款或分期付款的方式直接从房地产开发商处购买房屋并适当装修后,或出租,或出售,或居住,从中获取收益。

2. 以租代购

开发商将空置待售的商品房出租,个人与其签订购租合同。若在合同约定的期限内购买该房,所付租金可充抵部分购房款,待交足余额后,个人即可获得该房的完全产权。

3. 以租养贷

个人通过贷款买房,只要缴纳一部分首期房款,然后将所购房屋出租,用每月的租金来偿还银行贷款,当还清贷款并收回首期款后,投资者就几乎不再花费分文就拥有了这套房屋。

4. 买卖"楼花"

买卖"楼花"是指买卖期房的凭证。楼花通常是房价的10%,即购买期房的首期付款是房价的10%。如果在此期间楼价上涨10%,将它卖出,那么与所付的"楼花"款相比,资本报酬率就是100%,可见其利润之高。但是,万一房价下跌,投资的损失也很大。如果"楼花"卖不出去,也无法盈利。买卖"楼花"相当于期货功能,风险较大,适合风险承受力强、激进型的投资者。

5. 以旧翻新

买二手房或利用自己的旧房,将它修缮装饰,然后出售或出租,也是适合于个人投资的一种选择。

(二)个人房地产金融投资的方式

1. 房地产投资券

房地产投资券是房地产开发公司发行的一种债券,是一种投资收益凭证,它是发行人依照法定程序发行、持有人凭以获取特定房地产为标的的投资收益的有价证券。与实物投资不同,购买了房地产投资券不是通过出租或出售房地产而获利,而是在投资券到期清盘时,由房地产开发公司与投资者结清本息。

房地产投资券有三个特点:一是不受资金数额的限制,中小投资者也可参与到这一市场中来,分享房地产业的收益;二是流动性强,当投资者需要资金时,可随时转让投资券以收回本金;三是作为债券的一种形式,在投资之初即可知道自己的收益率,便于投资者作出抉择。

2. 房地产证券

房地产证券化是通过发行基金权益单位(房地产证券)将中小投资者的资金汇集后购买房地产,或将房地产按价值单元分割成小的产权单位出售给投资者,实行房地产所有权和使用权相分离。租金收入扣除开支后分配给投资者。房地产证券化把投资者对房地产的直接物权关系转变为持有证类的权益凭证。

对投资者而言,房地产证券投资方式有三个主要优点:一是具有证券的优点,流动性强,市场门槛低,小额资金也可以进入;二是投资的安全性比较高,一般来说,房地产开发商比个人具有更多的专业知识和更强的市场分析能力,由他们来经营房地产,能作出比投资者个人更恰当的投资经营决策,能进行更有效的管理,因此风险比较小;三是当看好房地产市场的前景时,房地产证券的持有者可以凭借购买优先权转为做实物投资,以获取更大的利益。

房地产证券投资方式的主要缺陷有:一是投资者不能直接参与经营管理,获益与否完全由房地产开发商的操作来决定;二是虽然房地产证券可转让,但若遇到证券行市不景气而又急需变现时,投资者就有可能遭受损失;三是通过这种方式获得的收益要缴纳各种税费,享受不到税收优惠。

二、住房购买规划

房地产投资的方式有多种,涉及对房地产的直接投资和金融投资等,但在我国目前的经济发展情况下,大多数个人在房地产投资方面以住房投资居多,购房的主要目的是为了自住,或者是自住和投资兼顾,即投资、消费兼顾。

鉴于这一现实,涉及房地产的投资以介绍自住房的购买规划为主。

（一）住房购买的总支付

个人购房的总支付包括两部分：一是房屋总价格,二是各项税费及装修费用等。

房屋总价格是与房地产开发商等机构谈判确定的价格。各项税费及装修费用包括以下三个部分。

1. 购房税费

主要包括购房须缴纳的契税、印花税、交易手续费、权属登记费。

契税是以所有权发生转移变动的不动产为征税对象,向产权承受人征收的一种财产税。契税金额一般占房价的1.5%~3%。印花税金额一般为房价的0.05%,在交易签证时缴纳。交易佣金一般是房屋购置价的1%（买卖双方各付1%）,也在交易签证时缴纳。权属登记费一般为100到200元之间。

2. 入住费用

购房后还必须缴纳入住费用,主要包括水电费周转金、物业管理费等。

3. 装修费用

装修费用是最大的一笔期初费,费用的多少与个人的喜好及装修的豪华程度有关,但在购房规划时也应作为预算考虑进去。

除了上面提及的费用外,如果采用按揭贷款的方式,则还包括贷款过程中发生的各种费用,如利息、评估费、律师费及银行规定的其他费用。

（二）购房预算规划

购房预算规划的核心是要根据客户的经济实力,综合考虑客户对住房的客观需求,来确定能够承受得起的房屋总价、单价以及区位的选择。

具体而言,购房预算规划主要是根据客户的经济实力来估算客户能够承受的购房总价。在确定购房总价时,也要考虑购房的相关契税等。然后,根据购房总价来选择购房单价以及区位。主要流程见图6.1。

图 6.1 购房预算规划流程图

1. 估算购房总价

可负担的购房首付款 = 可用于购房的资产额度 × 复利终值系数(n = 离购房的年数,r = 投资报酬率)
　　　　　　　　　+ 每年可供购房的储蓄 × 年金终值系数(n = 离购房的年数,r = 投资报酬率)

可负担的购房贷款总额 = 每年可供购房的储蓄 × 年金现值系数(n = 离购房的年数,r = 投资报酬率)

可购房屋总价 = 可负担的购房首付款 + 可负担的购房贷款总额

例如,小王一家拟在上海定居,计划3年后购房,贷款至多20年。小王家庭目前有金融资产50万元,其中60%可用于购房。小王一家目前每年可节余15万元,其中可用于购房的额度约为10万元。目前银行的房贷利率是5%,而小王的投资报酬率约为6%。小王在三年后估计可购买总价是多少的房屋?

小王可负担的购房首付款:
50 × 60% × 复利终值系数(n = 3,r = 6%) + 10 × 年金终值系数(n = 3,r = 6%)
= 67.57 万元

小王可负担的购房贷款总额:
10 × 年金现值系数(n = 20,r = 5%) = 124.62 万元

三年后可负担的房屋总价:
67.57 + 124.62 = 192.19 万元

2. 可负担的房屋单价

家庭人口的数量、居住空间要求界定了所需房屋的面积。因此,房屋的面积应该根据房屋所需来确定。承上例,假设小王根据家庭人口的数量,结合上海房产价格水平,选择决定购买一套两室一厅的标准房,约90平方米,可以满足用房所需。

小王可负担的购房单价:
192.19 ÷ 90 = 2.14 万元 / 平方米

3. 购房区位的选择

确定了可负担的房屋单价之后,剩下的就是区位的选择。

区位的选择,主要须考虑的是房屋的地理位置与工作单位的距离是否方便,附近是否有小孩上学的学校以及学校的质量,居住社区的生活环境、配套设施,交通是否便利等。区位对房屋的单价有重要的影响,因此,在可负担的购房单价的标准下,应结合以上因素选择合理的区位。

(三) 考虑购房能力的购房总价估算案例

除了上文所阐述的估算购房者购房总价和房屋单价的方法外,这里介绍另外一种结合实际情况确定购房总价的思路。

目前,购房者大多采取支付一定比例的首付外,剩下余款向银行贷款的方法。由能提供的首付款和能申请到的银行贷款总额构成购房者的实际支付能力。这里给出一个案例来阐述。

例如:假设投资者计划购买一套住房自住,投资者拟采取支付一定比例的首付外,剩下余款向银行贷款的方法完成购房计划。根据银行相关规定,投资者须支付首付款为总房价的三成,剩余七成向银行贷款,银行的贷款利率为6%,能提供的贷款期限为20年。还款方式采取等额本息法。

根据这些条件,表6.1估算出了购房者购房的总价。

表 6.1 在首付款与房贷月供额限制下的可购房总价　　　　　　　单位：元

首付	月供									
	1 000	2 000	3 000	4 000	5 000	6 000	7 000	8 000	9 000	10 000
100 000	239 581	333 333	333 333	333 333	333 333	333 333	333 333	333 333	333 333	333 333
110 000	249 581	366 667	366 667	366 667	366 667	366 667	366 667	366 667	366 667	366 667
120 000	259 581	399 162	400 000	400 000	400 000	400 000	400 000	400 000	400 000	400 000
130 000	269 581	409 162	433 333	433 333	433 333	433 333	433 333	433 333	433 333	433 333
140 000	279 581	419 162	466 667	466 667	466 667	466 667	466 667	466 667	466 667	466 667
150 000	289 581	429 162	500 000	500 000	500 000	500 000	500 000	500 000	500 000	500 000
160 000	299 581	439 162	533 333	533 333	533 333	533 333	533 333	533 333	533 333	533 333
170 000	309 581	449 162	566 667	566 667	566 667	566 667	566 667	566 667	566 667	566 667
180 000	319 581	459 162	598 742	600 000	600 000	600 000	600 000	600 000	600 000	600 000
190 000	329 581	469 162	608 742	633 333	633 333	633 333	633 333	633 333	633 333	633 333
200 000	339 581	479 162	618 742	666 667	666 667	666 667	666 667	666 667	666 667	666 667
210 000	349 581	489 162	628 742	700 000	700 000	700 000	700 000	700 000	700 000	700 000
220 000	359 581	499 162	638 742	733 333	733 333	733 333	733 333	733 333	733 333	733 333
230 000	369 581	509 162	648 742	766 667	766 667	766 667	766 667	766 667	766 667	766 667
240 000	379 581	519 162	658 742	798 323	800 000	800 000	800 000	800 000	800 000	800 000
250 000	389 581	529 162	668 742	808 323	833 333	833 333	833 333	833 333	833 333	833 333
260 000	399 581	539 162	678 742	818 323	866 667	866 667	866 667	866 667	866 667	866 667
270 000	409 581	549 162	688 742	828 323	900 000	900 000	900 000	900 000	900 000	900 000
280 000	419 581	559 162	698 742	838 323	933 333	933 333	933 333	933 333	933 333	933 333
290 000	429 581	569 162	708 742	848 323	966 667	966 667	966 667	966 667	966 667	966 667
300 000	439 581	579 162	718 742	858 323	997 904	1 000 000	1 000 000	1 000 000	1 000 000	1 000 000
310 000	449 581	589 162	728 742	868 323	1 007 904	1 033 333	1 033 333	1 033 333	1 033 333	1 033 333
320 000	459 581	599 162	738 742	878 323	1 017 904	1 066 667	1 066 667	1 066 667	1 066 667	1 066 667
330 000	469 581	609 162	748 742	888 323	1 027 904	1 100 000	1 100 000	1 100 000	1 100 000	1 100 000
340 000	479 581	619 162	758 742	898 323	1 037 904	1 133 333	1 133 333	1 133 333	1 133 333	1 133 333
350 000	489 581	629 162	768 742	908 323	1 047 904	1 166 667	1 166 667	1 166 667	1 166 667	1 166 667
360 000	499 581	639 162	778 742	918 323	1 057 904	1 197 485	1 200 000	1 200 000	1 200 000	1 200 000
370 000	509 581	649 162	788 742	928 323	1 067 904	1 207 485	1 233 333	1 233 333	1 233 333	1 233 333
380 000	519 581	659 162	798 742	938 323	1 077 904	1 217 485	1 266 667	1 266 667	1 266 667	1 266 667
390 000	529 581	669 162	808 742	948 323	1 087 904	1 227 485	1 300 000	1 300 000	1 300 000	1 300 000
400 000	539 581	679 162	818 742	958 323	1 097 904	1 237 485	1 333 333	1 333 333	1 333 333	1 333 333
410 000	549 581	689 162	828 742	968 323	1 107 904	1 247 485	1 366 667	1 366 667	1 366 667	1 366 667
420 000	559 581	699 162	838 742	978 323	1 117 904	1 257 485	1 397 065	1 400 000	1 400 000	1 400 000
430 000	569 581	709 162	848 742	988 323	1 127 904	1 267 485	1 407 065	1 433 333	1 433 333	1 433 333
440 000	579 581	719 162	858 742	998 323	1 137 904	1 277 485	1 417 065	1 466 667	1 466 667	1 466 667
450 000	589 581	729 162	868 742	1 008 323	1 147 904	1 287 485	1 427 065	1 500 000	1 500 000	1 500 000

续表

首付	月供									
	1 000	2 000	3 000	4 000	5 000	6 000	7 000	8 000	9 000	10 000
460 000	599 581	739 162	878 742	1 018 323	1 157 904	1 297 485	1 437 065	1 533 333	1 533 333	1 533 333
470 000	609 581	749 162	888 742	1 028 323	1 167 904	1 307 485	1 447 065	1 566 667	1 566 667	1 566 667
480 000	619 581	759 162	898 742	1 038 323	1 177 904	1 317 485	1 457 065	1 596 646	1 600 000	1 600 000
490 000	629 581	769 162	908 742	1 048 323	1 187 904	1 327 485	1 467 065	1 606 646	1 633 333	1 633 333
500 000	639 581	779 162	918 742	1 058 323	1 197 904	1 337 485	1 477 065	1 616 646	1 666 667	1 666 667
510 000	649 581	789 162	928 742	1 068 323	1 207 904	1 347 485	1 487 065	1 626 646	1 700 000	1 700 000
520 000	659 581	799 162	938 742	1 078 323	1 217 904	1 357 485	1 497 065	1 636 646	1 733 333	1 733 333
530 000	669 581	809 162	948 742	1 088 323	1 227 904	1 367 485	1 507 065	1 646 646	1 766 667	1 766 667
540 000	679 581	819 162	958 742	1 098 323	1 237 904	1 377 485	1 517 065	1 656 646	1 796 227	1 800 000
550 000	689 581	829 162	968 742	1 108 323	1 247 904	1 387 485	1 527 065	1 666 646	1 806 227	1 833 333
560 000	699 581	839 162	978 742	1 118 323	1 257 904	1 397 485	1 537 065	1 676 646	1 816 227	1 866 667
570 000	709 581	849 162	988 742	1 128 323	1 267 904	1 407 485	1 547 065	1 686 646	1 826 227	1 900 000
580 000	719 581	859 162	998 742	1 138 323	1 277 904	1 417 485	1 557 065	1 696 646	1 836 227	1 933 333
590 000	729 581	869 162	1 008 742	1 148 323	1 287 904	1 427 485	1 567 065	1 706 646	1 846 227	1 966 667
600 000	739 581	879 162	1 018 742	1 158 323	1 297 904	1 437 485	1 577 065	1 716 646	1 856 227	1 995 808

表 6.1 的第一列列出了购房者能够支付的首付款的各种情况,从 10 万到 60 万不等的 50 个模拟数据,第一行列出了购房者每个月能够还款的金额,即月供是从 1 000 到 10 000 不等的 10 个模拟数据。表中其他数据是根据这些假定条件估算出来的。

购房总额的确定要由两方面的数据比较大小得出。由首付款确定的最大购房总价记为 M,是首付款/首付比例 0.3;由月供确定的最大购房总价记为 N,是首付款+所有月供的复利现值,表示如下:

M = 首付款／首付比例 0.3,首付款是 100 000 元到 600 000 元。

N = 首付款 + 月供 × PV(年利率 6%/12,期限 240, – 月供,终值 0),月供是 1 000 至 10 000 元。

公式中 PV(年利率 6%/12,期限 240, – 月供,终值 0)是用 Excel 软件的财务函数表示的。

最终由购房者的月供和首付款共同决定购房者的购房能力,即购房者的购房总价,要从 M 和 N 中取最小值。用财务函数表示如下:

$\text{Min}(M, N) = \text{Min}[首付款/0.3,首付款+月供×PV(6\%/12, 240, -月供, 0)]$。

按照如上财务函数,在 Excel 表格可以反映如表 6.1 的首付款与房贷月供额限制下的可购房总价,其中除第一行和第一列是已知的模拟情况外,表中其他数据均是按这一函数计算出来的结果。

三、住房贷款规划

(一)住房贷款方式

目前,贷款购房主要有个人住房公积金贷款、个人住房商业性贷款、个人住房组合贷款三种方式。

1. 个人住房公积金贷款

对于已参加住房公积金计划的居民来说,贷款购房时,应该首选住房公积金贷款。住房公积金贷款具有政策补贴性质,贷款利率低于同期商业银行贷款利率,贷款费用一般也比商业贷款低。在实际运作过程中,住房公积金贷款期限一般也要比商业贷款长。

2. 个人住房商业性贷款

住房公积金贷款限于缴纳住房公积金的个人使用,限定条件多,而未缴纳住房公积金的个人无缘申请此项贷款,但可以申请商业银行个人住房担保贷款,也就是银行按揭贷款。个人只要缴纳银行规定的购房首期付款(目前我国大部分银行规定购房的首期付款不低于房屋总价的30%),且有贷款银行认可的资产作为抵押或质押,或有足够代偿能力的单位或个人作为偿还本息并承担连带责任的保证人,就可以申请使用银行按揭贷款。

商业性贷款的发放对象较广泛,手续相对简单,但贷款时间较短,利率比公积金贷款利率要高。

3. 个人住房组合贷款

住房公积金管理中心可以发放的公积金贷款最高限额一般为 10 万元～29 万元,如果购房款超过这个限额,不足部分要向银行申请住房商业性贷款。这两种贷款合起来称为组合贷款。组合贷款利率较为适中,贷款金额较大,因而被较多的购房者选用。

(二)住房贷款的还贷方式

借款人在获得住房贷款后,必须定期向银行归还本息。偿还住房贷款的方式有:到期一次还本付息法、等额本金还款法和等额本息还款法、等比累进还款法、等额累进还款法。其中,比较常见的住房贷款的还贷方式有等额本金还款法和等额本息还款法。下面主要介绍这两种还贷方式。

1. 等额本金还款法

等额本金还款法每月摊还的本金固定,但总额随房屋贷款余额的减少,利息额也跟着递减。等额本金还款法的计算公式为

$$每月还款额 = \frac{贷款本金}{贷款期约数} + (本金 - 已归还本金累积额) \times 月利率$$

$$月利率 = \frac{年利率}{12}$$

例如,假设小王购买一套商品房的总计付款是 100 万元,小王首付 40%,剩余的申请银行的商业贷款,若当时银行的商业贷款年利率为 6%,小王贷款的年限是 20 年,每月偿还,还款期限是 240 期。显然,小王向银行贷款共 60 万元,初次本金为 60 万元。按等额本金还款法计算还款情况如表 6.2 所示。

表 6.2 等额本金还款法还款计算表　　　　　　　　　　单位:元

	贷款本金	每月偿还本金	已归还累积本金	每月还利息	每月还款额
	(1)	(2)	(3)	(4)	(5)
计算方式	(1)-(3)	600 000/240	(3)+(2)	(1)×0.5%	(2)+(4)
第1月	600 000	2 500	2 500	3 000	5 500
第2月	597 500	2 500	5 000	2 987.5	5 487.5
第3月	595 000	2 500	7 500	2 975	5 475

续表

| | 贷款本金 | 每月偿还本金 | 已归还累积本金 | 每月还利息 | 每月还款额 |
	(1)	(2)	(3)	(4)	(5)
计算方式	(1)−(3)	600 000/240	(3)+(2)	(1)×0.5%	(2)+(4)
第 4 月	592 500	2 500	10 000	2 962.5	5 462.5
第 5 月	590 000	2 500	12 500	2 950	5 450
第 6 月	587 500	2 500	15 000	2 937.5	5 437.5
……	……	……	……	……	……
第 235 月	15 000	2 500	587 500	75	2 575
第 236 月	12 500	2 500	590 000	62.5	2 562.5
第 237 月	10 000	2 500	592 500	50	2 550
第 238 月	7 500	2 500	595 000	37.5	2 537.5
第 239 月	5 000	2 500	597 500	25	2 525
第 240 月	2 500	2 500	600 000	12.5	2 512.5

利息总额=361 500 元

2. 等额本息还款法

等额本息还款法每月摊还的本息是一样的,在期初还的本金较少、利息较多,在期末还的本金较多、利息较少。

等额本息还款法的计算公式为

$$每月还款额=贷款本金\times\frac{月利率\times(1+月利率)^{贷款月数}}{(1+月利率)^{贷款月数}-1}$$

$$每月偿还利息=贷款本金\times月利率$$

$$每月偿还本金=每月还款额-每月偿还利息$$

继续以等额本金还款法中小王的例子为例,按等额本息还款法计算还款情况见表 6.3。

表 6.3 等额本息还款法还款计算表 单位:元

| | 贷款本金 | 每月偿还本金 | 已归还累积本金 | 每月还利息 | 每月还款额 |
	(1)	(2)	(3)	(4)	(5)
计算方式	(1)−(2)	(5)−(4)	(3)+(2)	(1)×0.5%	600 000×[0.005× $(1+0.005)^{240}$]÷ $[(1+0.005)^{240}-1]$
第 1 月	600 000.00	1 298.59	1 298.59	3 000.00	4 298.59
第 2 月	598 701.41	1 305.08	2 603.67	2 993.51	4 298.59
第 3 月	597 396.33	1 311.60	3 915.27	2 986.98	4 298.59
第 4 月	596 084.73	1 318.16	5 233.43	2 980.42	4 298.59
第 5 月	594 766.57	1 324.75	6 558.19	2 973.83	4 298.59
第 6 月	593 441.81	1 331.38	7 889.56	2 967.21	4 298.59
……	……	……	……	……	……
第 235 月	25 346.12	4 171.86	578 825.74	126.73	4 298.59

续表

	贷款本金 （1）	每月偿还本金 （2）	已归还累积本金 （3）	每月还利息 （4）	每月还款额 （5）
计算方式	（1）-（2）	（5）-（4）	（3）+（2）	（1）×0.5%	600 000×[0.005×(1+0.005)^{240}]÷[(1+0.005)^{240}-1]
第 236 月	21 174.26	4 192.72	583 018.45	105.87	4 298.59
第 237 月	16 981.55	4 213.68	587 232.13	84.91	4 298.59
第 238 月	12 767.87	4 234.75	591 466.88	63.84	4 298.59
第 239 月	8 533.12	4 255.92	595 722.80	42.67	4 298.59
第 240 月	4 277.20	4 277.20	600 000.00	21.39	4 298.59

利息总额=431 660.72 元

比较等额本金还款法和等额本息还款法，两者的区别比较明显，如表 6.4 所示。

表 6.4 等额本金还款法和等额本息还款法优缺点比较

还款方式	优　　点	缺　　点
等额本金还款法	还款负担逐渐减轻，而且所负担的全部利息较低	初期的还款负担较重
等额本息还款法	还款负担不变	所缴利息比等额本金还款法高，由于初期还本金较少，利息负担较重

第三节　教育与培训规划

当前，社会就业市场的竞争日趋激烈，教育的成本呈现出加速增长的趋势，家庭为了让子女在未来的就业竞争中占据优势，有必要对家庭的教育及早作出理财规划。

一、教育规划的内涵

教育包括义务教育和非义务教育。因此，教育规划便包括本人的教育规划和子女的教育规划两种，而以往所提到的教育规划主要是对子女的教育规划，较少涉及自身的职业发展和教育培训，这其实反映了我国居民注重学历教育而忽视职业教育的特点。自身的教育规划是出于自身素质和技能的进修的考虑，其主要涉及的是成人的职业教育，这是个人职业生涯规划的重要内容。子女的教育规划主要是基础教育和大学教育以及大学后教育等，基本是以学历教育为主。

（一）自身的教育规划

自身教育规划在大多数情况下主要体现的是投资的特性，投资最本质的特征是以投资回报为考虑的基本点，因此，自身的教育规划通常称为教育投资。既然自身教育是投资，就必须考虑投资回报和现金流的管理问题，这是自身进修和培训时需要考虑的主要因素。

（二）子女的教育规划

子女的教育规划大多数情况主要体现出来的是消费的特性。它是子女的基本需求，而且一般是不应该考虑回报的。因此,通常将子女的教育称为教育消费。既然是消费,考虑的要点当然是消费需要和消费能力。而且这在现代社会是属于基本消费,也就是说是和衣、食、住、行同样重要的消费。特别是大学教育前的义务教育阶段,甚至可以说是强制性的消费。由于大学教育属于非义务教育,相对于义务教育而言,其费用较高并且差别巨大,所以,子女教育规划最重要的内容是考虑子女的高等教育费用的规划。

二、子女教育的规划安排

(一) 子女教育规划的基本原则

子女教育具有缺乏时间弹性、费用弹性低、费用不确定等特点,因此,子女教育规划有以下两项基本原则。

1. 子女教育消费在家庭财务安排中要适中

常常听家长说,再穷不能穷教育。这话有一定道理,但也要注意教育尤其是高等教育已经逐渐成为一种消费。在消费过程中,要结合家庭的整体经济情况,做到合理消费。比如,私立的贵族学校就不是所有家庭都能消费得起的。对于普通工薪阶层的子女而言,上公立学校也是很好的选择。在教育上攀比并不见得能将孩子培养得多么好,过度的攀比甚至会形成孩子过于奢侈的坏习惯。

子女的教育分学前教育、中小学义务教育、大学教育和大学后教育四个阶段。接受中小学义务教育是子女的基本受教育权,必须保证,哪怕家庭日常生活清苦一点也要保证孩子这部分的教育消费。而对于学前教育和其他各类素质教育等确实对于孩子今后的发展有价值的,要适当安排,但也应注意不影响家庭的日常生活水平。至于大学及以后的教育,父母要给予支持,但不宜过多,可要求孩子自己参与各种社会活动或努力申请到各种奖学金、助学金等,并可适当申请一些贷款。

2. 子女教育培养的方向要考虑孩子的兴趣

子女教育培养的方向的基本原则应当从孩子自身的兴趣、爱好、能力特点、性格特征等角度来考虑规划。在实际生活中,对子女今后培养方向常常会出现许多问题。以下三个方面的问题须加以注意。

(1) 父母将自己的愿望强加到孩子身上,甚至有的父母将自己未实现的理想和抱负希望由孩子来实现,这是不对的。孩子有自己的生活理想,父母和子女的价值观和生活方式有所不同,父母将自己早年的理想强加到孩子头上显然是不合适的。

(2) 孩子的培养方向不要赶时髦。不要因为别的孩子学什么,自己的子女也要学什么,这不一定符合子女的理想。

(3) 要有长远眼光。子女今后的就业可能是10年甚至更长时间以后的事情。在这个过程中职业是不断发展变化的。孩子职业发展方向的选择不能够只看现在流行什么或什么职业前途好就学什么,而应当考虑到10年、20年以后的职业前景来引导孩子今后的职业发展方向。

(二) 子女教育规划的基本步骤

1. 确立子女培养目标

子女教育培养的目标并不是越高越好,而应当从以下三个方面来考虑:第一,要结合子女自身的兴趣特长,选择制定一个符合孩子身心健康的发展目标;第二,要符合家庭的经济条件,不应当一味地攀比或赶时髦,让孩子到国外去读最好的大学并不符合所有人的条件;

第三,教育培养应当符合所处的社会和职场发展的未来趋势。

2. 估算教育费用

随着我国教育制度的不断改革,社会面临着通货膨胀和教育培养经费的增长趋势,再加上孩子的教育要持续十几年的时间,因此,要精确地估算出来孩子的教育费用是非常困难的。但也有一些相应的估算特色。比如,中小学教育属于义务教育阶段,只要不去私立学校或贵族学校,一般在公立学校中学杂费用相对不高,对于城市居民而言还是可以承受的。关键是一些不必要的辅导材料和辅导课可以尽量避免。这样,在义务教育阶段的教育费用可作为家庭日常开支的一部分来安排。

子女教育费用的主要部分是大学教育的费用。一般而言,大学本科一年的学费需要5 000~8 000元,加上住宿费用、伙食费用、日常费用等四年本科的花费需要60 000元左右。硕士、博士的年花费是15 000元左右。至于出国留学费用,不同国家和学校的差距很大,但同时也要考虑到国外教育费用的来源会有一些渠道,比如奖学金、助学金、勤工俭学等,这些可以作为另外的资金渠道来考虑。

当然,由于通货膨胀的影响,以及国家教育政策对于非义务教育阶段的补贴将会逐步减少,也就是以后大学的教育费用将更多地由教育消费者承担。所以,也要考虑到以后的教育费用可能会面临一个相对较快的上升速度。因此,在估算教育费用时,也要考虑教育费用可能会以某一个速度递增,从而做出相应的安排。

3. 教育费用的筹措

中小学义务教育阶段的费用不是很高,在不过多考虑一些不必要的辅导班的情况下,子女的教育费用可作为家庭日常生活的支出进行安排。大学的教育费用须做出专门的准备和安排。由于孩子上大学的时间是确定的,这给孩子教育费用的安排提供了方便。可以考虑建立相应的专项资金投资组合。

三、自身培训的规划安排

自身的教育培训是一种教育投资,而不是教育消费。因此,在安排自身的教育培训时,通常须考虑以下因素。

(一)教育培训选择的影响因素

1. 个人因素

一项教育培训经常会涉及一个人生活方式的选择,或者个人性格、兴趣、能力等多方面的个人因素的考虑。一个人如果找到一份令自己满意的、适合自己的工作,就会全身心地投入到工作中,获取较好的工作成果回报,取得较快的升迁,当然也包括获得较高的薪资。相反,如果一个人从事的是一个自己非常不喜欢、不适合自己的工作,即使该工作有不错的薪水,他也很难长期地从事该工作,不高的工作热情也必然会影响到升迁和加薪。因此,发现并遵循自己的性格、兴趣、能力特长等特征发展自己的事业,应当成为职业生涯规划的基本原则。对自身的教育培训也应该往这方面发展。

2. 经济形势

一般而言,在经济衰退时,就业机会较少,薪资不高,在这一经济周期,不妨抓住机会对自身进行培训教育;相反,在经济繁荣时,各行业的就业形势都很好,对自身的培训教育的成本比较高,这时不妨全身心投入工作中。

3. 行业和技术

（1）国外人才的竞争。在当前我国对外开放的经济形势下，大量引进资本，也大力引进人力资本。目前，在我国工作的外国人才越来越多，海外人力资源的竞争主要在高级管理人才、金融人才和咨询培训人才等方面，这些方面的本土人才要面对来自海外人才的竞争，继续学习并不断提升自身的竞争力是必然的选择。

（2）技术变迁。技术的变迁对劳动力市场的影响有两个方面：一个方面是技术的进步要求从业者能够跟上技术的进步，比如，现在的计算机使用是最基本的技能，如果缺乏这方面的技能，就需要加强培训；另一个方面是自动化生产方式降低了对手工劳动工人和其他工厂初级水平劳动力的需求，如果自身还是只掌握了手工生产方式，可能也需要"充电"。

（二）教育培训的成本和收益

在结合个人情况、经济形势等考虑教育培训时，还要考虑教育培训的成本和收益。教育培训的成本和收益是在决定从事一项事业或者决定接受一项职业培训时要重点考虑的内容，是选择接受教育培训的主要依据。

教育培训的收益除了包括通过培训带来的收入增加外，还包括进行该培训获得的其他收益，如成就感、满足感、别人的尊重和对社会的贡献等。培训的成本除了包括直接的培训费用外，还包括因接受培训而付出的一些机会成本和生活成本，比如放弃工作脱产学习、牺牲大量的休息时间等，这些可能是培训的主要成本。比如，某人去海外接受 3 年的学历与技能教育，其收入和成本情况如表 6.5 所示。

表 6.5 海外学习的成本收益分析表

成　本	收　益
学费	可能提高的终生收入
增加的生活费	国外打工的收入
放弃工作的收入	直接财务收益合计
往返旅费	其他收益
电话通信费	学历、技能证书
三年后找工作的成本	海外的生活经历
直接财务成本合计	更高层次的同学、朋友
其他成本	更好工作的成就感
与家人分离	
原工作的晋升机会	
适应新工作的压力	

表 6.5 只是简单地列出了相关的收益成本，实际的教育培训可能会有更多的成本和收益需要考虑，并且有一些不易直接用薪资来反映的因素，如成就感等也须考虑，从全方位的角度衡量考察成本和收益是不容易的。当然，在考虑教育培训的成本收益时，可能更多要考虑的不仅仅是现金流方面的损益。

四、教育培训费用的筹集

（一）教育储蓄：适合小额教育费用

为了鼓励城乡居民以储蓄存款方式为其子女接受非义务教育积蓄资金，促进教育事业的发展，中国人民银行制定了教育储蓄办法。教育储蓄具有储户特定、存期灵活、利率优惠、利息免税的特点。教育储蓄采用实名制,办理开户时,必须凭储户本人的户口簿或居民身份证以储户本人的姓名开立账户,金融机构根据储户提供的相应证明办理。

教育储蓄为零存整取定期储蓄存款,存期分为1年、3年、6年。最低起存金额为50元,存入金额为50元的整数倍,可一次性存入,也可分次存入或按月存入,本金合计最高限额为2万元。教育储蓄的利率享受两大优惠政策,除免征利息所得税外,其作为零存整取储蓄将享受整存整取利率,利率优惠幅度在25%以上。

办理教育储蓄应注意五点:一是必须为四年级(含四年级)以上学生办理,账户到期领取时,孩子必须处于非义务教育阶段;二是到期支取时必须提供接受非义务教育的身份证明,才可享受整存整取利率并免征储蓄存款利息所得税;三是提前支取时必须全额支取;四是逾期支取,其超过原定存期的部分按支取日活期储蓄存款利率计付利息;五是存款方式灵活,在选择按月存款时,存款人可选择每月固定存入、按月自动供款或与银行自主协商三种方式。此储蓄品种最高金额为每户2万元,存款人若选择每月存5 000元,4个月即可缴完,但至少要存两次,每次最多1万元。另外,选择自动转账功能时必须签订协议,必须是同户提供转账。例如,孩子作为教育储蓄的存款人,父母的账户不可提供转账,只能从孩子的其他账户中转账。

教育储蓄刚刚问世时,曾一度因免缴利息税而受到学生家长的青睐。但其存在着免税手续复杂、存款限额较低等诸多弊端,如对象为小学四年级以上的在校学生、支取时必须提供所在学校出具的存款人正在接受非义务教育的证明、每一账户本金合计最高限额为2万元等规定。

教育储蓄存款方式适合工资收入不高、有资金流动性要求的家庭。其优点是收益有保证,零存整取,也可积少成多,比较适合为小额教育费用做准备。

(二)基金定投:小钱变大钱

基金定投业务是指在一定的投资期间内,投资人以固定时间、固定金额申购某只基金产品的业务。基金管理公司接受投资人的基金定投申购业务申请后,根据投资人的要求在某一固定期限(以月为最小单位)从投资人指定的资金账户内划扣固定的申购款项,从而完成基金购买行为。基金定投业务类似于银行的零存整取方式。一般来说,基金定投比较适合风险承受能力低的工薪阶层、具有特定理财目标需要的父母(如子女教育基金、退休金计划)和刚离开学校进入社会的年轻人。

与此相对应的是一次性投资,就是在某一时点一次性地购买基金的行为。应该说,这两种投资方式各有所长。一般来说,单笔投资必须一次投入较多的资金,买入时机的选择会对收益率产生较大的影响。因此,单笔投资者必须对市场状况进行分析,并能承受较高的风险。定期定额投资的资金是分期小量进场,价格低时,买入份额较多,价格高时,买入份额较少,可以有效地降低风险,对于无暇研究市场及无法精确把握进场时点的投资者来说,是一种比较合适的中长期投资方式。

假如一对夫妇计划为其儿子建立一个教育基金,假设儿子刚上小学,投资年限为16年,决定投资华夏基金旗下的华夏成长证券投资基金,期望年收益率为10%,每月扣款500元,申购费率为1.8%,收费方式为前端收费,将这些信息输入华夏基金公司提供的定期定额投资计算器,可以得出到期收益为134 984.26元,期间申购总费用1 728.00元,到期本利和230 984.26元,这样一笔钱应该可抵孩子读大学和研究生的费用。从这个例子也可以看出定期定额投资将小钱变大钱和复利效应的威力。

定投基金的年收益率基本相当于 GDP 的增长速度,大概在 8% 至 10%,完全能够抵抗通货膨胀率,而且这种"定投计划"避免了人为的主观判断,不必在乎进场时点,也不必在意市场价格,无须为股市短期波动改变长期投资决策。10 年以后,孩子成年,可以解决不少教育费用、婚嫁费用甚至创业费用。当然,为规避风险,可以半年或一年时间适当调整一次基金持有情况,也可以选择几家基金公司分散风险。

(三) 教育年金保险

子女教育年金保险主要是以最确定的方式储备教育金。由于小学与初中阶段属义务教育,须支付的学费不多,典型的子女教育年金保险是从出生或幼年阶段考虑投保缴纳保费,大多数儿童保险产品在孩子出生 60 天后即可投保。同一险种投保同样的保险金额,被保险人年龄越小保费越便宜。

教育金的领取最早从上高中的 15 岁开始,如被保险人(子女)生存至 15、16、17 岁的生效对应日,每年按基本保额的 10% 给付高中教育保险金。被保险人(子女)生存至 18、19、20、21 岁的生效对应日,每年按基本保额的 30% 给付大学教育保险金。也有只规划大学教育金的保单,从 18 周岁开始领取 4 年,在被保险人 21 周岁的生效对应日给付教育保险金,本合同终止。若子女不幸在约定期内死亡,则自死亡时起终止给付年金,将当时的保单现金价值退还给投保人(父母)。若保险期间父母无力继续缴纳保费,在购买主险时,可以同时购买豁免保费附加险,这样万一父母死亡或高度残疾时,由保险公司代缴保费,使子女的保障继续有效,同时父母作为投保人,在保单有效期内享受红利。

例如:大李为他 5 岁的儿子小李投保保额 10 000 元,交费至小李 18 周岁,年交保险费 2 809 元,共交保费 2 809×13 = 36 517 元。自大李投保后小李即享有以下费用。

1. 大学教育保险金

在小李 18 至 21 周岁的 4 年大学求学期间内,可以每年领取 1 万元的大学教育保险金,共计 4 万元。

2. 身故保障

如果开始领取大学教育保险金前身故,领取所有已交保险费;如果开始领取大学教育保险金后身故,领取所有未领取高中教育保险金,即保险公司保证其已领大学教育保险金总额与身故保险金之和为 4 万元。

3. 豁免保险费

如果大李在交费期间身故或全残,保险公司将在大李发生不幸后的首个交费日开始豁免保险费。

一般而言,教育保险金的投资报酬率不高,可能会低于银行的定期储蓄的存款利率,不过教育保险金有一定的保险功能,适合高储蓄能力的保守投资者。

(四) 教育助学贷款

1. 国家助学贷款

国家助学贷款是政府利用金融手段完善普通高校资助政策体系、加大对普通高校贫困家庭学生资助力度的一项力举。国家助学贷款是由政府主导、财政贴息,财政和高校共同给予银行一定风险补偿金,银行、教育行政部门与高校共同操作的专门帮助高校贫困家庭学生的银行贷款。借款学生无须办理贷款担保或抵押,但须承诺按期还款,并承担相关法律责任。借款学生通过学校向银行申请贷款,用于弥补在校学习期间学费、住宿费和生活费的不足,毕业后分期偿还。

申请国家助学贷款的学生通常须提供以下材料:国家助学贷款申请书、本人学生证和居民身份证复印件(未成年人须提供法定监护人的有效身份证明和书面同意申请贷款的证明)、本人家庭经济困难情况的说明、学生家庭所在地有关部门出具的家庭经济困难证明。

借款学生开始偿还国家助学贷款的时间是借款学生毕业后,自己须全额支付贷款利息。经办银行允许借款学生根据就业和收入水平,自主选择毕业后24个月内的任何一个月起开始偿还贷款本金。具体还贷事宜,由借款学生在办理还款确认手续时向经办银行提出申请,经办银行进行审批。

2. 一般性商业助学贷款

商业性助学贷款是指贷款人向借款人发放的用于借款人本人或其法定被监护人就读国内中学、普通高等院校及攻读硕士、博士等学位或已获批准在境外就读大学及攻读硕士、博士等学位所需学杂费和生活费用(包括出国路费)的一种人民币担保贷款。

向商业银行申请商业性助学贷款有如下要求:具有完全民事行为能力;具有有效居留身份证明,就读境外学校的须具有本人护照或通行证;具有就读学校的录取通知书(接收函)或学生证以及就读学校开出的学习期内所需学杂费和生活费用的证明材料;符合贷款人要求的学习与品行标准,无不良信用行为;承诺向贷款人及时告知其离开学校后的最新工作单位及有效通信方式;已拥有受教育所需的一定比例的教育费用;同意在贷款逾期一年不还,贷款人可在其就读学校或相关媒体公布其违约行为;提供贷款人认可的资产抵、质押或第三方连带责任保证;贷款人规定的其他贷款条件。

受教育人的直系亲属、法定监护人作为借款人申请商业性助学贷款必须符合下列条件:具有完全民事行为能力;有当地常住户口或有效居留身份证明以及详细、固定的住址;有正当职业和稳定的收入来源,信用良好,具有偿还贷款能力;有就读学校的录取通知书或接收函,有就读学校开出的学习期间所需学杂费和生活费用的证明;提供贷款人认可的资产抵、质押或第三方连带责任保证;已拥有受教育人所需的一定比例的费用;贷款人规定的其他贷款条件。

商业性助学贷款的期限一般为1至6年,最长不超过10年(含10年),具体期限根据借款人就读情况和担保性质分别确定。其额度原则上不得超过受教育人在校就读期间所需学杂费和生活费用总额的80%。商业性助学贷款执行中国人民银行规定的同档次人民币贷款利率。同时,借贷双方应就还款方式和还款计划在借款合同中明确规定。

第四节 保险理财

一、保险和保险理财

保险是帮助个人或机构承担不可预测的巨大经济损失的一种金融工具。从个人面临的不确定性来看,主要包括人身风险和财产风险两大类。

人身风险是指在日常生活及经济活动中,个人或家庭成员的生命、身体遭受各种损害而导致的风险,这种风险通常导致个人或家庭经济收入的减少、中断或额外费用的增加,从而对家庭生活带来重大的经济影响。

财产风险是指实物财产的贬值、毁损或灭失的风险,个人或家庭通常面临众多的风险事故,并因此可能遭受损失,常见的风险事故包括水灾、火灾、暴风雨、地震、盗窃、碰撞、恶意破坏等。财产风险也会导致个人或家庭经济收入的减少、中断或额外费用的增加,从而对家庭生活带来重大的经济影响。

在人身风险、财产风险可能带来重大影响的情况下,寻找风险的转移、规避等就为保险规划提供了前提条件。通过保险规划,对可能出现的风险事件进行预先准备,遇到意外事件后就可以从容应对。

保险理财是指从个人理财的角度进行保险规划,针对可能面临的风险,通过定量分析个人保险需求的额度,预先投资相应的保险理财产品,利用保险理财产品的收益来规避、转移风险,并适时获取一定的投资收益。保险理财的目的是让个人在人生的各个阶段适时地得到财务支援,以达成人生的各种目标,包括生前财富积累和身后财产转移。

从保险的基本性质来看,有两类性质的保险,即社会保险和商业保险,这两类保险从社会和个人的角度为应对风险提供了基础。

社会保险是国家以法律形式规定的,在劳动者暂时或永久丧失劳动能力而没有生活来源时,给予物质帮助、维护基本生活的各种制度的总称。与社会保险相对应,商业保险通过订立保险合同、以营利为目的,由专门的保险企业经营。

商业保险关系是由当事人自愿缔结的合同关系,投保人根据合同约定,向保险公司支付保险费,保险公司根据合同约定的可能发生的事故因其发生所造成的财产损失承担赔偿保险金责任,或者当被保险人死亡、伤残、疾病或达到约定的年龄、期限时承担给付保险金责任。商业保险和社会保险都是保险理财选择的重要方式。

二、保险理财产品

保险产品根据个人的不同需求,主要分为人身保险和财产保险两大类。

(一)人身保险

人身保险是以人的身体和生命作为保险标的的一种保险。当被保险人在保险期内,因风险的发生而伤残、死亡或生存到保险期满,保险人给付保险金。由于人身保险的保险标的的价值无法用货币衡量,因此其保险金额可根据投保人的经济生活需要和交保险费的能力确定。人身保险中,只有被保险人自己或征得被保险人同意的人(通常指被保险人的配偶、父母、子女以及法律允许的其他人)才具有保险利益。人身保险的险种主要有人寿保险、人身意外伤害险和健康保险。

1. 人寿保险

人寿保险是以人的生命为保险标的,以生、死为保险事故的一种人身保险。当被保险人的生命发生保险事故时,由保险人支付保险金。最初的人寿保险是为了保障由于不可预测的死亡所可能造成的经济负担,后来,人寿保险中引进了储蓄的成分,所以对在保险期满时仍然生存的人,保险公司也会给付约定的保险金。人寿保险是一种社会保障制度,是以人的生命、身体为保险对象的保险业务。

从理财的角度来看,人寿保险可以划分成风险保障型人寿保险和投资理财型人寿保险。

(1)风险保障型人寿保险。

风险保障型人寿保险偏重于保障人的生存或者死亡的风险。风险保障型人寿保险又可以分为定期死亡寿险、终身死亡寿险、两全保险、年金保险。

① 定期死亡寿险。

定期死亡寿险提供特定期间死亡保障。保险期间经常为1年、5年、10年、20年或者保障被保险人到指定年龄时止。该保险不积累现金价值,所以,定期死亡寿险一般被认为是无任何投资功能的"纯净"的保险。

购买定期死亡寿险要考虑三个关键的因素:保险金额、保险费和期间长短。保险市场上出售的定期死亡保险有许多种,均是这三个变量的许多不同组合。定期死亡寿险价格一般比较低廉,适合收入较低或者短期内承担某项危险工作的人士购买。

② 终身死亡寿险。

终身死亡寿险提供被保险人终身的死亡保障,保险期间一般到被保险人年满100周岁时止。无论被保险人在100周岁前何时死亡,受益人将获得一笔保险金给付。如果被保险人生存到100岁时,保险公司给付被保险人一笔保险金。由于被保险人无论何时死亡,保险人均要支付保险金,所以终身死亡寿险有储蓄性质,其价格在保险中是较高的。该保险有现金价值,有些保险公司的某些险种提供保险单贷款服务。

③ 两全保险。

两全保险也称"生死合险"或"储蓄保险",无论被保险人在保险期间死亡,还是被保险人到保险期满时生存,保险公司均给付保险金。该保险是人寿保险中价格最贵的。两全保险可以提供老年退休基金,可以为遗属提供生活费用,特殊情况下,可以作为投资工具、半强迫性储蓄工具,或者可以作为个人借贷中的抵押品。

④ 年金保险。

年金保险在约定的期间或被保险人的生存期间,保险人按照一定周期给付一定数额的保险金。年金保险的主要目的是为了保证年金领取者的收入。纯粹的年金保险一般不保障被保险人的死亡风险,仅为被保险人因长寿所致收入损失提供保障。

(2) 投资理财型人寿保险。

投资理财型人寿保险产品侧重于投资理财,同时也兼具传统寿险的功能。该类型保险可分为分红保险、投资连结保险和万能人寿保险。

① 分红保险。

分红保险保单持有人在获取保险保障之外,可以获取保险公司的分红,即与保险公司共享经营成果。该保险是抵御通货膨胀和利率变动的主力险种。

分红保险的红利主要来源于"三差",即利差、死差和费差。利差是保险公司实际投资收益率和预定投资收益率的差额导致的收益或者亏损;死差是预定死亡率和实际死亡率的差额导致的收益或者亏损;费差是保险公司预定费用率和实际费用率的差额导致的收益或者亏损。一般来说,在规范的保险市场,保险公司之间死差和费差差异不大,红利主要来源于利差收益。

② 投资连结保险。

投资连结保险保单持有人在获取保险保障之外,至少在一个投资账户拥有一定资产价值。投资连结保险的保险费在保险公司扣除死亡风险保险费后,剩余部分直接划转客户的投资账户,保险公司根据客户事先选择的投资方式和投资渠道进行投资,投资收益直接影响客户的养老金数额。

③ 万能人寿保险。

万能人寿保险具有弹性、成本透明、可投资的特征。保险期间,保险费可随着保单持有人的需求和经济状况变化,投保人甚至可以暂时缓交、停交保险费,从而改变保险金额。万能人寿保险将保险单现金价值与投资收益相联系,保险公司按照当期给付的数额、当期的费用、当期保险单现金价值等变量确定投资收益的分配,并且向所有保单持有人书面报告。

2. 人身意外伤害保险

人身意外伤害保险是指保险人对被保险人在保险期间因意外事故所造成的残疾、身故,按照合同约定给付保险金的人身保险。人身意外伤害保险可分为个人意外伤害保险和团队意外伤害保险两类。个人意外伤害保险是指以被保险人在日常生活、工作中可能遇到的意外伤害为标的的保险,保险期限一般较短,以一年或一年以下为期。团体意外伤害保险是指社会组织为了防止本组织内的成员因遭受意外伤害致残或致死而受到巨大的损失,以本社会组织为投保人,以该社会组织的全体成员为被保险人,以被保险人因意外事故造成的人身重大伤害、残疾、死亡为保险事故的保险。

3. 健康保险

健康保险是以被保险人的身体为保险标的,对被保险人因遭受疾病或意外伤害事故所发生的医疗费用损失或导致工作能力丧失所引起的收入损失,以及因为年老、疾病或意外伤害事故导致需要长期护理的损失提供经济补偿的保险。

构成健康保险所承担的疾病风险必须符合三个条件:一是必须是由于明显的非外来原因造成的;二是必须是由于非先天性的原因造成的;三是必须是由于非长存的原因造成的。

健康保险包括医疗保险、残疾收入保险和长期护理保险。

(1) 医疗保险。

医疗保险是指提供医疗费用保障的保险,它是健康保险的主要内容之一。医疗保险的作用是,当被保险人发生大额医疗费支出时,可得到经济上的帮助,医疗费用主要包含医生的门诊费用、药费、住院费用、护理费用、医院杂费、手术费用、各种检查费用等。常见的医疗保险是普通医疗保险、住院保险、手术保险和特种疾病保险、住院津贴保险、综合医疗保险。

(2) 残疾收入保险。

残疾收入保险,又称丧失工作能力收入保险,是对被保险人因疾病或遭受意外事故而导致残疾、丧失部分或全部工作能力而不能获得正常收入或使劳动收入减少造成损失的补偿保险。它并不承保被保险人因疾病或意外伤害所发生的医疗费用。

残疾收入补偿保险所提供的保险金并不是完全补偿被保险人因残疾所导致的收入损失。事实上,残疾收入保险金有一定限额,一般该限额要低于被保险人在残疾前的正常收入。如果没有这一限制,就有可能导致残疾的被保险人失去重返工作岗位的动力,甚至有意延长伤残时间。因此,残疾收入保险金的目的仅在于保障被保险人的正常生活。

残疾一般可分为全残或部分残疾。全残是指被保险人永久丧失全部劳动能力,不能参加工作以获得工作收入。部分残疾是指被保险人部分丧失劳动能力,只能从事原职业以外的其他职业,且新的职业可能会使收入减少。因此,收入的损失在数额上可能是全部或部分,在时间上可能是长期的或短期的。

收入损失保险金的给付金额有定额给付和比例给付两种。个人残疾收入补偿保险通常采取定额给付的方法。定额给付是指保险双方当事人在订立保险合同时根据被保险人的收入状况协商约定一个固定的保险金额(一般按月份定)。被保险人在保险期间发生保险事故而丧失工作能力时,保险人按合同约定的金额定期给付保险金。在这种方式下,无论被保险人在残疾期间是否还有其他收入来源及收入多少,保险人都要根据合同的约定给付保险金。

为了防止道德风险的出现,保险人在对每一个被保险人确定其最高残疾收入保险金限额时,须考虑以下几个方面:被保险人税前的正常劳动收入;非劳动收入,如股利、利息等;残疾期间的其他收入来源,如团体残疾收入保险或政府残疾收入计划所提供的保险金;现时适用的所得税率,因为被保险人的正常劳动收入属于应税收入,而保险金不属于应税收入。

团体残疾收入补偿保险通常按比例给付,这是指保险事故发生后,保险人根据被保险人的残疾程度,给付相当于被保险人原收入的一定比例的保险金。对于团体长期收入保险单,该比例通常在60%~70%;团体短期保险单所规定的比例通常会高一些,一般为被保险人原收入的一定比例,如70%或80%。对于被保险人部分残疾的,保险人则给付被保险人全残保险金的一定比例,其计算公式一般为

部分残疾给付金=完全残疾给付金×(残疾前收入−残疾后收入)÷残疾前收入

残疾收入补偿保险金的给付方式有一次性给付、分期给付、按给付期限给付、按推迟期给付等不同形式。

一次性给付针对被保险人全残。被保险人因病或遭受意外伤害导致全残,同时保单规定保险金的给付方式为一次性给付,那么保险公司通常按照合同约定的保险金额一次性给付被保险人。当被保险人部分残疾,如果残疾收入补偿保险合同规定被保险人可以领取部分残疾收入补偿保险金,那么保险公司一般根据被保险人残疾程度及其对应给付比例支付保险金。分期给付是指按月或按周给付。保险人根据被保险人的选择,每月或每周提供合同约定金额的收入补偿。按给付期限给付时,给付期限分为短期和长期两种。短期给付补偿是被保险人在身体恢复以前不能工作的收入损失补偿,期限一般为1年到2年。长期给付补偿是被保险人因全部残疾而不能恢复工作的收入补偿,具有较长的给付期限,通常规定给付至被保险人年满60周岁或退休年龄;若此期间被保险人死亡,保险责任即告终止。按推迟期给付是指在被保险人残疾后的一段时期为推迟期,一般为90天或半年,在此期间被保险人不能获得任何给付补偿。超过推迟期,被保险人仍不能正常工作的,保险人才开始承担保险金给付责任。推迟期的规定,是由于被保险人在短期内通常可以维持一定的生活;而且设定推迟期也可以降低保险成本,有利于为确实需要保险帮助的人提供更好的保障。

(3)长期护理保险。

护理保险是指为那些因年老、疾病或伤残需要长期照顾的被保险人提供护理服务费用补偿的保险。长期护理保险能够提供从专业护理到日常护理等多项服务的保障,有效防范长寿带来的老年财务风险和健康风险。目前,我国保险市场已经推出了部分护理保险产品,如"太平盛世附加护理健康保险""安安长期护理健康保险""中意附加老年重大疾病长期护理健康保险"等。但这些险种基本上都是针对老年人的护理问题,并且是作为其他人身险的附加险出现,其运作方式与养老类保险大同小异,和真正意义上的护理保险还有差距。

(二)财产保险

财产保险是指投保人根据合同约定,向保险人交付保险费,保险人按保险合同的约定对所承保的财产及其有关利益因自然灾害或意外事故造成的损失承担赔偿责任的保险。

财产保险的范围,最初仅限于有客观实体的"物",后来随着社会经济的发展,财产保险的范围已扩充到了无形的财产,即与财产有关的利益、费用、责任等。因此,财产保险的保险标的包括物质形态和非物质形态的财产及其有关利益。以物质形态的财产及其相关利益作为保险标的的,通常称为财产损失保险,如飞机、卫星、电厂、大型工程、汽车、船舶、厂房、设备以及家庭财产保险等。以非物质形态的财产及其相关利益作为保险标的的,通常是指各种责任保险、信用保险等,如公众责任、产品责任、雇主责任、职业责任、出口信用保险、投资风险保险等。

财产保险通常划分为财产损失保险、责任保险和信用保险。

1. 财产损失保险

财产损失保险是指狭义的财产保险,是以各类有形财产为保险标的的财产保险。其包括的业务种类主要有企业财产保险、家庭财产保险、运输工具保险、货物运输保险、工程保险、特殊风险保险和农业保险等。

2. 责任保险

责任保险是指以被保险人对第三者依法应负的赔偿责任为保险标的的保险。这种保险以第三者请求被保险人赔偿为保险事故,以被保险人向第三者应赔偿的损失价值为实际损失。责任保险包括的范围十分广泛,从内容上看,主要包括公众责任险、产品责任险、雇主责任险和职业责任险。

3. 信用保险

信用保险是指权利人向保险人投保债务人的信用风险的一种保险,是一项企业用于风险管理的保险产品。其主要功能是保障企业应收账款的安全。其原理是把债务人的保证责任转移给保险人,当债务人不能履行其义务时,由保险人承担赔偿责任。信用保险主要有商业信用保险、出口信用保险和投资保险等三类。

(1) 商业信用保险。

商业信用保险主要是针对企业在商品交易过程中所产生的风险。在商品交换过程中,交易的一方以信用关系规定的将来偿还的方式获得另一方的财物或服务,但不能履行给付承诺而给对方造成损失的可能性随时存在。比如买方拖欠卖方货款,对卖方来说就是应收款项可能面临的坏账损失。有些人会认为提取坏账准备金已经是一种自行保险了,参加这种商业保险不仅要支付保费从而增加企业的成本费用,而且保险公司参与监督企业的经营活动会损害公司管理的独立性,然而情况并非如此。对于小公司来说,可用于周转的资金量较小,一笔应收款项成为坏账就可能使整个企业陷于瘫痪状态,所提取的坏账准备金于事无补,这类情况的例子举不胜举;对于规模较大的公司来说,一般不会因少数几笔坏账就出现资金周转困难,但从我国这些年发生的"三角债"拖垮企业的众多事例中,可以看出信用保险是一项能避免信用风险、维持企业正常经营的有效措施。

商业信用保险主要包括贷款信用保险、赊销信用保险和预付信用保险。

(2) 出口信用保险。

出口信用保险,也叫出口信贷保险,是各国政府为提高本国产品的国际竞争力,推动本国的出口贸易,保障出口商的收汇安全和银行的信贷安全,促进经济发展,以国家财政为后盾,为企业在出口贸易、对外投资和对外工程承包等经济活动中提供风险保障的一项政策性支持措施,属于非营利性的保险业务,是政府对市场经济的一种间接调控手段和补充。这也是世界贸易组织补贴和反补贴协议原则上允许的支持出口的政策手段。

目前，全球贸易额的12%~15%是在出口信用保险的支持下实现的，有的国家的出口信用保险机构提供的各种出口信用保险保额甚至超过其本国当年出口总额的1/3。

（3）投资保险。

投资保险又称政治风险保险，承保投资者的投资和已赚取的收益因承保的政治风险而遭受的损失。投资保险的投保人和被保险人是海外投资者。开展投资保险的主要目的是为了鼓励资本输出。作为一种新型的保险业务，投资保险于20世纪60年代在欧美国家出现，现已成为海外投资者进行投资活动的前提条件。

三、保险理财的基本原则

（一）转移风险的原则

客户购买保险的目的是为了转移风险，在发生保险事故时可以从保险公司获得经济补偿。从这个原则出发，在进行保险规划时必须全面、系统地分析客户及其家庭面临的各种风险，明确哪些风险可以采用自留、损失控制等非保险方法进行管理，哪些风险必须采用保险方法转嫁给保险公司。可根据自身的年龄、职业、收入等实际情况，力所能及地适当购买保险。

（二）遵循保障第一的原则

保险本身的功能是规避风险和经济补偿，所以，运用保险理财时应把保障放在首位，其次才是投资和理财。重投资轻保障的行为不是理财，而是冒险。

（三）量力而行的原则

保险是一种经济行为，只有投保人先付一定保费，才能获得相应的保险保障。投保的险种越多，保障金额越高，保险期限越长，所需的保费就越多。因此，保险规划应该在个人或家庭财务规划的基础上进行，充分考虑个人或家庭的经济实力，量力而行。

（四）分析个人需求的原则

投保前要考虑三个因素：一是适应性，即根据需要保障的范围来考虑购买的险种；二是要结合个人或家庭的经济支付能力；三是选择性，在有限的经济能力下，为成人投保比为子女投保更实际，特别是为家庭的"经济支柱"投保。

（五）综合投保的原则

如果客户购买多项保险，应尽量以综合的方式投保。综合投保可避免各单独保单间可能出现的重复，要注意各保单之间的配套性，充分发挥保险规划的最高经济效益。

四、保险理财规划的风险

在进行保险规划时，会面临很多风险。这些风险可能来自投保客户所提供的资料不准确、不完全，或者是来自对保险产品的了解不充分。保险理财规划风险体现在以下几个方面。

（一）未充分保险的风险

这种风险既可能体现在对财产的保险上，也可能出现在对人身的保险上。比如，对财产进行的保险是不足额保险，结果造成损失发生时所获得的保险金赔偿不足，未能完全规避风险；或者是在对人身进行保险时保险金额太小或保险期限太短，有可能造成一旦保险事故发生不能获得较为充分的补偿。

（二）过分保险的风险

这种风险可能发生在财产保险和人身保险上。比如，对财产的超额保险或重复保险。

由于保险公司在赔偿时,是根据实际损失来支付保险赔偿金,这种超额保险或者重复保险并没有起到真正的保障作用,反而浪费保费。

这种风险还可能发生在制订保险产品组合计划时。各个保险公司提供的保险产品虽然主要保险合同不一样,但是可能存在某些保险内容的重叠,所以,会出现保险过度或者重叠的情况,而有些保险内容却又可能发生遗漏,形成保险空白。

（三）不必要保险的风险

有些风险可以通过自保险或者说风险保留来解决,比如对平时由于感冒或牙痛等类似的小灾小病所需的医疗费用支出,人们自己承担风险这种处理办法反而更为方便和简单,还可节省费用,取得资金运用收益。对于应该自己保留的风险进行保险是不必要的,也会增加机会成本,造成资金的浪费。

此外,一般来说,保险市场上的保险产品种类多样、名目繁杂,保险费率的计算和保险金额的确定都比较复杂,这也增加了保险策划的难度。所以,制订一份恰当而有效的保险计划,应该在相关专业人士的帮助和指导下进行。

五、生涯阶段与保险理财的需求分析

人的一生不可避免地会面临人身、财产、责任等风险。但在不同阶段,保险需求的侧重点不同,在进行保险规划时应考虑个人所处的生涯阶段,依据不同阶段的特点来规划保险。

结婚生子、居住、事业、退休、养老等生涯活动具有明显的阶段性。这里将生涯划分为五个时期,如表6.6所示。

表6.6　不同生涯阶段的不同保险需求表

人生阶段	特　点	理财活动	保险需求
单身期（参加工作至结婚）	经济收入较低且花销大	积蓄资金,加强职业培训	意外伤害险、责任保险、定期保险
家庭形成期（结婚到新生儿诞生）	经济收入增加、消费逐渐增大	储蓄购房首付款,增加定期存款、基金等方面的投资	意外伤害险、责任保险、财产保险
家庭成长期（小孩出生到小孩参加工作以前）	收入进一步提高,费用支出主要体现在房贷、医疗、子女教育上	偿还房贷,储备教育金,建立多元化投资组合	意外伤害险、健康保险、财产保险、子女教育金保险
家庭成熟期（子女参加工作到家长退休）	负担最轻、储蓄能力最强	重点准备退休金,降低投资组合风险	健康保险、投资性保险、年金保险、财产保险
养老期（退休后）	安度晚年,收入、消费减少,医疗保健支出增加	以固定收入的资产为主优先考虑	年金保险、医疗保险

（一）单身期

单身期的时间一般为2~5年,从参加工作至结婚的时期。其特点是经济收入比较低且花销大。这个时期是未来家庭资金积累期。年纪轻,主要集中在20~28岁之间,健康状况良好,无家庭负担,收入低但稳定增长,保险意识较弱。这个阶段理财活动的要求是加强职业培训,提高自身的素质,为薪资增长提供基础。单身期的保险需求表现在保险需求不高,主要可以考虑意外风险保障和必要的医疗保障,以减少因意外或疾病导致的直接或间接经济损失。保费低、保障高,若父母需要赡养,需要考虑购买定期险,以最低的保费获得最高的保障,确保一旦有不测时,用保险金支持父母的生活。

(二) 家庭形成期

家庭形成期的时间大致在结婚到新生儿诞生时期,一般为1~5年。这个时期的特点是处于家庭和事业新起点,有强烈的事业心和赚钱的愿望,渴望迅速积累资产,投资倾向易偏于激进。这一时期是家庭的主要消费期。经济收入增加而且生活稳定,家庭已经有一定的财力和基本生活用品。但费用支出较多,主要体现在结婚生子和购置房屋上。这个阶段的理财活动应增加定期存款、基金等方面的投资,储蓄购房首付款。其保险需求是为保障一家之主在万一遭受意外后房屋贷款不会中断,可以选择缴费少的定期险、意外保险、健康保险等,但保险金额最好大于购房金额和家庭成员5~8年所需生活开支的总和。可购买投资型保险产品,在规避风险的同时,又是使资金增值的好方法。

(三) 家庭成长期

家庭成长期是从小孩出生到小孩参加工作以前的这段时间,大约18~22年。该阶段的特点是个人事业成长、子女成长且处于受教育阶段,也是个人对家庭责任最重大的时期。虽然收入大幅增长,但家庭日常消费、子女教育金准备、住房贷款等重大开支同时存在。理财活动的重点是合理安排上述费用。同时,随着子女自理能力的增强,年轻的父母精力充沛,时间相对充裕,又积累了一定的社会经验,工作能力大大增强,在投资方面可考虑以创业为目的,如进行风险投资等。这个阶段的保险需求是在未来几年里面临小孩接受高等教育的经济压力,通过保险可以为子女提供经济保证,使子女能在任何情况下接受良好的教育。偏重于教育基金、父母自身保障。购车买房对财产险、车险有需求。

(四) 家庭成熟期

家庭成熟期是指子女参加工作到家长退休为止这段时期,一般为5年左右。这一阶段的特点是子女已经独立,收入稳定,费用支出最少。同时,夫妇双方年纪较大,健康状况有所下降,保险意识和需求增强。该阶段的理财活动主要是进入人生后期,万一风险投资失败,会葬送一生积累的财富,所以,不宜过多地选择风险投资的方式。应重点准备退休金,降低投资组合风险。这个时期人到中年,身体机能明显下降,在保险需求上,对养老、健康、重大疾病保障的需求增加。另外,要存储一笔养老资金,且这笔养老资金应是雷打不动的。

(五) 养老期

养老期是指退休以后。这段时期的特点是以安度晚年为目的,理财原则是健康、精神第一,财富第二。理财活动的主要内容为合理安排晚年医疗、保健、娱乐、锻炼、旅游等开支,投资和花费有必要更为保守,可以带来固定收入的资产应优先考虑,保本在这时期比什么都重要,最好不要进行新的投资,尤其不能再进行高风险投资。其保险需求有夫妇双方年纪较大,健康状况较差,家庭负担较轻,收入较低,家庭财产逐渐减少,保险意识强。在65周岁之前,通过合理的规划,检视自己已经拥有的人寿保险,进行适当的调整。

六、保险理财的主要步骤

(一) 确定保险标的

确定保险标的是保险规划的首要任务。保险标的可以是人的寿命和身体,也可以是财产及相关的利益。投保人可以以其本人、与本人有密切关系的人所拥有的财产以及可能依法承担的民事责任作为保险标的。

对于财产保险,可保利益比较容易事先确定,财产所有人、经营管理人、抵押权人等都具有可保利益。人寿保险较难确定,因为人的生命和健康的价值难以用经济手段来衡量。衡量投保人对被保险人是否具有可保利益,就要看投保人与被投保人之间是否存在合法的经济利益关系,比如投保人是否会因为被投保人的人身风险发生而遭受损失。

（二）选定保险产品

确定保险标的之后,就应该考虑具体的保险品种的选择。投保客户在专业人员的帮助下,准确判断自己准备投保的保险标的的具体情况(比如保险标的所面临的风险的种类、各类风险发生的概率、风险发生后可能造成的损失、自身的经济承受能力),进行综合的判断与分析,选择合适自己的保险产品,从而较好地回避各种风险。

在确定购买保险产品时,还应注意合理搭配险种。投保人身保险可以在保险项目上进行组合,如购买一个至两个主险附带意外伤害、重大疾病保险,从而可以得到全面的保障。但在全面考虑所有需要投保的项目时,还要进行综合安排,应避免重复投保,使用于投保的资金得到最有效的运用。

（三）确定保险金额

确定保险标的、保险产品的类别后,要进一步确定保险金额。保险金额是指一个保险合同项下保险公司承担赔偿或给付保险金责任的最高限额,即投保人对保险标的的实际投保金额；同时又是保险公司收取保险费的计算基础。一般而言,保险金额的确定应该以财产的实际价值和人身的评估价值为依据。财产的投保金额比较容易确定。对于普通财产,如家具、车辆等,投保人可根据财产的重置价值或市场价值来确定；对于特殊的财产,如首饰、古董等,则须请专家进行鉴别确认。对于人的价值衡量,只能基于人的生命的经济价值,根据性别、年龄、家庭状况、收支水平等来计算生命的经济价值。

（四）明确保险期限

确定保险金额后,就要确定保险期限。保险期限的长短与投保人所需缴纳的保险费多少、个人未来预期收入的变化紧密联系。财产保险、意外伤害保险等保险品种的保险期限较短,通常是中短期保险,保险期满后可以选择续保或停止保险。人寿保险的保险期限比较长,有的甚至长达一辈子。投保人应该根据实际情况,确定保险期限、缴费期间和领取保险金的时间等。

第五节　个人税收筹划

一、税收筹划的含义

（一）什么是税收筹划

税收筹划,又称税收规划,指纳税人在法律允许的范围内,或者至少在法律不禁止的范围内,自行或委托代理人,通过对投资、筹资、经营活动等理财涉税事项进行事先的精心规划和安排,最大限度地减轻税收负担的一种合法的涉税财务管理活动。

为了达到减轻税收负担的目的,税收筹划主要从以下几个方面来实施。

1. 避税筹划

纳税人采用非违法手段(即表面上符合税法条文但实质上违背立法精神的手段),利用税法中的漏洞、空白获取税收利益的筹划。纳税筹划不违法,与纳税人不尊重法律的偷、逃税有着本质区别。国家只能采取反避税措施加以控制(即不断地完善税法,填补空白,堵塞漏洞)。

2. 节税筹划

纳税人在不违背立法精神的前提下,充分利用税法中固有的起征点、减免税等一系列的优惠政策,通过对筹资、投资和经营等活动的巧妙安排,达到少缴税甚至不缴税目的的行为。

3. 转嫁筹划

纳税人为了达到减轻税负的目的,通过价格调整将税负转嫁给他人承担的经济行为。

4. 实现涉税零风险

纳税人账目清楚,纳税申报正确,税款缴纳及时、足额,不会出现任何关于税收方面的处罚,即在税收方面没有任何风险,或风险极小可以忽略不计的一种状态。这种状态的实现,虽然不能使纳税人直接获取税收上的好处,但却能间接地获取一定的经济利益,而且这种状态的实现,更有利于企业的长远发展与规模扩大。

(二) 税收筹划的基本特点

1. 合法性

合法性是指税收筹划不仅符合税法的规定,还应符合政府的政策导向。税收筹划的合法性是税收筹划区别于其他税务行为的一个最典型的特点。这具体表现在企业或个人采用的各种税收筹划方法以及税收筹划实施的效果和采用的手段都应当符合税法的规定,应当符合税收政策调控的目标。有一些方法可能跟税收政策调控的目标不一致,但纳税人可以从自身的行为出发,在不违反税法的情况下,采用一些避税行为。

2. 超前性

超前性是指经营者或投资者在从事经营活动或投资活动之前,就把税收作为影响最终成果的一个重要因素来设计和安排。也就是说,纳税人对各项经营和投资等活动的安排事先有一个符合税法的准确计划,而不是等到各项经营活动已经完成,税务稽查部门进行稽查后让补交税款时,再想办法进行筹划。因此,一定要让纳税人把税收因素提前放在各项经营决策活动中去考虑,实际上,也是把税收观念自觉地落实到各项经营决策活动中。

3. 目的性

税收筹划的目的就是要减轻税收负担,同时也要使各项税收风险降为零,追求税收利益的最大化。

4. 专业性

税收筹划的开展并不是凭借主观愿望就可以实施的一项计划,而是一门集会计、税法、财务管理、企业管理等各方面知识于一体的综合性学科,专业性很强。在国外,税收筹划都是由会计师、律师或税务师来完成的;在我国,随着中介机构的建立和完善,它们也将承担大量纳税筹划的业务。

(三) 税收筹划与避税的区别

避税是指利用税法的漏洞或空白,采取一定的手段少交税款的行为。目前,避税与税收筹划在很多场合下是有争议的。

避税与税收筹划之间的界限究竟在哪里呢?有一些专家认为,只要纳税人采取了不违法的手段少交税款,都可以叫做税收筹划。但这也显得有些笼统。实质上,避税是指利用税法的漏洞、空白或者模糊之处采取相应的措施少交税款的行为。例如,国际之间通常的避税手段就是转让定价,通过定价把利润转移到低税地区或免税地区,这就是典型的避税行为。税收筹划则是指采用税法准许范围内的某种方法或者计划,在税法已经作出明文规定的前提下操作的;而避税却恰好相反,它是专门在税法没有明文规定的地方进行操作。因此,避税和税收筹划有明显区别。

二、税收筹划的分类

按照不同的标准,税收筹划可以划分为不同的类别。

1. 按税收筹划服务对象的不同分类

按税收筹划服务对象是企业还是个人分类,税收筹划可以分为企业税收筹划与个人税收筹划两类。

企业税收筹划是指制定可以尽量少缴纳税收的企业投资、经营或其他活动的纳税方案,即凡以企业税收为筹划对象的税收筹划为企业税收筹划。

个人税收筹划是指制定可以尽量少缴纳税收的个人投资、经营或其他活动的纳税方案,即凡以个人税收为筹划对象的税收筹划为个人税收筹划。

本节主要是从个人和家庭理财的角度,以个人和家庭的减轻税收负担为研究对象,因此本节主要讨论个人税收筹划。

2. 按税收筹划地区的不同分类

按税收筹划地区是否跨越国境分类,税收筹划可分为国内税收筹划与国际税收筹划。

国内税收筹划是指制定可以尽量少缴纳税收的纳税人国内投资、经营或其他国内活动的纳税方案,即凡一国范围之内税收的税收筹划为国内税收筹划。

国际税收筹划是指制定可以尽量少缴纳税收的纳税人跨国投资、经营或其他跨国活动的纳税方案,即凡全球范围的税收筹划为国际税收筹划。

3. 按税收筹划是否仅针对特别税务事件分类

按税收筹划是否仅针对特别税务事件分类,税收筹划可以分为一般税收筹划与特别税收筹划。

一般税收筹划是指在一般情况下制定可以尽量少缴纳税收的纳税人投资、经营或其他活动的纳税方案。

特别税收筹划是指仅针对特别税务事件制定可以尽量少缴纳税收的纳税人投资。经营或其他活动的纳税方案。特别税务事件是指企业合并、企业收购、企业解散、个人财产捐赠、个人财产遗赠等。这一类税收筹划有些并不具有事先性,有些甚至是事后筹划。比如,英国遗产税的税收筹划有些不是由纳税人——死者生前事先进行的,而是在死者去世以后才由遗产受益人要求进行并追溯退税的。

4. 按税务计划期长短不同分类

按税务计划期长短分类,税收筹划可分为短期税收筹划与长期税收筹划。

短期税收筹划是指制定可以尽量少缴纳税收的纳税人短期(通常不超过1年)投资、经营或其他活动的纳税方案。许多针对特别税务事件的税收筹划也可以归入这类税收筹划。

长期税收筹划是指制定可以尽量少缴纳税收的纳税人长期(通常为1年以上)投资、经营或其他活动的纳税方案。

5. 按税收筹划采用的技术方法不同分类

按税收筹划采用的技术方法分类,税收筹划可分为技术派税收筹划和实用派税收筹划。

技术派税收筹划是指广泛地采用财务分析技术,包括复杂的现代财务管理和技术来制定可以尽量少缴纳税收的纳税人投资、经营或其他活动的纳税方案。

实用派税收筹划是指采用简单、直观、实用的方法来制定可以尽量少缴纳税收的纳税人投资、经营或其他活动的纳税方案。

6. 按税收筹划采用减轻税负的手段分类

按税收筹划采用减轻纳税人税负的手段分类,税收筹划可以分为政策派税收筹划与漏洞派税收筹划。现在各国的税收筹划,通过逃税手段来减少纳税人总纳税义务的相对来说较少,一般都通过"合法"手段。但在实践中,可分为政策派税收筹划与漏洞派税收筹划。

漏洞派税收筹划,也称避税派税收筹划,认为利用税法漏洞不违法,税收筹划犹如企业与政府玩老鼠戏猫的游戏,政府补这个漏洞,税收筹划可以钻那个漏洞。漏洞派税收筹划实质上是通过节税和避税两种手段来减少纳税人总纳税义务。

政策派税收筹划,也称节税派税收筹划,认为税收筹划要遵循税法和合理地运用国家政策。政策派税收筹划实质上是通过节税手段,减少纳税人总纳税义务。

税收筹划是一个包含丰富内容的财务管理活动,所涉及内容非常复杂。本节主要基于个人和家庭的理财为对象,所谈税务筹划活动主要是个人税务筹划,较少涉及企业税务筹划,并且以个人税务筹划中最普遍的个人所得税税种为对象来讨论。

三、个人税收的基本内容

(一)个人所得税概述

个人所得税法是调整征税机关与自然人(居民、非居民)之间在个人所得税的征纳与管理过程中所发生的社会关系的法律规范的总称。简单地说,个人所得税法就是有关个人的所得税的法律规定。我国个人所得税的纳税义务人,是在中国境内居住并有所得的人,以及不在中国境内居住而从中国境内取得所得的个人,包括中国国内公民、在华取得所得的外籍人员和港、澳、台同胞。

个人所得税的纳税人可以泛指取得所得的自然人,包括居民纳税人和非居民纳税人。

1. 居民纳税义务人

在中国境内有住所,或者无住所而在境内居住满一年的个人,是居民纳税义务人,应当承担无限纳税义务,即就其在中国境内和境外取得的所得依法缴纳个人所得税。

2. 非居民纳税义务人

在中国境内无住所又不居住,或者无住所而在境内居住不满一年的个人,是非居民纳税义务人,承担有限纳税义务,仅就其从中国境内取得的所得依法缴纳个人所得税。

(二)应税所得

个人所得税法规定,个人所得税的征税对象是个人取得的应税所得(包括现金、实物和证券所得),主要包括如下十一项内容。

1. 工资、薪金所得

工资、薪金所得,是指个人因任职或受雇而取得的工资、薪金、奖金、年终加薪、劳动分红、津贴、补贴以及与任职或受雇有关的其他所得。这就是说,个人取得的所得,只要是与任职、受雇有关,不管其单位的资金开支渠道或以现金、实物、有价证券等形式支付的,都是工资、薪金所得项目的课税对象。

2. 个体工商户的生产、经营所得

个体工商户的生产、经营所得包括四个方面：一是经工商行政管理部门批准开业并领取营业执照的城乡个体工商户,从事工业、手工业、建筑业、交通运输业、商业、饮食业、服务业、修理业及其他行业的生产、经营取得的所得；二是个人经政府有关部门批准,取得营业执照,从事办学、医疗、咨询以及其他有偿服务活动取得的所得；三是其他个人从事个体工商业生产、经营取得的所得,即个人临时从事生产、经营活动取得的所得；四是上述个体工商户和个人取得的生产、经营有关的各项应税所得。

3. 对企事业单位的承包经营、承租经营所得

对企事业单位的承包经营、承租经营所得,是指个人承包经营、承租经营以及转包、转租取得的所得,包括个人按月或者按次取得的工资、薪金性质的所得。

4. 劳务报酬所得

劳务报酬所得,是指个人从事设计、装潢、安装、制图、化验、测试、医疗、法律、会计、咨询、讲学、新闻、广播、翻译、审稿、书画、雕刻、影视、录音、录像、演出、表演、广告、展览、技术服务、介绍服务、经纪服务、代办服务以及其他劳务取得的所得。

5. 稿酬所得

稿酬所得,是指个人因其作品以图书、报纸形式出版、发表而取得的所得。这里所说的"作品"是指包括中外文字、图片、乐谱等能以图书、报刊方式出版、发表的作品；个人"作品"包括本人的著作、翻译的作品等。个人取得遗作稿酬,应按稿酬所得项目计税。

6. 特许权使用费所得

特许权使用费所得,是指个人提供专利权、著作权、商标权、非专利技术以及其他特许权的使用权取得的所得。提供著作权的使用权取得的所得,不包括稿酬所得。作者将自己文字作品手稿原件或复印件公开拍卖(竞价)取得的所得,应按特许权使用费所得项目计税。

7. 利息、股息、红利所得

利息、股息、红利所得,是指个人拥有债权、股权而取得的利息、股息、红利所得。利息是指个人的存款利息和购买各种债券的利息。股息,也称股利,是指股票持有人根据股份制公司章程规定,凭股票定期从股份公司取得的投资利益。红利,也称公司(企业)分红,是指股份公司或企业根据应分配的利润按股份分配超过股息部分的利润。股份制企业以股票形式向股东个人支付股息、红利及派发红股,应以派发的股票面额为收入额计税。

8. 财产租赁所得

财产租赁所得,是指个人出租建筑物、土地使用权、机器设备、车船以及其他财产取得的所得。财产包括动产和不动产。

9. 财产转让所得

财产转让所得,是指个人转让有价证券、股权、建筑物、土地使用权、机器设备、车船以及其他自有财产给他人或单位而取得的所得,包括转让不动产和动产而取得的所得。对个人股票买卖取得的所得暂不征税。

10. 偶然所得

偶然所得,是指个人取得的所得是非经常性的,属于各种机遇性所得,包括得奖、中奖、

中彩以及其他偶然性质的所得(含奖金、实物和有价证券)。个人购买社会福利有奖募捐奖券、中国体育彩票,一次中奖收入不超过1万元的,免征个人所得税,超过1万元的,应以全额按偶然所得项目计税。

11. 其他所得

除上述十项应税项目以外,其他所得应确定征税的,由国务院财政部门确定。国务院财政部门是指财政部和国家税务总局。

(三) 税率

税率是税额与征税对象之间的比例,它体现税收的深度,是税收制度的核心要素。在税基一定的前提下,税收的负担程度和国家课税的程度主要体现在税率上。在税基一定的条件下,税率越高,纳税人的税收负担越重,因此,税率的确定非常重要。

税率的设计包括税率形式的设计和税率水平高低的设计。一般而言,税率主要有定额税率、比例税率和累进税率三种形式。

定额税率是指按照课征对象的一定数量,直接规定固定的税额。我国现行税制中的定额税率有四种表现形式:地区差别定额税率,分类分级定额税率,幅度定额税率和地区差别、分类分级和幅度相结合的定额税率。

比例税率是对同一课税对象,不论其数额大小,统一按一个比例征税,同一课税对象的不同纳税人税负相同。在具体运用上,又分为行业比例税率、产品比例税率和地区差别比例税率几类。比例税率具有鼓励生产、计算简便,便于征管的优点,一般应用于商品课税;其缺点是有悖于量能纳税原则,且具有累退性质。

累进税率是随税基的增加而按其级距提高的税率。累进税率的确定是把征税对象的数额划分等级再规定不同等级的税率。征税对象数额越大的等级,税率越高。采用累进税率时,表现为税额增长速度大于征税对象数量的增长速度。它有利于调节纳税人的收入和财富。通常多用于所得税和财产税。累进税率的形式有全额累进税率和超额累进税率。全额累进税率简称全累税率,即征税对象的全部数量都按其相应等级的累进税率计算征税。全额累进税率实际上是按照征税对象数额大小分等级规定的一种差别比例税率,它的名义税率与实际税率一般相等。超额累进税率指将应税所得额按照税法规定分解为若干段,每一段按其对应的税率计算出该段应交的税额,然后再将计算出来的各段税额相加,即为应税所得额应交纳的个人所得税。

当前,我国的个人所得税以及个体工商户的生产、经营所得均采取超额累进税率的方式征收所得税。具体的税率表见表 6.7 至表 6.10,这些税率表是按照我国税制改革政策,从 2019 年 1 月 1 日开始实施的。

表 6.7　个人所得税税率表
(综合所得适用)

级数	全年应纳税所得额	税率(%)	速算扣除数
1	不超过 36 000 元的	3	0
2	超过 36 000 元至 144 000 元的部分	10	2 520
3	超过 144 000 元至 300 000 元的部分	20	16 920
4	超过 300 000 元至 420 000 元的部分	25	31 920

续表

级数	全年应纳税所得额	税率(%)	速算扣除数
5	超过 420 000 元至 660 000 元的部分	30	52 920
6	超过 660 000 元至 960 000 元的部分	35	85 920
7	超过 960 000 元的部分	45	181 920

注：1. 全年应纳税所得额是指：居民个人取得综合所得以每一纳税年度收入额减除费用六万元以及专项扣除、专项附加扣除和依法确定的其他扣除后的余额。
2. 非居民个人取得工资、薪金所得，劳务报酬所得，稿酬所得和特许权使用费所得，依照本表按月换算后计算应纳税额。

表 6.8　劳务报酬加成征收所得税适用表
（适用于劳务报酬所得）

劳 务 费	税率(%)	速算扣除数(元)
20 000 元以下的	20	0
超过 20 000 元至 50 000 元的部分	30	2 000
超过 50 000 元的部分	40	7 000

注：1. 本表所称的应纳税所得额是指依照税法规定，每一次的收入额不超过 4 000 元的，减除费用 800 元，4 000 元以上的减除 20% 的费用后的余额。
2. 应交个人所得税的计算公式：应交个人所得税＝应纳税所得额×适用税率－速算扣除数。

表 6.9　个人所得税税率表
（经营所得适用）

级数	全年应纳税所得额	税率(%)	速算扣除数
1	不超过 30 000 元的	5	0
2	超过 30 000 元至 90 000 元的部分	10	1 500
3	超过 90 000 元至 300 000 元的部分	20	10 500
4	超过 300 000 元至 500 000 元的部分	30	40 500
5	超过 500 000 元的部分	35	65 500

注：本表所称全年应纳税所得额是指：以每一纳税年度的收入总额减除成本、费用以及损失后的余额。

表 6.10　个人所得比例税率
（适用于其他所得）

所 得 项 目	税率(%)	备　注
稿酬所得	20	按应纳税额减征 30%
特许使用权费所得	20	
财产租赁所得	20	
财产转让所得	20	
偶然所得	20	
其他所得	20	

注：应交个人所得税的计算公式：应交个人所得税＝应税所得×适用税率。

(四) 个人财产所得及行为可以享受减免税优惠的基本条款

1. 免征个人所得税的规定范围

《个人所得税法》规定,免征个人所得税的个人所得项目有:省级人民政府、国务院部委和中国人民解放军军以上单位,以及外国组织、国际组织颁发的科学、教育、技术、文化、卫生、体育、环境保护方面的奖金;国债和国家发行的金融债券利息;按照国家统一规定发给的补贴、津贴。

2. 房产税的减免税规定

房产税的减免税范围是个人所有、非营业用的房产免征房产税;经有关主管部门批准由个人自办的各类学校、图书馆、幼儿园、托儿所、哺乳室、医院、医务室、诊所等占用的房产,免征房产税;对于私有房产主将房屋出租给个人居住,凡经房管部门备案并执行房管部门规定的租金标准的,可暂缓缴纳房产税。2001年1月1日后,个人按市场价格出租的居民住房,暂按4%的税率征收房产税。

3. 土地增值税的减免税规定

土地增值税的减免税项目有三项。一是个人因工作调动或改善居住条件而转让原有自用住房,经向税务机关申报核准,凡居住满五年或五年以上的,免予征收土地增值税;居住满三年未满五年的减半征收土地增值税。居住未满三年的,按规定计征土地增值税。二是根据《财政部、国家税务总局财税字(1995)48号》规定,对个人之间互换自有居住用房地产的,经当地税务机关核实,可以免征土地增值税。三是对个人转让所继承或接受赠与的居住用房,在出示原所有人的房产证及继承人或受赠人的房产证后,可享受免税政策。

4. 契税的减免税规定

契税的减免税内容有三项。一是因不可抗力灭失住房而重新购买住房的,免征契税。二是土地、房屋被县级以上人民政府征用、占用后,重新承受土地、房屋权属的,其成交价格没有超出土地和房屋补偿费、安置补偿费的部分,免征契税。三是城镇职工第一次购买公有住房的,在规定标准面积以内的部分免征契税,超过的部分,仍应按照规定缴纳契税;因原住房未达到规定标准面积而重新购买公有住房的,视为第一次购房。

5. 对在集市上从事临时经营的个人,暂不征收教育费附加税

6. 对个人自宰自食的生猪、菜羊、菜牛,以及少数民族在宗教节日宰杀自食或分食的牛、羊免征屠宰税

7. 印花税的减免税规定

印花税的减免税范围包括对财产所有人将财产赠给政府、社会福利单位、学校所书立的书据,免纳印花税;企事业单位或个人出租自有房屋与承租方订立的租房合同,凡用于生活居住的,暂免计税贴花。

8. 车船使用税的减免税规定

专用于农田生产的单位和个人的自有车辆免征车船使用税。另外,个别地区(如北京市)还规定为残疾人使用和便利残疾人行动而特制的车辆,也可免征车船使用税。

四、税收筹划的基本方法

(一) 充分利用税收优惠政策

税收优惠是国家税制的一个组成部分,是指国家为鼓励某些特定地区、产业、产品的发

展,或者对某些有实际困难的纳税人给予照顾,而在税法中特别制定一些优惠条款以达到对纳税人实行税收鼓励和照顾,降低其税收负担,从而实现对资源配置进行调控的目的。

我国的税收优惠政策涉及范围非常广泛,包括对产品、地区、行业及人员的优惠等。目前,可以享受税收优惠的有如下几种情形。

1. 免税期的优惠

如新办商贸性的私营有限责任公司可享受一年的企业所得税免税优惠。

2. 地区优惠

如在经济特区和高新技术开发区注册的私营有限责任公司可享受优惠税率,企业所得税按15%的税率征收。

3. 个人所得税法规定的免税项目、减税项目与暂免征税项目

利用税收优惠政策进行筹划主要是利用税法规定的减税、免税优惠达到减少应纳税额的目的,一般来说具有绝对节税、技术简单等特点。个人利用税收优惠政策进行筹划的关键在于尽量取得税收减免待遇和使税收减免期最长化等。

(二) 缩小计税依据

1. 不可抵扣的费用和支出最小化

一般而言,税法明确规定了不得在税前列支的项目,如个人所得税有关法律规定中,明确指出个体工商户缴纳的个人所得税、税收滞纳金、罚金,被没收财物、支付的罚款,各种赞助支出,用于个人和家庭的支出,个体工商户业主的工资支出等不得在税前扣除。因此,在进行税收筹划之前,应充分了解税法的相关规定,尽量缩小不得税前扣除的项目范围和金额。

2. 扩大税前可扣除范围

扩大税前可扣除范围,可直接缩小计税依据,减少应纳税款。在税前扣除项目之中,应严格区分全额扣除、按标准扣除以及不能扣除的项目界限。如对于个人公益性捐赠支出,如果是直接对受益人的捐赠,其捐赠支出不得在税前扣除;如果是通过中国境内的社会团体、国家机关向教育事业的捐赠可全额进行扣除;如果是通过中国境内的社会团体、国家机关向遭受严重自然灾害地区、贫困地区的捐赠,捐赠额不超过其应纳所得税额30%的部分可以据实扣除。因此,对于有标准、有限额的扣除项目应尽量控制在限额以内,尽量把有标准、有限额的扣除项目或不能扣除的项目转化为无扣除标准及扣除限额的项目。

(三) 选择合适的扣除时机

1. 提前确认扣除项目

在正常的纳税年度,提前确认扣除项目,使前期所得减少,进而应纳税款减少,合理利用资金时间价值,以实现递延纳税的税收利益。

2. 选择合适的扣除时机

(1) 在累进税率下扣除时机的选择。

在累进税率下,尽量把费用安排在税率较高的时期进行扣除,以达到费用抵税的最大化。如果预计未来收入会增加,可能带来边际税率的上升,在这种情况下应尽量推迟费用的扣除时间;反之亦然。

(2) 在减免税期扣除时机的选择。

在纳税人享受减免税期间,应尽量把费用安排在正常纳税年度进行扣除,以使正常纳税

年度的应税所得减少,从而实现少纳税款的税收利益。

(四)递延纳税时间

1. 收入实现时机的选择

在累进税及减免税优惠期间,合理选择收入的实现时间,可以获得降低边际税率及减免税的税收利益。

(1)累进税率下收入实现时机的选择。

在累进税率下,尽量把收入安排在税率较低的时期确认。如果预计未来收入会下降,可能带来边际税率的下降,在这种情况下应尽量推迟收入的实现时间;反之亦然。

(2)减免税期收入实现时机的选择。

在纳税人享受减免税期间,应尽量把收入实现时间安排在减免税或低税率年度,以使正常纳税年度应税收入减少,从而实现少纳税款的税收利益。

2. 尽量推迟收入的实现时间

在正常的纳税年度,应尽量推迟收入的实现时间,以实现递延纳税的税收利益。

3. 加速累积费用的扣除

在正常的纳税年度,对于固定资产折旧、无形资产摊销等,在不违背税法规定的前提下,应尽量采用加速摊销的方式,加大前期费用扣除金额,减少前期应纳税额,以实现递延纳税的税收收益。加速摊销的方式可通过缩短摊销(折旧)年限、采用加速摊销(折旧)的方法来进行。

4. 选择合理的预缴方式

对于采用分期预缴、年终汇算清缴方式的,应尽量避免形成多预缴的情况。

第六节 退休规划

一、退休及退休规划的含义

退休是指员工在达到一定年龄或为企业服务一定年限的基础上,按照国家的有关法规和员工与企业的劳动合同而离开企业的行为。从财务规划的角度而言,退休可以视为拥有足够的退休准备金之后的生活。

退休规划是为了保证个人在将来有一个自立、尊严、高品质的退休生活,而从现在开始积极实施的理财方案。退休规划包括退休后的消费及其他需求的规划、现在的薪酬规划与相应的投资、储蓄规划和退休年龄的安排等。单纯依靠政府的社会养老保险,只能满足一般意义上的养老生活。要想退休后生活舒适、独立,一方面需要在有工作能力时积累一笔退休基金作为补充,另一方面也可在退休后选择适当的业余工作为自己谋得补贴性收入。

由于老龄化社会的趋势越来越明显、退休生活时间持续增长、退休后的医疗费用增加和退休保障制度的不尽完善,使得制定科学、合理的退休规划十分必要。

二、退休收入的来源分析

个人退休收入的来源由社会保障体系(社会养老保险和医疗保险)、年金保险(商业年金保险)和个人为退休准备的资金三部分构成。

（一）社会保障体系

社会保障体系是指社会保障各个有机构成部分系统的相互联系、相辅相成的总体。我国的社会保障体系包括社会保险、社会福利、社会救助、社会优抚四个方面。社会保险主要包括生育保险、失业保险、工伤保险、医疗保险和养老保险五个方面。对于个人退休而言，医疗保险和养老保险是主要的收入来源。

1. 养老保险

养老保险是国家和社会根据一定的法律和法规，为解决劳动者在达到国家规定的解除劳动义务的劳动年龄界限，或因年老丧失劳动能力退出劳动岗位后的基本生活而建立的一种社会保险制度。

我国是一个发展中国家，经济还不发达，为了使养老保险既能发挥保障生活和安定社会的作用，又能适应不同经济条件的需要，以利于劳动生产率的提高，我国的养老保险制度实行社会统筹与个人账户相结合的方式。这种制度在基本养老保险基金的筹集上采用传统型的基本养老保险费用筹集模式，即由国家、单位和个人共同负担；基本养老保险基金实行社会互济；在基本养老金的计发上采用结构式的计发办法，强调个人账户养老金的激励因素和劳动贡献差别。为此，我国的养老保险由三个部分（或层次）组成：第一部分是基本养老保险，第二部分是企业补充养老保险，第三部分是个人储蓄性养老保险。后两个部分，企业和个人既可以将养老保险费按规定存入社会保险机构设立的养老保险基本账户，也可以选择在商业保险公司投保。

（1）基本养老保险。

在我国实行养老保险制度改革以前，基本养老金也称退休金或退休费，是一种最主要的养老保险待遇。国家有关文件规定，在劳动者年老或丧失劳动能力后，根据他们对社会所作的贡献和所具备的享受养老保险资格或退休条件，按月或一次性以货币形式支付保险待遇，主要用于保障职工退休后的基本生活需要。

基本养老金由基础养老金和个人账户养老金组成。基础养老金由社会统筹基金支付。职工达到法定退休年龄且个人缴费满15年，可享受的基础养老金月标准为省（自治区、直辖市）或市（地）上年度职工月平均工资的20%。《关于完善城镇社会保障体系的试点方案》规定，缴费每满一年增加一定的基础养老金，总体水平控制在30%左右；个人缴费不满15年的，不发给基础养老金，个人账户全部储存额一次性支付给本人。

个人账户养老金由个人账户基金支付，月发放标准根据本人账户储存额除以120确定。2005年12月13日出台的《国务院关于完善企业职工基本养老保险制度的决定》规定，从2006年1月1日起，个人账户的规模统一为本人缴费工资的8%，全部由个人缴费形成，单位缴费不划入个人账户。个人账户基金用完后，由社会统筹基金支付。已经离退休的人员，仍按国家原来的规定发给养老金。1997年统一全国企业职工基本养老保险制度前参加工作的人员，其退休后在发给基础养老金和个人账户养老金的基础上，再发给过渡性养老金。

基本养老金的计算公式：

$$\begin{aligned}
\text{基本养老金} &= \text{基础养老金} + \text{个人账户养老金} + \text{过渡性养老金} \\
&= \text{退休前一年职工月平均工资} \times 20\%(\text{缴费年限不满15年的按15\%}) \\
&\quad + \text{个人账户本息和} \div 120 + \text{指数化月平均缴费工资} \\
&\quad \times 1997\text{年底前缴费年限} \times 1.4\%
\end{aligned}$$

例如,假设李先生平均月薪为 10 000 元,养老保险缴费期限为 10 年,若 10 年后李先生当地的月平均工资为 4 000 元,那么退休后李先生能领到多少养老金?

按现行的养老金制度,李先生退休后每月可领到的养老金为

$4\,000 \times 15\% + 10\,000 \times 8\% \times 12 \times 10 \div 120 = 1\,400$(元)(指数化月平均缴费工资 × 1997 年底前缴费年限 × 1.4% 忽略不计)

(2) 企业补充养老保险。

企业补充养老保险,又称企业年金,是指由企业根据自身经济实力,在国家规定的政策和实施条件下,为本企业职工所建立的一种辅助性的养老保险。它居于多层次的养老保险体系中的第二层次,由国家宏观指导,企业内部决策执行。

企业补充养老保险与基本养老保险既有区别又有联系。企业补充养老保险由劳动保障部门管理,单位实行补充养老保险应选择经劳动保障行政部门认定的机构经办。企业补充养老保险的资金筹集方式有现收现付制、部分积累制和完全积累制三种。企业补充养老保险费可由企业完全承担,或由企业和员工双方共同承担,承担比例由劳资双方协议确定。

(3) 个人储蓄性养老保险。

个人储蓄性养老保险是我国多层次养老保险体系的一个组成部分,是由职工自愿参加、自愿选择经办机构的一种补充保险形式。由社会保险机构经办的职工个人储蓄性养老保险,由社会保险主管部门制定具体办法,职工个人根据自己的工资收入情况,按规定缴纳个人储蓄性养老保险费,记入当地社会保险机构在有关银行开设的养老保险个人账户,并应按不低于或高于同期城乡居民储蓄存款利率计息,以提倡和鼓励职工个人参加储蓄性养老保险,所得利息记入个人账户,本息一并归职工个人所有。

2. 医疗保险

医疗保险费是由职工、单位和国家按一定的缴费比例,三方共同出资而形成的,只能用于医疗补偿的保险费。当参保职工因病就诊时,可以从中获得部分或全部的报销,它体现了个人权利与义务对等的原则。只有按时缴纳足额的医疗保险费,才能享受报销权利,否则,不能得到报销。医疗保险费只能用于职工的医疗补偿,即专款专用,任何个人或单位不许侵占或挪用医疗保险费,以保证职工的利益。

(二) 年金保险

年金保险是指以生存为给付保险金条件,按约定分期给付生存保险金,且分期给付生存保险金的间隔不超过一年(含一年)的人寿保险。这种分期给付可以按年、半年、季、月计,通常多为按月给付。如果保险金的给付是取决于被保险人的生存,就称之为生存年金;反之,就是确定年金,即在约定时期内给付年金。如果年金受领者在未满期前死亡,则把剩余年金支付给其受益人。生存年金可以是定期的(支付一个固定时期或者支付到年金受领者死亡时为止,以两者先发生者为准),也可以是终身的(支付到年金受领者死亡时为止)。

年金保险为被保险人因寿命过长而不能依靠自己收入维持生活提供了经济保障。年金保险按被保险人的人数分类,有个人年金和联合年金;按保险费缴付方式分类,有一次缴清保险费方式购买和分期缴费方式购买;按年金开始给付的日期分类,有即期年金和延期年金;按有无偿还特征分类,有纯粹终身年金和偿还式年金;按年金给付金额是否变动分类,有定额年金和变额年金。

（三）个人为退休准备的资金

个人为退休准备的资金依靠自筹，主要来源一是过去的积蓄投资，二是从现在到退休前的工作生涯中的储蓄累积。

三、退休规划的风险

退休是生命周期的必然过程，但是退休时的状况因人而异，有的人累积了丰厚的资产退休，而有的人则到了要退休时才惊觉退休后的生活不知如何是好，此种差距，除了能力的因素之外，也与个人风险意识、理财知识及退休规划的风险有关。退休规划的风险主要来自以下六个方面。

1. 经济发展周期方面的风险

如经济衰退、经济金融风险等问题，会对很多个人与家庭的就业与工资、薪酬产生巨大的影响。

2. 职业生涯规划的风险

如被公司解雇或所工作的企业倒闭等，不能提取退休金。

3. 额外支出风险

额外支出风险包括子女婚嫁、协助抚养孙子女费用、资助子女购房、解决子女债务纠纷、为子女提供创业资金、持续抚养失业子女、退休后突生大病导致医疗费用高于预期等。

4. 实际寿命比退休计划设定的期限长的风险

现代医疗技术和药物使人的预期寿命延长了15~20年，因此，需要积攒更多的钱以负担比以前更长的生存期间所带来的生活费用。

5. 投资风险

退休金投资运用不当，导致出现报酬率低于预期，难以筹集到预期的资金。

6. 其他不确定因素的风险

如通货膨胀风险、利率风险等，这些变化也会导致退休金的数量变化。

四、退休规划流程

退休规划是一个系统的规划过程，一个完全的退休规划须考虑个人职业生涯设计和收入情况分析、退休后生活设计与养老需求分析，以及自筹养老金部分的投资设计等方面的问题。通过个人职业生涯设计，可以估算出个人工作时的大体收入水平和在退休时可以领取的退休金水平；通过退休生活设计，可以推算出个人退休后消费支出的大体数额；最后根据退休后消费支出额与可以领取的社会退休金的差额，可以估算出需要自筹的退休金数额，再结合个人工作时的收入水平来制定自筹金额的来源渠道。自筹金额主要来源于两个部分：一是过去工作薪酬、投资所得等积累的资金，二是距离退休剩余工作期间的收入以及投资回报。在整个退休规划中，通货膨胀率、薪酬增长率、投资报酬率是三项最主要的影响因素。整个规划过程须综合考虑的因素与流程如图6.2所示。

结合规划过程中需要考虑的因素，在制定退休规划时，大致遵循图6.3所示的步骤。

（一）确定退休目标

退休目标是个人退休规划所要实现的目标，它包括人们期望的退休年龄和退休后的生活状态。

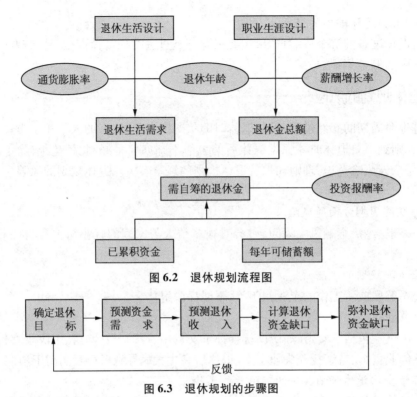

图 6.2　退休规划流程图

图 6.3　退休规划的步骤图

1. 退休年龄

期望的退休年龄是个人退休规划的起点,在个人预期寿命不变的情况下,积累退休收入的时间(退休前)与退休后生活时间此消彼长。对于希望提早退休的个人而言,较短的积累期和较长的消耗期需要较高的积累比例来维持。表 6.11 是个人从不同年龄段为退休金积累资金的计算表格。其中第一列分别表示个人从 50 岁、40 岁、30 岁开始积累退休基金,则预计 60 岁退休时积累退休基金的时间分别是 10 年、20 年和 30 年;后面两大列则分别假定每年积累 20 000 元或 50 000 元用于退休基金的准备,并分别假设用该笔资金进行投资时其投资报酬率为 4%、6%、8%、10%。依据这些假定计算得出表中在 60 岁退休时积累的退休基金总额,如表 6.11 所示。

表 6.11　退休本金积累表

积累期 (60 岁退休)	每年积累 20 000 元收益率				每年积累 50 000 元收益率			
	4%	6%	8%	10%	4%	6%	8%	10%
10 年(50 岁)	249 727	279 432	312 910	350 623	624 317	698 582	782 274	876 558
20 年(40 岁)	619 384	779 854	988 458	1 260 049	1 548 460	1 949 636	2 471 146	3 150 124
30 年(30 岁)	1 166 566	1 676 033	2 446 917	3 618 868	2 916 416	4 190 083	6 117 293	9 047 171

资料来源:计算整理所得。

基于这一计算结果,个人可根据退休目标及个人的年积累金额安排退休年龄或从何时开始积累退休基金。

2. 退休后的生活状态

虽然退休规划的目标是实现甚至提高个人退休后的生活质量,但个人期望的生活方式和生活质量不能脱离现实,仍然应当建立在对收入和支出进行合理规划的基础上,毕竟退休规划所能实现的额外收益是有限的。

应当注意,以上两个目标并非孤立存在,它们之间互相关联,有时甚至此消彼长。例如,在其他条件不变的前提下,为了享受高质量的退休生活,个人必须推迟退休年龄,延长积累时间;反之,为了更早地享受退休生活,有时不得不降低对退休后生活状态的预期。

(二)预测资金需求

退休后选择不同的生活状态必然对应着不同的资金需求。确定了退休目标之后,就应当进一步预测退休后的资金需求。进行这一预测的简单方法就是以当前的支出水平和支出结构为依据,将通货膨胀等各种因素考虑进来之后分析退休后的支出水平和支出结构变化,进行差额调整,就可以得到退休后大体上的资金需求。在预测资金需求时,因为许多不确定因素的存在,不可能规划得非常准确,应尽量用一些专业的方法来进行大体的估算。

理论上,退休支出的预测方法有以收入为标准的方法和以开支为标准的方法两种,这两种方法的结果是一致的,差别仅在于计算方法和所考虑对象的差异。

(1)以收入为标准的方法。

以收入为标准的方法是基于客户退休前收入的某一百分数进行计算。理财规划师一般将客户所需要的退休花费设定在最终退休前收入的60%~70%的水平,以维持相同的生活水准,这一比例被称为工资替换率。该方法是基于客户的生活费用在退休后将有一定程度降低的假设,包括服装费、差旅费、交际费、房贷费、孩子教育费用的降低等。

(2)以开支为标准的方法。

以开支为标准的方法是基于客户退休前支出的某一百分数进行计算,利用客户在当前或退休后的消费与开支替换率来评估客户的退休消费支出。一般来说,退休后人们日常的消费会相应减少。开支替换率的标准范围在70%~80%之间。

(三)估算退休后的收入

每个人的退休生活最终都要以一定的收入来源为基础。个人退休收入主要包括社会基本保险、企业年金、商业保险、投资收益、退休时累积的生息资产、子女赡养费、遗产继承、兼职工作收入等,此外,还有固定资产变现、受赠等其他收入来源。与人生其他阶段的财务规划相比,稳定的现金流是维持退休生活品质的重要保证。表6.12是一个简单的收入变化情况表,可以以列表的方式来估算退休收入情况。

表6.12 退休后收入变化表

退休后收入增加项	退休后收入减少项
公积金	工薪收入
存款利息	交通补贴
投资收入	奖金
房租收入	在职福利
子女赡养费	
……	……

通常,客户在向理财规划师求助之前已经有了一个初步的退休养老规划。此时,理财规划师应对当前的方案进行全面的评估,并且根据具体的资产分配状况和预期的未来经济环

境,对客户的退休收入进行大体测算。一般来讲,客户对退休养老规划方案往往相对乐观,另一方面是客户对自己选择的退休养老规划方面的经验和知识相对缺乏。而退休养老规划往往涉及较长时期,不确定因素很多,理财规划师对客户退休收入的估计难免会出现一定偏差,从而影响到退休规划方案的准确性。因此,理财规划师在预测、估算客户退休收入时不应过分强调准确,而应充分利用其专业判断。

（四）计算退休资金缺口

对比预测的退休后收支差额,就可以知道退休资金的缺口,即个人需要弥补的部分。如果收支差额为正,意味着收入足以满足实现退休目标,那么注意资金的安全是首要的;如果收支差额为负,则要制订出相应的计划来赚取收入以弥补不足。须注意的是,要考虑利率变动和通货膨胀的影响。

（五）制订计划弥补资金缺口

如何为估算的退休资金缺口寻找资金来源是退休规划的最后步骤,应该制订一个相应的计划来实现它。这个计划可以包括寻找额外收入、参加具有更大收益的保障计划、扩大投资额等。如果计划不成功,可能就不得不降低退休生活目标了。

这实际上也是一个根据退休收支差额来调整退休目标并与退休目标进行反馈的过程。

五、制定退休规划的基本原则

退休规划的总原则是本金安全、适度收益、抵御生活费增长和通货膨胀。具体而言,包括以下两个方面。

（一）尽早开始计划

许多人发现很难为退休打算。房贷、生活开销、孩子的教育占据了极大比重的支出,结果到 50 岁左右或更晚,他们才意识到养老安排必须提上议程。可惜为时已晚,越早开始为退休规划,达到退休生活目标的可能性就越大,从短期市场低迷和投资失误中恢复过来就越容易。

（二）投资讲究安全

相对于年轻时候而言,退休之后已经没有足够时间接受失败重新开始了,所以,针对退休所做的投资应该倾向于安全性,在此基础上尽量追求收益性。如果规划时间长,可选收益和风险相对较高的产品;如果规划时间短,则可选储蓄和短期债券,确保本金安全。

第七节　个人与家庭理财策略

一、个人与家庭理财策略的内涵

个人与家庭理财是根据个人与家庭的资产和收益状况以及风险偏好,评估个人或家庭的财务资源,制订合理的家庭理财计划,实现整个人生各个阶段的经济目标,同时降低个人与家庭对未来财务状况的担忧。

个人与家庭理财可以分为生活理财和投资理财两类。生活理财是以个人与家庭整个生命周期来考虑终生生活及财务规划,如第六章已阐述的包括房地产投资与居住规划、教育与培训规划、保险理财规划、个人税收筹划、退休规划等,使个人与家庭在不断提高生活品质的同时,又能在年老时过上满意的生活。投资理财是将个人的资产投资于股票、债券、金融衍生工具、黄金、外汇、艺术品等各类理财工具与产品,以获取相应的投资回报,从而实现个人与家庭生活的目标。

在现实生活中,生活理财和投资理财之间是水乳交融的关系。通过对各种理财工具与产品的投资理财,实现生活理财的目的;而要达到生活理财的目标,除了要很好地规划生活中的各项财务计划外,还要依赖投资各类理财工具与产品获取回报来实现。

关于个人与家庭理财的基本策略,主要要从投资理财和生活理财两方面来设计。就投资理财的策略来说,主要是有关货币市场、资本市场、衍生品市场、其他理财市场的各种产品的策略设计。生活理财的策略主要是有关房地产投资与居住规划、教育与培训规划、保险理财、个人税收筹划、退休规划等策略的设计。投资理财和生活理财两方面的策略归结到整个个人与家庭理财的策略,就是在整个个人与家庭的生命周期中,在不同的阶段设计不同的生活理财策略,并通过投资理财的策略投资相应的金融理财工具与产品以完成各个阶段的生活理财目标。

二、基于个人与家庭生命周期的理财策略

(一)个人与家庭生命周期的理财需求

每个个人与家庭都会经历一个不同生命阶段的生命周期,在不同的生命阶段具有不同的财务状况、不同的资金需求(这种需求源于投资者所处生命阶段的不同,以致个人和家庭财务状况不同)。家庭的生命周期大致经过单身期、家庭形成期、家庭成长期、家庭成熟期和家庭衰老期这几个阶段,在不同阶段,家庭的收入和支出有相应的阶段特色。

单身期是指个人求学结束开始步入工作岗位到结婚组建家庭。这一阶段,工作刚开始,可能不够稳定,面临工作的调整,工资收入比较低,支出也较为简单,主要是个人的基本生活开支等。

家庭形成期是指从结婚到子女出生。这一阶段,支出随家庭成员的增加而不断增加,储蓄不断减少。可能会面临着决定购置住房,负债会十分沉重,可积累的资产很有限。但由于家庭成员年轻,可以承受较高风险的投资。

家庭成长期是指从子女出生到其完成学业为止。这一时期,支出会主要集中在子女的教育费上,由于家庭成员不再增加,因此支出趋于稳定,并且可预见性强。储蓄也会趋于稳定,随着收入水平的逐渐提高,可累积资产逐渐增加,投资开始有所增加。如果存在负债的话,如住房贷款负债,则负债余额逐步减少。可以分散一部分投资到较高风险的投资工具上。

家庭成熟期是指从子女完成学业到夫妻均退休为止。由于子女逐渐取得收入,因此家庭收入增长很快,支出减少,储蓄增长很快,资产积累达到高峰,逐渐为退休做准备。

家庭衰老期是指从夫妻均退休开始到最后一人过世为止。此时不再拥有工资收入,收入主要来源于养老保险、理财收入或转移收入,储蓄和资产逐渐减少,医疗支出增加。投资以低风险为主。

在家庭形成期、家庭成长期、家庭成熟期和家庭衰老期这四个阶段,财务状况表现如表6.13所示。

表 6.13　家庭生命周期各阶段特征及财务状况

	家庭形成期	家庭成长期	家庭成熟期	家庭衰老期
特征	从结婚到子女出生,家庭成员随子女出生而增加	从子女出生到完成学业为止,家庭成员数固定	从子女完成学业到夫妻均退休为止,家庭成员数随子女独立而减少	从夫妻均退休到夫妻一方过世为止,家庭成员只有夫妻两人(也称为空巢期)
收入及支出	收入以薪酬为主,支出随家庭成员增加而上升	收入以薪酬为主,支出随家庭成员固定而趋于稳定,子女上大学费用负担重	收入以薪酬为主,事业发展和收入达到巅峰。支出随家庭成员减少而降低	以理财收入及转移性收入为主,或变现资产维持生计。支出结构发生变化,医疗费用占比提高,其他费用占比降低
储蓄	随成员增加而下降,家庭支出负担大	收入增加而支出稳定,在子女上大学前储蓄逐步增加	收入达到巅峰,支出稳中有降,是募集退休金的黄金时期	大部分情况下支出大于收入,为耗用退休准备金阶段
居住	和父母同住或租住	和父母同住或自行购房	与老年父母同住或夫妻两人居住	夫妻居住或子女同住
资产	资产有限,年轻可承受较高的投资风险	可积累的资产逐年增加,要适当控制投资风险	资产达到巅峰,要逐步降低投资风险,保障退休金的安全	逐年变现资产来应付退休后生活费开销,投资应以固定收益类工具为主
负债	信用卡透支或消费贷款	若已购房,为交付房贷本息、降低负债余额的阶段	在退休前把所有的负债还清	无新增负债

（二）生命周期不同阶段的财富净值变化

在个人与家庭所经历的生命周期里,不同阶段的财务收支状况面临的各种问题及风险不一样,不同时期都有相对较为特殊的时期性。个人与家庭的财富也会经历以下几个阶段:累积阶段、巩固阶段和支付阶段,在这几个阶段,个人的财富净值会经历如图 6.4 所示的变化过程。

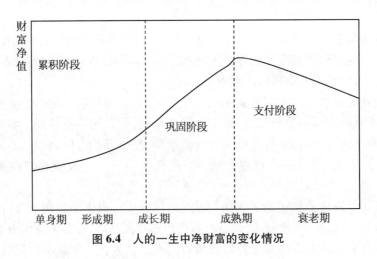

图 6.4　人的一生中净财富的变化情况

1. 累积阶段

处于累积阶段的个人与家庭会有相对稳定的收入来源,但住房、交通、教育的支出往往超过收入,使投资者的债务增加。但处于这一阶段的投资者往往开始积累资产,而净资产则较小。个人投资通常倾向具有较长的投资期限和不断增长的盈利能力,所以,他们会进行一些风险较高的投资以期获得高于平均收益的收入。

2. 巩固阶段

处于巩固阶段的个人,其收入超过了支出,投资者开始减少债务,积累资产,为未来的退休提供保障。该阶段的规划重点有所改变,从单纯的积累资产转变为巩固现有资产与积累资产并重。这一转换使投资者的投资特点也发生了变化,即投资具有长期性,中等风险的投资对他们更具有吸引力,以期在获得收益的同时,保住现有的资产。

3. 支付阶段

当个人退休时,往往进入了支付阶段。在这一阶段,个人一般不再有薪水或工资收入,其生活费用由社会保障收入和先前的投资收入来补偿。尽管人们会选择低风险的投资来保住储蓄的名义价值,但一般仍会进行一些高风险的投资以抵补通货膨胀对资产造成的损失。

基于个人与家庭所经历的生命周期的财务收支状况在各个阶段所表现出来的财富变化状况特点,每一个家庭都会面临生命周期中的一些理财规划,如住房规划、教育培训规划、税收规划、保险规划、退休规划等。在不同的时期,家庭所规划的重点不一样,比如单身期的重点经常会涉及个人的教育培训规划,家庭成长期的重点往往是住房规划,家庭成熟期的重点是子女教育规划,还面临个人的退休规划等。

(三) 不同生命周期的理财策略

在不同时期安排理财规划时,为了实现住房规划、教育规划和保险规划等,家庭往往需要将个人的财务收入与财务支出进行有效安排,比如将家庭的资产进行合理组合,安排在货币市场、资本市场、衍生品市场、其他理财市场进行投资。这些市场的投资产品的风险性、收益性、安全性、流动性、税收等各具特色,投资时需要根据所处的生命周期的财务状况,结合投资品种的特色综合考虑,甚至还要考虑投资者的风险承受能力等进行个性化调整,设计一系列的组合投资方案。表6.14 给出了根据家庭生命周期不同阶段的特点,投资者在不同投资品种之间进行组合投资的参考方案。

表6.14 不同家庭生命周期投资者的组合投资参考方案(%)

周期	现金/存款	银行理财产品	债券	信托	基金	股票	保险
单身期	30	10	20	0	15	15	10
家庭形成期	20	15	15	5	20	20	5
家庭成长期	15	10	5	10	15	25	20
家庭成熟期	5	20	15	15	15	25	5
家庭衰老期	30	20	10	20	10	10	0

三、基于家庭财务预算与分析的理财策略

要想制定出合理的家庭财务规划,必须首先清理家庭资产负债和收入支出状况,要想使财务规划得到切实有效的执行,必须做好日常记账和预算控制,这些均属于家庭财务规划的基础工作。

类似于企业的财务报表制度一样,家庭的财务报表主要包括资产负债表、损益表、预算表三种。家庭的财务报表不像企业报表那样严谨,但要大致反映家庭的财务总体状况。通过三个报表的统计,并做财务分析,以便更好地制定理财策略。

（一）家庭资产负债表

家庭资产负债表用家庭资产、家庭负债、家庭净资产来分解、描述家庭的资产情况。

1. 家庭资产

家庭资产多种多样，不可能一一详细列出，一般进行大体分类，主要反映有价值的，特别是可以管理或将来可以规划的资产。

家庭资产可分为三类。

（1）金融资产或生息资产，指现金及能够带来收益的金融投资，包括现金、银行存款、股票、债券、基金、退休储蓄计划累积额、养老金现金价值、保险单现金价值等。这是实现家庭财务目标的重要来源。

（2）个人使用资产或自用资产，主要是那些每天生活要使用的资产，包括房屋、汽车、家具、家电、衣物等。它们的主要功能是满足当前消费，这是进行家庭财务规划、实现生活目标的基础和前提，只是由于它们不产生收入，也很难变现，所以不是财务规划的主要方面。

（3）奢侈资产。奢侈资产主要是那些满足家庭基本生活之外特殊需要的资产，比如珠宝、别墅、收藏品等。这类资产的外延弹性较大。

2. 家庭负债

家庭负债主要包括全部家庭成员欠非家庭成员的所有债务，可分为流动负债和长期负债。流动负债是指期限在一年以下的短期负债，如信用卡透支、应付水电气费、应付租金、税金、保险金等；长期负债是指期限在一年以上的较长期限的负债，包括房贷、消费贷款、助学贷款、投资贷款等。

3. 家庭净资产

家庭净资产是家庭资产减去家庭负债的净值。一般来说，在家庭成长期和成熟期资产会不断积累，退休后开始减少，通过资产变现以支持消费。

家庭资产情况可以用资产负债表的形式列出，以便分析。

（二）家庭损益表

家庭损益表反映一定期限内家庭的财务收支情况。由于家庭收支很繁杂，损益表不需要做得太精细，分为收入、支出、盈余或赤字三大项目。

1. 收入

收入主要是工资薪金收入和投资收益，有些家庭还有租金收入、经营收入以及其他临时性收入。

2. 支出

支出主要分为消费支出、理财支出和其他支出三大类。消费支出是指日常生活中用于衣、食、住、行、教育、文化娱乐、医疗等方面的支出；理财支出是指各类负债的还本付息支出、保险支出；其他支出包括税收、捐赠、其他偶然的临时支出。

3. 盈余或赤字

盈余或赤字是收入减去支出的一个差项，反映当期现金流动的结果。

家庭的财务收支情况可以用家庭损益表的形式列出，以便分析。

（三）基于家庭预算表形式的理财策略

家庭资产负债表和损益表分别从静态和动态两个方面反映家庭的财务状况，但还没有为家庭财务管理提供理财方案及策略。因此，还须编制家庭财务预算表，以实现家庭财务的管理和规划,家庭资产负债表和损益表只是为家庭财务预算表提供基础和信息。

编制家庭预算表的目的在于对未来生活作出规划,以现有财务状况为基础,对未来收支进行合理计划,以实现各项生活目标。完整的家庭预算须经过三个程序:一是设定财务目标;二是收入、支出的初步测算;三是根据初步测算结果与原定目标的差异进行预算调整。

在编制预算过程中,可以根据收支预算情况对各种经营收入的目标、投资收益的目标、支出方面的目标进行预算,对不同生命周期的房产规划、保险规划、税收规划等进行预算,通过调整达到各项生活目标。

四、基于家庭资产四维配置组合投资的理财策略

当一个人刚开始工作时,除了将每月的工资收入用于消费外,还应当节余一部分做储蓄,留待以后做大额的消费或投资。当银行的储蓄渐渐增加以后,就要开始考虑投资的问题了。最初资金不多,只要选择一两个投资产品进行安排就可以了,但当可投资资产越来越多的时候,就须考虑将投资资产分别投资到不同的投资市场和投资产品上,通过增加资产的多样性来降低家庭资产的风险。

在考虑家庭资产配置的时候,要从不同的投资项目、投资时间、投资区域以及不同的货币等四个方面进行考虑。这就是家庭资产的四维配置。

(一)项目配置

所谓项目配置就是将家庭拥有的可投资资产分配到不同的投资渠道和产品上,而不应当只是投资到一个投资产品或市场。比如,一个家庭目前有可投资资金为30万元,并非将这些资金全部集中投资股市或者债市,而是将30万元资金构造一个投资组合,如15万元投资股市,10万元投资债券,5万元投资货币市场。具体实施中,项目配置的比例须依据当时的市场状况和该投资者的风险偏好以及投资目标综合考虑后加以确定。

当然,由于投资产品选择的多样性,当家庭可动用的资金越大,其资产组合就应当包括越来越多的投资产品。项目配置的目的主要是为了规避单一市场的系统风险。

(二)时间配置

在做任何一项投资之前都必须考虑投资时间的问题。在做银行储蓄前,要考虑是1年期的定存,还是3年期的定存,还是活期储蓄? 在做债券投资的时候,要选择两年期的国债,还是8年期的国债? 在做股市投资的时候同样面临时间选择,一个可以长期投资的资金选择的股票应当是长期趋势看好的股票;而一个短期的投资资金选股的思路当然就是该股票的短期机会。

投资产品的时间选择主要考虑的因素有资金的时间特性、整个组合时间配置的均衡性和流动性以及利率。

1. 资金的时间特性

资金的时间特性来自资金的使用者和其目标。如果一笔钱是为了给孩子上大学的学费,那么孩子上大学的时间就是该资金到期的时间。

2. 整个组合的时间均衡性

一般来说,家庭的投资资产组合的目标是多样化的。比如,须考虑孩子的留学,但孩子留学的确切时间是不确定的。同时,还可能须考虑应对没有医疗保险的父母不知何时会发生的疾病。这就导致整个投资组合的时间特性通常是比较复杂的。所以一般来说,在考虑

家庭资产的投资组合时间安排的时候,应当将长期投资产品、中期投资产品和短期投资产品做一个均衡的配置。如果都是短期产品,收益性会受到影响;如果都是长期投资产品,当需要用现的时候,临时兑现有可能导致损失。保持整个投资组合的合理流动性是做资产配置的重要原则。流动性不仅是为了应对资金使用的需要,也是为了能够及时规避风险或者将资金转入新出现的更好的投资机会或产品。

3. 流动性

流动性不仅是为了应对资金使用的需要,也是为了能够及时规避风险或者将资金转入新出现的更好的投资机会或产品。保持资产与资金适当的流动性,有利于家庭应对一些意料之外的资金需求。

4. 利率

除了要考虑资金本身的时间特性以及整个资产组合的流动性以外,还须考虑当时的利率水平。利率水平对投资产品的时间选择影响极大。当利率处于一个相对高位时,或者预期今后利率可能会下降的时候,通常应当选择期限较长的投资产品;反之,则应当选择较短的投资产品。

(三) 货币配置

货币稳定是国家金融、经济稳定的最重要的内容。国际金融市场风云变幻,国际炒家无孔不入,使得人们很难控制、获知、预测汇率的变动方向。而汇率的变动将直接影响到家庭资产的实际价值(购买力),因此,家庭资产面临汇率风险。要规避汇率风险,就应当将资产放到汇率比较坚挺的货币上,但事实上很难准确预测国际汇率的变动方向。一个更可行或有效的方式是将资产在不同的货币间做一个分配来规避汇率的风险。因此,家庭资产组合的配置还须考虑不同货币的配置问题。当然,货币配置要在家庭资产拥有较大规模时才有意义,如果总共只有二三十万元人民币的资产,就完全没有必要换部分美元或部分欧元来规避所谓的汇率风险了。

(四) 区域配置

一般来说,当一个地区的经济出现比较大衰退的时候,该地区的各项投资都将出现问题。比如,从 20 世纪 90 年代开始的日本经济衰退使得日本的房地产市场、证券市场、实业投资等各项投资都进入长期的衰退中。如果家庭资产只集中在一个地区,当该地区的经济出现问题的时候,家庭资产的价值会面临较大的损失。但如果将家庭资产布局于不同区域的投资市场,一个地区经济的衰退不会对家庭资产造成大量的损失。当然,只有足够大的资金才有必要和可能将资产做不同区域的配置。区域配置中的区域可以包括国内和国外,在配置国内资产的同时,适度配置一些国外资产,可以部分分散风险。

复习思考题

1. 请简述个人房地产投资的方式。
2. 请简述个人房地产金融投资的方式。
3. 教育培训费用有哪些筹集方式?
4. 请从理财与投资的角度,阐述自身培训安排需要考虑的因素。结合自己的情况,分析考虑自己是否需要参加某项培训,对自身的投入与收益会产生什么影响?

5. 王先生有一购房计划,打算5年后购买总价60万元的自住房,首付款三成,贷款20年,贷款利率为6%,假设投资报酬率为5%,针对首付款筹措部分,每年应有投资储蓄额为多少?5年后,贷款采用等额本息法还贷,每月需还多少?

6. 保险理财有哪些主要产品?

7. 保险理财的基本原则是什么?

8. 你现在处于人生的哪一个阶段?分析你现在需要哪些保险?你的父母处于人生的哪一个阶段?他们需要哪些保险?

9. 什么是投资连结保险?有哪些特点?

10. 什么是万能险?有哪些特点?

11. 什么是养老保险?我国养老保险的主要组成部分有哪些?

12. 请收集资料,阐述国外养老保险制度有哪些层次。

13. 请简述税收筹划的基本特点。

14. 税收筹划与避税有什么区别?

15. 税收筹划的基本方法是什么?

16. 某纳税人每月从单位获得工资薪金所得4000元,但是由于单位不提供住房,不得不每月花费1000元在外面租住房居住,实际上该纳税人每月除房租外仅获得3000元收入,请根据资料的内容为该纳税人进行税收筹划。

17. 某纳税人进行不动产投资花了40万元买了一处房屋,现将该房屋出租,每月收取租金2500元(忽略印花税)。计算该项投资的回报率,同时假定银行一年定期存款利率为3%(利息免税),比较两种理财工具的收益。

18. 张先生现年40岁,每年工资节余5万元用于投资。假设每年的投资报酬率为5%,在不考虑通货膨胀的情况下,希望退休时至少积累100万元以上供退休后生活使用,则张先生最早能于多少岁时退休?

19. 制订退休规划有哪些流程?

20. 个人与家庭有哪些理财策略?

第七章 其他理财市场理财工具与产品

【本章导读】

> 黄金、艺术品和邮币卡等其他理财市场的理财工具与产品是货币市场、资本市场、衍生品市场理财工具与产品的重要补充。通过本章的学习,要掌握黄金、艺术品和邮币卡等其他理财市场的理财工具与产品的基本特点,了解此类理财工具与产品的具体类型、投资的基本途径及其风险收益特征。

第一节 黄 金

一、黄金概述

黄金,化学元素符号为 Au,是一种带有黄色光泽的金属。黄金具有良好的物理属性、稳定的化学性质、高度的延展性及数量稀少等特点,不仅是用于储备和投资的特殊通货,而且又是首饰业、电子业、现代通信、航天航空业等部门的重要原材料。在 20 世纪 70 年代前还是世界货币,目前依然在各国的国际储备中占有一席之地,是一种同时具有货币属性、商品属性和金融工具属性的特殊商品。

（一）黄金的属性

1. 黄金具有货币属性

目前,黄金是除美元、欧元、英镑、日元之外的第五大国际结算货币。虽然自 20 世纪 70 年代国际货币布雷顿森林体系崩溃以来,黄金走向了非货币化,但至今谁也无法取消黄金的货币属性。在 1998 年亚洲金融危机时,韩国、泰国政府用民间捐助的黄金支付债务并度过金融危机的经历,更让人们无法忘怀黄金的货币功能。

2. 黄金具备金融工具属性

由黄金演变而来的金融投资工具,在世界范围内已经有百余种,各种黄金衍生投资工具层出不穷,而黄金期货只是纷繁多样的黄金衍生投资工具中的一种而已。

3. 黄金具有普通商品属性

黄金可以制作成各种黄金制品,如首饰、摆件、金章、医疗器械、工业原料等,与普通商品一样可以自由买卖。

（二）黄金重量的计量方法

黄金重量的主要计量单位为盎司、克、千克和吨等。国际上一般通用的黄金计量单位为盎司，经常看到的世界黄金价格都是以盎司为计量单位的。一盎司等于31.103 5克。目前，在我国国内黄金的计量单位主要用克、千克等公制系列单位。

（三）黄金的成色

黄金及其制品的纯度就是成色。市场上的黄金制品成色标识有两种：一种是百分比，如G999等；另一种是K金，如G24K、G22K和G18K等。

1. 用"K金"表示黄金的纯度

理论上，把含量100%的金称为24K金；所以，计算方法为100/24（括号内为国家标准）：国家标准GB11887-89规定，每K含金量为4.166 666%。

例如：9K = 100/24 × 9 = 37.5%（375‰）

14K = 100/24 × 14 = 58.333%（585‰），为方便标识，把它定在58.5%。

18K = 100/24 × 18 = 75%（750‰）

22K = 100/24 × 22 = 91.666 666%（916‰），为方便标识，把它定在91.6%。

理论上，100%的金才能称为24K金，但现实中不可能有100%的黄金，所以，我国规定含量达到99.6%以上（含99.6%）的黄金可称为24K金。

2. 用文字表达黄金的纯度

有的金首饰上打有文字标记，其规定为：足金，含金量不小于990‰；千足金，含金量大于990‰。

我国对黄金制品印记和标识牌都有规定，一般要求有生产企业代号、材料名称、含量印记等，无印记的为不合格产品。国际上也是如此。但对于一些特别细小的制品也允许不打标记。

（四）黄金的种类

1. 按来源分类

黄金是在自然界中以游离状态存在并不能人工合成的天然产物，按其来源的不同和提炼后含量的不同可分为生金和熟金。

（1）生金也称天然金、荒金、原金，是从矿山或河底冲积层开采的没有经过熔化提炼的黄金。

生金分为矿金和沙金两种。

矿金，也称合质金，产于矿山、金矿，大都是随地下涌出的热泉通过岩石的缝隙而沉淀积成，常与石英夹在岩石的缝隙中。矿金大多与其他金属伴生，其中除黄金外还有银、铂、锌等，在其他金属未提出之前称为合质金。矿金因产于不同的矿山而所含的其他金属成分不同，因此，成色高低不一，一般在50%~90%。

沙金是产于河流底层或低洼地带、与石沙混杂在一起、经过淘洗出来的黄金。沙金起源于矿山。由于金矿石露出地面，经过长期风吹雨打，岩石经风化而崩裂，金便脱离矿脉伴随泥沙顺水而下，自然沉淀在石沙中，在河流底层或砂石下面沉积为含金层，从而形成沙金。沙金的颗粒大小不一，大的像蚕豆，小的似细沙，形状各异。颜色因成色高低而不同，九成以上为赤黄色，八成为淡黄色，七成为青黄色。

（2）熟金是生金经过冶炼、提纯后的黄金，一般纯度较高，密度较细，有的可以直接用于工业生产。常见的有金条、金块、金锭和各种不同的饰品、器皿、金币以及工业用的金丝、金片、金板等。由于用途不同,所需成色不一,或因没有提纯设备,而只熔化未提纯,或提的纯度不够,形成成色高低不一的黄金。

根据成色的高低,人们习惯上把熟金分为纯金、赤金和色金。

经过提纯后达到相当高的纯度的金称为纯金,一般指达到99.6%以上成色的黄金。

赤金和纯金的意思相接近,但因时间和地方的不同,赤金的标准有所不同,国际市场出售的黄金,成色达99.6%的称为赤金。而国内赤金的成色一般在99.2%~99.6%之间。

色金,也称次金、潮金,是指成色较低的金。这些黄金由于其他金属含量不同,成色高的可达99%,低的只有30%。

2. 按含其他金属的不同分类

按含其他金属的不同划分,熟金又可分为清色金、混色金、K金等。清色金是指黄金中只掺有白银成分,不论成色高低统称清色金。清色金较多,常见于金条、金锭、金块及各种器皿和金饰品。

混色金是指黄金内除含有白银外,还含有铜、锌、铅、铁等其他金属。根据所含金属种类和数量的不同,可分为小混金、大混金、青铜大混金、含铅大混金等。

K金是指银、铜按一定的比例,按照足金为24K的公式配制成的黄金。一般来说,K金含银比例越多,色泽越青;含铜比例大,则色泽为紫红。我国的K金在解放初期是按每K为4.15%的标准计算,1982年以后,已与国际标准统一起来,以每K为4.166 666%作为标准。

二、世界主要的黄金市场

世界的黄金市场主要分布在欧、亚、北美三个区域。欧洲以伦敦、苏黎世黄金市场为代表;亚洲主要以香港为代表;北美主要以纽约、芝加哥和加拿大的温尼伯为代表。世界五大黄金交易市场分别为伦敦、纽约、芝加哥、苏黎世和香港,其功能各有侧重。

(一) 伦敦黄金市场

伦敦黄金市场历史悠久,其起源可追溯到300多年前。1804年,伦敦取代荷兰的阿姆斯特丹成为世界黄金交易的中心,1919年伦敦金市正式成立,每天进行上午和下午两次黄金定价。由德意志银行、香港上海汇丰银行-密特兰银行、洛西尔银行、瑞士信贷第一波士顿银行、加拿大枫叶银行五大金行定出当日的黄金市场价格,该价格一直影响纽约和香港的交易。1982年以前,伦敦黄金市场主要经营黄金现货交易,1982年4月,伦敦期货黄金市场开业。目前,伦敦仍是世界上最大的黄金市场。

伦敦黄金市场的特点之一是交易制度比较特别,因为伦敦没有实际的交易场所,其交易是通过无形方式——各大金商的销售联络网完成。交易会员由最具权威的五大金行及一些公认为有资格向五大金行购买黄金的公司或商店所组成,然后再由各个加工制造商、中小商店和公司等连锁组成。交易时由金商根据各自的买盘和卖盘,报出买价和卖价。

伦敦黄金市场交易的另一特点是灵活性很强。黄金的纯度、重量等都可以选择,若客户要求在较远的地区交售,金商也会报出运费及保费等,也可按客户要求报出期货价格。最通行的买卖伦敦金的方式是客户可无须现金交收,即可买入黄金现货,到期只需按约定利率支付利息即可,但此时客户不能获取实物黄金。这种黄金买卖方式只是在会计账上进行数字游戏,直到客户进行了相反的操作平仓为止。

伦敦黄金市场特殊的交易体系也有若干不足。首先,由于各个金商报的价格都是实价,有时市场黄金价格比较混乱,连金商也不知道哪个价位的金价是合理的,只好停止报价,伦敦金的买卖便会停止;其次,伦敦市场的客户绝对保密,因此缺乏有效的黄金交易头寸的统计。

目前,伦敦黄金市场是全球最重要的黄金现货交易市场,也是世界上唯一可以成吨购买黄金的市场。该市场每日报出的黄金价格是世界黄金市场的"晴雨表"。

(二)美国黄金市场

美国纽约和芝加哥黄金市场是20世纪70年代中期发展起来的,主要原因是1977年后,美元贬值,美国人(主要是以法人团体为主)为了套期保值和投资增值获利,使得黄金期货迅速发展起来。

以纽约商品交易所为例,该交易所本身不参加期货的买卖,仅提供一个场所和设施,并制定一些法规,保证交易双方在公平合理的前提下进行交易。该所对进行现货和期货交易的黄金的重量、成色、形状、价格波动的上下限、交易日期、交易时间等都有极为详尽和复杂的描述。

目前,纽约商品交易所和芝加哥商品交易所是世界最大的黄金期货交易中心。两大交易所对黄金现货市场的金价影响很大。

(三)苏黎世黄金市场

苏黎世黄金市场是二战后发展起来的国际黄金市场。由于瑞士特殊的银行体系和辅助性的黄金交易服务体系,为黄金买卖提供了一个既自由又保密的环境,加上瑞士与南非也有优惠协议,获得了80%的南非金,以及前苏联的黄金也聚集于此,使得瑞士不仅是世界上新增黄金的最大中转站,也是世界上最大的私人黄金的存储中心。苏黎世黄金市场在国际黄金市场上的地位仅次于伦敦。

苏黎世黄金市场没有正式的组织结构,由瑞士银行、瑞士信贷银行和瑞士联合银行负责清算结账,三大银行不仅可为客户代行交易,而且黄金交易也是这三家银行本身的主要业务。苏黎世黄金总库(Zurich Gold Pool)建立在瑞士三大银行非正式协商的基础上,不受政府管辖,作为交易商的联合体与清算系统混合体在市场上起中介作用。

苏黎世黄金市场无金价定盘制度,在每个交易日的任一特定时间,根据供需状况议定当日交易金价,这一价格为苏黎世黄金官价。全日金价在此基础上的波动不受涨跌停板限制。

(四)香港黄金市场

香港黄金市场已有90多年的历史。其形成是以香港金银贸易场的成立为标志。1974年,香港政府撤销了对黄金进出口的管制,此后香港金市发展极快。由于香港黄金市场在时差上刚好填补了纽约、芝加哥市场收市和伦敦开市前的空当,可以连贯亚、欧、美,形成完整的世界黄金市场。其优越的地理条件引起了欧洲金商的注意,伦敦五大金商、瑞士三大银行等纷纷来港设立分公司。他们将在伦敦交收的黄金买卖活动带到香港地区,逐渐形成了一个无形的当地"伦敦金市场",促使香港地区成为世界主要的黄金市场之一。

目前,香港黄金市场由三个市场组成:① 香港金银贸易市场,以华人资金商占优势,有固定的买卖场所,主要交易的黄金规格为99标准金条,交易方式是公开喊价,现货交易;② 伦敦金市场,以国外资金商为主体,没有固定的交易场所;③ 黄金期货市场,这是一个正规的市场,其性质与美国的纽约和芝加哥的商品期货交易所的黄金期货性质是一样的。交投方式正规,制度也比较健全,可弥补金银贸易场的不足。

香港黄金交易市场建立于1909年,最初以交易金银币为主。因为其在时空上连接了美国市场和欧洲市场,因而获得世界各国黄金经纪公司青睐,成为亚洲最重要的黄金市场。

全球各大金市的交易时间以伦敦时间为准,形成伦敦、纽约(芝加哥)、香港连续不停的黄金交易。

伦敦每天 10:30 的早盘定价揭开北美金市的序幕。纽约、芝加哥等先后开叫,当伦敦下午定价后,纽约等仍在交易中,此后香港也加入进来。伦敦的尾市会影响美国的早市价格,而美国的尾市会影响到香港的开盘价,而香港的尾市价和美国的收盘价又会影响伦敦的开市价,如此循环(见图 7.1)。

三、黄金投资

(一) 黄金投资的优势

黄金投资有以下七种优势。

1. 在税收上的相对优势

黄金可以算是世界上所占税项负担最轻的投资项目了。其交易过程中所包含的税收项目,基本上只有黄金进口时的报关费用。

与此相比之下,其他的不少投资品种,都存在着一些容易让投资者忽略的税收项目。例如,在进行股票投资时,如果需要进行股票的转手交易,还要向国家交纳一定比例的印花税。如此计算下来,利润将会成比例地减少,如果是进行大宗买卖或者长年累月的计算,这部分的费用可谓不菲。

又比如,进行房产投资,除了在购买时需要交纳相应的税收以外,在获得房产以后,还要交纳土地使用税。当投资者觉得房价已经达到了一定的程度,可以出售获利的时候,政府为了抑制对房产的炒作,还会征收一定比例的增值税。这样算下来,在交纳赋税以后,收益与以前所比会有很大的差别。

2. 产权转移的便利

假如投资者有一栋住宅和一块黄金。当他打算将它们都送给子女的时候,会发现将黄金转移很容易,让子女搬走就可以了,但是住宅就要费劲得多。住宅和股票、股权的转让一样,都要办理过户手续。假如是遗产的话,还要律师证明合法继承人的身份,并且交纳一定的遗产税,这样投资者的这些财产就会大幅度地缩水。

由此看来,这些资产的产权流动性根本没有黄金那么优越。在黄金市场开放的国家里,任何人都可以从公开的场合购得黄金,还可以像礼物一样进行自由转让,没有任何类似于登记制度的阻碍。而且黄金市场十分庞大,随时都有任何形式的黄金买卖。

3. 世界上最好的抵押品种

很多人都遇到过资金周转不灵的情况,解决这种窘困的方法通常有两种,第一就是进行典当,第二就是进行举债。举债能否实现,完全看投资者的信用程度,而且借到的能否够用也不能确定。这时,黄金投资者就完全可以把黄金进行典当,之后再赎回。

可以用来典当的物品种类很多,除了黄金以外还有古董、字画等。但由于古董、字画等投资品的赝品在市场上实在是不少,因此就这方面来看,黄金进行典当就要容易得多,需要的只是一份检验纯度的报告。正是由于黄金是一种国际公认的物品,根本不愁买家承接。一般的典当行都会给予黄金达 90% 的短期贷款,而不记名股票、珠宝首饰、金表等物品,最高的贷款额也不会超过 70%。

	北京时间	04	05	06	07	08	09	10	11	12	13	14	15	16	17	18	19	20	21	22	23	00	01	02	03
	格林时间	20	21	22	23	00	01	02	03	04	05	06	07	08	09	10	11	12	13	14	15	16	17	18	19
大洋洲	惠灵顿	08:00—16:00 (−4)																							
	悉 尼			08:00—16:00 (−2)																					
	东 京						09:00—15:30 (−1)																		
亚洲	新加坡							09:00—16:00 (−0)																	
	香 港							09:00—17:00 (+0)																	
欧洲	苏黎世													08:00—16:00 (+7)											
	法兰克福													夏 08:00—16:00 (+7) / 冬 09:00—17:00 (+7)											
	伦 敦													夏 07:30—15:30 (+8) / 冬 08:30—16:30 (+8)											
美洲	纽 约																		夏 08:00—15:00 (+12) / 冬 09:00—16:00 (+12)						
	格林时间	20	21	22	23	00	01	02	03	04	05	06	07	08	09	10	11	12	13	14	15	16	17	18	19
	北京时间	04	05	06	07	08	09	10	11	12	13	14	15	16	17	18	19	20	21	22	23	00	01	02	03
香港地区电子交易																			星期一至星期五：交易时段：08:00 至翌日凌晨 03:30；结算时段：翌日凌晨 03:30 至 04:00						

图 7.1 国际现货黄金(伦敦金)交易时间表

注：周六、周日停盘。夏令：4 月第一个周一开始；冬令：10 月最后一个周一开始。

不过,在银行方面用黄金进行抵押有一定的差别。例如,在香港地区的银行就不习惯接受黄金作为抵押品,可能是不想进行检验或者是风俗方面的原因吧。但在法国这种黄金文化比较深厚的地方,银行都欢迎用黄金进行贷款,而且贷款的比例能达到百分之百。

4. 黄金能保持久远的价值

商品在时间的摧残下都会出现物理性质不断产生破坏和老化的现象。不管是房产还是汽车,除非被某个名人使用过,不然经过岁月的磨炼都会有不同程度的贬值。而黄金由于其本身的特性,虽然会失去其本身的光泽,但其质地根本不会发生变化。表面经过药水的清洗后,还会恢复其原有的容貌。

即使黄金掉入了它的克星"王水"里,经过一连串的化学处理,它仍然可以恢复其原有的容貌。正是由于黄金是一种恒久的物质,其价值又得到了国际公认,所以从古到今它都扮演着一个重要的经济角色。

5. 黄金是对抗通胀的最理想武器

近几十年间,通货膨胀导致的各国货币缩水情况十分剧烈。等缩水到了一定的程度时钞票就会如同废纸一般。此时,人心惶惶,任何政治上的风吹草动都会引起人们纷纷抢购各种宝物的自保行为。比如当时在南美的一些国家里,当人们获得工资后,第一件要做的事情就是跑到商店里去购买各种宝物和日用品。很大面值的纸币连一个鸡蛋都买不起,是当时的真实写照。黄金价格却会跟随着通胀而相应地上涨。因此,进行黄金投资才是避免在通胀中被蚕食的最佳方法。

6. 黄金市场很难出现庄家

任何地区性股票的市场,都有可能被人为性地操纵。但黄金市场却不会出现这种情况。金市基本上是属于全球性的投资市场,现实中还没有哪一个财团的实力大到可以操纵金市。也有一些做市的行为在某个市场开市之处,但等到其他的市场开始交易的时候,这些被不正当拉高的价格还是会回落,而又再次反映黄金的实际供求状况。也正是由于黄金市场做市很难,所以为黄金投资者提供了较大的保障。

7. 可随时交易

全球各大金市的交易时间以伦敦时间为准,形成伦敦、纽约(芝加哥)、香港三地 24 小时连续不停的黄金交易,投资者可以随时获利平仓,还可以在价位适合时随时建仓。另一方面,黄金的世界性公开市场不设停板和停市,令黄金市场投资起来更有保障,根本不用担心在非常时期不能入市平仓止损。

黄金投资的优点如此之多,应该成为投资者投资组合中的一部分。

(二) 黄金投资的品种

黄金投资工具又称为黄金投资品种,它产生于 18 世纪的欧洲市场,当时的投资工具较为简单,主要是成色金这种单一的交易工具。随着参与者的不断增多和市场交投行为的逐渐成熟,人们对成色金交易中既要报成色和规格又要报价格和重量的交易方式,特别是对成交以后还要检测重量、鉴定成色等繁琐、复杂的清算交割手续不甚满意,由此就产生了标准金这一交易工具。

以后,随着市场上出现了黄金投机商——黄金投资者,又促使黄金市场的组织者借鉴商业银行的簿记方式而产生了黄金账户这一投资工具。投资工具是伴随着黄金市场的发展、市场参与者的需要而产生并不断得以发展和逐渐成熟、完善的。

目前,市场上多种黄金投资工具并存,各种投资工具的作用和特点均不相同,但都有适用的投资群体。这些投资工具包括标金、金币、黄金饰品、黄金账户、黄金基金、黄金期货、黄金期权和黄金债券等。

1. 实物黄金投资

实物黄金投资就是有实物黄金交割的黄金投资行为,主要的实物黄金投资品种有标金、金币和金饰等。

（1）标金。

标金是标准条金的简称,是黄金市场为使场内买卖交易行为规范化、计价结算国际化、清算交收标准化而要求进场的交易标准物,必须按规定的形状、规格、成色、重量等要素精炼加工成的条状金(见图7.2)。

图7.2　标金样图

（2）金币。

金币是黄金铸币的简称,金币有纯金币和纪念性金币两种。

纯金币的价值基本与黄金含量一致,价格也基本随国际金价波动,具有美观、鉴赏、流通变现能力强和保值功能等特点。

纪念性金币较多以具有纪念意义、代表性意义为基础,普通投资者较难鉴定其价值,因此,对投资者的素质要求较高,可以满足集币爱好者收藏需求(见图7.3)。

图7.3　金币样图

（3）金饰。

金饰品也有广义和狭义之分。广义的金饰品泛指不论黄金成色多少,只要含有黄金成分的装饰品,如金杯、奖牌等纪念品或工艺品均可列入金饰品的范畴;狭义的金饰品是专指以成色不低于58%的黄金材料通过加工而成的装饰物。由于每单位金饰的价格远高于国际或国内黄金交易市场的交易价格,因而期望在黄金价格上涨时投资金饰获利是很难的。金饰作为装饰品或收藏品是我国公民的爱好,但不宜投资(见图7.4)。

以上三种黄金实物交易是一种最基本、最传统的投资黄金途径。黄金实物交易主要是以财富储藏和资产保值为目的。

2. 纸黄金投资

纸黄金指黄金的纸上交易,投资者的买卖交易记录只在个人预先开立的黄金存折账户上体现,而不涉及实物金的提取。盈利模式即通过低买高卖获取差价利润。

图 7.4　金饰样图

相对实物金,其交易更为方便快捷,交易成本也相对较低,适合专业投资者进行中短线的操作。

与实物黄金交易相比,纸黄金交易不存在仓储费、运输费、鉴定费等额外的交易费用,投资成本较低,同时也不会遇到实物黄金交易通常存在的"买易卖难"的窘境。

纸黄金的优势表现在三个方面。

一是其为记账式黄金,不仅为投资人省去了存储成本,也为投资人的变现提供了便利。投资真金购买之后需要操心保存、存储;需要变现之时,又有鉴别是否为真金的成本。而纸黄金采用记账方式,用国际金价以及由此换算来的人民币标价,省去了投资真金的不便。

二是纸黄金与国际金价挂钩,采取 24 小时不间断交易模式。国内夜晚,正好对应着欧美的白天,为上班族的理财提供了充沛的时间。

三是纸黄金提供了美元金和人民币金两种交易模式,为外币和人民币的理财都提供了相应的机会。同时,纸黄金采用 T+0 的交割方式,当时购买,当时到账,便于做日内交易,比国内股票市场多了更多的短线操作机会。

纸黄金比较常见的形式有黄金理财账户、黄金存折和黄金凭证。

(1) 黄金理财账户。

黄金理财账户又称黄金管理账户,指的是投资者在商业银行开立一个黄金理财账户,将买入的黄金存放在商业银行的金库里,记载在黄金理财账户上,并交与商业银行全权管理处置,到了原定的投资收益分配期间,由黄金理财账户的运作与管理者——商业银行来分配投资盈利。

目前,国内银行开办的黄金理财账户业务最典型的有三种,分别是中国银行的黄金宝、中国工商银行的金行家和中国建设银行的账户金。

(2) 黄金存折。

黄金存折大致相当于现金中的零存整取,就是每次投入一定的款项,根据当时的市场价格买成黄金存入,存满一定期限之后可以将黄金取出。目前,我国银行虽然还没有提供这种服务,但投资者可以自行在黄金账户内按照这种方式存入黄金。

(3) 黄金凭证。

这是国际上比较流行的投资方式,是由银行和黄金销售商提供的黄金凭证,为投资者避免了储存黄金的风险。发行机构的黄金凭证上面注明投资者有随时提取所购买黄金的权利。投资者可按当时的黄金价格,将凭证兑换成现金以收回投资,还可以通过背书在市场上流通。投资黄金凭证要向发行机构支付一定的佣金,其数额和实金的存储费大致相同。黄金凭证除了常见的黄金储蓄存单、黄金交收定单外,还包括黄金证券、黄金账户单据等。

3. 黄金保证金交易

黄金保证金交易是指在黄金买卖业务中,市场参与者不需对所交易的黄金进行全额资金划拨,只需按照黄金交易总额支付一定比例的价款,作为黄金实物交收时的履约保证。

目前的世界黄金交易中,既有黄金期货保证金交易,也有黄金现货保证金交易。上海黄金交易所开办的也是一种保证金交易,但仅针对其会员。这种保证金交易与伦敦现货保证金交易和美国期货黄金保证金交易都不一样,它是一种现货黄金交易。

与伦敦现货市场不同的是,上海黄金交易所有固定的交易场所,仅仅充当投资者的交易媒介,撮合投资者之间进行交易,交易所自身不参与黄金买卖。

与美国期货市场不同的是,美国黄金期货的交易标的物是标准化的黄金买卖合约,而上海黄金交易所的黄金延期交收是一种黄金现货交易。

4. 黄金股票

黄金股票指的是金矿公司向社会公开发行的上市或不上市的股票,也可以称为金矿公司股票。由于买卖黄金股票不仅是投资金矿公司,而且还间接投资黄金,因此,这种投资行为比单纯的黄金买卖或股票买卖更为复杂。投资者不仅要关注金矿公司的经营状况,还要对黄金市场的价格走势进行分析。

5. 黄金基金

黄金基金是黄金投资共同基金的简称。所谓黄金投资共同基金,就是由基金发起人组织成立,由投资人出资认购,基金管理公司负责具体的投资操作,专门以黄金或黄金类衍生交易品种作为投资对象的一种共同基金。黄金基金由专家组成的投资委员会管理。黄金基金分为开发式基金或封闭式基金。黄金基金的投资风险较小,收益比较稳定,与证券投资基金有相同特点。

6. 黄金衍生品投资

黄金衍生品投资主要包括黄金期货与黄金期权等衍生品种。

(1) 黄金期货。

黄金期货是在期货交易所内进行的黄金标准合约的交易,合约规定在将来的某一时间和地点交割一定数量和等级的黄金。

交易双方都要向交易所交一定的保证金,选择买入或是卖出黄金期货合约,双方并不直接交易,而是分别和交易所进行结算。黄金期货合约的主要内容如表7.1所示。

表7.1 黄金期货交易的品种说明

交易品种	黄金
交易单位	1 000 克/手
报价单位	元(人民币)/克

续表

最小变动价位	0.01 元/克
每日价格最大波动限制	不超过上一交易日结算价的±5%
合约交割月份	1~12 月
交易时间	上午 9:00~11:30,下午 1:30~3:00
最后交易日	合约交割月份的 15 日(遇法定假日顺延)
交割日期	最后交易日后连续 5 个工作日
交割品级	金含量不小于 99.95%的国产金锭及经交易所认可的伦敦金银市场协会(LBMA)认定的合格供货商或精炼厂生产的标准金锭
交割地点	交易所指定的交割金库
最低交易保证金	合约价值的 7%
交易手续费	不高于成交金额的万分之二(含风险准备金)
交割方式	实物交割
交易代码	AU
上市交易所	上海期货交易所

(2) 黄金期权。

黄金期权是指规定按事先协定的价格、期限买卖数量标准化的黄金的权利。如果价格走势对期权买者有利,则会行使其权利而获利;如果价格走势对其不利,则放弃买卖权利,损失只有当时购买期权时的费用。买卖期权的费用(期权价格)由市场供求双方力量决定。

黄金期权合同同其他商品和金融工具的期权合同一样,分为看涨黄金期权和看跌黄金期权。看涨期权的买者交付一定数量的期权费,获得在有效期内按协定价格买入数量标准化的黄金的权利,卖者收取了期权费必须承担满足买者需求随时按协定价格卖出数量标准化的黄金的义务。看跌期权的买者交付一定数量的期权费,获得了在有效期内按协定价格卖出数量标准化的黄金的权利,卖出者收取期权费,必须承担买者要求随时按协定价格买入数量标准化的黄金的义务。

黄金期权交易是近 10 年来兴起的一种黄金交易。最早开办黄金期权交易的是荷兰的阿姆斯特丹交易所,1981 年 4 月开始公开交易。期权以美元计价,黄金的成色为 99%的 10 盎司黄金合同,一年可买卖 4 期。之后,加拿大的温尼伯交易所引进黄金期权交易。后来,英国、瑞士、美国都开始经营黄金或其他贵金属的期权交易。

(三) 影响世界黄金价格的主要因素

20 世纪 70 年代以前,黄金价格基本由各国政府或中央银行决定,国际上黄金价格比较稳定。20 世纪 70 年代初期,黄金价格不再与美元直接挂钩,黄金价格逐渐市场化,影响黄金价格变动的因素日益增多,具体来说,主要有以下一些因素。

1. 供给因素

供给方面的因素主要有以下五种。

(1) 地上的黄金存量。

全球目前大约存有 13.74 万吨黄金,而地上黄金的存量每年还在以大约 2%的速度增长。

(2) 年供应量。

黄金的年供应量大约为4 200吨,每年新产出的黄金占年供应量的62%。

(3) 新金矿的开采成本。

黄金开采平均总成本大约略低于260美元/盎司。由于开采技术的发展,黄金开采成本在过去20年间持续下跌。

(4) 黄金生产国的政治、军事和经济的变动状况。

主要黄金生产国的任何政治、军事动荡无疑会直接影响该国生产的黄金数量,进而影响世界黄金供给。

(5) 央行的黄金抛售。

各国的中央银行是世界上黄金的最大持有者,1969年官方黄金储备为36 458吨,占当时全部地表黄金存量的42.6%,而到了1998年官方黄金储备大约为34 000吨,占已开采的全部黄金存量的24.1%。按目前生产能力计算,这相当于13年的世界黄金矿产量。由于黄金的主要用途由重要储备资产逐渐转变为生产珠宝的金属原料,或者为改善本国国际收支,或为抑制国际金价,因此,30年间各国中央银行的黄金储备无论在绝对数量上和相对数量上都有很大的下降,数量的下降主要由于在黄金市场上抛售库存储备黄金。

2. 需求因素

黄金的需求与黄金的用途有直接的关系。

(1) 黄金实际需求量(首饰业、工业等)的变化。

一般来说,世界经济的发展速度决定了黄金的总需求,例如,在微电子领域,越来越多地采用黄金作为保护层;在医学以及建筑装饰等领域,尽管科技的进步使得黄金替代品不断出现,但黄金以其特殊的金属性质使其需求量仍呈上升趋势。而某些地区因局部因素对黄金需求产生重大影响。如一向对黄金饰品大量需求的印度和东南亚各国因受金融危机的影响,1997年以来黄金进口大大减少,根据世界黄金协会的数据显示,泰国、印度尼西亚、马来西亚及韩国的黄金需求量分别下跌了71%、28%、10%和9%。

(2) 保值的需要。

黄金储备一向被各国央行用作防范国内通胀、调节市场的重要手段。而对于普通投资者,投资黄金主要是在通货膨胀情况下达到保值的目的。在经济不景气的态势下,由于黄金相对于货币资产保险,导致对黄金的需求上升,金价上涨。例如,在第二次世界大战后的三次美元危机中,由于美国的国际收支逆差趋势严重,各国持有的美元大量增加,市场对美元币值的信心动摇,投资者大量抢购黄金,直接导致布雷顿森林体系崩溃。1987年的美元贬值、美国赤字增加、中东形势不稳等也都促使当时国际金价大幅上升。

(3) 投机性需求。

投机者根据国际国内形势,利用黄金市场上的金价波动,加上黄金期货市场的交易体制,大量"沽空"或"补进"黄金,人为地制造黄金需求假象。在黄金市场上,几乎每次大的下跌都与对冲基金公司借入短期黄金在即期黄金市场抛售和在COMEX黄金期货交易所构筑大量的空仓有关。在1999年7月份黄金价格跌至20年来低点的时候,美国商品期货交易委员会(CFTC)公布的数据显示COMEX在投机性空头接近900万盎司(近300吨)。当触发大量的止损卖盘后,黄金价格下泻,基金公司乘机回补获利,当金价略有反弹时,来自生产商的套期保值远期卖盘压制黄金价格进一步上升,同时给基金公司新的机会重新建立沽空头寸,形成了当时黄金价格一浪低于一浪的下跌格局。

3. 其他因素

(1) 美元汇率影响。

美元汇率是影响金价波动的重要因素之一。在黄金市场上有美元涨则金价跌、美元降则金价扬的规律。美元坚挺一般代表美国国内经济形势良好,美国国内股票和债券将得到投资人竞相追捧,黄金作为价值贮藏手段的功能受到削弱;而美元汇率下降则往往与通货膨胀、股市低迷等有关,黄金的保值功能又再次体现。这是因为美元贬值往往与通货膨胀有关,而黄金价值含量较高,在美元贬值和通货膨胀加剧时往往会刺激对黄金保值和投机性需求的上升。1971年8月和1973年2月,美国政府两次宣布美元贬值,在美元汇价大幅度下跌以及通货膨胀等因素作用下,1980年初黄金价格上升到历史最高水平,突破800美元/盎司。回顾过去的历史可以发现,美元对其他西方货币坚挺,则国际市场上金价下跌;如果美元小幅贬值,则金价就会逐渐回升。

(2) 各国的货币政策操作。

当某国采取宽松的货币政策时,由于利率下降,该国的货币供给增加,加大了通货膨胀压力,会造成黄金价格上升。如20世纪60年代美国的低利率政策促使国内资金外流,大量美元流入欧洲和日本,各国由于持有的美元净头寸增加,出现对美元币值的担心,于是开始在国际市场上抛售美元,抢购黄金。但在1979年以后,利率因素对黄金价格的影响日益减弱。比如在一轮减息周期中美联储11次降息,但并没有对金市产生非常大的影响。

(3) 通货膨胀。

通货膨胀对金价的影响,要做长期和短期的分析,并结合通货膨胀在短期内的程度而定。从长期来看,每年的通胀率若是在正常范围内变化,那么其对金价的波动影响并不大;只有在短期内,物价大幅上升,引起人们恐慌,货币的单位购买力下降,金价才会明显上升。虽然进入20世纪90年代后,世界进入低通胀时代,作为货币稳定标志的黄金用武之地日益缩小;而且作为长期投资工具,黄金收益率日益低于债券和股票等有价证券。但是,从长期看,黄金仍不失为对付通货膨胀的重要手段。

(4) 国际贸易、财政、外债赤字的影响。

债务,这一世界性问题已不仅是发展中国家特有的现象。在债务链中,不但债务国本身发生无法偿债导致经济停滞,而经济停滞又进一步恶化债务的恶性循环,就连债权国也会因与债务国之关系破裂,面临金融崩溃的危险。这时,各国都会为维持本国经济不受伤害而大量储备黄金,引起黄金价格上涨。

(5) 国际政局动荡、战争等。

国际上重大的政治、战争事件都将影响金价。政府为战争或为维持国内经济的平稳而支付费用,大量投资者转向黄金保值投资,这些都会扩大对黄金的需求,刺激金价上扬。如第二次世界大战、美越战争、1976年泰国政变、1986年"伊朗门"事件、"9·11"事件等,都使金价有不同程度的上升。

(6) 股市行情的波动。

一般来说股市下挫,金价上升。这主要体现了投资者对经济发展前景的预期,如果大家普遍对经济前景看好,则资金大量流向股市,股市投资热烈,金价下降。

除了上述影响金价的因素外,国际金融组织的干预活动、本国和地区的中央金融机构的政策法规等也将对世界黄金价格的变动产生重大的影响。

（四）常见的黄金投资品种

1. 实物金和纸黄金投资的差异

在以上介绍的各种投资品种中，比较常见的投资品种主要有实物黄金与纸黄金。其根本原因在于其他品种所需的专业知识、专业分析技术以及该品种过高的风险限制了大部分投资者的参与。

比如，以黄金为标的的黄金期货、黄金期权的专业性非常强，且涉及保证金交易，难以掌握且风险过高。黄金保证金交易，如上海黄金交易所的黄金现货延期交收品种要求具备非常专业的分析技巧且需要时刻盯盘，这显然不是大部分投资者参与的投资品种。因此，基本上大部分投资者能参与的主要有实物黄金投资与纸黄金投资。

作为可供选择的最主要的两种品种，实物金与纸黄金在投资选择过程中也有一定区别。实物黄金包括标金、金币和金饰等。实物黄金投资盈利模式主要取决于黄金买卖价差，通过低价买入，持有一定期间等黄金价格上涨获取价格差。其中金饰由于包含了较高的加工成本，一般远高于国际黄金市场的价格，投资金饰被回收的折扣成本较高，黄金上涨的价格一般会被折扣成本吞噬很多，因此金饰不是增值的投资对象，只能作为一般的首饰收藏和佩戴。标金和金币则是比较好的增值对象。一般而言，投资性标金与国际黄金市场价格非常接近，随国际金价的上涨而增值，投资者购买的金条可以比较方便地以接近国际金价的水平再次出售兑现，因此是大部分投资者投资实物黄金的一种重要形式。而金币则因其中含有较强的文化含义及题材概念，对于纯金币而言其价值与标金比较接近，而纪念性金币则不同，一般会大大高于金价，其价值与该类金币的发行量、稀缺性、文化含义密切相关，需要一定的收藏专业知识。但如果选择适当，则可以获取大大高于一般实物黄金价值的增值水平，故纪念性金币的投资是具有一定风险但增值潜力也更大的投资品种。当然，投资实物金必须注意的是实物金与国际金价还是有一点差异，投资时须适当考虑其加工成本等方面的折扣。

纸黄金相对于实物金的特点是其为记账式黄金，不仅为投资人省去了存储成本，也为投资人的变现提供了便利。投资实物金购买之后需要操心保存、存储；需要变现之时，又有鉴别是否为真金的成本。而纸黄金采用记账方式，用国际金价以及由此换算来的人民币标价结算，省去了投资真金的不便。纸黄金采用 T+0 的交割方式，即当时购买，当时到账，便于做日内交易，比国内股票市场多了更多的短线操作机会。

总体而言，这两种投资品种都是以黄金的价差作为盈利来源，在近几年黄金保持强势上升通道的趋势下，通过投资这两种品种来实现资产的保值和增值，不失为好的手段。

2. 投资黄金的主要渠道

（1）实物金投资渠道。

实物金投资渠道主要有两种。

一是在金店购买。一般购买时金店收取的加工费是每克 10 元左右，回购则需要到购买黄金的原金店回购。

二是在各商业银行购买，但收取的加工费不定。如中国建设银行买入时需要收取每克 12 到 16 元的加工费，回购的时候收取每克 16 元的手续费。一来一回需要 30 多元的加工费。中国工商银行每克收取 12 元的加工费，且不提供回购，投资者需要自己去寻找回购的公司和机构。中国银行主要提供纪念币的购买,都是限量发行的种类。虽然购买的时候比较贵,但是时间长了,品种的稀少性也会带来不错的升值空间。中国农业银行推出自己的黄金,手续费和中国工商银行差不多,并且提供回购。其他商业银行提供的实物黄金普遍收取的加工费可能会比四大行偏高,达到20元左右,但基本投资方式相近。

(2) 纸黄金投资渠道。

纸黄金的投资渠道是在商业银行预先开立黄金存折账户,存入足额资金进行实盘购买投资。目前,国内已有多家银行开办纸黄金业务,分别是中国银行、中国工商银行、中国建设银行、交通银行、华夏银行、民生银行、兴业银行等。比较典型的有中国银行的"黄金宝"和中国工商银行的"金行家"(见表7.2)。

表7.2 两大银行纸黄金业务对比

	中国银行"黄金宝"	中国工商银行"金行家"
交易起点	每笔申报交易起点数额为10克,买卖申报是10克及大于10克的整克数量	每笔申报交易起点数额为10克,买卖申报是10克及大于10克的整克数量
交易方式	柜台、电话银行、网上银行、自助终端等	柜台、电话银行、网上银行、自助终端等
交易时间	电话银行和网上银行为全天交易,周一8点至周六凌晨3点。柜台交易时间为周一至周五每天早上9点至下午5点(国家法定节假日和国际黄金市场休市日除外)	电话银行和网上银行为全天交易,周一8点到周六凌晨4点。柜台交易时间为周一至周五每天早上9点至下午5点(国家法定节假日和国际黄金市场休市日除外)
交易佣金	单边点差0.5元/克和3美元/盎司	单边点差0.4元/克和3美元/盎司

纸黄金的开户方式基本一致,以中国工商银行的"金行家"为例。客户凭本人有效身份证件到中国工商银行指定网点,将基本户为活期多币种户的工行账户(包括牡丹灵通卡、e时代卡或理财金账户)作为资金交易账户,在该账户下开立个人黄金账户即可进行纸黄金投资。通过中国工商银行的柜台/网上银行/电话银行等直接进行交易即可。但通过电话银行和网上银行进行交易时,资金交易账户需完成电子银行的注册手续。同一客户在同一地区只能开立一个有效的个人黄金账户,该账户不能跨地区使用。

四、黄金投资理财策略

黄金投资策略的设计须在黄金投资分析的基础上完成,黄金投资的分析方法有黄金走势的基本分析法和黄金价格的技术分析法两种。

(一) 黄金投资分析方法

1. 黄金走势的基本分析法

一般来说,对于黄金走势的基本面分析要把握一些重点,美元汇率、局部战争、世界金融危机、通货膨胀、石油价格、各国政府及中央银行的黄金政策、黄金供需关系等。在分析黄金走势的基本面时,要从经济走势、美元走势、各国货币政策及对黄金的操作情况、黄金供需情况、通货膨胀情况等进行综合分析,一定程度上可以预测黄金价格的长期趋势。

2. 黄金价格的技术分析法

同股票、外汇等其他投资一样,技术分析能帮助投资者更好地预测黄金价格走势的中短期趋势。技术分析的理论一般有趋势分析、形态分析、指标分析等。通常,黄金价格的中期趋势通过形态分析进行观察,短期趋势可以借助一些常用的技术指标进行分析,如黄

第七章 其他理财市场理财工具与产品

金价格的移动平均线、平滑移动平均线、黄金分割线、动能系统指标、随机波动指标等,同时,黄金短期投资中还有一些特殊的指标可以参照,如美元指数、石油及其他大宗商品价格指数。

(二)黄金投资的技巧

1. 关心时政、选准时机

国际金价与国际时政密切相关,比如美伊危机、朝鲜核问题、恐怖主义等造成的恐慌、国际原油价格的涨跌,各国中央银行黄金储备政策的变动等。因此,投资黄金一定要多了解一些影响金价的政治因素、经济因素、市场因素,进而相对准确地分析金价走势,把握大势,才能把握赢利时机。如每年的8月中旬至11月,黄金市场最大的消费国印度有多个宗教节日,将刺激对金市的需求。第四季度适逢西方的感恩节、圣诞节和中国的农历春节等传统的黄金需求旺季,因此,在年底之前,金价一般会有上涨的空间。

2. 把握总体走势

黄金交易和股票、外汇交易一样,都要遵守这样的原则:在价格上升过程中,每一刻的购入行为都是正确的,唯一不该购入的是金价上升到最顶端而转势时。这个理论主要是提醒投资者,在进行黄金买卖时,不应片面看重价格水平,而忽略了"大熊"还是"大牛"的趋势。

3. 注意选择黄金品种

不同品种的黄金理财工具,其风险、收益是不同的。实物黄金的买卖要支付保管费和检验费等,成本略高。纸黄金的交易形式类似于股票、期货这类虚拟价值的理财工具,黄金投资者需明确交易时间、交易方式和交易细则。此外,实物黄金也分为很多种类,不同种类的黄金,其投资技巧是不同的。投资于文物或纪念品,溢价幅度比较高,而投资加工费用低廉的金条和金块可享受较好的变现性。投资纯金币的选择余地较大,兑现方便,但保管难度大,可以选择投资在二级市场溢价通常较高的金银纪念币。根据爱好,个人也可以选择投资金饰品,但金饰品加上征税及制造商、批发零售商的利润,价格要超出金价许多。而且金饰品在日常生活的使用中会产生磨损,从而消耗价值。在选择黄金投资品种时,不同品种的优缺点和差异性都应当着重考虑。

4. 分批介入、止损止盈

全仓进入风险往往很大,市场是变幻莫测的,即使有再准确的判断力也容易出错。新手投资黄金由于缺乏经验,刚开始时投入资金不宜过大,应先积累一些经验。如果是炒纸黄金,建议采取短期小额交易的方式分批介入,每次卖出买进10克,只要有一点利差就出手,这种方法虽然有些保守,却很适合新手操作。

股市有风险,炒金也一样。因此,每次交易前都必须设定好止损点和止盈点,当频频获利时,千万不要大意,不要让亏损发生在原已获利的仓位上。面对市场突如其来的反转走势,宁可平仓没有获利,也不要让原已获利的仓位变成亏损。不要让风险超过原已设定的可容忍范围,一旦损失已至原设定的限度,不要犹豫,该平仓就平仓,一定要控制风险。

5. 要考虑汇率

在本国货币升值时,人们可以在国外购买到较为便宜的黄金货品,因为黄金在国内价格不涨或者下跌并不表示黄金本身的价值就会相应地下跌,而有可能是本地货币、外国货币汇率变化的结果。因此,投资黄金需要具备一定的外汇知识。

第二节 艺 术 品

艺术品主要包括绘画、雕像、雕刻、陶艺等。投资艺术品既可以满足投资者的审美需要,也可能由于价格增长使投资者获得丰厚回报。投资者投资艺术品需要掌握很多的知识和技巧,鉴别艺术品的真伪、优劣、高下,非朝夕之功。

一、艺术品价值的特点

从一般意义讲,艺术品是指造型艺术作品,是历史上一切具有艺术价值并传承人类对美的认知、理解、探求、创造的客观物质载体,它凝聚着人类各种形式的艺术劳动,有特定的经济价值、文化价值、审美价值和科学价值。艺术品价值具有以下特点。

1. 艺术品价值的难以量度性

艺术品价值之所以难以量度,原因有三个:一是学术界、评论界对某一件艺术品、某一个艺术家、某一个艺术流派,从来就是各持己见,没有也不可能有一个统一的公认的评判标准;二是艺术品创作是一种复杂劳动,复杂劳动所创造的价值是简单劳动所创造价值的倍加,但具体加多少倍,没有统一的标准;三是一般的商品是体力劳动为主的产物,比较容易制定出标准,而艺术品如同高科技产品,是脑力劳动为主的产物。如果说高科技产品还可以以它所创造的生产潜力来衡量它的价值,艺术品则主要是对人们精神的影响,其价值难以衡量。

2. 艺术品价值的稀缺性

一个艺术家在高度投入艺术创作之中时,常常是物我两忘。在这种境界中,往往有"神来之笔",创造出自己事后也不可能再现的所谓无法之法。

就艺术家一生的创作而言,数量也是有限的,处于创作高峰期(指已形成自己熟练的创作风格的时期)所创作的优秀作品会更少。更何况任何两幅作品之间又有不同之处。这就决定了出自不同艺术家之手的作品价值不同,对于同一艺术家的同一题材的两幅作品,其价值也可能极为悬殊。

收藏者出于审美偏好或投资方向的选择,会对某一艺术家、某一作品表现出极强的定向,特别是在拍卖的场合,往往会不惜重金争购。一旦购入,也不希望看到类似或同样的作品出现。大量的作品复制、风格模仿、赝品伪造,往往是作品跌价的原因。

3. 艺术品价值的无限增值性

无限增值性是艺术珍品的特征。通常只有在艺术家本人去世后才能实现。当这个世界上再也不可能有人继续提供同类作品,而作品经历史检验和业内一致公认之后,作为一种不能重复的历史阶段中精神创造的产物,艺术品才可能具有永恒的价值——无限增值性。

二、艺术品投资的基本类型

艺术品投资的对象较为广泛,包括各种文物艺术品、收藏品在内,进入艺术品投资范畴的门类相当多。

(一) 根据艺术品门类不同,可以分为书画艺术品、陶瓷艺术品、古典家具、铜镜、古籍善本、玉器等

1. 书画艺术品

书画艺术品涉及中、外书画艺术,这里仅介绍中国的书画艺术品。中国有数千年文明史,最具中国文化传统的代表——中国书画存世量较大,特别是近代书画作品。中国书画是统称,分为书法作品和绘画作品。

(1) 书法作品。

书法是汉字的书写艺术。中国的汉字从图画、符号到创造、定型,由古文大篆到小篆,由篆书到隶书、楷书、行书、草书,各种形体逐渐形成的独特造型艺术是中华民族的文化瑰宝。流传下来的作品具有极高收藏价值,如王羲之的书法价值之高,难以估计。

(2) 中国画作品。

中国画是以中国所生产的宣纸用中国墨盒颜料绘制的美术作品。从元代开始,画家开始在绘画作品上题字、题诗、落款,并盖印章。因此,一幅绘画作品上,往往也有作者的诗、书法、印章,使中国画的观赏性大大提高。

(3) 油画作品。

在国际艺术品收藏市场,油画收藏的市场价值始终高居榜首,任何其他门类的艺术品都不能与之抗衡。

2. 陶瓷艺术品

陶瓷是中国的发明创造,是中国对世界物质文明做出的伟大贡献。中国瓷器以其神奇魅力,成为人类共享的文化财产。陶瓷器一般有实用功能,其形体上多种多样的装饰,表现出不同风格的美,使它又具有了观赏功能。因此,陶瓷器是实用性与观赏性相结合的艺术品。不论是古朴庄重的六朝青瓷、斑斓绚丽的唐三彩陶器,还是细润高雅的宋代青瓷或是精巧华丽的明清彩瓷,都能让观赏者感受到它们的精湛和美不胜收的制作工艺以及产生时代的社会文化、生活习性与欣赏情趣。由于中国陶瓷器所具有的独特艺术美,使它在收藏品市场中始终占有主角的地位。成交额和交易量都名列前茅。

收藏、投资古陶瓷艺术品要具有丰富的知识面。一件陶瓷艺术品,往往涉及历史、考古、美术、工艺、经济、民俗及陶瓷烧造工具、窑口等诸多方面的知识。辨识一件古陶瓷艺术品,主要从胎釉、造型、纹饰、款式、窑口等入手。

3. 古典家具

古典家具在市场上受宠是近年的事情。20世纪80年代,一对清代红木太师椅才卖30多元人民币。10多年后,同样一对清代红木太师椅的市场价值便已突破了万元。近些年,古典家具不断地在国内外艺术品市场中创出佳绩。1998年,一座明代的黄花梨屏风在纽约拍出110万美元的高价;2001年,一对清代紫檀箱柜在天津拍出398万元人民币。当前,古典家具中的黄花梨、紫檀等珍稀材质的器物是抢手货,具有相当大的升值空间。同时,其他材质如红木、铁力木、鸡翅木、榉木、楠木甚至榆木也都有各自的爱好者,市场价格也在不断上扬。

4. 铜镜

铜镜是现代玻璃镜传入中国前,古人用青铜制作的照面用具,也叫青铜镜。目前,我国发现最早的铜镜属于新石器时代的齐家文化。从商代沿用至清代中晚期,铜镜以其精美的

工艺为人所喜爱。战国、汉、唐至宋金的铜镜是收藏家追逐的主要品种。近年来,铜镜在市场上的价格呈现飙升态势。

5. 古籍善本

古籍善本涉及古旧书业,新中国成立前古旧书业比较发达,收藏和经营古籍善本的收藏者可以在不少大中城市淘到可心的古籍善本。新中国成立后,古旧书业逐渐萎缩。现在的古籍善本的收藏交易主要依赖拍卖市场和民间搜集。

古籍善本的收藏交易需要较为深厚的文化基础和一定的资金实力。没有相当的文化基础不可能在此行中有大的斩获。另外,古籍书本一般都很昂贵,如善本书中的珍本——宋版书,在十几年前一册就需数万元。所以民间有"一页宋版,一两黄金"的说法。因此,较为雄厚的资金支持也是重要的前提。

6. 玉器

美石名玉,向来就是风雅之物。自古以来,玉器在人们心中的地位始终是神圣、崇高的。新石器时代的玉器主要以"红山文化"和南方的"良渚文化"为代表。红山玉雕以动物题材为主;而良渚古玉则以规整的造型、精美细致的刻画线条以及传神的雕刻技法闻名于世。商周时期,宗教信仰、图腾崇拜成为社会生活的主流,这一时期的玉器在宗教文化方面有着鲜明的反映,其宗教意义往往大于审美意义。西汉、南北朝时期的玉器以透雕、刻画、浮雕、粟纹等多种装饰加工方法为特点。唐代善于融合中外文化艺术,更善于弃旧存新,因而创造了灿烂的盛唐工艺文化。当时的玉器雕刻博大清新、华丽丰满。其后的辽宋金玉器则在承袭前朝的基础上,又着力表现对象的内心世界,细部刻画精练,真实自然。元明清是我国玉雕工艺史上的鼎盛期,玉器工艺空前发展,并在全国各地形成了颇具规模的生产地,渎山的大玉海和大禹治水玉山子是这一时期的代表作,元代的豪放、明代的清雅、清代的繁缛,各有所长,各有所精。各个年代的玉器都是那个时代文化的凝聚。

(二)根据艺术品属性不同,可以分为民间日常用品、陈设品和非实用品、奢侈品、艺术作品、国家荣誉和民族感情的寄托品等

1. 民间日常用品

传世的古董一般是以前的日常用品、陈设品和奢侈品(皇家及贵族用品)。一些传世的民间日常用品,也会成为价值千金的艺术品。比如,一只宋朝民间所用的普通瓷碗,为什么会有几十万、上百万的价值呢?这是因为,在宋朝几百年的时间里,有千万个家庭,如果每个家庭有10个碗,那就是几亿个。历经千年,到今天剩数极少,上千年的那几亿个碗的价值,现在都积聚到为数极少的现存品上。不用说增值,仅仅是从保值的角度来看,这个碗就应该具有几十万、上百万的价值。

一些古代留下的传世日用品,由于时间的沉淀,现在都是稀有品,这些日用品都有可能成为高价值的艺术品。

2. 陈设品和非实用品

一般而言,一件当年的陈设品和非实用品,其制作工艺、造型、艺术性等都会大大高于日常用品。由于是非必需品,大多数应是有钱人家所有。陈设品所处的环境也优于日常用品,所受到的保护要好于日常用品,品相优于日常用品的可能性也就大。还有最重要的一点,因为是陈设品,所以它的艺术性一定高于日常用品。所以,一般情况下陈设品流传到今天,其升值的空间应该是比较大的。

3. 奢侈品（皇家及贵族用品）

较之陈设品，奢侈品就更加稀少。奢侈品在制造时，其艺术性就远远高于其他用品。但对于奢侈品来讲，如果仅仅考察它们各自所对应历史年代的价值，它们实际上并没有升值。一只官窑大盘的烧成是不计成本的，可能要耗费几千两白银，相当于上百工匠全年的生活费，而它们今天的成交价，也还是相当于上百工匠全年的生活费。旧时江南地区有一种"千工床"，就是这种床的制造要耗费一千个工时，那么比较当初的成本和现在的价值，这床其实没有升值多少。但是，如果以今天某一确定的投资周期来衡量，单位时间内的升值幅度，奢侈品是相对较高的。以康、雍、乾三代瓷器为例，生活用瓷近年来升值了约百倍，笔筒、笔洗、胆瓶等陈设品升值了约千倍，皇家御用瓷器升值了约万倍。

4. 艺术作品

绘画、书法、雕塑等艺术品，在诞生之时其原始用途就是为美而存在的，而且它们的创造者也大多为艺术家。艺术品的艺术质量、文化质量都远远高于陈设品、非实用品、奢侈品，更远远高于民间日常用品。因此，艺术作品的价位升值幅度就远远高于陈设品、非实用品、奢侈品。而且，至今几乎所有拍卖的最高价纪录也都是由艺术品所创造的。

5. 国家荣誉和民族感情的寄托品

有些藏品本身的经济价值也许并不十分高，但它们却可能寄托了国家荣誉和民族感情。如某些少数民族村寨的铜鼓、木鱼，祭祀时的礼器，或者非洲的木雕、图腾，其本身的经济价值并不高，但是在整个村寨人的心目之中，它们绝对是神圣的。圆明园的兽头也有类似的情况，这一类藏品凝结着民族的感情，承载着国家的荣誉。对这一类藏品的投资、入藏，是任何时候动手也不会嫌早的。

三、艺术品投资的主要风险

（一）宏观经济形势的风险

艺术市场的兴衰与宏观经济有着密切的联系。宏观经济好，艺术品市场往往会走强；反之，则会走弱。换言之，艺术品同股市一样，也有系统性风险。

如20世纪80年代末，日本经济空前高涨，很多财团不惜斥巨资在世界各地大肆收购世界名画，后来，日本经济泡沫破灭，日本许多高价吃进的世界名画割肉50%都无人问津。一般来说，遇到经济大萧条，藏家经济拮据时，首先会考虑卖出自己收藏的艺术品，因为卖掉大房子或汽车无疑会使自己的生活质量大打折扣，毕竟抛售艺术品不会影响藏家的生活质量，而藏家抛售数量大，价格就会大幅下跌。1998年亚洲金融危机就是最好的例子。那时，艺术品拍卖一蹶不振，价格一路下滑。从中可以看出宏观经济态势对艺术品市场的影响。

（二）赝品风险

无论是拍卖场还是收藏品交易市场，赝品的陷阱比比皆是。以收藏品交易市场为例，常常可以发现摊贩为了推销自己的东西，会编织一个美丽的传说、动人的故事、曲折的经历，以此让买家上当受骗。

有专家认为，目前古玩市场上流通的各类藏品绝大多数是赝品，真古玩不多。即使是这样，仍使众多收藏者趋之若鹜。现在各大收藏品交易市场里险象环生，危机四伏，处处有陷阱。当你踏入市场后，稍有不慎就有可能跌入陷阱，难以自拔。当然，到这来交学费的自然少不了，这里的商贩以赝充真、以劣充优的事屡见不鲜，藏家眼力不济而付出沉重代价的实例并非少见。尽管藏家的字画几乎都从拍卖场上购得,但是我国《拍卖法》规定"拍卖人、委托人在拍卖前声明不能保证拍卖的真伪或者品质的,不承担瑕疵担保责任"。也就是说,艺术品拍卖可以不对推出的拍品作真赝担保,其艺术的买卖风险无疑就转嫁到买家身上。这一点,恐怕有的买家并不知晓。也正是由于藏市赝品太多,许多人对此望而却步。

(三) 价格风险

国际上许多著名的事例已经给了前车之鉴,20世纪80年代后期到90年代初期,日本经济泡沫魔术般不断膨胀时,日本企业不惜斥巨资在国际上大肆收购世界名画。1990年5月,大昭和造纸公司的董事长斋藤了英,在纽约拍卖会上出尽风头,分别以8 250万美元和7 810万美元的惊人价格买下了荷兰画家凡·高的《加歇医生的画像》及法国画家雷诺阿的《红磨坊街的舞会》这两幅不朽名作。这样的报价连当时闻名遐迩的希腊船王都退避三舍,无意争锋。一幅尺方之作竟然不亚于一幢豪华酒店,如此令人咋舌的天价,斋藤居然还连叫便宜。没过几年,随着日本经济泡沫的破灭,斋藤因过度投资使公司出现了严重亏损。由于画抵押给银行,银行有意考虑出手,尔后一名美国娱乐开发商对《红磨坊街的舞会》开价3 000万美元,日方没有接受。后来,一收藏家又加了500万美元,据说成交了,尽管这个价格只有当时的三分之一,但大家都认为这是合适的价位。对《加歇医生的画像》,一位美国收藏家只开出7 000万美元。最让人看不懂的是毕加索的油画《波埃莱特的婚礼》,当时被一家日本旅游开发企业以75亿日元买进,后来该企业破产,此画所有权转给负责旅游点工程建设的企业,不料后者很快又陷入困境,于是再抵押给银行,但据美术商估计,那幅画现在最多值20亿日元而已。

由这些例子可以看出,艺术品价格波动幅度非常之大,且与经济形势密切相关,经济形势糟糕时,艺术品价格可能会下跌非常多,因此,其价格波动风险很大。

(四) 品相风险

艺术品品相的好坏往往会直接影响它的交易和价格。以邮票为例,邮票的品相是指邮票的外观,它包括邮票有无破损、污痕、霉点等。如果是盒装的邮票,还要看包装、刀路、标签等。在市场上,一枚(套)邮票品相的好坏,是影响邮票价值的重要因素。有时一枚邮票因品相原因而身价大跌。因此,许多投资者、收藏者在集邮时十分讲究品相。因为日后邮票出手,没有品相作保证,价格恐怕要大打折扣。

如在1997年上海国拍首届邮票拍卖会上,一枚品相较好的梅兰芳舞台艺术小型张以2.6万元成交,一枚品相较差的梅兰芳舞台艺术小型张仅以1.35万元成交。同样在邮市上,一枚上品生肖猴票能以3 000元左右成交,而一枚下品的生肖猴票恐怕500元也难以出手。所以,艺术品的品相在市场交易中至关重要。

(五) 买卖风险

这里所说的买卖风险主要是指艺术品的流通性很差,艺术品有时并不等于金钱。从市场上看,相当一部分收藏者购买艺术品是为了保值和增值,然而,许多收藏者在手头紧或缺钱时想抛售自己收藏的艺术品一般很难如愿以偿,经常会出现高价进、低价出的情况,有时损失会惨不忍睹。

最典型的是我国著名画家溥儒曾收藏过一件稀世国宝——《平复帖》,为西晋大文学家陆机所作,是向朋友问候疾病的书札,尽管只有85个字,但它历来被视为无上珍宝。民国时期,著名收藏家张伯驹曾委托溥儒的朋友、北京琉璃厂悦左斋的老板韩博文去溥府表达购藏之意,溥儒开价高达 20 万大洋。韩博文认为若溥儒开价 10 万大洋,愿撮合此交易,但溥不同意。后来,溥儒的母亲突然病故,急需钱用,作为孝子的溥儒只好卖《平复帖》来安葬母亲。这时张伯驹请原北京政府教育总长傅增湘做中间人提出购买,结果双方只以 4 万现洋成交。造成这一状况主要是接盘的买家难找,如果送拍卖行,周期也很长,而且还有流标的可能。

（六）保管风险

艺术品的保管是进行艺术品投资中不容忽视的一项重要内容。气候、环境以及一些人为因素,都会影响到艺术品的质量。一些艺术品不仅不能受潮,也不能受热,尤其是一些字画等,还要防皱折、虫蛀和水、化学物质沾湿和腐蚀,还要禁止用手摸。

另外,长期处于温度和湿度变化剧烈的环境中的艺术品,其物理性能还会发生变化,内部结构疏松的过程也会加快。如果这种变化反映在油画上,会出现色彩层次剥落的现象;反映在珐琅器上,则会出现珐琅彩从金属胎上慢慢分离的现象。

由此可见,对于艺术品的保管风险绝不可轻视,切不可认为购买了艺术品便大功告成,还需要细心地呵护。

四、艺术品投资与金融、实业（房地产）投资的特性比较

艺术品投资和人们熟悉的银行储蓄、股票、债券、基金等投资行为的出发点一样,都是为了实现资本的增值,只是实现的方式不同。但艺术品投资又有别于这些投资行为,它属于一项中长线的投资,投资者不应抱有即时获利的心态。

艺术品投资与常规金融投资、实业（房地产）投资相比,明显有其独特的地方。其独特之处见表 7.3。

表 7.3 艺术品投资与金融、实业（房地产）投资的特性比较

	艺术品投资	金融投资	实业（房地产）投资
资本安全性	在排除了赝品等因素之后,艺术品投资的安全性是几个主要的投资品种中最高的,其最低基本回报程度也是最高的,基本上有可以收回原始投资的保证。但是,目前的投资对象之中,鱼龙混杂,赝品充斥,投资者鉴别真伪非常困难。	变现能力是所有投资中最强的。除透支等信用交易之外,基本上有最低限度资本回收的保证。股票市场极易受人为控制和操纵,不确定及突变因素非常多,并且还经常有不分配利润、不分红、配股圈钱、恶意操纵等事件发生,投资者的资本时刻置于上市公司及庄家制造的各种风险之中。	最常见和最传统的投资方式,也是社会投资资金最经常流向的投资品种。
整体风险	没有任何一个政府可以对艺术品市场进行调控、平衡或是干预,也不存在洗盘、出货的市场行为。市场风险主要来源于投资对象本身。在投资过程中,只要品相不遭到破坏,不是赝品,风险相对较低。市场整体风险留给投资者的反应时间是最长的,但是御险工具种类较少。	市场整体风险是所有投资品种中最大、最直接、最迅速的,并且波及面广泛。风险的种类有政策性、结构性、经营性等多方面。御险工具是所有投资中最多的。	市场风险比较大,来源广,力度强,反应时间短。对地区或行业的影响也很大。受环境、能源、环保、资源、技术水平、工艺水平、技术进步及国家政策、法律环境等的影响。
资本回报水平	资本回报率远远超过平均水平,是高回报的投资品种。	资本回报水平比较高,尤其是在进行收购、资产重组和资产置换时,可以获得超常的利润回报。	基本上是平均利润水平的投资。

续表

	艺术品投资	金融投资	实业（房地产）投资
投资的回收期及报酬率	回报率平均30%/年，最高可达180%/年或以上，平均3年至5年收回投资，几乎无需技改投资。对于精品、珍品，根本不存在投资过剩。入藏之后，风险在于保藏过程之中品相的变化。	回报率平均30%/年左右，对因技术更新追加投资的压力不大，平均3年收回。回收期、报酬率受宏观经济及实业投资取向的影响非常大，受周边环境的影响大。	回报率平均20%/年左右，高科技投资的回报率为30%/年左右。投资极易过剩，易形成一窝蜂涌入同一行业或地区的情况，造成回收无期，如DVD、手机、电视机等行业。
再投资的强制性	一旦入藏某件艺术品，只要针对性地进行装裱、修复等方面的再投资，对大多数藏品不存在强制性再投资。	上市企业常有不断配股圈钱的行为，迫使投资者不断地继续投资。强制性的配股导致不配股即贬值，此外还有不分配利润等变相强制性再投资行为。	为保持市场占有率、竞争力、技术先进性等，实业投资者必须不断地进行继续投资。
市场变化特性	市场转型，某种藏品不再流行，但若干年后可能又会再流行，不像工业产品只能进垃圾场。艺术品还具有文物性，可待价而沽。	市场变换是以天、小时、分钟来计算和分割的，变化迅速且剧烈，易对投资者造成巨大损失。	市场变化转型使得产品过剩，服装的流行情况是市场变化转型的最佳例证。
资产流通性	国际间的流通性最好，精品、珍品的变现能力非常强，几乎可以等同于硬通货。是所有投资中，唯一具有异域流通性的品种。	流通性是最佳的，但跨国、跨地区的流通性就非常受限制。	流通性差，有时对某些企业来讲，其出让几乎是不可能的。

五、投资艺术品的原则及方法

（一）投资艺术品的基本原则

艺术品投资，由于其价值受该艺术品的稀缺性以及文化内涵等因素的影响，要把握和识别这些特性，选定升值潜力大的艺术品，需要相应的专业知识，而把握、领悟这些知识需要实践的积累和时间的沉淀。但一般而言，投资的艺术品应可以从以下四个标准来把握。

1. 真

艺术品的真伪是最主要的投资前提。由于代笔、临摹、仿制以及故意的伪造，使艺术品鱼目混珠，在艺术市场上花大钱买回假货、赝品，不但会失去盈利的机会，可能连本也得赔进去。因此，学会鉴别艺术品真伪是防止上当受骗的重要法宝。

2. 精

以精为标准选择所要投资的艺术品，并不意味着艺术品的一般性作品就没有市场。对许多中小投资者而言，甚至根本无能力问鼎一件逾百万元的作品，艺术品的一般性作品也就有了市场。以精为标准选择投资品的原则是，在相同或相似的价位下，应尽量从其中挑选出最优秀的作品。这样，艺术品才具有较大的获利可能。

3. 全

投资艺术品，如八屏条或四屏条的字画缺少某个条幅，这种不全极影响其升值的潜力。对于单件艺术品而言，或有虫蛀孔，或有破损，虽经修补还是露出破绽，或有污渍，画面不干净，均称为不全。此类艺术品的卖价将大打折扣，甚至无人问津，不适于投资。在艺术品投资中，注重艺术品的品相也是非常重要的。

4. 稀

在艺术史上那些独树一帜的艺术品,是艺术品投资的稀罕品。那些具有创新意义、首开先河的艺术品也极有投资价值。如达·芬奇的《蒙娜丽莎》,乃稀世之珍品,根本无法计值,仅是在1962年因到美国展出作的估计即已达到1亿美元。珍稀作品极有获厚利的可能。

就一般艺术品投资种类而言,也是"物以稀为贵"。在社会大众还未认识到某一类艺术品的收藏价值之前,抢先进行收藏,不但收购的机会较多,而且收购价格较低。一旦该类收藏价值为社会大众所认同,收藏的难度就要大得多。而此时,抢先入市的投资者就可以高价售出他的藏品,凭借其独到的收藏眼光,而获得巨大的投资回报。

(二)投资艺术品应该注意的地方

1. 投资艺术品要注意使用不急需的资金

艺术品投资一般须做长期打算,不适宜短期投资,其价值需要时间的沉淀和长期的收藏,长期持有才能真正体现出艺术品的价值。一般来说,艺术品投资比较适合中长期投资,这样可以在尽可能降低风险的情况下获得最大的收益。业内人士建议,10年左右是一个比较适宜的投资期限。

因此,进行艺术品投资时,要特别注意所投资金是否会临时急需,是否会有某些不确定性带来急需抛售艺术品变现的可能出现。在进行艺术品投资时,一定要安排好急需资金情况下的应对之策,在有余地的基础上进行长期投资。

当然,在长期投资的过程中,也要注意市场热点的转移,可以通过一些专业市场了解当前的市场热点并做出适当的调整。

2. 投资艺术品要避免收藏赝品的风险

伴随着艺术品投资的火热,大量假货、赝品充斥市场,不善于鉴别的投资者,从收藏市场收到的有可能是赝品,从而造成损失。因此,在投资艺术品之前,最好学习一些专业知识,了解所选择收藏的艺术品的鉴别真伪的方法。

另外,也可以考虑选择正规的购买渠道,选择有专家鉴定的渠道,并要与卖家拟定退货协议,一旦所购买的艺术品有问题,可及时退货而不致造成损失。如一些较正规的拍卖公司由于其专业性强,可以对艺术品的真伪起到一定的把关和鉴定作用,对于经验相对缺乏的投资者而言,到这些正规场所购买较为放心。

六、艺术品理财策略

(一)学习掌握相关知识

不论投资者最终选定什么投资方向,都有必要掌握相关的知识和投资规律。书画、陶瓷、玉器、青铜器、文房用品、古籍善本等各种艺术品,更须学习和掌握相应的知识和鉴定方法,即使请人运作,投资者自己也要懂。要进行全面系统的学习,除了书本知识外,更重要的是向专家、古玩商以及在市场摸爬打滚多年的行家里手请教学习。投资艺术品如果缺少必要的知识准备,肯定会掏"学费",造成损失。

(二)要熟悉和掌握市场行情

投资者一般是先以买家的身份入市,了解市场行情是必需和必要的。要通过各种媒体和自己的信息渠道熟悉市场行情,掌握行情变化的态势和规律,不打无准备之仗。投资者在了解市场时应重点关注相应的信息,拨云见日,避免被纷纭复杂的现象搞昏头脑,影响决策。

(三) 选择好投资范围

艺术品市场的品类繁多,五花八门,古今中外,既有各类古玩文物,也有新的艺术品。投资交易场所有拍卖会、古玩店、旧货摊、网站等,所面对的艺术品让投资者目不暇接。初进入市场的投资者一般最好结合自己的兴趣爱好,同时兼顾市场行情来选择投资取向,确立具体的投资范畴。切忌贪"大"求"多"。有的投资者一开始就把投资范围搞得很大,什么都想吃进,结果反而是分散了资金,哪一门都懂一点,哪一门也不精,影响资金回报率。

(四) 利用空间差价获利

由于艺术品市场分割状态很严重,相同的艺术品在不同地域的价格可能存在很大的差别。利用艺术品的空间价差可能令投资者获得丰厚的无风险利润,这种方式在信息不发达的环境中尤为适用。目前,国内与国外、城市与乡村、北方与南方、沿海与内地,由于地区艺术品存量的不同和审美口味的差别,艺术品的地区价差经常存在,利用地区价差投资是一种常用的有效方式。

(五) 利用时间差价获得利润

国际上有一种通行的说法,艺术品是一种中长期的投资门类,一般 10 年增值 3~6 倍。以 20 世纪 70 年代到 90 年代末这 20~25 年的价格比较为例,齐白石一幅画原市场价 150~250 元,目前每幅价 5 万~10 万元,一幅精品更是几十万元。所以,投资艺术品应该是长期投资。

第三节 邮 币 卡

一、邮币卡的含义

邮币卡中的邮就是邮票;币就是纪念币、古钱币和已退出流通的货币(法律禁止买卖未退出流通的货币);卡是指带有一定意义的或成套的电话卡和其他卡类制品,卡包括的范围比较广,收集电话卡类的比较多。

邮币卡市场是指在一定范围内进行邮、币、卡买卖的市场。但是,一般不只包含这些,还包含一定数量的其他收藏品。一般邮币卡市场内是以摊位为单位进行邮、币、卡的买卖。部分藏友之间也会出现以物换物交易的情况。

二、邮票

邮票具有"国家的名片"之誉,是国家(地区)邮政部门发行的邮资凭证,是一种比较特殊的商品。邮票虽小,但其画面却反映出一个国家的政治、经济、科学、文化、民族、风俗、人物、历史、地理、教育、体育等多方面的成就和风貌,而且有些邮票还记录了一些历史事件和纪念日。因此,邮票既是袖珍艺术品,也是微型百科全书。邮票除了用于交寄邮费外,还起着宣传国家和民族文化、传播科学文化知识、提高艺术鉴赏力的作用,深受收藏者喜爱。

在所有的收藏投资活动中,邮票的收藏位居首位。我国有一支庞大的集邮大军。集邮投资也经常能给投资者带来高价值的回报。像"文革"邮票,如"全国山河一片红""语录票",最初涨到近千元,现今已在万元以上,最初购进者获利 10 倍。如 T46 庚申猴票,此邮票从 1980 年的 0.08 元起步,至 1997 年 5 月升至 1 800 元,升值达到 22 500 倍,这样的增值幅度和增值速度,恐怕在股市中也绝无仅有。

(一)集邮邮票的主要类别

1. 小型张

小型张就是小型的全张邮票。小型张是面积较小的全张邮票,四周带有装饰边的单枚小张票。小型张上只有一枚邮票,既可以撕下作为邮资凭证贴用,又特别适宜收藏和欣赏,设计和印刷都很精美。其特点是独立成"张",通常与同票题全套票相伴发行,也有的单独发行,一般面值都比较高。如我国1962年发行的J94M《梅兰芳舞台艺术》小型张(见图7.5)、1978年发行的T28M《奔马》小型张。

图7.5 《梅兰芳舞台艺术》小型张

2. 小全张

小全张也是小型的全张,一般是在发行纪念邮票或特种邮票时,将图样不同的全套邮票一起印在一张较大的纸上,周围饰以精心设计的花纹和图案,和所印的邮票成为一个整体。其特点是其上所印邮票的面值、图案、刷色一般与发行的邮票全版张相同。如我国1958年发行的J47M《人民英雄纪念碑》小全张、1978年发行的J25M《全国科学大会》小全张(见图7.6)。小全张有时高于面值出售,但作为邮资凭证时,只能按原印的面值计算。

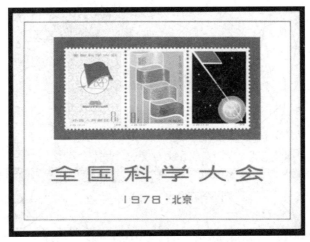

图7.6 《全国科学大会》小全张

3. 小版张

小版张又称小开张,是邮政部门为满足集邮者需要,在发行的全版张之外另行印制的小开张邮票。小版张四周一般印有边饰或特定的文字与图案。其特点是所含邮票枚数比全版张少;邮票的面值、票幅、刷色与全版张相同。如我国1980年发行的《中华人民共和国展览会》纪念邮票的12枚小版张(见图7.7)、2000年1月29日发行的《春节》小版张。

4. 邮资信封和邮资明信片

邮资信封就是在信封的右上角印有邮资图的信封,使用这种邮资信封,如果邮资图上的面值已经满足所需的邮资,就可以不用再贴邮票。我国目前发行的邮资信封有普通邮资信封、纪念邮资信封、礼仪邮资信封和贺年邮资信封四种。

邮资明信片就是在明信片的右上角印有邮资图的明信片(见图7.8)。

图 7.7 《中华人民共和国展览会》纪念邮票小版张

图 7.8 邮资信封和邮资明信片

（二）邮票收集的类型

1. 收集未使用过的新票

这是一种普遍采用的方式。因为它比较方便，没有什么难度，经济负担也不大。如发行新邮票时没有时间去购买，可以每年买一本年册。这种装入定位册的邮票，既便于收藏保管，册子上又有邮票名称、发行日期、全套枚数、齿孔度数以及邮票图案内容简介等。

2. 收集信销票

信销票是指实寄信件上被邮戳盖销了的邮票，其市场价一般低于新票。但是，有的信销票由于发行较早，存世量稀少，价格也十分昂贵。

3. 收集使用过的旧邮票

这是一种大众化的收集方式，它不用太多投资，只是收集比较难，因为很多高价值的邮票在国内已是难得一见，容易收集到的多半又价值不高。收集旧邮票都很讲究邮戳。邮票收藏者一般喜欢邮票上的邮戳盖得少，位置在角上，墨色清淡。这样的邮票美观，差不多和新邮票一样，称为"上品"。少数邮票收藏者却与此相反，他们特别注重邮戳的完整性，至于邮票图案能否看清楚并不重要，以墨色浓匀、地点和日期清晰可辨、整个邮戳盖在邮票正中为"上品"。

4. 收集特殊形式的邮票

如小本票、无齿票、磷光票、联票、小版张、错版邮票等。由于印制形式别致、品种单一、发行量小，比一般套票增值潜力更大。

5. 收集冷门邮票

收藏热门邮票的人较多,可供选择的邮票也比较丰富,而且相关资料相对较容易获得,但价格贵,且选择的专题容易和别人"冲突",资金有限者很难有所超越。而选择冷门邮票进行收藏,虽然收集难度较大,但只要钻进去,就可能有所收获。

6. 收集系列邮票首套

系列邮票首套即专题系列中的第一组邮票。刚发行时人们不在意,随着这套邮票的第二组、第三组的陆续发行,首套邮票会发挥"龙头"效应,因而,这类邮票增值也快。

三、钱币

与投资其他收藏品、艺术品相比,钱币、纪念币具有投资小、回报大的特点。同为收藏品的字画、玉器、瓷器等高档品种,其所需投入的资金是一般人难以承受的。以字画为例,目前市场上稍有名望的画家,其作品的售价均在五、六位数以上,尤其是齐白石、张大千等大家的作品更是动辄百万甚至千万元人民币,普通的工薪阶层不敢轻易问津。而投资钱币、纪念币所需要的资金要远小于其他收藏品的投资。根据国内具体情况,一般人只需要几千元人民币的资金便可投资钱币、纪念币,如果实力允许,两三万元人民币就能具有相当的投资规模。

(一) 人民币收藏的特点

1. 人民币的种类

新中国成立以来,我国共发行了五套货币,形成纸币与金属币、普通纪念币与贵金属纪念币等多品种、多系列的货币体系。这五套人民币中,除当前第五套外,有俗语评价是"价值连城的第一套人民币""备受珍视的第二套人民币""有待升值的第三套人民币""值得留意的第四套人民币"和"极具收藏价值的人民币分币"。

第一套人民币自1948年12月1日起开始发行,1955年5月10日停止流通,发行于战火纷飞的解放战争时期,极具收藏价值,但难得一见。第三套人民币流通时间较长,这里以第三套人民币作为重点,进行介绍。

第三套人民币是中国人民银行从1960年开始印制并于1962年4月20日发行,是现有人民币货币体系中最具有收藏意义的一套人民币。当时,我国经过了连续3年经济困难时期,在中央"调整、巩固、充实、提高"八字方针指引下,克服重重困难,大力发展生产,使国民经济开始恢复和发展,国家财政金融状况逐渐好转。为了促进工农业生产发展和商品流通,方便群众使用,经国务院批准发行了第三套人民币。第三套人民币共有1角、2角、5角、1元、2元、5元、10元7种面额、13种版别,其中1角券有4种(包括1种硬币),2角、5角、1元有纸币、硬币两种。1966年和1967年,又先后两次对1角纸币进行改版,主要是增加满版水印,调整背面颜色。第三套人民币票面设计图案比较集中地反映了当时我国国民经济"以农业为基础、以工业为主导,农轻重并举"的方针。在印制工艺上,第三套人民币继承和发扬了第二套人民币的技术传统和风格。制版过程中,精雕细刻,机器和传统的手工相结合,使图案、花纹线条精细;油墨配色合理,色彩新颖、明快;票面纸幅较小,图案美观大方。中国人民银行在发行第三套人民币时,规定第三套人民币和第二套人民币比价为1:1,即第三套人民币和第二套人民币票面额等值,并在市场上混合流通。

相比第二套人民币,第三套人民币有六个主要特点(见图7.9)。

图7.9 第三套人民币图案票样

(1) 主题思想鲜明,内容相互呼应,极富民族特色。

第二套、第三套人民币两种原版的1角券正面均为"教育与生产劳动相结合"图,只是一个是侧视图,一个是正视图,象征文化教育新改革;2角券正面为武汉长江大桥图,象征社会主义建设新成就;5角券正面为纺织车间图,象征发展轻工业。这三种面额角券背面分别采用菊花、牡丹花、梅花、棉花等组成的图案,象征社会主义文化、科学、艺术百花齐放,欣欣向荣。1元券正面为女拖拉机手图,象征农业为基础,背面的羊群象征发展畜牧业;2元券正面为车床工人图,象征工业为主导;5元券正面为炼钢工人图,象征工业"以钢为纲";2元和5元券背面的石油矿井和露天煤矿象征发展能源工业;10元券正面为人民代表步出大会堂图,象征人民参政议政,当家做主人,背面以红色牡丹花和彩带衬托天安门,象征伟大祖国的富强和团结。

(2) 进一步打破了边框式设计思想。

我国旧式钞票的设计思想是封闭式的,图案全部被围在一个矩形花框内。在设计第二套人民币时,已经做了一些打破这种模式的尝试,改为上下边框,实践证明这种尝试是成功的。第三套人民币的设计做了更大胆的突破,即主币取消了上边框,下边框也有较大变形,成为富有民族风格的图案;辅币除最初设计的枣红色1角券仍保留了变形的底边框外,全部取消了边框,成为开放式构图。这样,在较小的票面上显得画面开阔、深远。

(3) 色彩丰富。

第二套人民币由于印刷技术所限,基本上是单色的,这样的票面既不够美观,也不利于防伪。第三套人民币的票面除了有一个基本色调外,还采用了多色印刷技术,这就使得画面色调活泼、丰富,又提高了防伪性能。

(4) 增设了壮文,调整了四种少数民族文字的排序和印制位置。

第三套人民币在第二套人民币蒙、维、藏文的基础上,接受民族事务委员会的建议增设了壮文,并重新按蒙、藏、维、壮顺序排列。四种少数民族文字印制位置也根据票面图案布局进行了重新调整。

(5) 缩小了票幅。

1961年10月16日,中国人民银行上报《缩小新版人民币票幅》的报告,主要原因是我国连续两年农业遭受自然灾害,为最大限度地节约原棉等纤维原料和胡麻油消耗,10月29日获国务院批准。因此,第三套人民币各种面额票券均比第二套人民币同面额票券的票幅有一定比例的缩小,既便利了流通使用,又节约了印制费用。

(6) 画面设计和先进技术相结合。

20世纪50年代,国际印钞业已较多地使用了一些机雕、接线等新技术,在第三套人民币的设计中,由于美术专家和专业设计人员集体创作,充分发挥了各自的长处,除主景工艺完全采用手雕外,面值文字的衬底花纹或花符图案多采用机雕技术。例如,10元券面值衬底则是利用机雕网状线与手工装饰相结合,形成向日葵花盘的效果。在其他票券面值衬底图案设计中,还使用了接线技术,大大提高了钞票的防伪性能。

第三套人民币是我国目前发行、流通时间最长的一套人民币,于2000年7月1日起停止在市场上流通。这套人民币以其主题思想鲜明、设计风格新颖、券别结构合理、主辅币品种齐全、印刷工艺先进并有较强的防伪性能等特点,在我国货币发行史上写下了光辉的一页。从收藏角度分析,是最有前景和潜力的一套人民币(见图7.9)。

2. 人民币收藏的技巧

随着人民币收藏队伍的不断壮大,一些停用退出流通领域的人民币和限量发行的金属流通纪念币越来越少,受价值规律影响,这些人民币价值直线上升,增值潜力也随时间推移而越来越大。但人民币的收藏也有对应的技巧。

(1) 留意编号。

收藏纸分币要留意编号,同样是一分纸币,既有罗马数字编号,也有阿拉伯数字编号,值60多元;只有罗马数字编号,没有阿拉伯数字编号的,目前只值6分钱。编号的不同对纸币的价值有关键的影响,留意哪些编号值钱,据以收藏价值高的人民币。

(2) 注重品相。

收藏人民币最重要的是注意品相。人民币从来没有流通过的,可称为十品;有较明显的折痕,票角有最轻度的磨圆,仍能保持原票的光泽,可算作九品;此外,按照票面情况还有八品直到三品,三品的标准是纸币断裂,有大片缺损或空洞,票面模糊不清等。品相太差的人民币,无论从增值角度还是从研究角度来看意义不大,比如,品相在三品以下的人民币基本上不具有收藏价值。

(3) 瞄准发行量小、流通时间短的人民币。

与其他收藏品一样,收藏人民币也是"物以稀为贵",发行量越小,其收藏价值就越大。

(4) 不要收藏假币与流通中的货币。

不要收藏假人民币,因为《银行法》和《刑法》都明确规定,持有、使用假币是一种违法行为。国家明文规定,流通中的人民币不能上市交易,只有退出流通的人民币才可以买卖。因此,假币与流通中的货币不具有收藏价值。

(二) 我国纪念币的发行情况

纪念币是一个国家为纪念国际或本国的政治、历史、文化等方面的重大事件、杰出人物、名胜古迹、珍稀动植物、体育赛事等而发行的法定货币,它包括普通纪念币和贵金属纪念币。质量一般为精制,限量发行。

纪念币具有特定主题,限量发行,包括普通纪念币和贵金属纪念币。纪念币发行数量受到限制,大致可归纳为以下四种:一是单一品种的发行数量,这常常为各方人士最关注、最重视;二是同一主题(同一题材)诸多品种的发行数量;三是同一年度各项目、各品种的发行数量或发行总量;四是同一题材或主题,连续若干年发行,即每年发行的品种、规格、发行数量等基本不变,而每年只是更换图案或主题。

中国人民银行发行的普通纪念币自1984年10月1日的建国三十五周年纪念币至今已发行68套;贵金属纪念币自1979年发行的"中华人民共和国建国三十周年"至今,我国现代金银纪念币已经走过了30多年辉煌的发展历程,累计发售10余个系列、1 500多个品种的金银纪念币,题材有重大政治历史事件、杰出历史人物、大熊猫及珍稀动物、十二生肖、中国古典文学名著、古代科技发明发现、中国传统文化、中国名画名家、宗教艺术、体育运动等,内容体现了我国五千年的文明历史和源远流长的中国文化(见图7.10)。

(三) 投资钱币需要重点注意的问题

形形色色的钱币,并不是每一枚都值钱,也并不是每一枚都具有收藏价值。要投资钱币和收藏钱币,首先要了解钱币的价值及增值空间。通常,决定一枚钱币是否具有价值以及价值大小的因素有以下八个方面。

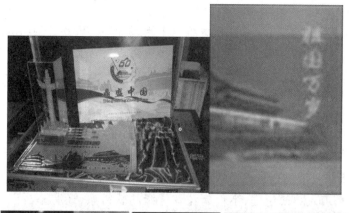

图 7.10　建国 60 周年纪念币

1. 钱币的发行与流通时间

一般来说,钱币发行的时间越早、越久远,流通的时间越短,其价值也就越大。因为流传时间越久远,经过战乱、各种灾害以及自然的侵蚀,能够完整地保留下来的钱币越少。

2. 钱币的存世量

"物以稀为贵"的特性适用于任何收藏品,钱币也不例外。有的朝代、少数民族政权、流亡政府或农民起义建立的政权因存在的时间短,铸币存世量极少,所以显得弥足珍贵。钱币的发行数量越小,它的价值也就越高。

3. 钱币的材质

钱币按材质可分为金、银、铜、铁、锡、铅、锌、铝等种类,其质地的变化随着时代发展而不断演变,往往材质决定其本身价值。用金、银等贵金属制造的钱币,其价值远远高于同一时期用普通金属制造的钱币。

4. 钱币的历史地位

如现今仅存的一枚"保大元宝"、西汉的"国宝金匮值万币"等古钱币,不但数量稀少,而且能承上启下,弥补断代,填补钱币史空白,具有十分显赫的历史地位,其价值自不待言。

5. 钱币的属性

一般来说,流通纪念币的价值高于同一面额的普通流通币。因为流通纪念币是为纪念重大历史事件、有特殊贡献的人物或者有特殊意义的事物而发行的,其设计、制作精美,具有很高的艺术性和收藏价值,而且发行时多采取限量发行,数量有限,升值空间也大。

6. 钱币的品相

与其他收藏品一样,品相是决定钱币价值的关键所在。同一钱币,若品相有差异,价格相差极大。

7. 钱币的钱文

古钱币上的文字，主要是汉字，其次为维吾尔族、蒙古族、藏族、回族、满族、西夏族、契丹族等少数民族文字。钱文为少数民族文字的钱币价格普遍高于钱文为汉字的钱币。

8. 钱币钱文的书法

钱文的书法艺术，不仅颇具特色，而且也有很高的欣赏价值和收藏价值。由皇帝御书或由名书法家题写钱文的钱币，具有极高的收藏价值。

四、卡片

21世纪，人类步入了信息时代。信息时代所产生的一些新产品也开始成为许多投资者的新选择。现代都市人的钱包内，不仅有花花绿绿的软钞票，还有不少同样花花绿绿的硬卡。这些卡片的表面往往印着精美的图案或具有纪念意义的文字，成为传统的邮票收藏以外的新的主流收藏品。

卡片收藏俗称集卡。集卡的卡片类型包括电话卡、手机卡、交通卡、银行卡、门票卡、年历卡、贺卡等。

1. 电话卡

电话卡的发行是以打电话为第一功能而设计制作的，属于有价证券，由邮电部门以预付电话费的形式对公众发售。这种卡片刚出现时，图案简单（单色或白版），客户打完电话后就丢掉了。后来由于国外兴起收藏电话卡潮流，我国各省市制作发行的电话卡也开始出现彩色画面，并注意选题和设计系统化，制作更精美，激发了收藏者的兴趣，受到越来越多的人偏爱。

电话卡种类繁多，哪些值得收藏呢？根据藏品新、奇、少、特的原则，收藏应该以如下几种卡为重点。

（1）开通卡。

开通卡是第一次开通使用的磁卡，它记录了各地电话通信历史的变迁，具有很高的史料价值。

（2）极限卡。

极限卡即实行限量发行，一次印刷后不再重印发行的磁卡。这类磁卡比普通卡更受集卡者垂青。

（3）错卡。

错卡是由于设计、印刷失误等原因，电话卡的图案或文字、编号出现错误、遗漏的磁卡。此种卡深受集卡者厚爱，并很有收藏价值。

（4）纪念卡。

纪念卡是为某一重大事件而专门发行的电话磁卡，应视其纪念意义的大小来衡量收藏价值，收藏爱好者可进行有选择的收藏。

（5）特别卡。

有些特别制作的电话卡也具有收藏价值。如各地磁卡大多采用祖国各地风景名胜为磁卡的图案，若稍加留意，很容易形成系列，可赋予磁卡收藏更可贵的意义；电话卡的制作不断创新，尝试多种新技术、新工艺，相继推出的透明电话卡、动画电话卡等，如电信首套香味电话卡面世和天津网通三维立体IC卡出现，也给集卡界带来了新的卡种和收藏品位，受到了市场的青睐。

2. 交通卡

交通卡是由交通运营部门或企业发行的磁卡或 IC 卡。从 20 世纪 90 年代开始,北京、上海、广州等城市公共汽车和地铁开始使用车票卡,其中,上海是我国发行交通卡最早、最多的地区,公交、出租、地铁、铁路等各类交通卡应有尽有。交通卡可分为接触式的磁性卡和非接触式的 IC 卡(智能卡),我国各地所使用的绝大多数都是 IC 卡。

从目前二级市场的表现看,电影系列题材的地铁卡市场表现最为强势,不管是早期发行的"碟中谍""卧虎藏龙"和"花样年华",还是后来陆续发行的电影系列题材卡,都值得投资者的重视。

3. 银行卡

我国非现金支付工具经历了飞跃式发展,形成了以票据和银行卡为主体、以新兴电子支付工具为发展方向的非现金支付工具体系格局。改革开放初期发行的银行卡,如今成为见证改革开放和经济发展的凭证。银行卡作为新兴的支付工具和信用手段,具有透支、异地取款、转账等特殊功能,它是当代的"电子货币",是货币形态由低级向高级不断演化进步的技术革命的产物,在国家金卡工程的推动下,我国银行卡得到长足发展,成为世界上银行卡年发卡量增长最快的国家。

银行卡出现在收藏市场并且日益普遍不足为奇。因为银行卡作为金融业的一个特殊载体和实物佐证,正日渐影响着人们的生活,影响着社会经济生活的诸多方面。银行卡是现代金融创新的重要成果,它是钱币发展的一种延续,是现代经济发展、科技进步和社会文明的一个重要标志。银行卡规格统一,图文并茂,制作精美,具有很强的观赏性、知识性,它体现了现代金融的发展历程,具有一定的历史价值,符合藏品的基本特征。

4. 门票卡

门票卡是现代科技和旅游文化相结合的产物,不易损坏,便于保管收藏,游客使用后大都舍不得丢弃而留作纪念,与其他卡片相比,具有独特的收藏价值。

五、邮币卡理财策略

(一) 邮票投资理财策略

1. 集邮要有正确的投资理念

邮票市场也有牛熊的不同市道。牛市中,邮票呈现出一片疯狂状态,许多热衷跟风炒作的投资者表现十分狂热,不惜重金大量收购邮票,准备价格继续猛涨后抛出而获取暴利。熊市中,邮市行情迅速下跌,投资者损失惨重,后悔莫及。究其原因,主要是投资者没有树立正确的投资理念,只是抱着赌博的心态来投资邮票,失败也就在所难免了。

实际上,邮票价值的高低受题材、发行时间、发行量、存世量、群众喜爱程度等诸多因素的影响,同时也受市场投机炒作的影响。所以,邮票价格的波动受各种因素的制约,某一时期的价格并不代表其真实价值,对邮票本身价值的认定必须得到社会的认可,还要扣除炒作的泡沫成分。因此,邮票收藏者一定要树立正确的投资理念,避免跟风炒作,在不影响正常工作、生活的基础上,适当投资,千万不可急于求成。

2. 建立广泛的关系网

对于资金有限的普通集邮收藏者来说,参加各种集邮协会,积极主动地和国内外的邮友建立长期往来关系,是广泛收集邮票的一大捷径。邮友之间的邮票互换等方式也可实现双方低成本集邮的目的。

3. 要确立明确的邮票投资目标

在掌握了邮市的基本行情之后,就应确定投资目标。很多初入门的邮票收藏者,不知道该如何确定主题。其实,确定主题应该根据自身情况考虑。

(1) 确定是长期投资还是短期投资。

如果经济实力较强,短期内闲置的钱较多,就可以考虑长期投资。有些邮票储蓄户就是长期投资者,他们一下子买上几百版版票或几十封小型张,然后储存起来,过几年或十几年再拿出来出售,就可获得较高利润。如果经济实力较弱,则可考虑短期投资,短期投资需要经常考察邮票市场,随时留意邮市行情,随时买、随时卖。

(2) 确定适合自己的投资对象。

中外邮票的品种成千上万,令人眼花缭乱,究竟要投资我国邮票,还是投资外国邮票;是投资整版、整封的整票,还是经营散票;是投资高档票,还是经营中、低档票……这都须根据自己的资金情况、邮票知识水平、交易能力以及自己的特长和爱好来确定。

对于民国票、边区票以及5 000元以上的高档票,经济实力较弱或初入邮市者最好不要去收藏,因为投资这些邮票不仅需要大量资金,而且需要具备非常高的鉴别能力,同时,这类邮票中假票较多,容易受骗。对于初入邮市者最好不要去投资高档票或珍票,先投资散票、积累经验,然后再去经营整票。尽管整票增值率高、获利较大,但风险也较大。

(二) 纪念币收藏的技巧

1. 注意题材的纪念意义

收藏也和炒股一样,要有题材才会有庄家进场;反之,则很难激起市场的炒作热情。《熊猫》铜质纪念币的广受青睐就是因为熊猫是珍稀野生动物系列的龙头题材。

2. 尽量收藏发行量小的纪念币

发行量的大小是决定纪念币是否具有投资价值的首要因素,纪念币的量与价总体上成反比关系,即量小价高,量大价低。

3. 不要追逐所谓的"豪华"纪念币

一些本来十分普通的钱币,一经"豪华"包装,美其名曰纪念币,立即身价倍增,开出天价,但它们的市场表现却从来令人不敢恭维,常常是高开低走,套住一批又一批被"豪华"外表迷住的人。因为"豪华"纪念币本身并不值那么多钱,昂贵的价格仅仅在外包装上。

4. 不要投资涨幅太大的纪念币

涨幅过大的纪念币,特别是近几年发行的各种纪念币,由于市场消耗极少,其实际存世量远远超过了市场需求量。更何况过高的涨幅已将其今后若干年的上升空间全部封死,普通集币爱好者一旦高位"吃进",随时可能深度"套牢"。

5. 不要投资狂炒回落的纪念币

当一些纪念币的跌幅已相当深,有些甚至被拦腰斩去时,这些纪念币仍不适宜普通收藏爱好者投资,因为在高位形成了大量的"套牢",今后其价格一旦上涨,"解套"就会倾巢而出,再度炒作的可能性不大。

(三) 卡片收藏的技巧

卡片的收藏既是一种投资理财活动,更是一项文化娱乐活动,因此,卡片的收藏应该尽量避免过度投机和一味追涨杀跌。卡片的收藏有以下技巧。

1. 通用卡优于地方卡

通用卡,如由中国电信发行,全国通用;地方卡则由地方电信部门发行,只在其辖区内使用,因此,通用卡的群众基础远远超过地方卡。这并不是说地方卡的收藏价值低,其实地方卡因为发行渠道简化、数量和品种也很多,因而其资料更加复杂,学问更多,因此,收集难度和乐趣也更高,只是它们的升值速度从总体上要低于通用卡,对于资金有限的收藏者来说,还是应该本着先通用卡再地方卡的原则。

2. 早期卡总体上优于晚期卡

电话磁卡的"岁数"不大,早、晚期只是相对而言,这个分界线大抵从1996年6月开始。早期如"长城"、"鲜花地图"和"梅兰芳"等卡发行之初,由于发行量大大高于地方卡而备受冷遇,大多跌破了面值,因此被大量使用损耗。从1996年6月兴起卡市起,电话磁卡的价值得到了普遍的认可,自那以后发行的磁卡如"宜兴紫砂茶具""南京雨花石"和"景德镇古制瓷器"等绝大多数都流入了收藏市场,故存世量较大。"物以稀为贵",早期卡因存量少而更加显得珍贵。

3. 首选价位较低的品种

像"梅兰芳"这样的卡固然很好,但不是投资者的最佳选择,因为其价格太高,已经超过2 000元,上涨的阻力较大,进出手都不太方便,而且对品相的要求格外苛刻。一般认为,选择价钱在500元以下的品种是上策,相形之下,它们价格翻番的阻力较小,而且群众基础较为雄厚。

4. 注重题材与观赏价值

民族气息浓厚、画面精美漂亮的磁卡,其群众基础要坚实得多。目前,"生肖卡""茶文化""豆腐节""黄山""拱桥"等磁卡的题材就十分受人欢迎,而且画面的观赏价值较高,升值速度也比较快。比如1996年7月25日发行的"茶文化"卡,全套四枚,面值200元,采用中国画的形式,表现了茶叶的采摘、炒制过程,观赏价值很高,再加上中国的茶文化本来就博大精深,历史悠久,因此,这套磁卡也非常受收藏爱好者的欢迎。

复习思考题

1. 黄金投资的特点是什么?有哪些投资品种?
2. 影响黄金市场价格的因素有哪些?
3. 请搜集、整理资料,说明当前在我国黄金投资过程中,银行推出黄金投资产品的一些常见品种及特点。
4. 黄金有哪些投资理财策略?
5. 艺术品的基本特点是什么?结合艺术品的基本特点,说明艺术品适合在怎样的经济环境下进行投资。
6. 怎样理解艺术品投资的变现能力较弱?
7. 谈谈艺术品投资的风险在哪里?
8. 艺术品有哪些投资理财策略?
9. 谈谈邮票投资的基本特点。
10. 邮币卡有哪些投资理财策略?

第八章 金融理财主要工具与产品价值评价

【本章导读】

> 通过本章的学习,理解货币市场、资本市场、金融衍生品市场理财工具与产品价值评价的特性和价值变动特点,了解影响货币市场、资本市场、金融衍生品市场理财工具与产品价值的因素,掌握并正确运用货币市场、资本市场、金融衍生品市场理财工具与产品价值评价的方法。

第一节 金融理财工具与产品价值评价的特性

一、金融理财工具与产品的价值

在理财,特别是投资实践中,常常困扰投资者的一个关键问题是:无论是集合理财产品,还是股票、债券,或者是金融期权、期货合约,应当在什么价位买入和卖出,这不仅仅涉及投资机会的确认、把握,而且直接影响投资收益的实现状况。这个问题的核心实际上是理财主体有没有掌握金融理财工具与产品的合理价值评价或估值的方法。对金融理财工具与产品的价值评价就是要解决如何确定金融理财工具与产品的内在价值或理论价格的问题。如果这个问题能很好地解决,人们只需把金融理财工具与产品的现有市场价格与内在价值作一比较,就明确了金融理财工具与产品的市场价格是高估了还是低估了,于是在市场价格的波动过程中,价格低估时及时买入,价格高估时及时卖出,从而使似乎十分复杂的理财投资活动变得简单起来,因为金融理财工具与产品的内在价值是其市场价格决定的基础,不管市场价格如何波动,最终仍受制于其内在价值,一旦偏离内在价值,不管往上或往下变动,最终将会回归其内在价值。而且,通过对金融理财工具与产品的内在价值展开评价和估值,可以帮助理财主体把握金融理财工具与产品价格的变化特点及波动轨迹,以有针对性地制订出正确的投资理财策略,有利于获取更大的收益和规避不必要的市场价格波动风险。

二、金融理财工具与产品的价值原理

从理论上说,金融理财工具与产品的价值评价并不复杂,具有共识的主流价值评价模型和方法就是对金融理财工具与产品可以带来的未来现金流作出预计,再考虑和确定一个人

们能够接受的基本收益率作为折现率,将预计的未来现金流折算为现值,这个折现值就是金融理财工具与产品的内在价值或理论价格。用公式可表示为

$$V = \frac{FC}{(1+r)^n} \tag{8.1}$$

式中:V——内在价值或理论价格;
　　　FC——未来现金流量;
　　　r——折现率(社会平均利息率);
　　　n——时间。

比如,对于债券来说,这个未来的现金流包括两个部分:一是债券的持有者享有的利息收入,二是到期兑付后获得的面值价值。由于债券的面值、期限、票面利率是确定和已知的,在对债券进行价值评价时,这个未来的现金流量值是明确的,只要在折现率的确定上能够达成一致,就很容易完成对债券内在价值的确定。

对于股票来说,这个未来的现金流就是现金红利收入。由于股票发行公司的现金红利水平受未来生产经营状况、公司存续期限等较多因素的影响而具有极大的不确定性,因而确定股票的内在价值远较债券复杂得多,从这个意义上讲,股票的内在价值的估值不会特别精确,很大程度上是近似值,在实际投资活动中一般具有投资决策的参考意义。

在金融理财工具与产品估值过程中,还有一个十分重要的因素就是折现率的确定。由于理论上不存在绝对的无风险资产,因此,投资者将其资金投资于各类金融理财工具与产品时,总要承担一定的市场风险,于是投资者必须要求在获取一个基本收益的基础上还要得到承担风险的补偿。而这个折现率其实就是投资者的机会成本,就是投资者投资于各类金融理财工具与产品应该获取的最起码和最基本的收益率,也即在不考虑投资者主观失误的情况下,其总的收益应该是折现率加上投资了各类金融理财工具与产品承担一定风险后的风险溢价或风险补偿。在实践中,对于折现率的确定存在分歧,但通常认为用社会平均利息率作为折现率较为合理。一方面,对于融资融券而借入资金用于各类金融理财工具与产品投资的投资者来说,社会平均利息率可以视为其融资成本;另一方面,对于使用自有资金用于金融理财工具与产品投资的投资者来说,社会平均利息率是其投资的机会成本。

当金融理财工具与产品的未来现金流大致确定且用社会平均利息率作为折现率后,金融理财工具与产品的估值就可以进行了。但是不是估值的结果就一定可靠呢?不一定。因为除了上面谈到的一些因素的不确定性会影响估值的精确性外,还有至少三个重要因素在影响着折现率:一是市场利率水平,二是金融理财工具与产品的品质,三是投资者的风险收益偏好特征。

市场利率水平是影响折现率的重要风向标,是决定折现率的重要因素。当市场利率水平上升的时候,投资者的融资成本和机会成本也会追随市场利率水平而上升,折现率也会上升,已有的估值水平就存在偏高之嫌,估值的对象就必然面临巨大的估值压力和市场价格因重新定位而下跌的风险;相反,当市场利率水平下降的时候,投资者的融资成本和机会成本也会随之下降,折现率也会下降,已有的估值水平就存在偏低之嫌,估值的对象就必然面临巨大的估值优势,打开向上的估值空间和市场想象,成为引领金融理财工具与产品因估值上调、市场价格上扬的线索和契机。

金融理财工具与产品品质的变化也是影响折现率的重要因素。当金融理财工具与产品依托的微观经济体的基本面好转时，相应的金融理财工具与产品的品质会出现向好的变化，比如，某公司通过实施重大的并购动作与实质性重组、进入一个更具良好前景的行业和产品、某一项更具市场潜力的新产品推出、公司的经营管理和财务状况明显改善等，在股票市场都将引发市场的预期改变，也会导致投资者要求的折现率降低，提升公司的投资评级和估值优势，推升估值水平和股票的市场价格；相反，金融理财工具与产品依托的微观经济体的基本面恶化时，相应的金融理财工具与产品的品质转坏，在市场预期改变后，将诱发投资者提高对折现率的要求，相应的金融理财工具与产品将面临巨大的估值压力，导致价值中枢下移和市场价格下跌。

投资者的风险收益偏好特征同样是影响折现率的重要因素之一。根据投资者的风险收益偏好，可以将投资者分为两类：一类是风险厌恶者，另一类是风险喜好者。由于这两类投资者的风险收益偏好特征不同，他们对折现率和内在价值的看法、选择和判断会出现巨大的差异。对于风险厌恶者来说，由于其风险承受能力较低，可能要求一个较高的折现率，在这类投资者看来一个较低的价格才是合理并可以接受的内在价值，或者说才具有投资价值。对于风险喜好者来说，由于其风险承受能力较强，可以容忍一个较低的折现率，在这类投资者看来一个较高的内在价值也能接受，或者说也可视为具有投资价值。正是这种不同，风险厌恶者在投资风格上比较保守，可能会错过绝佳的市场投资机会，但承担了较小的市场风险；而风险喜好者则在投资风格上比较激进，可能会及时抓住很好的市场投资机会，其承担的市场风险往往也很高。

三、金融理财工具与产品价值评价的局限性

在金融理财工具与产品的理财和投资活动中，理财主体应树立动态的价值评价和估值理念。因为投资金融理财工具与产品特别是投资股票其实就是投资未来，估值的精髓和实质就是在对公司经营业绩记录的历史表现认真总结和对未来公司经营业绩审慎、科学预测的基础上客观评价公司及其品质，寻找以未来预期的基本面衡量公司的市场价值被严重低估的品种。就整个市场而言，比如由于各项刺激和扩张性的宏观经济政策的作用，宏观经济运行由长期在低位徘徊出现向上的拐点，与即将循环至新的景气周期的宏观经济基本面比较，整个资本市场的估值水平就出现了低估的问题，整个市场的价值中枢将面临向上的提升，而这正是战略性布局市场的绝佳时机，以此更好地分享新一轮宏观经济景气和经济成长的成果，因此，建立在对公司和宏观经济的未来预测基础上，挖掘市场对金融理财工具与产品价格误定的品种和时机往往是精明理财者的市场制胜之道。

如果现在市场的定价、估值是合理的，是否意味着市场价格水平具备良好的市场表现机会呢？其实，市场定价、估值合理并不意味着下一步的市场价格表现就有机会。因为市场定价、估值合理，说明市场价格反映了理财工具与产品的内在价值，不存在价格低估、误定之嫌。除非宏观经济好转、行业景气回升、微观经济体品质改善赋予理财市场良好的盈利前景以及管理层释放出有利于做多市场的利好政策等将使投资者对市场前景的评价变得乐观起来，投资信心增强，市场价格才会面临重新估值的机会，这时市场价格才具备估值优势，才可能在基本面、技术面、消息面的共振和推动下聚集涨升能量，推升市场价格。相反，如果宏观经济转坏，行业景气衰落，微观经济体品质恶化，有关市场的政策偏向利空，市场参与者对市

场前景的评价变得谨慎和悲观,市场价格就存在高估之嫌,市场价格中枢必定下移,便会在更低的价格水平上寻求市场价格与内在价值的平衡。

当然,应该看到的是影响金融理财工具与产品市场价格变化的因素错综复杂,其内在价值仅是影响其市场价格变化的一个因素,而不是唯一因素,尤其对于处于转型期的不成熟的我国市场来说,有时影响金融理财工具与产品市场价格的更经常、更频繁和更重要的因素是供求关系及市场心理因素。因此,在具体的理财和投资过程中,应综合考虑各种因素,以把握金融理财工具与产品的市场价格走向。

第二节 货币市场理财工具与产品的价值评价

从收益特征角度考察,货币市场理财工具与产品可以大致分为固定收益类货币市场理财工具与产品和变动收益类货币市场理财工具与产品两大类。由于收益特征的差异,各自都有适合自身的独特价值评价方式。

一、固定收益类货币市场理财工具与产品的价值评价

货币市场理财工具与产品在收益上大多是固定、预设的。而固定、预设的收益率仅仅是名义利率(名义收益率),并不是理财者的真实利率(真实收益率),真实利率必须是名义利率减去预期的通货膨胀率,因为如果存在通货膨胀率,则意味着未来的货币购买力贬值了,单位货币所能购买的商品减少了,因此本金所带来的增值额的一部分必须用于弥补由于通货膨胀的存在而导致的购买力下降部分。只有当名义利率扣除通货膨胀率后能够实现购买力的净增加,货币财富才能保值和增值,固定收益类理财工具与产品才具有意义。通常,预期的通货膨胀率可以通过观察和预测居民消费价格指数(CPI)来获取近似数据。所以,在固定收益类货币市场理财工具与产品的价值评价中,必须考虑名义利率所代表的货币增长率与真实利率所代表的购买力增长率之间的关系。用公式可以表示为

$$r \approx R - i \tag{8.2}$$

式中:r——真实利率;
　　　R——名义利率;
　　　i——通货膨胀率。

从严格意义上讲,名义利率与真实利率之间有下式成立:

$$1 + r = \frac{1+R}{1+i} \tag{8.3}$$

货币购买力增长额$(1+r)$等于货币增长额$(1+R)$除以新的价格水平即$(1+i)$,由上式推导可得到精确的真实利率:

$$r = \frac{R-i}{1+i} \tag{8.4}$$

二、变动收益类货币市场理财工具与产品的价值评价

货币市场理财工具与产品中,有一些工具与产品的收益是不固定的,其收益水平随理财

标的篮子的价格波动而变动,同时还取决于理财者的理财技巧。对这一类变动收益理财工具与产品,用其预期市盈率水平与人民币市盈率水平作比较,是一个简单、直观、可行和适当的价值评价方式,因为利率除了是货币政策工具,其实还是联系理财工具与产品收益的重要财务指标。

货币市场的变动收益类理财工具与产品的预期市盈率是指变动收益工具与产品预期的未来1元单位人民币投资除以1元单位人民币投资的收益。人民币市盈率是指一年期储蓄1元单位人民币本金除以1元单位人民币本金带来的利息。市盈率均为倍数的概念。若变动收益理财工具与产品的预期市盈率低于人民币市盈率,说明持有变动收益类理财工具与产品的收益将高于1元资金存入银行的利息,相对于储蓄而言变动收益理财工具与产品的价值被低估,同时也表明此类变动收益理财工具与产品处于相对估值洼地,具有足够的安全边际和明确的估值优势,并存在收益进一步提升的市场潜力,是值得持有的理财产品。

这种价值评价的方式是否太粗糙了呢?因为它没有考虑到风险,即1元单位资金存入银行进而获取的利息收益几乎是无风险收益,而变动收益理财工具与产品的收益则很难说。但正是因为对风险应该也必须予以补偿,所以才能说明这种判断的合理之处。

当理解了利率具有财务指标功能后,便可以更好地理解利率政策如何直接影响变动收益类货币市场理财工具与产品的收益发生过程。通常认为降低利率有利于变动收益理财工具与产品,因为理财者的机会成本降低了。但从利率作为一项财务指标来看,降息其实就是让人民币的市盈率提高,而相对盈利预期未改的变动收益理财工具与产品来说,降息会导致其估值优势更为明显,因为随着利率的提高,变动收益理财工具与产品的风险补偿和风险溢价将进一步垫高;如果理财市场认可变动收益理财工具与产品原来的风险补偿,那么变动收益理财工具与产品的市盈率就会提高,从而导致变动收益理财工具与产品市场整体收益上升。相反,如果加息,就会出现风险补偿减少而导致市场愿意接受的市盈率降低,从而带动整个变动收益理财工具与产品市场收益下降,以有效释放估值风险。因此,各类理财主体会发现利率的调整变动让变动收益理财工具与产品市场如此敏感,更多的是对理财者的预期产生了影响,而对基本面的影响显然还需要时间来实现。所以,与其说变动收益理财工具与产品是因为理财市场基本面的影响而波动,不如说是对价值评价和估值影响而导致的市场反应。

第三节 资本市场理财工具与产品的价值评价

一、股票的价值评价

(一) 股票价值评价的复杂性及特殊性

通常,股票的价值评价以现值理论为基础。现值理论认为:投资者之所以购买股票,是因为股票能够为持有人带来预期收入,因此,股票的价值大小取决于未来收益的多少。

股票价格决定因素错综复杂,不仅股票实际价格的形成和变化受供求关系、投机及市场炒作等因素影响而变化莫测,而且从理论价格角度评估,其模型须考虑的变量因素也较为复杂,这主要由以下因素所致。

(1) 股票的特性是不可退股,对投资者来说,不存在到期还本的问题,只要公司经营正常,不解散,不破产,股票就可无限期存续。显然,时间系列的无限性(即 $n \to \infty$)使股票未来值及现值的测定十分困难。

(2)普通股支付的股息事先不确定,分配与否、分配多少及变化趋势均未知,因此,事先将未来收入总额加总很困难,勉强作预测有很大盲目性。由于前提不可靠,推算出的现值也只能似是而非了。

(3)未来现金收入折现率的确定是否合理是理论价格评估的关键。众所周知,折现率是指投资者对投资收益与风险评估后所愿接受的必要收益率,其随着经济形势的变化及市场价格波动而不断变化。如果时间较短,折现率的预期可能较为准确;如果期限较长,就很难正确评估。

(4)股票代表了一种股权。投资者不仅可以获取收益,还可以对公司决策施加影响,大股东还可以对公司运作进行实质控制,显然,控股权价值也是很难用模型加以评估的。

正是股票价格变化的复杂性,针对不同情况的股票估值方法也较多,常用的方法有股息现金流折现方法和相对评价方法。

(二)股息现金流折现法

股票投资的未来现金流是由每期取得的股息收入与股票出售时的价格两部分组成,将这两部分收入折算成现值,即为股票的理论价格。

$$V = \left[\frac{D_1}{(1+r_1)} + \frac{D_2}{(1+r_1)(1+r_2)} + \cdots + \frac{D_n}{(1+r_1)(1+r_2)\cdots(1+r_n)} \right]$$
$$+ \frac{F}{(1+r_1)(1+r_2)\cdots(1+r_n)} \tag{8.5}$$

式中:V——股票理论价格;
　　　D——每股股息;
　　　r——折现率(市场平均利息率);
　　　F——股票出售价格;
　　　n——持有股票年限。

设:每年股息不变,即 $D_1 = D_2 = \cdots = D_n$,
　　市场利率水平不变,即 $r_1 = r_2 = \cdots = r_n$,
　　投资者持有期为永久,即 $n \to \infty$,则:

$$P = \left[\frac{D}{(1+r)} + \frac{D}{(1+r)^2} + \cdots + \frac{D}{(1+r)^\infty} \right] + \frac{F}{(1+r)^\infty}$$

因为 $r > 0$,所以,$1 + r > 1$,当 $n \to \infty$ 时,$\frac{F}{(1+r)^\infty} \to 0$,这时,$V$ 可视为各期股息现值之和。

$$V = \frac{D}{1+r} + \frac{D}{(1+r)^2} + \cdots + \frac{D}{(1+r)^\infty} = \sum_{t=1}^{\infty} \frac{D_t}{(1+r)^t} \tag{8.6}$$

上式即为无限期持有股票时股票价格的现金流折现法的一般和基本评估模型。

由于公司所处行业不同,股份种类有别,经营风格差异,经营状况和股息派发呈现出不同特点,因此,股息现金流折现法又有适合不同情况的具体方法。

1. 零增长模型

假设未来各期所得股息为一个固定值,即是一个常数,用等式表示为

$$D_0 = D_1 = D_2 = \cdots = D_\infty$$

其中 D_0、D_1、D_2、$\cdots$、D_∞ 为一无限期内各时段股息。由于其是一个固定值,即所有时段增长率为零,所以,这种模型称为零增长模型。

该模型为

$$V = \sum_{t=1}^{\infty} \frac{D_0}{(1+r)^t} = \frac{D_0}{(1+r)} \left[1 + \frac{1}{(1+r)} + \frac{1}{(1+r)^2} + \cdots + \frac{1}{(1+r)^{t-1}} \right] \quad (8.7)$$

式中：V——股票理论价格；

D——每股股息；

r——折现率(社会平均利息率)。

应注意的是,模型方括号部分是无穷等比级数,由比值 $q = \dfrac{1}{1+r}$、常数项 $a = 1$ 所组成。

由于级数比绝对值 $|q| < 1$,则判断此级数为收敛级数,其极值为 $\dfrac{a}{1-q}$,即 $\dfrac{1+r}{r}$；代入上式,得

$$V = \frac{D_0}{1+r} \times \frac{1+r}{r} = \frac{D_0}{r} \quad (8.8)$$

由此可见,当股息为一常数时,股票理论价格等于每股股息除以社会平均利息率(折现率)。

零增长模型假设某一股票分配的股息永远不变,这似乎与实际情况不符,因而其实际运用价值有限。当然,在评估业绩尚可的优先股价值时,利用这一模型还是有意义的,因为优先股股息大多是固定的,不随公司盈利变化而变化。此外,对产品缺乏需求弹性、经营业绩平稳、分配政策稳定的公用事业类、反周期类公司普通股价值的评估也有一定的参考价值。

2. 不变增长模型

假设下一时段的股息以上一个时段股息的一个固定不变的百分比增长,直到永远,即后期股息与前期股息存在着一个固定增长率关系,这种模型称为不变增长模型。具体情况为

$$D_t = D_0(1+g)^t \quad t = 1、2、\cdots、n、$$

式中：D_0——上一年的股息；

g——股息的增长率。

$$V = \sum_{t=1}^{\infty} \frac{D_0(1+g)^t}{(1+r)^t} = \frac{D_0(1+g)}{1+r} \left[1 + \frac{1+g}{1+r} + \left(\frac{1+g}{1+r}\right)^2 + \cdots + \left(\frac{1+g}{1+r}\right)^{t-1} \right]$$

$$(8.9)$$

式中：方括号部分为无穷等比级数,它由级数比 $q = \dfrac{1+g}{1+r}$、常数项 $a = 1$ 组成。假设 $r >$

g,级数比绝对值 $|q| < 1$,则此级数为收敛级数,其极值为 $\frac{a}{1-q}$,即 $\frac{1+r}{r-g}$,代入上式,得到不变增长率模型:

$$V = D_0\left(\frac{1+g}{1-g}\right) = \frac{D_1}{r-g} \quad (g<r) \qquad (8.10)$$

显然,如持有期限无限长,且 $g>r$,$D_0>0$,$r>0$,$n\to\infty$,这时公式 $\sum_{t=1}^{n}\frac{D_0(1+g)^n}{(1+r)^n}$ 中分子的增长速度将远远快于分母增长速度。由于这个多项式是发散的,因此现值不存在,即无法计算,而事实上一个公司股息增长率永远高于市场平均利率,则无论市场定价多高都低于某股票的实际价值,这样的股票千金难得、实际难求,就这个意义而言,此评估模型的理论意义大于现实意义。只有当 $g<r$ 时,该多项式的后一项值均小于前一项,随着项数增加,项值逐渐收敛,股票才能得到一个有限现值,于是,上述公式才有实际使用价值。

与零增长模型相比,可发现不变增长率公式与零增长模型有着联系,即 $g=0$ 时,不变增长模型转为零增长模型。零增长模型实际上是不变增长模型的一个特例。进一步分析,如 $-1<g<0$,即股息为负增长率,股息逐年下降时,该公式也适用,由于 g 为负数,评估公式分母值增加,股票的理论价格也就下降,这也是符合逻辑的。

3. 利润再投资模型

有的年度,公司会将利润的一部分作为股息发放,而其余部分则留在公司用于再投资,由此就产生了利润再投资模型。

假如公司未来各期利润为 E_1、E_2、E_3、$\cdots$、E_n,未分配利润占税后利润的比率为 b,该公司再投资收益率(可用税后利润与总股本之比代替)为 y,b、y 取固定值,同时公司不负债经营,而公司未来各期收益为 D,那么:

$D_1 = E_1(1-b)$
$E_2 = E_1(1+yb)$
$D_2 = D_1(1+yb)$
$E_3 = E_2(1+yb) = E_1(1+yb)^2$
$\vdots$
$E_n = E_1(1+yb)^{n-1}$
$D_n = D_1(1+yb)^{n-1}$

把上述 D_1、D_2、$\cdots D_n$ 代入一般公式,可得

$$V_n = \sum_{t=1}^{n}\frac{D_t}{(1+r)^t} + \frac{F_n}{(1+r)^n} = \frac{D_1}{r-yb}\left[1-\left(\frac{1+yb}{1+r}\right)^n\right] + \frac{F_n}{(1+r)^n} \qquad (8.11)$$

考虑到 $r>0$,且 $r>yb$,所以:

$$\frac{1+yb}{1+r} < 1$$

$$\lim_{n\to\infty}\left(\frac{1+yb}{1+r}\right)^n = 0$$

$$\lim_{n \to \infty} \frac{F_n}{(1+r)^n} = 0$$

因此，
$$V = \frac{D_1}{r - yb} \quad (r > yb) \tag{8.12}$$

式中：D——未来各期收益；
r——折现率（社会平均利息率）；
y——再投资收益率；
b——未分配利润占税后利润的比率。

与不变增长模型相比，不难发现，当无限期持有股票时，未分配利润再投资产生的股息增长率 g 正好等于 yb。这就是说，假如公司不是从外部获得新资本，而是用未分配利润增加每股的总资本，使下期税后利润及股息增加，并不断进行，则股息就以一定比率 $g(=yb)$ 增长，由此，股票价值的提高就可理解了。

4. 沃尔特模型

沃尔特模型的基本思想与利润再投资模型相同，但它更强调了公司投资收益率与社会平均利息率的关系及其对股价的影响。公式为

$$V = \frac{\frac{y}{r}E_1 + \left(1 - \frac{y}{r}\right)D_1}{r} \tag{8.13}$$

式中：E——税后利润。

该公式揭示了股票价值同每股税后利润、股息、公司投资收益率及社会平均利息率之间的关系。但又作如下假设：

（1）公司资本结构中不包含借贷资本；
（2）公司投资收益率 y 取固定值；
（3）社会平均利息率 r 取固定值；
（4）每年每股等额提成利润再投资。

沃尔特模型还为公司制定合理的派息分红政策提供了依据。当一个公司的投资收益率高于折现率时，说明有好的投资机会，公司要多投资少分配，才最有利于提升股票的内在价值；当一个公司的投资收益率低于折现率时，说明没有好的投资机会，公司要少投资多分配，才最有利于提升股票的内在价值。

5. 配股增资股息增长模型

大多数公司为了发展业务，都通过配股进一步筹资，配股后股本扩大，利润股息能否随之增加？对股价会产生什么影响？这些都是投资者所关心的，以下通过模型来分析这一问题。

假设配股前每股股息为 D，增资后原有 1 股股息增加额为 ΔD，社会平均利息率为 r，这时股价为

$$V = \frac{D + \Delta D}{r} \tag{8.14}$$

式中：$\Delta D = D'm - D - Ly$；

D'——增资配股后每股预期股息；

m——增资倍率，即等于1+配股比率；

L——配股增资追加的投资额，即等于新股每股配股金额×配股比率；

y——公司投资收益率。

将 ΔD 公式代入股价公式 $V = \dfrac{D + \Delta D}{r}$ 中，又假设 $y = r$，公式改写为

$$V = \frac{D}{r} + \frac{D'm - D - Lr}{r}$$

再简化，可得

$$V = \frac{D'm}{r} - L \tag{8.15}$$

这表明，增资配股后的股票价值等于把包括新股份在内所领取的股息折算成现值减去投资额所得的值。

6. 多元评估模型

上面的模型均以某一时期公司特殊分配政策为分析依据，不具有普遍意义。事实上，不同公司及同一公司不同时期的分配方法并不完全相同，因此有必要形成更为复杂的模型，以便更贴近实际。

通常，零增长模型更适合股息分配比率固定且长期稳定支付的优先股，而不变增长模型则与处在半成熟期的公司分配政策特点相符。

一般来说，公司的发展有成长期、过渡期及衰退期等阶段。在成长阶段，公司产品市场销售潜力大，利润增长率高，更多利润用于投资扩大再生产，股息支付比率较低。随着竞争日趋激烈，市场潜力就会变小，投资机会减少，利润率下降，即到了过渡阶段，公司就会逐步增大收益分配比率。一旦进入成熟期，公司的经营趋于稳定，收益增长率也稳定下来，股息支付比率在相当长一段时间内处于不变状态。进入衰退期后，由于公司业绩走下坡路，分配比例自然也就逐年减少。

由此可见，公司发展所处阶段不同，产生的分配特点也不同，若对此作分段处理，则形成的模型更有现实意义。

不管有多少种情况，由于计算原理是相同的，因此，先以二元增长模型为分析重点，随后以此为基础可推出三元乃至多元模型。

（1）假设在一段时间（T）内，股息分配比例是不确定的，而在此段时间之内，股息按不变增长模型变化，那么，其总模型由两部分组成：

$$V = V_{t-} + V_{T+}$$

由于式中：$V_{t-} = \sum_{t=1}^{T} \dfrac{D_t}{(1+r)^t}$

$$V_{T+} = \frac{D_{T+1}}{(r-g)(1+r)^T}$$

所以：
$$V = \sum_{t=1}^{T} \frac{D_t}{(1+r)^t} + \frac{D_{T+1}}{(r-g)(1+r)^T} \tag{8.16}$$

如果股息的变化更为复杂，即有两段以上乃至于多段股息分配状况出现，也可按照上述原理建立多元增长模型。比如，$t=0$ 到第 T_1 年股息增长率为 g_1，第 T_1 年到第 T_2 年股息增长率为 g_2，第 T_2 年后股息增长率为 g_3，只要按这三种情况分别估算，随后加总就可以了。

（2）假设在一段时间 M 年内，股息增长率为 g，但之后一段时间（$M+1$ 年后），由于时间较长无法估算。假定股息为固定不变的，将上述两种情况结合起来，得出以下公式

$$V = \frac{D_0(1+g)}{r-g}\left[1-\left(\frac{1+g}{1+r}\right)^m\right] + \frac{D_0(1+g)^m}{(1+r)^m} \cdot \frac{1}{r} \tag{8.17}$$

若公司在不同时期股息增长各不相同，比如最初 5 年为一个增长率，后 5 年为另一个增长率，以后增长率为零，那么依此类推，可将股息变化分为三阶段，导出新的公式进行计算。

7. 有限期持股的股价评估方法

前面列举的模型均是假设投资者无限期持有股票，事实上，大多数投资者不可能接受未来所有的股息流，那么，有限期持有股票的内在价值又如何确定呢？

其实，无论是无限期持有股票还是有限期持有股票，股价评估的结论是相同的，也就是说，股息折现模型评估可不考虑投资者计划持有股票时间的长短。可用以下推导说明。

折现模型的基本公式是

$$V_n = \sum_{t=1}^{n} \frac{D_t}{(1+r)^t} + \frac{P_n}{(1+r)^n} \tag{8.18}$$

如果持有期限为 1 年，那么 $n=1$，即：

$$V_1 = \frac{D_1}{1+r} + \frac{P_1}{1+r} \tag{8.19}$$

式中：D_1——第一年预期股息；

P_1——一年后股票出售价格。

由于 P_1 为买方愿意支付的价格，这一价格又取决于以后的预计股息，即仍要用第一年以后的预期股息折现模型求得

$$P_1 = \frac{D_2}{1+r} + \frac{D_3}{(1+r)^2} + \cdots = \sum_{t=2}^{\infty} \frac{D_t}{(1+r)^{t-1}} \tag{8.20}$$

将 P_1 代入 V_1 中，可得

$$V = \frac{D_1}{1+r} + \frac{1}{1+r}\sum_{t=2}^{\infty}\frac{D_t}{(1+r)^{t-1}}$$

$$= \frac{D_1}{1+r} + \sum_{t=2}^{\infty}\frac{D_t}{(1+r)^t}$$

$$= \sum_{t=1}^{\infty}\frac{D_t}{(1+r)^t} \tag{8.21}$$

显然,这一公式与无限期持有股票的价格评估公式完全相同,上述结论成立。

(三)相对评价模型

现金流折现模型主要依靠所估计的折现率和公司现金股利增长率来评估股票的内在价值。而相对评价模型主要依靠一些与价格有关的比率进行不同公司之间股票价格的比较,进而完成对股票市场价格定价是否合理的估值。这些比率主要有市盈率(P/E)与市净率(P/BV)。

1. 市盈率(P/E)评价模型

市盈率(P/E)评价模型又称为盈余乘数模型,是股票价格与每股收益之间的比率。市盈率用来衡量投资者愿意为1元的预期收益(通常以所估计的下一年收益来代替)支付多高的价格,它反映了投资者对该股票价值的主要看法,也是市场对该股票价值的社会评价。投资者往往通过与整个市场的平均市盈率、行业平均市盈率或者其他类似公司的市盈率相比较,以确定该股票市盈率的高低参考标尺。如果该股票市盈率较低,投资者认为该股票价值被低估,可以买进获取超常收益。

当然,可比的处于同行业的公司在股票的市盈率相同情况下仅用上述方法去判断和评价到底哪一只股票的估值更有优势就有困难,这须结合考虑各个公司的主营业务利润增长率,即将市盈率评价模型作一定的变形,用每个公司的市盈率除以各自预计的主营业务利润增长率,就可得到不同公司的PEG值,PEG值越低的公司,其股票的估值就要比PEG值高的公司更具优势,或者说PEG值越低的公司,其股票的市场价格定位越低越具有投资潜力和盈利优势。

2. 市净率(P/BV)评价模型

市净率(P/BV)是指用公司股票的市场价格与其每股净资产值(又叫账面价格或每股净值)相比较,来评价股票市场价格的定位和估值是否合理。其基本模型如下:

$$\frac{P}{BV} = \frac{P_t}{BV_{t+1}} \tag{8.22}$$

式中:P_t——第 t 期的股票价格;

BV_{t+1}——第 $t+1$ 期的每股账面价格。

一般来说,市净率较低,表明股票价格较低而每股净资产值较高,这说明该股票具备明显的估值优势,其股票的市场价格估值偏低,具有良好的投资盈利前景而值得投资;相反,市净率较高,说明股票的市场价格偏高而每股净资产值较低,这是股票缺乏估值优势的特征,反映股票的市场价格定位较高,投资风险较大。当股票的市场价格越接近每股净资产值时,通常意味着这样的股票投资的风险越低,其市场价格的估值越具有吸引力和优势。要注意的是,每股净资产值所依据的财务资料应该以经过会计师事务所审计并出具无保留意见审计结论的财务报表为准,即财务数据必须是真实、可靠、完整和准确的,否则,就会得出相反的错误结论,误导投资者的投资行为。

在分析银行业公司股票的相对价值时,市净率评价模型往往被市场中大多数投资者和证券分析师所采用。银行资产的账面价格是其股票的内在价值的典型代表,因为银行贷款的价值等于其账面价值。用这种方法更有利于准确地对银行业公司的股票展开估值。

二、债券的价值评价

(一)债券估值的理论根据

债券市场价格形成的影响因素有很多,即由多种经济变量决定,但在众多因素中必有决定性的因素,这就是债券的内在价值,又称为理论价格。国民经济运行状况和债券市场供求关系有时会使债券市场价格即实际价格偏离其内在价值,但市场一旦回到均衡状态,必然会使不正常的价格向价值回归,如同商品价格一样,总是围绕价值上下波动。考虑到债券的票面利率、期限是确定的,未来获得的收益可预测程度高且较为确定,因而债券内在价值的评估就具有特殊意义。

债券理论价格的评估或债券的估值,与一般商品不同,其价值不是一般人类劳动的凝结,也不能按成本加上行业平均利润的原理来确定。债券之所以具有价值就在于其能使持有者在一定期限内固定地获得收益。由此,所获利息的多少及期限长短就成为债券价值确定的首要因素。通常,债券票面利率越高,未来可获得的利息这个未来的现金流就越多,其价值就越高,同时,期限较长,支付年利率高些,再加未来所获利息次数增加,也提高了内在价值;但期限越长,预期获得收入时间越远,其现值也就越小,内在价值就越低。无疑地,期限因素的影响较为复杂。

然而,考虑到收益现金流,不管是以后每年定期获得,还是到期一次还本付息获得,都是在将来实现的,因而,投资者欲在当前买入,必须考虑货币的时间价值,即要把未来预测可获得的收益现金流之和按适当的折现率折算成现值,这一现值就成为债券理论价值评估或债券估值的依据。换言之,债券理论价值等于其未来预期现金流(本金加利息之和)按一定条件折算成的现值。当未来所获收益(期值)大于现值时,投资者就获得了投资收益。以此推论,债券理论价值实质上就是投资者为得到未来收益而在当前愿意支付的代价。

在计算债券的现值也就是理论价值时,必须考虑到另一因素,即折现率的确定问题。折现率又称为投资者应得的必要回报率或大多数投资者能接受的市场平均投资收益率,它反映了货币时间价值与债券投资所附带的风险程度。通常情况下,投资者购买某一债券时,总是要将该债券提供的收益与其他相同期限、相同信用等级的债券加以比较,他们要求投资该债券收益至少不低于其他同类债券,如果票面利率低于其他债券,说明机会成本放大,比较收益减少,因而购买该类债券的需求减少,其价格必然下跌,由于其价格下跌,买入者成本降低,虽然其票面利率低,但所获收益率也会与其他同类期限及信用等级的债券持平;反之,如该债券票面利率高于其他债券,对它的需求就会增加,促使其价格上涨,由于价格提高,买入者成本增加,虽然其票面利率较高,但实际收益率也会同市场大多数同期限、同等级的债券持平,由此在市场自动调节下所形成的为大多数人所接受的市场收益率即为贴现率或折现率。总之,债券价格就是在供求关系的作用下,使每一种债券实际收益率不断趋近折现率的过程中形成的。

因此,决定债券理论价格或影响债券估值的主要依据是债券的票面利率、债券期限及折现率这三个要素。以这三个要素为变量即可建立起债券理论价格评估或者说债券的估值模型。

(二)债券的估值模型

1. 债券估值的一般模型

债券估值的一般模型为

$$P = \sum_{t=1}^{n} \frac{C_t}{(1+r)^t} \tag{8.23}$$

式中：P——债券的理论价格或内在价值；
C_t——t 时间的预期现金流；
t——时间；
r——折现率（社会平均利息率）；
n——投资期内时段数（通常以年计算）。

根据上式，债券价格与预期现金流大小成正比，与折现率高低成反比，与期限也成反比，但也包含了一些正比因素。其中，预期现金流包括年利息与本金两部分。期限则指有效期限、待偿期限及持有期限三种。有效期限指债券发行之日至到期日为止这段时间；待偿期限指债券自转让成交之日至到期日这段时间；持有期限指发行转让成交之日至未到期售出之日这段时间。计算发行价，应使用有效期限，计算转让价时应使用待偿期限及持有期限。至于折现率的评估则可利用资本资产定价理论推算。最简单的方法是以一年存款利率或短期国债利率为参考。

将上述模型具体化，可得出如下公式：

$$P = \frac{\frac{i}{m}M}{\left(1+\frac{r}{m}\right)} + \frac{\frac{i}{m}M}{\left(1+\frac{r}{m}\right)^2} + \cdots + \frac{\frac{i}{m}M}{\left(1+\frac{r}{m}\right)^{mn}} + \frac{M}{\left(1+\frac{r}{m}\right)^{mn}}$$

$$= \sum_{t=1}^{mn} \frac{\frac{i}{m}M}{\left(1+\frac{r}{m}\right)^t} + \frac{M}{\left(1+\frac{r}{m}\right)^{mn}} \tag{8.24}$$

式中：P——债券理论价格或内在价值；
M——面值；
n——期限（以年为单位）；
i——债券票面利率；
r——折现率（社会平均利息率）；
m——年支付定额利息次数。

上式表明，债券价格由预期利息现金流与到期偿还本金的现值两部分构成，前者为 $\sum_{t=1}^{mn} \frac{\frac{i}{m}M}{\left(1+\frac{r}{m}\right)^t}$，后者为 $\frac{M}{\left(1+\frac{r}{m}\right)^{mn}}$。

考虑到债券有单利与复利之分，同时利息支付方式也不同。有些是分期付息，到期一次还本；有些是一次还本付息，在分期付息中，有些是 1 年付息一次，有些是半年甚至 1 季度付息一次，因此，可根据具体情况建立若干具体的估值模型。

2. 债券估值的具体模型

(1) 一次性还本付息债券的估值模型。

① 按单利计息的一次性还本付息债券的估值公式：

$$P = \frac{M(1+in)}{(1+rn)} \tag{8.25}$$

式中符号同前。

② 按复利计息的一次性还本付息债券的估值公式：

$$P = \frac{M(1+i)^n}{(1+r)^n} \tag{8.26}$$

式中符号同前。

(2) 分期付息一次性还本债券的估值模型。

① 按年付息的一次性还本债券的估值公式：

按单利计：

$$P = \sum_{t=1}^{n} \frac{i \cdot M}{1+rt} + \frac{M}{1+rn} \tag{8.27}$$

按复利计：

$$P = \sum_{t=1}^{n} \frac{i \cdot M}{(1+r)^t} + \frac{M}{(1+r)^n} \tag{8.28}$$

② 按半年付息的一次性还本债券的估值公式：

$$P = \sum_{t=1}^{2n} \frac{\frac{i}{2}M}{\left(1+\frac{r}{2}\right)^t} + \frac{M}{\left(1+\frac{r}{2}\right)^{2n}} \tag{8.29}$$

③ 按季付息的一次性还本债券的估值公式：

$$P = \sum_{t=1}^{4n} \frac{\frac{i}{4}M}{\left(1+\frac{r}{4}\right)^t} + \frac{M}{\left(1+\frac{r}{4}\right)^{4n}} \tag{8.30}$$

在债券的估值中，如果债券期限较长，有时计算十分复杂，可查阅年金表和现值表进行计算。首先，将每次的利息支付额乘以对应期限的年金折现系数，再将本金乘以相应期限的本金折现系数，随后将这两个值相加，即得出债券价格。用公式表示为

$$P = C \times h + M \times H \tag{8.31}$$

式中：P——债券价格；

C——每次支付利息额；

h——对应期限的年金贴现系数；

M——面值；

H——对应期限的本金贴现系数。

(3) 贴现债券的估值模型。

贴现债券价格评估的基本原理同附息债券相似。

贴现债券的发行价格计算公式为

$$P = M \cdot (1 - dn) \tag{8.32}$$

式中：P——发行价格；

M——面值；

d——年贴现率(以 360 天计)；

n——期限。

贴现债券的交易价格估值公式与一次性还本付息的附息债券相同，因为贴现债券不存在中途付息，可看作一次性还本付息。此外，贴现债券是按面值偿还的，也不存在名义付息问题，因而其未来值就是面值，由此，其估值模型为

按单利计：
$$P = \frac{M}{1 + rn} \tag{8.33}$$

按复利计：
$$P = \frac{M}{(1 + r)^n} \tag{8.34}$$

(三) 债券内在价值变动的特点及决定因素

债券内在价值的变动与债券面值、发行价格大小、票面利率高低、到期期限的长短及预期折现率(市场平均收益率)的大小等因素密切相关，这从债券的估值模型可作出推论。由于债券面值、发行价格、票面利率及期限都是事先确定的，因而可看作常量，它对债券收益率的变化及债券价格的变化影响相对稳定，即可预测。主要影响因素是折现率，也就是投资者对于相同条件的债券或其他金融资产所要求的必要收益率。由于金融市场利率经常波动，债券折现率也变动频繁，必然引起债券价格的变动。那么，这一变动有何特点呢？

(1) 债券价格与市场折现率呈反向变动。折现率上升时，债券价格下跌；折现率下跌时，债券价格上涨。由债券估值的一般模型可看出：r 值越大，折现系数 $\left(1+\frac{r}{m}\right)^t$ 和 $\left(1+\frac{r}{m}\right)^{mn}$ 的值也越大，债券价格 P 就越小；反之则反是。

了解这一原理对投资者进行债券合理估值非常重要。当债券市场价格低于内在价值时应买入；反之，应卖出。其次，通过预测市场利率水平走向，也可正确把握买卖时机，预测市场利率水平要降低，折现率会随之下降，应果断买入债券，等待其价格上涨；反之，应及时卖出债券，规避价格下跌风险或待价格下跌后补入。

(2) 因折现率下降而引起的债券价格上涨金额更多于折现率以同等幅度提高时可能引起的价格下跌的金额。

(3) 债券价格与债券面值差额的大小与市场折现率直接相关。若折现率不变，且票面利率又等于折现率，则债券价格等于其面值；若折现率上升，债券票面利率低于折现率时，债券价格必然低于其面值；若折现率下降，债券票面利率高于折现率，债券价格则高于面值。

（4）由市场折现率与债券票面利率不等而引起的债券价格与面值的不相等，随到期期限拉长其形成的差额就越大；换言之，债券到期年限越长，债券价格对折现率的变化就越敏感，即长期债券价格受市场折现率影响的程度大于短期债券价格所受到的影响。

（5）由市场折现率与债券票面利率不等引起的债券价格与其面值的差额随年限的增加而增大，但增大的幅度逐渐变小，呈收敛状，即这一差额以递减的比例增加。如图8.1所示。

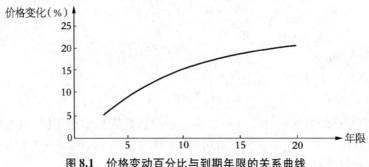

图8.1 价格变动百分比与到期年限的关系曲线

（6）在其他因素不变的情况下，债券票面利率越低，债券价格对折现率的变化越敏感，特别是无息债券价格对折现率变化最敏感。如图8.2所示。

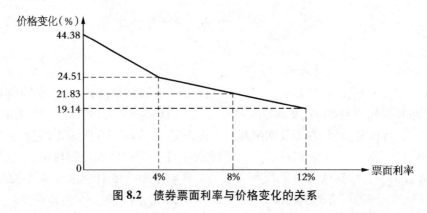

图8.2 债券票面利率与价格变化的关系

上述原理对债券投资者理性投资债券意义重大。对到期日相同且折现率也相同的两种债券，如投资者预期折现率将要下降，则应选择票面利率较低的债券买入，因为日后折现率果真下降，该类债券价格上涨的幅度会更大，从而能获得更多的超额收益。

（四）债券的利率期限结构

债券的收益率主要受债券票面利率、债券价格和债券期限的影响。为了进一步理解期限对收益率的影响，引入债券利率期限结构理论。

1. 债券利率期限结构的意义

在资本市场上，不同期限的债券具有不同的利率，由此就形成了债券利率期限结构问题，债券的期限和收益率在某一既定时间存在的关系被称为利率的期限结构，表示这种关系的曲线通常称为收益率曲线。

设一坐标，横轴为债券距其到期日的期限，纵轴为到期收益率。黑点代表某种债券。每个点在横轴位置上代表目前至到期日的时间长度，在纵轴上表示目前至到期日持有某债券的收益率，将各个点连接，便得到收益曲线。

应当注意的是：第一，收益曲线分析对象仅指同质债券（主要指中长期债券）。这类债券风险、税收待遇及变现能力等基本相同，唯有期限不同，也就是说，它只分析其他条件相同而只有期限不同的债券利率之间的关系。第二，研究债券利率期限结构实质上是研究债券收益率期限结构，因为投资者关心的是实际收益率而不是票面利率。

由于不同期限债券的收益不同，曲线显示不同形状，从而反映了不同的收益率关系。

(1) 正收益曲线。

正收益曲线表示在正常情况下短期债券利率低于长期债券，即债券期限越长，收益率越高，期限与收益率呈正向关系。在经济运行正常、不存在通货膨胀压力或经济衰退情况下，常出现债券正收益曲线。如图 8.3 所示。

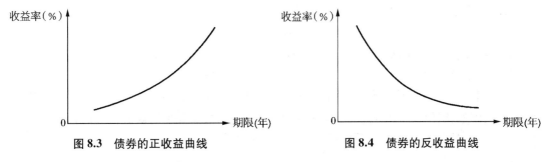

图 8.3　债券的正收益曲线　　　　　图 8.4　债券的反收益曲线

(2) 反收益曲线。

反收益曲线表示短期债券收益率较高，长期债券收益率较低，期限与收益率呈反向关系。这是一种反常的利率期限结构现象。它通常发生在银根抽紧的时候。由于短期资金偏紧，供不应求，造成短期利率急剧上升。同时，抽紧银根又使人们对今后经济走势产生悲观预期，对长期资金需求下降，导致长期利率下降。如图 8.4 所示。

(3) 平收益曲线。

在前面两种曲线相互替代过程中，还会出现一种长短期债券收益率接近的状况，此时收益率曲线为平行线。这往往是正反收益曲线调整过程中的过渡，或者由于市场自动调节，或者由于央行调控所致。如图 8.5 所示。

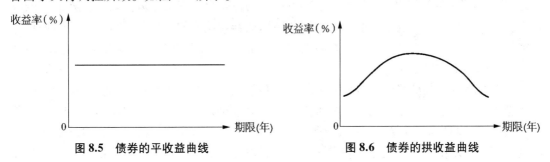

图 8.5　债券的平收益曲线　　　　　图 8.6　债券的拱收益曲线

(4) 拱收益曲线。

拱收益曲线表示在某一时期之前债券的利率期限结构为正收益曲线，在该期限之后又成反收益曲线。这种曲线的出现是在央行采取严厉紧缩政策时短期利率急剧上升所致。如图 8.6 所示。

通过收益曲线分析，首先，可以明白在不同经济条件下，债券期限与收益率相互关系如何变化，由此来调整持有债券的期限结构，争取更大收益。如预期收益曲线由平为正，应多持有短期债券;反之,预期收益曲线由正转为反,则应增加长期债券的投资比重。其次,可预测资金在不同市场之间的流动趋势,从而了解即期利率变化现状,也可以为预测未来利率变化提供帮助。再次,可在各种债券中寻找出当前最佳的投资对象。比如,当前市场上短期利率水平较低,收益曲线从左向上。如预期3年后将出现转折,这时某投资者要做一笔为期6个月的投资,在确认上扬的收益曲线短期内不变时,他就选择3年期债券,6个月后变现。实际上,他不应该买入6个月期限的短期债券。因为短期债券利率低,短期只能获得较低收益,同时因利率低,买入价格相应也高,而3年期债券的情况则相反。又如,当发现某债券收益高于其他债券时,投资者可分析,这种高收益会引起整条收益曲线上扬呢,还是此债券收益率脱离了实际水平会回落? 若是后者,这种债券当前便是很好的投资对象,因为不久后,伴随着收益下降,其价格必然会上升,从而会带来差价收益。

2. 收益率曲线的理论解释

对债券收益率曲线的解释,比较常见的有纯预期理论、市场分隔理论和流动性报酬理论。

(1) 纯预期理论。

纯预期理论把当前对未来利率的预期作为决定当前利率期限结构的关键因素。该理论认为,市场因素使任何期限的长期债券收益率等于当前短期债券收益率与当前预期的超过到期的长期债券收益率的未来短期债券收益率的几何平均,用公式可表示为

$$R_n = \sqrt[n]{(1+R_1)(1+r^e_{t+1})(1+r^e_{t+2})\cdots(1+r^e_{t+n-1})} - 1 \qquad (8.35)$$

式中:R_n——n 个时期后到期的债券的收益率;

R_1——1 个时期后到期的债券的收益率;

$r^e_{t+j}(j=1, 2, \cdots, n-1)$——从第 $t+j$ 期到 $t+j+1$ 期的预期收益率。

如果买卖债券的交易成本为零,而且上述假设成立,那么,投资者购买长期债券并持有至到期进行长期投资时,获得的收益与同样时期内购买短期债券并滚动操作获得的收益相同。

纯预期理论能够解释不同到期日债券的收益率变化基本趋于一致的实证结论。当短期收益率上涨时,人们通常预期下一期的短期收益率会提高,因此,长期债券的收益率会提高;反之,当短期收益率下跌时,人们通常预期下一期的短期收益率会下降,因此,长期债券的收益率会下降。所以,根据纯预期理论,长期和短期债券收益率的变化是一致的。纯预期理论也能解释当短期收益率非常低时,收益率曲线更可能向上,当短期收益率非常高时,收益率曲线更可能向下的实证结论。当当前短期收益率非常高时,人们通常预期下一期的短期收益率不会维持这样高的收益率,因而预期下一期的短期收益率会下降,因此,长期债券的收益率会下降;反之,当短期收益率非常低时,人们通常预期下一期的短期收益率会上涨,因此,长期债券的收益率会提高。但是,纯预期理论不能解释收益率曲线通常为倾斜向上的形状的实证结论。由于短期收益率在未来上涨或下跌的可能性差不多,根据纯预期理论,收益率曲线应该会表现为平缓的形状,这与收益率曲线通常为倾斜向上的形状的实证结论不符。

(2) 市场分隔理论。

市场分隔理论认为,不同期限债券间的替代性极差,可贷资金供给方(贷款人)和需求方(借款人)对特定期限有极强的偏好。这种低替代性使任何期限的收益率仅由该期限债券的供求因素决定,很少受到其他期限债券的影响。资金从一种期限的债券向另一种具有较高利率期限的债券的流动几乎不可能。

市场分隔理论可以较好地解释收益率曲线通常为倾斜向上的形状的实证结论。因为短期债券相对于长期债券而言,风险更低,人们通常更愿意持有短期债券。长期债券只有提供更高的收益率,才能吸引人们进行投资。所以,收益率曲线通常为倾斜向上的形状。但市场分隔理论不能解释不同到期日债券的收益率变化基本趋于一致的实证结论,也不能解释当短期收益率非常低时,收益率曲线更可能向上,当短期收益率非常高时,收益率曲线更可能向下的实证结论。因为市场分隔理论认为,不同期限债券之间是难以互相替代的,不同到期日债券的收益率的变化是没有关系的。

(3) 流动性报酬理论。

流动性报酬理论综合了纯预期理论和市场分隔理论的内容,因而可以较好地解释以上提到的三种实证研究的结论。流动性报酬理论假设不同到期日的债券具有相当大的替代性,但又不是完全替代,人们通常更喜好持有风险更低的短期债券。所以,长期债券的收益应当包括相应的风险补偿。这种由于增加的市场风险而产生的对长期债券收益的报酬,称为期限报酬。

根据流动性报酬理论,长期利率应当是当前和预期的未来收益率的平均值,再加上对投资者持有长期债券而承担较大市场风险的补偿——期限报酬,用公式可表示为

$$R_n = \sqrt[n]{(1+r_1)(1+r^e_{t+1})(1+r^e_{t+2})\cdots(1+r^e_{t+n-1})} - 1 + TP \tag{8.36}$$

在该理论中,长期利率大于当前和预期的未来短期利率的平均值,两者之差为期限报酬(TP),TP 是长期债券到期期限的增函数。因为 TP 为正数并随期限延长而增加,所以该理论断言名义收益率结构是上升的,或向上倾斜的。只有当市场参与者一致认为利率将显著下降时,收益曲线才会是向下倾斜的。

3. 实际利率期限结构的构造

构造实际市场上的利率期限结构对机构投资者非常重要,通常可以利用现有市场上各种债券的价格,采用所谓息票剥离方法来构造实际市场上的利率期限结构。在讨论构造实际市场上的利率期限结构之前,先区分复利和连续复利的概念。对于每年复利 m 次的一笔资金 p,n 年后的终值 FV 满足:

$$FV = p\left(1 + \frac{i}{m}\right)^{mn} \tag{8.37}$$

式中: i——复利。

如果有一笔 1 000 元的存款,年利率(复利)为 6%,据式(8.37),则 3 年后该笔存款连本带息(一年复利两次)应为 1 194.05 元。若将每年复利的次数 m 增加到 3,4,…,100,则得到 3 年后(即 n 年后)该笔存款连本带息的金额如图 8.7 所示。

当每年复利的次数 m 趋于无穷大时,$FV = p\left(1 + \dfrac{i}{m}\right)^{mn} \to pe^{rn}$,将复利的次数 m 趋于无穷大时的利率 i 称为连续复利。

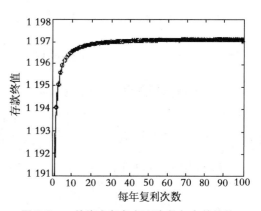

图 8.7　一笔资金每年复利次数与存款终值

例如,有一笔1 000元的存款,年利率(连续复利)为6%,则3年后该笔存款连本带息为:
$FV = pe^{rn} = 1\,000^{6\% \times 3} = 1\,197.22$ 元

因此,3年后该笔存款连本带息为1 197.22元。

另外,还可以得出,每年复利的次数为 m 时的复利 i 和与其等价的连续复利 i^* 的关系满足:

$$i^* = m \times \ln\left(1 + \frac{i}{m}\right) \tag{8.38}$$

例如,一年复利两次的年利率为6%的等价连续复利为

$$i^* = m \times \ln\left(1 + \frac{i}{m}\right) = 2 \times \ln\left(1 + \frac{6\%}{2}\right) = 5.91\%$$

因此,一笔3年后到期的1 000元存款按6%复利计算(一年复利两次)与按5.91%的连续复利计算,3年后所得的金额是一样的。

可以利用不同国债的市场价格来构造利率期限结构。表8.1列出了7种面值为100元国债的到期期限、票面利率和当前的价格。

表8.1　7种不同国债的价格

到期期限(年)	票面利率	价　格
0.25	0	98.1
0.5	0	96.18
1	0	92.21
1.5	8.5	99.18
2	9	99.37
2.5	11	103.16
3	9.5	99.11

由表8.1中3个月期(0.25年)的国债价格98.1,可以得出以连续复利表示的3个月期的即期利率为

$$4 \times \ln\left(1 + \frac{100 - 98.1}{98.1}\right) = 7.67\%$$

类似地,可以得到以连续复利表示的6个月期的即期利率为

$$2 \times \ln\left(1 + \frac{100 - 96.18}{96.18}\right) = 7.79\%$$

以连续复利表示的1年期的即期利率为

$$1 \times \ln\left(1 + \frac{100 - 92.21}{92.21}\right) = 8.11\%$$

再利用还有1年半到期的第四个国债来计算出1.5年期的即期利率。令 i 为1.5年期的即期利率,由于国债每半年付息一次,可以得到

$$99.18 = 4.25e^{-0.5 \times 7.79\%} + 4.25e^{-1 \times 8.11\%} + 104.25^{-1.5i}$$

求解上式中的 i，得到 1.5 年期的即期利率为 8.94%。

类似地，可以得到以连续复利表示的两年期的即期利率为 9.19%，以连续复利表示的 2.5 年期的即期利率为 9.40%，以连续复利表示的 3 年期的即期利率为 9.70%。最后，得到利率的期限结构如图 8.8 所示。

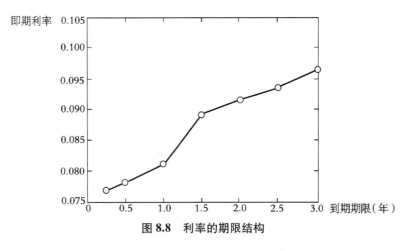

图 8.8　利率的期限结构

（五）债券的久期与凸性

1. 久期

债券风险是指理财主体进行债券投资过程中收益的不确定性。债券收益可用收益率来表示，因为债券收益率与债券价格呈反方向变动关系，所以也常常用债券价格的易变性来衡量其风险。一般来说，债券价格的变化要受到债券期限长短的影响，较长期限的债券价格变动要大于较短期限的债券价格变动，所以，期限长的债券风险高于期限短的债券风险。同时，债券价格变动也要受债券息票额高低的影响，息票额较多的债券价格变动要低于息票额较少的债券价格变动，因此，息票额多的债券要比息票额少的债券风险低。这样，就可以根据以上的标准判定债券的风险，但期限和息票额的不同组合会使判断难以进行。比如，一种期限较长的债券，但却有较高的息票额，那么，息票对债券价格的影响将部分地被期限因素的影响抵消。因此，当把期限—息票效应综合起来考虑其对债券价格的影响时，要判定哪一种债券的风险大，就变得更为困难。除了债券期限长短、息票额大小因素与价格变动有关之外，现金流量的时间长短、息票收入经再投资后所获得的收益率高低等，都构成了债券价格变动的决定因素，仅仅凭一种因素来确定债券的风险，其结果必然是不准确的。

为了解决这一难题，20 世纪 70 年代末期以来，西方资产管理者广泛应用久期这一概念来确定一种债券所面临的风险程度，它综合考虑上述诸因素，避免了仅将债券期限作为影响债券价格变动幅度的唯一因素的局限性，从而为如何防范债券风险提供了一个比较好的定量化的参考指标。久期是对债券类资产价格相对易变性的一种量化估计。债券的久期用于衡量债券持有者在收回本金之前平均需要等待的时间，久期以单位时间年来表示。自从久期被引入后，便在金融资产管理中被广泛地用来进行资产风险的分散化管理，其主要应用可归纳为以下三个方面：一是当利率发生变化时，对债券价格变化或对债券资产组合的价格变化迅速作出大致的估计；二是对债券的现金流量特征如息票、期限和收益率等的影响进行总体的评估，从而提出债券价格相对易变性的估计值；三是达到获取某种特定的债券资产组合的目标,比如消除利率变动对资产组合的不利影响,增强资产组合对抗市场利率变动的免疫力。

久期的计算公式为

$$D = \frac{\sum_{t=1}^{T} PV(c_t) \cdot t}{B} \tag{8.39}$$

式中：D——久期；

$PV(c_t)$——债券未来第 t 期现金流(利息或本金)的现值；

T——债券的到期时间；

B——未来各期现金流(利息或本金)现值之和。

有时为了方便,定义 $DM = \dfrac{D}{1+r}$ 为修正久期(r 为折现率)。

由 $P = \sum_{t=1}^{n} \dfrac{C_t}{(1+r)^t}$,可得

$$\frac{dP}{dI} = \sum_{t=1}^{n} -t \frac{C_t}{(1+r)^{t+1}} = -\frac{1}{(1+r)}DP$$

所以有,$\dfrac{dP}{P} = -\dfrac{1}{(1+r)}Ddr$,近似地,可得

$$\frac{\Delta P}{P} \approx -\frac{1}{(1+r)}D\Delta r \tag{8.40}$$

进一步,可得

$$\Delta P \approx -\frac{1}{(1+r)}DP\Delta r \tag{8.41}$$

因此,久期度量了收益率与债券价格的近似线性关系。通常,久期越大的债券,表示市场利率变动对该债券的影响越大。这类债券对市场利率的变动保持着高度的敏感。同时,只要知道债券现在的市场价格、折现率、久期,当市场利率水平出现变动以后,就可以直接测度出债券价格上涨或下跌的大约比率和绝对金额。

2. 凸性

将 $P = \sum_{t=1}^{n} \dfrac{C_t}{(1+r)^t}$ 按泰勒展开式展开,可得

$$\Delta P = -\frac{1}{(1+r)}DP\Delta r + \frac{1}{2}\sum_{t=1}^{n} t(t+1)\frac{C_t}{(1+r)^{t+2}}\Delta r^2 + \cdots \tag{8.42}$$

式(8.42)的右边忽略第二项及其以后的项,可以得到式(8.40)和式(8.41)。如果保留式(8.42)的右边第二项,可得

$$\frac{\Delta P}{P} = -\frac{1}{(1+r)}D\Delta r + \frac{1}{2P}\sum_{t=1}^{n} t(t+1)\frac{C_t}{(1+r)^{t+2}}\Delta r^2 \tag{8.43}$$

令 $cv = \dfrac{1}{P(1+r)^2} \sum_{t=1}^{n} t(t+1) \dfrac{C_t}{(1+r)^t}$，$cv$ 即为凸性。凸性是对债券价格曲线弯曲程度的一种度量。凸性越大，债券价格曲线弯曲程度越大。可得

$$\dfrac{\Delta P}{P} = -DM\Delta r + \dfrac{1}{2}cv\Delta r^2 \qquad (8.44)$$

因此，式(8.44)相对于式(8.40)更能精确地反映市场利率变化对债券价格的影响。

进一步，还可得

$$\Delta P = -DMP\Delta r + \dfrac{1}{2}cvP\Delta r^2 \qquad (8.45)$$

可见，凸性度量了收益率与债券价格的精确的非线性反比关系，如图 8.9 所示。同时，只要知道债券现在的市场价格、折现率、久期或修正久期，当市场利率水平出现变动以后，就可以测度出债券价格上涨或下跌的精确比率和绝对金额。

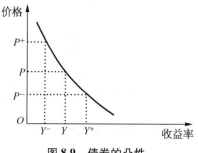

图 8.9 债券的凸性

在图 8.9 中，假定某债券的价格和收益率分别为 P 和 Y。当收益率上升或下降一个固定的幅度时，表现为 $Y^+ - Y = Y - Y^-$，相应的债券价格分别为 P^- 和 P^+。显然，当收益率上升或下降时，债券的价格将下降或上升，即收益率与价格之间呈反比关系；此外，由于 $P^+ - P > P - P^-$，所以，对于相同的变化幅度，收益率上升导致的价格下降幅度小于收益率下降导致的价格上升幅度。

从前面凸性的定义可知，凸性是一种债券价格随市场利率或收益率变化的曲度表示，因此，对于久期相同的各种债券组合，投资者会更偏好凸性高的债券组合。因为当市场利率下降时，凸性高的债券的价格上涨幅度比凸性低的债券的价格上涨幅度更大；而当市场利率上升时，凸性高的债券的价格下跌幅度比凸性低的债券的价格下跌幅度更小。如图 8.10 所示。

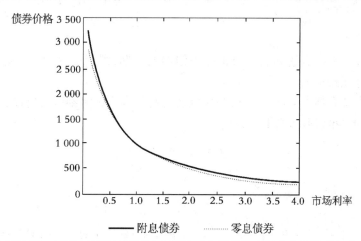

图 8.10 相同久期但凸性不同的债券对市场利率水平变化的敏感程度

可见，高凸性的债券提供了更高的免疫力和组合效能，但这种高凸性的特性绝不是免费的。通常，高凸性的债券会有一个更高的市场价格。这是对出售高凸性债券的卖方必

要的溢价。

3. 久期与凸性的性质

债券的久期与凸性具有以下性质。

(1) 债券的久期小于等于债券的到期期限,零息债券的久期等于债券的到期期限。

由式(8.40)可得

$$D = \sum_{t=1}^{n} \frac{C_t t}{(1+r)^t} \bigg/ \sum_{t=1}^{n} \frac{C_t}{(1+r)^t} \leqslant \sum_{t=1}^{n} \frac{C_t n}{(1+r)^t} \bigg/ \sum_{t=1}^{n} \frac{C_t}{(1+r)^t} = n \quad (8.46)$$

由于零息债券 $C_1 = C_2 = \cdots = C_{n-1} = 0$,$C_n \neq 0$,所以,$D = n$,性质 1 成立。

(2) 债券的久期与凸性是市场利率的非增函数。

由式(8.39)可得

$$\frac{dD}{dr} = \frac{1}{1+r} \left\{ \left[\sum_{t=1}^{n} \frac{C_t t}{(1+r)^t P} \right]^2 - \sum_{t=1}^{n} \frac{t^2 C_t}{(1+r)^t P} \right\} \quad (8.47)$$

因为:$0 \leqslant \frac{C_t}{(1+r)^t P} \leqslant 1$,$\sum_{t=1}^{n} \frac{C_t}{(1+r)^t P} = 1$,所以,我们可以将式(8.47)中的 $\frac{C_t}{(1+r)^t P}$ 看成概率,将 t 当作随机变量,根据 $\mathrm{Var}(t) = Et^2 - [E(t)]^2 \geqslant 0$,所以有 $\frac{dD}{dr} \leqslant 0$。

$$\frac{dcv}{dr} = \frac{1}{(1+r)^3} \left\{ \sum_{t=1}^{n} \frac{C_t t(t+1)}{(1+r)^t P} \sum_{t=1}^{n} \frac{C_t t}{(1+r)^t P} - \sum_{t=1}^{n} \frac{t(t+1)(t+2)C_t}{(1+r)^t P} \right\}$$

$$= \frac{1}{(1+r)^3} \{ E(t)E[t(t+1)] - E[t(t+1)(t+2)] \}$$

由于 $\mathrm{Cov}[t(t+1),(t+2)] \geqslant 0$,因此,$E[t(t+1)(t+2)] \geqslant E(t)E[t(t+1)]$,所以:

$$\frac{dcv}{dr} \leqslant \frac{1}{(1+r)^3} \{ E(t)E[t(t+1)] - E[t(t+1)]E[(t+2)] \} < 0$$

因而性质 2 成立。

(3) 如果投资者持有债券的期限正好为债券的久期,则利率变动所引起的再投资风险和价格风险正好互相抵消。

假定投资者持有债券的期限为 x,则投资者持有债券到 x 时刻后出售债券得到的价格收入及持有期间的再投资收入总和 f 满足:

$$f = P(1+r)^x$$

令 $\frac{df}{dr} = 0$,可得

$$\frac{dP}{dr}(1+r)^x + Px(1+r)^{x-1} = -DP(1+r)^{x-1} + xP(1+r)^{x-1} = 0 \quad (8.48)$$

所以,如果式(8.48)成立,可以得到 $x = D$,因此,如果投资者持有债券的期限正好为债券的久期,则投资者持有债券的收益对利率的变化是免疫的。

（4）债券的久期和凸性具有可加性。

考虑一个由 m 个债券组成的债券组合,记债券 $j(j=1,2,\cdots,m)$ 的价格为 P_j,久期为 D_j,凸性为 cv_j,市场对其要求的回报率为 r_j,记债券组合的现值为 P,久期为 D,凸性为 cv,则:

$$P = \sum_{j=1}^{m} tP_j = \sum_{j=1}^{m}\sum_{t=1}^{n} \frac{C_t}{(1+r_j)^t}$$

债券 j 在债券组合中的权重为 w_j,即 $\frac{P_j}{P}$,由久期的定义可得

$$D = \frac{\sum_{t=1}^{n} t \sum_{j=1}^{m} \frac{C_t}{(1+r_j)^t}}{P} = \frac{\sum_{t=1}^{n} t \sum_{j=1}^{m} \frac{C_t}{(1+r_j)^t} w_j \frac{P}{P_j}}{P}$$

$$= \frac{\sum_{j=1}^{m} w_j \frac{P}{P_j} \sum_{t=1}^{n} t \frac{C_t}{(1+r_j)^t}}{P} = \sum_{j=1}^{m} w_j D_j$$

类似地,可得

$$cv = \sum_{j=1}^{m} w_j cv_j$$

以上几个性质在实际的债券组合管理中得到了广泛的应用。久期是衡量利率变动对债券收益影响程度的指标,久期越长,表示债券对利率变化的敏感程度越高,债券的风险也越高。因此,将债券组合的久期与投资者的投资期限相互匹配,是理财者的目标之一。假定某机构投资者想构造一个久期为 D 的债券组合,它可以在市场上合适的备选债券中构造某个组合权重为 $w=(w_1, w_2, \cdots, w_n)$,使得该组合的久期为 D。由于满足这一条件的组合权重可能有很多,为简化起见,可以进一步假定投资者选择那些期望收益最高的债券组合。用数学形式描述如下(限制卖空):

$$\text{Max} \sum_{j=1}^{n} w_j E(r_j)$$

$$s.t. \sum_{j=1}^{n} w_j D_j = D; \quad \sum_{j=1}^{n} w_j = 1; w_j \geq 0$$

4. 债券的凸性与久期的关系

债券的凸性与久期都涉及债券收益率变动与债券价格变动之间的关系。图 8.9 形象地描述了债券收益率与债券价格之间的反比关系,即凸性。然而,这种反比关系是非线性的。图 8.11 中的曲线与图 8.9 中的曲线完全相同。图 8.11 中的直线与曲线的切点,正好是债券当前的市场价格与收益率的组合点。这条直线的函数表达式为式(8.40),说明债券价格与收益率之间呈线性的反比关系。

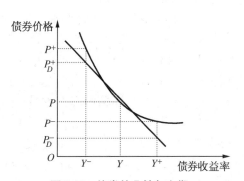

图 8.11 债券的凸性与久期

在图 8.11 曲线中,当收益率从 Y 上升到 Y^+,或者从 Y 下降到 Y^- 时($Y^+ - Y = Y - Y^-$),债券的价格分别下降到 P^- 或者上升到 P^+。但是,在图中的直线上,对于相同的收益率变动,债券价格则分别下降到 P_D^- 或者上升到 P_D^+。$(P^- - P_D^-)$ 和 $(P^+ - P_D^+)$ 就是根据凸性和久期分别决定的债券价格变动幅度的误差。这种误差出现的原因在于式(8.40)本身就是一个近似计算。换言之,债券的凸性精确地描述了债券价格与收益率之间非线性的反比关系;而债券的久期将债券价格与收益率的反比关系视为线性的,只是一个近似的公式。然而,图 8.11 同样表明:当收益率变动幅度比较小时,久期与凸性的误差也比较小,所以,对于比较小的收益率变动,久期的公式(8.40)能够比较准确地反映债券价格的变动。

三、证券投资基金的价值评价

(一) 基金价格决定的基础

基金的价格决定于基金的单位净资产值。对基金进行价值评价和估值就是要科学、合理地确定单位基金的净资产值。基金单位净值是基金投资经营业绩的重要体现,也是基金市场价格变化的基础。对基金进行估值的主要目的是通过估值可以比较准确地对基金进行计价和报价以及使基金价格能较准确地反映基金的真实价值。

基金单位净值的计算公式为

$$V = \frac{C - D}{W} \tag{8.49}$$

式中:V——单位基金资产净值;
C——基金资产总值;
D——基金负债总值;
W——基金单位总数量。

基金资产总值是指一个基金所拥有的总资产在每个营业日收市后按收盘价格或其他公允价格计算的总资产价值。基金的总资产包括持有的股票、债券、权证、短期票据等证券类资产以及银行存款、现金、提留的准备金和实物等非证券类资产。在计算基金资产总值时,非证券类资产的估值或价值评估比较容易和直观,而证券类资产的估值或价值评估就比较复杂。针对证券类资产的不同特点,其价值的确定方法也有所差异:对于上市股票和权证,以计算日集中交易的市场收盘价格为准;计算日没有收盘价格的,以上一交易日的收盘价格为准;未上市的股票和权证,由有执业资格的会计师事务所或资产评估机构测算。对已上市的债券,以计算日的收盘价格为准,计算日没有收盘价格的,以上一交易日的收盘价格为准;未上市的债券,一般以其面值加上至计算日止的应计利息为准。对于短期票据,以买进成本加上自买进日起至计算日止的应计利息为准。

基金负债主要是指至计算日止对基金托管人应付未付的托管费和对基金管理人应付未付的管理费以及包括应付税金在内的其他应付款等。

影响基金单位净值的因素较多。由于基金所持证券类资产的价值随市场价格波动而不断变化,因此基金总值、净值也在不断变化。基金负债包括基金经营管理中各种费用,如果经营管理费用多,基金净值就低;反之,则相反。基金单位数量的变化也是重要影响因素,对封闭式基金来说,一次发行,然后封闭,在一定期限内,其单位数量是不变的,因而这一因素是常量;而开放式基金可不断发行新基金,也可不断赎回,因此这一因素是变量。基金的净值确定后,基金价格也就可大致测定出,因为基金净值是基金内在价值,它决定基金的市场价格,这一点在开放式基金中表现最为典型,基金净值越高,其价格也越高;反之,则相反。

基金的估值由基金管理人实施,基金托管人要对估值结果加以核实,以确保估值的合理性和准确性。基金管理人对基金的估值在某些情况下有权暂停,比如基金投资所涉及的证券交易场所遇法定节假日或因故暂停营业;出现巨额赎回的情形;出现其他无法抗拒的原因,致使管理人无法准确评估基金的资产净值等。

(二)基金发行价格与交易价格

基金发行价格是指基金发行时投资者购买基金单位的认购价格。它主要由三部分组成。一是基金面值,类似于股票面值,它仅是将基金总额作等额划分,便于表明投资者持有份额与分配比例,不代表基金实际价值。基金面值通常为1元。二是发行费用,即基金成立时发生的费用,一般占基金发起总额的2%~5%,一次分摊在基金单位售价内。三是基金销售费。后两项总称为基金发行手续费。由此可见,基金发行价格=基金面值+手续费。若封闭型基金分几次发行,后发行的单位基金价格就以基金净值而不是面值为基础了。因为前期募集资金已有收益,不能摊薄净值,即发行价格=净值+手续费。

基金交易价格是指基金在二级市场流通的价格。对开放式基金来说,投资者可随时申购与赎回,不必上市交易,因而无发行价格与交易价格之分。开放式基金价格只有赎回与申购两种价格。赎回价格是投资者将持有的开放式基金赎回为现金时使用的价格,赎回价格=基金单位净值-赎回手续费;申购价格是投资者将持有的现金用于申购开放式基金单位时使用的价格,申购价格=基金单位净值+申购手续费。由于手续费为固定的费率,因而决定开放式基金价格的变动因素是基金单位净值。封闭式基金不存在再次发行及赎回问题,因而必须上市交易。无疑地,其市场价格除了受净资产值影响外,还有市场供求关系、投资者心理、市场炒作等复杂因素。

(三)基金价格形成机理

封闭式基金价格决定的基础仍然是基金单位净资产值,但因供求关系或其他因素所致,交易价格经常高于或低于净值,即市场价格出现溢价或折价现象。当然,与股票相比,市场价格偏离净值不会太远,幅度很有限。

开放式基金价格不受供求关系的影响,基金单位净值为唯一依据,虽然还有手续费因素,但它是固定的,因此,只要评估出基金单位净值,即可完成其估值和掌握其市场价格的合理价位。

对开放式基金来说,基金单位净值计算有历史价格与期价两种计算方式。

历史价格计算公式为

$$NAV = \frac{P_0 + c}{w} \tag{8.50}$$

式中:NAV——单位基金资产净值;

P_0——根据上一交易日收盘价计算的总值;

c——现金;

w——已售出的基金单位总数。

期价计算公式为

$$NAV = \frac{P_1 + c}{w} \tag{8.51}$$

式中：NAV——单位基金资产净值；

P_1——根据当日收盘价计算的总值；

c——现金；

w——已售出的基金单位总数。

由于投资者在收盘前进行基金买卖是无法确切知道当日收盘价的，故称为期货价，这就是在实际交易中的申购与赎回往往采用"未知价原则"的原因。

第四节　金融衍生品市场理财工具与产品的价值评价

一、金融期货的价值评价

（一）金融期货价格与远期价格、现货价格及预期未来现货价格的关系

金融期货价格是指当前确定的、在未来支付的标的金融资产价格，即根据当前市场信息对标的金融资产未来价格所作的估计值。

期货交易相较于远期交易有四个特点：一是交易合同规模、交割日期统一规定；二是实施保证金交易制度，确保交易双方履约；三是现金流量因执行逐日盯市制度而随时发生；四是到期实际交割为少数，大多到期前反向交易对冲合约而平仓。当然，由于两种交易都实行当前成交、未来交割的方式，因而也有许多相似之处。正是两种交易有同有异，所以两种价格的形成变化既有相同点又有区别点。从理论上讲，在利率一定的情况下，到期日相同的期货价格与远期价格应该是相等的，然而，在实际生活中，利率不可能不变化，即使变动也并非都能准确预测，由此，期货价格与远期价格就会产生差异，差异主要在于：若利率变化与期货价格正相关（即利率上升，期货价格也上升；反之，则相反），那么，即使其他条件不变，期货价格应高于远期价格。若期货对应的标的金融资产为货币时，即呈现这一特点。若利率变化与期货价格负相关（即利率上升，期货价格下跌；反之，则相反），那么，即使其他条件不变，期货价格应低于远期价格。若金融期货以债券、股票为标的，就会呈现这一特点。若利率变化与期货价格不相关，期货价格等于远期价格。除了利率因素以外，税收手续费的差异也是导致两者区别的重要因素。再有，期货合约流动性大，更容易转手，因而比远期合约更有吸引力，于是价格更高些。尽管期货价格与远期价格存在这些区别，但考虑到两种合约期限都不长，利率影响并不大，其他因素也可忽略不计，因此，期货价格的研究可以远期价格替代，即两者的价格决定原理是一样的。

期货价格是指未来的现货价格。在期货合约期限内，期货价格会逐步与未来现货价格趋于一致，合同到期时期货价格与现货价格完全一致，至少非常接近，否则会产生明显的套利机会和套利行为，而套利者买低卖高将迫使期货价格与现货价格重新趋合。虽然现货价格、期货价格有到期趋合的特点，但在这一过程中，两者并非时时一致，反而经常会出现差异。期货价格与现货价格之间的差异称为基差，这种基差正是期货投机的基础和动力。

投资者对未来现货价格会作出预期，预期价格与期货价格又是什么关系呢？如果市场

是高效率的,预期价格应是对未来实际现货价格的无偏离估计,从这个意义上讲,预期价格与期货价格是一致的,但预期毕竟是预期,不可能与实际价格一致,因此两者偏离是经常的,由此才会产生低买高卖的投机。

(二) 金融期货的估值模型

影响金融期货价格最直接的主要因素有现在以现货价格买入金融期货合约标的资产到交割日可能带来的持仓费用、持仓期间可能带来的利息之类的收入;买卖合约至交割日期这段时间内相关金融资产现货价格及供求关系发生的变化等。金融期货的定价都必须考虑这些因素。

1. 假定条件

(1) 不存在交易成本;

(2) 交易产生的利润不纳税或税率都相同;

(3) 市场存在唯一一个无风险利率,投资者可在此基础上无限制地借贷款;

(4) 市场参与者灵活套利,使任何套利机会在刚出现时就消失;

(5) 为保证充分套利,允许卖空行为,投资者可出卖本人并不拥有的金融资产,并在一段时间内赎回;

(6) 所有利息均按连续复利计算,e^{rT} 为未来值,e^{-rT} 为现值,其中 e 为自然对数的底数(e 等于 2.718 28、r 为无风险利率、T 为期限)。

2. 符号说明

S 为相关证券当前的价格;

S_T 为相关证券 T 时的价格(目前未知);

f 为当前期货合约的价格;

F 为当前的期货价格;

K 为期货合约中协定交割价格;

r 为按连续复利计算的无风险年收益率;

$E(\cdot)$ 为预期价格;

T 为合约到期日的时间。

3. 期货估值模型

根据期货对应的相关金融资产能否提供股息红利的不同特点,可设计出不同的估值模型。主要种类有:以不提供利息、红利收入的金融资产为基础资产的期货估值模型;有确定的利息、红利收入额的金融资产作为基础资产的期货估值模型;有固定的利息率、红利率的金融资产为基础资产的期货估值模型。

(1) 不提供收入的金融资产的期货估值模型。

这一估值模型主要针对在期货合约有效期内,相关的金融资产没有利息、红利发放的期货设计的,如贴现债券就是其典型的代表,又如为扩大投资暂不发放红利的公司股票也属此类。

如果一个市场是高效率的,任何套利的机会都不存在,那么,上述金融资产当前的期货价格 F 与当前金融资产(期货对应的基础资产)的市场价格 S 应满足如下条件:

$$F = Se^{rT} \tag{8.52}$$

如何来理解这一公式呢？为什么期货价格等于以当前金融资产价格为本金的按无风险利率计算的未来值呢？

上述讨论已提及持仓费用问题，持仓费用通常包括两项费用：一是利息费用，即因拥有金融现货资产而占用资金的利息损失，实际上是一种机会成本；二是自然收益，即在有效期内占有现货金融资产可能带来的利息和红利收入。实际上，对于现在讨论的期货，合约标的金融资产不存在第二项费用，仅涉及第一项费用。由此，问题就变得清晰了，因为持有金融资产现货者占用了资金，在有效期内产生了利息损失，如果是借来的资金还要承担利息费用，而持有期货合约者则相反，拥有了资金而可进行无风险投资以获取无风险收益，于是两者利益不等。在一个有效市场，这种现象不会存在下去，因为 $F=S$，谁都会买入 F 而出售 S 以完成套利。随着市场自身调节功能的作用，必然使 F 价格上涨，直到持有现货者利益得到补偿，与 F 持有者利益均衡为止，才不发生套利机会和套利行为，于是最后形成了 $F=Se^{rT}$ 的平衡关系。

以下的推理可进一步说明这个问题。

如果 $F>Se^{rT}$，套利者可进行以下的套利操作：

第一，期初以无风险利率 (r) 借入 S 元，购买一个单位的现货金融资产，同时去期货市场卖空一个单位的期货金融资产；

第二，到期末 T 时，交割期货合约，以 F 的约定价格出售手中的金融资产，同时归还贷款，连本带利为 Se^{rT}。

结果是套利者在 T 时可稳获 $F-Se^{rT}$ 的收益。

反之，若 $F<Se^{rT}$，投资者可进行以下的套利操作：

第一，期初在现货市场卖空金融资产，得到 S 收入，并将这笔收入投资于货币市场，获取 r 的利率，同时在期货市场买空一个单位的期货金融资产，即在期货市场上建立多头部位。

第二，T 时交割期货合约，支付 F 的价格，得到现货金融资产，即结束现货市场上空头部位，同时连本带利得到 $Se^{rT}-F$ 的利润。

显然，无论 $F>Se^{rT}$ 还是 $F<Se^{rT}$，都会产生套利机会和套利行为，不断进行套利，最终趋于平衡，使 $F=Se^{rT}$。

在期货价格确定后，又如何确定期货合约 f 的价值呢？以下再作推理。

假设一份期货合约的数量为一个单位金融资产，现有两个资产组合，即资产组合 A 与资产组合 B。

资产组合 A：一份期货合约的多头部位 f 加上金额为 Ke^{-rT} 的现金；

资产组合 B：持有一个单位金融资产 S。

到了 T 时，组合 A 的现金部分进行无风险投资增值到 K，正好用来交割远期合约，得到一个单位现货金融资产。这与组合 B 的内容完全相同。既然如此，两个组合期初的价值应相等，否则就会产生套利机会和套利行为。从套利不可能条件出发可得

$$f + Ke^{-rT} = S$$

即

$$f = S - Ke^{-rT} \tag{8.53}$$

上式表明：期货合约的内在价值（理论价格）应是当前现货金融资产价格与期货合约中

的协定交割价之差。

由于期货合约 f 的初始价值为零(推理省略),协定价 K 应等于合约开始时的期货价 F,令 $f=0$, $F=K$,得

$$K = Se^{rT} = F$$

这与上述估值模型相一致。

(2) 提供确定收入额的金融资产期货估值模型。

这一估值模型适用于有效期内相关金融资产能提供利息红利收入额的期货合约。

占有这一类合约,既存在利息费用问题,又有自然收益,所以,估值时必须同时考虑这两个因素。在考虑后一个因素时,应注意到这样一个事实,即持有期货合约者实际是放弃了持有现货金融资产可能带来的收入(利息红利收入),这样会使持有期货吸引力减弱,为求得平衡,必须将这些收入折成现值,并从期货价格中减去。从另一个角度看,股票分红后要除权,即其市场价格会下跌,因此也应在一个单位金融资产中扣除这部分收入,考虑到这部分收入是未来得到的,求当前价格就必须折算成现值。若利息收入的现值为 I,那么,计算公式为

$$F = (S - I)e^{rT} \tag{8.54}$$

以下作进一步推导。

资产组合 A:一份期货合约的多头部位(f)加上金额为 Ke^{-rT} 的现金;

资产组合 B:一份单位扣除期限内收入现值后的金融资产($S-I$)。

由于两个组合 T 时价值相同,因而,两者的现值也应相同,即:

$$f + Ke^{-rT} = S - I$$

转换公式,得出期货合约的价值:

$$f = S - I - Ke^{-rT} \tag{8.55}$$

在合约始点上,合约价值为零,协议价 K 即为当前的期货价格,即:$f=0$, $F=K$,所以,可知:

$$F = (S - I)e^{rT}$$

同样,若市场实际期货价格偏离这一内在价值(理论价格),套利者便有机会,但套利结果最终会使市场价格趋于这一内在价值。

(3) 提供固定收益率的金融资产期货估值模型。

这类金融资产在未来一段时间的收益率(货币收益与金融资产价格的比率)可确定,如收益率相对稳定的股票、债券等即属此类。令确定的收益率为 d,并将上述的资产组合 B 改为一份 Se^{-dT} 价值的金融资产,并且假定合约期内金融资产带来的收入再投资于该类金融资产。

在组合 B 中,金融资产数量随时间推移和红利的不断再投资而增加,到 T 时,正好为一个单位金融资产,于是,组合 B 的初始价值应该与组合 A 相同,得到平衡公式

$$f + Ke^{-rT} = Se^{-dT}$$

这类期货合约的价值为

$$f = Se^{-dT} - Ke^{-rT} \tag{8.56}$$

令 $F = K$, $f = 0$, 得期货价格公式为:

$$F = Se^{(r-d)T} \tag{8.57}$$

应当指出,以上公式的推导与给定是以高效率市场为基础的。然而,现实市场并不都是有效率的。由于交易有费用,假定费率为 C, 那么,不存在套利机会的期货价格不应该是一个确定值,而是一个区间。以不提供货币收入的金融资产期货为例,首先,其价格区间是 $[S(1-C)e^{rT}, S(1+C)e^{rT}]$。期货价格可长时间在上述区间波动而不引致套利活动。其次,借入借出资金的利率是有差异的,通常借入利率(R_B)大于借出利率(R_L)。均衡价格必然位于 $[Se^{R_L \times T}, Se^{R_B \times T}]$ 之间。再次,卖空者将全部资金进行无风险投资的假设也不成立,因为经纪人要扣留部分保证金,令垫头比率为 m,则均衡期货价格应位于 $[mSe^{rT}, Se^{rT}]$ 之间,考虑到上述因素,现实市场上期货价格不是一个确定值,而是一个区间的事实就可接受了。

(4)股指期货的估值模型。

股票指数实际可看作这个指数所涵盖的股票所构成的投资组合的价格。这个组合是有股息支付的。基于这种考虑,股指期货就如同一个有股息支付的股票期货一样,其估值既可采用提供固定收益率的金融期货估值模型,也可采用提供固定收入额的金融期货估值模型。

假定股指所对应的股票提供一个连续的股息收入,设 q 为股息收益率,那么,其估值模型为

$$F = Se^{(r-q)T} \tag{8.58}$$

如果实际期货市场指数期货价格偏离 F,指数套利便成为可能。若指数期货价格偏高,套利者可在股票现货市场购入组成指数的一篮子股票,同时在期货市场售出指数期货合约,从而套利。指数期货价格偏低时的套利活动常常由那些已持有基础金融资产(股票)的投资者来从事,即做出与上述相反的交易即可。由于在很多时候,指数套利未必要买入或卖出所有计入指数的股票,只要挑选其中有代表性的、与指数变动基本同步的几只股票即可。

假定期货合同期限内具体股息收入金额及时间可估算,那么,股指可被看作带来固定已知收入额的金融资产。其估值模型为

$$F = (S - D)e^{rT} \tag{8.59}$$

其中,D 为股指所涉及股息的现值。

二、金融期权的价值评价

金融期权价格由内在价值与时间价值构成。影响金融期权价格的因素主要有期权所处的状态、期权合约期限、无风险收益率、期权合约标的金融资产的现货市场价格波动状况、分红派息等。因此,金融期权的价值评价与估值必须充分考量这些因素的影响。

(一)金融期权的二项式定价模型

1. 二项式定价模型的假设

(1)期权价格计算不涉及交易费用与税收;

(2)可以无风险利率为基准无限制地借与贷;

(3)市场不存在套利机会;

(4)考虑期权期限短,所有的折现率按连续复利计算(e^{rT} 为未来值,e^{-rT} 为现值)。

2. 相关符号的含义

(1) S——当前期权合约标的金融资产现货市场价格;

(2) X——期权协定价格;

(3) T——期权合约到期日;

(4) S_T——T 时期权合约标的金融资产现货市场价格;

(5) r——与期权到期日相同的无风险投资收益率;

(6) C——购买一份金融资产的美式看涨期权价格;

(7) P——出售一份金融资产的美式看跌期权价格;

(8) c——购买一份金融资产的欧式看涨期权价格;

(9) p——出售一份金融资产的欧式看跌期权价格;

(10) σ——金融资产现货市场价格波动的标准差。

3. 单一时期二项式定价模型

二项式定价模型假设金融资产市场价格变动呈两次分布的形式,也就是在单一时间里,价格变动只存在上升一定幅度或下跌一定幅度两种情况;而上升下跌的概率是呈两次分布的。虽然这种假设过于简单,但它抓住了金融期权定价中的重要因素,所以也具有重要意义。

单一时期二项式定价模型是最简单的一种情况。由于在定价原理上是相通的,因此在讨论了单一时期二项式定价模型后,将过渡到两个时期以及比较复杂的 n 个时期的二项式定价。

为了较好地说明定价的过程,先从一个实例开始。

有一只股票的当前现货市场价格为 20 元,如果下一期即 1 个月后股票价格只有两种可能(概率差二次分布),要么 22 元,要么 18 元,那么协定价格为 21 元的 1 股股票的欧式看涨期权价格为多少呢? 根据上述数据可知,要是股价高达 22 元,届时期权价格为 1 元(22-21);反之,若股价跌到 18 元,期权呈虚值为 0。如图 8.12 所示。

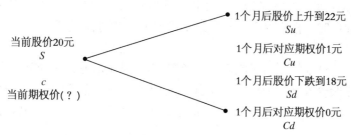

图 8.12 单一时期期权价格变化

图 8.12 中: u、d 分别表示股价涨跌变动幅度系数 $\left(u = \dfrac{Su}{S} > 1, d = \dfrac{Sd}{S} < 1\right)$; Su、Sd 分别表示股价后一期上涨下跌的价格; Cu、Cd 分别表示期权后一期对应的价值。

为求解当前期权价格,可以设计这样一个资产组合:

资产组合为 a 股股票的多头部位加 1 份看涨期权空头部位。

如果 1 个月后股价为 22 元,则组合价值为 $22a-1$;如果股价为 18 元,则组合价值为 $18a-0$。为使这一组合成为无风险投资(即不存在无风险套利机会),这两种组合价值应相等,即:

$$22a - 1 = 18a$$

解出:

$$a = 0.25$$

这就是说,可以通过买进 1/4a 股票而同时卖出 1 份 a 股票看涨期权构造投资组合。如果股价涨到 22 元,届时该组合价值为 $22 \times 0.25 - 1 = 4.5$ 元;如果股价跌到 18 元,届时该组合价值也为 $18 \times 0.25 = 4.5$ 元。

那么,如何确定当前该组合价值呢?

由于无风险投资组合收益率必须等于无风险利率,否则会有无风险套利机会出现。假定无风险利率为 12%(年率),则上述投资组合现值为 $4.5e^{-0.12 \times \frac{1}{12}} = 4.4555$ 元,也就是说:$20a - c = 4.4555$ 元,$20 \times 0.25 - c = 4.4555$ 元,$c = 0.5445$ 元。

计算结果是该期权当前价值应为 0.5445 元。只有在这个价格时,才没有任何套利的机会。假如期权市场上实际价格高于它,那么就会有更多人卖出期权、买入股票,由此促使期权价格下降;反之,期权市场实际价格低于它,则出现买入期权而卖出股票的相反套利行为,又使期权价格上涨。由此可见,市场会自行调节,最终使期权价格向其理论价格收敛。

由于以上讨论的是单一时期定价,因变量较少,所以便于推导,容易算出。为规范起见,并与以后 n 个时期模型统一,可将单一时期的定价公式表述如下:

$$c = e^{-rT}[qCu + (1-q)Cd] \tag{8.60}$$

其中

$$q = \frac{e^{rT} - d}{u - d}$$

要注意的是,上述公式并没有涉及股价下一期向上向下变动的概率,据此公式,是否股价上涨概率为 0.8、下跌概率为 0.2 与上涨概率 0.2、下跌概率 0.8 对期权估值产生同样的影响呢? 这不是与期权的最后收益取决于股价变化这一原理发生矛盾吗? 因为股价上涨概率增大,期权收益和现时价格应上升。其实这不难理解,因为股价上升的概率会反映在现时价格 S 中。影响最后期权价格的变量是 Cu、Cd、q 和 r,而前三个变量是由 S、u、d、r 和 X 共同决定的,因而在计算期权相对于股价的价值时,对于给定的股价 S,就可计算出相应的期权价值,而无须考虑股价本身变动概率。这种风险中性估价法是衍生金融资产定价的基本方法。因为它是以这样一个假设为前提的:股票无论风险多高,它的预期收益率应等于无风险收益率。

从另一个角度考察,虽然式(8.60)表面上与股价上涨概率无关,但如果将 q 解释成隐含的股价向上变动的概率,而 1-q 则相应看成股价向下变动的概率,这样就可以理解了。当然,这种隐含的概率是通过股票收益率等于无风险利率这一已定条件估算出的,即股价在这一时期是以无风险利率上升的。

到此,就可得出结论:期权的价格等于以无风险利率折现该期权在到期日预期值所得的现值。

4. 两个时期二项式定价模型

实际生活中,单一时期的假设过于简化,也不适用,由此可以延伸。下面讨论两个时期的二项式定价情形。

先看图 8.13 的两个时期股价变动情况 ($T_1 = T_2 = \Delta T$)。

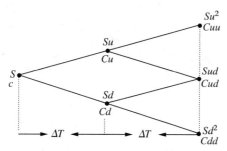

图 8.13 两个时期期权价格变化

为求出 c,仍按单一时期方法,先计算第二时期内的 Cu 和 Cd,有

$$Cu = e^{-r\Delta T}[qCuu + (1-q)Cud] \tag{8.61}$$

$$Cd = e^{-r\Delta T}[qCud + (1-q)Cdd] \tag{8.62}$$

再计算第一时期内的 c:

$$c = e^{-r\Delta T}[qCu + (1-q)Cd] \tag{8.63}$$

将式(8.61)和式(8.62)代入式(8.63),有

$$c = e^{-r\Delta T}[q^2 Cuu + 2q(1-q)Cud + (1-q)^2 Cdd] \tag{8.64}$$

其中

$$q = \frac{e^{r\Delta T} - d}{u - d}$$

上式仍以风险中性估价法为基础,式中 q^2、$2q(1-q)$ 及 $(1-q)^2$ 分别是期权在到期日价值达到高、中、低三种可能结果的概率。

仍沿用单一时期的数据 $\left(\Delta T = \dfrac{1}{12} \text{年,变动幅度} = 10\%, r = 12\%\right)$,由此给出 $Su^2 = 24.2$,$Sud = 19.8$,$Sd^2 = 16.2$。

进一步可算出

$$Cuu = 24.2 - 21(\text{协定价格}) = 3.2$$
$$Cud = 19.8 - 21 = 0(\text{虚值})$$
$$Cdd = 16.2 - 21 = 0(\text{虚值})$$

如图 8.14 所示。

代入两个时期二项式模型(式(8.61)~式(8.63)),可得

$$q = \frac{e^{-0.12 \times \frac{1}{12}} - 0.9}{1.1 - 0.9} = 0.55$$

$$Cu = e^{-0.12 \times \frac{1}{12}}[0.55 \times 3.2 + (1 - 0.55) \times 0] = 1.742\,4 \text{ 元}$$

$$Cd = e^{-0.12 \times \frac{1}{12}}[0.55 \times 0 + (1 - 0.55) \times 0] = 0 \text{ 元}$$

$$C = e^{-0.12 \times \frac{1}{12}}[0.55 \times 1.742\,4 + (1 - 0.55) \times 0] = 0.948\,7 \text{ 元}$$

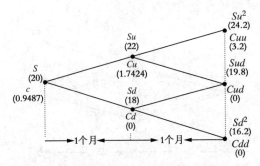

图 8.14 欧式期权两个时期二项式定价模型实例

所以,当前该期权的价格应该是 0.948 7 元。

5. n 个时期的二项式定价模型

根据同样原理,可以将期权至到期日分割成 n 段,每段长度 $\Delta T = T/n$。由此形成图 8.15。

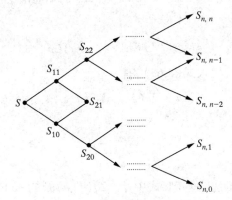

图 8.15 n 个时期二项式树状图

根据图 8.15,在到期日,也就是第 n 个时期末,股价 S_T 等于 S_{nj} 的一个值,$j = 0, 1, \cdots, n$。j 代表的实际上是在 n 个时期内股价向上变动的次数。因每个时期内股价变动系数是 u 或 $d(u > 1, d < 1)$,所以,有

$$S_{nj} = Su^j d^{n-j} \tag{8.65}$$

而股价达到 S_{nj} 的概率是

$$P_{nj} = P(S_T = S_{nj}) = C_n^j q^j (1-q)^{n-j} \tag{8.66}$$

式中: $q = \dfrac{e^{r\Delta T} - d}{u - d}$,$C_n^j$ 是组合系数,代表 S 到达终点 S_{nj} 有 C_n^j 种不同的路线。

在到期日可能出现的各种股价下,期权的价值也是已知的,即

$$C_{nj} = \text{Max}\,(S_{nj} - X, 0) = \text{Max}(Su^j d^{n-j} - X, 0) \tag{8.67}$$

令 x 为使期权在到期日仍处于有利价所需的股价向上运动的次数为最小值,则期权到期时处于有利价的概率为

$$P(S_T > X) = \sum_{j=x}^{n} C_n^j q^j (1-q)^{n-j}$$

即有

$$C_{nj} = 0, 如果 j = 0, 1, 2, \cdots, x-1$$
$$C_{nj} = S_{nj} - X, 如果 j = x, x+1, \cdots, n$$

已知到期日的期权价值,则第 $n-1$ 个时期末的期权价值可据单一时期二项式模型计算出,即

$$C_{n-1,j} = e^{-rT}[qC_{n,j+1} + (1-q)C_{n,j}], j = 0, 1, 2, \cdots, n-1$$

可以一直重复上式计算,直到算出起点时期权的价值。

同样,可以将期权价值写成是以无风险利率折现期权在到期日价值的期望值所得的现值,即

$$c = E(c_n)e^{-rn\Delta T} = E(c_n)e^{-rT} \tag{8.68}$$

$$E(c_n) = \sum_{j=x}^{n} c_n^j q^j (1-q)^{n-j} u^j d^{n-j} S - X \sum_{j=x}^{n} c_n^j q^j (1-q)^{n-j}$$

将上式代入式(8.68),得

$$c = e^{-rn\Delta T}\left[\sum_{j=x}^{n} c_n^j q^j (1-q)^{n-j} u^j d^{n-j} S - X \sum_{j=x}^{n} c_n^j q^j (1-q)^{n-j}\right] \tag{8.69}$$

其中

$$q = \frac{e^{r\Delta T} - d}{u - d}$$

这就是 n 个时期的二项式期权定价模型。

6. 二项式模型在美式看跌期权及有股息的美式看涨期权中的运用

以上对二项式模型的讨论只涉及欧式看涨期权,实际上也可适用于欧式看跌期权及美式期权。

对欧式看跌期权来说,只要转换损益计算公式(将 $S-X$ 转为 $X-S$)就可使用这一模型,即把 c 的计算转为 p 的计算即可。

对美式期权来说,因为看涨期权提前执行并非最佳,所以它与欧式期权计算的情况一样。而美式看跌期权及有股息支付的美式看涨期权,因提前执行更佳,所以要另外分析。

对有提前执行可能的期权,可从二项式模型的终点,即到期日,回溯二项式树形结构,对每一段路径上提前执行的可能性及对期权价值的影响进行考虑,最终计算出起点时期权的正确价格。

比如,有一欧式看跌期权,协定价格为 34 元,1 年后到期,每半年为一段时期,每时期或上升或下跌 10%,无风险利率为 8%,按两个时期二项式模型计算可得出各时点的股价及期权价格(见图 8.15)。应注意的是,看跌期权损益计算与看涨期权相反,即 $S-X$ 转为 $X-S$。如图 8.16 所示。

据计算结果可知,该欧式看跌期权当前价格为 2.438 元。假定上述数据不变,将其转为美式期权,下面讨论一下提前执行的情况。

先考虑 B 点与 C 点情况。在 B 点,提前执行该期权收益为 1 元(34-33)。而根据模型推出的期权价格为 1.222 元,显然,提前执行不利,因为 1 元<1.222 元。在 C 点,提前执行该期权收益为 7 元(34-27),而根据模型推出的期权价格为 5.667 元,因为 7 元>5.667 元,因

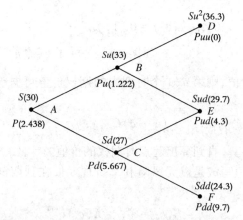

图 8.16 美式看跌期权两个时期二项式模型计算实例

此,应提前执行。据此,重新计算 A 点时(当前)的期权价值:

$$q = \frac{e^{0.08 \times 0.5} - 0.9}{1.1 - 0.9} = 0.7041$$

$$P = e^{-0.08 \times 0.5}[0.7041 \times 1.222 + (1 - 0.7041) \times 7] = 2.817 \text{ 元}$$

在 A 点时,提前执行期权的收益为 34-30=4 元,显然,4 元>2.817 元,由于 A 点执行比 C 点收益更大,因而期权在 A 点时就应提前执行,期权价值为 4 元。

对于有股息存在的期权,可根据同样的程序对整个股价及期权价值的两项运动过程加以分析,直至导出起点时的期权价格。具体计算过程不再讨论。

最后要指出的是:第一,在实际应用中,含有一个时期与两个时期的二项式模型都过于简单,通常会被分割成几十个时期。但无论分割成多少个时期,为计算方便,都假定每个时期长度相同,即 $T_1 = T_2 = \cdots = T_n = \Delta T$。第二,实际应用中,$u$ 和 d 的值是根据股价波动性(标准差 σ)来确定的(前面 10% 波动仅是假设)。较常用的计算方法是:假定 ΔT 为一个时期的长度,则设定 $u = e^{\sigma\sqrt{\Delta T}}$,设定 $d = 1/u$。在此基础上,就可得到关于二项式树形结构的所有参数了。

(二) Black-Scholes 定价模型

1. Black-Scholes 模型的假设

B-S 模型较之二项式模型,各种假设更为严密,主要假设有:

(1) 股价变化呈对数正态分布,其期望值与方差一定;

(2) 本模型仅适合欧式期权,由于无红利分配的美式看涨期权与欧式期权价值相同,故也适用,但不能用于美式看跌期权;

(3) 利率与金融资产现货市场价格波动为常数;

(4) 期权有效期内无红利分配;

(5) 在很短时间内,相关金融资产现货市场价格变化很小;

(6) 无交易成本;

(7) 不限制信用交易和卖空。

2. Black-Scholes 的定价过程

Black-Scholes 模型公式如下:

$$c = SN(d_1) - Xe^{-rT}N(d_2) \qquad (8.70)$$

$$p = Xe^{-rT}N(-d_2) - SN(-d_1) \qquad (8.71)$$

其中

$$d_1 = \frac{\ln\left(\dfrac{S}{X}\right) + \left(r + \dfrac{\sigma^2}{2}\right)T}{\sigma\sqrt{T}}$$

$$d_2 = \frac{\ln\left(\dfrac{S}{X}\right) + \left(r - \dfrac{\sigma^2}{2}\right)T}{\sigma\sqrt{T}} = d_1 - \sigma\sqrt{T}$$

式中：c——欧式看涨期权价格；

p——欧式看跌期权价格；

S——当前标的金融资产现货市场价格；

$N(d_1)$，$N(d_2)$——为累积的正态分布概率，可通过查表得到；

X——期权协定价格；

T——期权到期日前的时间；

σ——价格波动的标准差；

r——与期权到期日相同的无风险投资收益率；

e^{-rT}——现值。

以上模型的使用须输入五个变量，即 S、X、T、r、σ。前四个变量易确定。那么，标的金融资产现货市场价格波动幅度 σ 如何测定呢？常用的方法是以前一年价格历史数据的标准差来代替。具体计算方法是：先计算两个连续交易日之间股价变动的平均标准差，再计算年度标准差。

年度标准差 = 平均每个交易日的标准差 × $\sqrt{\text{每年交易日}}$

有了上述所有数据，只要代入模型，即可计算出期权的价格。计算出期权价格后，若市场价格低于期权价格，就存在套利机会。

虽然 Black-Scholes 模型以不分红为假设条件之一，但这与绝大多数情况下股票支付红利的现实不符。考虑到期权期限很短，一般可估算出预期可分的红利值。另外，从理论上讲，在发放红利的那天，除权后股票价格将要下跌，跌幅与红利值相同，而在其他日子，股价变化仍服从正态分布特点。明确了这些，稍作处理，B-S 模型仍然适用。处理方法如下。

先假设股息支付多少是可预期的。由于期权有效期较短，这个假设是合理的。对欧式期权来说，可假定股价由两部分构成，一部分为无风险部分，是用来支付期权有效期内股息的，另一部分为有风险部分。无风险部分等于将期限内所有股息分别从其未来除息日折现至目前所得到的现值的总和。这样，只要将 B-S 模型中股价 $\hat{S}$ 代表股价的有风险部分就可继续利用模型来进行期权估值了。这里要注意两点：一是折现股息以无风险利率为贴现率（r）；二是价格波动性（$\hat{\sigma}$）针对股价中有风险部分，理论上，此部分波动性应为原股价波动性（σ）的 $S/(S-D)$ 倍（S 为股价，D 为股息折现值）。

对于美式期权，在无股息情况下，美式看涨期权与欧式看涨期权实际上是一样的，而有股息时,则在最后一个除息日前执行可能为最优。如要用 B-S 模型,须作调整,因过于复杂不再论述,但可用近似方法替代。这里包括三个步骤:一是计算与该美式期权同时到期的欧式期权价值;二是计算在期权期限内最后一个除息日前一刻到期的欧式期权价值;三是两个期权中价值较高的一个可作为近似的美式期权价值。

3. 各类金融期权的 B-S 定价模型

B-S 模型最早是针对股票期权提出的,以此为基础,适当加以修改,又可形成各类期权的定价。如外汇期权、期货期权、债券期权、支付固定股息率的股票期权、股指期权等。

(1) 期货期权 B-S 模型:

$$c = e^{-rT}[SN(d_1) - XN(d_2)] \tag{8.72}$$

$$p = c - e^{-rT}(S - X) \tag{8.73}$$

式中:

$$d_1 = \frac{\ln(S/X) + 0.5T\sigma^2}{\sigma\sqrt{T}}$$

$$d_2 = d_1 - \sigma\sqrt{T}$$

(2) 股指期权 B-S 模型:

$$c = Se^{-qT}N(d_1) - Xe^{-rT}N(d_2) \tag{8.74}$$

$$p = Xe^{-rT}N(-d_2) - Se^{-qT}N(-d_1) \tag{8.75}$$

式中:q 为期权对应股票年股息率。

$$d_1 = \frac{\ln(S/X) + \left(r - q + \frac{\sigma^2}{2}\right)T}{\sigma\sqrt{T}}$$

$$d_2 = d_1 - \sigma\sqrt{T}$$

(3) 债券期权 B-S 模型:

$$c = BN(d_1) - e^{-rT}XN(d_2) \tag{8.76}$$

$$p = e^{-rT}XN(-d_2) - BN(-d_1) \tag{8.77}$$

式中:B 为债券市场价格。

$$d_1 = \frac{\ln\left(\frac{B}{X}\right) + \left(r - \frac{\sigma^2}{2}\right)T}{\sigma\sqrt{T}}$$

$$d_2 = d_1 - \sigma\sqrt{T}$$

(三) 二项式与 B-S 模型的比较

上述两种期权定价模型在实际应用中结果大致相似,但两者仍有不同。

(1) B-S 模型与二项式模型的重要区别在于:前者未考虑期权提前执行问题,即没有考虑美式期权定价，而后者则可运用于美式期权定价。因为美式期权价格高于欧式期权价格，在计算实值状态的期权价格时，B-S 模型计算的结果比二项式模型计算的数值要低。随着期权到期日临近或期权处于虚值状态时，两个模型计算结果的差异减小。

（2）虽然二项式模型有上述优点，但由于计算过于复杂，因而可操作性差，而 B-S 模型的运用则方便、快捷，特别是在计算期权风险敏感性指标时，这一优点更突出。

（3）B-S 模型不便运用于包含多种条件的期权价格计算，而二项式模型可用树形结构来表示价格分布状况，从而对不同条件的期权也可方便地作出计算。

（4）B-S 模型的推导是以价格正态分布为前提，而二项式模型以价格二项分布为前提。显然，前者对市场价格分布状况更接近于现实，并且它还考虑了利率因素，从而把投资于期权所受损失列入投资成本，这一假设更接近实际。

三、可转换公司债券的价值评价

可转换公司债券的价值评价包括传统价值评价与理论价格的定价模型两个方面。

（一）可转换公司债券的传统价值评价

可转换公司债券的传统价值评价涉及四个不同领域：一是可转换公司债券的信用评级，即评估发行可转换公司债券的公司在不利的经济环境下按时支付全额本息的能力；二是基准股票价格增长前景评估；三是可转换公司债券定价分析，其实一切投资分析归根到底是发现金融资产价格不合理的时机以及发现定价不合理的金融资产，借以作出合适的投资决策；四是可转换公司债券价值评价的传统常用指标。限于篇幅，仅对可转换公司债券价值评价的传统常用指标做一分析。为便于说明问题，以 General Signal 公司可转债和 Boise Cascade 公司可转债为实例进行比较分析，相关资料与数据见表 8.2。

表 8.2　General Signal 公司 2002 年 6 月 1 日到期可转债与 Boise Cascade 公司 2016 年 7 月到期可转债比较数据（1993 年 10 月 7 日）

	General Signal 公司	Boise Cascade 公司
转换比率	25.32	22.84
转股价格	\$1 065.00	\$1 095.00
股票价格	\$33.00	\$45.63
每股红利	每年 \$0.90	每年 \$1.40
转债票面利率	5.75%	6.20%
类似普通债券票面利率	6.02%	9.50%

1. 转换溢价率

如果投资者购买转债实际为股票支付的价格，即投资者通过购买转债间接获得股票的价格，称为股票的市场转换价格（转换平价）。其公式（同式 5.14）为

$$\bar{P} = \frac{m}{B}$$

式中：$\bar{P}$——市场转换价格（转换平价）；

m——可转换公司债券市场价格；

B——转换比率。

由于股票的市场转换价格(转换平价)通常高于股票的市场价格,所以,投资者购买可转换公司债券相当于以一定的转换溢价购买股票。即

$$a = \overline{P} - P \tag{8.78}$$

式中:a——每股转换溢价;

$\overline{P}$——市场转换价格(转换平价);

P——股票市场价格。

General Signal 公司可转债的市场转换价格 = 1 065 ÷ 25.32 = 42.06 美元,每股转换溢价 = 42.06 - 33 = 9.06 美元; Boise Cascade 公司可转债的市场转换价格 = 1 095 ÷ 22.84 = 47.94 美元,每股转换溢价 = 47.94 - 45.63 = 2.31 美元。从绝对数看,应购买溢价较低的 Boise Cascade 公司可转债。但理性的投资者在真正购买它之前,还会考察相对数指标。

下面给出另一个常用概念:转换平价关系。转换平价关系是指当购买可转债、立即转换并出售所得股票既无收益也无损失时,可转换公司债券价格与股票价格之间的关系。显然,满足转换平价关系的可转债价格与股票价格存在下列关系(同式5.13):可转换公司债券价格 = 股票价格 × 转换比率。这时的股票价格常称为转换平价价格,即为市场转换价格。这时有:可转换公司债券价格 = 可转换公司债券转换价值。

转换溢价率则是指满足转换平价关系所必需的股价百分比增加,也即股价达到转换平价价格所必需的股价百分比增加。因此有

$$a' = \frac{(\overline{P} - P)}{P} = \frac{a}{P} \tag{8.79}$$

General Signal 公司可转债的转换溢价率 = (42.06 - 33) ÷ 33 = 27.45%

Boise Cascade 公司可转债的转换溢价率 = (47.94 - 45.63) ÷ 45.63 = 5.06%

在对比分析的时刻,两个可转债都以一定的转换溢价交易,但 General Signal 公司可转债的转换溢价率远高于 Boise Cascade 公司可转债的转换溢价率(见表8.3)。假如两个公司的股票未来增值潜力相同(市场未必如此看),Boise Cascade 公司可转债有较大的投资优势。Boise Cascade 公司股价只需增长 5.06% 就可以确保可转换公司债券进入平价状态,而 General Signal 公司股价必须上涨 27.45% 才能确保可转换公司债券进入平价状态。因此,从绝对数和相对数两个方面来看,理性的投资者应该购买 Boise Cascade 公司的可转换公司债券。

表 8.3 General Signal 公司可转债与 Boise Cascade 公司可转债评价指标值

	General Signal 公司	Boise Cascade 公司
转换溢价率	27.45%	5.06%
下跌保护	981.90 美元	762.70 美元
收益损失	0.27%	3.30%
收益优势	38.45	35.91

2. 下跌保护

可转换公司债券的价值是可转债的一个最低限价。可转换公司债券不可能以低于其价值

的价格交易,否则通过购买可转债然后接受还本付息就可以获得无风险利润。因此,可转换公司债券价值为其价格提供了一个下跌保护。利用现值法不难算出,General Signal 公司可转债的最低限价为 981.90 美元,而 Boise Cascade 公司可转债的最低限价为 762.70 美元,这说明 Boise Cascade 公司可转债提供了小得多的下跌保护,从这个角度看,投资 General Signal 公司可转债较为合算。必须强调,下跌保护是不可靠的,应该动态地看问题。如果可转债等级提高了,其最低限价也将提高;反之亦然。另外,可转换公司债券价值也与市场利率变动密切相关,市场利率下降,可转债的最低限价将提高;反之亦然。总之,可转换公司债券等级变动与市场利率变动都会影响可转债的到期收益率。到期收益率提高,可转换公司债券的最低限价就降低;反之,可转债的最低限价就上升。

3. 收益损失

收益损失是指发行公司发行的普通债券的到期收益率与同类可转换公司债券的到期收益率之间的差异。例如,General Signal 公司普通债券到期收益率为 6.02%,而同类可转债的到期收益率为 5.75%,所以,收益损失为 6.02%−5.75% = 0.27%。而 Boise Cascade 公司普通债券到期收益率为 9.50%,同类可转债的到期收益率为 6.20%,则收益损失为 9.50%−6.20% = 3.30%。收益损失必须从基准股票价格的上升中得到补偿,否则投资者购买可转债不如购买普通债券。也就是说,投资者不会购买可转债,除非基准股票市场价格将上升,并且最终达到或超过股票的转换平价价格的概率相当高。由于 Boise Cascade 公司可转债的收益损失远高于 General Signal 公司可转债的收益损失(见表 8.3),因此,在持有期间内,Boise Cascade 公司的股票有更多的增值潜力才能使其可转换公司债券吸引投资者。

4. 收益优势

收益损失是衡量可转换公司债券与同类普通债券收益差异的指标,而收益优势则是衡量可转换公司债券与基准股票收益差异的指标。作为对转换溢价的补偿,投资者投资可转债获得的利息收入一般要超过投资股票获得的股息收入,这两者之差即为收益优势。如公式(8.80)所示。

$$y = I - C \times B \tag{8.80}$$

式中:y——可转换公司债券收益优势;

I——可转换公司债券利息;

C——每股基准股票红利;

B——转换比率。

General Signal 公司可转债收益优势 = 1 065 × 5.75% − 25.32 × 0.9 = 38.45

Boise Cascade 公司可转债收益优势 = 1 095 × 6.20% − 22.84 × 1.4 = 35.91

可见,General Signal 公司可转债具有更高的收益优势,更值得投资。

(二)可转换公司债券的理论价格定价模型

可转换公司债券的理论价格定价模型有 Black-Scholes 的期权定价模型和一元变量模型。在本节金融期权的价值评价中,已经较全面地介绍了 Black-Scholes 定价过程,而应用于可转换公司债券的定价在原理上一致。多数可转换公司债券总是包含赎回和回售条件,投资人购买了可转债,其购买价格包括普通公司债券、认股权证、赎回期权和回售期权四部分。一般来说,这四个部分是互为联系和不可分割的,如将各要素分开计算,最后加总评价期权价值的结果是不正确的。而一元变量模型的评价方法比较好地适用于这种情形。具体的一元变量模型的假设和公式推导,读者可参阅相关书籍。

复习思考题

1. 金融理财工具与产品的价值评价有何意义?
2. 为什么说金融理财工具与产品的价值评价具有不可靠性?
3. 理财者为何要树立动态估值理念?
4. 货币市场理财工具与产品的价值评价有哪些方法?
5. 股票估值的复杂性和特殊性表现在哪里?
6. 股票的价值评价有哪些方法?
7. 股票价值评价的相对评价模型是怎样使用的?
8. 债券价值评价的理论依据是什么?
9. 债券价值评价有哪些具体模型?
10. 债券内在价值变动有何特点?
11. 债券的久期与凸性有何关系?
12. 决定基金价格的基础是什么?
13. 在对证券投资基金进行价值评价时,基金资产的每一项内容是如何确认的?
14. 权证的价值评价是怎样展开的?
15. 金融期货价格与远期价格、现货价格及预期现货价格之间有什么关系?
16. 影响金融期货价格变化的因素有哪些?
17. 请说明金融期货的估值模型。
18. 金融期权二项式定价模型是怎样运用的?
19. 金融期权 B-S 定价模型是怎样运用的?
20. 可转换公司债券传统价值评价的内容有哪些?

第九章 现代金融理财技术理论

【本章导读】

> 投资组合理论、资本资产定价模型、指数模型与套利定价理论是现代金融理财技术理论的基本内容。通过本章的学习,要掌握投资组合理论、资本资产定价模型、指数模型与套利定价理论的基本意义,了解在一系列可行的资产组合中决定最佳风险收益机会并选择出最好的资产组合方法。

第一节 投资组合理论

投资组合理论的精髓是通过采用优化风险资产投资组合的方法,结合投资者风险收益偏好与风险厌恶程度,选择和确定众多风险资产投资组合中的最优风险资产投资组合,其逻辑起点是单一风险资产的优选,因此本节的讨论将从单一风险资产的优选开始。

一、单一风险资产的优选

(一)单一风险资产的收益的衡量

1. 单一风险资产的预期收益

投资资产的收益可以分为两类:一类为已实现的收益,另一类为未来的预期收益。前者是指在过去的投资期间实现的收益。某一资产在某一时期内收益率的计算通常采用以下公式

$$r_t = \frac{D_t + P_t - P_0}{P_0} \tag{9.1}$$

式中:r_t——资产在时刻 t 的收益率;

D_t——资产在时间段 t 内的红利收入;

P_t——资产在时刻 t 的价格;

P_0——资产在时刻 0 的购买价格。

如果所选时间段为日,则所得收益率为日收益率;如果所选时间段为月,则所得收益率为月收益率;同样可以得到周收益率、年收益率等。如果持有期较短,没有红利发放,则收益率等于价格变化率,具体如下:

$$r_t = \frac{P_t - P_0}{P_0} \tag{9.2}$$

另外,收益率也可用对数收益率计算,即

$$r_t = \ln(P_t) - \ln(P_0)$$

因为投资是投资未来,因此对投资者来说更有意义的是衡量未来的预期收益。由于某资产在 t 时刻的价格 P_t 以及在时间段 t 内的红利收入 D_t 为随机变量,因此,其投资的未来收益率 r_t 也为随机变量。

如某投资者以每股 10 元的价格买入某公司的 A 股票,持有一段时间后,股票的价格上升到 15 元。若不计红利,则投资者的收益率为

$$r_t = \frac{P_t - P_0}{P_0} \times 100\% = \frac{15 - 10}{10} \times 100\% = 50\%$$

若投资者购入股票后,行情下跌,其股票价格跌至 8 元,此时,投资者的收益率为

$$r_t = \frac{P_t - P_0}{P_0} \times 100\% = \frac{8 - 10}{10} \times 100\% = -20\%$$

实际上,投资者并不能知道资产未来的准确价格,不可能准确判断出未来一定时期内的收益率是 50% 还是 -20%。在这种情况下,投资者可能会关心"在未来一段时间内股票 A 上涨 50% 或者下降 20% 的可能性有多大"的问题。假设未来只有两种情况,即上涨 50% 或者下跌 20%,同时假设上涨和下跌的可能性(概率)均为 50%,此时,资产投资的未来收益率 r_t 为随机变量。那么,如何确定投资 A 股票的收益率呢?只能计算出平均收益率:

$$r_{平均} = 50\% \times 50\% + (-20\%) \times 50\% = 15\%$$

该平均收益率即为资产投资预期收益率。

实际上,受到经济环境变化的影响,资产未来收益率分布远比上面假定的两种可能性复杂得多。通常,在不同的经济环境下,资产的收益率存在不同的分布,而每一经济环境下的收益率分布都有一个对应出现的可能性,如对经济环境作不同的设定,在第一种经济环境下的收益率取值为 r_1,其出现的可能性为 p_1;第二种经济环境下的收益率取值为 r_2,其出现的可能性为 p_2;……就可得到一个关于收益率的概率分布,如表 9.1 所示。

表 9.1 收益率的概率分布

经济环境	第一种经济环境	第二种经济环境	……	第 n 种经济环境
收益率 r(100%)	r_1	r_2	……	r_n
概率 p	p_1	p_2	……	p_n

显然,$\sum_{i=1}^{n} p_i = 1$。

在得到这样的概率分布后,预期收益率就定义为不同经济环境下的收益率的所有可能取值的加权平均,其中权数为相应的概率值。所以,预期收益率也称为收益率的均值。这个预期收益率实质上就是根据概率论中求数学期望的公式而得出的期望收益率。记期望收益率为 $E(r)$,其计算公式如下:

$$E(r) = r_1p_1 + r_2p_2 + \cdots + r_np_n = \sum_{i=1}^{n} r_ip_i \tag{9.3}$$

式中：$E(r)$ ——期望收益率；

r ——资产在不同经济环境下的预期收益率；

p ——不同经济环境出现的概率。

如投资者面对 A、B、C 三种股票，它们在不同经济环境下的收益率分布及相对应的概率如表9.2所示，计算期望收益率。

表9.2　A、B、C 三种股票收益概率分布

经济环境	不同经济环境的概率	股票在不同经济环境下的收益		
		A	B	C
Ⅰ	0.1	4	6.5	13
Ⅱ	0.2	6	7	11
Ⅲ	0.4	8	8	9
Ⅳ	0.2	10	9	7
Ⅴ	0.1	12	9.5	5

根据式(9.3)，A、B、C 三种股票的期望收益率为

$$E(r_A) = \sum_{i=1}^{5} r_{iA}p_i = 4 \times 0.1 + 6 \times 0.2 + 8 \times 0.4 + 10 \times 0.2 + 12 \times 0.1 = 8 \text{元}$$

$$E(r_B) = \sum_{i=1}^{5} r_{iB}p_i = 6.5 \times 0.1 + 7 \times 0.2 + 8 \times 0.4 + 9 \times 0.2 + 9.5 \times 0.1 = 8 \text{元}$$

$$E(r_C) = \sum_{i=1}^{5} r_{iC}p_i = 13 \times 0.1 + 11 \times 0.2 + 9 \times 0.4 + 7 \times 0.2 + 5 \times 0.1 = 9 \text{元}$$

很明显，若以预期收益率作为评价的标准，那么投资者一定会选择 C 进行投资，因为其预期收益最大。但这是片面的，因为这样做只考虑了未来收益的平均水平和变动范围，并未考虑各种收益可能性偏离预期收益的大小，即其离散程度。这个问题将在下面的风险衡量中作进一步讨论。

2. 单一风险资产的期望收益率的估计

对于实际问题，一个资产投资的收益率的概率分布很难准确得知，因此，企图得到期望收益率较好的估计也十分困难，因为通常无法对影响收益率的各种复杂因素及影响程度作出合理的定量化判断。在实际应用中，投资者都假定收益率的分布不随时间推移而变化，实际收益率的变化来自同一分布的不同表现，因此，反映收益率变化规律的两个重要数字——期望收益率与方差也不随时间推移而变化。这样，就可从收益率的历史表现中得到期望收益率的估计值，即用样本均值来代替期望收益率。

假设资产的月或年实际收益率为 $r_t(t = 1, 2, \cdots, n)$，那么，估计期望收益率的计算公式为

$$E(r) = \bar{r} = \frac{1}{n}\sum_{t=1}^{n} r_t \tag{9.4}$$

式中：$\bar{r}$ ——样本平均收益率；

n ——资产种类数。

(二) 单一风险资产的风险的衡量

1. 单一风险资产的风险的计算

投资者在进行投资决策时,总希望冒尽可能小的风险,获得尽可能大的收益,因此,有必要对风险作出合理的度量。一般意义而言,风险指的是损失的可能性。但由于这里关注的是风险资产前景的估计,未来收益的实现将受不确定性因素的影响而偏离预期,这种偏离将导致投资者可能得不到预期的收益甚至有亏损的危险。所以,这种危险便是投资的风险,风险往往就与不确定性同义。一个有用的估计风险的尺度,应当能考虑到各种不确定性的程度。风险的尺度不是估量几种不同结果的可能性,而是估量实际结果可能偏离预期值的幅度。统计学中的方差(标准差)就是这样的尺度,它能对实际收益率偏离期望收益率的幅度作出估量。方差(标准差)越大,说明实际收益偏离预期收益的离散程度越大,风险就越高;反之,离散程度越小,风险就越低。因此,方差(标准差)代表了资产投资的风险。方差(标准差)定义为预期收益的所有可能取值对期望收益的偏离的加权平均,其中权数仍然为相应的概率值,记方差为 $\sigma^2(r)$, 即有

$$\sigma^2(r) = [r_1 - E(r)]^2 p_1 + [r_2 - E(r)]^2 p_2 + \cdots + [r_n - E(r)]^2 p_n \tag{9.5}$$

$$= \sum_{i=1}^{n} [r_i - E(r)]^2 p_i$$

$$\sigma(r) = \sqrt{\sum_{i=1}^{n} [r_i - E(r)]^2 p_i}$$

式中: $\sigma^2(r)$ ——资产收益率的方差;

$\sigma(r)$ ——资产收益率的标准差。

如以表 9.2 的 A、B、C 三种股票的收益概率分布为例,A、B、C 的方差及标准差分别为

$$\sigma^2(r_A) = \sum_{i=1}^{n} [r_{iA} - E(r)]^2 p_i = 4.4, \quad \sigma(r_A) = \sqrt{4.4} = 2.098$$

$$\sigma^2(r_B) = \sum_{i=1}^{n} [r_{iB} - E(r)]^2 p_i = 4.8, \quad \sigma(r_B) = \sqrt{4.8} = 2.191$$

$$\sigma^2(r_C) = \sum_{i=1}^{n} [r_{iC} - E(r)]^2 p_i = 4.8, \quad \sigma(r_C) = \sqrt{4.8} = 2.191$$

由以上计算可知:

A 预期收益率在 8±2.098 = 5.902~10.098 元之间波动;

B 预期收益率在 8±2.191 = 5.809~10.191 元之间波动;

C 预期收益率在 9±2.191 = 6.809~11.191 元之间波动。

但并非 A、B、C 三种股票的未来实际收益仅在以上区域内波动,由于实际收益偏离预期收益或者说实际收益围绕作为平均数的期望收益左右某一范围内波动的概率取决于标准差,从正态分布离散程度的一般规律来看,实际收益率围绕期望收益左右一个标准差这一区域内波动的概率约为 68.26%;两个标准差这一区域内波动的概率接近 95.44%;三个标准差这一区域内波动的概率为 99.74%。图 9.1 较好地说明了这一状况。

2. 单一风险资产的风险的估计

与期望收益的估计相同,在实际中,也可使用历史数据来估计方差。假设资产的月或年

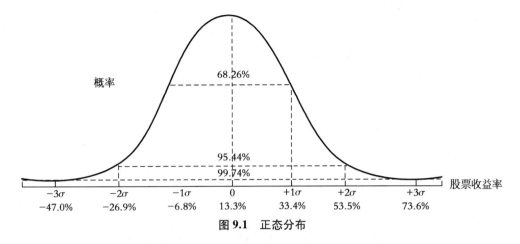

图9.1 正态分布

实际收益率为 $r_t(t = 1, 2, \cdots, n)$，那么，方差的无偏估计公式为

$$\bar{\sigma}^2 = \frac{1}{n-1} \sum_{i=1}^{n} (r_t - \bar{r})^2 \tag{9.6}$$

当 n 较大时，可使用下述公式估计方差（样本方差）：

$$\bar{\sigma}^2 = \frac{1}{n} \sum_{i=1}^{n} (r_t - \bar{r})^2 \tag{9.7}$$

（三）用投资者共同偏好规则优选单一风险资产

通过式（9.3）、式（9.5），已经求出了表9.2中 A、B、C 三种股票的预期收益和方差（标准差）。前面曾提及单一资产的期望收益确定后，由于 C 的预期收益最高，因此，仅以预期收益作为评判标准，投资者将选择 C 进行投资。但通过式（9.5）计算出三种股票的各自方差（标准差）后，结论将发生有趣的改变。A 与 B 相比，由于在预期收益相同的情况下 A 的风险较小，因此，投资者将选择 A；将 B 与 C 相比，由于在风险相同的情况下 C 的收益大一些，因此，选择 C；至于 A 与 C 之间的选择完全取决于投资者的风险收益偏好特征。对于风险厌恶者来说，可选择 A，尽管收益低一些，但承担的风险较小；对于风险偏好者来说，可选择 C，尽管承担了更大的风险，但有较高的收益作出了补偿。为了方便比较，可以在以 $\sigma^2(r)$ 为横轴、$E(r)$ 为纵轴的坐标平面中，把 A、B、C 三种股票的位置加以标注。当 A 位于（2.098，8）、B 位于（2.191，8）、C 位于（2.191，9）的位置明确标注后，比较就更直观了，如图9.2所示。

这种在风险相同或相近的情形下，投资者将选择期望收益高的资产，以及在期望收益相同或相近的情形下，投资者将选择风险低的资产的原理，称之为投资者共同偏好规则。

二、风险资产投资组合的优选

（一）风险资产投资组合的收益的衡量

1. 风险资产投资组合的预期收益

根据单一风险资产收益的衡量，投资组合资产的收益率是各种资产收益率的加权平均。设资产组合中包含 n 种风险资产，每种风险资产的已实现收益率分别记为 $r_1, r_2, \cdots, r_n$，各

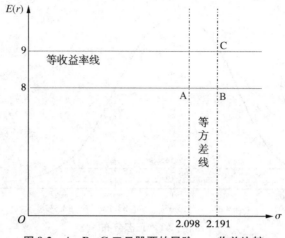

图 9.2　A、B、C 三只股票的风险——收益比较

资产的加权系数即资金组合权数或资金组合比例为 $w_1, w_2, \cdots, w_n$，且 $\sum_{i=1}^{n} w_i = 1$，$w_i \geq 0$，则资产投资组合 P 的收益率为

$$r_P = w_1 r_1 + w_2 r_2 + \cdots + w_n r_n = \sum_{i=1}^{n} w_i r_i \tag{9.8}$$

如某投资者在 0 时刻购买 A、B、C 三种股票，组成资产投资组合 P，如表 9.3 所示。

表 9.3　投资者在 0 时刻购买 A、B、C 三种股票

名　称	数量(股)	0 时刻每股市价(元)	投资额(元)	权　数
A	100	20	2 000	20%
B	200	15	3 000	30%
C	200	25	5 000	50%
总　计			10 000	100%

投资者在 t 时刻出售 A、B、C 三种股票时的收益率如表 9.4 所示。

表 9.4　投资者在 t 时刻出售 A、B、C 三种股票时的收益率

名　称	数量(股)	t 时刻每股市价(元)	投资额(元)	收益率
A	100	25	2 500	25%
B	200	18	3 600	20%
C	200	32	6 400	28%
总　计			12 500	25%

实际上，资产投资组合 P 的收益率有两种计算方法。一种是将资产投资组合 P 看成是一种股票，按收益率计算公式，收益率为

$$r_P = \frac{P_t - P_0}{P_0} \times 100\% = \frac{12\ 500 - 10\ 000}{10\ 000} \times 100\% = 25\%$$

另一种方法是按资产投资组合方法计算其收益率。由表 9.3 和表 9.4 可知：
$w_1 = 20\%$，$w_2 = 30\%$，$w_3 = 50\%$；$r_1 = 25\%$，$r_2 = 20\%$，$r_3 = 28\%$

根据式(9.8),有

$$r_P = w_1 r_1 + w_2 r_2 + w_3 r_3$$
$$= 20\% \times 25\% + 30\% \times 20\% + 50\% \times 28\%$$
$$= 25\%$$

同理,投资是投资未来,因此有意义的不是计算资产投资组合过去的收益,而是要衡量其未来的预期收益。

设风险资产投资组合中包含 n 种风险资产,每种资产的收益率为一随机变量,分别记为 $r_1, r_2, \cdots, r_n$,各资产的期望收益率分别为 $E(r_1), E(r_2), \cdots, E(r_n)$,各资产的加权系数为 $w_1, w_2, \cdots, w_n$,且 $\sum_{i=1}^{n} w_i = 1$, $w_i \geq 0$,那么,资产投资组合 P 的收益率为一随机变量,由式(9.8),根据概率论的原理,风险资产投资组合 P 的期望收益率(预期收益率)为

$$E(r_P) = w_1 E(r_1) + w_2 E(r_2) + \cdots + w_n E(r_n) = \sum_{i=1}^{n} w_i E(r_i) \tag{9.9}$$

2. 风险资产投资组合预期收益率的估计

若已知各资产期望收益率的估计值为 $\bar{r}_1, \bar{r}_2, \cdots, \bar{r}_n$,则风险资产投资组合预期收益率的估计可用下式表示:

$$\bar{r}_P = \sum_{j=1}^{n} w_j \bar{r}_j \tag{9.10}$$

(二) 风险资产投资组合的风险的衡量

1. 风险资产之间的关联性

期望收益率与方差是描述单个资产收益率分布的两个重要的数字特征。从现实情况看,资产之间在收益率上往往具有相互关联性:一种资产价格的上涨很可能伴随着另一种资产价格的上涨,或者是一种资产价格的上涨很可能伴随着另一种资产价格的下跌。这就是说,两种资产之间存在着收益上一定的联动性。不同的资产在这种联动性的方向和程度上是不一样的。如果能够掌握两种资产之间这种联动的程度,便可由一种因素对某种特定资产价格的影响推知其对另一种资产价格的影响。那么,如何描述资产之间的联动程度呢?又如何对两种特定资产之间的联动程度做出估计呢?统计学提供了一种有效的解决方式。

(1) 协方差。

协方差是表示两个随机变量之间关系的变量,是用来确定资产之间方差的一个关键性指标。若在 n 种资产中,A 与 B 的收益率为随机变量,A 与 B 间的协方差为

$$\text{Cov}(r_A, r_B) = \sum_{i=1}^{n} [r_{iA} - E(r_A)][r_{iB} - E(r_B)] p_i \tag{9.11}$$

式中:r_A——资产 A 的收益率;

r_B——资产 B 的收益率;

$E(r_A)$——资产 A 的期望收益;

$E(r_B)$——资产 B 的期望收益;

p_i——不同经济环境的概率;

$\text{Cov}(r_A, r_B)$——资产 A、B 收益率的协方差。

$\mathrm{Cov}(r_A, r_B)$ 在此的含义是：如果协方差是正值，表明资产 A 和资产 B 的收益有相互一致的变动趋向，即一种资产的收益高于预期收益，另一种资产的收益也高于预期收益；一种资产的收益低于预期收益，另一种资产的收益也低于预期收益。如果协方差是负值，表明资产 A 和资产 B 的收益有相互抵消的趋向，即一种资产的收益高于预期收益，则另一种资产的收益低于预期收益，反之亦然。如果协方差为零，表明资产 A 和资产 B 的收益没有关系，两种资产的收益低于预期收益，另一种资产的收益也低于预期收益。如果协方差是负值，表明资产 A 和资产 B 的收益有相互抵消的趋向，即一种资产的收益高于预期收益，则另一种资产的收益低于预期收益，反之也然。如果协方差为零，表明资产 A 和资产 B 的收益没有关系，两者没有协同变化的趋向。如果 A = B 时，协方差实际上就是方差。值得关注的是，只有当资产 A 和资产 B 收益率的协方差为负值时，由资产 A 和资产 B 构建的投资组合才具有套期保值效用。

对于由资产 A 和资产 B 构建的资产组合而言，其协方差的计算很简单，因为只涉及一项协方差的计算，而当投资组合内资产数量增多时，组合协方差的计算就变得复杂起来，因为协方差的项数增加了。如投资组合内有 10 只股票，则其协方差的项数将多达 45 项，当投资组合内有 n 个资产时，其协方差的项数为 $(n^2 - n) \div 2$ 项。

(2) 相关系数。

相关系数也是表示两种资产收益变动相互关系的指标。它是协方差的标准化。其公式为

$$\rho_{AB} = \frac{\mathrm{Cov}(r_A, r_B)}{\sigma_A \sigma_B} \times 100\% \tag{9.12}$$

$$\mathrm{Cov}(r_A, r_B) = \rho_{AB} \sigma_A \sigma_B \tag{9.13}$$

可见，协方差除以 $(\sigma_A \sigma_B)$，实际上是对 A、B 两种资产各自平均数的离差分别用各自的标准差进行标准化。这样做的优点在于：一是 A、B 的协方差是有名数，不同现象变异情况不同，不能用协方差大小进行比较。标准化后，就可以比较不同现象的大小了。二是 A、B 的协方差的数值是无界的，可以无限增多或减少，不便于说明问题，经过标准化后，绝对值不超过 1。

相关系数的取值范围介于 -1 与 +1 之间，即当取值为 -1 时，表示资产 A、B 的收益变动完全负相关；当取值为 +1 时，表示完全正相关；当取值为 0 时，表示变动完全不相关；当 $0 < \rho_{AB} < +1$ 时，表示正相关；当 $-1 < \rho_{AB} < 0$ 时，表示负相关。如图 9.3 所示。

对资产之间的关联性，将在下面讨论风险资产投资组合的风险收益特征中进一步举例加以说明。

2. 风险资产投资组合的风险的计算

一个资产投资组合由一定数量的单一资产构成，每一只资产占有一定的比例或组合权重，也可以将资产投资组合视为一只资产，这样，资产投资组合的风险也可用方差来计量。不过，资产投资组合的方差可以通过由其构成的单一资产的方差来表达。投资组合的风险涉及两个以上的资产，要衡量投资组合的风险，必须考虑资产收益变化的相互影响。

设有 n 种资产，记作 $A_1, A_2, \cdots, A_n$，每种资产的收益率记作 $r = (r_1, r_2, \cdots, r_n)$，资产投资组合 P 的权数为 $w = (w_1, w_2, \cdots, w_n)$，表示将资金分别以权数 $w_1, w_2, \cdots w_n$ 投资到资产 $A_1, A_2, \cdots, A_n$。如果允许卖空，则权数可以为负。负的权数表示卖空资产占总资金的

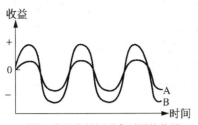
两种证券的收益同时高于平均收益，
同时低于平均收益。

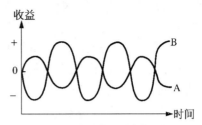
A种证券的收益高于平均收益，
而B种证券的收益低于平均收益。

零相关
$\mathrm{Cov}(r_A, r_B)=0$

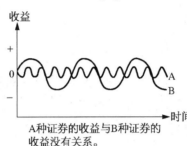
A种证券的收益与B种证券的
收益没有关系。

图 9.3 不同的相关系数：某一时期两种资产收益之间的关系

比例。则资产投资组合 P 的收益率为

$$r_P = w_1 r_1 + w_2 r_2 + \cdots + w_n r_n = \sum_{i=1}^{n} w_i r_i = w^T r \tag{9.14}$$

其中，w^T 表示向量 w 的转置。资产投资组合 P 的期望收益率为

$$E(r_P) = E\Big(\sum_{i=1}^{n} w_i r_i\Big) = \sum_{i=1}^{n} w_i E(r_i) = \sum_{i=1}^{n} w_i \bar{r}_i = w^T \bar{r} \tag{9.15}$$

根据概率论的知识，资产投资组合 P 的方差为

$$\begin{aligned}
\sigma_P^2 &= E[(r_P - \bar{r}_P)^2] = E[(w^T r - w^T \bar{r})^2] \\
&= E[w^T (r - \bar{r})(r - \bar{r})^T w] \\
&= w^T E[(r - \bar{r})(r - \bar{r})^T] w \\
&= w^T V w = \sum_{i=1}^{n} \sum_{j=1}^{n} w_i w_j \mathrm{Cov}(w_i, w_j) \\
&= \sum_{i=1}^{n} \sum_{j=1}^{n} w_i w_j \sigma_i \sigma_j \rho_{ij}
\end{aligned} \tag{9.16}$$

式中：$\bar{r}$——资产期望收益率的估计值；

V——协方差矩阵；

σ_P^2——资产投资组合 P 的方差；

σ_i^2——资产 i 收益率 r_i 的方差；

ρ_{ij}——r_i 与 r_j 的相关系数 $(i、j = 1, 2, \cdots, n)$

由此可见，资产投资组合的风险与各资产的风险关系比较复杂，除了与各资产的风险、各资产的加权系数有关以外，还与资产之间的相关系数有很大的关系。相关系数的大小和正负，直接影响着投资组合资产的风险。不同的资产在不同的环境下具有不同的系数，对它们进行组合，就会产生不同的风险结果。因此，资产之间的相关性是进行组合时要考虑的十分重要的因素。当参与组合的资产超过两个时，就必须考虑资产两两之间的关系。

在实际中，可以使用历史数据来估计方差，即用样本协方差来代替协方差。

设有两种资产 A 与 B，某投资者将一笔资金以 w_A 的比例投资于 A，以 w_B 的比例投资于 B，且 $w_A + w_B = 1$，则称该投资者拥有一个资产投资组合 $P(w_A, w_B)$，w_A、w_B 分别称为资产投资组合 P 中资产 A 与 B 的资金组合权数。如果在一定时期后，A 的收益率 r_A，B 的收益率 r_B，则资产投资组合 P 的收益率为

$$r_P = r_A w_A + r_B w_B$$

资产投资组合中的权数可以为负，比如 $w_A < 0$，则表示该组合卖空了资产 A，并将所得的资金连同自有资金买入资产 B，因为 $w_A + w_B = 1$，所以 $w_B = 1 - w_A > 1$。

由于 r_A 与 r_B 为随机变量，所以，r_P 也为随机变量，这样，投资组合 P 的收益率方差为

$$\begin{aligned}
\sigma_P^2 &= \text{Cov}(r_A, r_B) \\
&= \text{Cov}(w_A r_A + w_B r_B, w_A r_A + w_B r_B) \\
&= w_A^2 \sigma_A^2 + w_B^2 \sigma_B^2 + 2 w_A w_B \text{Cov}(r_A, r_B) \\
&= w_A^2 \sigma_A^2 + w_B^2 \sigma_B^2 + 2 w_A w_B \rho_{AB} \sigma_A \sigma_B
\end{aligned} \tag{9.17}$$

式中：σ_P，σ_A，σ_B ——投资组合 P、资产 A 与 B 的标准差。

建立协方差矩阵是量化投资组合方差的有效方法，将在下面优化风险资产投资组合中进一步讨论这个问题。

（三）最优风险资产投资组合的确定

1. 效用无差异曲线及其特性

确定一个投资组合的过程实质上是要解决以下问题，即选择一个风险资产的组合，并相对于无风险资产而言决定投资多少资金到风险资产组合。由于一个投资者不可能在不清楚自己期望收益和所能承受的风险的情况下就决定在无风险资产和资产组合中如何分配自己的资金，因此，资产配置问题首要的就是分析投资组合的风险与收益。在投资实践中，追求、构建一个最优投资组合无疑是投资者实现与承受风险匹配的理想收益的方法，而这需要投资者具备技术上成熟的对投资组合的优化技巧。鉴于投资者投资多少资金在无风险资产和风险资产组合上取决于投资者对风险与期望收益的态度和理解，所以，投资者对预算资金在无风险资产与风险资产组合中的分配便成为讨论投资组合优化的逻辑起点。

作为一个规律和常识，投资者对市场上风险资产的投资都需要风险溢价来补偿，这表明市场上多数投资者是风险厌恶型的投资者。所谓风险溢价是指投资于全部风险资产的组合（比如指数基金）的期望持有期收益率与投资于无风险资产的无风险收益率之差。

风险厌恶型的投资者的投资逻辑是放弃更糟的投资组合，更愿意考虑无风险资产或者

正风险溢价的投机性机会,也就是说,风险厌恶的投资者会"处罚"掉风险投资组合一定比例的收益率来补偿面临的风险。风险越大,罚金越多。那么,为什么要把风险厌恶作为讨论问题的基础呢? 因为人们相信多数投资者会接受这种反省的观点。

通常,投资者在众多风险大小不同的投资组合中进行选择会面临一些困惑和纠结,例如,若无风险收益率为5%,投资者面对表9.5列示的风险程度不同的L、M、H等三种投资组合,其风险收益特征(风险溢价、期望收益和标准差等相关数据)表明了一个重要特点:这些投资组合提供了高的风险溢价来补偿高的风险。问题是投资者在这三种投资组合中如何选择呢?

表 9.5 提供的风险资产投资组合(无风险利率 5%)

投 资 组 合	风险溢价(%)	期望收益(%)	风险(SD)(%)
L(低风险)	2	7	5
M(中等风险)	4	9	10
H(高风险)	8	13	20

一个简单的方法是直观地对投资组合进行排序,如果一个投资组合期望收益较高,表明具有更多的吸引力,排序就相对靠前;如果风险很高,表明缺乏吸引力,排序就相对落后。问题是:通常的情形总是投资组合的风险随着收益上升而增加,那么最具有吸引力的投资组合就难以直接识别。因此,需要设计一个综合量化以上风险收益特征参数的指标以帮助投资者识别并找出最佳的投资组合。这一指标就是投资组合的效用值。投资者将选择投资组合中效用水平最高的组合进行投资。

如何衡量一个投资组合的效用值呢?

投资组合效用值与投资组合的期望收益和风险程度以及投资者风险厌恶程度相关。通常,更具有吸引力的风险—收益的投资组合一定会被赋予更高的效用值。如果一个投资组合期望收益越高,那么效用值也就越大,收益波动越大的投资组合其效用就越小,因此,效用值随着期望收益的增加和风险的减少而增长。同时,投资者的风险厌恶程度越高(风险厌恶系数越大),对风险资产投资就越谨慎。因此,投资组合效用值是投资组合的期望收益和风险程度以及投资者风险厌恶程度的函数。求解投资组合效用值的公式为

$$U = E(r) - \frac{1}{2}A\sigma^2 \tag{9.18}$$

式中: U ——投资组合的效用值;
  　　$E(r)$ ——投资组合的期望收益;
  　　A ——投资者的风险厌恶系数;
  　　σ^2 ——投资组合的方差。

应注意的是:第一,对单一风险资产而言,上式依然适用;第二,常数$\frac{1}{2}$是一个约定俗成的分数项,表示在利用上式时收益率必须采用小数形式而不是百分数形式;第三,无风险资产的效用值等于其(已知)收益率,因为其风险罚值部分为零。

实际上,可以把风险投资的效用值看成是投资者的确定等价收益率。确定等价收益率就是为使无风险投资与风险投资具有相同的吸引力而确定的无风险投资报酬率,也就是在

确定收益相同的情况下,能够提供与正在考虑的这个投资组合相同的效用值的收益率。收益的确定等价收益率是一个比较不同投资组合效用值的最直接的方法。因此,只有当一个投资组合的确定等价收益率大于无风险投资收益率时,这个投资才是值得的。一个极度厌恶风险的投资者可能会将任何具有风险的投资组合,甚至风险溢价为正的投资组合的确定等价收益率都看得比无风险投资收益率低,从而拒绝这个投资组合。同时,一个风险厌恶程度较低的投资者会认为相同的投资组合的确定等价收益率比无风险投资的收益率要高,从而更加倾向于选择这个投资组合而不是无风险投资组合。如果风险溢价为零或负数,任何降低效用的调整都会使投资组合看起来更糟糕。对于所有的风险厌恶的投资者而言,其确定等价收益率都低于无风险投资收益率。

与风险厌恶投资者相比,风险中性的投资者($A=0$)只是根据期望收益率来判断风险预期。风险的高低与风险中性的投资者无关,这意味着对该类投资者而言风险不是障碍,于是,投资组合的确定等价收益率就是预期收益率。

风险偏好者($A<0$)更愿意参加公平博弈。该类投资者将风险的"乐趣"考虑在内之后反而使其期望收益率升高。风险偏好者总是参加公平博弈,因为其对风险效用的提高从而使得公平博弈的确定等价收益率超过了相应的无风险投资。

通过画出描述潜在投资组合风险收益特征的图形可以较好地反映投资者在风险与收益之间的权衡。图9.4利用纵轴的期望收益和横轴的投资组合收益的标准差描绘了投资组合对于投资者的吸引力。图9.4刻画了一个标记为P的投资组合的性质特点。在第Ⅳ象限,拥有期望收益为$E(r_P)$和标准差为σ_P的投资组合P,由于其期望收益等于或者大于其他投资组合,而其标准差则等于或者小于第Ⅳ象限中的其他投资组合,因此,它最受风险厌恶型投资者的青睐。相反,第Ⅰ象限的所有投资组合都比投资组合P要优,因为它们的期望收益等于或者大于投资组合P,标准差等于或者小于投资组合P。于是,这里隐含了一个重要准则,即均值—方差准则。其意义是,如果$E(r_A) \geq E(r_B)$、$\sigma_A \leq \sigma_B$,当至少有一项不相等时,投资组合A一定优于投资组合B。

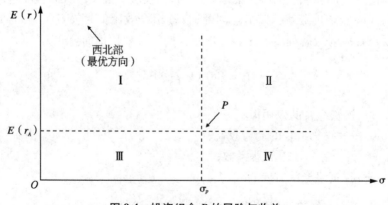

图9.4 投资组合P的风险与收益

在图9.4中的期望收益与标准差曲线中,最具有吸引力的投资组合的区域是西北方向,因为在这个方向同时提高了期望收益并且降低了收益率的方差。这表明任何西北方向的投资组合都比组合P要好。那么,第Ⅱ象限和第Ⅲ象限的投资组合与投资组合P相比又该如何选择呢?很简单,这些投资组合的需求完全取决于投资者的风险厌恶程度。假如投资者认为所有投资组合与投资组合 P 具有相同的吸引力。从 P 点开始,效用随着标准差的增加而减少,它必须以期望收益的提高为补偿。因此,对于该类投资者而言,图 9.5 中的点 Q 与 P 具有相同的吸引力。高风险高期望收益与低风险低期望收益的投资组合对投资者的吸引力是相同的。在均值—方差坐标系中,用一条曲线将这些效用值相等的所有投资组合点连接起来,这就是效用无差异曲线。

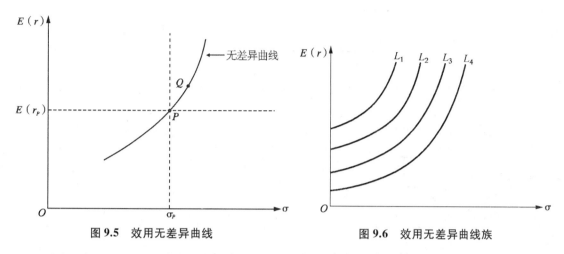

图 9.5　效用无差异曲线　　　　图 9.6　效用无差异曲线族

总之,效用无差异曲线上的任意组合点对投资者来说其效用是没有差异的、满意程度是相同的,因为方差(标准差)的增大由期望收益率的上升进行了令投资者满意的补偿。曲线上方的组合显然比曲线上的任何组合都好,而曲线下方的组合比曲线上的任何组合都差。事实上,对于一个特定的投资者来说,任何一个资产组合都将落在他的某一条效用无差异曲线上,落在同一条效用无差异曲线上的组合有相同的满意程度;落在不同效用无差异曲线上的组合则具有不同的满意程度。所以,一个组合不可能同时落在两条效用无差异曲线上。也就是说,任意两条效用无差异曲线不相交。通常把这些效用无差异曲线称为该投资者的效用无差异曲线族,如图 9.6 所示。

效用无差异曲线反映了投资者的个人风险收益偏好。图 9.7 提供了几种不同偏好的投资者的效用无差异曲线。图 9.7(a)和图 9.7(b)显示了两种极端情形,图 9.7(a)的投资者对风险毫不在意,图 9.7(b)的投资者只关心风险。图 9.7(c)和图 9.7(d)表示了更为一般的情形,图 9.7(d)的投资者比图 9.7(c)的投资者保守一些,即对相同的风险增加要求较多的期望收益率补偿。

效用无差异曲线具有以下的特性:

第一、投资者在以方差(标准差)为横轴、期望收益率为纵轴的坐标平面上面临着无数条效用无差异曲线;

第二、效用无差异曲线上的组合点的满意程度相同;

第三、位置越高的效用无差异曲线上的组合点代表的满意程度越高;

第四、效用无差异曲线是平行的,并不相交,这可以用反证法加以证明。如图 9.8 所示,假设效用无差异曲线 L_1 和 L_2 相交于 R 点,则在 L_1 和 L_2 效用无差异曲线上一定可以找到图 9.8 上 R_1 和 R_2 两点,这两点标准差相同而期望收益率不同。根据假设,得 $U(R_1) = U(R) = U(R_2)$,而上面的分析表明,风险相同、期望收益率高的投资组合比期望收益率低的投资组合给投资

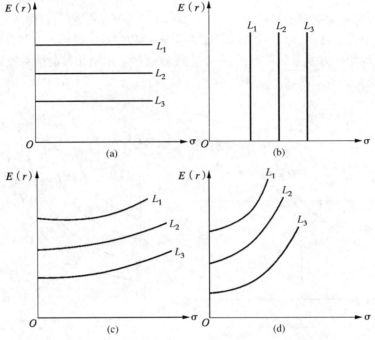

图 9.7 几种不同风险态度下的效用无差异曲线

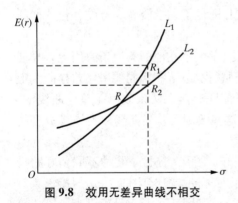

图 9.8 效用无差异曲线不相交

者带来的效用高。这就产生了矛盾,矛盾的产生源于假设中认为不同效用无差异曲线可以相交,因此假设是错误的,所以效用无差异曲线是不相交的。

2. 资本配置线

(1) 风险资产与无风险资产的投资组合的资本配置

无风险资产是指期末收益或价值确定的资产。从理论的严格意义上讲,现实投资活动中很难找到无风险资产,但总可以忽略掉一些条件找到无风险资产的替代,比如短期国库券。要明白的是,基于风险管理和控制的需要,更多的投资者在投资活动中会以适当的比例将资金在部分无风险资产与股票、长期债券等风险资产之间进行合理配置,因为大类资产配置是投资组合构建中最重要的问题。正因为如此,决定投资组合的多大权重配置为无风险资产与风险资产就成为投资者在权衡风险—收益基础上必须要进行的最基本的资产配置决策。

假定风险资产投资组合记为 P,无风险资产记为 F,而 P 由市场上的风险资产股票、长期债券构建而成。需要注意的是,投资者将资本由风险资产投资组合转移到无风险资产时,并没有改变不同风险资产在风险资产投资组合中的相对权重比例,只是降低了风险资产投资组合作为一个整体的相对权重比例而使得其更偏好于无风险资产。若投资者初始投资组合的总市值为 300 000 元,其中 90 000 元投资于无风险资产的短期国库券,剩余的 210 000 元投资于风险资产,在风险资产中 113 400 元投资于股票 E,96 600 元投资于长期债券 B。股票和长期债券组成了风险资产投资组合,E 和 B 的权重分别为 54% 和 46%,有

$$E: w_E = \frac{113\,400}{210\,000} = 0.54$$

$$B: w_B = \frac{96\,600}{210\,000} = 0.46$$

风险资产投资组合在整个包括无风险资产和风险资产的投资组合中的权重为 y，有

$$y = \frac{210\,000}{300\,000} = 0.7 \text{（风险资产）}$$

$$1 - y = \frac{90\,000}{300\,000} = 0.3 \text{（无风险资产）}$$

股票、长期债券等风险资产在整个投资组合中的权重如下：

$$E: \frac{113\,400}{300\,000} = 0.378$$

$$B: \frac{96\,600}{300\,000} = 0.322$$

$$\text{风险资产投资组合} = 0.700$$

风险资产投资组合占整个投资组合的权重为70%。

如果投资者为降低总体风险希望将风险资产投资组合比重从0.7降为0.56，风险资产投资组合的总值降低为0.56×300 000元 = 168 000元，这将需要卖出原来210 000元风险资产中的42 000元，用来购买短期国库券，无风险资产的总持有量将上升到300 000元×(1-0.56)= 132 000元，或者为初始持有量加上新分配的短期国库券：

$$90\,000 + 42\,000 = 132\,000 \text{元}$$

然而，关键点在于每个风险资产在风险资产投资组合中的比例不变。由于 E 和 B 在风险资产投资组合中的权重分别为0.54和0.46，卖出0.54×42 000元 = 22 680元的 E 和0.46×42 000元 = 19 320元的 B 后，每个风险资产占风险资产投资组合中的比例实际上没有变化：

$$E: w_E = \frac{113\,400 - 22\,680}{210\,000 - 42\,000} = 0.54$$

$$B: w_B = \frac{96\,600 - 19\,320}{210\,000 - 42\,000} = 0.46$$

可见，以固定比例分别持有 E 和 B 有利于投资组合风险的管理。换句话说，可以将 E 看作是多个股票、将 B 看作是多个长期债券等风险资产的组合，随着将安全资产从中买入或卖出，只需要相应简单等量地改变持有风险资产的资产数即可达到优化投资组合的目的。于是，要改变一个投资组合的风险收益特征在技术上不是一件困难的事，可以通过改变投资组合内风险资产与无风险资产的组合权重达到投资者风险收益偏好的要求和特定的风险管理目标，也就是通过降低 y 的权重来降低风险，只要不改变每种风险资产在风险资产投资组合

中的权重,就可以通过这种资产配置使风险资产投资组合收益率的概率分布保持不变,改变的只是风险资产与无风险资产构成的整个投资组合收益率的概率分布。

(2) 风险资产与无风险资产的投资组合的可行集:资本配置线

如果市场有一个确定的风险资产与无风险资产,投资者可行的风险——收益组合会具有怎样的特征呢?这实际涉及的是资产配置中非常重要的技术性步骤。假定投资者已经决定了投资组合的标的结构,剩下的重要问题就是在预算比例下,得到风险资产投资组合 P 的比例 y,以及通过余下的比例 $1-y$ 得到无风险资产 F 的投资比例。为了说明问题,定义 P 的风险收益率为 r_P,期望收益率为 $E(r_P)$,标准差为 σ_P,无风险资产收益率为 r_f,并假设 $E(r_P)=15\%$,$\sigma_P=22\%$,$r_f=7\%$,因此,风险资产的风险溢价为 $E(r_P)-r_f=8\%$。进一步假定由风险资产投资组合 P 与无风险资产 F 构建的投资组合为 C,风险资产投资组合的比例为 y,无风险资产投资的比例为 $1-y$,则 C 的收益率为 r_C:

$$r_C = yr_P + (1-y)r_f \tag{9.19}$$

对 C 的收益率取期望值,有

$$E(r_C) = yE(r_P) + (1-y)r_f = r_f + y[E(r_P) - r_f] = 7 + y(15-7) \tag{9.20}$$

上式表明:任何一个投资组合的基本收益率是无风险资产收益率,另外,投资组合总是期望获得风险溢价,而这依赖于风险资产投资组合 P 的风险溢价 $E(r_P)-r_f$ 和投资者持有风险资产的权重 y。通常,投资者被假定为风险厌恶型,如果没有正的风险溢价,投资者一定不会持有风险资产。

当把一个风险资产和一个无风险资产构建为一个投资组合时,整个投资组合的标准差就是风险资产的标准差乘以它在投资组合中的比例。上例的 C 由风险资产投资组合 P 与无风险资产 F 构成。由于风险资产投资组合 P 的标准差为 $\sigma_P=22\%$,因此,C 的标准差为

$$\sigma_C = y\sigma_P = 22y \tag{9.21}$$

这表明整个投资组合 C 的标准差与风险资产投资组合 P 的标准差及其投资成比例。总之,整个投资组合收益率的期望值为 $E(r_C) = r_f + y[E(r_P)-r_f]/\sigma_P = 7+8y$,标准差为 $\sigma_C = 22y$。

进一步,如图9.9所示,在期望收益—标准差坐标平面上标出投资组合的特征(作为 y 的一个函数),即无风险资产 F 出现在纵轴上,这是由于其标准差为0。风险资产投资组合 P 画在标准差为22%、期望收益为15%的坐标上。如果一个投资者只选择投资风险资产,则 $y=1.0$,整个投资组合就是 P。如果选择 $y=0$,则 $1-y=1.0$,整个投资组合就是无风险资产 F。

当 y 落在0与1之间时,投资组合的分布又是怎样的呢?这些投资组合坐标点会在连接点 F 和 P 的一条直线上,直线的斜率为 $[E(r_P)-r_f]/\sigma_P$(或者增量/自变量),在本例中即是 $8/22$。

结论十分直观。增加整个投资组合中投资于风险资产的部分,根据式(9.20),期望收益也会增加到8%。根据式(9.21),投资组合的标准差也会增加到22%。每单位额外风险的额外收益为 $8/22=0.36$。

为了给出点 F 和 P 之间确切的直线方程,重新整理式(9.21)后会发现 $y=\sigma_C/\sigma_P$,将 y

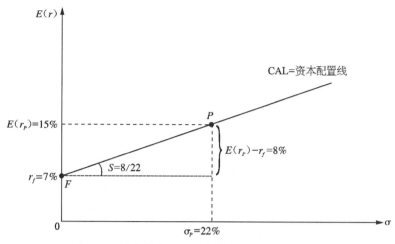

图9.9 风险资产与无风险资产的可行投资组合

代入式(9.20)来描述期望收益与标准差之间的权衡关系：

$$E(r_C) = r_f + y[E(r_P) - r_f] = r_f + \frac{\sigma_C}{\sigma_P}[E(r_P) - r_f] = 7 + \frac{8}{22}\sigma_C \quad (9.22)$$

因此，作为其标准差函数的整个投资组合的期望收益是一条直线，其截距为 r_f，斜率为

$$S = \frac{[E(r_P) - r_f]}{\sigma_P} = \frac{8}{22} \quad (9.23)$$

图9.9为一系列投资可行集，即是一系列不同 y 值产生的可能投资组合的期望收益与标准差的配对集合。图形是以 r_f 点为起点、穿过点 P 的一条直线，它就是资本配置线，表示对投资者来说所有可行的风险—收益的投资组合。资本配置线的斜率记为 S，等于每增加一单位标准差整个投资组合增加的期望收益。换句话说，也就是每增加一单位的风险所增加的收益。因此，斜率也称为报酬—风险比率，或者叫夏普比率。

一个投资组合在风险资产与无风险资产之间等分，即 $y = 0.5$，此时的期望收益率 $E(r_C) = 7 + 0.5 \times 8 = 11\%$，意味着风险溢价为4%，标准差 $\sigma_C = 0.5 \times 22 = 11\%$。这可以在直线 FP 上表示为 F 和 P 的中点。报酬——风险比率为 $S = 4/11 = 0.36$，准确地与投资组合 P 的夏普比率值一致。

资本配置线上处于投资组合 P 右边的点意味着什么呢？如果投资者借入无风险资产或以卖空无风险资产方式加大对风险资产投资组合 P 的投资，即通过负债进行杠杆化操作便可以构造出资本配置线上 P 点右边的投资组合。为了说明问题，继续以上例为例。若投资者的投资预算为300 000元，额外借入现金120 000元（$r_f = 7\%$），且全部投入风险资产中，从而构造了一个杠杆化的投资结构，于是：

$$y = \frac{420\,000}{300\,000} = 1.4$$

此时，$1 - y = 1 - 1.4 = -0.4$，反映一个借入的头寸，即投资者不是以7%借出，而是借入。投资组合收益率的分布仍然呈现与报酬—风险比率相同的分布：

$$E(r_C) = 7\% + (1.4 \times 8\%) = 18.2\%$$

$$\sigma_C = 1.4 \times 22\% = 30.8\%$$

$$S = \frac{E(r_C) - r_f}{\sigma_C} = \frac{18.2 - 7}{30.8} = 0.36$$

很明显,相对于非杠杆化投资操作,杠杆化的负债投资在风险资产中具有更大的标准差。

3. 最优投资组合 C 的决策与确定

(1) 求解风险资产组合最优权重来确定最优投资组合 C。

在构建起资本配置线后,投资者如何从资本配置线提供的可行的投资机会中选择出一个最优的投资组合 C 呢?这个决策包含风险与收益之间的抉择。由于投资者风险厌恶程度存在差异,意味着在给定同等的可行集里,不同投资者将选择不同的风险资产头寸,而风险厌恶程度越高的投资者越愿意选择较少的风险资产和较多的无风险资产。假如无风险资产收益率 r_f、风险资产投资组合期望收益率 $E(r_P)$ 和标准差 σ_P 是给定的,投资者要选择 y,不妨从式 9.20 构造的投资组合的收益中获得启示:

$$E(r_C) = r_f + y[E(r_P) - r_f]$$

从式 9.21 可知,整个投资组合的方差为

$$\sigma_C^2 = y^2 \sigma_P^2$$

投资者试图通过选择风险资产的最优配置 y 来使效用最大化,而随着风险资产配置的增加(更高的 y),期望收益增加,但是风险也在增加,因此效用可能增加也可能减少。为确保效用最大化,下式给出了思考的方向:

$$\max_y U = E(r_C) - \frac{1}{2} A \sigma_C^2 = r_f + y[E(r_P) - r_f] - \frac{1}{2} A y^2 \sigma_P^2$$

微积分里最大化问题是利用一阶导数为 0 来求解,于是便可求解出风险厌恶投资者的最优风险资产头寸的收益率 y^* 为

$$y^* = \frac{E(r_P) - r_f}{A \sigma_P^2} \tag{9.24}$$

这个结果显示最优风险资产的投资权重与风险厌恶程度和由方差表示的风险水平成反比,与风险资产提供的风险溢价成正比。若 $r_f = 7\%$、$E(r_P) = 15\%$、$\sigma_P = 22\%$,对于风险厌恶系数 $A = 4$ 的投资者来说,风险资产配置比例最优解为:

$$y^* = \frac{0.15 - 0.07}{4 \times 0.22^2} = 0.41$$

也即投资者把投资预算的 41% 投资于风险资产、59% 投资于无风险资产将获得最大的效用水平。41% 投资于风险资产组合,则整个投资组合的期望收益和标准差为

$$E(r_C) = 7 + [0.41 \times (15 - 7)] = 10.28\%$$

$$\sigma_C = 0.41 \times 22 = 9.02\%$$

整个投资组合 C 的风险溢价为 $E(r_C) - r_f = 3.28\%$，由持有标准差为 9.02% 的投资组合所获得。可以注意到，$3.28 \div 9.02 = 0.36$，这正是反复使用的例子中所假设的报酬—风险比率（夏普比率）。

(2) 构造效用无差异曲线来确定最优投资组合 C。

寻找最优投资组合 C 的决策问题还可以用图形求解的方式来完成，这涉及效用无差异曲线的构造。为理解如何构造无差异曲线，假定投资者的风险厌恶系数为 $A = 4$，其无风险资产投资组合的收益率 $r_f = 5\%$，这时投资组合的方差为零，式(9.18)确定其水平为 $U = 0.05$。现在尝试使得投资者在投资于 $\sigma = 1\%$ 的风险资产组合保持在同样的效用水平上时的期望收益。运用式(9.18)可求得补偿更高 σ 值的 $E(r)$ 增加值：

$$U = E(r) - \frac{1}{2} \times A \times \sigma^2$$

$$0.05 = E(r) - \frac{1}{2} \times 4 \times 0.01^2$$

这意味着所需要增加的期望收益为

$$\text{必要的 } E(r) = 0.05 + \frac{1}{2} \times A \times \sigma^2 = 0.05 + \frac{1}{2} \times 4 \times 0.01^2 = 0.050\ 2 \quad (9.25)$$

可以对不同程度的 σ 重复这样的计算，每次都可以找到使效用水平保持在 $U = 0.05$ 时相应的 $E(r)$ 值。这个过程将包含效用水平保持在 $U = 0.05$ 时的所有期望收益与风险的组合，标出这样的组合点就得到效用无差异曲线。

也可以使用 Excel 表来生成投资者的无差异曲线。表 9.6 包含了效用分别为 0.05、0.09 的两个投资者的风险—收益组合，其风险厌恶程度分别为 $A = 2$ 和 $A = 4$。比如列(2)运用式(9.25)计算了对于投资者 $A = 2$，效用水平 $U = 0.05$ 对应列(1)所要求标准差的期望收益。列(3)对投资者 $U = 0.09$ 重复了这样的计算。期望收益—标准差组合的点标示于图9.10中标志为 $A = 2$ 的两条曲线。注意到无差异曲线的截距为 0.05 和 0.09，正好对应两条曲线的效用水平。

表 9.6 效用无差异曲线的电子数据表计算
（列 2~4 表示所提供特定效用水平的期望收益）

σ	A = 2		A = 4	
	U = 0.05	U = 0.09	U = 0.05	U = 0.09
0	0.050 0	0.090 0	0.050	0.090
0.05	0.052 5	0.092 5	0.055	0.095
0.10	0.060 0	0.100 0	0.070	0.110
0.15	0.072 5	0.112 5	0.095	0.135
0.20	0.090 0	0.130 0	0.130	0.170
0.25	0.112 5	0.152 5	0.175	0.215
0.30	0.140 0	0.180 0	0.230	0.270
0.35	0.172 5	0.212 5	0.295	0.335

续表

σ	A = 2		A = 4	
	U = 0.05	U = 0.09	U = 0.05	U = 0.09
0.40	0.210 0	0.250 0	0.370	0.410
0.45	0.252 5	0.292 5	0.455	0.495
0.50	0.300 0	0.340 0	0.550	0.590

假定任何投资者更愿意投资于更高效用无差异曲线上的投资组合,具有更高资本回收保证量(效用)。在更高效用无差异曲线上的组合在给定风险水平上能够提供更高的期望收益。例如,$A = 2$ 的两条效用无差异曲线都有相同的斜率,但是对于任意水平的风险,处于效用为 0.09 的无差异曲线上的投资组合的期望收益率要比效用值 $U = 0.05$ 的无差异曲线高 4%。

表 9.6 中的列(4)和列(5)说明了更高风险厌恶程度 $A = 4$ 的投资者的情况。图 9.10 中的效用无差异曲线说明了更高风险厌恶程度的投资者比低风险厌恶程度的投资者具有更陡峭的效用无差异曲线。曲线的陡峭程度意味着投资者需要更多的期望收益来弥补投资组合风险的上升。

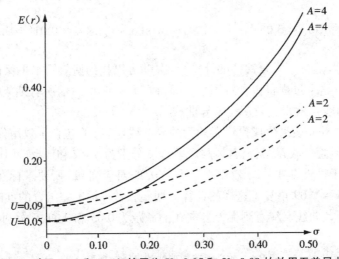

图 9.10 对于 $A = 2$ 和 $A = 4$,效用为 $U = 0.05$ 和 $U = 0.09$ 的效用无差异曲线

更高的效用无差异曲线意味着更高的效用水平,因此投资者更愿意在高效用无差异曲线上寻找投资组合。当在图 9.11 中添加代表投资机会的资本配置线,可以确定最高可能的效用无差异曲线仍然可以接触到资本配置线。效用无差异曲线与资本配置线相切,切点为最优投资组合的标准差和期望收益。

为证明这一点,表 9.7 给出了投资者 $A = 4$ 的四条效用无差异曲线(效用水平分别为 0.07、0.078、0.086 53、0.094)的计算。列(2)~列(5)利用式(9.25)计算了每条曲线对应的效用值下与列(1)标准差对应的期望收益。列(6)利用式(9.22)计算了资本配置线上列(1)标准差对应的期望收益 $E(r_C)$:

$$E(r_C) = r_f + [E(r_P) - r_f]\frac{\sigma_C}{\sigma_P} = 7 + (15 - 7)\frac{\sigma_C}{22}$$

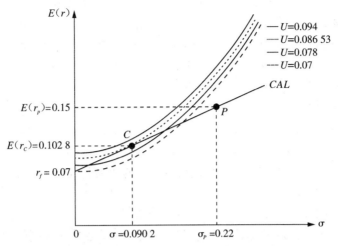

图9.11 使用效用无差异曲线寻找最优投资组合

图9.11画出了四条效用无差异曲线和资本配置线。图形反映了效用 $U = 0.08653$ 的效用无差异曲线与资本配置线相切,切点代表全部投资组合的最大效用值,切点为 $\sigma_C = 9.02\%$、$E(r_C) = 10.28\%$,风险—收益比例为 $y^* = 0.41$。这个数值与利用式(9.24)使用的代数方法得到的结果一致。

表9.7 使用效用无差异曲线寻找最优投资组合

σ	$U = 0.07$	$U = 0.078$	$U = 0.08653$	$U = 0.094$	CAL
0	0.0700	0.0780	0.0865	0.0940	0.0700
0.02	0.0708	0.0788	0.0873	0.0948	0.0773
0.04	0.0732	0.0812	0.0897	0.0972	0.0845
0.06	0.0772	0.0852	0.0937	0.1012	0.0918
0.08	0.0828	0.0908	0.0993	0.1068	0.0991
0.0902	0.0863	0.0943	0.1028	0.1103	0.1028
0.10	0.0900	0.0980	0.1065	0.1140	0.1064
0.12	0.0988	0.1068	0.1153	0.1228	0.1136
0.14	0.1092	0.1172	0.1257	0.1332	0.1209
0.18	0.1348	0.1428	0.1513	0.1588	0.1355
0.22	0.1668	0.1748	0.1833	0.1908	0.1500
0.26	0.2052	0.2132	0.2217	0.2292	0.1645
0.30	0.2500	0.2580	0.2665	0.2740	0.1791

综上所述,y^* 的决策主要是关于风险厌恶程度的问题,也就是整个投资在风险资产投资组合与安全但是期望收益较低的无风险资产上的配置问题。

4. 优化风险资产投资组合以确定最优风险资产投资组合与最优完整投资组合

(1) 投资分散化的意义。

如果投资组合仅由一只股票A构建,那么投资者会遭遇哪些风险呢?通常,投资者会遭遇两个方面的不确定性导致的风险：一是宏观经济层面因素变化带来的风险，比如经济周期、通货膨胀、利率与汇率的波动等，而这些宏观经济层面的指标在预测上不是完全确定的，它们会影响投资者投资的 A 股票的收益率；二是这些宏观经济因素可能对公司产生的特定影响带来的风险，比如 A 公司的研发成功与否、人员的变动等，但是，这些因素不会像影响 A 股票那样显著地影响其他公司。

现在考虑一个最简单情形的分散化策略，投资者将一半的资金投资到另一种股票 B，构建一个包括 A、B 的投资组合，投资组合的风险将会发生怎样的变化呢？影响公司的因素对两种股票影响程度不同，分散化将降低投资组合风险，比如石油价格下跌可能使 A 公司受益，而利空 B 公司，这两种影响相抵将稳定投资组合的业绩和收益。

但为什么分散化只限于两种股票呢？如果人们分散投资于更多的股票，将能继续分散对公司有特定影响因素的作用，投资组合业绩的波动将进一步下降。但是，并不能通过大量股票的组合把所有风险都规避掉，因为所有的股票最终还会受到共同的宏观经济因素的影响，比如如果所有的股票都会受到经济周期的影响，不论人们持有多少股票，都不能避免经济周期波动的风险。

当所有的风险都对公司有特定影响时，如图 9.12(a) 所示，分散化就可以把风险降至任意低的水平。其原因是所有风险都是独立的，任何一种特殊来源的风险可以降低到可忽略的水平，由于独立的风险来源使风险降低至一个很低的水平，有时被称为保险原则，因为保险公司通过向具有独立风险来源的不同客户开出许多保单，每个保单只占保险公司总投资组合的一小部分，用这种分散化的方法达到降低风险的目的。

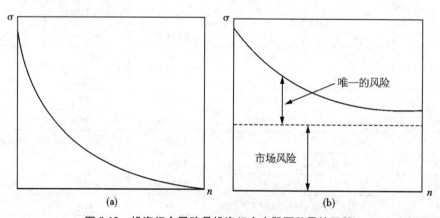

图 9.12　投资组合风险是投资组合中股票数量的函数

当共同的风险来源影响所有公司时，即使是最充分的分散化投资也不能消除风险。如图 9.12(b) 所示，投资组合的标准差随着组合的股票数量的增加而降低，但不能降低到 0。最充分分散化后也不能消除的风险被称为市场风险，该风险来源于整个市场风险源，又叫系统风险或不可分散风险。相反，那些可分散化消除的风险被称为独特风险、公司特有风险、非系统风险或可分散风险。

（2）风险资产投资组合的风险收益特征。

为了便于分析的深入，我们将上述包含一个无风险资产 F 与风险资产组合 P 的投资组合 C 加以扩展，即将 C 中的风险资产投资组合 P 视为 n 种风险资产组合，也就是说 P 包含了市场上全部的风险资产,于是 C 就成了覆盖市场全部资产的投资组合,此时我们就定义 C 为"完整投资组合"。要在众多完整投资组合中确定最优的完整投资组合实质上就是要结合投资者的风险收益偏好与风险厌恶程度,在最优风险资产投资组合 P 与无风险资产 F 之间做出最合适的投资资金权重安排。

由于两种风险资产的组合是风险资产投资组合中最简单的情形,并且利用其中体现的原则和思想便可以很容易地推广到多种风险资产的投资组合,因此,我们的分析就从两个风险资产的组合起步,最后再讨论如何确定最优完整投资组合。假设有两个风险资产构建了一个投资组合,其中一个风险资产是专门投资长期债券的债券基金 D,另一个是专门投资股票的股票基金 E,这两种基金收益率分布的参数见表 9.8(特别提示:在以下的事例中将运用这些参数进行事例的深度解析)。

表 9.8 两种基金描述性统计

	债券基金	股票基金	
期望收益	8%	13%	
标准差	12%	20%	
协方差			72
相关系数			0.30

在上述投资组合中,投资于债券基金的份额为 w_D,剩下部分 $1 - w_D$ 投资于股票基金,组合的收益率 r_P 为

$$r_P = w_D r_D + w_E r_E \tag{9.26}$$

式中:r_D——债券基金的收益率;
r_E——股票基金的收益率。

投资组合的期望收益是投资组合中各种资产的期望收益的加权平均值,即

$$E(r_P) = w_D E(r_D) + w_E E(r_E) \tag{9.27}$$

两种风险资产的投资组合的方差为

$$\sigma_P^2 = w_D^2 \sigma_D^2 + w_E^2 \sigma_E^2 + 2 w_D w_E \text{Cov}(r_D, r_E) \tag{9.28}$$

可见,投资组合的方差并不像期望收益一样,不是组合内多个资产方差的加权平均值,因为收益率与风险值均为随机变量,一个随机变量关于自身的协方差就是该变量的方差,即

$$\text{Cov}(r_D, r_D) = \sum_{\text{情景}} \text{Pr}(\text{情景})[r_D - E(r_D)][r_D - E(r_D)]$$

$$= \sum_{\text{情景}} \text{Pr}(\text{情景})[r_D - E(r_D)]^2 = \sigma_D^2 \tag{9.29}$$

因此,另一种表示投资组合方差的方法是

$$\sigma_P^2 = w_D w_D \text{Cov}(r_D, r_D) + w_E w_E \text{Cov}(r_E, r_E) + 2 w_D w_E \text{Cov}(r_D, r_E) \tag{9.30}$$

总之,投资组合的方差是协方差项的加权求和,权重为协方差项中的每种资产的组合比例乘积。

表 9.9 显示了通过建立协方差矩阵计算投资组合方差的过程。其中,表 9.9(a)表示两个基金收益的相邻协方差矩阵,相邻矩阵是与第一行和第一列元素(每一基金在投资组合中权重)相邻的协方差矩阵。可以通过以下方法得到投资组合的方差:协方差矩阵中的每个因子与边界相应行、列中的权重相乘,把所有结果项相加,就可以得到式(9.30)中给出的投资组合方差。

表 9.9 通过协方差矩阵计算投资组合的方差

a. 相邻协方差矩阵 投资组合权重	w_D	w_E
w_D	$\mathrm{Cov}(r_D, r_D)$	$\mathrm{Cov}(r_D, r_E)$
w_E	$\mathrm{Cov}(r_E, r_D)$	$\mathrm{Cov}(r_E, r_E)$
b. 边界相乘协方差矩阵	w_D	w_E
w_D	$w_D w_D \mathrm{Cov}(r_D, r_D)$	$w_D w_E \mathrm{Cov}(r_D, r_E)$
w_E	$w_E w_D \mathrm{Cov}(r_E, r_D)$	$w_E w_E \mathrm{Cov}(r_E, r_E)$
$w_D + w_E = 1$	$w_D w_D \mathrm{Cov}(r_D, r_D) + w_E w_D \mathrm{Cov}(r_E, r_D)$	$w_D w_E \mathrm{Cov}(r_D, r_E) + w_E w_E \mathrm{Cov}(r_E, r_E)$
投资组合方差	$w_D w_D \mathrm{Cov}(r_D, r_D) + w_E w_D \mathrm{Cov}(r_E, r_D) + w_D w_E \mathrm{Cov}(r_D, r_E) + w_E w_E \mathrm{Cov}(r_E, r_E)$	

在表 9.9(b)进行这些计算,得边界相乘协方差矩阵:将每一个协方差与边界相应行和列的权重相乘。表 9.9(b)的最底行(将每一列的和相加得到)表明这个矩阵里所有项的和实际上就是式(9.30)中的整个投资组合的方差。

这种方法是可行的,因为协方差矩阵是依对角线对称的,即 $\mathrm{Cov}(r_D, r_E) = \mathrm{Cov}(r_E, r_D)$,这样,每一个协方差项都出现两次。

这种用边界协方差相乘协方差矩阵来计算协方差的方法很普遍,它适用于任何数量的资产并且在计算中很容易实现。

式(9.28)展示如果协方差项为负,组合方差将减少。这对以下分析思路十分重要,即尽管协方差项是正的,投资组合的标准差仍然低于个别资产标准差的加权平均值,除非两种资产是完全正相关的。

为了理解这点,根据相关系数 ρ 计算出协方差,由

$$\mathrm{Cov}(r_D, r_E) = \rho_{DE} \sigma_D \sigma_E \qquad (9.31)$$

得

$$\sigma_P^2 = w_D^2 \sigma_D^2 + w_E^2 \sigma_E^2 + 2 w_D w_E \sigma_D \sigma_E \rho_{DE} \qquad (9.32)$$

协方差越大,在 ρ_{DE} 越大时,投资组合的方差越大。当完全正相关时,$\rho_{DE} = 1$,式(9.32)可简化为

$$\sigma_P^2 = (w_D \sigma_D + w_E \sigma_E)^2 \qquad (9.33)$$

或

$$\sigma_P = w_D \sigma_D + w_E \sigma_E \qquad (9.34)$$

所以,具有完全正相关的投资组合的标准差恰好是投资组合中各个资产标准差的加权平均值。在其他情况下,相关系数小于1,这将使投资组合的标准差小于投资组合中各个资产标准差的加权平均值。

在投资组合中一个套头资产与其他资产负相关,式(9.32)显示这样的资产对于降低整体风险有特殊的作用,而且,从式(9.27)中可以看出,期望收益不受各个资产收益的相关性的影响。因此,在其他条件不变的情况下,人们总是更愿意在投资组合中增加与现有资产弱相关甚至是负相关的资产。因为投资组合的期望收益是投资组合中各个资产的期望收益的加权平均值,其标准差小于各组成资产的标准差的加权平均值。非完全相关资产组成的投资组合的风险—收益机会总是优于投资组合中各资产单独的风险—收益机会。各资产之间的相关性越低,所产生的分散化效果就越好。

投资组合的标准差能有多低呢?相关系数的最低值为-1,表示完全负相关,此时,式(9.32)可简化为

$$\sigma_P^2 = (w_D\sigma_D + w_E\sigma_E)^2 \tag{9.35}$$

投资组合的标准差为

$$\sigma_P = |w_D\sigma_D - w_E\sigma_E| \tag{9.36}$$

当 $\rho = -1$ 时,一个完全套头头寸可以通过选择投资组合权重,解以下方程得出

$$w_D\sigma_D - w_E\sigma_E = 0$$

其解为

$$w_D = \frac{\sigma_E}{\sigma_D + \sigma_E}, \quad w_E = \frac{\sigma_D}{\sigma_D + \sigma_E} = 1 - w_D \tag{9.37}$$

这个权重将使投资组合的标准差趋向0。

如果将上述原理运用于表9.8所提供的债券基金与股票基金的组合,则投资组合的期望收益、方差与标准差公式为

$$E(r_P) = 8w_D + 13w_E$$

$$\sigma_P^2 = 12^2 w_D^2 + 20^2 w_E^2 + 2 \times 12 \times 20 \times 0.3 \times w_D w_E = 144 w_D^2 + 400 w_E^2 + 144 w_D w_E$$

$$\sigma_P = \sqrt{\sigma_P^2}$$

表9.10 不同相关系数下的期望收益与标准差

w_D	w_E	$E(r_P)$	给定相关性下的投资组合的标准差			
			$\rho=-1$	$\rho=0$	$\rho=0.30$	$\rho=1$
0.00	1.00	13.00	20.00	20.00	20.00	20.00
0.10	0.90	12.50	16.80	18.04	18.40	19.20
0.20	0.80	12.00	13.60	16.18	16.88	18.40
0.30	0.70	11.50	10.40	14.46	15.47	17.60
0.40	0.60	11.00	7.20	12.92	14.20	16.80
0.50	0.50	10.50	4.00	11.66	13.11	16.00
0.60	0.40	10.00	0.80	10.76	12.26	15.20
0.70	0.30	9.50	2.40	10.32	11.70	14.40
0.80	0.20	9.00	5.60	10.40	11.45	13.60

续表

w_D	w_E	$E(r_P)$	给定相关性下的投资组合的标准差			
			$\rho=-1$	$\rho=0$	$\rho=0.30$	$\rho=1$
0.90	0.10	8.50	8.80	10.98	11.56	12.80
1.00	0.00	8.00	12.00	12.00	12.00	12.00
			最小方差投资组合			
	w_D		0.625 0	0.735 3	0.820 0	—
	w_E		0.375 0	0.264 7	0.180 0	—
	$E(r_P)$		9.875 0	9.323 5	8.900 0	—
	σ_P		0.000 0	10.289 9	11.447 3	—

进一步，可以测算一下各种投资组合权重对期望收益和方差的影响。假设改变债券基金的投资比例，这种改变对收益的影响在表 9.10 中列出，并显示在图 9.13 中。当债券基金的投资比例从 0~1（即股票基金投资从 1~0），投资组合的期望收益率从 13%（股票基金的期望收益率）下降到 8%（债券基金的期望收益率）。

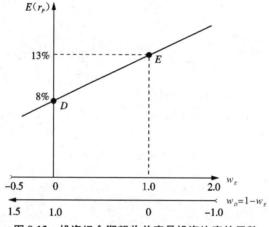

图 9.13　投资组合期望收益率是投资比率的函数

如果 $w_D > 1$、$w_E < 0$ 时，会发生什么情况呢？此时的投资组合策略是做股票基金空头，并把得到的资金投入到债券基金，这将降低投资组合的期望收益率。例如，当 $w_D = 2$ 和 $w_E = -1$ 时，投资组合的期望收益率下降为 $2 \times 8 + (-1) \times 13 = 3\%$，此时投资组合中债券基金的价值是账面价值的两倍。这个极端的头寸是通过做与该投资组合全部资产相应的股票基金的空头来实现的。

当 $w_D < 0$、$w_E > 1$ 时，情况相反，投资策略是做债券基金的空头，把所有资金投入股票基金。

当然，改变投资比例还会影响投资组合的标准差。表 9.10 给出了根据式（9.32）和投资组合的相关系数分别假定为 0.3 及其他 ρ 值计算出的不同权重下的标准差。图 9.14 显示了标准差与投资组合权重的关系，首先看一下 $\rho_{DE} = 0.30$ 时的实线，图 9.14 显示，当股票基金投资的比例从 0 增加到 1 时，投资组合的标准差首先应该从债券基金向股票基金分散投资而下降，但随后上升，因为投资组合中股票基金先是增加，然后全部投资都集中于股票基金，只要基金之间的相关系数不是太高，这一模型总是成立的。对于两种收益的正相关系数很高的资产,投资组合的标准差将从低风险资产到高风险资产单调上升。即便在这种情况下,如果正相关值很小,分散化还是会有一个积极的效果。

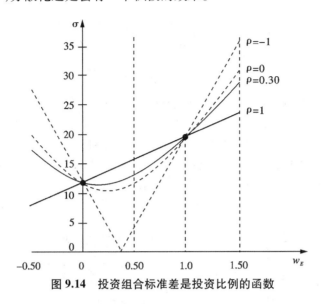

图9.14 投资组合标准差是投资比例的函数

进一步的问题是,哪种投资组合的标准差的最小水平是可接受的?根据表9.8给定的参数值,通过解以下最小值问题可以得到投资组合的权重:

$$w_{\min}(D) = 0.82 \qquad w_{\min}(E) = 1 - 0.82 = 0.18$$

根据表9.10中$\rho = 0.30$列的数据,这个最小化方差的投资组合标准差为

$$\sigma_{\min} = [(0.82^2 \times 12^2) + (0.18^2 \times 20^2) + (2 \times 0.82 \times 0.18 \times 72)]^{1/2} = 11.45\%$$

另外一种求解最小方差投资组合权重的方法是

$$w_{\min}(D) = \frac{\sigma_E^2 - \text{Cov}(r_D, r_E)}{\sigma_D^2 + \sigma_E^2 - 2\text{Cov}(r_D, r_E)}$$

$$w_{\min}(E) = 1 - w_{\min}(D)$$

图9.14中的实线表示当$\rho = 0.30$时,标准差是投资比例的函数,这条线经过$w_D = 1$和$w_E = 1$两个非分散化的投资组合。可以发现,最小方差投资组合有一个小于投资组合中各个单独资产的标准差,这显示了分散化的影响。

图9.14中其他三条线表示的是在其他相关系数下,投资组合中各组成资产的方差不变,投资组合的风险是如何变化的。这些曲线描绘了表9.10中其他三列中的数值。

黑色直线连接非分散化下的全部是债券基金或全部是股票基金的投资组合,即$w_D = 1$或$w_E = 1$,表示投资组合中的资产完全正相关,即$\rho = 1$。在这种情况下,分散化没有好处,投资组合的标准差只是组合中资产标准差的简单加权平均值。

虚抛物线描绘出非相关资产,即$\rho = 0$时投资组合的风险。相关系数越低,分散化就越有效,投资组合风险就越低(至少在两种资产的持有量为正时),最小的标准差是当$\rho = 0$时为10.29%(见表9.10),低于投资组合中各个资产的标准差。

最后,三角形的折线显示了套头完全对冲的情形,当两种资产为完全负相关即 $\rho = -1$ 时,可求得投资组合的最小方差,通过式(9.37)有

$$w_{\min}(D;\rho=-1) = \frac{\sigma_E}{\rho_D + \rho_E} = \frac{20}{12+20} = 0.625$$

$$w_{\min}(E;\rho=-1) = 1 - 0.625 = 0.375$$

而且,此时投资组合的方差(与标准差)为0。

可以把图9.13和图9.14组合在一起,以揭示在有关资产给定参数情况下投资组合风险(标准差)与期望收益的关系,结果如图9.15所示。对于任意一对投资比率为 w_D、w_E 的资产,可以从图9.13中得到它们的期望收益,从图9.14中得到它们的标准差。期望收益与标准差在表9.10中列出,并在图9.15中给出了它们的几何图形。

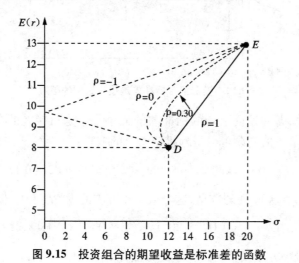

图9.15　投资组合的期望收益是标准差的函数

图9.15实抛物线是相关系数 $\rho = 0.30$ 时的投资组合机会集合,被称为投资组合可行集,因为它显示了由两种相关资产构造的所有投资组合的期望收益与标准差。其他线段显示的是在其他相关系数值下投资组合的可行集。实线连接两种基金,表示当两种资产的相关系数为1时,分散化没有什么效果。抛物线表示,当相关系数小于0.30时,可以从分散化中获得更多的利益。

最后,当 $\rho = -1$ 时,投资组合可行集是线性的,它提供了一个完全对冲的机会,此时从分散化中可以获得最大的利益。

总之,尽管期望收益是投资组合各个组成资产收益的简单加权平均值,但是标准差却并非如此。当相关系数小于1(正相关)时,分散化的潜在收益将增加。在极端的完全负相关的情况下,有一个完全对冲掉风险的机会,可构造一个零方差的投资组合。

假设现在一个投资者希望从可行集中选择一个最优的投资组合,最优的投资组合与风险厌恶有关。位于图9.15中右上方的投资组合收益率高,但风险也大。最好的取舍取决于个人的风险收益偏好。比较厌恶风险的投资者将愿意选择左下方的投资组合,这样的投资组合风险较低,但期望收益也较低。

(3)最优风险资产投资组合与最优完整投资组合的确定。

不同层面的资产配置决策包含着不同的内容,从无风险资产的投资组合到有风险的资

产投资组合是最简单的资产配置决策,而投资者如何在股票基金与债券基金这些最典型的风险资产之间进行资金配置并构造出风险投资组合,是较高层次的资产配置决策。实际上,绝大多数的投资专家认为投资者最重要的决策是如何把资金配置在股权类风险资产、债权类风险资产和安全的国库券上,因为股权类风险资产(股票基金)、债权类风险资产(债券基金)等典型的风险资产和以国库券为代表的无风险资产构建的组合是完整投资组合。

在"风险资产投资组合的风险收益特征"里曾经推导了投资组合中两种风险资产的比例,进一步将在此基础上引入第三种选择,在风险资产投资组合中加入无风险资产,这就要求投资者处理好资金在股权类资产、债权类资产、无风险资产之间的配置。一旦掌握了相关原则和逻辑,就可以很容易地构造由多种风险资产组成的投资组合。

如果投资组合中的风险资产仍然是债券基金、股票基金,且现在也投资于年收益率为5%的无风险资产——国库券,那会发生什么情况呢?图9.16显示了根据表9.8计算出的债券基金与股票基金的性质所得到的可行集,这是分析的逻辑起点。

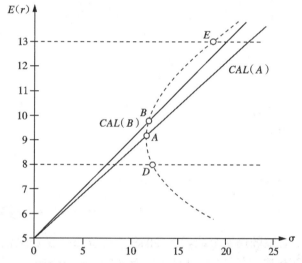

图9.16　债券基金与股票基金的可行集和两条可行的资本配置线

两条可行的资本配置线从无风险利率($r_f = 5\%$)连到两种可行的投资组合,第一条可行的资本配置线通过最小方差投资组合A,即由82%的债券基金与18%的股票基金组成的投资组合(表9.10底部)。投资组合A的期望收益为8.9%,标准差为11.45%,由于国库券利率为5%,报酬—风险比率(夏普比率)即资本配置线的斜率为

$$S_A = \frac{E(r_A) - r_f}{\sigma_A} = \frac{8.9 - 5}{11.45} = 0.34$$

现在考虑用投资组合B替代投资组合A,投资组合B中70%为债券基金,30%为股票基金,它的期望收益率9.5%(风险溢价为4.5%),标准差为11.7%,因此,该投资组合的资本配置线的报酬—风险比率为

$$S_B = \frac{E(r_B) - r_f}{\sigma_B} = \frac{9.5 - 5}{11.7} = 0.38$$

这个值比用最小方差投资组合与短期国库券所得到的资本配置线的报酬—风险比率要大,因此,投资组合 B 优于投资组合 A。

但是,为什么要在投资组合 B 处就停止呢?让资本配置线进一步向上移动,最终使它的斜率与投资可行集的斜率一样,这将获得最高的并且可行的报酬—风险比率的资本配置线。因此,相切的投资组合 P(见图 9.17)就是引入无风险资产(国库券)的最优风险投资组合。从图 9.17 中,可以发现投资组合 P 的期望收益与标准差为

$$E(r_P) = 11\%$$

$$\sigma_P = 14.2\%$$

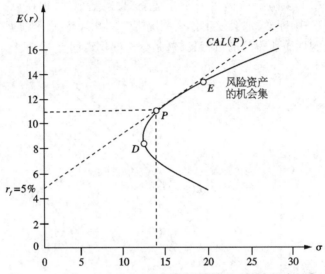

图 9.17 引入无风险资产(国库券)的最优风险资产投资组合

在实践中,当投资者试图用两个或者更多的资产建立最优投资组合时,首先必须要理解如何解决两种风险资产(比如长期债券和股权资产)与一种无风险资产的组合问题。这种情况下,可以推导出关于最优组合各项资产权重的确定公式,从而使得与最优化投资组合有关的阐述简单明了。

找出权重 w_D 和 w_E,以使资本配置线的斜率最大(即这个权重使风险资产投资组合的报酬—风险比率最高),因此,目标就是使资本配置线的斜率最大,目标函数就是斜率,即 S_P,有

$$S_P = \frac{E(r_P) - r_f}{\sigma_P}$$

对于包含两种风险资产的组合 P,它的期望收益与标准差为

$$E(r_P) = w_D E(r_D) + w_E E(r_E) = 8w_D + 13w_E$$

$$\sigma_P = [w_D^2 \sigma_D^2 + w_E^2 \sigma_E^2 + 2w_D w_E \text{Cov}(r_D, r_E)]^{1/2}$$

$$= [144w_D^2 + 400w_E^2 + (2 \times 72 w_D w_E)]^{1/2}$$

要使目标函数 S_P 最大,还要满足一个假设条件,即 $w_D + w_E = 1$(权重和等于 1),解以下

的数学问题：

$$\underset{w_i}{\mathrm{Max}} S_P = \frac{E(r_P) - r_f}{\sigma_P}$$

约束条件 $\sum_{i=1}^{n} w_i = 1$，这是一个标准微积分问题。

在两种风险资产的条件下，可通过式(9.27)计算 $E(r_P)$、式(9.32)计算 σ_P，用 $1-w_D$ 代替 w_E，用 w_D 对 S_P 求导，令导数为零，解 w_D，即可得到最优风险资产投资组合 P 的权重解：

$$w_D = \frac{[E(r_D) - r_f]\sigma_E^2 - [E(r_E) - r_f]\mathrm{Cov}(r_D, r_E)}{[E(r_D) - r_f]\sigma_E^2 + [E(r_E) - r_f]\sigma_D^2 - [E(r_D) - r_f + E(r_E) - r_f]\mathrm{Cov}(r_D, r_E)}$$
(9.38)

$$w_E = 1 - w_D$$

运用表 9.8 提供的债券基金 D 与股票基金 E 的相关参数，可以得到由债券基金 D 与股票基金 E 构建的最优风险资产投资组合中债券基金 D 与股票基金 E 各自的权重为

$$w_D = \frac{(8-5) \times 400 - (13-5) \times 72}{(8-5) \times 400 + (13-5) \times 144 - (8-5+13-5) \times 72} = 0.40$$

$$w_E = 1 - 0.40 = 0.60$$

同时，由债券基金 D 与股票基金 E 构建的最优风险资产投资组合的期望收益与标准差为

$$E(r_P) = (0.4 \times 8) + (0.6 \times 13) = 11\%$$

$$\sigma_P = [(0.4^2 \times 144) + (0.6^2 \times 400) + (2 \times 0.4 \times 0.6 \times 72)]^{1/2} = 14.2\%$$

由债券基金 D 与股票基金 E 构建的最优风险资产投资组合的资本配置线的斜率为

$$S_P = \frac{11 - 5}{14.2} = 0.42$$

这也是投资组合 P 的报酬—风险比率，这个斜率大于任一可能的其他投资组合的斜率。因此，这是可行的最优资本配置线的斜率。

更具有意义的是，在找到最优风险资产投资组合后，可以由这个投资组合与以国库券为典型代表的无风险资产进行再组合，并得到由最优风险资产投资组合与无风险资产的再组合产生的资本配置线，从而进一步可以找到最优的完整投资组合。现在构造一个最优风险资产投资组合 P，根据个人的风险厌恶程度 A 能计算投资于完整投资组合的风险资产部分的最优比例。若一个风险厌恶系数为 $A = 4$ 的投资者，其在最优风险资产投资组合 P 上的最优投资头寸为

$$y = \frac{E(r_P) - r_f}{A\sigma_P^2} = \frac{0.11 - 0.05}{4 \times 0.142^2} = 0.7439$$
(9.39)

因此，这个投资者将 74.39% 的资金投资于最优风险资产投资组合 P、25.61% 的资金投资于无风险资产（国库券）即可构造出最优完整投资组合，当然，同时必须恪守的是在最优风险资产投资组合 P 中要包括 40% 的债券基金，因此，债券基金在最优完整投资组合中所占的比例为 $y_{w_D} = 0.4 \times 0.7439 = 0.2976$，即 29.76%，同样，在最优完整投资组合中投资于股票基

金的权重为 $y_{w_E} = 0.6 \times 0.7439 = 0.4463$，即 44.63%。这个资产配置问题的图解在图 9.18 和图 9.19 中给予了清晰的说明。

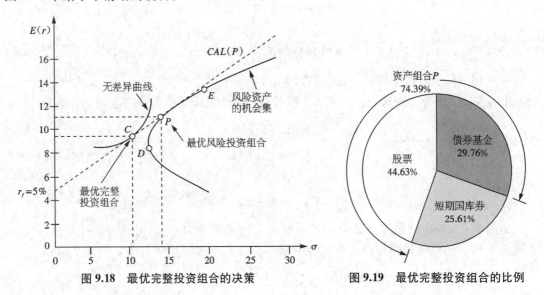

图 9.18　最优完整投资组合的决策　　　　图 9.19　最优完整投资组合的比例

以上原理可以很容易地扩展到多种风险资产，只需要遵循以下步骤便可得到一个最优完整投资组合：

第一步，确定所有各类风险资产的风险收益特征值（期望收益、方差、协方差等）；

第二步，构造风险资产投资组合：

① 根据式（9.38）计算最优风险资产投资组合 P 的资金权重；

② 运用第一步、式（9.27）和式（9.28）计算最优风险资产投资组合 P 的期望收益、方差。

第三步，把预算的资金配置在风险资产投资组合和无风险资产上：

① 根据式（9.39）计算风险资产投资组合 P 和无风险资产 F（国库券）的权重；

② 计算出完整投资组合中投资于每一种风险资产和无风险资产 F（国库券）上的投资份额。

需要注意的是，债券基金与股票基金都是已经分散化的投资组合，因此必然比没有分散的单一资产的风险要低。例如，从统计角度讲，平均股票收益率的标准差约为 50%，而股票基金的标准差只有 20%，大约等于市场指数投资组合的历史标准差，这就是一类资产中分散化的重要性的证据。优化资产在债券与股票之间的配置，有利于改善完整投资组合的报酬—风险比率。债券、股票与国库券的资本配置线显示了完整投资组合的标准差将进一步降低，并维持原有的与股票投资组合相同的期望收益率。

四、马科维茨的投资组合选择模型

在上述两种风险资产的例子中，问题分为三个部分：一是要从风险资产投资组合中识别出可行的风险—收益组合；二是通过投资组合权重的计算，找出最优风险资产投资组合，即此时有最大斜率的资本配置线；三是通过加入无风险资产，找到完整投资组合。这三部分问题都涉及投资组合的优化，并可以分为三个步骤。

（一）确定风险资产投资组合可行域的有效边界：投资者可行的风险——收益机会

马科维茨投资组合选择模型首先是要确定风险资产投资组合可行域的有效边界，即确定众多风险资产投资组合中投资者可行的风险——收益机会,它由风险资产投资组合的最小方差边界来描述。这一边界表示为在给定期望收益的条件下,获得的投资组合的最小可能方差的图形,在给定一组期望收益、方差和协方差数据时,可以计算出任何有特有期望收益投资组合的最小方差,把所有期望收益与标准差对应的点进行连接,一条有效边界便清晰地显现在风险资产投资组合的可行域上,就可以得到图9.20。

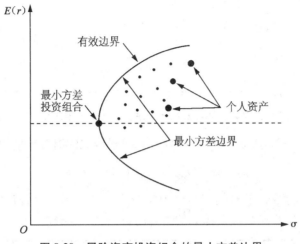

图 9.20　风险资产投资组合的最小方差边界

应该注意的是,所有单一资产都位于边界的内右侧,至少当允许通过卖空来构造风险资产投资组合时是这样的。这表明风险资产投资组合中只含单一资产是低效率的,分散化投资将带来更高的收益或更低的标准差。

所有从全局最小方差投资组合往上且在最小方差边界上的组合,都是可能的最优风险—收益组合,因而是最优的投资组合。全局最小方差以上的边界被称为风险资产的有效边界。因为对于所有低于最小方差以下边界部分的投资组合,都可以在相应的标准差上找到期望收益更大的投资组合,因此,最小方差边界的下半部分是无效的。

（二）引入无风险资产并找出有最高报酬——风险比率的资本配置线

在确定了风险资产投资组合可行域的有效边界(投资者可行风险——收益机会)后便进入马科维茨投资组合选择模型的第二步,即引入无风险资产,并在此基础上找出一条有最高报酬——风险比率的资本配置线(即最陡斜率的资本配置线),如图9.21所示。最优风险资产投资组合 P 的资本配置线与有效边界相切,这条线优于任意一条可能的线(穿过了边界虚线),风险资产投资组合 P 即是最优风险资产投资组合。

（三）选择最优风险资产投资组合与无风险资产之间的投资组合

马科维茨投资组合选择模型的第三步,也就是最后一步,是投资者要选择出最优风险资产投资组合 P 与作为无风险资产的国库券之间的投资组合,这正是图9.18所做的。

现在更详细地分析投资组合构造的第一步,首先是估计风险资产的风险、收益和协方差矩阵值。上面曾经讨论了以债券基金 D 与股票基金 E 为代表的两种风险资产的组合通过估计风险、收益和协方差矩阵值描述其在风险—收益坐标平面的特征。如果风险资产投资组合明确地扩展为由 A、B、C 三只股票构成的组合,那么,这三个风险资产构成的组合在风险—收益坐标平面又是怎样的特征呢？

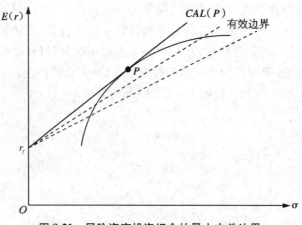

图 9.21 风险资产投资组合的最小方差边界

首先计算 A、B、C 三只股票及由 A、B、C 三只股票构成的组合的期望收益：

$$E(r_P) = w_A E(r_A) + w_B E(r_B) + w_C E(r_C)$$

再求解每一个风险资产的方差和组合内每一个资产与另一个资产的协方差，进而建立协方差矩阵，求解 A、B、C 三只股票构成的组合的方差：

	w_A	w_B	w_C
w_A	σ_A^2	$\mathrm{Cov}(r_A, r_B)$	$\mathrm{Cov}(r_A, r_C)$
w_B	$\mathrm{Cov}(r_B, r_A)$	σ_B^2	$\mathrm{Cov}(r_B, r_C)$
w_C	$\mathrm{Cov}(r_C, r_A)$	$\mathrm{Cov}(r_C, r_B)$	σ_C^2

$$\sigma_P^2 = w_A^2 \sigma_A^2 + w_B^2 \sigma_B^2 + w_C^2 \sigma_C^2 + w_A w_B \mathrm{Cov}(r_A, r_B) + w_B w_A \mathrm{Cov}(r_B, r_A)$$
$$+ w_A w_C \mathrm{Cov}(r_A, r_C) + w_C w_A \mathrm{Cov}(r_C, r_A) + w_B w_C \mathrm{Cov}(r_B, r_C) + w_C w_B \mathrm{Cov}(r_C, r_B)$$
$$= w_A^2 \sigma_A^2 + w_B^2 \sigma_B^2 + w_C^2 \sigma_C^2 + 2 w_A w_B \mathrm{Cov}(r_A, r_B) + 2 w_A w_C \mathrm{Cov}(r_A, r_C) + 2 w_B w_C \mathrm{Cov}(r_B, r_C)$$

由于 $w_A + w_B + w_C = 1$，于是可以任意设置一个 w_A，进而确定 w_B、w_C，即可得到相应资金权重下的一个关于 A、B、C 组合的组合点，而且每调整一次 w_A、w_B、w_C，都可以获得一个 A、B、C 组合的组合点。可以把 A、B、C 的资金权重不断调整下去，将得到无数个与资金权重匹配的组合点，当将这些组合点都描绘到风险—收益坐标平面上时，关于 A、B、C 组合的可行域就显现出来了。在不允许卖空资产时，A、B、C 三种风险资产组合的可行域就是两种风险资产组合后再与第三种风险资产的再组合，这时，可行域便不再像债券基金 D 与股票基金 E 的组合那样局限于一条曲线上，而是坐标系中的一个区域，如图 9.22 所示。其中，每一个组合称为一个可行组合，而 A、B、C 组合的最小方差组合一定位于 AC 曲线上，AC 曲线就是最小方差曲线。

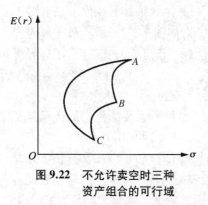

图 9.22 不允许卖空时三种资产组合的可行域

如何理解 A、B、C 三个风险资产组合的可行域不再是一条曲线而是由 AC、AB、BC 三条曲线围成的区域呢？如图 9.23 所示，由 AC、AB、BC 围成的区域中任何一个组合点均必然是由 A、B、C 的组合得到的。Z 点的组合可由 D、E 的组合得到，而 D 的组合实际上是由 A、C 的组合得到的，E 的组合实际上是由 B、C 的组合得到的，因此，只要是 AC、AB、BC 曲线围成的区域中的组合点一定是由 A、B、C 的组合得到的，除非在这个区域之外。

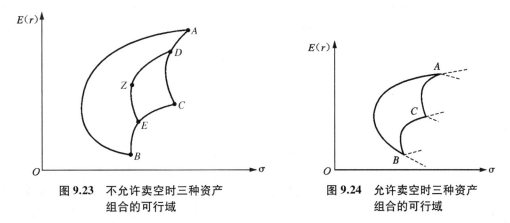

图 9.23　不允许卖空时三种资产组合的可行域

图 9.24　允许卖空时三种资产组合的可行域

如果市场存在卖空机制，允许投资者卖空 A 或 B 或 C 而去加大对组合内其他风险资产的投资，即组合内被卖空的资产的资金组合权重为负，其他资产的资金组合权重大于 1，这一情形下 A、B、C 组合的可行域又将是怎样的特征呢？这时，组合权重大于 1 的资产将会落在右边的延长线上，至于落在右边延长线的什么位置，关键看资金组合权重大于 1 的程度。于是，可行域将出现向原可行域右边延伸的情形。如图 9.24 所示。

上述分析思路可以很容易地推广到四个、五个、十个以及更多风险资产组合的情形。比如一个组合是包含了全球市场上全部风险资产的组合，也就是一个 n 个风险资产的组合，上述分析的思路与原理同样适用。

对于 n 个风险资产的组合，投资者将拥有 n 个 $E(r)$ 的估计值和 $n \times n$ 协方差矩阵的估计值，其中对角线上是 n 个方差 σ_i^2 的估计，$n^2 - n = n(n-1)$ 个非对角线上的元素为任意两种资产收益的协方差的估计值。每个协方差出现两次，因此，准确地说有 $n(n-1)/2$ 个不同的协方差估计值。如果投资组合内有 50 个资产，投资者就需要得到 50 个期望收益率估计值、50 个方差估计值和 $50 \times 49/2 = 1\ 255$ 个不同的协方差估计值。

一旦完成估算工作，任意一个每种资产权重为 w_i 的风险资产投资组合的期望收益和方差都可通过协方差矩阵或以下公式计算得

$$E(r_P) = \sum_{i=1}^{n} w_i E(r_i) \tag{9.40}$$

$$\sigma_P^2 = \sum_{i=1}^{n} \sum_{j=1}^{n} w_i w_j \text{Cov}(r_i, r_j) \tag{9.41}$$

根据式（9.40）、式（9.41），只需变动一次资金权重即可得到该权重下期望收益与标准差对应的组合点，当资金权重变动无数次，可以得到无数个相应权重下期望收益与标准差对应的组合点，当这些组合点分别在以纵轴为期望收益、横轴为标准差的风险—收益坐标平面描绘出来后，便可以实现马科维茨投资组合选择模型的第一步：确认有效的投资组合集，即风险资产组合的有效边界。而该有效边界的产生隐含着风险资产投资组合集合背后最重要的思想，即在任一风险水平上，只对最高期望收益的投资组合感兴趣。因此，边界是给定期望

收益下最小方差投资组合的集合。实际上,计算风险资产投资组合有效集的方法有两个,这一点可以从图 9.25 中得到解释。方形点是方差最小化程序得出的结果,首先画出水平线代表必要的期望收益水平的限制,然后寻找每条水平线上最小的标准差(靠左边的点)。针对不同水平的期望收益重复这一工作,最小方差边界的形状就显现出来了。放弃底部(虚线)部分,因为它是无效的。另外一种方法是,画一条垂直线代表标准差的限制,然后考察这条线上所有的投资组合(有同样的标准差),找出最高的收益水平,即垂直线上最高的投资组合。重复以上工作,画出不同的垂直线(代表标准差水平),以及相应的不同的圆点,这些圆点轨迹的上部就是有效边界。

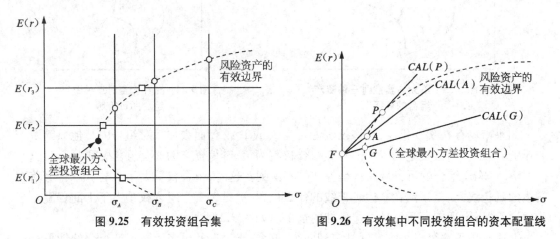

图 9.25　有效投资组合集　　　　图 9.26　有效集中不同投资组合的资本配置线

确定有效边界后,接着将进入第二步:引入无风险资产。图 9.26 给出了有效边界和三条从有效集中选择的投资组合的资本配置线。与以前一样,通过选择不同的投资组合得到资本配置线,直至得出投资组合 P,这是一条从 F 点到有效边界的切线。投资组合 P 有最大化的报酬—风险比率,这也正是点 F 到有效边界连线的斜率,投资者要寻找的正是最优风险资产投资组合 P。要特别注意的是,在同一个市场风险厌恶程度各异的投资者都拥有相同的最优风险资产投资组合 P,不同的风险厌恶程度可以通过在资本配置线上选择不同的点来实现,于是更加厌恶风险的投资者会选择将更多的资金投资于无风险资产和更少的资金投资于最优风险资产投资组合 P。

第三步,根据个人的风险收益偏好,决定预算资金在作为无风险资产的国库券和最优风险资产投资组合 P 中的分配,得到最优完整投资组合。

第二节　资本资产定价模型

一、资本资产定价模型的假定条件

资本资产定价模型(CAPM)是识别期望收益和风险值(β 系数)之间确定关系的模型。它要解决的问题是:市场处于均衡状态时资产的均衡价格怎样确定?资本资产定价模型是现代金融理财技术理论的一项重要成就和内容,目前在各项理财活动中得到广泛运用。

资本资产定价模型包括以下几个假定条件。

(1)投资者根据一段时间内资产组合的期望收益率和方差或标准差来评价组合的优

劣。投资者在风险一定时,优先选择期望收益大的投资组合;在期望收益相同时,将选择标准差小的投资组合。投资者选择的最优投资组合就是使其效用达到最大化的投资组合。

(2) 单一资产无限可分,从而意味着投资者能按任意比例购买其偏好的资产,投资组合权数则为连续的随机变量。

(3) 市场完全有效,没有摩擦,即市场上资本和信息可以自由流动,对所有投资者来讲,可以免费地获得所有相关信息;市场没有交易成本,也不存在对股息、红利收入和资本收益的征税。

(4) 所有投资者对各种资产收益率的分布情况看法一致。由于信息可以自由流动,投资者总可以从市场上获取有关信息,形成对资产收益率分布的了解,从而预期相同,即对资产收益率、标准差和协方差看法一致。

(5) 存在无风险资产,投资者可以按同样的无风险利率借入或贷出任意数量的无风险资产。

(6) 单一的投资期限,即假定所有投资者在相同的时间内选择投资,在这段时间内,忽略投资的机会成本可能的变化。

二、资本资产定价模型的基本内容

(一) 资本市场线的导出

1. 市场组合

在给定的假设条件下,投资者可以借入或者贷出无风险资产。当投资者借入无风险资产并把风险资产组合与无风险资产进行再组合,投资者的投资范围将显著扩大,将产生一个新的可行域,并诞生一条新的有效边界。这条新的有效边界即为图9.27中的 FR 线。F 点代表的是无风险资产,而 R 点代表的是最优风险资产组合,这是由于 R 既位于老的风险资产组合可行域的有效边界上,同时又位于风险资产组合纳入了无风险资产进行再组合以后新的可行域的有效边界上,故 FR 线上的组合均为无风险资产 F 与最优风险资产组合 R 再组合的结果,至于投资者的组合具体位于何处,取决于投资者在 F 与 R 上的投资资金

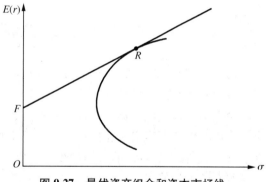

图9.27 最优资产组合和资本市场线

组合权数配置。由于 F 是有效的,而 R 作为最优风险资产组合当然也是有效的,因此,由 F 与 R 重组后的所有组合均为有效组合,或者说位于 FR 线上的所有组合点都是有效组合,所以,FR 线是风险资产组合纳入无风险资产以后的新的有效边界。理性投资者应该在 FR 线上选择其投资组合,至于投资者的组合点落在何处,取决于投资者对待无风险资产和最优风险资产组合的态度,或者说取决于投资者的风险收益偏好,反映在资金组合权数上就是投资者在 F 与 R 上分别愿意投入多少资金。要注意的是,在允许卖空无风险资产情形下,投资者的选择范围可进一步延伸至 R 点的上方,即 FR 线的射线上,至于具体落在射线的何处,同样取决于投资者的风险收益偏好,取决于投资者卖空无风险资产的程度,即组合中无风险资产组合权数负的程度。

如上所述,在给定的假设条件下,投资者可以借入或者贷出无风险资产,他们对未来作出相同的预期,所以也面临着完全相同的处境。因而所有投资者都将在图9.27中的 FR 线上选择最优组合,如图9.27所示。

在 FR 线上的不同的位置,有些人借入无风险资产,有些人贷出无风险资产,有些人不借也不贷,但他们把资金以相同的方式分散投资到各种风险资产上去,风险资产组合 R 代表一个最优的风险资产组合。总之,在市场均衡时,借入的数量必等于贷出的数量,整个市场投资于无风险资产的净额必然为零。因此,最优风险资产组合 R 存在于市场中,它由市场上所有的风险资产组成,并且组合和整个市场风险资产比例一致,即最优资产组合中每种资产的权数必然同该资产的相对市场价值一致。设市场组合为 M,w_{Mi} 表示市场资产组合中资产 i 的比例,n 为全部风险资产的数目,Q_i 为资产的市场流通量,P_i 为第 i 种资产的市场价格,则

$$w_{Mi} = \frac{P_i}{\sum_{j=1}^{n} P_j Q_j} \quad (j = 1, 2, \cdots, n) \tag{9.42}$$

将由市场所有风险资产组合的、各资产组合权数与资产的相对市场价值一致的资产组合称为市场组合。这样就可以通过计算市场均衡条件下的市场组合来确定最优风险资产组合。例如,均衡条件下,市场仅有三种风险资产 A、B、C 交易,其市场价值为 50 亿元、30 亿元、20 亿元,则市场组合权数分别为

$$w_A = \frac{50}{50 + 30 + 20} = 0.5$$

$$w_B = \frac{30}{50 + 30 + 20} = 0.3$$

$$w_C = \frac{20}{50 + 30 + 20} = 0.2$$

市场均衡时,最优风险资产组合的组合权数同市场组合的组合权数一致,所以,投资者只要以5∶3∶2的资金比例投资于资产 A、B、C,就可以构建一个最优风险资产组合。

由于构建最优风险资产组合的成本因素及投资者自身条件限制,投资者实际上很难完全根据市场组合来确定最优投资组合。但市场组合在投资理财理论中仍扮演着重要角色。在实践中,覆盖面比较广的市场指数比较全面地反映市场组合的大部分信息,从而可以作为市场组合的近似替代。

2. 资本市场线

决定投资组合有效边界也是资本资产定价模型的一项基本工作。图 9.28 中,M 点代表市场组合,它是包含全部风险资产的最优组合,r_f 代表无风险资产收益率。连接 F 点和 M 点,形成的直线是包含无风险资产的有效资产组合。这条线表示在市场均衡条件下,所有投资者都面临相同的线性有效边界。这条直线叫做资本市场线(CML)。除了市场组合和无风险资产借贷构成的资产组合外,其他所有资产组合都位于资本市场线的下方。

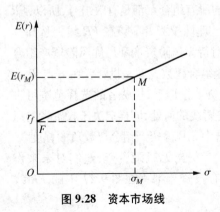

图 9.28 资本市场线

从图 9.28 中可以看出,资本市场线的截距为 r_f,斜率等于市场组合期望收益率和无风险资产收益率之差除以它们的风险差 σ_M,因此,资本市场线的代数表达式为

$$E(r_P) = r_f + \frac{E(r_M) - r_f}{\sigma_M}\sigma_P \tag{9.43}$$

式中：$E(r_P)$——资本市场线上任一投资组合 P 的期望收益率；

σ_P——资本市场线上任一投资组合 P 的标准差。

资本市场线上任一投资组合都是有效投资组合，因此，有效投资组合的期望收益率就由两部分构成：一部分是无风险收益率 r_f，它表示投资者推迟当前消费获得的补偿，可以视作时间等待的报酬，即资金的时间价值，通常代表投资者的机会成本；另一部分为风险报酬，它是投资者承担风险所得的补偿。斜率 $\dfrac{E(r_M) - r_f}{\sigma_M}$ 表示市场给投资者单位风险的报酬或风险的价格。从本质上讲，市场为投资者提供了一个时间和风险的交易场所，也提供了一个由供需达到平衡来决定资产价格的场所。从某种意义上说，资本市场线的截距和斜率分别代表了时间的价格和风险的价格。

3. 资本资产定价模型

资本市场线揭示了市场均衡条件下，有效投资组合的期望收益率与风险的关系。只有有效组合才位于资本市场线上，单个资产与无效资产组合都位于资本市场线的下方，因此，资本市场线提供的定价关系不适合单个资产的定价。那么，在资产组合中，单个资产的收益与风险是什么关系呢？

前面已经讨论过资产组合的方差，所以：

$$\sigma_M^2 = \sum_{i=1}^{n}\sum_{j=1}^{n} w_{iM} \cdot w_{jM} \text{Cov}(r_i, r_j) \tag{9.44}$$

式中：w_{iM}——资产 i 在市场组合 M 中的组合权数；

w_{jM}——资产 j 在市场组合 M 中的组合权数；

$\text{Cov}(r_i, r_j)$——资产 i 和 j 之间的协方差。

于是，式(9.44)可以改写为

$$\sigma_M^2 = w_{1M}\sum_{j=1}^{n}w_{jM}\text{Cov}(r_1, r_j) + w_{2M}\sum_{j=1}^{n}w_{jM}\text{Cov}(r_2, r_j) + \cdots + w_{nM}\sum_{j=1}^{n}w_{jM}\text{Cov}(r_n, r_j) \tag{9.45}$$

市场组合的收益率等于组合中各资产收益率的加权平均，即

$$r_M = w_{1M}r_1 + w_{2M}r_2 + \cdots + w_{nM}r_n$$

资产 i 与市场组合 M 间的协方差为

$$\begin{aligned}\text{Cov}(r_i, r_M) &= \text{Cov}(r_i, w_{1M}r_1 + w_{2M}r_2 + \cdots + w_{nM}r_n) \\ &= \text{Cov}(r_i, w_{1M}r_1) + \text{Cov}(r_i, w_{2M}r_2) + \cdots + \text{Cov}(r_i, w_{nM}r_n) \\ &= \sum_{j=1}^{n}w_{jM}\text{Cov}(r_i, r_j)\end{aligned} \tag{9.46}$$

将式(9.46)代入式(9.45)，可得

$$\sigma_M^2 = w_{1M}\text{Cov}(r_1, r_M) + w_{2M}\text{Cov}(r_2, r_M) + \cdots + w_{nM}\text{Cov}(r_n, r_M)$$
$$= \sum_{i=1}^{n} w_{iM}\text{Cov}(r_i, r_M) \tag{9.47}$$

式(9.47)表明,市场组合的方差是组合中各资产与组合协方差的加权平均,权数为每种资产在市场组合中的投资比例。

对于单个资产,通常是以标准差(方差)来衡量其风险的。理性投资者购入某种资产,往往是作为有效组合的一部分来投资的。式(9.47)表明,投资者选择的有效投资组合中,总风险取决于每种资产与市场组合之间的协方差,而不取决于单个资产的方差,因此,协方差才是对投资组合中单个资产风险的恰当衡量。协方差 $\text{Cov}(r_i, r_M)$ 较小的资产,即使其方差 σ_i^2 较大,也会被认为是风险较小的资产。

现在的问题是资产均衡期望收益率与风险之间是什么关系呢?要说明这个问题,先构建一个单一资产 i 与市场组合的再组合 Z。设 w_i 表示资产 i 的权数(不包括 M 中资产 i 的部分),w_M 表示市场组合 M 的权数,则:

$$E(r_Z) = w_i \cdot E(r_i) + w_M \cdot E(r_M)$$
$$\sigma_Z^2 = w_i^2 \sigma_i^2 + w_M^2 \sigma_M^2 + 2w_i w_M \text{Cov}(r_i, r_M)$$

用 $w_M = 1 - w_i$ 代入以上两个方程,得到 i 和 M 的结合线方程:

$$E(r_Z) = w_i \cdot E(r_i) + (1 - w_i) \cdot E(r_M) \tag{9.48}$$

$$\sigma_Z = [w_i^2 \sigma_i^2 + (1 - w_i)^2 \sigma_M^2 + 2w_i(1 - w_i)\text{Cov}(r_i, r_M)]^{\frac{1}{2}} \tag{9.49}$$

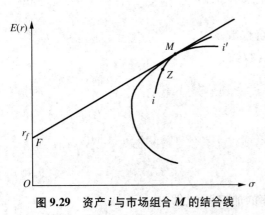

图 9.29 资产 i 与市场组合 M 的结合线

从图 9.29 中可以看到,资产 i 与市场组合的结合线上不同的点所代表的组合是不同的。iM 曲线部分表示投资者以正的投资比例投资 i 和 M;在 Mi' 曲线部分,投资者卖空资产 i,将所得资金与原有资金一起投到 M 上去。结合线 iZi' 也必然会同资本市场线相切于点 M。因为如果经过 M 的曲线如果不同 FM 相切,则相交于点 M,也就是说,iMi' 曲线上有一些点是位于资本市场线上,而这与市场均衡时所有有效组合都落在资本市场线上是相矛盾的。因此,结合线与 FM 相切于点 M。

对式(9.48)和式(9.49)求导,可得

$$\frac{\partial \sigma_Z}{\partial w_i} = \frac{w_i(\sigma_i^2 + \sigma_M^2 - 2\text{Cov}(r_i, r_M) + \text{Cov}(r_i, r_M) - \sigma_M^2)}{\sigma_Z}$$

$$\frac{\partial E(r_Z)}{\partial w_i} = E(r_i) - E(r_M)$$

所以,$\dfrac{\partial E(r_Z)}{\partial \sigma_Z} = \dfrac{E(r_i) - E(r_M)}{[w_i(\sigma_i^2 + \sigma_M^2 - 2\text{Cov}(r_i, r_M) + \text{Cov}(r_i, r_M) - \sigma_M^2)]/\sigma_Z}$

在 M 点, $w_i = 0$, $\sigma_Z = \sigma_M$, 代入上式求得结合线在 M 点的斜率：

$$\left.\frac{\partial E(r_Z)}{\partial \sigma_Z}\right|_{w_i = 0} = \frac{E(r_i) - E(r_M)}{\text{Cov}(r_i, r_M) - \sigma_M^2} \sigma_M \tag{9.50}$$

资本市场线的斜率为：$S = \dfrac{E(r_M) - r_f}{\sigma_M}$

上述两个斜率相等，即 $\dfrac{E(r_M) - r_f}{\sigma_M} = \dfrac{E(r_i) - E(r_M)}{\text{Cov}(r_i, r_M) - \sigma_M^2} \sigma_M$

化简后可得：

$$E(r_i) = r_f + \frac{E(r_M) - r_f}{\sigma_M^2} \text{Cov}(r_i, r_M) \tag{9.51}$$

这就是资本资产定价模型表达式。它表示：在市场均衡状态下，任何一种资产期望收益率由两部分构成：一部分为无风险利率 r_f，它是时间等待的报酬；另一部分代表投资者承担风险而得的补偿，它是风险报酬。

（二）证券市场线与资产均衡定价

1. 单个资产风险

定义 $\beta_i = \dfrac{\text{Cov}(r_i, r_M)}{\sigma_M^2}$，则式（9.51）转化为

$$E(r_i) = r_f + \beta_i [E(r_M) - r_f] \tag{9.52}$$

式中 β_i 代表了资产 i 对市场组合风险的贡献度，称作资产 i 的 β 系数。在讨论单一资产风险的测定时，得出协方差 $\text{Cov}(r_i, r_M)$ 越大的资产的风险越大的结论。在引入 β 系数后，可以看到 β_i 同 $\text{Cov}(r_i, r_M)$ 同向变化，$\text{Cov}(r_i, r_M)$ 越大则 β_i 也越大，相应风险就越大，所以可以用 β 系数作为单个资产风险的度量。在 r_f 和 $E(r_M)$ 一定时，β 值越大，期望收益率也越大。

2. 总风险及 β 值的计算

如果将资产 i 换成任意资产组合 P，用前面同样的推导方法，可以得到投资组合的期望收益率和风险的关系：

$$E(r_P) = r_f + \beta_P [E(r_M) - r_f] \tag{9.53}$$

风险资产组合 P 中各类资产组合权数为 $w_i (i = 1, 2, \cdots, n)$，则组合 β 可写作：

$$\beta_P = \frac{\text{Cov}(r_P, r_M)}{\sigma_M^2} = \frac{\text{Cov}(w_1 r_1 + w_2 r_2 + \cdots + w_n r_n, r_M)}{\sigma_M^2}$$

$$\frac{\sum_{i=1}^{n} w_i \text{Cov}(r_i, r_M)}{\sigma_M^2} = \sum_{i=1}^{n} w_i \beta_i \tag{9.54}$$

式（9.54）实际上给出了总风险的计算方法，它等于各资产风险的加权和。

β 系数是从市场的实际表现中通过过去一段时间内的数据来估计的，因而它属于一个实证而非预测的范畴。根据时间记录单位不同，可以计算出日 β 系数、周 β 系数和月 β 系数等。一般可用移动取样计算。设前 n 个时间单位资产 i 的收益率为 r_{i1}、r_{i2}、$\cdots$、r_{in}，市场组合

收益率用市场指数来代替,记作 r_{M1}、r_{M2}、$\cdots$、r_{Mn}。根据 β 的公式 $\beta_i = \dfrac{\text{Cov}(r_i, r_M)}{\sigma_M^2}$,将协方差 $\text{Cov}(r_i, r_M)$ 用样本协方差来估计,方差 σ_M^2 也用其样本方差来估计,则:

$$\hat{\text{Cov}}(r_i, r_M) = \sum_{t=1}^{n} [r_{it} - E(r_i)][r_{Mt} - E(r_M)]$$

$$\hat{\sigma}_M^2 = \sum_{t=1}^{n} [r_{Mt} - E(r_M)]^2$$

从而得到 β_i 的估计值:

$$\hat{\beta}_i = \dfrac{\hat{\text{Cov}}(r_i, r_M)}{\hat{\sigma}_M^2}$$

当然,也可以假定资产所有相邻时期的 β 系数呈线性关系,用经验公式来估计下一个时期的 β 值:

$$\hat{\beta}_{i, t+1} = a + b\hat{\beta}_{i, t} + \varepsilon_i$$

式中:a、b——固定系数;
ε_i——随机误差。

资本资产定价模型认为,在市场均衡状态下,资产期望收益率和风险之间存在着线性关系。在横轴为 $\text{Cov}(r_i, r_M)$ 或 β 系数,纵轴为期望收益率的坐标平面上,反映资产期望收益率和风险之间线性关系的直线叫做证券市场线(SML)。

如图 9.30 所示的证券市场线 SML,纵轴上的截距为 r_f,斜率为市场组合 M 的风险报酬 $E(r_M) - r_f$(或 $[E(r_M) - r_f]/\sigma_M^2$)。市场组合 M 的 β 值为 1,因为市场组合与自身的协方差即为其方差,所以 $\beta_M = \dfrac{\text{Cov}(r_M, r_M)}{\sigma_M^2} = \dfrac{\sigma_M^2}{\sigma_M^2} = 1$。其他资产或资产组合的 β 值大于 1 或者小于 1,它们分布在证券市场线 SML 上 M 的两侧。当 β 值大于 1 时,投资者可以获得高于市场平均水平的期望收益率;当 β 值小于 1 时,投资者只能得到低于市场平均水平的期望收益率。

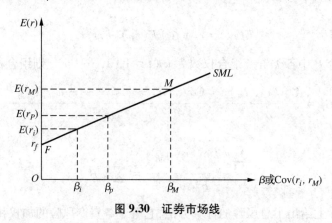

图 9.30　证券市场线

证券市场线和资本市场线都描绘了风险资产均衡时期望收益率与风险之间的关系,但两者却存在着明显的区别。第一,度量风险的标准不同。证券市场线是以协方差或 β 系数来描绘风险,而在资本市场线却是用标准差或方差来表示风险的。第二,资本市场线只描述了有效投资组合如何定价,而证券市场线则说明所有风险资产(包括有效组合和无效组合)如何均衡地定价。换个角度说,有效投资组合既位于证券市场线上,也位于资本市场线上,但单一资产和无效投资组合却只能位于证券市场线上。

3. 证券特征线与资产均衡定价

(1) α系数。

根据资本资产定价模型的描述,资产的价格一直要调整到均衡状态为止。此时,每种资产和资产组合都位于证券市场线上。如果投资者对某资产期望收益率的估计不等于其均衡时的期望收益率,则该资产处于非均衡状态,它将位于证券市场线的上方或下方。在均衡条件下,资产 i 的期望收益率是

$$\bar{r}_i^e = r_f + (\bar{r}_M - r_f)\beta_i \tag{9.55}$$

式中:$\bar{r}_i^e$——资产 i 的均衡期望收益率;

$\bar{r}_M$——市场组合的期望收益率。

由于投资者个体及市场条件的限制,个别投资者对某种资产收益率的估计一般不一定等于均衡的期望收益率。为描述这种差异,把资产期望收益率和均衡时的期望收益率差值定义为 i 资产的 α 系数,即 $\alpha_i = \bar{r}_i - \bar{r}_i^e$,代入式(9.55),得

$$\alpha_i = \bar{r}_i - [r_f + (\bar{r}_M - r_f)\beta_i] \tag{9.56}$$

考虑到投资组合的情形,式(9.56)可改写为

$$\alpha_P = \bar{r}_P - [r_f + (\bar{r}_M - r_f)\beta_P] \tag{9.57}$$

为方便起见,在以下的讨论中,将不再对投资组合情形作单独的区分。

如图 9.31 所示,投资者对资产 A 的期望收益率估计 $\bar{r}_A$ 高于其均衡期望收益率 $\bar{r}_A^e$,即 $\bar{r}_A - \bar{r}_A^e > 0$,表示资产 A 的 α 系数为正,它位于证券市场线的上方,表明这种资产价格被低估;而资产 B 均衡期望收益率大于对其的期望收益率,即 $\bar{r}_B$ 与 $\bar{r}_B^e$ 的差值为负,则资产 B 位于证券市场线的下方,表明这种资产价格被高估。

通过资产的 α 系数可以判断资产定价是否合理。SML 线上各点均满足 CAPM 的假定条件,假设市场是完全的,投资者掌握的信息是相同的,那么通过分析可获得合理的均衡定价。但实际情况

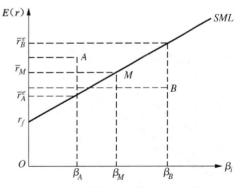

图 9.31 资产期望收益率和 α 系数

往往是不同投资者掌握的信息不同,偏好也不一样,其采用的分析方法有异,所以对同一资产的收益率就会有不同的预测,反映到资产价格上,就会出现定价过高或定价过低的现象。但是,资产和资产组合定价不合理的情形不会长久地维持下去,因为总有一些投资者利用掌握的信息优势和先进分析方法找出错误定价的资产和资产组合,通过买进卖出获取利润。当市场价格高于其实际价值时,α 系数为负,投资者可以通过卖空获利,结果大量卖空行为使市场价格下降;当市场价格低于实际价值时,α 系数为正,投资者买进该资产可以获利,结果大量买进行为使价格上升;最终使期望收益率与均衡期望收益率一致,资产回到 SML 线

上，市场处于均衡状态。

（2）证券特征线。

将式（9.38）改写成下列形式：

$$\bar{r}_i - r_f = \alpha_i + (\bar{r}_M - r_f)\beta_i \tag{9.58}$$

式（9.58）表明，持有资产的超额期望收益率由两部分构成：一是该资产的 α 系数；二是市场组合超额收益率和风险系数的乘积。在横轴为 $\bar{r}_M - r_f$、纵轴为 $\bar{r}_i - r_f$ 的坐标平面上，描绘资产 $\bar{r}_i - r_f$ 与 $\bar{r}_M - r_f$ 之间线性关系的直线，称为证券的特征线。

描述收益发生过程的证券特征线，可以通过回归方程获得。在从经验数据中找出资产收益和市场组合收益之间的关系过程中，必然存在着随机误差，因此，方程式（9.59）表达了实际收益的发生过程：

$$r_i - r_f = \alpha_i + (r_M - r_f)\beta_i + \varepsilon_i \tag{9.59}$$

式中：ε_i——期望值为零的随机误差。

因此，资产 i 的实际超额收益率由三部分构成：一是资产的 α 系数；二是 $r_M - r_f$ 与 β 系数的乘积；三是随机误差（一般可以认为是玩轮盘赌时所产生的结果）。当对式（9.59）两边求期望值时，就得出式（9.58）。

由特征线的方程可知，特征线的斜率等于这种资产的 β 系数，因此，β 系数就是测定资产期望收益率相对市场组合期望收益率灵敏程度的一个指标。特征线有正的斜率，表明市场组合的收益率越高，该资产的期望收益率也越高。纵轴截距为 α_i，只要 α_i 不为零，即表明该资产被错误定价：截距为正，则该资产定价过低；截距为负，该资产定价过高。图 9.32 描绘了两条证券特征线，其中 l_1 的 α 系数为正，l_2 的 α 系数刚好为零。

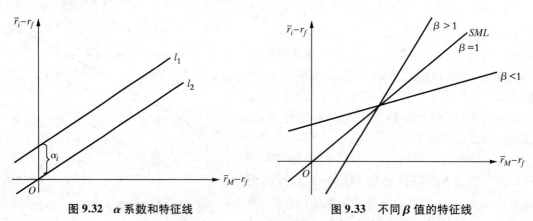

图 9.32　α 系数和特征线　　　　　图 9.33　不同 β 值的特征线

资产的特征线在纵轴上截距不为零，说明偏离均衡时特征线的位置，图 9.32 中 l_1 偏离了均衡时的特征线 l_2。α 系数在长期是难以维持非零的，短期内该资产的大量买卖可以获取利益，这种市场压力会逐步修正错误定价，使偏离均衡位置的特征线重新回到均衡位置。

特征线概念也暗含了按风险将资产分类的可能性。β 值是特征线的斜率，它测度的是资产收益率对市场组合收益率的灵敏度。β 值大于 1 的资产可以归入进攻型资产，因为它的市场价格波动明显高于市场平均水平，即在牛市（上升市场）中比市场平均水平上升得更快，但在熊市（下跌市场）里，价格下跌得也更快；反之，β 值小于 1 的资产属于防御型资产，其市场价格相对市场整体的报酬波动要平缓些,即在牛市(上升市场)中比市场平均水平上升幅度要小,但在熊市(下跌市场)里,价格下跌幅度也小于市场平均水平。而 β 值等于1的资产则是中性资产,其价格和收益与市场波动同步。因此,投资者可以根据自己的风险收益偏好,选择适合自身风险收益特征的资产种类进行投资。

不同 β 值的证券特征线如图9.33所示。

第三节 指 数 模 型

一、为什么要提出指数模型

在"优化风险资产投资组合"中全面和系统地介绍了马科维茨过程,这里要突出强调的是马科维茨过程明显存在以下两大缺陷:一是该模型认为资产与资产之间之所以建立联系是因为它们彼此在收益率上相关,于是在衡量组合的风险时要建立资产与资产之间的协方差矩阵来求解方差,而建立这样的协方差矩阵需要大量的估计值,如果投资组合的品种、数量足够多,建立协方差矩阵需要的大量估计值在技术处理上令人生畏;二是风险溢价是构建风险资产有效边界的关键要素,而该模型对预测资产的风险溢价没有任何指导作用,因为通常难以根据历史收益来准确确定未来预期收益。因此,马科维茨模型尽管在理论逻辑和推理上非常严密,但缺乏实践验证的支持。

而指数模型认为,资产与资产之间之所以建立联系不是因为它们在收益率上彼此相关,而是因为它们共同对一些公共因素(比如经济周期、利率、石油价格等宏观经济因素以及市场指数的波动)敏感,一定要说有区别,也仅仅体现在敏感的差异程度上,因此,衡量组合的风险时不需要考虑资产与资产之间在收益率上的关系,或者说不需要通过衡量资产与资产之间在收益率上的相关性来度量协方差,只需要计量各个资产分别与公共因素的敏感度即可,也即按照马科维茨模型的思路可在度量各个资产分别与公共因素的敏感度基础上轻易地得到协方差来建立协方差矩阵从而求解方差,而且度量各个资产分别与公共因素的敏感度在技术上并不困难,因为指数模型是线性模型,可以通过一元线性回归的方法来估计每一个资产对公共因素的敏感度。因此,指数模型在简化协方差矩阵估计的基础上极大地简化了马科维茨过程,同时,它加强了对资产风险溢价的分析,将风险分解为系统性风险和公司特有的非系统性风险,这样就可以比较清楚地表达资产分散化的利弊。尽管指数模型简化了估计过程,但对风险资产组合的有效边界的构建与投资组合的优化仍然有效。实证结果表明,指数模型如资产收益率呈正态分布的假设一样有效。当短期收益率近似于标准正态分布时,指数模型就可以像马科维茨过程一样应用于选择和确定最优风险资产投资组合,同样可以达到优化风险资产投资组合的目的。

二、单指数模型的推导

任何一个资产 i 的收益率通常都可以被分解为各种预期与非预期收益率之和,即

$$r_i = E(r_i) + e_i \tag{9.60}$$

式中未预期收益率 e_i 的均值为零,标准差为 σ_i(衡量资产收益率的不确定性)。

如果相关资产的收益率能够很好地为正态分布所刻画,那么这些资产是服从联合正态

分布的。这一假设意味着在任何时刻资产收益都由一个或多个变量共同决定,如果一个以上的变量导致资产收益服从正态分布,那么这种收益被称为服从多因素正态分布。下面先分析只由一个变量推动的单因素证券市场这种简单情形,然后在后续的内容中将其进一步扩展到多因素情形。

假设引起市场收益变化的因素是一些影响所有公司的宏观经济变量 m,那么将不确定性因素分解为整个经济系统的不确定性(用 m 表示)和特定公司的不确定性(用 e_i 表示),这种情况下,为了包含这两大引起收益变动的因素,式(9.60)可以变为式(9.61):

$$r_i = E(r_i) + m + e_i \tag{9.61}$$

宏观经济因素 m 是衡量未预期到的宏观突发事件(m 没有下标,特用以表示它是影响市场所有资产收益的共同因素),其均值为 0,标准差为 σ_m。与之相对应的是,e_i 仅衡量特定公司的突发事件。最重要的是 m 和 e_i 是相互独立的,因为 e_i 表示公司特有因素,它独立于 m 这一影响整个经济的共同因素。资产收益 r_i 的方差来源于这两类彼此独立的因素,系统的和公司特有的,即

$$\sigma_i^2 = \sigma_m^2 + \sigma^2(e_i) \tag{9.62}$$

共同因素 m 将资产关联起来,因为所有资产均会对同一宏观经济信息做出反应,而各公司的特有事件 e_i 之间却没有联系。由于 m 与任意公司特有事件之间没有联系,所以任意两种资产 i 与 j 之间的协方差为

$$\text{Cov}(r_i, r_j) = \text{Cov}(m + e_i, m + e_j) = \sigma_m^2 \tag{9.63}$$

最后,要认识到某些资产比其他资产对宏观经济的冲击更敏感。例如,周期类的汽车制造公司对宏观经济条件变化的反应比非周期类的药品制造公司更强烈。如果给每一家公司赋予一个敏感度系数,就可以衡量这些细微的差别。因此,如果用 β_i 来表示公司 i 的敏感度系数,式(9.61)就可以变形为以下典型的单因素模型:

$$r_i = E(r_i) + \beta_i m + e_i \tag{9.64}$$

式(9.64)意味着资产 i 的系统风险取决于它的 β 系数,周期类的公司对市场变化的敏感度更高(特别是强周期类的公司),因此,其承受的系统性风险也相应较高。资产 i 的系统风险为 $\beta_i^2 \sigma_m^2$,总风险即为

$$\sigma_i^2 = \beta_i^2 \sigma_m^2 + \sigma^2(e_i) \tag{9.65}$$

那么,任意两种资产间的协方差也取决于其 β 系数,即

$$\text{Cov}(r_i, r_j) = \text{Cov}(\beta_i m + e_i, \beta_j m + e_j) = \beta_i \beta_j \sigma_m^2 \tag{9.66}$$

就系统风险与市场风险而言,式(9.66)表明公司之间存在近似替代关系,β 值相等的公司其市场风险也相同。

到此为止,仅利用了资产收益联合正态分布特征的统计含义。单一资产收益的正态性本身就可以证明投资组合收益也服从正态分布,而且资产收益与共同因素之间存在线性关系,这大大简化了投资组合的分析过程。然而,统计分析既不能识别共同因素,也不能说明该因素在更长的投资期内如何影响投资收益。从表象来看,共同因素与特殊资产的方差以及资产间的协方差相比,其时序变化相对缓慢。现在需要找一个变量来代表共同因素,为了

能够估计其波动性以及特殊资产对其价值变化的敏感度,该变量必须是可观察的。而使单因素模型具备可操作性的合理方法是将市场指数视为共同宏观经济因素的一个替代指标,于是可以得出一个与单因素模型类似的方程,即单指数模型。

将市场指数作为公共因素的替代之所以具有可操作性是由于市场指数是一个股票组合,而且其价格和收益率均可观察,因而可以获得大量的历史数据来估计其系统风险。假如 M 表示市场指数,市场的超额收益率为 $R_M = r_M - r_f$,标准差为 σ_M。因为指数模型是线性的,所以可以采用一元线性回归的方法来估计单一资产对指数的敏感性系数 β,即将该资产的超额收益率($R_i = r_i - r_f$)对指数的超额收益率 R_M 进行回归。回归分析首先需要收集配对观察样本 $R_i(t)$ 和 $R_M(t)$ 的历史数据,其中 t 代表每对样本的观察期(如某月股票与指数的超额收益率)。于是,可以得到单指数模型的典型形式(回归方程):

$$R_i(t) = \alpha_i + \beta_i R_M(t) + e_i(t) \tag{9.67}$$

该方程的截距 α_i 表示当市场超额收益率为零时资产 i 的预期超额收益率,斜率 β_i 表示资产 i 的 β 值,即资产 i 对指数的敏感度(指数收益率每增加或降低1%所引起的资产收益率的增长或下降的比率)。$e_i(t)$ 表示 t 时刻零均值的公司特有突发事件对资产收益的影响,被称为残差。

那么,在单指数模型中期望收益与 β 值之间有什么关系呢?

因为 $E(e_i) = 0$,如果式(9.67)两边取期望值,就可得单因素指数模型的期望收益与 β 值之间的关系,即

$$E(R_i) = \alpha_i + \beta_i E(R_M) \tag{9.68}$$

式(9.68)中的第二项表示资产的风险溢价部分源于指数的风险溢价,即市场风险溢价乘以资产 i 的相对敏感度 β,这被称为系统风险溢价,因为它来自刻画整个市场的风险溢价,代表了整个经济状况。

风险溢价的另一部分由该等式中的第一项 α 来解释,它代表了非市场溢价。例如,如果投资者认为资产的定价偏低,α 可能会比较大,因为这样才能提供有吸引力的期望收益。当投资者发现资产的价格处于均衡状态时,这种吸引力会丧失,α 也趋向于0。现在假定每个市场分析师都给出了各自的 α 估计值,如果投资者相信自己能比市场分析师做得更好,于是就会坚信自己有能力找到 α 非零的股票。

指数模型将单一资产的风险溢价分解为市场和非市场两个部分,这样就清楚地阐明了整个经济的运行过程,同时也大大简化了投资公司的资产分析过程。

本节一开始就强调了指数模型相对于马科维茨模型的优势。马科维茨模型的实现需要大量的参数估计,而指数模型大大缩减了参数的估计量。式(9.67)可以得出每种资产的总风险中包含的系统与公司特有成分,以及任意两种资产的协方差。方差和协方差均由资产的 β 值和市场指数的特性决定。

总风险=系统风险+非系统风险,即

$$\sigma_i^2 = \beta_i^2 \sigma_M^2 + \sigma^2(e_i)$$

协方差 = 资产 β 值的乘积 × 市场指数风险,即

$$\mathrm{Cov}(r_i, r_j) = \beta_i \beta_j \sigma_M^2 \tag{9.69}$$

相关系数=特殊资产与市场指数的相关系数的乘积,即

$$\rho_{ij} = \frac{\beta_i \beta_j \sigma_M^2}{\sigma_i \sigma_j} = \frac{\beta_i \sigma_M^2 \beta_j \sigma_M^2}{\sigma_i \sigma_M \sigma_j \sigma_M} = \rho_{iM} \times \text{Cov}(r_j, r_M)$$

式(9.68)与式(9.69)意味着单指数模型所需估计的参数只有特殊资产的 α、β 和 $\sigma(e)$,以及市场指数的风险溢价和方差。

进一步要讨论的问题是,构建单指数模型需要多少参数估计量?

根据表9.11,如果有 n 个市场外预期超额收益 α_i 估计、n 个敏感性系数 β_i 估计、n 个公司特有方差 $\sigma^2(e_i)$ 估计、1 个市场溢价估计和 1 个共同宏观经济因素 σ_M^2 估计,则构建单指数模型就需要准备 $3n+2$ 个估计,对于涵盖 50 种资产的上证 50 指数投资组合而言就需要 152 个估计而不是马科维茨过程需要的 1 325 个,这体现了指数模型的一个巨大优势。

表 9.11　单指数模型涉及的参数估计量

	符　号
1. 市场中性条件下(即超额收益率 $r_M - r_f$ 为 0)股票的期望收益	α_i
2. 受整个市场运行影响的那部分收益,其中 β 表示资产对市场变化的反应程度	$\beta_i(r_M - r_f)$
3. 只与特殊资产相关的非预期事件所引起的收益的非预期成分	e_i
4. 由共同宏观经济因素的不确定性引起的方差	$\beta_i^2 \sigma_M^2$
5. 公司特有因素的不确定性所引起的方差	$\sigma^2(e_i)$

三、利用单指数模型构建最优风险资产投资组合

通过上述分析,不难看出单指数模型为宏观经济分析和证券分析提供了一个框架,区分收益变化的两个不同的来源,也使得市场分析师比较容易地通过分析得到一致的结论。可以用单指数模型这个框架明确其合理运用必须科学确定的变量和因素:

(1) 经济分析用来估计风险溢价和市场指数风险。

(2) 所有资产的 β 系数和它们的残差 $\sigma^2(e_i)$。

(3) 投资者用市场指数风险溢价估计值和资产 i 的 β 系数估计值来建立资产 i 的期望收益,而该资产缺乏通过证券分析得到的贡献。该市场驱动模型期望收益以信息对所有资产都是相同的为条件,而不是通过对特别公司的证券分析收集得到,这个市场驱动模型可以用来作为基准。

(4) 准确的期望收益预测(特别是资产的 α 值)从各种资产估价模型得到,因此,α 增量值的风险溢价贡献是从证券分析中得到的。

式(9.68)中,单一资产的风险溢价不受证券分析的影响,而是等于 $\beta_i E(R_M)$。换句话说,它的风险溢价只是从这个资产跟随市场指数的趋势中获得。任何超过基准风险溢价的期望收益(资产的 α 值)都是对应于证券分析中获得的非市场因素。

证券分析的最终结果是一列 α 值。β 系数估计的统计方法广为人知且标准化。因此,不期望运用模型涉及的参数、变量和因素对于不同的投资者有较大的差别。相反,宏观分析和证券分析提供少得多的精确科学答案,因而提供了一个区分绩效的舞台。运用指数模型解决由于市场的和非市场因素导致的溢价,投资者能确信宏观分析者编制市场指数风险溢

价估计值,证券分析者应用整个市场一致的估计去编制 α 值。

组合构建内容中,α 不只是期望收益的一个成分。它是告知人们一个资产是成功买入还是失败买入的关键变量。假定对于一个资产,通过统计分析得到 β 估计,通过证券分析得到 α 值,就能容易地发现其他资产有相同的 β,因而它们的风险溢价有相同的系统成分。因而,对投资者来说,一个资产有吸引力还是没有吸引力只要看它的 α 值。事实上,一个有正的 α 值的资产获得一个溢价,该溢价高于跟踪市场指数趋势的溢价,这个资产是低估的,由于风险媒介,因而在整个组合中,对于一个被动用市场指数,作为替代者会提高该资产的权重。相反,一个负的 α 值的资产被高估,在其他条件相同的情况下,它在组合中的权重将会降低。在一些极端的情况下,甚至渴望投资组合中它的权重为负数,也就是说,建立一个空头头寸(如果允许的话)。

实际上,画单指数模型有效边界图与用马科维茨模型寻找最优风险资产投资组合的程序非常相似。在这里,能够得益于指数模型使得构建过程简化,而且单指数模型的另外一个好处是组合最优的部分,即简单、直观地显示了最优风险资产投资组合。此种情况下,在讨论最优化机理之前,首先考虑指数组合在最优投资组合中的角色。假设一个投资公司期望投资的对象限制在股票,而且该股票是市场指数组合 M 中的股票。在这种情况下,市场指数组合 M 包含了经济对大公司股票的影响,这些大公司可能包含在市场指数组合 M 中。假设公司的资源允许只是所谓投资世界的一个相对较小的子集,如果这些被分析的公司仅是允许在投资组合中,投资者可能很担心其有限的分散化程度。一个简单的避免不充分分散化的办法是包含市场指数组合 M,使市场指数组合 M 作为投资组合中的一部分。式(9.67)和式(9.68)表明,如果把市场指数组合 M 作为市场指数,它的 β 值是 1.0(对它自己的敏感性),没有公司特别风险,α 值为 0(因为在它的期望收益里没有非市场成分)。式(9.69)表明,任何资产 i 与指数的协方差为 $\beta_i \sigma_M^2$。为了将市场指数 M 与公司包含的 n 个资产区别开来,把市场指数 M 命名为第 $n+1$ 种资产。可以把市场指数组合 M 作为一个消极组合,投资者在没有进行证券分析时将会选择它。它提供了一个广阔的市场暴露头寸而无须进行昂贵的证券分析。然而,如果投资者想从事研究,他可能设计一个活动的投资组合,这个投资组合跟指数组合混合在一起将提供一个更好的风险—收益权衡。

如果一个投资者计划编制一个通过积极研究 n 个公司得到的投资组合和一个消极市场指数组合,构建最优投资组合的过程包含以下估计值:

(1)市场指数 M 的风险溢价;

(2)市场指数组合 M 标准差的估计;

(3)n 组 β 系数估计值、股票残差、α 值(每个资产的 α 值、市场指数 M 的风险溢价以及每个资产的 β 值将用于决定每个资产的期望收益)。

单指数模型让投资者可以直接地解决最优风险资产投资组合的问题。首先,沿着马科维茨模型的思路,肯定能容易地建立最优的过程并画出有效边界。

运用 β 估计值和 α 系数,加上指数组合的风险溢价,应用式(9.68)能得到 $n+1$ 个期望收益值。运用 β 系数估计值和残差项以及指数组合的方差,应用式(9.69)可以建立协方差矩阵。给定一列风险溢价和协方差矩阵,可以同样导出最优化程序。

分散化在单指数模型框架下同样发挥作用,同时,等权重组合的 α 值、β 值和残差值是组合中资产的相应参数的简单平均数。而且,这个结论不限制在等权重组合中,通过用加权

平均代替简单平均,它适合任何组合,即

$$\alpha_P = \sum_{i=1}^{n+1} w_i \alpha_i \qquad 对于指数 \quad \alpha_{n+1} = \alpha_M = 0$$

$$\beta_P = \sum_{i=1}^{n+1} w_i \beta_i \qquad 对于指数 \quad \beta_{n+1} = \beta_M = 1 \qquad (9.70)$$

$$\sigma^2(e_P) = \sum_{i=1}^{n+1} w_i^2 \sigma^2(e_i) \qquad 对于指数 \quad \sigma^2(e_{n+1}) = \sigma^2(e_M) = 0$$

目的是用组合权重 $w_i, \cdots, w_{n+1}$ 最大化这个组合的夏普比率。运用这组权重值、期望收益以及标准差得到夏普比率。

$$E(R_P) = \alpha_P + E(R_M)\beta_P = \sum_{i=1}^{n+1} w_i \alpha_i + E(R_M)\sum_{i=1}^{n+1} w_i \beta_i$$

$$\sigma_P = [\beta_P^2 \sigma_M^2 + \sigma^2(e_P)]^{1/2} = \left[\sigma_M^2 \left(\sum_{i=1}^{n+1} w_i \beta_i\right)^2 + \sum_{i=1}^{n+1} w_i^2 \sigma^2(e_i)\right]^{1/2} \qquad (9.71)$$

$$S_P = \frac{E(R_P)}{\sigma_P}$$

在这点上,由于在标准的马科维茨程序下,通过增加限制性条件假定权重之和为 1.0,能用最优化程序去最大化夏普比率。然而,这不是必需的,因为最优组合能用指数模型明确地得到,同时,具有相当大的直观吸引力。它指导了解决问题的逻辑思路,不必提供每个代数步骤,而是用主要的结果和解释程序代替。

在深入研究结果之前,首先解释基础收益—风险权衡表明的问题。如果只对分散化感兴趣,将只持有市场指数。证券分析给投资者机会去揭露资产的非零 α 值,同时在这些资产中选择不同的持有头寸。不同头寸的费用通过有效分散化分解,换句话说,不需假定公司特定风险。这个模型显示最优化风险资产投资组合替代了从有效分散化中对 α 值的研究。

最优风险资产投资组合证明是由两个组合组成:一是积极组合,称之为 A 组合,由 n 个分析过的资产组成(称之为积极组合是因为通过积极的证券分析后构建的组合);二是市场指数组合,这是第 $n+1$ 种资产,目的是为了分散化,称之为消极组合并标记为组合 M。

首先假定积极组合 β 值为 1.0。在这种情况下,积极组合中的最优权重相当于比率 $\alpha_P/\sigma^2(e_A)$。这个比率平衡了积极组合的贡献(α)值和它对组合方差的贡献(残差)。类似地,指数组合的权重是 $E(R_M)/\sigma_M^2$。因此,在积极组合中(如果它的 β 值为 1.0)最初的头寸是

$$w_A^0 = \frac{\dfrac{\alpha_A}{\sigma_A^2}}{\dfrac{E(R_M)}{\sigma_M^2}} \qquad (9.72)$$

接着,修正积极组合真实 β 值情况下的头寸。对于任何水平 α_A^2,当积极组合的 β 值越高,积极组合与消极组合之间的相关性越大,这意味着从积极组合中获得较少的分散化好处,在投资组合中的头寸也更小。相应地,积极组合的头寸增加。积极组合头寸的准确调整如下:

$$w_A^* = \frac{w_A^0}{1 + (1 - \beta_A) w_A^0} \tag{9.73}$$

一旦知道积极组合的 α 值、β 值和残差值,通过式(9.72)和式(9.73)便可得到积极组合的最优头寸。投资 w_A^* 于积极组合,投资 $1-w_A^*$ 于指数组合,能计算出最优风险资产投资组合的期望收益、标准差和夏普比率。最优风险资产投资组合的夏普比率比指数组合(消极组合)的夏普比率大。它们之间的关系是

$$S_P^2 = S_M^2 + \left[\frac{\alpha_A}{\sigma(e_A)}\right]^2 \tag{9.74}$$

式(9.74)表明积极组合(当持有最优权重 w_A^* 时)对整个风险资产投资组合夏普比率的贡献取决于它的 α 值对它的标准残差的比率,这个比率称为信息比率,它测度反映证券分析中对应公司特定风险超额收益。式(9.74)表明要最大化总夏普比率,必须最大化积极组合的信息比率。

如果投资于每个资产的比例为 $\alpha_i/\sigma^2(e_i)$,积极组合的信息比率将得到最大化。调整这个比率,使得所有积极组合中资产的头寸相加等于 w_A^*,即每个资产的权重为

$$w_i^* = w_A^* \frac{\dfrac{\alpha_i}{\sigma^2(e_i)}}{\displaystyle\sum_{i=1}^{n} \dfrac{\alpha_i}{\sigma^2(e_i)}} \tag{9.75}$$

运用这组权重,可以得到每个资产对积极组合信息比率的贡献依赖于它们各自的信息比率,即:

$$\left[\frac{\alpha_A}{\sigma(e_A)}\right]^2 = \sum_{i=1}^{n} \left[\frac{\alpha_i}{\sigma(e_i)}\right]^2 \tag{9.76}$$

这个模型揭示了在有效利用证券分析中信息比率的核心角色作用。一个资产对组合的正的贡献是由于它增加了非市场风险溢价(它的 α)。它对组合的负面影响是由于公司特定风险(残差)增加了组合方差。

与 α 相比,市场(系统)成分的风险溢价 $\beta_i E(R_M)$ 通过资产的不可分散化(市场)风险 $\beta_i^2 \sigma_M^2$ 弥补,两者都受相同的 β 值影响。这种替代对任何资产来说都不是唯一的,因为任何具有相同 β 值的资产对风险和收益两者都有相同的平衡贡献。资产的 β 既不邪恶也不具有美德,它同时影响一个资产风险和风险溢价。因此,是关注积极组合的整体 β 值,而不是关注单个资产的 β 值。

从式(9.75)可以看出,如果一个资产的 α 值为负,则假定该资产在最优风险资产投资组合中为一个空头头寸,如果空头头寸被禁止,一个具有负 α 值的资产将从最优化程序中剔除掉,它们在组合中的权重为 0。随着非零 α 值资产(如果不允许空头头寸,则为正 α 值资产)数量的增加,积极组合本身也得到较好的分散化效果。在整个风险投资组合中积极组合的权重会增加,相应地,消极指数组合的权重将降低。

最后注意到,当所有 α 值为零,指数投资组合是一个有效投资组合,这一点变得很直观。

除非证券分析揭示一个资产有非零 α 值,包含这个资产的积极组合将使得这个组合吸引力减少。除了资产的系统风险之外(通过 β 值补偿市场风险溢价),这个资产会把它的特定风险加到组合的方差中。对于零 α 值,后者不会通过非市场风险溢价得到补偿。因此,如果所有资产有零 α 值,积极组合的最优权重为零,指数组合的权重为 1.0。然而,当证券分析揭示资产具有非市场风险溢价(非零 α 值)时,指数组合就不再有效。

下面,对指数模型下的最优化程序做一个概括。一旦证券分析完成,资产指数模型估计和市场指数参数建立,可以按照下列步骤构建最优风险资产投资组合。

(1) 计算积极组合中每个资产的原始头寸:$w_i^0 = \alpha_i / \sigma^2(e_i)$。

(2) 调整这些原始头寸,使组合权重之和为 1:$w_i = \dfrac{w_i^0}{\sum\limits_{i=1}^{n} w_i^0}$。

(3) 计算积极组合的 α 值:$\alpha_A = \sum\limits_{i=1}^{n} w_i \alpha_i$。

(4) 计算积极组合的残差:$\sigma^2(e_A) = \sum\limits_{i=1}^{n} w_i^2 \sigma^2(e_i)$。

(5) 计算积极组合的原始头寸:$w_A^0 = \dfrac{\dfrac{\alpha_A}{\sigma^2(e_A)}}{\dfrac{E(R_M)}{\sigma_M^2}}$。

(6) 计算积极组合的 β 值:$\beta_A = \sum\limits_{i=1}^{n} w_i \beta_i$。

(7) 调整积极组合的原始头寸:$w_A^* = \dfrac{w_A^0}{1 + (1 - \beta_A) w_A^0}$。

(8) 计算最优风险资产投资组合的权重:$w_M^* = 1 - w_A^*$、$w_i^* = w_A^* w_i$。

(9) 计算最优风险资产投资组合的风险溢价:

根据指数组合的风险溢价和积极组合的 α 值,可以得出最优风险资产投资组合的风险溢价:$E(R_P) = (w_M^* + w_A^* \beta_A) E(R_M) + w_A^* \alpha_A$。

其中,风险资产投资组合的 β 为 $w_M^* + w_A^* \beta_A$,因为指数组合的 β 为 1.0。

(10) 运用指数组合的方差和积极组合的参数计算最优风险资产投资组合的方差:$\sigma_P^2 = (w_M^* + w_A^* \beta_A)^2 \sigma_M^2 + [w_A^* \sigma(e_A)]^2$。

第四节 套利定价理论

一、多因素模型的特征与意义

利用资产定价的不一致来获取无风险利润的行为被称为套利。由于在均衡条件下市场没有套利机会,因此市场必须满足一个无套利条件。通过无套利条件和因素模型可以得到资本资产定价模型的证券市场线一般化形式,从而有利于更深入地了解风险—收益关系。资产风险分为市场风险和公司特有风险的分解法可以用于处理多层次系统风险,而资产收益的多因素模型被用于度量和管理许多经济领域的风险,比如经济周期风险、利率或通货膨胀风险、能源价格风险等,进一步通过多因素模型可以引出多因素形式的证券市场线,在这样的证券市场线中风险溢价源于多种风险因素,各自对应其风险溢价。将无套利条件和因素模型结合起来得到一个期望收益与风险的简单关系,这种风险—收益平衡关系的方法被称为套利定价理论。套利定价理论隐含了一条多因素证券市场线,而不同因素在不同模型中成为风险源的可能性存在差异,但它们会引起强烈的风险对冲需求,于是可以推导出多因素资本资产定价模型。可见,以套利定价理论和资本资产定价模型为基础,可以引出多风险形式的证券市场线,于是更有利于加深对风险—收益关系的理解。

指数模型提供了一种分解股票风险的方法,即将风险分解为市场或系统风险和公司特有风险,其中系统风险主要归因于宏观经济事件,而公司特有风险可以通过大量的资产组合来分散。在指数模型中,市场投资组合的收益归结起来主要受宏观因素的影响。但有时如果不用市场这一词来代表,而是直接关注风险的基本来源可能更有用,在度量不确定性的特殊风险时这样评估风险是很有用的。因素模型是一种描述和度量不同风险的工具,而且这些风险随时都会影响资产的收益率。

首先用一个例子来检验指数模型中介绍的单因素模型。在单因素模型中,资产收益的不确定性有两个来源:公共或宏观因素和公司特有事件。公共因素被构造成一个期望值为 0 的变量,用它来度量有关宏观经济超预期的新信息,而这些新信息的期望值被规定为 0。

如果定义 F 为公共因素偏离其期望值的离差,β_i 为公司 i 对公共因素的敏感程度,e_i 为公司特有的扰动项,那么因素模型所表示的公司 i 的实际收益将等于初始期望收益加上一个代表非预期的宏观经济事件的随机量(零期望值),再加上一个代表公司层面事件随机量(零期望值)。于是,可以采用式(9.77)的形式构造一个单因素模型来描述资产 i 的收益:

$$r_i = E(r_i) + \beta_i F + e_i \tag{9.77}$$

要注意的是,$E(r_i)$ 代表资产 i 的期望收益,如果宏观经济因素在任何时期都为零,即宏观经济信息方面没有大的变动,资产的收益将只等于其先前的期望值 $E(r_i)$ 加上公司特有事件的影响,同时资产收益的非系统部分 e_i 相互独立、协方差为零,而且与因素 F 不相关,即 e_i 与 F 的协方差为零。

现在用一个实例说明式(9.77)的实际应用。假设宏观经济因素 F 是所处经济周期,这一指标由非预期国内生产总值(GDP)的百分比变化来度量,而多数市场分析师认为今年的 GDP 增长率为 4%,某股票的 β 值为 1.2,如果实际 GDP 增长率只有 3%,则 F 值为 -1%,代表实际增长与预期增长有一个 -1% 的离差。在股票的 β 值已知的情况下,这个离差可以解释为股票收益将低于原先预期的 1.2%。宏观经济的变化与公司特有扰动项 e_i 一起决定股票收益偏离最初预期的总值。

可见,因素模型把收益分解成系统和公司特有两个层面有足够的说服力,但如果将系统风险限定为一个单因素,无疑会限制因素模型面临复杂的现实经济情况的解释力。在推导指数模型时注意到,实际上影响市场收益的系统或宏观因素产生于大量的风险源,如经济周期的不确定性、利率、通货膨胀等。市场收益不仅反映了宏观因素还反映了公司对这些因素的平均敏感程度。因此,单指数回归的估计过程暗含了一个不正确的假设,即股票对每种风险因素的敏感程度相同。事实上,股票的 β 值与各种宏观经济因素相关,但如果股票对风险

因素的 β 值不相同,那么把所有的系统风险因素放到一个变量里面,例如市场指数的收益,必然会忽略一些细微的差别,而恰恰正是这些差别能更好地解释单个股票的收益。这也表明,更具体地描述系统风险以允许不同股票对其各组成风险因素呈现不同的敏感程度,将有效修正单因素模型。因此,包含多种因素的多因素模型能更好地描述资产的收益。而且,多因素模型除了用于构建均衡的资产定价模型,还可用于风险管理,即这些模型提供了一种简单的方式来度量各类宏观经济风险并通过构造资产组合来规避这些风险。

可以首先从两因素模型入手,因为两因素模型是多因素模型中最简单的情形。假定两个宏观因素风险源分别是经济周期的不确定性和利率波动,并以非预期 GDP 的增长来度量前类风险的相关信息,以 IR 表示利率非预期的变化。任何股票的收益都对应宏观风险和其自身公司特定风险。因此,可以构建一个两因素模型来描述资产 i 在某个时期的收益率,即:

$$r_i = E(r_i) + \beta_{iGDP}\text{GDP} + \beta_{iIR}IR + e_i \tag{9.78}$$

经济中的系统因素由表达式右边的两个宏观因素组成。与单因素模型相同,这两个宏观因素的期望值也为零,它们代表这些变量没有被预期到的变化。式(9.78)中每个因素的系数度量了股票收益对这两个因素的敏感程度。因此,有时称这些因素为因素敏感度或因子 β。对多数公司而言,利率的上涨是利空消息,因此通常预期利率的 β 值为负,同样,e_i 反映了公司特定风险因素的影响。

多因素模型具有较单因素模型明显得多的优势。比如对于居民区的电力公司和航空公司而言,由于居民对电力的需求对经济周期不是很敏感,因此该公司 GDP 项的 β 值较低。但是公司的股价可能对利率高度敏感,因为电力公司的现金流相对稳定,其现值类似债券,与利率反向变化。相比之下,航空公司的业绩对经济活动十分敏感,但对利率不是很敏感,因此其 GDP 项的 β 值较高,而利率的 β 值相对较低。如果市场传出经济将加速发展的信息,那么 GDP 就会增加,但同时利率也会走高,而这样的宏观信息到底是利好还是利空呢?对于电力公司而言,这是一个坏消息,但是对航空公司而言,GDP 的增加是个好消息。很明显,一个单因素或者单指数模型不能很好地捕捉到这些由宏观经济不确定性因素变化的差异性反应。对风险源的准确描述,便于通过因子 β 为风险对冲策略提供一个框架。若期望对冲风险源,投资者就需构建一个相反的风险因素来抵消那些特定的风险来源。在现实的金融理财市场,期货合约经常被用于对冲这些特定的风险因素。

使用多因素模型进行风险评估充分体现了多因素模型的重要意义。以 A 航空公司为例,利用式(9.78)所构造的两因素模型描述 A 航空公司的收益如下:

$$r_A = 0.133 + 1.2(\text{GDP}) - 0.3(IR) + e$$

这表明基于现有的信息,A 航空公司的期望收益率为 13.3%,但是如果在预期的基础上 GDP 每增加一个百分点,A 航空公司的收益率将增加 1.2%,而对于非预期变化的利率增加一个百分点,收益率将下降 0.3%。

多因素模型描述了影响资产收益的多个系统因素,但也就仅此而已,它没有解决 $E(r)$ 的来源,换句话说,它不能说明是什么决定了一个资产的期望收益率。这里需要一个均衡证券收益的理论模型:资本资产定价模型的证券市场线。资本资产定价模型表明资产定价能给投资者一个期望收益,它由两部分构成:补偿货币时间价值的无风险利率、由一个基准风

险溢价(如由市场组合提供的风险溢价)乘以相对的风险度量值 β 得到的风险溢价,即:

$$E(r) = r_f + \beta[E(r_M) - r_f] \qquad (9.79)$$

若以 RP_M 来表示市场组合的风险溢价,那么式(9.79)可变换为

$$E(r) = r_f + \beta RP_M \qquad (9.80)$$

指数模型表明,β 可以度量股票或者投资组合受市场或宏观经济风险因素的影响程度,因此,对证券市场线的一种解释就是投资者因承受了宏观风险而期望得到匹配的收益补偿,这个收益就是对风险的敏感性(β)与对每种风险的补偿(比如风险溢价 RP_M)的乘积,但对于公司特定的不确定性风险[式(9.77)中的残差项 e_i 所表示的]并没有得到补偿。

系统风险包含多种风险源,那么如此一个单因素模型又怎能将其概括于一个因素呢?这个反问再次明示了多因素模型的优势。一个多因素模型必然产生一条多因素证券市场线,此线中的风险溢价取决于每个系统风险因素的影响程度以及与每一因素相关的风险溢价。在上述两经济因素的模型中,风险可以由式(9.78)来度量,从而可以推断出一个资产的期望收益是以下几个方面的总和:

(1) 无风险收益率;
(2) GDP 风险的敏感度(例如 GDP 的 β)乘以 GDP 风险的风险溢价;
(3) 利率风险的敏感度(例如利率的 β)乘以利率风险的风险溢价。

以上论断可以由式(9.81)来表示,在此式中,β_{GDP} 表示资产收益对于 GDP 增长非预期变化的敏感性,RP_{GDP} 是单位 GDP 风险的风险溢价,风险对应一个 1.0 的 GDP 的 β。于是,就产生了一条两因素的证券市场线:

$$E(r) = r_f + \beta_{GDP}RP_{GDP} + \beta_{IR}RP_{IR} \qquad (9.81)$$

若回顾式(9.80),可以发现式(9.81)是简单证券市场线的一般形式。在普通的证券市场线上,基准的风险溢价由市场组合来得到,即 $RP_M = E(r_M) - r_f$,一旦推广到多种风险来源,每种风险都有各自的风险溢价,分析的思路是高度相似的。

单因素和多因素经济之间的区别就是因素的风险溢价可以是负的。例如,通常而言,利率的上升利空经济基本面,故定义利率具有负 β 性质。因此,当利率上升时,利率风险溢价为负的资产业绩会变好,这样就可以对冲利率风险对投资组合造成的价值损失。投资者可能愿意接受低的收益率,即负的风险溢价,这也归因于对冲的成本。相反,当利率上升时,由于绝大多数资产要求较高的收益率,它们的利率风险溢价为正,因此,一般资产的业绩会因为利率风险而变差。式(9.81)表明,利率风险对资产期望收益的贡献为正,即一个负的因素 β 乘以一个负的风险溢价得到一个正数,也就是说,利率的上升其实构成了对业绩的正面影响。

进一步的问题是如何估计每个因素的风险溢价呢? 与简单的资本资产定价模型类似,每个因素的风险溢价可以视为一个投资组合的风险溢价,这个组合特殊因子的 β 为 1,其他因子的 β 为 0,即在预期只有该因素"纯作用"的情况下所获取的风险溢价。下面还会用 A 航空公司的实例继续展开讨论,但是现在仅把因素的风险溢价视为已知,介绍多因素的证券市场线的运用。

根据 A 航空公司的回归估计,其 GDP 的 β 为 1.2、利率的 β 为-0.3,假设 GDP 单位风险的风险溢价为 6%、利率单位风险的风险溢价为-7%,由于组合的所有风险溢价应该等于补

偿每一系统风险因素的风险溢价的总和，而 GDP 风险的风险溢价应该是其股票的风险乘以第一个因素组合的风险溢价 6%，因此，公司第一个因素风险的风险溢价为 1.2×6% = 7.2%，同样地，利率风险的风险溢价为 -0.3×(-0.7%) = 2.1%，所以，总的风险溢价为 7.2%+2.1% = 9.3%。故若无风险利率为 4%，A 航空公司的总收益为

4.0%	无风险利率
+7.2%	+GDP 风险的风险溢价
+2.1%	+利率风险的风险溢价
13.3%	所有的收益

使用式(9.81)的算法来计算更为简明，即：

$$E(r) = 4\% + 1.2 \times 6\% + (-0.3) \times (-0.7\%) = 13.3\%$$

与单因素模型或资本资产定价模型相比，多因素模型显然提供了更丰富的思路来分析风险及其补偿。它不仅弥补了一些观点的不足，而且更深入地探究了资产收益的多因素模型与多因素证券市场线之间的联系。

二、套利定价理论简述

与资本资产定价模型一样，套利定价理论也是预测联系期望收益与风险的证券市场线，但其分析证券市场线的方法有其自身的视角，即套利定价理论取决于三个关键的观点：一是因素模型能描述资产收益；二是市场有足够多的资产来分散非系统风险；三是完善的证券市场不允许任何套利机会存在。可以首先从假设只有一个系统因素影响资产收益的最简单情形入手，进一步推广到更一般形式，从而满足套利定价理论着重关注多因素的实际情形。

当投资者通过零净投资可以赚取无风险利润，就说明存在套利机会，如当同一只股票在两个不同的交易所以不同的价格交易时，就会产生套利机会。这决定于一个基本的经济学原理，即一价法则，它表明如果两种资产在所有相关经济方面均相等，那么两者的市场价格应相等。套利者会利用一价法则：一旦发现价格违背了这个准则，就会马上进行套利活动——立即在价格低的地方买进资产同时在价格高的地方卖出资产。在这一过程中，低价的市场价格上扬，同时压低高价的市场价格，直至套利机会消失。

无风险套利组合的基本特点是任何投资者，不论风险偏好或财富多少，都希望持有该资产的无限量头寸。因为大量的头寸会迫使价格迅速上涨或下跌直至套利机会消失，资产价格应该满足一个无套利条件，这个条件能够消除套利机会。

套利理论与风险—收益这一主流观点在支持均衡价格关系方面存在重要的区别。主流观点认为，当违背均衡价格关系时，投资者改变其现有投资组合的数量是有限的，而这取决于其风险厌恶程度。这就需要将许多有限的资产组合在集合上加以改变，从而造成买卖股票过程中的大笔交易量，才能恢复均衡价格。与之相比，当出现套利机会时，每个投资者都希望持有尽可能多的头寸，所以它不需要许多投资者就能让股价恢复均衡。因此，价格在无套利观点中的含义比风险—收益主流观点更为重要。资本资产定价模型就是这种主流观点的一个典型例子，它意味着所有投资者均持有均值——方差有效资产组合。一旦资产定价不一致，投资者在构建其资产组合时会倾向于价值低估的资产，而避开价值高估的资产。大量投资者的这种投资倾向会迫使价格趋向均衡价格变动。该模型建立在大量投资者对均

值——方差敏感的假设基础之上。与之相对,无套利条件则意味着少量发现套利机会的投资者会调动大量资金,因而迅速恢复均衡。市场常使用的"套利"或"套利者"这些术语远比严格定义要宽松。"套利者"常指那些专门寻找存在价差的资产的专业人士,比如那些寻找有重组题材资产的人,而不是那些寻找严格意义上套利机会(无风险收益)的人,有时称这类活动为风险套利,以区别真正意义上的套利。

要特别提示的是,类似于期货、期权等衍生证券,其市场价值决定于其他资产的价格,如一份看涨期权的价值由股票的价格来决定。对于这些证券,实践中出现严格意义上的套利是可能的,无套利的条件将产生精确的定价。股票和其他原始证券的价值不是严格地由其他资产或资产组合来决定,在这种情况下,引入分散化的观点可以得到无套利条件。而这正是需要进一步讨论的问题。

如果一个组合是充分分散的,那么公司特有风险或非系统风险可以被忽略,因此,只剩下一个风险因素,即系统风险。如果用权重 $w_i(\sum_{i=1}^{n} w_i = 1)$ 来构造一个由 n 只股票组成的投资组合,那么这个投资组合的收益率可以表示如下:

$$r_P = E(r_P) + \beta_P F + e_P \tag{9.82}$$

式中,$\beta_P = \sum_{i=1}^{n} w_i \beta_i$ 是 n 个资产的 β 的加权平均值,投资组合的非系统部分(与 F 不相关)$e_P = \sum_{i=1}^{n} w_i e_i$ 是 n 个资产的 e 的加权平均值。

组合的方差可以分为系统的和非系统的两部分。组合的方差为

$$\sigma_P^2 = \beta_P^2 \sigma_F^2 + \sigma^2(e_P)$$

其中,σ_F^2 为因素 F 的方差,$\sigma^2(e_P)$ 为组合的非系统风险,可以表示为

$$\sigma^2(e_P) = Variance(\sum_{i=1}^{n} w_i e_i) = \sum_{i=1}^{n} w_i^2 \sigma^2(e_i)$$

要注意的是,在获得投资组合的非系统方差时,反映公司特有风险的 e_i 是相互独立的,投资组合非系统部分 e_i 的方差是单个股票的非系统方差与投资头寸平方的加权和。

如果投资组合是等权重的,即 $w_i = \frac{1}{n}$,则非系统方差应该等于:

$$\sigma^2(e_P) = Variance(\sum_{i=1}^{n} w_i e_i) = \sum_{i=1}^{n} \left(\frac{1}{n}\right)^2 \sigma^2(e_i) = \frac{1}{n} \sum_{i=1}^{n} \frac{\sigma^2(e_i)}{n} = \frac{1}{n} \bar{\sigma}^2(e_i)$$

最后一项为资产非系统方差的平均值。总之,组合的非系统方差等于平均的非系统方差除以 n。因此,当投资组合变大时,意味着 n 也变大,它的非系统风险趋近于 0,这就是分散化的效应。

对于等权重的投资组合,可以得出结论:当 n 变得足够大时非系统方差接近于零。当非等权重时,组合的这一性质也成立。当 n 变大 w_i 随之变小时(更确切地描述,当 n 增加时 w_i^2 也是趋于 0 的),任何投资组合都满足其非系统风险趋于 0 的条件。实际上,根据这一性质,充分分散的投资组合可以定义为:将投资分散于数量足够大的资产,以使各种资产的权

重 w_i 足够小,并最终使非系统的方差 $\sigma^2(e_P)$ 小至在实战中可以忽略不计。因为任何充分分散的组合的 e_P 的期望值为零,同时其方差也趋于零,所以能得出 e_P 的值也几乎为零的结论。重写式(9.77),对于充分分散的投资组合,在实战中有

$$r_P = E(r_P) + \beta_P F$$

鉴于大部分投资者特别是机构投资者持有多种投资组合和资产,因此,充分分散的投资组合的理念具有可操作性。

三、单因素套利组合的构建

由于非系统风险可以被分散掉,因此,只有系统风险会在市场均衡中享有风险溢价。在充分分散的投资组合中,鉴于公司的非系统风险可以相互抵消,投资者即使承受该类风险也不能获得风险溢价,因为这些风险可以通过分散来消除,而只有资产投资组合的系统风险才与它的期望收益相关,这也明示了 β 值与期望收益的关系。

图9.34(a)中的实线描绘了充分分散投资组合 A 的收益,对于各种系统风险因素的 $\beta_A = 1$。组合 A 的期望收益为10%,即实线与纵轴的交点。该点的系统风险为0,即宏观经济因素的信息没有变化。如果宏观经济因素出现了新的信息,变化为正,投资组合的收益将超过其预期均值;变化为负,投资组合的收益将低于其预期均值。因此,投资组合的收益为

$$E(r_A) + \beta_A F = 10\% + 1.0 \times F$$

比较图9.34(a)与图9.34(b),图9.34(b)为一个 $\beta_S = 1$ 的简单股票 S 的收益图。股票有非系统风险,不能被分散,从在实线周围的散点可以看出。相比之下,充分分散的投资组合的收益可以完全由系统风险来决定。

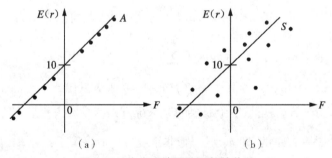

图9.34 作为系统风险函数的收益

现在来分析图9.35,虚线描绘了另外一个充分分散的投资组合 B 的收益,其期望收益为8%,β_B 也等于1.0。现在的问题是投资组合 A 有可能和 B 一起存在于图中同样的位置吗?很明显,没有可能。因为无论系统风险怎样,组合 A 的业绩是高于 B 的,因此,A 与 B 不可能在图中同样的位置存在,这意味着套利机会产生了。进一步的问题是,如何去构建套利组合呢?

假如投资者卖空100万元的 B,买进100万元的 A,总可以采用零净投资、零 β、实现正收益的策略来构造一个套利的联合头寸,最终投资者的无风险收益将等于2万元,即:

$(0.10 + 1.0 \times F) \times 100$ 万	对 A 做多头
$-(0.08 + 1.0 \times F) \times 100$ 万	对 B 做空头
0.02×100 万 $= 2$ 万	净收益

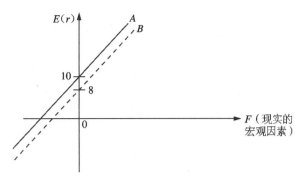

图 9.35　作为系统风险函数的收益：出现了套利机会

投资者套利联合头寸的收益是无风险的，因为风险因素在多头、空头头寸之间被抵消，是一个零 β 的联合头寸。此外，这种策略实际为零净投资，投资者可以用无限大的头寸来进行直到两种组合的收益差消失。总之，在均衡市场里，β 相等的充分分散的投资组合均有相等的期望收益，如果期望收益不等，就会出现套利机会，便可通过构建套利组合来利用和实现套利机会。

对于 β 不等的充分分散的投资组合是否可能出现套利机会呢？回答是肯定的，因为风险溢价与 β 是成正比例变化的。图 9.36 能够很好地解释这个问题。假设无风险利率为 4%，有一个充分分散化的投资组合 C 的 β 为 0.5，其期望收益率为 6%。由于充分分散的投资组合 A 的期望收益率是 10%，所以投资组合 C 处在无风险资产与投资组合 A 构建的资本配置线的下方。可以用 50% 的预算资金投资于组合 A，另外 50% 的预算资金投资于无风险资产 F，从而构造出一个新组合 D，而 D 的 β 为 (0.5×0+0.5×1.0)= 0.5，其期望收益为 (0.5×4+0.5×10)= 7%。于是，组合 D 与组合 C 就具有了相等的 β，但 D 的期望收益要高于 C，由前面的分析可知这样也会出现套利机会，并可以通过构建套利联合头寸利用和实现这一套利机会，套利联合头寸为在 C 上做空头，在 D 上做多头，等量卖出 C 同时买进 D。

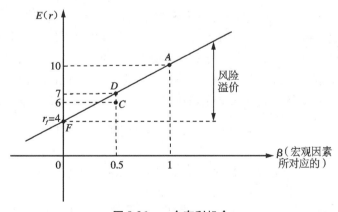

图 9.36　一个套利机会

通过上述分析可以得出如下结论：为排除套利机会，充分分散投资组合的期望收益必须处于图 9.36 勾画出的无风险资产直线上。这条线的表达式记录了所有充分分散投资组合的期望收益。

图9.36表明:风险溢价确实与组合的β成比例,纵轴表示风险溢价,由无风险资产收益与投资组合的期望收益的差来度量。$\beta = 0$时风险溢价等于零,然后随着β的上升成比例上升。

下面进一步以市场指数组合M为对象,度量这一充分分散的投资组合的系统风险和非预期的收益,来讨论构建套利联合头寸的最一般形式。由于指数组合必须在图9.37的线上,其β为1,所以能确定该线的表达式。如图9.37所示,r_f是截距项,斜率为$E(r_M) - r_f$,该线可表达为

$$E(r_P) = r_f + [E(r_M) - r_f]\beta_P \tag{9.83}$$

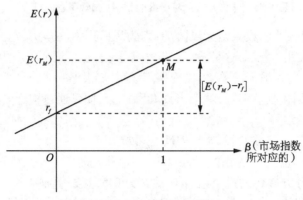

图9.37 证券市场线

因此,图9.36和图9.37表明证券市场线所表示的关系等价于资本资产定价模型所表示的关系。

假设市场指数组合是一个充分分散的投资组合,其期望收益率为10%,收益偏离期望的离差($r_M-10\%$)可以视为系统风险因素,而作为无风险资产的国库券收益率为4%,证券市场线[式(9.83)]表明:对于充分分散化的投资组合E,若其β为2/3,则它的期望收益率应该为$4\% + 2/3(10 - 4) = 8\%$。假如其期望收益率实际为9%,那么将出现套利机会。问题是如何构建套利联合头寸去利用和实现这一套利机会呢?由于E被低估,因此要卖空含有市场指数组合M的完整投资组合,买进等量的E。由于E的β为2/3,要做到套利联合头寸为零β,必须在完整投资组合中以2/3的资金权重投资于市场指数组合M,另外的1/3资金权重投资于作为无风险资产的国库券。于是,可以买入1元的E,同时卖出1元的完整投资组合(1/3投资于国库券、2/3投资于市场指数组合M)。完整投资组合与投资组合E的β值相同,其收益为$\frac{1}{3}r_f + \frac{2}{3}r_M = \frac{1}{3} \times 4\% + \frac{2}{3} \times r_M$,而投资组合E的实际收益为$E(r_E) + \beta_E[r_M - E(r_M)] = 9\% + \frac{2}{3} \times (r_M - 10\%)$。套利联合头寸的净收益为:$1 \times \left[9\% + \frac{2}{3} \times (r_M - 10\%)\right] - 1 \times \left(\frac{1}{3} \times 4\% + \frac{2}{3} \times r_M\right) = 1 \times 0.01$(元),即买入1元的投资组合E,其期望收益率为9%,β为2/3,同时卖空1元的1/3资金权重投资于国库券、2/3资金权重投资于M的完整投资组合,可实现0.01元的套利收益,而且每1元投资所产生的收益是无风险的,且精确等于期望收益偏离证券市场线的离差。

四、多因素套利组合的构建

上述套利组合的构建是假设只有单一系统因素影响股票收益,事实上,这种假设过于简单,因为很容易就可以想到若干影响股票收益的系统因素,如经济周期、利率波动、通货膨胀率、石油价格等。可以推测,所有这些因素都可能会影响某一股票面临的风险状况并进而影响其收益。因此,可以推导出多因素形式的套利定价理论以包含多种风险源,进一步可以构建多因素套利组合,利用和实现多系统因素的套利机会。

鉴于两因素模型是多因素模型中最简单的情形,并可在其原理基础上很容易地扩展到多因素模型,因此假设因素 1 为 GDP 的实际增长与期望增长之差、因素 2 为非预期利率的下降值,并将式(9.77)所表达的因素模型概括为两因素模型:

$$r_i = E(r_i) + \beta_{i1}F_1 + \beta_{i2}F_2 + e_i \tag{9.84}$$

请注意,式(9.84)中因素 1(未预期到的 GDP 变化)、因素 2(未预期到的利率下降)的均值均为零,因为每个因素均度量系统变量的离差(非预期部分),而非其水平值。同样,非期望收益中公司层面的部分 e_i 的均值也为零。把这样一个两因素模型扩展到多因素模型并不困难。

构建多因素的套利定价理论和套利组合与建立单因素类似。首先介绍因素投资组合的概念,它是一个充分分散的投资组合,在其所包含的所有因素中,有一个因素的 β 为 1,其余均为零。那么可以将一个因素投资组合视为跟踪投资组合,即该投资组合的收益会跟踪某些特殊宏观风险源的演变,而与其他风险源无关。构建这样的因素投资组合是可能的,因为市场上有太多的资产可供选择和配置,却相对只有少量的因素。因素投资组合将成为推导多因素证券市场线的基准投资组合。

例如,假设有两个因素投资组合:组合 1 和组合 2,其期望收益率分别为 $E(r_1) = 10\%$、$E(r_2) = 12\%$,无风险利率为 4%,则组合 1 的风险溢价为 10% − 4% = 6%、组合 2 的风险溢价为 12% − 4% = 8%。现考虑一个充分分散化的投资组合 A,其第一个因素的 $\beta_{A1} = 0.5$、第二个因素的 $\beta_{A2} = 0.75$。据上述可知,A 的全部风险溢价必须等于补偿每一项系统风险的风险溢价之和。风险因素 1 的风险溢价应该等于因素 1 对投资组合产生的风险 β_{A1} 乘以投资组合中第一个因素产生的风险溢价 $E(r_1) - r_f$。因此,A 的风险溢价中由因素 1 产生风险的补偿部分为 $\beta_{A1}[E(r_1) - r_f] = 0.5 \times (10\% - 4\%) = 3\%$。同样,风险因素 2 的风险溢价为 $\beta_{A2}[E(r_2) - r_f] = 0.75 \times (12\% - 4\%) = 6\%$。投资组合 A 的总风险溢价为 3% + 6% = 9%,投资组合 A 的总收益为 4% + 9% = 13%。

可以将上例的结论一般化。若任意一个投资组合 P 的因素风险由 β_{P1} 和 β_{P2} 来衡量,总可以构建一个与投资组合 P 相匹配的投资组合 G,G 中以 β_{P1}、β_{P2} 和 $1 - \beta_{P1} - \beta_{P2}$ 的资金权重分别投资于上述因素投资组合和作为无风险资产的国库券。以这种方式构建的投资组合 G 与投资组合 P 有相同的 β,其期望收益率为

$$\begin{aligned} E(r_G) &= \beta_{P1}E(r_1) + \beta_{P2}E(r_2) + (1 - \beta_{P1} - \beta_{P2})r_f \\ &= r_f + \beta_{P1}[E(r_1) - r_f] + \beta_{P2}[E(r_2) - r_f] \end{aligned} \tag{9.85}$$

代入相关数据,可得

$$E(r_G) = 4\% + 0.5 \times (10\% - 4\%) + 0.75 \times (12\% - 4\%) = 13\%$$

由于投资组合 G 与投资组合 A 的两个风险源完全相同,因此,其期望收益率也应相等,即投资组合 A 的期望收益率也应为 13%,否则就会出现套利机会。例如,假设投资组合 A 的期望收益率为 12%而不是 13%,这个收益就会引发套利机会。以与投资组合 A 有相同 β 的因素投资组合为基准构建一个投资组合,其中:第一个因素投资组合、第二个因素投资组合和无风险资产的配置权重分别为 0.5、0.75 和 -0.25,那么这个组合将与投资组合 A 有相同的因素 β:第一个因素的 β 为 0.5,因为在第一个因素投资组合中的权重为 0.5,第二个因素的 β 为 0.75,因为在第二个因素投资组合中的权重为 0.75,而作为无风险资产的国库券的 -0.25 的权重不会影响任何一个因素的敏感性。

现在投资 1 元于投资组合 G 中,同时卖空 1 元的投资组合 A。这个套利联合头寸是零净投资的,而且由于系统因素消失了,它具有零 β 特性,同时还能够带来正收益,并等于:

$$1 \times E(r_G) - 1 \times E(r_A) = 1 \times 13\% - 1 \times 12\% = 0.01$$

可见,0.01 元的净利润是无风险的。风险因素的风险会抵消,因为对投资组合 G 做多 1 元,同时做空 1 元的投资组合 A,而这两个充分分散的投资组合有相同的 β。因此,如果投资组合 A 的期望收益与投资组合 G 的期望收益不相同,那么可以在净投资为零的情况下赚到正的无风险收益,这就是一个套利机会。

据上可以得出如下结论:如果套利机会被排除,β 为 β_{P1}、β_{P2} 的任何充分分散的投资组合一定有式(9.79)和式(9.85)表示的期望收益。如果比较式(9.79)和式(9.85),会发现式(9.85)只不过是单因素证券市场线的一般化形式而已。

最后,把式(9.85)所表示的多因素证券市场线推广到单一资产,这一过程与单因素套利定价理论完全相同,除非几乎每一资产单独满足式(9.85),否则每一个充分分散的投资组合不可能都满足式(9.85)。因此,式(9.85)就表示了具有多种风险源的经济体中的多因素证券市场线。

前面已经指出,资本资产定价模型的一个应用就是提供给定的效用水平下的"公允"收益率。多因素套利定价理论也有此用途。下面将要分析到的例子表明,套利定价理论可以用于推导给定电力公司的资本成本构成,其中利率和通货膨胀的风险溢价的经验估计均为负,与前面关于 A 航空公司的例子分析结果不谋而合。

其实,多因素套利定价理论存在一个缺点:它不能指明相关风险因素或其风险溢价。但有两条原则可以指引投资者确定合理的风险因素,一是将分析对象限定于对资产收益有很强解释力的系统风险因素。如果模型需要上千个解释变量,那么简化变量对资产收益的描述没有好处。二是选择一些看上去重要的风险因素,即所选因素必须足以影响投资者,以至于他们会对承受这类风险要求较高的风险溢价。因此,进一步分析如何确定和量化影响收益的相关风险因素或其风险溢价成为最后需要解决的问题。

以 R 电力公司为例。假设相关风险因素由一些不可预测的因素构成,包括利率期限结构、利率水平、通货膨胀率、用 GDP 度量的经济周期、汇率等 5 个明确的因素和精心设计的度量其他宏观风险因素的一个总的衡量指标。

确定和量化影响收益的相关风险因素或其风险溢价的过程中首先要估计每种风险源的风险溢价,可以采用两步法来完成:一是估计大量样本公司的因子 β,并将一定数量(如 100

只)随机抽取的股票收益与系统风险因素进行回归,也就是对每只股票一定时期(如60个月)的数据采用时间序列回归方法,因此要估计与随机抽取的股票数量相当的回归量,一只股票一个。二是估计每种风险因素的单位风险补偿,将每只股票每月的收益与利率期限结构、利率水平、通货膨胀率、用 GDP 度量的经济周期、汇率的 β 进行回归分析,各 β 系数是随 β 值的增长而产生的平均收益的增长,即以月数据为样本估计出的该风险因素的风险溢价。当然,这样的估计会受到抽样误差的影响。因此,要取每年 12 个月估计风险溢价的平均值,因为平均值不易受抽样误差的影响。

表 9.12 显示了某一年各因素的风险溢价。

表 9.12 某一年各因素的风险溢价

因　　素	因素风险溢价	公司的因素 β
期限结构	0.425	1.061 5
利率	−0.051	−2.416 7
汇率	−0.049	1.323 5
经济周期	0.041	0.129 2
通货膨胀率	−0.069	−0.522 0
其他宏观因素	0.530	0.304 6

请注意,一些风险溢价是负的,出现这种结果的原因在于投资者不希望受其影响的风险因素的风险溢价为正,而是确实希望受其影响的那些风险因素的风险溢价为负。例如,当通货膨胀上升时,投资者希望资产收益上升,同时投资者也愿意接受那些期望收益较低的资产,此时的风险溢价为负。

因此,任何资产的期望收益与其因素 β 间均存在以下关系:

$$r_f + 0.425\beta_{期限结构} - 0.051\beta_{利率} - 0.049\beta_{汇率} + 0.041\beta_{经济周期} - 0.069\beta_{通胀} + 0.530\beta_{其他}$$

最后,为了获取某个公司层面的资本成本,可以在估计每种风险的 β 基础上,用上表中的因素 β 乘以"因素风险的成本",加总所有风险源得到总的风险溢价,再加上无风险利率。

例如,对某公司的 β 估计值位于上表中的最后一栏,因此其资本成本为

$$\text{资本成本} = r_f + 0.425 \times 1.061\ 5 - 0.051 \times (-2.416\ 7) - 0.049 \times 1.323\ 5$$
$$+ 0.041 \times 0.129\ 2 - 0.069 \times (-0.522\ 0) + 0.530 \times 0.304\ 6$$
$$= r_f + 0.72$$

换句话说,某公司每月的资本成本高于月无风险收益率 0.72%,因此,其年风险溢价为 0.72%×12=8.64%。

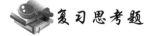

复习思考题

1. 资产组合的期望收益率与风险如何度量?
2. 资产之间的关联性表现在哪些方面?其具体含义是什么?
3. 怎样计算协方差和相关系数?
4. 请叙述有效边缘的产生过程。
5. 效用无差异曲线有何特性?

6. 最优资产组合是如何确定的？
7. 资本资产定价模型有哪些假定条件？
8. 资本市场线与证券市场线有什么关系？
9. 假设已估计出两种资产 A 和 B 的单指数模型如下：
    $R_A = 0.02 + 0.9R_M + e_A$、$R_B = -0.03 + 1.1R_M + e_B$
    $\sigma_M = 0.30$、$\sigma(e_A) = 0.08$、$\sigma(e_B) = 0.10$
    （1）求每种资产的系统风险、非系统风险和总风险；
    （2）求两资产间的协方差和相关系数；
    （3）若将资金以0.7和0.3的比例投资于资产 A 和资产 B 构建一个投资组合 P，求 P 的系统风险与非系统风险。
10. 假设单因子套利模型成立，三个充分分散的资产组合有关数据如下表所示：

资产组合	期望收益率 $E(r)$	β系数
A	0.10	1
B	0.09	2/3
C	0.04	0

问：是否有套利机会？若有套利机会，则套利策略是什么？

第十章 金融理财产品的设计、开发与营销

【本章导读】

> 金融理财产品的合理设计和有效开发是金融理财产品成功营销的基础,而制作科学、合理的金融理财规划对成功营销金融理财产品具有重要作用。通过本章的学习,要掌握金融理财产品设计、开发的基本技巧和方法,理解和把握金融理财产品的构成要素,了解和掌握金融理财产品营销的渠道和方法,懂得制作金融理财规划的程序和方法。

第一节 金融理财产品的设计和开发

一、金融理财产品的特性

金融理财产品是指商业银行、信托公司、证券公司、保险公司等金融经营服务机构向金融理财市场提供并可由客户取得、利用或消费的一切服务,它既包括狭义的金融工具(货币、各种票据、有价证券等各种有形的产品),也包括各种无形的服务(存贷款、结算、财务和资产管理、咨询、信托、租赁、代理证券交易、保险等各种无形的产品),还包括在基础金融工具基础上派生的各种衍生金融工具,交易方式(金融期货、金融期权、金融互换、信用交易、远期交易等)以及在风险收益特征上做了不同结构化安排的结构型产品(区间累积结构、目标偿还结构、提前赎回与回售结构、看涨与看跌结构、累进递增结构、收益反向变动结构、份额分级与分层结构、优先与普通权益结构等)。

金融理财产品具有以下特性。

(一) 无形性

一般工商企业提供的产品大多是有形产品,具有外形、颜色、式样等实体形态,客户可以通过视觉、味觉、嗅觉、触觉等来感知和识别。金融理财产品大都是无形产品(特别是在进入无纸化时代后),如贷款、汇兑、代理、保险、资产管理与交易等。客户在购买之前无法进行触摸和感觉,在购买和使用时金融经营服务机构必须通过文字、数据、口头等方式与客户进行交流,让客户了解产品的性质和功能,从而得到需要的服务。客户能看到的存折、银行卡、保险单等实体并不是金融经营服务机构的实质产品,而是金融经营服务机构提供金融服务的

一种载体或手段。

（二）不可分割性

金融理财产品的提供与服务的分配具有同时性，两者不可分割。一旦金融经营服务机构向客户提供了产品，同时就将一系列服务分配给了该客户。在任何时候，客户想要获得金融理财产品就必须通过金融经营服务机构，这一特性也决定了金融理财产品在销售过程中通常不用批发和零售等中间商，因而金融经营服务机构集金融理财产品的生产者和销售者于一身。但是，近年来由于 ATM、POS、信用卡、电子金融的广泛应用，使得金融理财产品的提供与服务的分配出现了一定程度的分离。

（三）多样性

金融服务是一种高级的劳动，不同金融经营服务机构的服务之间缺乏一个统一的质量标准以供比较，金融服务的质量在很大程度上取决于由谁来提供以及在何时、何地提供，这导致了多数金融理财产品受人为因素影响，不同金融经营服务机构、同一金融经营服务机构的不同分支机构、同一机构在不同时间所提供的金融理财产品和服务质量可能会有较大的差别。

（四）服务的叠加性

一般工商企业提供的产品具有某种特殊的使用价值，其使用价值往往比较单一，而获得金融理财产品的客户则可以享受到金融经营服务机构提供的多种服务。例如，客户在办理信用卡后即可享受到银行转账结算、存取款、消费信贷以及其他一些诸如账户管理、债权债务清偿、咨询等多项服务。

（五）易模仿性

一般工商企业提供的产品，生产者都可以向有关方面申请专利或商标，以维护其对创新产品的权益。而金融理财产品大多为无形产品，无法申请专利。金融经营服务机构新开发的产品面世后很容易被同业的其他机构模仿和复制，此外，一家金融经营服务机构的产品价格、分销、促销等营销手段也很容易被其他金融经营服务机构模仿，这种特性决定了金融理财产品在很大程度上具有相似性。

（六）季节性

客户对金融理财产品的需求往往会因时间而异，体现出较强的季节性波动，因此，金融理财产品在开发、设计、营销、管理等运作过程中也具有季节性特征。

此外，由于我国金融行业处于政府特别是中央银行及相关监管部门的严格监控之下，与一般工商企业的产品相比较，金融理财产品在开发、营销、价格方面往往受到比较严格的监管与限制。

二、优质金融理财产品的特征

只有设计、开发优质的金融理财产品，才能顺利达到营销目标和预期理财效益，实现金融经营服务机构与客户的双赢，并有利于金融经营服务机构树立优良品牌和打造核心竞争力，从而在激烈的行业竞争中赢得优势。那么，什么样的金融理财产品是优质的呢？一个优质的金融理财产品应该具有哪些特征呢？

（一）优质金融理财产品是适应客户现实需求、具有较高的安全性和便利性并被市场和客户乐于接受的产品

设计、开发市场和客户需要的产品是一个基本的市场营销观点，也是决定产品设计、开

发、管理、运作成败的关键。对于金融理财产品来讲,金融经营服务机构要准确把握市场和客户现实需求特别是需求的变化信息,从安全性和便利性出发,不断进行产品设计上的创新,开发出适销对路的产品,因为创新是金融经营服务机构的活力之源,没有金融理财产品的创新,就不能满足市场和客户不断变化的需求,就会被市场淘汰出局。

（二）优质金融理财产品是有完善的组合和系统性的产品

优质的金融理财产品必须全方位、多层次地考虑客户的需求,并努力去满足这些需求。例如,保险公司基于人的生命周期各个阶段的不同需求,在产品设计、开发上十分注重产品的系统性即是一个值得其他金融经营服务机构借鉴的很好经验。人的生命周期的不同阶段,财务状况和保障需求各异,于是保险公司便设计、开发出了适合人的生命周期中不同阶段财务、保障、理财需求的不同产品,从人刚一出生,就有了适合婴儿的险种,上学后又有新的合适险种,一直到婚丧嫁娶,保险公司都推出适合的险种,而且随着生命周期新的变化特征及相应需求的变化特点,还有针对性地创新产品的设计,从而实现产品链与产品谱系日臻完善和丰富,比较好地满足了市场和客户的需求。实际上,其他的金融经营服务机构也可以从客户生命周期出发,特别是以此作为经验和启迪,研究市场和客户的特点及偏好,并针对市场和客户的不同需求,提供不同的产品和服务,从而找到创新产品设计的思路和线索,开发和提供组合性和系统性的金融理财产品。

（三）优质金融理财产品是能使客户建立起品牌忠诚度的产品

金融理财产品的创新不仅要能满足不同层次客户的需求,而且要使客户建立起对开发、设计、管理、运作产品的金融经营服务机构产品的品牌忠诚度,愿意接受、尝试、使用和放弃转换。只有拥有了一定数量的忠诚客户,并形成对本机构金融理财产品的偏好和喜爱,才能保证金融理财产品畅销不衰。

（四）优质金融理财产品是很难被模仿、复制的产品

只有不能轻易被模仿的金融理财产品才能在金融理财市场上独领风骚,保持独具特色的风格和较长时间的生命力,保持和巩固较强的市场竞争优势,把本机构与其他金融经营服务机构提供的产品有效区别开来,很个性化地吸引客户,形成稳定使用本机构产品和服务的客户群,而且越是具有特色和新意、越是独一无二的创新品种、越是科技含量高的产品,越能给市场和客户以耳目一新的感觉,越能防止对手低成本的模仿,从而确保自身的市场份额和地位。

可见,安全、便利、适应不断发展的市场和客户需求,是构成优质金融理财产品的基本要素。由于社会进步和科技的快速发展,人们的金融理财需求变化加快,再加之新的金融理财产品很容易迅速地被业内同行模仿和复制,金融理财产品自身生命周期呈现出越来越短的趋势,已经很难见到在一段较长时间内能够独领风骚的产品。所以,不断进行金融理财产品的创新,满足人们的个性化、多方面需求,加强客户关系管理,提高金融经营服务机构对客户的凝聚力,建立金融经营服务机构的品牌和客户忠诚,成为各个金融经营服务机构争取和保持竞争优势的重要手段。

三、设计、开发金融理财产品的方法

设计、开发优质金融理财产品是金融经营服务机构的产品基本策略。设计、开发金融理财产品的方法较多,归纳起来大致有五种。

（一）创新法

随着社会经济、金融的发展，客户对金融理财产品和服务的需求越来越多，仅靠目前面世的产品甚至包括储备的产品已无法满足，金融经营服务机构必须根据金融理财市场的新需求、新变化、新特点，利用新原理与新技术研究、设计、开发全新的产品与服务。这种方法的开发成本高，开发周期长，需要大量资金、人力资源与先进技术的投入，适宜联合开发或规模较大的金融经营服务机构独立开发，但这种全新产品一旦投入市场，往往能带来较大的影响，从而产生、创造较大的经济效益和社会效益。

（二）延伸法

在现有金融理财产品的基础上进行延伸和改进，增加、嵌入一些新的服务与功能，使原有的产品焕发新的活力，以更好地满足客户需求。通常，这种方法设计、开发的力度较小，投入的资金、人力资源也较少，且开发周期较短。

（三）包装法

金融经营服务机构为了迎合某些客户群，对原有的金融理财产品进行重新包装，使其具有该特定客户群的特征，适合该特定客户群的风险收益偏好。这类方法主要针对某些特定的客户群，开发成本和周期都相对较低、较短，是中小规模的金融经营服务机构理想的产品设计方法。

（四）组合法

组合法是指金融经营服务机构将两个或两个以上的现有金融理财产品与服务加以组合与变动，以套餐的形式销售给客户。金融经营服务机构可以对原有的金融理财产品与服务进行交叉组合，也可以将本机构与其他金融经营服务机构之间的产品进行组合而设计、开发新的金融理财产品，使客户得到一揽子服务，满足理财的系列需求。这种方法比较简单，易于操作，只要找准市场需求，定位准确，一般都能收到很好的效果。

（五）移植法（模仿法）

金融经营服务机构将金融理财市场上其他金融经营服务机构的金融理财产品移植到自身的业务经营系统，并结合自身的特点加以调整、改进、补充，使其成为一种新的金融理财产品。由于金融理财产品具有易模仿的性质，某家金融经营服务机构设计、推出新产品后，其他金融经营服务机构可以借鉴，即拿来主义的创新，这种方法最大的好处是设计、开发成本低，开发周期短，短期内成效大。

四、设计、开发金融理财产品的过程

通常，设计、开发金融理财产品的一个完整周期或过程包括以下八个阶段。

（一）金融理财产品的创意

金融理财产品的创意也称金融理财产品的构思、策划，是指金融经营服务机构形成设计、开发产品的设想的过程，是金融理财产品设计、开发的第一步。金融理财产品的创意主要来自内部和外部两个方面。内部来源一般依靠金融经营服务机构自身的产品研究开发部门以及职员提出的建议；外部来源则可能来自客户、其他金融经营服务机构或是咨询公司等。

（二）方案筛选

金融经营服务机构根据自身的整体经营目标、营销能力和资源含量对创设的金融理财产品的构思进行取舍。实践中,并不是所有的构思都可以付诸实施,还需要按照一定的标准筛选出具有开发价值的创意。筛选依据的标准是:市场环境与需求状况、金融经营服务机构营销目标与能力、与现有产品的协调程度以及资金与风险承受能力、收益前景分析。

(三) 样品测试

鉴于金融理财产品设计、开发的成功与否在很大程度上取决于其能否满足目标市场和客户群的需要,金融经营服务机构要将金融理财产品构思转化为具体的产品描述,并通过测试征求客户的意见,了解和把握市场对产品可能产生的反映,从而对产品推出后的可能效果做出预判,为产品科学决策提供进一步的依据。因此,金融理财产品设计、开发的关键是样品测试,或者说要确保金融理财产品设计、开发的成功,必须做好样品测试工作。

(四) 经营分析

在样品测试基础上,金融经营服务机构还要对金融理财产品开发从财务角度进行分析,通过预测产品的开发成本、营销情况以及利润水平,判断其是否符合金融经营服务机构的经营战略目标。同时,经营分析还要根据市场分析、可行性分析、营销战略开发等形成书面的商业计划书等文件、建议,确立产品的初步目标、目标市场选择与定位、营销战略等。

(五) 产品开发

金融理财产品在通过测试、分析后,就进入全面开发阶段。金融理财产品大多是无形产品,它的开发要比一般工商企业产品的开发方便得多。一般而言,金融经营服务机构在进行产品开发时应充分利用已有的操作系统与设备,金融经营服务机构只要看一下该产品相对于现有的方法或程序有什么需要改进之处,当然,也可能要增加或叠加另外一些工具。比如商业银行新的存款产品开发阶段要求程序员对计算机储蓄系统进行调整,涉及开立账户的表格和文件以及编写分行员工填表和处理文件需要遵循的程序。

(六) 产品试销

设计、开发出产品后便进入试销阶段,即向少数的客户进行试验性销售。金融经营服务机构在一定期限内选择某一市场让客户试用该产品,并根据市场的反映和客户的反馈来衡量产品的效果及销售前景。在试销阶段,金融经营服务机构还可以利用多种方式,比如柜面征集、表格调查、电话咨询等来收集客户的意见和其他各种相关信息,以便对产品进行有针对性的改进与调整。此外,试销的好处还在于可以使员工熟悉处于策划中的新产品。

(七) 实施或商品化

当金融经营服务机构的产品设计、开发人员积累了足够的信息表明试销成功时,金融经营服务机构会在本阶段调配资源,并通过其他营销策略将新的金融理财产品全面推向金融理财市场。商品化阶段是实现金融理财产品创新目标的实践过程,也是各项金融理财产品营销策略的综合运用过程。

(八) 评估与检测

这是设计、开发金融理财产品的最后一个阶段。本阶段,金融经营服务机构会根据原始和二手数据调研、监测新的金融理财产品投放市场后客户的使用情况,全面、系统地总结和评估产品的市场效果。有效的监测使得金融经营服务机构能够及时地收集到客户对产品的综合反映,随时对金融理财产品的一些缺陷加以改进,或是对营销战略进行适当的调整,并有助于促进下一个新的金融理财产品上市。

五、设计、开发金融理财产品需注意的主要问题

金融理财产品的设计和开发是一项系统工程。为了确保金融理财产品设计、开发的成功,必须处理好以下五个问题。

(一) 要树立从市场的观点来看待新的金融理财产品的观念

金融理财产品设计、开发的实践表明:新的金融理财产品的失败最常见的失误是产品设计、开发人员没有从市场的真正需求出发,而是依赖自身的经验和直觉来做新的金融理财产品开发的基础,尤其是较小的金融经营服务机构。当金融理财产品的设计、开发人员对产品的认知、态度并不符合潜在市场和客户的需要时,新的金融理财产品的失败就不言而喻了。为了避免发生类似情形,产品的设计、开发、营销人员特别是相关决策人员要高度关注市场和客户端的需求,深入把握相关变化信息,从市场和客户的角度全面地审评、论证和形成新的金融理财产品的创意。

(二) 要创见性地研究细分金融理财市场的需要

一般而言,由于缺乏相关专业知识和不了解金融理财产品的特性,大多数客户未必知晓某项金融服务可不可行,也未必能够清楚地意识到自身还有哪些需求未得到满足。因此,金融经营服务机构进行广泛访谈,询问调查对象希望金融经营服务机构为其提供什么样的新产品的做法意义不可以被高估。实际上,较好的策略是在较小但极具针对性、代表性、有效性的调查对象范围内举行不定期和非正式的交流会,讨论一些如在与金融经营服务机构打交道时客户的好恶;客户在何时、何因以及怎样使用某些金融理财产品;让客户来经营与管理金融经营服务机构,他们会采取什么措施和策略等。这些会议的目的并不是让这些人设计、开发新的金融理财产品,因为他们不太可能确切地思考他们究竟需要什么,但他们对金融经营服务机构管理和服务的缺陷提出的建议,有助于金融理财产品设计、开发人员发现未被满足的需求,并产生新产品的创意。

(三) 要全面考虑和准确把握潜在客户行为变化的程度

如果新的金融理财产品需要客户的行为有所变化,产品设计、开发和营销工作就必须准确预见到这一点,并尽量减少客户心里的不快。

(四) 要密切跟踪市场和客户风险收益偏好的变化

市场和客户的风险收益偏好随时都在变化,因此,在设计、开发新的金融理财产品时要密切跟踪市场和客户风险收益偏好的变化,从而选择合适的金融理财产品的投资方向、基础资产标的和盯住的资产标的。在资产价格出现向牛市演变的趋势拐点以及利率、汇率、通胀率进入新一轮上升周期时,整个市场和客户风险偏好将不断上升,以风险程度较高的金融工具为投资对象和挂钩标的的金融理财产品较受市场、客户欢迎,此类产品预期收益良好,销售情况也较好,应作为产品设计、开发的重点方向,而在资产价格出现向熊市演变的趋势拐点以及利率、汇率进入新一轮下降周期时,整个市场和客户风险偏好将不断下降,避险情绪上升,此时低风险金融工具、黄金与高息货币、固定收益品种等更受市场和客户关注,在设计、开发金融理财产品时要做不同的选择、配置。

(五) 要用市场、客户熟悉的语言突出宣传新的金融理财产品带给客户的好处

面对一个新的金融理财产品,客户最想弄清楚的就是"我到底能从新产品中得到什么好

处?"只有对客户有利可图的新产品才能够被接受。但是,金融经营服务机构为了促销总想找一些过分巧妙的名字,从而产生沟通的问题。比较一下下面两组术语:"透支支票"和"无限额支票",或"超值账户"和"利息支票"。可见,金融经营服务机构要想使客户能够清楚、直观地了解新的金融理财产品的好处,就必须采用客户所熟悉的语言。

六、金融理财产品的要素

在设计、开发金融理财产品时,要从特定的目标市场和客户的风险收益偏好出发,设计与其风险收益结构匹配的产品,以顺利实现产品的销售,达到预期收益目标。而金融理财产品的风险收益结构很大程度上体现在产品的要素上,所以,科学确定和合理设计金融理财产品的要素就成为能否成功设计、开发金融理财产品的重要环节。一般而言,金融理财产品包括以下全部或部分要素。

（一）基础资产

实际上,检验一款金融理财产品的设计、开发是否成功在标准上很简单,一是看产品能否在预期时间内顺利销售,二是看产品能否达到预期的运作绩效。因为在预期时间内顺利实现销售目标,表明产品适销对路,符合市场和客户的需求与风险收益偏好;达到预期的运作绩效目标,说明产品管理良好、操作得当、交易有效,能够实现金融经营服务机构与市场、客户的双赢。而金融理财产品要在预期时间内顺利销售和达到预期的运作绩效就必须首先合理、准确地设计基础资产。

任何金融理财产品都有特定的投资目标、投资标的和挂钩对象,这就意味着在设计、开发金融理财产品时首先要锁定基础资产,明确产品的投资目标、投资标的和挂钩对象。比如,有的金融理财产品是投资海外资本市场的 QDII 产品,有的是与某一利率挂钩的结构性存款产品,有的是受托管理的信贷类理财产品,有的是专门申购新股的打新产品,有的是嵌入了看涨看跌期权的结构性产品等。

在基础资产的设计上,要特别强调两点:一是理财产品的设计、开发、管理人员应该是熟悉投资目标、投资标的和挂钩对象及相关市场风险收益特征的专业人士,能够很好地把握基础资产的收益前景、风险部位和风险敞口、风险管理和控制方法。一般来讲,金融理财产品的设计、开发、管理人员应具备金融各个分行业的从业人员资格,具有 CPA、CFP 等证书资质,具备良好的职业道德和操守及系统、扎实的金融理财专业理论知识,有丰富的金融理财市场的实务操作经验和良好的实战绩效记录,熟悉各类金融理财产品的风险收益特征和风险收益结构及现代金融理财技术,对市场变化有足够的敏感度,还具备善于总结经验、决策和判断力果断、有团队合作精神、能够审时度势等良好的个人特质。二是要根据市场变化趋势的预期,设计基础资产。在基础资产的设计上,金融理财产品的设计、开发人员除了要全面考量现有管理人员的素质和能力外,还要在充分占有市场信息的基础上,对信息进行有效甄别与筛选、综合分析和科学判断,准确预见市场变化的趋势,比如,在资本市场出现向上的趋势性牛市拐点时,投资和挂钩资本市场的金融理财产品不仅销售相对容易,而且较易实现理财的绩效目标,使客户的收益最大化;在通货膨胀加剧的趋势背景下,抗通胀能力较强的黄金、白银等贵金属投资前景被广泛看好,挂钩黄金、白银或以黄金、白银为投资标的和投资方向的理财产品在设计上要优先选择;在海外资本市场出现明显的趋势性回暖信号时,设计 QDII 产品较为有利等。

（二）运作架构

1. 参与人

理财产品的运作要有合规的参与人。一般而言，参与人包括三方，即理财产品的管理人、托管人、受益人。管理人、托管人必须是经有关监管部门核发经营证照的合法金融经营服务机构。作为受益人的投资者必须是符合我国有关法律法规及其他有关规定可以购买理财产品的合格投资者。

2. 参与人的权利与义务

参与人的权利与义务以及承诺的表述要准确、规范，完美体现相关法律条款精神和严肃性、严谨性，同时，要明确免责条款。

3. 运作方式

在理财产品的运作方式设计上，必须注意募集资金的使用与管理要合规合法，符合相关法律法规及政策规定的要求。

4. 风险收益解构

要明确产品的风险收益特征，是保本型产品还是非保本型产品，是固定收益类产品还是变动收益类产品，要说明收益的来源、构成和影响收益的因素，要测算预期收益水平并要列示预期收益水平的测算依据。

5. 认购、申购、到期结算的方式

理财产品要设置产品不成立的条件、募集期的时间及募集期的计息方法、产品起息时间、产品申购与赎回方式、产品到期时间、投资本金与收益到账日时间、到期日与到账日之间是否计息及计息方式等。

6. 归还投资本金与发放投资收益的方式

对理财产品，特别是不保本、变动收益类的理财产品，除了进行必要的风险揭示外，还要进一步清楚地说明和描述可能导致本金损失、零收益的各种可能因素与情形。

7. 风险揭示

理财产品的设计人与管理人有责任和义务对产品进行充分、系统、全面、准确的风险揭示。这些风险主要包括：信用风险、市场风险、流动性风险、政策风险、管理风险、提前终止风险、延期风险、信息传递风险、理财产品不成立风险、其他风险（如自然灾害、金融市场危机、战争等不可抗力因素造成的相关投资风险；因技术因素而产生的风险，如电脑系统故障等可能会造成本金及收益兑付延迟等）等。在列示风险时，要具体说明风险的来源、构成、可能的影响程度和后果，并要明确说明产品的信用等级和风险评级级别，清晰表明产品的风险程度，并建议适合购买本理财产品的投资者风险属性类型。

8. 信息披露方式与渠道

理财产品的管理人要指定本产品信息披露渠道与平台并告知投资者，同时必须按照监管部门的规定和要求的规范格式对产品从发行到最后清算的整个运作周期内应披露的信息进行及时、准确、完整披露。

（三）准入额度

金融经营服务机构出于不同的动机、目的，均在每一款金融理财产品上规划了不同和特定的目标客户群，不同的目标客户在理财资金实力、风险收益偏好等方面都有显著的区别。金融理财产品设计、开发人员要根据市场细分和目标客户定位、市场竞争策略、市场资金量、

客户维护需要等设定起购金额,明确客户的准入"门槛"。如产品定位于高端客户,则起购金额可以设定得相对较高,打压低端客户的准入,这限制了市场动员的范围,但有利于降低管理和维护成本;如产品以抢占市场份额为目标,同时发售量较大,则起购金额可以设定得相对较低,这可以更多地吸纳客户群,充分发掘和动员市场潜力,但会提高管理和维护成本。

（四）期限结构

一般来说,除了没有存续期限的开放型基金等少数产品外,大多数金融理财产品是有运作期限限定的,而且期限多在3个月至3年之间。金融理财产品设计、开发人员要合理设计产品期限结构,既要使期限尽量满足目标客户群的一般流动性偏好和风险收益偏好需要,又要使期限尽量与投资目标、投资标的和挂钩对象的市场周期适应。比如在预期进入新一轮的加息周期、市场利率将不断走高时,设计期限相对较短的品种较好销售,而在预期进入新一轮的降息周期、市场利率将不断降低时,设计期限相对较长的品种,更有利于客户对利率风险规避和防范的需求。又如对国内外纷繁复杂的各种信息进行综合整理、分析后,判断原油价格将出现回升的趋势性拐点,且上升通道在周期上至少维持两年左右,那么挂钩石油、燃油价格的理财产品或直接投资石油、燃油期货多头与石油、燃油看涨期权多头和看跌期权空头的理财产品在期限上也大致可以设计为两年以内,这样就可以充分分享资产价格牛市周期的好处,从而易于实现理财产品的预期收益,降低理财管理的难度,树立良好的品牌声誉。

（五）子产品的设计

一款金融理财产品可以包括众多、若干的子产品,不同的子产品具有不同的风险收益特征,子产品谱系越完整、子产品链越长的金融理财产品更能够满足市场处在不同风险收益偏好层面的客户需要,往往这样的金融理财产品市场竞争力、号召力更强。因为子产品系列的丰富程度决定了客户选择空间的大小。子产品品种越丰富,可以更广泛地覆盖客户群,更好地满足细分客户的需求,更大限度地抢占客户市场,更容易实现营销目标。金融理财产品子产品谱系、子产品链的设计要考虑管理人的管理能力、基础资产的目标市场可选择范围、客户群的风险收益偏好宽度等方面来灵活把握。比如伞形基金是证券投资基金的一种组织形式,基金发起人根据一份总的基金招募书,设立多只相互之间可以根据规定的程序及费率水平进行转换的基金,即一个母基金之下再设立若干子基金,各个子基金依据不同的投资方针、投资策略和投资目标进行独立的投资决策,其最大特点是在母基金内部可以为投资者提供多种投资选择,费用较低或者不收转换费用,能够方便投资者根据市场行情的变化选择和转换不同的子基金。

（六）收益计价

金融理财产品收益计价的设计是影响客户选择的一个关键因素,许多客户非常直观地以收益判断理财产品的风险收益结构,并作为选择理财产品的第一标准。理财产品收益的计价方式包括多种形式,比如固定收益率与浮动收益率;单一收益率与组合收益率;有的是保本型产品,有的不保本等。金融理财产品收益计价的设计要重点注意两个方面:一是金融理财产品的设计、开发人员要根据客户风险收益偏好、收益保障、基础资产特性等因素在设计产品时予以认真研究。比如面对低端客户、基础资产锁定在固定收益品种的金融理财产品一般采用保本、固定的收益率。二是金融理财产品收益计价要准确标示。金融经营服务机构要准确预测金融理财产品的预期收益,在宣传产品时要用市场和客户听得懂、看得懂的语言文字明确标示预期收益并标示出预期收益波动区间;要清楚说明产品预期的年化收益率和实际投资期限的收益率;使用预期"累计收益率"时必须说明是指产品整个理财期间的总收益率。准确标示收益计价,既可以清晰描述产品的风险收益特征,减少客户的投诉和不必要的纠纷,也可以有效动员客户,树立品牌影响力,增强市场竞争能力。

（七）金融理财产品的定价

金融理财产品的定价是指金融经营服务机构在某个时刻将金融理财产品对于市场、客户的价值及时地用货币形式加以表现,如利率、汇率、手续费率、管理费率、佣金等。由于长期以来我国金融行业是政府严格监管的特许行业,金融经营服务机构在金融理财产品定价时除了要考虑市场情况、与客户的关系、经营目标外,还要遵循监管层的相关监管规定,致使金融理财产品的定价带有明显的行政与政策色彩。随着加入WTO后市场化改革的深化和遵循国际惯例的要求,金融经营服务机构在金融理财产品定价上的自主权不断扩大,同时要在细分目标市场足够吸引客户,也要求金融经营服务机构的产品设计、开发人员及相关决策人员必须把握好金融理财产品的定价环节。

一般而言,金融理财产品的定价涵盖六个步骤:一是选择定价目标;二是测定需求的价格弹性;三是估算成本;四是分析竞争对手的产品与价格;五是选择适当的定价方法;六是确定最后价格。金融经营服务机构在对金融理财产品定价时,首先要制定科学的产品定价目标。通常,金融经营服务机构应围绕和结合当前及长远的经营发展战略考虑四大定价目标,即利润导向的定价目标和争取市场份额的定价目标、应对同业竞争的定价目标和树立品牌形象的定价目标。

那么,影响金融理财产品定价的基本因素有哪些呢? 从一般意义上讲,成本是价格的下限,这取决于各个金融经营服务机构自身的成本控制能力;市场需求是价格的上限,市场竞争会导致价格的下降。因此,金融经营服务机构要在符合和服从经济金融法规、国家经济政策和宏观调控的前提下,分析盈亏临界点。合理的金融理财产品价格受到产品本身成本、市场需求、市场竞争、客户满意程度等内外部因素的多种影响。从影响金融理财产品定价的内部因素来看,主要有三个方面:一是成本因素。成本包括固定成本和变动成本。固定成本是不随着金融经营服务机构销售、营业收入的变化而改变的成本,如房租、水电费、人员工资等。变动成本是随着产品水平和数量的变化而直接发生变化的成本,如资金成本、风险管理费用等。二是营销战略。金融经营服务机构营销战略具体区分为市场细分和市场定位,产品定价必须围绕金融经营服务机构战略制定。不同细分市场的价格敏感性不同,因此,定价要根据市场的不同、客户的不同制定不同的价格水平。三是服务质量因素。金融经营服务机构提供优质的产品才能吸引和留住客户,客户也愿意为自己享受的金融服务支付一定的费用,而对优质与创新的金融服务,客户自然愿意承受和支付更昂贵的费用。

从影响金融理财产品定价的外部因素来看,主要有三个方面:一是需求因素。金融理财产品定价的目的不仅在于弥补成本,更重要的是捕捉客户心目中的产品可感知价值。金融经营服务机构必须善于挖掘市场中未被其他同业机构识别的潜在客户需求,设计出符合这种需求的金融理财产品,以独特的产品赢得市场。值得强调的是在考察需求因素时,必须研究和分析客户需求的价格弹性,以反映客户需求变动对价格变化的灵敏程度。金融经营服务机构可以通过增加无弹性产品的价格,促使其总收益最大化,同时降低弹性产品的价格以争取新的客户。二是竞争因素。随着竞争的加剧,金融经营服务机构在确定产品价格时还应当充分考虑到竞争对手的情况。如果金融经营服务机构提供的同质产品价格高于平均水平,必然导致失败。也就是说,金融经营服务机构要按照同质低价、高质同价的原则来对金融理财产品定价,才能在竞争中赢得优势地位,在市场中处于不败地位。三是政策因素。由于行业的特殊性和对经济的重要性,金融经营服务机构的经营运作受到国家政策的制约,政策法规的变动便不可避免地在不同程度上影响产品的成本和价格。这就要求金融经营服务机构在制订定价决策时,必须严格遵守国家的相关法律法规。同时,政策变化导致的国家宏观经济环境的变化对金融经营服务机构及其经营运作也有重大的影响,因此,政策因素就成为金融理财产品定价必须考虑的外部因素之一。

　　进一步的问题是,金融理财产品定价有哪些基本方法呢?一般而言,金融理财产品的定价有四种基本方法,即成本导向定价法、需求导向定价法、竞争导向定价法和通行价格定价法。成本导向定价法以产品成本为基础,在成本之上设定目标利润,从而确定价格。对安全性强且操作方便的金融理财产品采取低价格策略,可以薄利多销,提高产品的竞争能力;反之,要采取高价格方法来补偿高风险而形成的潜在损失。具体来讲,成本导向定价法又可细分为成本加成定价法、目标利润定价法和收支平衡定价法。成本加成定价法就是以成本为基础,在单位产品的总成本上加上一定的利润作为产品的价格。其计算公式为:单位产品价格=单位产品总成本×(1+成本加成率)。产品成本由固定成本和变动成本构成,成本加成率是指预期利润占总成本的百分比。采用这种定价方法,加成率的确定是关键问题。目前,在金融经营服务机构,加成率在各个金融理财产品品种已形成一个标准的利润厚度,超出或者低于该标准都会对产品造成不利影响,从而波及产品的市场占有率。因而这种定价方法比较适用于无差别市场。理想的状况是产品价格应该包含一部分固定成本、可变成本和适当的边际利润。成本加成定价法的主要优点表现在:一是操作性强,定价过程明了、简便;二是竞争程度降低,市场上的竞争者都采用这种定价方法,成本和加成比例很接近;三是该方法比较公平,帮助金融经营服务机构简单化定价,无需针对需求来频繁做出反应,尤其适合零售业务。成本加成定价法的主要缺点表现在:一是没有考虑市场竞争和需求,形成的价格不是最佳选择;二是成本结构复杂,定价工作显得很复杂。

　　目标利润定价法是考虑到金融经营服务机构在一定时期的总成本和总收入,确定一个合适的目标利润作为核算定价的标准,就是金融经营服务机构一定时期所追求的利润率。其计算公式为:单位产品价格=(产品总成本+目标利润额)÷预计销售量。目标利润定价法的优点表现在:一是计算简单,操作方便;二是目标确定,可以保证银行实现既定的利润目标。主要缺点表现在:一是没有考虑价格与需求之间的关系,客户往往更关心他们怎么知道要提高价格而不是提高价格本身;二是没有考虑到市场竞争者对本理财产品价格的反应。竞争对手可能会根据金融理财产品的需求弹性来做出反应。如果竞争对手认为需求具有弹性,他们可能会为降价做广告。几年前,纽约的大多数商业银行纷纷向持有信用卡的客户收取手续费,但有几家与之竞争的中小规模银行决定不收取这个费用,这成为极力促销的范例。后续跟踪报道显示,这些不收费的中小银行不仅吸收了大量的新客户,还吸引了相关的存款业务。

　　收支平衡定价法是指将盈亏平衡点作为基础的定价方法。盈亏平衡点(保本点)是金融经营服务机构在一款金融理财产品上的投入与预期收入相等的一个财务概念。考虑到金融经营服务机构的经营目的是获取利润,因而引入预期利润对该价格进行纠正后得到的公式为:单位产品价格=(固定成本+预期利润)÷盈亏平衡点销售量+单位可变成本。收支平衡定价法的优点表现在当完成预计销售量时,保本价格可以保证金融经营服务机构不受损失,并能使金融经营服务机构实现预期利润。

金融理财产品定价的第二种基本方法是需求导向定价法。它以客户对金融经营服务机构的金融理财产品的认知程度和需求作为基础,客户有需求才能产生营销产品市场,价格的确定是客户决定的,金融经营服务机构在一定程度上是价格的被动接受者。因此,金融经营服务机构要扩大影响,提高产品的畅销度,扩大市场占有率,必须通过改善产品质量、促销、分销多种渠道来实现。只有产品的实际价格在客户心理价位之下,才能有效促进产品销售。具体来讲,有觉察价值定价法和需求区别定价法两种计算方法。客户的价值判断是主观的,随着外部环境的变化而变动,因而可以运用各种非价格因素,比如增加广告投放力度等来引导客户的消费倾向和价值判断。运用此方法,就要充分考虑金融理财产品的需求价格弹性。对于弹性小的产品可以把价格抬高,增加总收益;反之,则要降低产品价格,通过总量销售来提高利润率和扩大占有率。

金融理财产品定价的第三种基本方法是竞争导向定价法。该方法是根据、参照同行业产品的价格定价。这种定价方式在一定程度上减少了经营风险,又可以与其他同行业机构保持和睦关系。但竞争定价不能真实反映自己为客户提供的价值和自己的成本,处于被动地位,也影响金融经营服务机构创新的积极性、能动性。竞争导向定价法具体又可分为竞争性定价法和随行就市定价法两种。鉴于市场变化无常,金融理财产品的定价方法多种多样,但在市场经济下,必须一切从市场和客户的需求出发,依据不同的客户,采用不同的定价方法。在细分市场的基础上,根据客户的性质、业务量、信用状况、所属行业及对金融经营服务机构利益的大小等变量来确定产品的价格。仅仅单独地考虑某个金融理财产品的价格,会对金融经营服务机构产生这样或那样的不利影响。同时,重点客户始终是金融经营服务机构利润的主要来源,所以对重点客户的定价,要通过综合分析,在全面分析客户使用的各种产品及业务量的基础上确定价格组合,从而定出组合定价方法。有理由相信,利率市场化后,金融经营服务机构可以根据客户给自身带来的收益、信用风险、各种筹资、运营成本等因素,自主地对金融理财产品进行合理定价。

金融理财产品定价的第四种基本方法是通行价格定价法。在通行价格定价法中,价格的产生主要基于竞争者价格。价格可能与其他主要竞争者的价格相同,也可能高于竞争者或低于竞争者。但在少数几家金融机构控制市场的情况下,金融经营服务机构一般会收取同样的价格。而在测算成本有困难或竞争者不确定时,金融经营服务机构会感到通行价格定价法是一个有效的解决方法。就这种价格产生的一种公平的报酬和不扰乱银行间的协调这点而论,该方法反映了行业的集体智慧。

(八) 销售渠道

销售渠道的设计是设计、开发金融理财产品的重要要素之一,因为金融理财产品购买的便利性在很大程度上影响着客户的选择。金融经营服务机构销售金融理财产品的渠道可以简单地分为直接营销渠道与间接营销渠道、有形营销渠道与无形营销渠道等两类。直接营销渠道是指金融经营服务机构利用产品销售部门及分支机构业务营业网点推销产品的营销渠道,而间接营销渠道是指金融经营服务机构需要借助中间商、代理商推销产品的营销渠道。有形营销渠道是金融经营服务机构利用储蓄所、分理处、营业部、理财中心等分支机构柜台的有形网点推销产品的营销渠道,而无形营销渠道是金融经营服务机构利用互联网络金融交易、银行(家庭银行或办公银行)、电话与手机金融交易等网络、电子交易平台的无形网点推销产品的营销渠道。有形网点和无形网点越多,客户购买越便利,销售形势也会越理想。此外,购买理财产品流程的通与堵、手续的繁与简、操作的便与烦等也会影响客户的选择。有关设计销售渠道的问题,将在本章第二节中进一步系统地介绍。

(九) 差异性条款

通常,根据市场、客户和金融经营服务机构自身的特性与需要,金融理财产品会设计一些不同的差异性条款,以体现产品的个性化、差异化特质。这些差异性条款主要有以下方面。

1. 质押贷款的可行性

所谓质押贷款的可行性是指产品到期前客户是否可以将该金融理财产品作为质押品,以使客户在有资金需求时获得金融经营服务机构的融资支持,从而赋予其到期前的流动性特性。

2. 风险收益的结构型安排

(1) 区间累积结构。

所谓区间累积结构是指对金融理财产品存续期间的不同计息期确定不同的计息利率区间的一种风险收益特征设计与安排。一般情形下,这种产品的后一个计息期的利率区间大于上一个计息期。到计息日时按计息期内市场利率及其在这一市场利率停留的实际天数分段计息。突破计息利率区间上限后,一种安排是采用计息利率区间的上限水平及停留的实际天数计息,客户不可享受市场利率超过区间上限的好处,即计息时以上限水平结构封顶;另一种安排就是一旦突破计息利率区间上限后,则突破后停留的天数不再计息。如某款产品是三年期,每一年为一个计息期,第一年利率区间为 0~3.5%,第二年为 0~4.5%,第三年 0~5.5%,每个计息期市场利率突破区间上限后突破后的天数不再计息,未突破时按市场利率及相应停留天数分段计息。

(2) 目标偿还结构。

所谓目标偿还结构是指该理财产品在发售时预设了一种货币对另一种货币的目标汇率区间,理财产品到期时若即期市场汇率落在预设目标汇率区间,客户获得预定利息而不做币种转换,若到期时即期市场汇率落在预设目标汇率区间之外,无论是向上突破区间还是向下突破区间,必须进行币种转换,至于是否同时再支付利息要看交易成立时的合约规定,也即可以是支付利息同时进行币种转换,也可以是不支付利息仅进行币种转换。

(3) 提前赎回、回售结构。

所谓提前赎回、回售结构是指在产品到期前设定有终止权的一种风险收益特征设计与安排。这种终止权可以是赋予金融经营服务机构的,比如即便未到期,金融经营服务机构也可以提前赎回产品,终止交易;也可以是赋予客户的,比如即便未到期,客户也可以将产品回售给金融经营服务机构,提前赎回现金,终止交易。通常,触发提前赎回、回售的条款应设计为当市场利率高于或低于某一预设利率水平并突破后停留一定天数。之所以要有突破预设利率后停留一定天数的要求是因为这一定天数足以判断、确认市场利率的上升或下降形成了趋势性拐点,否则提前赎回、回售是没有价值的。提前赎回的安排有利于金融经营服务机构,因此,通常在市场利率低于某一预设水平并向下突破这一预设水平达到一定天数后即触发赎回机制,金融经营服务机构便可赎回产品,终止交易,从而可以发售更低预期收益率的新产品,有利于降低筹资成本,提高管理绩效。提前回售的安排保护了客户的利益,因为在市场利率高于某一预设水平并向上突破这一预设水平达到一定天数后即触发回售机制,客户便可将产品回售给金融经营服务机构,终止交易,赎回现金,从而有效解决自身财务流动性需要,或者可以选择投资其他具有更高收益前景的理财产品。当然,客户未到期回售产品、赎回现金的行为,势必影响金融经营服务机构的理财运作和管理,因此,金融经营服务机构一般都会对此行为做出惩罚性安排,即规定一定的现金赎回费率,不排除昂贵的现金赎回费率会使客户在提前回售产品、赎回现金时格外谨慎而望而却步。

(4)看涨、看跌结构。

所谓看涨、看跌结构是指在理财的基础资产上嵌入看涨期权或看跌期权特性的一种风险收益特征设计与安排。比如在存款基础上用利息收益或利息收益加约定的一定比例的本金去投资货币、债券、黄金、股指、石油等不同资产的看涨或看跌期权。在这一理财产品中,客户可以将作为交易对象的金融经营服务机构作为交易对手,但是更多的情形是客户委托作为交易对象的金融经营服务机构担当中介角色,代替客户到境内外市场找交易对手,最终撮合完成交易。同时,在这一理财产品中,更多的客户选择仅用利息收益作为交易成本(期权费),而且往往以看涨期权或看跌期权交易中的买方出现,因为看涨期权或看跌期权的买方支付期权费后获得了选择权,如果现货价格与期权合约中的协定价格的关系于客户不利,客户可放弃行权,因此这一交易模式的预期损失是可控的,最大损失无非是损失期权费(利息),但不会触及本金,这就是为什么该类产品基本都是保本型产品的原因。但假如客户选择用利息收益加一定比例的本金作为交易成本投资看涨期权或看跌期权,或者在看涨期权或看跌期权交易中以卖方地位出现,虽然看起来客户得到了即期期权费和将来到期时利息的两利好处,可是由于看涨期权或看跌期权的卖方在现货价格与协定价格的关系于己不利时,如果不及时止损,客户可能面临的损失是无限或巨大的,因此,这一交易模式下的预期损失是不可控的、不确定的,如果不及时止损,客户有可能部分损失甚至全部损失本金,这也就很好地解释了为什么这一交易模式下的产品大都属于非保本型产品的原因。

(5)累进递增结构。

所谓累进递增结构是指确定第一个计息期的计息基准利率,随后每个计息期的计息利率均在前一期计息利率基础上有一个固定比例(变动比例较少)上升的风险收益特征设计与安排。如一个三年期的金融理财产品,第一年的计息利率为3%,第二年为3%+1%,第三年为3%+1%+1%。

(6)收益反向变动结构。

所谓收益反向变动结构是指以一个基准利率减去某一个市场指标利率作为计息依据的风险收益特征设计与安排。如某一款理财产品第一年的计息利率为3%,以后每年在计息时以6%减即期Shibor计息。该理财产品第一年为利率3%的单一收益结构。第二年,若到期时Shibor为3%,则计息利率与第一年相同,收益也与第一年相同。若Shibor超过3%并不断上升,则收益递减,直至Shibor到6%,收益为零。若到期计息时Shibor下降,收益不断递增,但是理论上Shibor不太可能降至0,因此收益不可能大于6%。可见,该产品的收益与盯住的市场利率呈现反向变动关系。

(7)份额分级、分层结构。

所谓份额分级、分层结构是指金融理财产品的某一约定比例为固定收益份额且收益预设,其余约定比例为变动收益份额且收益不确定的风险收益特征设计与安排。为了实现预期收益,两类份额的投资对象不同。通常固定收益份额投资于较低风险的固定收益类证券品种,而变动收益份额投资于风险程度较高的非固定收益类证券品种。如长盛同庆分级股票型证券投资基金是按照4∶6的份额进行配比,分为优先类份额同庆 A 和进取类份额同庆 B。同庆 A 收益每年固定,预设为 5.6%,且每年分配投资收益时,长盛同庆分级股票型证券投资基金将先满足同庆 A 的分配,即同庆 A 的投资人具有优先分配权,然后再向同庆 B 的持有人分配。而且,契约还规定同庆 A 年基准收益率为 5.6%,当基金总收益率超过 60% 时,则再次将基金份额净值超出 1.6 元的超额收益部分的 10% 分配予同庆 A。于是,在同庆基金总的投资收益不够理想的年份,同庆 A 的投资者能够稳获 5.6% 的固定预设收益,但同庆 B 的投资者可能是零收益。而当资产价格处在牛市周期的年份,同庆基金取得了良好的总体投资业绩,在满足同庆 A 持有人的固定预设收益的分配后还有相当丰厚的剩余利润,则同庆 B 的投资者就可能获取远高于同庆 A 投资者的投资收益,从而表现出极强的杠杆性。还需注意的是,当长盛同庆分级股票型证券投资基金的净值低于 0.467 元,即基金净值损失超过 53.3% 时,同庆 A 才会损失本金。从理论上讲,基金净值损失超过 53.3% 是可能的,但在实际市场出现这一状况的可能性极低,故同庆 A 是很好的储蓄替代产品。

(8) 优先、普通权益结构。

优先、普通权益结构是指对不同投资人在权益上作出差异性配置的风险收益特征设计与安排,类似于优先股与普通股的不同股权类别设置。这类结构性安排主要表现在收益的享有与分配上,一部分份额或持有人有优先权。相似于长盛同庆分级股票型证券投资基金中分为优先类份额同庆 A 和进取类份额同庆 B 的份额分级、分层结构的设计。

3. 特殊待遇

金融经营服务机构在遵守现有金融监管法律法规基础上,可以为购买金融理财产品的客户提供一些特殊待遇。比如购买 20 万元以上工商银行"稳得利"(1 期)的普通客户可优先成为理财金账户客户;某些银行的信用卡推出刷卡消费累计积分有奖,客户使用有的银行的信用卡购机票或到合作商家购物可享受打折优惠等。

第二节 金融理财产品的营销

金融理财产品的营销是指为了创造可同时实现个人、机构消费者与金融经营服务机构目标的交易机会,而对金融理财产品的构思、定价、促销和分销进行策划和实施的过程。因此,完整的金融理财产品营销过程应该包括金融理财产品需求调查、市场预测、市场选择、产品开发、产品定价、营销渠道、销售服务等一系列与市场交换有关的经营活动。限于篇幅,本节主要讨论营销渠道的相关问题。

一、金融理财产品营销渠道策略的种类

金融理财产品营销渠道是沟通金融经营服务机构与客户的桥梁,合理设计、选择营销渠道策略可以有效地满足客户的需要,简化流通渠道和方便客户购买,降低营销费用和提高经济效益,对保证金融经营服务机构的正常经营、建立现代金融制度具有十分重要的作用。

金融理财产品营销渠道是指金融经营服务机构的销售渠道,也就是金融经营服务机构把金融理财产品推向客户的途径。金融经营服务机构营销活动的效益高低不仅取决于金融理财产品的开发和定价的效率,还取决于金融经营服务机构的营销渠道。前者是形成金融理财产品使用价值的过程,即金融经营服务机构降低金融理财产品的成本、提高产品产量、

增加产品的种类和功能、制定合理的价格以提高市场竞争力;后者是金融理财产品使用价值和价值的实现过程,即金融经营服务机构通过适应客户需求的变化,将已经开发出来的金融理财产品及时、方便、迅速地提供给客户,以真正满足不同客户的需要。这两个方面相辅相成,构成了金融经营服务机构利润的实现过程。

处在金融行业的金融经营服务机构不同于一般工商企业,作为服务性行业,由于其产品和市场的特殊性,使得金融经营服务机构不能像一般工商企业那样使用普通商品的营销渠道,而要采取以直销为主的营销模式。可以立足金融理财产品最突出的特点来考察对其营销渠道的影响并洞悉相关特点。一是无形性。由于金融理财产品的无形性,使得客户不能通过直接的观察、触摸和感知来选择产品,必须由金融经营服务机构的营销人员向其解释某一款产品特点、优势与对其有何用处,可以说,金融经营服务机构通常是在销售一种思想,而不是实物。例如,银行员工不可能向一位潜在客户展示一项住房产权贷款,而必须通过销售工作尽量告诉客户该类贷款可获得什么好处。在推销这样的服务时,无形性提高了直接营销渠道的需求,即购买者和销售者之间的个人接触。二是不可分割性。金融理财产品与营销人员或服务提供者无法分开。例如,一位客户无法在未与银行人员接触的情况下就获得住房产权贷款。即使他通过电话或邮寄的方式,但是如果没有银行人员的介入,即银行人员收到贷款申请、进行资信审核、安排必要的调查等活动,客户不能随时简单地获得贷款。因此,不可分割性常常意味着直接销售是唯一可行的营销渠道。然而,随着信息技术的发展,金融经营服务机构已经开始广泛利用电脑、网络技术来克服无形性和不可分割性所导致的局限。例如,银行安装了能使客户不用进银行就可以存取款的自动柜员机;证券公司为客户提供了网上、手机方式的非现场交易系统等,这些都是现代金融经营服务机构间接营销渠道的发展。

金融经营服务机构营销渠道策略的类型多种多样,主要有下面四种营销渠道策略。

(一)直接营销渠道与间接营销渠道策略

根据金融经营服务机构销售金融理财产品是否利用中间商来划分,可以将金融经营服务机构营销渠道策略划分为直接营销渠道与间接营销渠道策略。所谓直接营销渠道,是指金融经营服务机构将金融理财产品直接销售给最终需求者,不通过任何中间商或中间设备的策略,主要以分支机构为主。而间接营销渠道是指金融经营服务机构通过中间商来销售金融理财产品,或借助一些中间设备与途径向客户提供金融理财产品的策略。直接营销渠道与间接营销渠道是金融经营服务机构营销渠道的两种基本类型。

(二)单渠道与多渠道策略

根据营销渠道的类型多少来划分,可以将金融经营服务机构营销渠道策略划分为单渠道与多渠道策略。所谓单渠道,是指金融经营服务机构只是简单通过一个渠道来实现金融理财产品的销售,如商业银行提供的产品全部由自己来销售或全部经由经销商来销售的策略。而多渠道营销是指金融经营服务机构通过不同的销售渠道将相同的金融理财产品销售给不同市场或不同客户的策略,如在本地区采用直接营销,对外采用间接营销,这种营销渠道策略比单渠道营销能够更有效地扩大市场占有率,对市场竞争激烈的金融理财产品的销售具有更大的作用。

(三)结合产品生命周期的营销渠道策略

金融理财产品具有一定的生命周期,即金融理财产品的介绍期、成长期、成熟期和衰退期。与之相对应,营销策略也可以根据金融理财产品的生命周期,在金融理财产品所处的不同阶段采取不同的营销渠道,这就是结合生命周期的营销渠道策略。如在金融理财产品的介绍期,应以自销或独家经销为主,尽快占领市场,提高新产品的声誉;在成长期,应选择有能力、有前途的中间商进行分销,力争提高销售量,扩大市场份额;在成熟期,应拓宽营销渠道,与更多的中间商合作、配合,进一步扩展业务活动的范围;在产品的衰退期,应选择声望较高、能力更强的中间商分销产品,获取产品最后的经济效益。

(四)组合营销渠道策略

组合营销渠道策略是指将金融经营服务机构分销策略与营销的其他策略相结合,以更好地开展金融理财产品的销售活动。这种策略又可细分为三种,一是营销渠道与产品设计、开发相结合的策略,这种策略要求金融经营服务机构要根据所提供产品的特征来选择分销策略。二是营销渠道与销售环节相结合的策略,这种策略要求金融经营服务机构要根据多渠道、少环节、平等互利的原则,尽量减少销售环节,拓宽营销渠道,更好地减轻客户的负担,促进产品的销售。三是与促销相结合的策略。金融经营服务机构通过大力开展广告宣传或协助中间商做广告以促进金融理财产品的销售。

由于直接营销渠道与间接营销渠道是金融经营服务机构金融理财产品营销渠道的两种基本类型,因此是本节重点讨论的对象和内容。

二、金融经营服务机构直接营销渠道

(一)直接营销渠道的含义

直接营销渠道是指金融经营服务机构将金融理财产品直接销售给最终需求者,而不通过任何中间商的营销渠道。这种方式十分简单,其模式可以表示为

$$\text{金融经营服务机构} \xrightarrow{\text{金融理财产品}} \text{消费者}$$

金融经营服务机构的直接营销渠道主要是指金融经营服务机构通过广泛设置分支机构开展业务,或派业务人员上门推销金融理财产品。

1. 金融经营服务机构分支机构

各种金融机构在全国乃至全世界各地直接投资设立的分支机构,构成了其产品的直接营销网络,借此可直接服务于客户。

2. 面对面上门推销

直接营销网络中的各个网点,除了进行柜台坐等服务外,派员进行面对面的上门推销成为直接销售渠道中最基础、最原始的形式。当今,越来越多的金融经营服务机构重视依靠专业销售队伍访问预期、潜在客户,进而发展成为现实客户,并不断增加其业务。

(二)直接营销渠道的优点

1. 实现及时性

将金融理财产品直接销售给客户,可以使客户及时了解金融理财产品,特别是新开发的金融理财产品能迅速投入市场,缩短流通时间,减少因销售环节多、时间长引起的损失。

2. 节约流通费用

在间接营销中,各中间商要收取一定的费用,这对金融经营服务机构来说是一项成本开支,特别是当中间商过多时,这笔费用也相当可观。对于那些客户相对集中、顾客需求量大的市场,金融经营服务机构直接销售可以大大节约流通费用,降低营销成本。

3. 增加产品销售

金融理财产品强调金融经营服务机构对客户的服务,在直接营销中,金融经营服务机构派员直接提供产品,并保证较全面的售前、售后服务,这可以进一步扩大金融经营服务机构的影响,提高声誉,密切金融经营服务机构与客户的关系,扩大销售量。

4. 便于了解市场

直接营销产品可以使金融经营服务机构及时掌握市场上的相关信息,了解客户的心理,把客户对产品品种、功能等需求信息直接反馈给金融经营服务机构,以便更新与改进产品并不断开发出符合客户需求的新产品。

可见,如果金融经营服务机构将直接营销策略运用得当,可降低金融经营服务机构的流通费用,加快金融理财产品的流通速度,增加收益。

(三)直接营销渠道的缺点

直接营销最大的不足之处在于当金融经营服务机构规模一定时,会使其占用较多的人力、物力、财力。金融经营服务机构广泛地设立分支机构,配备足够的客户服务人员,可能会使营销费用增加,影响经济效益,特别是对于客户分散、需求差异大且多层次的市场,该策略的缺陷更为明显。

具体来讲,采用直接营销渠道的原因大致有三种:一是金融经营服务机构自身网点或分支机构分布较广,体系较为完善,能够满足销售要求;二是金融理财产品专业化要求较高,通过其他渠道无法满足专业化要求;三是某些金融理财产品客户群较为集中、明确,需针对重点客户实行点对点的定向销售服务。

(四)金融经营服务机构分支机构的设置

金融经营服务机构分支机构规模的合理规划、布局与分布的优化设置可以确立其市场竞争的优势,它是金融经营服务机构的营销主渠道。科学设置分支网点有利于提高金融经营服务机构在金融市场的占有率,广泛发展和稳定客户,并以较低的经营成本向市场、客户提供种类繁多的金融理财产品和最优质的服务。所以,金融经营服务机构要在不同时期,根据自身的发展状况,科学地设置分支机构,以实现经营的战略目标。

1. 选择合理的设置方法

选择合理的设置方法主要是确定选点模型。在成熟市场国家与地区,金融经营服务机构在分支网络的设置上,主要采用两种模型来预测分支机构的潜在区域和该区域的市场占有率。一种是 HILLY 型,即多重竞争交互模型,它研究的是金融经营服务机构运营的最佳区域,适用于新建网络;另一种是 HUFFY 型,即交互启发式模型,它以研究客户为中心,适合于在商业区设置分支网络时使用。

2. 选择合理的规模和布局

成熟市场国家与地区金融经营服务机构在设置分支机构过程中,对分支机构的布局往往要兼顾眼前的生存与今后长远的发展需要,并注重布局的整体设计、各种方案的具体实施和灵活变动。金融经营服务机构应根据预期的流动性、盈利性和安全性来决策分支网络的规模,同时还要对金融经营服务机构的现状及发展趋势进行全面分析和理性把握,为其发展前景提供决策依据。

3. 选择最佳的机构网点位置

在普通商品市场,人们往往货比三家,逐店选购,营业网点的位置对营销效果的作用并不十分突出。但对于金融市场上金融经营服务机构提供的金融理财产品及相关金融服务项目而言,营业网点的位置对营销效果的意义则十分关键。也就是说,多数客户通常不会为日常的金融经营服务机构的服务货比三家,而只是选择最专业、最便捷、最贴心的金融经营服务机构的分支营业网点。因此,金融经营服务机构位置的选择是获得营销成功的重要因素。根据上述的设置方法确定了分支机构的大致范围后,还要考虑以下因素以选择金融经营服务机构营业网点的具体位置。

(1) 出入方便。分支机构营业网点所处位置要出入方便,临街的交通能让客户快速、安全地进出,有能满足需要的泊车位、停车场和活动空间、场地等。

(2) 引人注目。分支机构营业网点建筑物、标识和标牌要十分醒目,路人或乘车人能清晰辨明、识别,且建筑物和标牌在当下或将来没有障碍性遮掩。

(3) 竞争者的位置。设置分支机构营业网点要考虑最近的同业竞争者的位置,若所选网点位置对于多数贸易区的居民都很方便,与其将分支机构设在远离竞争者而又不太方便的位置,倒不如与竞争者为邻。

(4) 车程。分支机构营业网点与居民区、商业区或工业区的距离要适当、合理。

(5) 房地产成本。决定在何处开设新的分支机构营业网点需要考量房租的固定成本投入,但不可在严控费用的同时因小失大。从长远利益考虑,与不能方便客户或不易进入但较便宜的位置相比,成本越高的位置可能产生的投资回报越大。

(6) 毗连其他的便利实施。选择在交通便利、商务流动人员集中、餐饮和商店及超市购物等商务场所云集之地设置分支机构营业网点,业务发展空间更大,成长优势更强。

三、金融经营服务机构间接营销渠道

(一) 间接营销渠道的含义

间接营销渠道是指金融经营服务机构通过中间商来销售金融理财产品,或借助一些中间设备与途径向客户提供金融理财产品的营销渠道。近几年来,随着科学技术的发展,金融交易工具与交易方式不断创新,新的电子交易平台、网络交易方式、无形交易手段推陈出新,金融经营服务机构的间接营销渠道展现出了不可限量的发展空间与成长前景。

间接营销渠道的基本模式可以表示为

金融经营服务机构 $\xrightarrow{\text{金融理财产品}}$ 一个或多个中间商(或中间设备) $\xrightarrow{\text{金融理财产品}}$ 客户

(二) 间接营销渠道的优点

1. 转变金融理财产品的提供方式

在直接营销渠道下,金融经营服务机构与客户办理业务是面对面的现场交易,这必然受到金融经营服务机构分支机构营业网点和营业时间的限制。而间接营销渠道则改变了这种形式,金融经营服务机构与客户并不直接见面,不再受分支机构营业网点和营业时间的限制,而一旦金融交易成功实现对现场交易在时空上的突破,就必定可以更好地满足客户的需要,更方便地为客户提供金融理财产品。

2. 加快金融理财产品的分销速度

间接营销渠道是中间商充当了交易的媒介,有效地调节了供求之间在地区、时间、数量、结构等方面的矛盾,加速了金融理财产品的合理分流,大大缩短了金融理财产品流通的时间,提高了市场占有率。

3. 有利于金融经营服务机构拓展市场

由于中间商熟悉金融理财产品特点以及本地市场情况,这可以改善金融理财产品的推销状况,挖掘市场的潜在客户和购买力,为更多的客户提供多样化服务,进一步扩大业务范围,提高产品市场占有率,特别是对于金融经营服务机构新开发一个市场或地区,可以通过寻找代理商而使产品快速进入市场。

4. 有助于降低营业费用

金融经营服务机构通过直接分销手段在各地设立分支机构,成本是比较大的,而且金融经营服务机构与客户直接联系有时会事倍功半。通过中间商作为媒介,就可以降低营销费用并改善金融经营服务机构与客户的关系,收到事半功倍的效果。同时,运用各种先进的中间设备开展分销的成本也远远低于通过柜台直接销售的成本。有国外金融研究机构调研表明:金融经营服务机构各种营销渠道处理每一笔交易的平均成本,柜台交易为 1.07 美元,电话交易为 0.54 美元,电脑交易为 0.26 美元,手机交易为 0.16 美元,互联网交易为 0.13 美元。可见,金融经营服务机构营销渠道创新的动力,不仅来自新的市场份额,更主要的是渠道成本的递减。

5. 便于提供更多的市场信息

中间商作为流通媒介,突出和卓越的专业能力使其同本地区、本市场的客户有着广泛的联系,能有效地收集客户的信息,并将之反馈给金融经营服务机构,可以更好地促进金融理财产品的开发与销售。

可见,有些中介机构的介入,会使客户更容易获得金融理财产品及金融经营服务机构提供的各种金融服务,并更能使客户在投资金融理财产品及享受金融服务时获得收益、效用最大化与达到最大的满意程度。正因为如此,信用卡、消费贷款、保险、开放型基金等众多的金融理财产品大都采用通过中介机构来销售的营销形式。

(三) 间接营销渠道的细分

间接营销渠道主要有以下两种细分方法。

1. 将间接营销渠道分为一阶渠道、二阶渠道和三阶渠道

这种划分的根据是金融理财产品传递过程中纵向所经过的中间商的多少。

(1) 一阶渠道。

一阶渠道是指在金融理财产品销售过程中只利用一个中间商来传递产品,或只设一些自动化设备来销售产品,也即在金融理财产品的转移过程中,最多只经过一个中介机构(可以是批发商、零售商或代理商),由它负责将金融理财产品转售给最终客户。其模式可以表示为

$$\text{金融经营服务机构} \xrightarrow{\text{金融理财产品}} \text{一个中间商(或中间设备)} \xrightarrow{\text{金融理财产品}} \text{客户}$$

这种营销渠道使金融经营服务机构能直接将金融理财产品通过零售商转售给最终用户,其特点是分散了金融经营服务机构的风险,同时也降低了其设立分支机构直接推销金融理财产品的费用,扩大了销售市场,也使客户能更方便地得到金融理财产品。

(2) 二阶渠道。

二阶渠道是指金融理财产品的销售要经过两个中介机构,通常是一个批发商和一个零售商,也可能是一个代理商和一个零售商。其模式为

金融经营服务机构 —金融理财产品→ 批发商(或代理商) —金融理财产品→ 零售商 —金融理财产品→ 客户

在这种渠道中,一般由批发商或代理商从几个金融理财产品的开发提供者手中购得产品,转售给各个零售商,再由各个零售商销售给客户。

(3) 三阶渠道。

三阶渠道是指金融理财产品的销售要经过三个或三个以上中介机构的传递。金融经营服务机构为自身的产品寻找一个代理商,代理商转售给批发商与零售商,再由零售商将产品卖给最终客户。其模式可以表示为

金融经营服务机构 —金融理财产品→ 代理商 —金融理财产品→ 批发商 —金融理财产品→ 零售商 —金融理财产品→ 客户

这种模式的应用,在我国表现最为突出的就是国库券的发行。国库券由财政部门委托中国人民银行代理发行,中国人民银行将国库券批发给各商业银行或其他金融机构,再由这些机构的零售方售给需求者。这种模式由于代理商的出现,加快了金融理财产品代销的过程,有利于金融理财产品的传递与推销,并进一步扩大了金融理财产品的销售范围,增加了中间商销售产品的品种,丰富了金融理财市场。

2. 将间接营销渠道分为宽渠道、窄渠道

这种划分的根据是金融经营服务机构在销售产品时横向选择中间商数量的多少。

(1) 宽渠道。

宽渠道是指金融经营服务机构在同一地区设多条营销渠道,或选择同一层次或不同层次的多名中间商分销金融理财产品,这种渠道又有两种类型:一是广泛的营销渠道,这是指金融经营服务机构对同一地区内各类中间商的数目不加限制,尽量拓展营销渠道的宽度与密度。它一般适用于客户日需求量大、使用广、客户又能及时方便地购买的金融理财产品。一般来说,此类理财产品的标准化、通用化程度较高,客户对金融经营服务机构、品牌和中间商的要求并不很高。二是有选择的营销渠道,这是指金融经营服务机构在某一市场对中间商进行对比分析与筛选,从中选择几家中间商推销其产品。金融经营服务机构会选择一些基础好、声誉大、效率高的中间商来推销其产品,既可节约销售费用,又能增加产品的市场占有率,并提高销售效率。

(2) 窄渠道。

窄渠道是指金融经营服务机构在同一地区只设一条营销渠道,选择某一特定中间商分销金融理财产品。这种策略一般是独家经销的中间商享有推销金融理财产品的权利,它适用于高价产品或某种特殊金融服务。独家经销对金融经营服务机构的好处是:有利于金融经营服务机构加强管理,金融经营服务机构比较容易对中间商进行控制,完全掌握金融理财产品的销售价格;金融经营服务机构与中间商关系比较密切,在营销策略上可以有效协调;可以节约费用,降低成本,提高经济效益;有利于提高服务质量。但独家经销可能会使金融经营服务机构失去部分市场,特别是当中间商选择不当或市场条件发生变化时,而且风险也较大。

四、营销渠道的选择与组合

营销渠道的正确选择和科学组合是一家金融经营服务机构实现营销战略的关键。因

此,金融经营服务机构在市场上销售自己的金融理财产品时,必须依据市场的需要,寻找合适的营销渠道,并进行有效组合。

(一) 营销渠道选择的影响因素

金融经营服务机构合理选择营销渠道时要考量以下多种因素。

1. 市场状况

市场状况是金融经营服务机构选择营销渠道的重要依据,它包括市场的深度与广度,可以对市场上的其他主体——客户、中间商和竞争者进行分析。

(1) 客户。

客户因素包括客户的数量、种类、购买频率及客户的心理。

① 客户的数量。潜在客户的数量决定了对金融理财产品潜在的需求量,代表了市场的广度。对客户需求量大、潜在需求旺盛的市场,金融经营服务机构可采取直销的方式,加速流通速度。而对于客户数量不多的市场则宜选择间接营销渠道策略,通过中间商或中间设备提供服务。

② 客户的种类。不同类型的客户对金融理财产品的需求是不同的,金融经营服务机构在选择营销渠道时要进行区分。对于客户是个人消费者还是群体消费者、是最终消费者还是中间消费者等,金融经营服务机构都应加以详细分析。

③ 客户的购买频率。客户购买频率低的金融理财产品,一般来说需求量也不大,可采取间接营销渠道策略;而客户购买频率高的金融理财产品,可设置分支机构进行销售。

④ 客户的地区分布。客户的分布结构(人口密集度)会对营销渠道的选择产生影响。一般来说,客户分布广泛、分散时,应选择间接营销渠道;而对于集中的市场,金融经营服务机构应采取直销方式以缩短销售时间。

⑤ 顾客心理。顾客心理包括客户对金融风险的偏好程度、对金融理财产品收益的要求、对金融理财产品的忠实程度、对金融经营服务机构促销手段、方式的反映等,尽管这些因素比较难掌握,但对营销渠道的影响有时却是非常大的。

(2) 中间商。

中间商的性质、能力及其对各种金融理财产品销售的适应性也关系到金融经营服务机构营销渠道的选择。如有些技术性较强的金融理财产品,如果要运用间接营销渠道,就需要有相应技术能力或设备的中间商。如果某个市场上中间商较多,金融经营服务机构便可通过对比,选择一个或多个中间商或利用多营销渠道进行销售。

(3) 竞争者。

金融经营服务机构进行营销渠道决策时应充分考虑竞争对手的营销渠道策略,并采取相应对策。金融经营服务机构可以在竞争对手营销渠道的附近设立销售点,贴近竞争,以优质取胜;也可避开竞争对手营销渠道的锋芒,在市场的空白点另辟渠道。

2. 金融经营服务机构自身因素

金融经营服务机构自身因素对金融经营服务机构营销渠道的选择也有重要影响。

(1) 资金实力。

由于金融经营服务机构分支机构的设立需要花费较大的投入,使得金融经营服务机构要建立直接营销渠道需要具备雄厚的资金实力,而资金紧张、实力相对较弱的金融经营服务机构应多通过中间商来进行分销。

(2) 管理能力。

金融经营服务机构对自己的金融理财产品的销售活动是否具有相应的管理能力也会影响营销渠道的决策。如果金融经营服务机构对销售业务的管理能力较强，就为自己组织销售系统开展直接分销提供了可能；如果金融经营服务机构缺乏销售管理的经验，或对市场情况难以控制，就只能依靠中间商来开展销售。

(3) 营销目标。

金融经营服务机构的经营目标不尽相同，所采用的营销渠道也应不同。如果金融经营服务机构以扩大金融理财产品的市场覆盖面为目标，则应选择多种营销渠道，充分利用中间商的现成渠道，快速、有效地占有市场。

3. 金融理财产品因素

金融理财产品因素是影响营销渠道选择的最直接的考量之一。金融理财产品因素包括产品价格、专业性、及时性、技术性、售后服务等。一般来说，单位产品的价格较高、专业技术性强和服务要求高的产品选择直接营销渠道或较短的间接营销渠道为宜，反之，对那些价格较低、技术服务要求不高的大众化金融理财产品可选择较长的间接营销渠道，或设置多个机构进行广泛分销。由于大多数金融理财产品都包含了较多的服务成分，大多要求选择较短和较宽的渠道，要求金融经营服务机构设立广泛的营销网络、建立完整的服务体系，而不太会选择中间商。

4. 分销成本

分销成本是指维持金融理财产品销售渠道所需要的费用。其费用越低，分销成本越小，金融经营服务机构的资金占用就越少，效益就越好，而高成本的营销则难以使金融经营服务机构在市场竞争中立于不败之地。

5. 政策法规

主要体现在国家制定的政策、法规和条例对金融经营服务机构选择营销渠道的制约。例如，有些金融服务国家实行管制政策，不允许金融经营服务机构设立分支机构开展经营，如果金融经营服务机构想进入只能选择间接营销渠道；或是政策法规要求金融经营服务机构必须拥有最低限额以上的实收资本金才能设立分支机构等。金融经营服务机构受政策性约束越大，选择营销渠道的权利和范围就越小。

6. 自然、经济和文化因素

自然环境主要表现在地理条件对营销渠道的制约。经济环境的变化也会影响营销渠道决策，如果一个地区经济较发达，金融经营服务机构营销机构设置的平均规模应该大一些，功能也应该趋于综合化。再如，当某个市场中经济处于高涨时期，产品供不应求时，金融经营服务机构应充分利用中间商展开广泛的间接营销。文化是在长期的发展过程中积累形成的观念、思想与习惯传统，具有相对的稳定性。不同地区文化的差异随处可见，金融经营服务机构要分析现存的文化背景及营销渠道对市场的文化依赖性，以选择合适的营销渠道策略，并根据文化环境的变化作相应的调整。

7. 控制力度

营销渠道不同，金融经营服务机构对其控制的程度也不同。在各种营销渠道中，金融经营服务机构对于自身设立的分支机构的控制最容易，但其成本相对较高，市场覆盖面较窄；建立特约经销商或特约代理关系的中间商较容易控制，但金融经营服务机构对特约中间商的依赖过大,中间商的销售能力会对金融经营服务机构造成较大影响;利用多家中间商在同一市场进行销售,会降低风险,但对中间商的控制能力就会相应削弱。营销渠道越长,金融经营服务机构与中间商之间的关系越松散,就越难以对中间商施加影响。金融经营服务机构在进行营销渠道的选择时要考虑其对中间商的控制能力。

(二)营销渠道的组合

金融经营服务机构各种营销渠道可以进行适当的组合,以便于营销目标的实现。现代营销理论中形成了一体化的营销渠道组合模式,这种组合注重强调营销渠道成员之间的合作,更好地考虑了营销渠道的长度和宽度,具体分为以下三种组合。

1. 垂直型金融理财产品营销渠道组合

垂直型金融理财产品营销渠道组合是指由金融经营服务机构、批发商和零售商组成,实行专业化管理和集中计划的营销网,按不同成员的实力与能量对比产生一个最终决策者,由它进行集中的管理与决策,以实现营销渠道的纵向联合,取得最佳的市场营销效果。这种模式是针对传统营销渠道的不足而提出的。在传统的营销渠道中,任何一个成员都不能对其他成员拥有足够的控制权,容易造成各自为政,成员之间常常发生矛盾,从而影响了金融经营服务机构的整体和长远利益。而垂直型金融理财产品分销模式把金融经营服务机构与各个中间商组成一个统一体,集中管理、集中决策和统一执行,可在最大程度上减少各成员为谋求自身利益而出现的矛盾。这种模式在成熟市场国家与地区已成为市场的主要营销渠道模式,也被实践证明是营销渠道中效益最好的一种模式。根据一体化形成原因的不同,它又可分为下面三种形式。

(1)统一式垂直金融理财产品营销渠道。

统一式垂直金融理财产品营销渠道也叫团体式垂直营销渠道,是指金融理财产品的提供者和营销渠道的各成员都归某一方所有并完全受控制。它实行的是单一所有权制,便于对渠道的高度控制。

(2)支配式垂直金融理财产品营销渠道。

支配式垂直金融理财产品营销渠道也叫管理式垂直营销渠道,是指由规模最大、实力最强的成员来领导与管理金融理财产品的营销。它实行的不是单一所有权,但领导者对系统中的其他成员仍有较大的控制权。

(3)契约式垂直金融理财产品营销渠道。

契约式垂直金融理财产品营销渠道是指由各自独立的金融理财产品提供者与中间商在不同水平上组成,以契约为基础的统一体。各成员之间没有所有关系,但通过契约统一行动,谋取最佳经济效益。

2. 水平型金融理财产品营销渠道组合

水平型金融理财产品营销渠道组合是由同一层次的两个或多个相互无关联的营销组织组成长期或短期的联合体开展营销活动。这种联合可以是暂时性的,如为了某款金融理财产品的集中性推出或单个中间商缺乏资金、技术能力而组成,也可以契约形式固定下来而形成永久性的联合。这种联合主要从营销渠道的宽度上来考虑,通过联合可降低各成员的经营风险,避免激烈竞争而导致的两败俱伤,并可充分利用各自资金、技术等方面的优势共同开发市场。

3. 多渠道型金融理财产品营销渠道组合

多渠道型金融理财产品营销渠道组合也叫综合营销渠道组合,是指金融经营服务机构通过双重或多重营销渠道,将相同的金融理财产品打入各种市场,以不断适应市场竞争的加剧,同时实现营销功能与管理功能的一体化。在这种组合中,金融经营服务机构拥有多种不同的营销渠道,而对每种渠道都拥有较大的控制权。

五、现代客户导向的营销渠道

随着科技的发展和信息技术的渗透,金融业务处理过程也由原来的物流交易、部分信息流交易,发展到了全信息流交易。金融理财产品的营销网点和营销渠道由于信息技术的介入,打破了传统的金字塔模式而全面扁平化,由原来的全部外在物化的营销渠道,发展到现在的物化渠道和虚拟渠道并存,而且营销渠道虚拟趋势呈进一步强化局面。客户导向与营销渠道创新相结合,形成了现代客户导向的营销渠道。

(一)客户导向的营销渠道

客户导向的营销渠道是指为了提高客户的满意度和金融经营服务机构的金融理财产品的可用性和便利性,而增加和加强一系列客户需要的相互联系、相互依存的组织和手段。它可以分为无形营销渠道和有形营销渠道两类。

1. 无形营销渠道

无形营销渠道是指金融经营服务机构采用电子化网络的虚拟无形平台处理金融业务,使得金融理财产品的组织和传送完全通过理念化、数字化的电子渠道进行的营销渠道。它包括互联网络金融交易、PC 银行(家庭银行或办公银行)、ATM 自助金融交易、电话与手机金融交易等。其提供服务的具体内容如下。

(1)电脑网络服务。

电脑网络服务是由于网络技术的发展和进步,金融经营服务机构向客户提供的服务突破了时间上和空间上的限制而产生的新型电子化的金融业务的营销组织和营销手段。它是金融经营服务机构软性虚拟渠道的主要支持渠道。

(2)便利性营销网络。

便利性营销网络是由于金融创新引致金融产品数字化、表外业务扩大化和代理业务全面化,导致为便利营销的发展而建立的分支网络渠道。具体包括 ATM 自助金融交易系统、POS 终端系统、PC 银行(家庭银行或办公银行)、信用卡特约网络点、电话与手机金融交易系统等。便利性营销网络通过电子、电讯技术的网络化发展来提高金融服务的便利性,扩大金融服务的范畴。

2. 有形营销渠道

有形营销渠道是指金融经营服务机构在最便利客户的地方设置的物化性营销机构。有形营销渠道是传统的营销渠道,是金融经营服务机构重要的营销渠道之一。它是任何条件下都不可缺少的营销设施,只不过正在呈现萎缩的趋势。在一定历史条件下,有形营销渠道和无形营销渠道具有异曲同工之妙。

金融经营服务机构的经营是以客户为导向的,由于客户的需求是不断变化和发展的,客户满意也是一个变化的概念,因而营销渠道也将是发展变化的。目前,金融业界的无形营销渠道呈现加强和扩大的趋势。

(二)客户导向营销渠道的创新模式

随着金融经营服务机构营销渠道创新的发展,形成了以下三种金融营销渠道创新模式。

1. 非电子化营销渠道模式

非电子化营销渠道模式基本上采取的是以总行、总公司、总部为中心的金字塔型模式。总行、总公司、总部为金字塔的顶端,第二层是各地区的分行、分公司或跨地区分行、分公司与管理总部,第三层是各地区内部的支行、支公司或营业部,第四层是分理处、办事处或营业部等零售业务处理机构,第五层是储蓄所或营业部等零售业务处理机构,第六层是代办处或其他零售金融业务的代办网点。

非电子化营销渠道最前端的代理网点、储蓄所、营业部是整个金融经营服务机构的一线服务平台,它们直接与客户面对面进行信息交流和提供服务。

2. 电子化营销渠道模式

电子化营销渠道模式与非电子化营销渠道模式的主要区别在于:一是金融经营服务机构各级营销渠道处理终端和客户终端实现电子化处理,如 ATM、POS 等。二是金融经营服务机构总行(总公司、总部)与分行(分公司、地区管理总部)、分行(分公司、地区管理总部)与支行(支公司、营业部)、支行(支公司、营业部)与分理处(储蓄所、营业部、代理网点、ATM 与 POS)等营销渠道之间实现电子联网,形成全行业电子数据流的闭环系统。

电子化营销渠道模式是在传统非电子化营销渠道模式的基础上,实现电子化改造与升级的结果。因此,其主要进步在于改进了金融经营服务机构营销渠道的信息交流效率和提供终端信息处理效率,提高了金融服务的质量,从而形成有利于金融服务品牌的整体形象,提高客户满意度。但是,由于电子化营销渠道只是在原有的传统营销渠道的框架上改良的,保留了原有的分支机构和营业网点的组织结构,因此,无论在营销渠道管理成本、劳动力成本和客户交易成本上,都没有形成明显的成本替代效应。

电子化营销渠道的另一种模式是以 PC 银行方式或类似模式建立的营销网络。这种营销渠道模式向客户提供专用软件,由客户安装在个人 PC 机上,通过调制解调器拨号上网,连接金融经营服务机构的主服务器,从而享受 PC 提供的金融服务。

PC 营销网络省却了传统中间营销渠道,通过信息技术对中间营销渠道及其管理形成替代效应,对金融经营服务机构形成较为直接的交易成本替代作用。但是,由于此营销渠道是建立在金融经营服务机构为客户 PC 机提供专用软件基础上的,这个专用软件或由金融经营服务机构赠送,或由客户自己购买,从而增加了金融经营服务机构的交易成本。因此,这个营销渠道正由不需要这种交易成本的营销渠道所取代。

3. 互联网络营销渠道模式

互联网络营销渠道模式是在金融经营服务机构主服务器上提供虚拟金融服务柜台,客户通过 PC 及其他终端方式接入互联网,进入金融经营服务机构主页,进行虚拟金融交易。互联网络营销渠道模式与传统的营销渠道模式的最大区别在于:互联网络方式完全省略了中间层次的营销渠道,直接进入市场最前端的客户平面,通过客户平面形成对最终客户的营销服务,实现和完成金融交易。此种营销渠道可直接与客户进行直接、互动的交流,从而加强了金融经营服务机构的客户导向,提高了客户获得更大满意度的可能性。

与传统的营销渠道相比,互联网络营销渠道的显著竞争优势是抛弃了传统营业网点布局过程中出现的大量的沉淀成本。传统金融经营服务机构营销网点繁荣,意味着员工众多、机构复杂,运营成本高。在互联网络金融交易平台上,网点约束已不再成为制约互联网络金融服务发展的条件,信息技术正在成为互联网络金融发展的第一推动力。适应信息技术要求的管理技能和管理知识成为互联网络金融经营服务机构取得竞争优势的核心。

第三节 金融理财规划的制作

为客户量身定做一个全面反映金融理财综合解决方案的完美金融理财规划是成功营销金融理财产品的基础,而策划金融理财综合解决方案、制作金融理财规划是金融经营服务机构理财中心或理财专柜的金融理财规划师的基本职责。制作金融理财规划在过程上主要是:了解、掌握和分析客户的收入支出状况、家庭资产负债结构等家庭基本信息,然后准确识别客户的风险收益偏好,在此基础上,依据客户的财务需求与财务能力,提出理性的理财目标,进一步针对资产结构与配置的问题,合理选择金融投资与理财市场符合客户风险收益偏好的投资工具与理财产品,提出服务于理财目标的投资工具与理财产品配置策略、建议,并根据投资工具与金融理财市场、客户财务预算能力与财务需求、金融理财规划假设前提的变化拟订投资工具与理财产品配置的动态调整预案,最后形成完整的金融理财规划报告。

一、家庭基本信息的收集、整理与分析

完整、准确地收集和掌握客户的家庭基本信息是金融理财规划师策划金融理财综合解决方案、制作金融理财规划的最基础性工作。家庭基本信息包括家庭成员基本情况、家庭资产负债结构、收入支出现金流量状况、财务比率评价等。家庭基本信息获取方式主要是面对面客户自述、参阅客户提供的资料、实地访问等。为了提高相关数据信息的准确性、可靠性,在获取家庭基本信息时最好要收集信息的支持证据。在家庭基本信息的收集、整理与分析中,要运用比率分析、图表分析、图形分析等方式,具体说明、描述客户的家庭基本信息。家庭基本信息包含如下。

(一)家庭成员基本情况

1. 家庭成员基本信息

家庭成员基本信息是首先要掌握的基础性资料,要求具体到家庭每一个成员的姓名、性别、年龄、学历、职业、职务、职称、收入、健康状况、保障与风险管理等,可用文字或表格与图形的形式进行描述、说明。

了解家庭成员基本信息时,客户需要提供和身份证件一致的姓名,身份证号码必须正确,因为如果有代客理财业务,涉及领取分红等需要对方出示有效身份证件。身份证号码还能体现客户的出生日期,对于投保商业保险等来说是非常必要的,而且男性与女性退休的年龄不同,因此社会保障及商业保险费率等都是不同的,可见,即使是性别资料也对合理制订金融理财规划有重要意义。

通过收集客户的职业和职称信息,可以了解客户的收入是否稳定、收入增长潜力怎样等,这些信息会影响到现金规划、消费支出规划。如客户是一名营销人员,保底工资很低,销售业绩提成是收入的主要组成部分,显然其收入波动性较大。对于这样的客户,现金规划中的家庭应急备用金就要预留充足,考虑到业务员工作流动性强,应急备用金至少留够 6 个月以上生活开支,以避免工作变动后,在找到新工作之前家庭陷入财务危机。通过客户从事的职业、所在的行业等基本可以决定客户的工作和生活环境,也决定了风险管理的需求特点,进一步也可以判断是否需要在社保基础上考虑补充意外、寿险等商业保险的保障。

了解客户家庭成员及双方老人的健康状况,涉及现金规划、保险规划、投资规划的制订。如果一个家庭主要经济支柱健康状况不好,经常生病,那么现金规划中要考虑预留较多的应急备用金,这也意味着家庭承受风险的能力较弱,投资规划应侧重稳健为主。另外,中年三口之家需要赡养老人,有些农村的老人无社保养老,本人也没有商业保险,这样的家庭赡养老人的责任和压力较大,在家庭金融资产中应留出老人的养老和医疗等资金。

子女的年龄、教育状况是教育规划的重要信息。对于子女已婚的家庭,了解已婚子女的收入情况同样不可或缺,因为这些信息对于家庭财务安排来说有重要意义。对于处于求学阶段的子女,只有准确掌握其教育目标是在国内上大学还是出国留学,才能制作合适的教育规划。

准确把握客户家庭婚姻情况有重要意义。不同婚姻状况的家庭,金融理财规划的侧重点不同。对于未婚客户来说,积累金融资产、准备结婚的费用是短期目标,购房可能是中长期目标;对于单亲家庭而言,孩子教育、自身养老是规划要考虑的重点;对于普通的已婚三口之家,孩子教育、夫妻养老、赡养双方老人等是需要重点考虑的理财需求。

客户的社会保障与风险管理信息事关保险规划、投资规划、养老规划的科学制订。在社会保障计划中,主要关注养老保险和医疗保险;企业办理的企业年金(补充养老保险计划);还有个人投保的人身保险和财产保险等。鉴于社会保障的基本养老和医疗保险具有广覆盖、低保障、保基本的特点,因此,仅靠社会保险试图满足养老需求、提高晚年生活品质是不够的,这就需要计算退休金缺口,通过长期的投资规划等来实现养老目标。

2. 客户本人的性格分析与评价

性格可以分为乐观型、主导型、谨慎型、自我型、成就型、协调型等。由于家庭重要成员对于一个家庭收入和支出起着相当重要的作用,因此,除了对客户本人进行性格分析外,还有必要对家庭重要成员进行性格分析。

分析客户的性格之所以有价值是因为性格往往决定理财的态度。根据对理财的态度不同,大致可形象地将客户的性格分为以下类型:今朝有酒今朝醉型、杞人忧天型、赌博型、稳健型等。部分"月光"族的表现即为今朝有酒今朝醉,无长远的理财打算,再高的收入也填不满时装、聚会、无节制刷卡等消费大窟窿。杞人忧天型的客户,生活、理财方面都是谨小慎微、诚惶诚恐,总担心有意外发生,喜好像葛朗台一样存钱,存的钱越多心里越踏实,喜欢选择收益较少但相对风险也小的投资类型,以规避风险,投资过度保守,经常会错失理财良机。赌博型的特征是喜欢短线投机,崇尚一夜暴富,有些甚至把家庭金融资产的绝大部分用于股票投资,对于投机类的权证、期货等乐于接受,家庭资产价值经常大起大落,很可能一时赚了很多钱,但也可能一下又赔光了。稳健型的特点是注重实用,工作、生意、消费和理财方面都能精于计划,追求资产的稳健增值,投资方面偏重长期,不喜欢短期投机。可见,了解客户的性格特点,对于制定适合客户的金融理财规划方案有重要意义。

3. 客户及家庭理财观念、习惯分析与评价

金融理财规划师应从客户及家庭成员的工作性质、投资行为(投资于高、中、低风险资产的比例情况)、对金融产品的日常使用状况、处理日常财务的行为、对财务的计划等方面了解、评价客户及家庭的理财观念及习惯,了解途径可以是通过客户提供的书面资料、与客户的面谈或者其他渠道收集到的资料。如通过了解客户过往的投资经历,可以间接把握客户的风险态度、投资偏好及投资理念,才能更好地基于这些信息,提出适合客户的投资建议,在

投资规划中配置客户熟悉、适当的理财产品。

（二）家庭资产负债结构

家庭资产负债结构表现为家庭资产负债表，其格式可以采用报告式，也可以采用账户式。报告式就是将资产项目放在上方，负债项目放在下方。账户式就是将表分为左右两个部分，左边是资产项目，右边是负债项目。在资产项目下，需包括家庭现有的一定价值以上的金融资产和实物资产。表10.1即为家庭资产负债表。

表10.1 家庭资产负债表

日期：　　年　　月　　日　　　　　　　　　　　　　　　　　　客户姓名：

资产项目	金额(万元)	负债项目	金额(万元)
现金与现金等价物		长期负债	
现金		住房贷款	
银行活期存款		长期负债小计	
银行定期存款		中期负债	
货币市场基金		教育贷款	
其他		消费贷款	
现金与现金等价物小计		汽车贷款	
其他金融资产		创业贷款	
债券与债券型基金		其他	
股票及权证		中期负债小计	
配置型和股票市场基金		短期负债	
银行理财产品		信用卡透支	
保单现金价值		其他	
其他		短期负债小计	
其他金融资产小计			
实物资产			
自住性房地产			
投资性房地产			
机动车			
家具及家用电器			
收藏品和实物黄金			
其他			
实物资产小计		负债总计	
		净资产	
资产总计		负债与净资产总计	

家庭资产负债表提供了客户家庭的净资产规模、资产结构与负债结构等重要信息，而这些信息是金融理财分析的基础。净资产规模在分析中是需要关注的一个重要指标。对于年轻人客户来说，如果净资产规模较小，便难以面对购房等大额、长期的支出需求，于是金融理财规划的重点将集中于怎样逐渐提高净资产增值能力与潜力。而净资产规模过大，表明财

务杠杆效应较弱,家庭资产结构、财务结构需要作出进一步优化调整。同时,一个家庭的资产可以分为金融资产、实物资产及其他资产。资产结构是否平衡是又一个重要的关注点。如果一个家庭类似房产等实物资产占总资产比率过高,表明家庭资产结构失衡,又由于实物资产流动性差,往往家庭财务风险较大,这就有增加金融资产、调整资产结构的需要,以便于实现中长期理财目标。负债比率与负债结构是资产负债表可以反映的重要财务信息。负债比率过高,表明家庭还本付息压力大,缺失财务上的稳健性,如何改善、提高财务安全性将成为金融理财规划的重点方向。鉴于普通家庭的负债项目一般包括信用卡贷款、房贷、车贷等,而贷款利率各不相同,故需要分析负债结构,合理安排还本付息,节省利息支出。

（三）家庭收入支出情况

按照客户家庭的收入和支出所产生的现金流量可以编制家庭收入支出表(见表10.2)。通过家庭收入支出表便于客户明确在不同性质的活动中现金流入和流出的信息。对于不经常发生的特殊项目,如意外损失、保险赔款、对外捐赠等,应在收入支出表中归并到相关类别中,并单独反映。金融理财规划师需分析客户家庭收入支出表的合理性,给出适当的评价与建议。

表 10.2　家庭收入支出表

日期：　　年　　月　　日　　　　　　　　　　　　　　　客户姓名：

收 入 项 目	金额(万元)	支 出 项 目	金额(万元)
工资		房租与房贷	
奖金		日常生活开支	
养老金和年金		购买衣物、美容等	
投资收入		教育费用	
稿酬及其他非薪金收入		汽车、交通费用	
经营		医疗费用	
其他收入		商业保险	
		休闲、旅游、娱乐	
		通信费用	
		购买电脑等大宗商品	
		赡养老人	
		其他支出	
收入总计		支出总计	
收入支出结余			

准确、全面地了解客户家庭收入支出结构信息的意义在于：就收入来讲,经常性收入是最受关注的指标,因为经常性收入是一个家庭收入的主要组成部分,也是设计现金规划、投资规划的基础。有时家庭经常性收入会有一些变化,基于审慎原则,可以取较低的收入值来计算。通过分析家庭收入结构,结合客户年龄、职业等信息,可以判断收入变化趋势是逐渐增加还是逐渐下降。若在支出不变的情况下,收入有逐渐下降趋势,家庭的结余比率下降,可投资的增量金融资产减少,这时应注意调整投资规划。透过家庭收入结构信息可以判断客户个人与家庭收入是否稳定。如依赖业绩提成为主要收入的营销人员,收入不稳定,于是

要留足家庭应急备用金,充分考虑到收入最低时候的家庭生活不受严重影响,在投资方面就要排除每月基金定投,避免收入低的月份无资金能力实施定投规划。通常,大额非经常性收入的发生会影响家庭财务指标,如对类似于稿酬这样的非经常性收入,若数额较大,家庭现金流急剧增加,需要在原有规划基础上进行调整,可在原规划基础上按比例进行资产配置。

就支出来讲,金融理财规划师会格外关注家庭各项支出的比例,因为对于一般家庭来说,经常性支出是家庭支出的主要组成部分。有些年轻人家庭,在奢侈品消费、外出就餐等方面花费过高,远远超过了家庭经常性支出,有可能造成"月月光"现象,对此应提醒客户控制、缩减这种弹性开支,使家庭现金流和即期消费相匹配。对于旅游、购买大宗商品等非经常性支出要合理计划,根据家庭收入能力合理规划,或者在现金规划中要考虑上述这部分开支,选择流动性好的金融理财产品(如货币市场基金、国债等)作为这些非经常性支出的储备金。同时,要敦促客户培养良好的消费习惯,尤其对于花钱大手大脚的年轻人家庭,需要改变"收入减去支出等于储蓄"的习惯,应该采用"收入减去储蓄等于支出"的方式,即每个月领取工资薪金后,先根据家庭情况存上一笔钱,剩余的钱再用于生活开支等。培养每月强制储蓄的好习惯,是家庭理财的基础。

(四)财务比率分析

财务比率分析是指金融理财规划师要对客户家庭的财务比率数值进行计算和列示(见表10.3),并列明通用的经验参考值范围,通过比较来分析客户现有财务状况是否合理,对客户的财务状况作出预测和总体评价,且对不合理的状况提出改进的初步建议。

表10.3 家庭财务比率数值表

财务诊断结果			
指标	实际数值	参考值	评价与建议
净资产比率=净资产÷总资产		大于50%	
资产负债率=总负债÷总资产		小于50%	
流动性比率(1)=流动性资产÷每月总支出		大于3~6	
流动性比率(2)=流动资产÷总负债		70%左右	
消费比率=消费总支出÷税后收入总额		60%左右	
储蓄率=1-消费比率		40%左右	
债务偿还比率=每月偿债额÷每月税后收入		小于35%	
平均投资报酬率=年理财收入÷生息资产		3%~10%	
净资产投资率=生息资产÷净资产		大于50%	
财务自由度=每月理财收入÷每月总支出		20%~60%	

净资产比率高于参考值,表明客户家庭未充分利用负债能力去支配更多的资产,投资能力有待进一步增强,家庭财务结构仍有进一步优化的空间;净资产比率低于参考值,表明净资产规模较小,客户家庭应开源节流,采取储蓄、投资等方式逐渐提高净资产增值潜力,以利于实现购房、购车等大件耐用消费品的购置。资产负债率高于参考值,表明家庭的债务总体水平较高或很高,家庭存在繁重的偿还债务压力,财务结构不稳健,财务存在不安全因素,也同时表明需要减少投资,降低负债水平,或采取调整还贷计划、改变还款方式、缩短还款期限等方式以节省利息支出;资产负债率低于参考值,表明家庭的债务总体水平较低或很低,家

庭没有繁重的偿还债务压力,财务结构比较或很稳健,也同时表明增加负债、进一步提升投资能力的空间较大。流动性比率(1)高于参考值,表明目前客户家庭随时取用的资金已经超出了自身需求的范围,意味着流动性资产配置过多,应该提高资金运用效率,将多出的那部分流动资金用于金融投资,在保证满足家庭资产流动性的基础上,让资产获得更多升值空间,提高资产的增值能力;流动性比率(1)低于参考值,表明家庭流动性紧绷,财务安全性与稳健性不够,需优化资产结构,减少长期、变现性较差的资产配置,提升流动性资产在资产结构中的比例。流动性比率(2)高于参考值,说明资产流动性较好,但综合收益率可能较低;流动性比率(2)低于参考值,则表明资产结构失衡,资产变现偿还债务能力差,存在过度负债投资、消费问题,家庭财务结构不够稳健,客户家庭应调整资产结构,提高金融资产比例。消费比率高于参考值,表明家庭每个月缺乏一个理想的储蓄规划,应该适当压缩不必要的生活开支;消费比率低于参考值,表明储蓄能力较强,拓展投资与理财的空间较大,但可能影响正常的生活水平。储蓄率高于参考值,表明现金类资产占比较高,投资资产占比较小,家庭资产增值潜力差,投资有效性不够,应多选择、配置一些储蓄以外的其他金融类资产,提高投资效率与能力;储蓄率低于参考值,则表明储蓄率太低,应该学会开源节流,减少不必要的开支。债务偿还比率高于参考值,表明家庭每个月偿还贷款的压力较大,应减少不必要的支出;债务偿还比率低于参考值,表明每个月家庭偿还贷款的压力不大,扩大投资、消费的空间较大。平均投资报酬率高于参考值,表明投资收益较好,投资效率较高,投资理财能力较强,也说明客户家庭投资态度较为积极;平均投资报酬率低于参考值,则表明客户家庭投资收益偏低,投资过于保守,资金运用效率欠缺。净资产投资率高于参考值,表明投资有效性与投资能力较强,投资收益性较好,投资资产结构较为合理;净资产投资率低于参考值,则表明净资产结构存在问题,需通过降低非生息资产比重以进一步改善和优化投资资产结构,提高净资产使用效能。财务自由度高于参考值,表明投资理财能力较强,家庭财务结构优化,支出的保障性较强,生活幸福感较高,为进一步做好投资与理财奠定了良好的基础;财务自由度低于参考值,表明生活收入来源单一,家庭资产结构不尽合理,应考虑改善、优化家庭资产结构,实现收入来源的多样化。

(五) 财务状况预测与评价

由于个人与家庭基本情况、资产负债结构、收入支出现金流量与财务比率均有差异,财务状况有各自不同的特点并呈现出不同的变化趋势,因此,金融理财规划师需要对不同个人与家庭的财务状况作出预测与评价。比如,中年期的白领客户正处于事业的黄金阶段,预期收入会有稳定的增长,投资收入的比例会逐渐加大。同时,现有的支出也会增加,尤其随着年龄的增长,保险医疗的费用会有所增加。另外,购房、购车后,每年会有一笔较大的开销。而且按揭贷款是唯一的负债,随着时间的推移,这笔负债会越来越小。总的来看,中年期的白领客户偿债能力较强,结余比例较高,财务状况较好。其通常的缺陷在于活期存款占总资产的比例过高,投资结构不太合理。于是,其资产投资和消费结构可进一步提高与优化。

二、识别风险属性与风险收益偏好

(一) 识别风险属性与风险收益偏好的意义

客户的风险属性包括两方面的含义,一是个人与家庭客观的风险承受能力,二是客户对于风险收益的主观态度和偏好。风险可以为客户带来超出预期的收益或者损失。由于风险广泛存在于各种投资活动中,并且对实现投资目标有重要影响,使得任何一个客户无法回避和忽视。比如,客户的期望收益率是20%,但实际收益率仅为15%,这两者的差额5%即为投资风险。

风险收益偏好是指个人与家庭对风险、收益的喜好程度。一般而言,大多数个人与家庭都是厌恶风险的。风险承受能力是指个人与家庭所能承受的最大风险和损失。通常,风险承受能力与个人的年龄、职业、收入、投资经历与经验等都有关系,且随着环境、家庭情况变化等,风险承受能力也会发生变化。

可见,由于人们的职业、收入、所处生命周期阶段、生活与事业经历、个性等存在区别,财务预算能力与需求就存在很大差异,决定了人们具有不同的风险收益偏好特征。对于金融理财规划师而言,只有准确判断、识别客户的风险属性与风险收益偏好,才能全面把握客户理财需求信息,理性确定理财目标,量身打造适合客户风险收益偏好的金融理财综合解决方案;对于个人与家庭来说,只有充分了解自身的风险属性与风险收益偏好,才能选择适合的理财顾问,制订适中的理财规划,介入适宜的理财市场,选择适当的投资工具与理财产品,实现个人与家庭理财目标,确保子女教育、住房家居、保险、退休、个人税收与财产传承得到合理与有效规划,提升个人与家庭的生活品质。因此,准确识别风险属性、把握风险收益偏好对成功理财意义重大。

(二)影响风险承受能力的因素

1. 年龄

年龄是影响风险承受能力的重要因素。对一个刚参加工作的未婚年轻人来说,无家庭负担,今后收入会不断提高,抗风险能力较强,即使短期亏损额度较大,因为来日方长,收入预期良好,总体来说影响有限,因此投资组合中可以配置较高比例的股票、股票型基金等风险类产品。对于老年人来说,收入相对稳定,若考虑通货膨胀因素,收入有下降趋势,而医疗等支出会逐渐提高,抗风险能力较差,因此规划要首先考虑风险管理的需求,适宜较高比例地配置债券类且流动性较好的产品,较少配置适合长期投资的风险类产品。通常,根据年龄、风险承受能力来确定股票投资比例的做法是:定义人的寿命为100岁,以100减去年龄即为适用于投资股票、股票型基金等风险类资产的比例,如一个25岁的年轻人,投资风险类资产的比例可达到75%,而一个60岁即将退休的人,投资比例应控制在40%以内。需要注意的是,这个简单模型只具有参考作用,资产配置还要考虑金融市场情况、风险收益偏好等因素。

2. 工作性质

从事何种工作、收入是否稳定也是影响风险承受能力的重要因素。如果夫妻双方都是公务员,收入很稳定,且收入有预期不断增长的趋势,社会保障齐全,表明家庭承受风险的能力较强,在进行资产配置时,可侧重长期投资,适当提高风险类资产占比。而对于从事营销工作、收入以业绩提成为主、波动较大的客户,尤其是在景气不佳的单位就业的客户,有转岗或失业风险,家庭面临较大的财务不确定性,其承受风险的能力要差一些,在资产配置方面要侧重于稳健。

3. 家庭结构

家庭结构不同,可承担的风险也不同。未婚的单身家庭,无家庭负担,父母都在工作,赡养责任也较轻,于是,承担风险的能力较强。对于上有老下有小的"夹心族",面临孩子教育、夫妻养老和赡养老人的责任,家庭负担均较重,风险承受能力相较于未婚年轻人要差得多,需根据各种不同的理财目标,均衡地配置和合理规划资产。有些离婚的单亲家庭,单亲母亲或单身父亲要单独承担孩子的教育等,家庭负担都集中在一个人身上,一旦单亲家长出现意外,会给整个家庭带来巨大的财务风险,故这样的家庭承受风险的能力较弱,规划重点是考虑适合的风险保障规划,投资方面应选择稳健偏保守方式。

4. 置业情况

对一个普通家庭而言,用于房产方面的支出通常是生活中最大的开支项目,因此,置业情况不同的家庭未来资金与财务需求也不尽相同,风险承受能力当然就有很大差异。一个拥有多套房产的家庭,除自住房产一套外,还有多余的属于投资型房产可供出租。此类家庭的置业已经不是主要理财需求,而应重点关注未来资产怎样保值、如何养老及怎样才能享受较好品质的生活等。同时,鉴于家庭风险承受能力较强,可提高金融资产比例,确保家庭有稳健现金流以保障退休生活。对租房子的刚结婚的家庭,如果收入不高,还要考虑中长期购房,家庭承受风险的能力相对较弱,可以根据购房的计划,选择积少成多的稳健的投资与理财方式,如基金定投等。

5. 投资经历与经验

投资经历与经验也是考量风险承受能力的一个重要因素。如果客户是一个有 5 年以上资本市场投资经验的职业投资者,经历过完整的牛熊周期洗礼,相对于投资新手来说,对于风险、收益的认知更深刻,承受风险的能力更强,规划要侧重配置熟悉的投资工具和理财产品,以发挥特长,在风险承受能力范围内尽量地获取最大收益。

(三)影响风险收益偏好的因素

风险收益偏好反映的是客户对风险收益的主观态度,可以通过与客户交流、沟通,掌握其对风险收益的一些认知、观点和看法来作出判断。

1. 理财的期限和目的

理财的目的是短期赚取差价,还是长期资本利得,或者只求保本保息即可,不同的理财目的反映了客户不同的风险收益偏好。

2. 可承受的最大亏损

即单笔投资能容忍的最大亏损是多少,如果能承受 30% 以上的投资亏损,通常客户为进取型的;若只能承受 10% 以内的亏损,则可认定为保守型,对于此类客户,理财只能考虑存款或保守型的银行理财产品、普通债券型基金等。

3. 赔钱的心理态度

当投资股票等高风险资产后,市场的急剧波动造成家庭资产处于不稳定波动状态,短期本金亏损 20%、30% 的也屡见不鲜,因此对于赔钱的心理态度往往最能反映客户的风险收益偏好。有些客户赔钱后,表现焦虑,寝食难安,甚至影响正常的生活、工作,这表明客户极度厌恶风险,属于风险偏好保守的。而性格比较开朗的客户,对于亏损并不是很在意,日子依旧,坚信通过长期理财可以挽回投资损失,对于亏损有很强的心理承受力,可以视为风险偏好进取。

4. 当前和未来选择的投资工具

如果是一个职业投资者,当前投资品种有期货、股票或者高风险对冲基金等,可以反映出是偏好风险的,规划的方向应该是积极利用高风险投资工具和专业投资经验,以赚取高额的收益。而对于当前主要选择债券、稳健型银行理财产品为投资工具的,可推断出是厌恶风险的,那么,怎样避免本金损失、追求稳健回报则是其理财的目的。

需要注意的是,客户自述的风险收益偏好有时会出现与实际不一致的情形,因此,在考察风险收益偏好时,要综合其过往投资经历、工作与生活经历等多个方面,通过较为全面的问卷调查,才能作出准确判断并得出正确、合适的结论。

（四）问卷调查：识别风险属性和风险收益偏好的最佳方法

识别风险属性和风险收益偏好的问卷调查,就是围绕个人的投资经验、对金融证券保守或冒险选择的倾向等方向设计内容,以问卷形式来评估、确认客户的风险容忍度,考察客户有多少能力承受风险及能够承受多大的风险。评估结果可分为保守型、温和型与激进型等三类,以识别不同客户的风险属性和风险收益偏好,从而为金融理财规划、投资工具与理财产品配置提供基本依据。

问卷调查的方法是：设计有针对性的若干问题,每个问题有能够明确反映风险态度低、中、高的三个选项,同时确定三个选项各自的分值,客户可在每个问题的回答选项中选择一项,最后将回答选项对应的分值加总,以所得总分落在设定的风险容忍度识别区间来确定风险属性和风险收益偏好。

比如,金融理财规划师设计以下7个问题。

（1）在你将资金投资60天之后,其投资资产的价格下跌了20%。假设其他情况都不变,你会怎么做？

a. 卖掉它,以避免更大的担忧,并再试试其他项目

b. 什么也不做,等待收回投资

c. 继续买入,这正是投资的好机会,同时现在它也是便宜的投资

（2）现在换个角度看上面的问题。你的投资下跌了20%,但它是投资组合的一部分,用来在三个不同的时间段上达到投资目标。

① 如果投资目标是5年以后,你怎么做？

　　a. 抛出　　　　　b. 什么也不做　　　　　c. 继续买入

② 如果投资目标是15年以后,你怎么做？

　　a. 抛出　　　　　b. 什么也不做　　　　　c. 继续买入

③ 如果投资目标是30年以后,你怎么做？

　　a. 抛出　　　　　b. 什么也不做　　　　　c. 继续买入

（3）你的退休基金在买入一个月之后,价格上涨了25%,而且基本条件没有变化,在你心满意足之后,你会怎么做？

a. 抛出,锁定你的收入

b. 保持卖方期权并期待更多的收益

c. 继续买入,它可能还会上涨

（4）你投资了养老保险,投资期限在15年以上,你更愿意怎么做？

a. 投资于货币市场基金或保证收益的投资合约,放弃可能得到的主要资本利得,重点保证本金的安全

b. 一半投入债券型基金,一半投入股票型基金,期望在有些增长的同时,也能使自己拥有固定收入的保障

c. 投资于激进型的基金,它的价值在年内可能会有大幅波动,但在 5 年或 10 年后有巨额收益的潜力

(5) 你刚刚中得一个大奖!但具体哪一个,由你自己定。

a. 2 000 元现金

b. 50%的机会获得 5 000 元

c. 20%的机会获得 15 000 元

(6) 一个很好的投资机会来临,但是你必须借款,你会接受贷款吗?

a. 绝对不会　　　　　b. 也许会　　　　　　c. 会的

(7) 你所在的公司要把股票卖给员工,公司管理层计划在三年后使公司上市,在上市之前你不能出售手中的股票,也没有任何分红,但公司上市时,你的投资可能会翻 10 倍,你会投资多少钱买股票?

a. 一点儿也不买　　　　b. 两个月的工资　　　　c. 四个月的工资

将以上各选题选择答案的前列字母相加,并乘以各项对应的分值:

(a) 答案_____×1=_____分;

(b) 答案_____×2=_____分;

(c) 答案_____×3=_____分。

你的风险容忍度总得分为_____分。

如果你的分数为_____你可能是一个:

9~14 分,保守型理财主体;

15~21 分,温和型理财主体;

22~27 分,激进型理财主体。

三、确定理财目标

1. 理财目标的含义

不同的个人与家庭在家庭成员基本情况、财务结构和经济状况、风险属性和风险收益偏好等方面各有差异,具体的财务需求与理财任务不同,比如在应急备用金、消费、子女教育与培训、购房、保险保障、投资、税收筹划、退休养老、财产传承等方面。客户通过金融理财规划师的专业规划援助确定有利于家庭整体财务状况达到最优水平的这些目标就叫理财目标。

根据不同的划分标准,可对理财目标进行不同的分类。

(1) 按照时间期限来划分,可以将理财目标分为短期、中期和长期理财目标。短期是指一年以内的目标,中期是指一年至五年间的目标,长期是指五年以上的目标。了解理财目标的时间期限,对于合理配置客户资产具有重要意义。对于短期理财目标,适宜选择流动性好、保本能力强、风险程度较低的理财产品,如货币市场基金、银行短期理财产品等;对于中期理财目标,配置理财产品时可以选择类似债券型基金、配置型基金组合,兼具流动性、收益与风险三要素;对于长期理财目标,理财产品可以股票或股票型基金等较高风险投资工具为主。

(2) 按照客户家庭情况决定的理财需求来划分,可以将理财目标分为具体指向理财目标和量化指标理财目标。具体指向理财目标是指足够的意外现金储备、充足的保险保障、双方父母的养老储备基金、夫妻双方未来的养老储备基金、子女的教育储备基金、购房与购车

等;量化指标理财目标是指家庭储蓄率应达到的比重、各金融产品所应达到的比重、保险保障覆盖程度、家庭现金流量数量、非工资性收入比重、家庭净资产值等。

(3)按照理财预期收益来划分,可以将理财目标分为债券投资预期收益目标、股票投资预期收益目标和家庭金融资产综合预期收益目标。这种划分是根据客户家庭理财需求、风险属性、投资经验、金融市场情况等确定的各种投资工具、理财产品预期收益率和综合理财预期收益率目标。

2. 了解客户理财目标的方法

与客户交流、沟通是了解客户理财目标的有效方式。通常,客户都能很明确地表明自己家庭未来的一些财务计划,比如购房、买车等。对此类客户,金融理财规划师只需明确实现这些理财需求的时间、预期收益率等,并对客户资产进行合理规划即可。而事业繁重、收入较高、认为有房有车和有社保养老等保障便足够的白领阶层,通常对未来没有更多考虑与安排,往往没有明确的理财目标,金融理财规划师对此类客户就需要帮助其设定目标,比如明确告知社保仅能满足基本生活需要,要享受高品质的退休生活,需立足于当前开始为养老做筹划,子女教育规划也应尽早考虑,讲解资产复利增值的魅力,并根据风险属性等确定适合的资产预期收益率目标。

当然,金融理财规划师也可以通过让客户填写理财表格,来了解客户的理财目标。

需要注意的是,预期收益率目标必须与客户的风险属性、投资期限等相匹配。客户描述的预期收益率目标和上述内容不匹配,金融理财规划师应同客户协商,调整预期收益率目标。

3. 客户如何实现理财目标

帮助客户解决财务担忧、实现家庭理财目标,是金融理财规划师的基本职责。在为客户制订了理财目标、预期收益率后,就要选择合适的投资工具与理财产品来达到预定目标。

要达到理财目标,需要告知客户正确的理财理念。

(1)理财要考虑全面,短期、中期、长期理财目标要统筹兼顾,可以把家庭结余资金根据理财目标进行合理分配。

(2)要坚持正确的理财理念,避免长期理财变成短期炒作,或者短期应以保本为主,但改变理财产品后亏损被迫变成长期投资。

(3)根据金融市场情况、家庭财务状况等定期、适当地进行调整,比如客户预期年收益率是8%,三年可达到购车目标,如果根据金融市场情况,一年期限理财收益率已达到40%以上,这时可以提前赎回基金或者卖出股票,转投资低风险理财产品,锁定收益。

(4)理财是一个长期的过程,需要长期坚守,在出现短期亏损致客户有放弃理财的念头时,要及时知会客户培育、树立长期理财观念和习惯的必要与好处。

四、选择、确定投资工具与理财产品配置

金融理财规划师要依据客户家庭的财务预算能力、风险属性与风险收益偏好、家庭的财务需求,在确定理财目标后,要进一步为实现理财目标设计投资工具与理财产品组合配置。

1. 确定可靠的假设前提

要实现预期的理财目标,配置的投资工具与理财产品必须达到预期的收益水平和理财绩效。这就需要在进行理财规划时准确地在设定情境下估测相关投资工具与理财产品的预期收益水平和理财绩效,而这一设定情境即为制作金融理财规划的假设前提。

制作金融理财规划的假设前提一般包括规划期间的年均通货膨胀率、客户的收入增长率、市场利率与汇率、各类投资报酬率、教育与培训费年增长率、所得税率及其他税率、保险费率、房产市场价值变化率等。这些反映金融理财规划背景的主要指标是决定综合理财解决方案的基本根据,因此,这些指标的测算在方法上要科学、在数据上要准确。

2. 选择、确定投资工具与理财产品配置要注意的理念

(1) 根据不同家庭的特点采取有区别的投资工具与理财产品配置策略。

对于年轻人家庭,财务需求的重点是积累财力、实力,为实现未来的财务自由打基础,故在考虑基本的流动性和保险保障外,全部规划可围绕购房购车等,特别是围绕合理投资、追求高收益来制定,而退休规划、财产传承等就不应该成为规划的主要关注点。于是,风险资产投资取代类似传统储蓄等保守型理财产品成为年轻人家庭资本的主要流向,其中创业投资也将成为一部分有志青年和社会精英追逐的目标。从资本使用效率角度看,金融理财规划师应该建议客户以渐进式、积累式的方法分批投入,这样不但家庭当期投入的压力较小,而且资本的增值具有可靠的稳定性。综合来看,年轻人家庭的投资工具与理财产品配置在策略上为激进型。

对于中年人家庭,一方面,要加大避险投资的力度,特别是要加大健康和子女教育投资的力度,兼顾自身的养老需求;另一方面,在充分满足家庭避险需求的基础上进行风险资产投资,以提高资金的收益率。因此,中年人家庭在投资工具与理财产品配置上采用的是攻守兼备的策略,两者都不可偏废。从这个意义上讲,中年人家庭的配置策略比年轻人、老年人家庭要复杂得多。

对于老年人家庭,消费支出应该以医疗和保健为主。在医疗方面,对于前期做好了投资准备的家庭来说,问题容易解决。在这类消费群体中,消费的重点集中在保健方面。而对于前期尚未做好准备的家庭来说,消费的重点则集中在医疗方面,特别是重大疾病上。所以,家庭要准备充足的医疗备用金。老年人家庭的特点决定了其在投资工具与理财产品上往往采取防守型的配置策略。

(2) 建立现金保障在投资工具与理财产品配置上极为重要。

根据金融理财规划的基本要求,为客户建立一个能够帮助客户家庭在出现失业、大病、意外、灾难等突发事件的情况下也能安然度过的现金保障系统十分关键,也是金融理财规划师进行任何理财规划前要首先考虑和重点安排的,只有把现金保障建立起来,才能考虑将客户家庭的其余资产进行其他的专项安排。一般来说,家庭建立现金保障要包括三个方面:一是日常生活现金储备;二是意外处置现金储备;三是家族支援现金储备。

(3) 风险管理优先于追求收益。

金融理财规划首先应该考虑的因素是风险,而非收益。为了减少风险可能带来的损失,必须对风险进行管理。风险是客观存在的,虽然可以尽力减少它的损害,却很难完全消除风险,而且很多风险管理方法本身也会带来新的风险。而人们管理纯粹风险的方法主要有风险控制、风险回避、风险分散、风险保留和风险转移等五种。

(4) 消费、投资与收入要相匹配。

金融理财应该正确处理消费、资本投入与收入之间的关系,形成有效的平衡特别是动态平衡,确保在投资达到预期目的的同时保持生活质量的提高。

首先,消费和投资规模与收入相匹配。这并不是说消费规模必须小于家庭收入。适度

的借贷可以帮助客户及时缓解流动性压力,大大提高生活水平。

投资规模也应当依据收入水平来确定。可以让高收入的个人与家庭拿出较多资金投资,实现更高的收益;但对于收入水平不够高的人,或者开支很大、少有结余的家庭,做投资规划时就必须小心谨慎。负债投资有时可以起到借鸡生蛋、以小博大的作用,但其风险也是不言而喻的。总之,金融理财规划师应该充分考虑投资风险,依据客户的收入水平来确定其投资规模。

其次,投资和消费时间安排与现金流状况相匹配。资本的盈利性固然重要,但是安全性和流动性往往是一个家庭的生命线,能起到保障原有的生活水平不降低、防范和化解投资风险的作用。无论投资还是消费,都应该保证合适的现金流。金融理财规划师可以采用反推法,用预期消费反推出各个时期客户必须得到的收入和允许的资本投入,确定投资方向、品种和回收的期限。要实现这个目标,关键环节是对各种投资工具和理财产品进行仔细甄别。

(5)开源与节流并举。

首先,增加收入。增加收入是实现资产保值和增值的必然要求。工资收入和投资收益是个人与家庭收入的两大来源。一方面,金融理财规划师要建议客户充分利用业余时间和职业优势,开展第二职业;另一方面,也是更重要的方面,要建议客户将部分资金用于有效投资,赚取投资收益。因此,要引导客户树立投资意识,金融理财规划师也要有多元化资产配置、平均投资和杠杆投资的专业知识、专业技能。

其次,节省开支。也就是要减少不必要的消费支出和合理节税、避税。

3. 投资工具与理财产品配置的具体要求

(1)现金规划。

现金规划是指根据家庭消费、支出状况,合理安排现金及现金等价物,维持家庭资产必要的流动性,以充足的应急备用金满足保障家庭财务安全及生活质量等短期财务需求的财务规划。现金规划中的应急备用金的具体用途有应付下岗和失业导致的收入中断、应付意外和疾病造成暂时无法工作与收入降低、应付意外灾难导致的不可预知的费用等。现金规划的主要工具与产品有现金、储蓄、货币市场基金、无固定期限银行理财产品等。

通常,几乎所有客户都有现金规划的必要,至于应急备用金的具体额度要视家庭实际情况而论。对于在企业、公司就业的客户应急备用金至少要满足维持三个月的包括日常固定开支、教育开支及房贷月供等在内的生活开支的需要,困难家庭还需要再增加三个月的应急备用金准备。对于单薪"夹心族",额度至少要够一年的生活开支需要。

(2)消费支出规划。

消费支出规划是指根据家庭具体的财务状况,对家庭消费行为和消费结构合理规划,达到科学消费、提高生活品质的目标。家庭理财规划的首要目的是使财务状况稳健合理。实际生活中,学会省钱、合理安排消费与合理控制消费支出有时比寻求高投资收益更容易达到理财目标。通过消费支出规划,使个人消费支出合理,使家庭收支结构大体平衡,更有利于实现购房、养老等长期理财目标。当然,不同人群的消费倾向是有差异的。一个年轻人的消费通常指向时尚生活、接受教育、婚嫁等方面,而一个老年人消费规划的重点则在医疗保健、安享晚年等方面。

在消费支出规划时,金融理财规划师要帮助客户树立正确的消费理念,保持良好的消费习惯,杜绝奢侈浪费,根据家庭情况制定合理的消费计划,每月争取有稳定结余,进行适当投资,以满足实现长期理财目标的需要。合理的消费支出规划是最终实现财务自由的基础。

金融理财规划师制定消费支出规划时应敦促客户养成精打细算、合理控制消费支出的习惯,让客户理解家庭财务安全是基础,大宗消费应量力而行,力争通过增加投资与理财收入来实现消费规划,尽早达到理财目标。

(3) 教育与培训规划。

教育与培训规划是指一个家庭根据家庭成员特别是子女的教育和培训目标准备费用的安排与计划。随着人们教育与培训需求的增长,教育与培训在家庭开支中所占比重越来越大,教育与培训费用也成为了居民储蓄的最主要目的,而且已经位居住房、养老之前,因此,一个家庭需要及早对子女教育与培训费用进行规划,确保将来有能力支付自身及子女的教育、培训费用,充分达到家庭的教育、培训期望。准确发现教育与培训需求点和确定教育与培训目标、选择合适的教育与培训费用筹集方式是教育与培训规划的核心。

教育与培训规划主要针对子女接受非义务教育阶段的教育费用和家庭成员提升职业技能、培养修养的培训费用的筹集展开。要注意的是:第一,教育与培训目标不同,费用就有差异;第二,要根据学费增长率、每年教育与培训费用等来计算教育培训金缺口,明确投资期限、预期收益率等,若教育培训金缺口较大,可考虑多种投资工具与理财产品组合;第三,一般来讲,一个孩子从进入小学到大学毕业的完整周期大致在十五年,规划宜早不宜迟,可在孩子出生时就开始规划教育金,经过长期投资和复利增值效果,筹集子女各阶段的教育费用。

教育与培训规划是一项长期规划,金融理财规划师要依据不同家庭的风险属性和风险收益偏好,选择教育储蓄、基金定投、教育年金保险、教育助学贷款等不同的工具与产品来筹集、积累教育与培训金。

(4) 住房规划。

住房规划是指根据估算的客户的经济能力并结合客户对住房的需求期望,制定在一定时间后购买住房的财务规划。住房是一个家庭最基本的硬件资产,自然成为家庭理财规划的重点。对于年轻人来讲,主要是为婚嫁准备居所,大多为有房即可;对于中老年人而言,重点在改善居住条件和提高住房的适居性、舒适性。

住房规划要解决两个问题:一是估测客户在规划期内能承担的购房首付能力、贷款能力和总支付能力及可购住房的区位;二是选择、确定住房贷款融资的方式及归还贷款的方式。一般来讲,金融理财规划师应鼓励客户贷款购房,利用财务杠杆来满足购房需求,选择适合的贷款方式、还款期限和偿还方式。在贷款时要优先选择公积金贷款,然后是组合贷款。贷款期限控制在十年以内比较经济。一般而言,由于等额本金还款法在还款期内每月还款金额递减,总的利息支出较等额本息还款法要少,因此,选择等额本金还款法较为有利。当然,在具体选择还款方式时最好结合客户的当前实际收入状况和未来收入预期来作判断,对于收入预期良好的客户和年轻人最好选择等额本息还款法,而收入预期较差的客户及中年人较适合选择等额本金还款法。

(5) 保险规划。

保险规划是指个人与家庭根据自身及家庭成员暴露和潜在的风险部位,选择不同的保险产品,建立完备的风险管理与风险保障的财务规划。人的一生的不同阶段,风险无处不在,应通过保险规划,将意外事件带来的损失降到最低,更好地规避风险,保障生活。保险中的社会保险具有广覆盖、低保障、保基本、强制性的特征,仅仅保障基本生活需求,要强化风险管理,必须通过配置商业保险来增强保障能力。

一个完整的人生周期包括单身期、家庭形成期、家庭成长期、家庭成熟期和养老期等不同阶段。在人生的各个不同阶段,经济收入、消费需求的特点各异,财务需求与保险保障也有鲜明的区别,需要配置不同的保险产品,这方面的相关知识在本书第六章中已较为全面地做了介绍,在此不再赘述。需要进一步强调的是,职业特点不同的客户,保险需求与保险产品的配置也有很大区别。比如,经常从事短期高危工作的人适合参保定期死亡寿险或医疗保险;一个参加工作几年、积蓄不多、每月有一定结余的年轻人适合意外伤害险、寿险、重大疾病险等消费型保险;一个学生适合投保意外伤害险、教育年金保险等。

(6) 投资规划。

投资规划是指根据客户的财务预算能力和风险收益偏好,实施资本市场或其他理财市场的投资工具与理财产品的组合配置,以实现预期收益和资金增值、积累目标的财务规划。投资规划是金融理财规划师工作的重点,因为投资规划直接涉及住房规划、消费支出规划、教育与培训规划、退休规划、财产传承规划的制订和实施;同时,投资规划也是体现金融理财规划师综合理财规划水平的重要规划。实际上,投资规划就是要积累财富。而个人与家庭财富的增加有可能通过"省钱"来实现,但财富的绝对增加则要通过收入的增加来实现。一般而言,薪金类收入的增加是有限的,投资则具有主动争取更多收入、更高收益的特质,因此投资往往成为个人与家庭财富快速积累最有效的途径和方式。通常,根据理财目标、个人可投资额以及风险承受能力,可以制定合理的投资规划和确定有效的投资方案,使投资带给个人与家庭的收入越来越多,并逐步成为个人与家庭收入的主要来源,最终实现和达到个人与家庭的财务自由。

制定合理的投资规划的基本步骤有:第一,编制客户家庭资产负债表、现金流量表,进一步计算财务比率来分析、评价家庭财务状况。第二,识别客户家庭的风险收益偏好。第三,了解、确定客户的投资需求和具体投资目标。要强调的是,投资目标要尽量细化出短期、中期和长期的目标,在确定投资目标时不可一味地顺应和迁就客户,要以正确的投资与理财理念为先导,根据客户家庭财务和非财务方面的信息、风险属性等综合分析,并在解释资本市场情况、运行规律等基础上,得出双方认可的目标;同时,在涉及子女教育、购房、养老等投资目标上要根据需求的急迫性分出轻重缓急。第四,分析、预测宏观经济形势和市场趋势,合理制定、把握投资策略。第五,选择投资工具和理财产品并确定资产组合配置。常见的投资工具与理财产品有股票、债券、基金、黄金、期货、银信理财产品、分红险和投资连结险等。金融理财规划师要熟悉这些投资工具、理财产品的风险收益特征,根据客户的风险属性和风险收益偏好及投资需求、投资目标进行合理配置。

(7) 个人税收筹划。

个人税收筹划是指客户在符合国家法律及税收法规的前提下,按照税收政策法规的导向,事前选择税收利益最大化的纳税方案处理自己的生产、经营和投资、理财活动的一种筹划行为。可见,个人税收筹划就是要做合理的纳税安排。由于纳税是每一个公民的法定义务,但纳税人往往希望将自己的税负减到最小。为达到这一目标,通过对纳税主体的经营、投资、理财等经济活动的事先筹划和安排,充分利用税法提供的优惠和差别待遇,可以适当地减少或延缓税费支出。个人税收筹划的主要途径是选择低税负方案和滞延纳税时间。

金融理财规划师通过合理、有效的个人税收筹划有利于客户增加可支配收入、获得延期纳税的好处、通过正确进行投资和生产经营决策以获得最大化的税收利益、减少或避免税务处罚等。

个人税收筹划在内容上包括四个方面：一是避税筹划，即客户采用非违法手段（即表面上符合税法条文但实质上违背立法精神的手段），利用税法中的漏洞、空白获取税收利益的筹划，应该说纳税筹划既不违法也不合法，与纳税人不尊重法律的偷逃税有着本质区别。二是节税筹划，即客户在不违背立法精神的前提下，充分利用税法中固有的起征点、减免税等一系列的优惠政策，通过对筹资、投资和经营等活动的巧妙安排，达到少缴税甚至不缴税目的的行为。三是转嫁筹划，即客户为了达到减轻税负的目的，通过价格调整将税负转嫁给他人承担的经济行为。四是实现涉税零风险，即客户账目清楚，纳税申报正确，税款缴纳及时、足额，不会出现任何关于税收方面的处罚，也即在税收方面没有任何风险，或风险极小可以忽略不计的一种状态。这种状态的实现，虽然不能使纳税人直接获取税收上的好处，但却能间接地获取一定的经济利益，而且这种状态的实现，更有利于客户事业的长远发展。

个人税收筹划的主要对象是个体工商业主、企业家、创业者等，因为这类客户的生产经营、投资与理财的活动较为繁重，但对收入较为有限并较为稳定的工薪阶层，特别是低收入阶层，个人税收筹划作用不大，必要性不强。

（8）退休规划。

安享退休后的晚年生活是退休规划的基本目标。退休后，人们获得收入的能力有所下降，所以有必要在在职的青壮年时期进行财务规划，以便到了退休后的晚年可以过上"老有所养、老有所乐、老有所医、老有所终"的有尊严、能自立的老年生活。

金融理财规划师在制定退休规划时，要先了解客户家庭成员退休相关信息，如家庭财务状况、职业、何时退休、退休后生活质量期望、目前为退休所做的资金准备（社保、商业养老保险、投资等）等。其次，了解并根据客户家庭现金流、财务能力制定合适的退休生活目标。再次，根据退休生活目标与期望，立足当下，筹划退休后的养老金。退休规划的主要工具与产品有社保、商业年金保险、医疗保险、人寿保险、分红险与投资联结险、基金定投和其他投资工具等。

由于退休规划时间跨度较大，规划期间有很多不确定因素，因此，尽量精确预测退休资金需求对制定有效的退休规划十分重要。金融理财规划师要根据客户家庭的目前生活水平、退休生活目标等来估算退休资金需求。一般来讲，金融理财规划师根据客户提供的现金流量表，可以了解客户家庭目前年生活开支情况，如基本生活费用、子女教育、保险费用、赡养老人、旅游休闲及应酬等各类开支。对于进入退休期的客户而言，家庭人口数、支出方面和退休前比较会发生变化，因此，在计算退休生活开支时要调整。比如，现有的家庭成员是五口人，退休后孩子成家、老人过世等，可以按照夫妻两个人的生活费用进行计算。通常，退休家庭在交通费用、应酬等方面的支出会下降，子女教育费用、房贷、保险费用等都已支付完毕，计算退休费用时应扣减这些项目。另一方面，保健医疗费用会大幅度增加，某些客户休闲旅游费用可能会增加，计算退休生活开支时要加上这些项目。有些客户将来可能到养老院度过退休后的生活，金融理财规划师还需要考虑养老院每月费用等。通过这些方法，把目前生活开支项目进行调整后，可以得到退休后第一年支出的现值（未考虑通货膨胀因素）。金融理财规划师可以根据过往年度的物价水平，设定通货膨胀率，根据退休后第一年支出的现值和距离退休的时间，计算出退休第一年的支出终值。假如退休后的投资回报率基本抵消通货膨胀率,则退休第一年支出(考虑通货膨胀)乘以退休后余生即是需要准备的退休费用。应注意的是,金融理财规划师在计算退休资金需求时,不能简单地以社会男女平均寿命来计算,要充分估计可能活得更久的风险,考虑客户健康状况、家族人员寿命及有无长寿遗传因素等来确定客户余生,这样的退休规划具有弹性,可以充分满足客户退休养老支出需求。

(9) 财产传承规划。

财产传承规划是指在分析客户财产状况和客户财产传承需求基础上,按照有关法律法规规定,对客户家庭财产在成员之间进行合理转移的规划。财产传承是金融理财规划中不可或缺的重要组成部分。通过金融理财规划师的策划,要尽量减少财产传承过程中发生的支出,对财产进行合理分配,以满足家庭成员在家庭发展的不同阶段产生的各种需要,同时要选择财产传承工具、制订财产传承方案,确保在去世或丧失行为能力时能够实现家庭财产的世代相传。从形式上看,制订财产传承规划能够对个人与家庭财产进行合理合法的配置;从更深层次上讲,财产传承规划从特定的角度为个人与家庭提供了一种规避风险的保障机制,当个人与家庭遭遇经营、丧失工作或经济能力、离婚或再婚、去世等现实生活中存在的风险时,规划能够帮助客户隔离风险或降低遭遇风险所带来的损失。

分析客户财产传承需求是财产传承规划的基础。在分析客户财产传承需求时,首先应该向客户说明财产传承规划的意义和了解客户家庭成员情况的重要性,以得到客户的配合。在此基础上,全面收集与客户财产传承规划有关的信息,如家庭成员与客户之间的身份关系、客户对家庭成员在财产传承规划中的特殊安排等。然后,根据收集到的信息,对客户的家庭成员财产继承信息进行分析,分析客户家庭婚姻状况及影响财产规划的各项因素,并帮助客户理解相关法律规定。家庭中成员去世后,根据家庭成员与死者的关系远近,法律规定了财产转移和继承的顺序。第一顺序继承人为配偶、子女、父母;第二顺序继承人为兄弟姐妹、祖父母和外祖父母。

金融理财规划师在制订财产传承规划时,要坚持保证财产传承规划可变通性和确保财产传承规划现金流动性的原则;同时,要明确财产传承规划的目标。一般而言,财产传承规划的目标有:为受赠(扶)养人留下足够的生活资源,为有特殊需要的受益人提供遗产保障,家庭特殊资产的继承,其他需要(保证家庭和睦、遗产代代相传等)。

财产传承规划的工具主要有三种:一是遗嘱。遗嘱是遗嘱继承的前提和依据,是当事人按照自己的意愿进行财产传承的有效工具之一。所谓遗嘱继承,是指继承开始之后,按照被继承人所立的合法有效的遗嘱,继承被继承人遗产的制度。金融理财规划师要掌握有关遗嘱订立的知识,因为为客户制定一份有效的遗嘱是制订有效的财产传承规划并顺利执行的关键。二是遗嘱信托。遗嘱信托是指委托人预先以立遗嘱的方式,将财产的规划内容,包括设立信托后遗产的管理、分配、运用及给付等,详训于遗嘱中。等到遗嘱生效时,再将信托财产转移给受托人。由受托人依据信托的内容,也就是委托人遗嘱所交办的事项,管理处分信托财产。遗嘱信托同样在委托人死亡后才生效。它配合各种投资工具与理财产品,创造出为客户量身定做的财产传承规划方案,可弥补传统赠与及遗嘱制度的缺陷,如继承人或受赠人财产管理能力有限、存在财产分配公平性争议、遗产保全不易等。当然,遗嘱信托是在传统财产规划方式运作之下,加入信托制度予以辅助,使得财产传承规划更趋完整和更有保障。而且运用信托可达到一定程度的税收筹划,同时,信托制度中信托财产的独立性、财产分配的公平性、管理运用的专业化等特征还有利于促进家庭和谐,减少社会问题。三是人寿保险信托。人寿保险产品在财产传承规划中也起着很大的作用。一方面,如果客户在保险期限内没有去世,可以获得保险费总额及利息的现金价值;另一方面,客户购买人寿保险也是出于财产传承方面的考虑,希望在自己发生意外时,借助保险能给自己指定的受益人提供有保障的生活,这也是投保人购买寿险的目的与意义所在。

还要注意的是,金融理财规划师要根据不断变化的情况对财产传承规划方案进行调整。一般而言,影响财产传承规划的因素主要有:子女的出生或死亡、配偶或其他继承人的死亡、结婚或离婚、本人或亲友身患重病、家庭成员成年、遗产继承、房地产的出售、财富的变化、有关税制和遗产法律的颁布及变化等。

五、投资工具与理财产品配置动态调整

金融理财规划方案执行环境处于变化之中是一种常态,对不足以影响预期收益和理财绩效并进而影响实现理财目标的细微变化可以忽略不计,但当客户家庭基本信息、财务状况与财务能力、风险属性与风险收益偏好、财务需求、金融理财规划的假设前提、相关投资工具与理财产品市场发生重大变化,威胁到金融理财规划的执行和理财目标的实现,意味着原有金融理财规划的可行性不再具有约束力,必须根据变化了的新情况,重新确立理财目标,调整投资工具与理财产品的配置,制订新的金融理财规划方案,以达到客户新的财务目标,实现财务自由。

当然,有效的投资工具与理财产品配置的动态调整,要求金融理财规划师具备分阶段评价理财绩效的能力,这就需要金融理财规划师通过积极的客户关系管理,与客户保持定期或不定期的经常联系,随时把握客户家庭动态信息,监控金融理财规划执行的过程和细节,掌握和分析投资工具与理财产品的收益表现,为金融理财规划方案、投资工具与理财产品配置的调整提供可靠、坚实的基础。

六、撰写、提供金融理财规划报告

金融理财规划报告是对客户的家庭成员基本信息、财务状况、风险属性与风险收益偏好、理财目标等详尽了解的基础上,通过与客户的沟通,运用科学的方法,利用财务指标、统计资料、分析核算等多种手段,对客户的财务状况进行描述、分析和评议,并对客户财务规划提出方案和建议的书面报告。金融理财规划报告的内涵主要表现在它的目标指向性上。对客户家庭及财务状况的各个方面,做大量的情况调查,分析充分、翔实的数据,得出理论上和实践上的评价,最后指出问题所在,进而提出改正方案和积极进取的建议,达到认识当前财务状况、明确现有问题、改正不足之处的目的。

撰写金融理财规划报告在操作上要达到三个基本要求。一是全面。涉及金融理财规划的家庭状况因素是多种多样的,要从复杂的诸多因素中找到相互关系,并分析出前因后果,需要有广阔的视野,有总览全局的视角。二是细致。收集与分析资料是一件专业性很强、要求细心从事的工作。三是有条理。条理性主要表现在整个工作步调的安排和行文表述两个方面。有条理地工作会取得事半功倍的效果,有条理地表述更是金融理财规划报告的基本要求。

金融理财规划师要完成金融理财规划报告的撰写必须要熟悉制作金融理财规划的程序、步骤、方法和要求,了解、掌握金融理财规划报告的格式、内容。一般而言,撰写金融理财

规划报告包括以下程序与步骤。

第一，制作封面。

金融理财规划报告的封面包括三个方面，即标题、制订金融理财规划报告与执行规划的单位、出具金融理财规划报告的日期。

第二，前言。

前言包括以下内容。

（1）致谢。通过撰写致谢词对客户信任本机构并选择本机构的服务表示谢意。

（2）规划报告的由来。这部分内容需写明接受客户委托的时间，并简要告知客户本规划报告的作用。

（3）规划报告所用资料的来源。由于金融理财规划师在制订金融理财规划的过程中，需要采集各种资料，包括客户自己提供的资料、金融理财规划师通过其他途径收集到的客户资料（如直接通过本金融经营服务机构得到的资料）以及相关市场、政策资料，因此，需列举出这些资料的来源，以使客户知晓金融理财规划的最终方案是有根据的、可信的。

（4）义务。在规划报告的前言里，有必要写明本机构的义务。明确本机构与客户双方的权利与义务，有利于在将来遇到矛盾或争端时，能够准确划分双方的责任。同时，为了保证金融理财规划的顺利制定，使规划报告真实可信，达到预期的效果，还必须明确客户的义务。

（5）免责条款。免责条款是指双方当事人事前约定的、为免除或者限制一方或者双方当事人未来责任的条款。

（6）费用标准。这部分需写明本机构各项规划的收费标准，让客户做到心中有数，从而能够足额筹集、及时缴纳费用。一般而言，各种理财产品的收费是根据客户金融或实物资产的多少为依据的，因此会有不同数量级别的划分。

第三，收集、整理、分析家庭基本信息。

从第三步起，便进入了金融理财规划报告正文的写作。

在家庭基本信息的收集、整理与分析中，要运用比率分析、图表分析、图形分析等方式，具体说明、描述客户家庭基本信息，包括家庭成员基本情况（家庭成员基本信息、客户本人的性格分析与评价、客户及家庭理财观念和习惯的分析与评价）、家庭资产负债结构、家庭收入支出情况、财务比率状况、财务状况预测与评价等，达到全面认识客户家庭当前财务状况、明确现有问题的目的，为金融理财规划提供基础。

第四，说明客户的风险属性与风险收益偏好。

人们的职业、收入、所处生命周期阶段、生活与事业经历、个性等是不同的，财务预算能力与财务需求就有差异，决定了人们具有不同的风险收益偏好特征，于是理财目标、投资工具与理财产品配置策略就有不同。因此，准确识别客户家庭风险收益偏好对做好金融理财规划有重要意义。一般而言，识别客户家庭风险收益偏好的方法是在与客户交流、沟通的基础上，通过问卷调查形式来进行。最后的结果需给出客户是保守型、温和型或激进型的测评结论，从而为金融理财规划及投资工具与理财产品配置提供基本依据。

第五，分析和确定理财目标。

确定理财目标有三个总的要求：一是理财目标要理性，即不能脱离个人与家庭的实际状况、财务背景、经济能力；二是理财目标要指向明确、清晰具体，比如三年内积累10万元资金用于结婚、六年积累买房首付15万元等;三是理财目标要有需求支持并有现实的可行性、可操作性,即要有可行性论证与说明的充分根据。

第六,选择和确定投资工具与理财产品配置。

在这部分要注意设定合理的规划假设前提,按照正确的理念来选择和配置投资工具与理财产品,以达到理财目标,实现财务自由。

第七,动态调整投资工具与理财产品配置。

要提出分阶段评价理财绩效的要求,明确做法,并根据可能变化的情况,提出金融理财规划调整的预案。

第八,附件及相关资料说明。

包括风险属性和风险收益偏好问卷调查表、相关投资工具与理财产品的详细介绍等。

复习思考题

1. 金融理财产品具有哪些特性?
2. 一个优质的金融理财产品具有哪些特征?
3. 设计和开发金融理财产品有哪些方法?
4. 请描述金融理财产品设计、开发的过程。
5. 金融理财产品设计、开发中需注意哪些主要问题?
6. 金融理财产品包括哪些要素?
7. 金融理财产品营销渠道策略是怎样分类的?
8. 比较直接营销渠道与间接营销渠道的优缺点。
9. 影响营销渠道选择的因素有哪些?
10. 金融理财产品营销渠道有哪些组合形式?
11. 客户导向营销渠道的创新模式有哪些?
12. 家庭基本信息包括哪些内容?
13. 财务比率分析中有哪些财务比率?
14. 影响风险承受能力与风险收益偏好的因素有哪些?
15. 如何识别风险属性与风险收益偏好?
16. 确定理财目标有哪些要求?
17. 金融理财规划有哪些假设前提?
18. 不同投资工具与理财产品在配置上有哪些要求?
19. 选择和确定投资工具与理财产品配置要注意哪些理念?
20. 撰写金融理财规划报告有哪些程序与步骤?

第十一章 金融理财市场的发展、创新与监管

【本章导读】

> 通过本章的学习,了解我国金融理财市场形成与发展的过程、金融理财市场发展中存在的主要问题与成因,理解金融理财市场监管的模式、历史演进以及监管中存在的主要问题与成因,掌握金融理财市场创新及其特点和金融理财市场监管的特点、"理财新规"的基本内容与要求,系统把握金融理财行业从业人员职业道德与职业操守的相关要求与内容。

第一节 金融理财市场的发展和创新

一、金融理财市场形成与发展的过程

我国金融理财市场从无到有、从小到大、从弱到强,其形成与发展大致经历了四个阶段:

(一) 20 世纪 90 年代—2006 年:起步阶段

20 世纪 90 年代中期,伴随中国人民银行推进利率市场化改革以及居民财富的不断增加,储蓄资产开始向金融理财市场转移。1995 年,中国人民银行批准部分综合类证券公司经营资产管理业务。1996 年,中国人民银行降低存款利率,进一步强化了金融理财需求。1998 年 3 月,南方基金管理公司和国泰基金管理公司分别发起设立的两只封闭式公募基金——基金开元和基金金泰正式发行,标志着公募基金市场正式起航。2000 年,原中国保监会允许保险公司经营保险理财业务。2004 年,光大银行发行第一只标准意义上的银行理财产品"阳光理财B计划",正式开启了银行理财产品发展的序幕。2006 年,修订的《证券法》允许证券公司经营资产管理业务。

这一阶段的主要特点是金融理财市场刚刚起步,在基础资产方面主要是以标准化的债券、股票等为主。在股票市场,伴随着 2005 年股权分置改革的展开,股票市场的"财富效应"凸显,吸引投资者争相入市。在债券市场,债券品种以利率债为主。基金方面,公募基金以股票及偏股混合型基金为主。

(二) 2007—2011 年:扩张阶段

这一阶段的典型特点是金融机构大胆探索,金融理财规模不断扩大。2007 年,为防

止宏观经济过热,中国人民银行采取加息、提高存款准备金率、控制信贷规模等货币政策手段调控经济。在表内信贷被管控的背景下,银行通过设立信托—理财产品的方式,为企业提供融资,"银信合作"理财产品迅速扩张。2008年,为应对金融危机的冲击,我国推出4万亿元经济刺激计划,企业投资和融资需求快速增加。2010年,中国人民银行着手调控信贷总量,大量在建的房地产和基建项目难以通过信贷满足融资需求,表外融资需求大量产生,银行更有动力拓展"银信合作"理财产品,表现为银行理财市场和信托理财市场同步扩张。

在扩张阶段,金融理财市场的主要特点是:在基础资产方面,优质且高收益的非标准债权资产迅速增加,具有刚性兑付性质的固定收益类产品快速发展,股票及偏股混合型基金的比重大幅下降。

(三) 2012—2016年:金融自由化下的快速增长阶段

这一阶段,金融理财市场在金融自由化的推动下保持高速增长态势,监管层鼓励金融创新,认为金融创新有利于解决实体经济融资问题,促进大众创业、万众创新和推动普惠金融发展。2012年,我国经济进入"三期叠加"阶段,为应对经济增速下行压力和下滑态势,金融自由化改革进程加速。一方面,货币政策放松,利率市场化进程加快,极大地刺激了金融理财产品需求。另一方面,监管层放开金融牌照资源,破除行业门槛,金融理财市场上的金融机构类型和数量显著增加,金融理财市场和机构在竞合中蓬勃发展。银行理财凭借渠道优势和刚性兑付,为投资者提供安全性且收益稳定的投资渠道,成为金融理财市场最重要的构成部分。

在此阶段,在基础资产方面,债券市场规模迅速扩大,结构发生改变。2015年,在中小银行资金短缺的背景下,同业存单的发行量迅速增加。在股票市场,2013年1月,全国中小企业股份转让系统有限责任公司揭牌,新三板市场面向全国正式运行,多层次股票市场体系逐渐完善。在非标资产方面,"银信合作"受到政策限制,证券公司资管部或子公司(券商资管)、基金子公司、公募基金专户成为银行理财产品新的表外业务通道,"银信合作"模式演变为"银证信""银基信"+同业套利模式,同时通道类业务很大比例投向非标资产,非标资产规模迅速增加。基金市场方面,互联网金融兴起并进入货币基金领域,标志着基金市场进入新的发展阶段。2013年5月,余额宝支撑的天弘增利宝成立,该产品进行了两大创新,一是申购门槛降至1元,二是可直接用于支付。当时正值资金面紧张导致货币市场利率高企,余额宝兼顾了流动性、安全性、收益性的特征,一经推出便受到个人投资者的积极追捧和极大欢迎,使得货币基金迅速成为最普及的基金产品。随后,互联网货币基金产品不断推出。2014年1月,腾讯理财通正式上线,凭借用户群优势,实现了爆发式增长。

(四) 2017年至今:转型阶段

这一阶段,金融理财市场进入强监管周期,通道业务和监管套利受到严格限制,金融理财市场面临全新的监管环境,进入转型阶段。

2017年,原中国银监会启动"三三四十"等系列专项治理行动,着力规范银行理财市场,整治金融理财市场乱象,同业存单、同业理财的规模迅速下降。2018年4月和2018年9月先后发布"资管新规"与"理财新规",2018年12月又发布"理财子公司管理办法"。伴随三大核心监管文件的发布,金融理财市场朝着净值化、回归本源、服务实体经济的方向积极转型,主要商业银行纷纷设立理财子公司,金融理财市场进入了新的发展阶段。

二、金融理财市场发展中存在的主要问题与成因

（一）对实体经济的支持有限

(1) 理财产品配置权益市场的能力有待加强。如资产配置策略单一,产品同质化现象突出,股票市场行情好的时候大量配置权益市场,股票市场行情不好的时候大量退出权益市场,通过助涨助跌加剧市场波动,没有很好发挥稳定市场的功能与作用。

(2) 股票市场结构和体系有待完善。首先,长期以来我国社会融资结构是以银行的间接融资体系为主导,社会融资规模占比中非金融企业股票市场融资的比重一直很低,即使是到最近的2019年占比也仅有1.36%。对比成熟市场,直接融资的比重通常高达70%,美国甚至达到80%以上。其次,从市场结构看,上市公司的分布结构与转型升级的经济结构不匹配,对新兴产业的支持明显不足。再次,非金融企业股票市场融资占比波动性较大。股票融资受市场行情以及发行量的影响大,市场发行量大的时候往往引发供求格局改变,导致股票价格下跌,发行压力增加,证监会不得不暂时关闭新股发行,新股发行陷入"一放就乱"的怪圈。

(3) 债券市场长期分割的状况影响其功能发挥。1995年,受"3.27国债期货风波事件"的影响,为防止银行资金违规进入股票市场,银行从交易所市场撤出。为了保障银行正常交易债券,1997年6月,银行间债券市场启动,两个市场的运行从形式上隔离了风险。但是,也造成了我国债券市场存在多层次的市场分割问题,主要体现在:一是不同市场适用的法律法规体系不一样,监管标准不一样。这既影响市场公平性,又导致市场主体在不同市场间进行监管套利。二是不同市场分别建立了自己的基础设施,有不同的交易系统、交易规则、结算体系,这导致市场的便利性不足。三是不同市场并不相互连通,债券市场的流动性受限。企业债等品种可以通过转托管跨市场交易,但存在一定的操作难度。其他债券品种难以进行跨市场交易。债券市场分割导致不同的市场各自发展,难以从整体的、长远的视角考虑债券市场的高质量发展,从而影响了直接融资功能的发挥。

(4) 货币市场基金因投资工具狭窄对实体经济的支持有限。从2019年货币市场基金资产配置情况看,债券、现金、其他资产占净值的比重分别是:42.52%、43.70%、20.96%;从债券种类看,货币市场基金主要投向同业存单,同业存单市值占债券投资市值比重高达76.45%。在大部分情况下,货币基金需要通过同业存单、票据等转换为表内资金,反而增加了实体经济融资成本。

（二）机构投资者不足和缺乏长期资金

(1) 机构投资者比重过低且结构不合理。纵观成熟资本市场,个人投资者比重一般低于10%,但是在我国即使是到最近的2019年全部机构投资者持股市值占A股流通市值的比重也仅为64.12%。通过进一步考察机构投资者的类型,可以发现其中一般法人持股市值为24.08万亿元,占A股流通市值的比重为49.96%,此类一般法人即指除了保险信托等机构以外的一般企业,包括了实控人、其他大股东(有配售的话)等,这部分资本属于产业原始资本,主要任务是发展企业。真正意义上有专业投资优势的机构投资者的比重较低,主要表现为一般公募基金的规模仍然较小,产品不够丰富。2019年,一般公募基金持股市值为2.43万亿元,占A股流通市值的比重只有5.05%。保险公司虽然近年来不断加大权益市场的配置

力度,但是存量规模仍然较小。2019 年,保险公司持股市值仅为 1.52 万亿元,占 A 股流通市值的比重为 3.15%。同时,社保基金的参与度不足。2019 年,社保基金持股市值为 3 785.25 亿元,占 A 股流通市值的比重为 0.79%。另外,企业年金的发展严重不足。2019 年,企业年金持股市值为 1.15 亿元,占 A 股流通市值的比重仅为 0.000 24%。

(2) 机构投资者发挥的作用有限。相对于控股股东,单一机构持有的公司股票比例不高。且由于股市投机氛围较浓,机构投资者缺乏长期视野。所以,无论从客观条件上,还是主观意愿上,我国机构投资者在上市公司治理能力改善等方面发挥的作用有待提升。

(3) 长期资金入市渠道不畅且极为谨慎。一是长期资金缺乏有效避险工具。长期资金有利用金融衍生品进行利率、汇率、股市风险管理的强大需求,但是我国金融衍生品市场发展缓慢,市场运行和服务机制仍然有待完善,由于缺乏有效风险管理工具,导致长期资金不敢入市。二是对机构投资者存在市场参与的限制。比如,长期以来,银行、保险等资金不能进入国债期货市场,从而极大限制了市场的流动性和市场的发展。

由于机构投资者的缺乏,使得我国金融理财市场缺乏长期资本,进一步导致市场交易行为出现非理性、高频波动等一系列问题。

(三) 市场开放程度仍然有待提高

我国金融理财市场开放包括以下几个维度:一是发行维度,包括境外机构到境内发行金融理财产品、境内机构到境外发行金融理财产品两个方面。二是交易维度,即境外机构投资境内市场和境内机构投资境外市场。境外投资者进入境内市场的渠道包括合格境外机构投资者(QFII)、人民币合格境外机构投资者(RQFII)、直接投资银行间债券市场(CIBM Direct)、债券通(Bond Connect)、陆股通等多渠道。三是机构维度,即引入外资持股境内金融机构和境内金融机构参与跨境业务。

近年来,我国金融理财市场开放程度不断增加,境外投资者进入境内市场的渠道进一步畅通,外资持股境内金融机构的比例不断放松,外资机构在境内业务的经营范围不断扩大。但是,市场开放程度仍然有待提高。首先,境外投资者投资境内股票的规模和占比仍然较低。2019 年,陆股通持股市值 13 889.78 亿元,虽然相较于以前的规模有了很大提升,但是总体规模仍然较低,占 A 股流通市值的比重仅为 2.88%;QFII 持股市值 1 734.65 亿元,占 A 股流通市值的比重仅为 0.36%。相比之下,美国股票市场的外资持股占比约为 15%,日本、韩国股票市场的外资持股更是超过了 30%。可见,我国股票市场外资持股不仅与发达成熟的股票市场有较大差距,甚至也低于一些主要新兴市场国家水平。其次,境外投资者投资人民币债券的规模和占比仍然较低。截至 2019 年末,上清所托管的债券中境外机构持有的规模为 3 106.7 亿元,占比仅为 1.6%,远低于发达国家水平,也低于一些主要新兴市场国家水平。再次,我国金融衍生品市场开放尚不能与我国深化对外开放的战略要求相匹配。我国对境外投资者参与境内金融衍生品市场的限制较多,仅有少数合格机构投资者可以参与境内金融衍生品市场,这导致境外投资者风险管理需求不能满足,进一步限制了股票市场、债券市场等现货市场的发展。

三、金融理财市场创新及其特点

(一) 银行理财产品加速创新转型

2018 年 12 月,中国银保监会颁布《商业银行理财子公司管理办法》(以下简称"理财子公司管理办法"),要求商业银行成立理财子公司,由理财子公司作为独立法人参与金融理财市场,从而使银行理财业务与自营业务风险隔离,真正回归本源。

理财子公司为商业银行下设的从事理财业务的非银行金融机构,业务范围主要为发行公募理财产品、发行私募理财产品、理财顾问和咨询等。作为监管层鼓励的转型方向,"理财子公司管理办法"在负债端、投资端、销售端、投资者保护、分级产品等方面进行了放松,对银行理财子公司形成实质性利好。"理财子公司管理办法"发布后,市场迅速做出反应,各主要商业银行相继设立理财子公司(见表11.1)。在此背景下,银行理财产品加速净值化转型,产品创新呈现四大特点。

(1)从传统债券投资转向大类资产配置,逐步部署固定收益类、混合类、权益类、商品及金融衍生品类四大产品线,实现产品的全体系覆盖。

(2)以 FOF、MOM 等形式切入权益类产品,积极探索公募理财产品直接投资股票。

(3)以指数型产品作为切入点,积极探索量化策略。

(4)基于管理能力、区域环境、自身客户特点等因素,深挖特色产品,进行差异化发展。

① 把握区域建设契机,创设区域特色。比如建信理财精准对接粤港澳大湾区发展规划,交银理财推出要素市场及长三角一体化等主题,兴银理财推出海峡指数产品。

② 打造绿色理财产品,兼顾经济效益与社会效益。比如农银理财、光大理财、兴银理财等都将 ESG 评价体系融入投资实践,推出绿色理财产品。

③ 细分客户群体。比如随着养老金入市以及养老理财需求增加,多家理财子公司创新养老理财产品,满足养老领域投资需求。

表 11.1 理财子公司产品体系

理财子公司	产 品 体 系
工银理财	固定收益类、混合类、权益类、商品及金融衍生品类四大产品线,满足客户现金管理、持续投资、主题投资、机会发现等四大需求。
建信理财	粤港澳大湾区资本市场指数采用"1+5"体系框架,以"粤港澳大湾区高质量发展指数"为主线,贯穿价值蓝筹、红利低波、科技创新、先进制造、消费升级5条子指数线,以满足不同风险偏好客户的需求。在此基础上,未来构建各类资产组合。
交银理财	聚焦现金管理类、商业养老、科创投资、要素市场及长三角一体化等主题。
中银理财	四大产品线:固定收益类、混合类、商品及金融衍生品类、权益类。对应五大客户梯队:保守、稳健、平衡、成长、进取。
农银理财	四大常规系列:现金管理+固收+混合+权益。 两大特色系列:惠农产品和绿色金融(ESG)。
中邮理财	财富管理维度:着眼于客群的分类与分层,设置了"养老""抗通胀""盛兴"等分类品牌和"卓享""尊享"等分层品牌。 资产管理维度:涵盖主动管理产品和被动管理产品。
招银理财	按照大类资产维度,以"招赢、招睿、招智、招卓、招越"全新产品体系命名,对应现金管理产品、固定收益型产品、多资产型产品、股票型产品、另类产品及其他共五大系列产品。
光大理财	"七彩阳光"净值型产品体系:覆盖多种投资类型和运作模式,包括阳光红权益系列、阳光橙混合系列、阳光金固收系列、阳光碧现金管理系列、阳光青另类及衍生品系列、阳光蓝私募股权系列和阳光紫结构化融资系列。 三款特色产品:青岛上合示范区主题系列产品、阳光金颐养老主题产品、ESG 社会责任主题产品。

续表

理财子公司	产品体系
兴银理财	"八大核心":涵盖现金管理、纯债投资、固收增强、项目投资、股债混合、权益投资、多资产策略、跨境投资在内的主流产品线。 "三大特色":海峡指数产品、绿色理财产品、养老理财产品。
平银理财	基础产品:包括现金管理、固定收益、混合、权益和商品及衍生品等主动管理系列,以及指数产品、ETF产品等指数跟踪系列。 多场景解决方案:包括绝对收益、结构收益、全球资产配置、目标风险、客户陪伴养成计划、养老、教育等多场景。

资料来源:各公司官网。

(二)以关键制度创新促进股票市场健康发展

1. 构建多层次股票市场体系

我国多层次股票市场体系是由主板、创业板、科创板、新三板市场、区域股权市场共同构成的有机整体。主板、创业板、科创板在沪深交易所上市,合称为场内市场,新三板市场、区域股权市场合称为场外市场。具体来看,主板市场包括上海证券交易所主板市场和深圳证券交易所主板市场,主要支持大型企业。创业板是深圳证券交易所板块,科创板是上海证券交易所板块,两者都主要支持科技创新型及成长型中小企业,区别在于创业板"支持传统产业与新技术、新产业、新业态、新模式深度融合",科创板更聚焦新兴产业,采用更加包容性的上市条件,两者形成错位发展。新三板是达不到场内上市要求的创新型、成长型中小企业的股权转让系统。区域股权市场是中小企业股权交易私募系统。

多层次股票市场体系定位不同,实施差异化发展,初步满足了多元化投融资需求,同时促进了股权市场规模不断扩大。截至 2019 年末,境内上市公司数量(A、B 股)达到 3 777 家,融资总额 15 413.25 亿元,IPO 融资额 2 532.48 亿元,境内上市公司总市值 593 074.53 亿元。伴随股票市场的不断发展,股票市场服务实体经济的能力越来越强。

2. 注册制改革

长期以来,我国股票市场的发行主要采用核准制。核准制的发行制度以严监管有益推动了我国资本市场的发展,但是也导致优质企业境外上市、资源配置能力不强等多重问题,突出表明注册制改革势在必行。根据顶层设计,注册制改革采取分步骤实施和循序渐进推进的策略,总体来看分为以下三步:一是先行启动科创板注册制改革。2018 年 11 月,习近平主席在首届中国国际进口博览会上宣布了创设科创板,正式推出注册制。科创板的创设和注册制的实施,实现了我国股票市场关键制度创新。科创板属于增量市场,科创板的改革是股票市场的增量改革,是股票市场后续进行存量改革的突破口。从科创板运行的情况看,注册制下的发行门槛大大降低,审核效率大大提升;涨跌幅 20% 的限制下,股票的波动更大;取消首发市盈率 23 倍指导价,首发市盈率大大增加,高成长的新兴产业企业获得更为合理的估值,且呈现出分化特征。二是创业板改革并试点注册制。2020 年 4 月,中央全面深化改革委员会第十三次会议审议通过《创业板改革并试点注册制总体实施方案》,并高效率地在接着的 8 月举行了创业板试点注册制首批企业上市仪式。根据顶层设计,此次创业板试点注册制改革坚持"一条主线,三个统筹"。"一条主线"是以信息披露为核心的股票发行注册制,发行人价值由市场自主判断。"三个统筹":即统筹推进创业板改革与多层次资本市场体系建设;统筹推进注册制与其他基础制度建设(在注册制改革的同时进行配套制度改革);统筹增量改革和存量改革(包容存量改革,新增增量投资者准入要求,平稳实施改革)。三是最终实现全市场注册制改革。伴随科创板以及创业板注册制改革的顺利推进,上市、交易、重组、退市、投资者保护等各方面的配套机制将不断完善,在此基础上,将进一步在主板、中小板等其他板块实行注册制,完成全市场的注册制改革。

3. 促进提升上市公司质量

2019年11月,证监会发布《推动提高上市公司质量行动计划》,提出从提升信息披露有效性、督促"关键少数"勤勉尽责、统筹推进资本市场改革、坚持退市常态化、解决突出问题、提升监管有效性、优化市场生态形成全社会合力等七个方面着手,力争通过3至5年努力,使上市公司整体面貌得到较大改观。

(三) 不断推进债券市场创新

1. 建立多层次债券市场体系

目前,我国初步形成了银行间债券市场、交易所债券市场、商业银行柜台市场共同发展,以银行间债券市场为主、交易所债券市场为辅的多层次债券市场体系。银行间债券市场是银行、证券、基金、保险等所有类型金融机构和一些企事业单位等机构投资者以一对一询价方式进行大宗债券买卖和回购的场外市场。交易所债券市场是主要由个人和中小机构投资者以集中撮合方式进行债券零售买卖的场内市场。商业银行柜台市场是银行间债券市场的延伸,是商业银行通过营业网点或网上银行、手机银行等渠道与个人和企业进行国债、地方政府债、政策性银行债、国家开发银行债等债券的零售业务。表11.2对三个市场进行了多维度比较。

表11.2 我国债券市场发展体系

	银行间债券市场	交易所债券市场	商业银行柜台市场
监管机关	中国人民银行	证监会	银保监会
债券品种	央行票据、国债、地方政府债、金融债、同业存单、企业债、中期票据、短期融资券、定向工具、国际机构债、政府支持机构债、资产支持证券(银保监会主管ABS、交易商协会ABN)、国际开发机构债	国债、地方政府债、金融债、企业债、公司债、政府支持机构债、资产支持证券(证监会主管ABS)、可转债、可交换债	国债、地方政府债、政策性银行债券、国家开发银行债券
投资人	各类机构投资者	机构投资者和个人投资者	机构投资者和个人投资者
报价方式	询价为主	集中撮合	双边报价
交易平台	外汇交易中心	上交所、深交所	商业银行营业网点或网上银行、手机银行
托管场所	中央国债登记结算公司、上海清算所	中国证券登记结算公司	中央国债登记结算公司

2. 产品序列不断完善

从产品品种看,我国债券市场已经实现了政府类债券、金融债券、信用债券、资产支持债券、可转换债券、可交换债券等债券品种的全覆盖。从产品结构看,既包括普通债券,又包括结构化债券。从融资主体看,既包括单一主体融资,又包括集合融资。从募集方式看,既包括私募融资,又包括公募融资。债券市场一系列的创新和发展,不断满足了多元化债券投融资需求。

(1) 创新发展金融债券,满足金融机构融资需求。

金融债券包括政策银行债券、商业银行债券、商业银行次级债券、保险公司债券、证券公司债券、证券公司短期融资券、其他金融机构债券等产品品种,金融债券的不断创新拓展了金融机构资本筹集渠道,增强了金融机构资本抗风险能力。

(2) 创新发展非金融企业信用债券,满足非金融企业融资需求。

非金融企业信用债券包括企业债券(含一般企业债券、集合企业债券)、公司债券(含私募债券、一般公司债券),中期票据,短期融资券(含一般短期融资券、超短期融资债券)等产品品种,不仅品种不断丰富,而且发展迅速,成为了仅次于美国的全球第二大信用债市场。信用债券的发展有效拓宽了民营和中小微企业的融资渠道,支持了实体经济发展。

(3) 绿色债券的发展和创新令人瞩目。

绿色债券是为了应对气候环境风险、促进绿色可持续发展而产生的创新型债券产品,是指将筹集资金用做符合规定条件的绿色项目的债券。2015年底,中国人民银行发布《绿色债券支持项目目录》。2016年初,发改委发布《绿色债券发行指引》,分别对绿色债券的内涵和支持领域进行了界定,我国境内绿色债券市场正式启动,并进入发展的快车道。2016年8月,中国人民银行联合七部委发布《关于构建绿色金融体系的指导意见》,标志着我国建立了相对完善的绿色金融政策体系,这在全球尚属首创。2017年6月,国务院批准了浙江、江西、广东、贵州和新疆五省(区)八地(市)建立绿色金融改革创新实验区,顶层设计与区域探索相互促进,推动了我国绿色金融实践进入新阶段。2019年3月,发改委等七部委发布《绿色产业指导目录》;2020年7月,中国人民银行、发改委、证监会发布《关于印发〈绿色债券支持项目目录(2020年版)〉的通知(征求意见稿)》,进一步统一了国内绿色债券标准,极大促进了与国际标准的接轨。

一系列顶层设计的推动叠加巨大的投融资需求,我国绿色债券市场的成长展现出巨大的爆发力,绿色债券产品存量规模高居全球第二,发行规模雄踞全球第一。2019年,我国在境内市场发行绿色债券2956.42亿元,从发行额看,金融债券占比最大,达到28.19%,表明金融机构在绿色债券发行中一直占据主体地位,同时,绿色公司债券发行额为605.77亿元,占比为20.49%,绿色资产支持证券发行额为509.55亿元,占比为17.24%,绿色企业债券发行额为479.60亿元,占比为16.22%,发展势头迅猛。从分行业数据看,2019年非金融企业的绿色债券发行额首次超过金融企业,说明绿色债券在解决企业融资问题、促进我国经济高质量发展中扮演着更加重要的角色。进一步表明,伴随着绿色债券市场的发展,绿色债券实践正成为我国绿色发展、高质量发展的重要名片,并推动我国成为全球绿色治理体系的领导者。

(4) 创新发展熊猫债券,推动债券市场开放。

熊猫债券是指境外机构到境内发行的以人民币计价的债券。2005年,国际金融公司和亚洲开发银行分别获准在我国银行间债券市场发行熊猫债券,我国债券市场首次引入境外发行主体,标志着我国债券市场的开放正式起步。经过十多年的发展,我国熊猫债券的发行主体从国际开发机构拓展到境外金融机构、非金融企业法人、外国政府、国际开发机构等四类主体,种类从国际机构债券拓展到金融债券、公司债券、中期票据、短期融资券、定向工具、可交换债券等较为完善的产品序列。熊猫债券市场的发展,有力促进了债券市场开放与人民币国际化进程。

(四) 持续推出创新型基金产品

围绕产业结构优化升级、创新驱动、加大基本养老、对外开放等国家重点战略,基金市场推出科技主题基金、养老目标基金、境外单一市场基金等创新型产品,为经济社会发展提供多元化投资工具。

1. 科技主题基金

战略配售基金、科创板主题基金、FOF 基金、普通偏股型公募基金等四类基金可以参与科创板投资,科创板主题的创新基金不断推出,并进一步带动了基金行业对于科技、创新主题基金的创新力度。

2. 养老目标基金

2018 年 3 月,中国证监会发布《养老目标证券投资基金指引(试行)》。养老目标基金是指以追求养老资产的长期稳健增值为目的,鼓励投资者长期持有,采用成熟的资产配置策略,合理控制投资组合波动风险的公开募集证券投资基金。

养老目标基金采用基金中基金(FOF)等形式运作,为 FOF 的发展指明了方向,同时,采用成熟稳健的资产配置策略,有效控制了回撤风险。其投资策略包括目标日期策略、目标风险策略等,其中目标日期策略是指随着所设定目标日期的临近,逐步降低权益类资产的配置比例,增加非权益类资产的配置比例,以满足投资者随着目标日期临近风险承受能力变化的投资特征。目标风险策略是指根据特定的风险偏好设定权益类资产、非权益类资产的基准配置比例,或使用广泛认可的方法界定组合风险(如波动率等),并采取有效措施控制基金组合风险,以将基金的风险水平维持恒定,从而为相应风险等级的投资者提供一站式资产配置方案。

3. 境外单一市场基金

为满足投资者全球化资产配置的需求,基金公司加快境外市场布局,创新性推出聚焦境外单一市场的基金产品。产品投资方向从港股市场、美国市场逐渐拓展至印度、越南、日本、英国等市场,跨国资产配置更加多元化。

(五) 创新发展金融衍生品

我国积极推进金融衍生品发展和创新,形成了场内、场外金融衍生品市场共同发展的多层次金融衍生品市场体系,并沿着利率、权益、外汇三条产品线不断创新,满足参与者多样化风险管理需求。截至 2019 年末,已经上市的金融衍生品达到 20 多个,如表 11.3 所示。

表 11.3 我国金融衍生品类型

	金融衍生品类型		上市时间	上市地点
场内市场	利率类金融衍生品	2 年期国债期货	2018 年 8 月	中国金融期货交易所
		5 年期国债期货	2013 年 9 月	中国金融期货交易所
		10 年期国债期货	2015 年 3 月	中国金融期货交易所
	权益类金融衍生品	沪深 300 股指期货	2010 年 4 月	中国金融期货交易所
		中证 500 股指期货	2015 年 4 月	中国金融期货交易所
		上证 50 股指期货	2015 年 4 月	中国金融期货交易所
		上证 50ETF 期权	2015 年 2 月	上海证券交易所
		华泰柏瑞沪深 300ETF 期权	2019 年 12 月	上海证券交易所
		嘉实沪深 300ETF 期权	2019 年 12 月	深圳证券交易所
		沪深 300 股指期权	2019 年 12 月	中国金融期货交易所

续表

	金融衍生品类型		上市时间	上市地点
场外市场：银行间市场	利率类金融衍生品	债券远期	2005年6月	银行间债券市场
		利率互换	2006年2月	银行间债券市场
		远期利率协议	2007年9月	银行间债券市场
	汇率类金融衍生品	外汇远期	2005年8月	银行间外汇市场
		外汇掉期	2006年4月	银行间外汇市场
		外汇期权	2011年4月	银行间外汇市场
		货币掉期	2007年8月	银行间外汇市场
	信用衍生品	信用风险缓释合约	2010年11月	银行间债券市场
		信用风险缓释凭证	2010年11月	银行间债券市场
		信用违约互换	2016年10月	银行间债券市场
		信用联结票据	2017年5月	银行间债券市场
柜台场外衍生品市场	场外期权		2014年12月	柜台
	权益收益互换		2014年11月	柜台

1. 场内金融衍生品市场

1992年6月我国推出外汇期货交易，进行金融衍生品市场的探索试点，随后又相继推出国债期货、股票指数期货、认股权证等，但是由于市场环境和市场发展不成熟，乱象丛生，先后在1995年7月之前纷纷暂停了交易，并进行清理整顿。

2010年4月，沪深300股指期货在中金所顺利推出，我国金融衍生品场内市场再度起航。此后，场内金融衍生品市场围绕权益、利率、外汇三条产品线稳步发展。2013年9月，5年期国债期货顺利启动，国债期货既能为债券现货市场提供利率风险管理工具，又能增强现货市场流动性，构建全国债券收益率曲线，填补了我国金融衍生品市场利率类期货的空白。2015年2月，上海证券交易所推出上证50ETF期权，这是国内第一个在交易所上市的金融期权，突破了长期以来场内仅有期货衍生品的局面，标志着期权创新取得重大突破，也标志着我国拥有了全种类主流金融衍生品。2018年8月，2年期国债期货成功上市，覆盖短、中、长期的国债期货产品体系基本形成。伴随一系列金融衍生品的创新，我国场内金融衍生品进入多元化时代。

2. 场外金融衍生品市场：银行间市场

相对于场内金融衍生品市场，场外金融衍生品市场由于其灵活性，能满足非标准化业务需求，受到投资者的认可和欢迎，呈现出蓬勃发展态势。场外金融衍生品市场的发展主要围绕利率、外汇、信用三条产品线展开。

（1）利率衍生品不断创新发展。利率衍生品是最主要的场外衍生品品种。伴随我国利率市场化改革逐步推进，投资者面临管理利率风险的市场需求，基于此，2005年6月，中国人民银行推出债券远期，这是继1995年金融衍生品市场暂停之后，首次重新推出金融衍生品，标志着我国金融衍生品市场的重新放开。2006年2月，中国人民银行进行利率互换试点，引导投资者利用利率互换产品管理利率风险、解决资产错配问题，利率互换的迅速发展为利率衍生品市场拓展市场深度提供了有力支撑。2007年9月，中国人民银行推出远期利率协议，进一步丰富了利率衍生品种类。

（2）外汇衍生品不断创新发展。我国真正的外汇衍生品发展始于 2005 年。2005 年 7 月，我国进行了汇率制度改革，固定汇率制度逐步演变为以市场供求为基础、参考一篮子货币进行调节的有管理的浮动汇率制度。汇率制度的改革成为外汇衍生品市场建立和发展的核心动力。2005 年 8 月 8 日，中国人民银行在银行间外汇市场推出远期外汇合约，为参与者提供汇率风险管理工具，这标志着人民币外汇衍生品市场正式开启。2006 年 4 月，银行间外汇市场正式推出人民币外汇掉期交易。2007 年 8 月，银行间外汇市场正式推出人民币外汇货币掉期业务，货币掉期市场进入起步培育阶段，虽然初期由于人民币处于单边升值阶段，市场汇率避险需求小，市场交易清淡，但是进入 2014 年后，伴随人民币汇率进入双向波动阶段，货币掉期市场实现了跨越式发展，当年相关交易量就达到 100 亿美元。2016 年，人民币正式纳入 SDR，境外机构对境内外汇衍生品的需求迅速增加，货币掉期交易超过 200 亿美元。外汇期权方面，2011 年 4 月，银行间外汇市场正式启动外汇期权交易，填补了外汇期权类衍生品的空白。

（3）信用风险缓释工具不断创新发展。在国际金融市场，信用衍生品创新一直较为活跃和频繁，但也因为投机过度，在 2008 年国际金融危机中放大和扩散了负面影响。与之相反，我国信用衍生品市场一直发展缓慢。2010 年 11 月，中国人民银行指导交易商协会推出信用风险缓释合约和信用风险缓释凭证，填补了我国信用衍生品的空白，标志着我国信用风险缓释工具框架正式确立。其中，信用风险缓释合约盯住债券，为某债项提供信用保护，属于合约类产品；信用风险缓释凭证同样盯住债券，但属于凭证类产品。伴随我国信用衍生品市场的发展，中国人民银行指导交易商协会推出信用违约互换和信用联结票据，进一步丰富了市场品种、完善了信用风险分担机制。其中，信用违约互换盯住实体，为一个或多个主体的全部债务提供信用保护，属于合约类产品；信用联结票据同样盯住实体，但属于凭证类产品。与国际金融市场的信用衍生品相比，我国信用衍生品具有以下特点：一是服务实体经济需要，以市场化的信用风险分担机制帮助企业解决融资问题。二是结构简单，盯住某债项或实体。三是严控杠杆和市场风险。四是产品透明，面向多家投资者创设发售。五是定价公开，采用簿记建档的方式公开定价。

3. 柜台场外衍生品市场

（1）场外期权市场。根据中证场外衍生品市场界定，场外期权交易是一种选择权的转让，通常在交易所之外达成交易。种类包括看涨期权、看跌期权；合约标的类型包括权益类、黄金、非黄金商品、其他四类，其中权益类占绝对优势比重；期限多为 30 天、90 天、180 天；收益支付结构包括香草期权（同时买进或同时卖出看涨期权、看跌期权）、价差期权、单鲨期权等。2015 年，股市交易剧烈波动，股指期货交易被严格限制，市场风险管理工具缺乏，在此背景下，场外期权市场开始迅速崛起。

（2）权益收益互换。根据中证场外衍生品市场显示，权益收益互换产品主要包括两类：一类是权益标的收益与固定收益互换。参与此类产品交易的双方，可以实现在未来时点对包括指数、ETF 基金以及某一范围内的股票等权益标的收益与固定利率收益的互换。另一类是权益标的 1 收益与权益标的 2 收益互换等。参与此类产品交易的双方，可以实现在未来时点对权益标的浮动收益与另一权益标的浮动收益的互换。

四、金融理财市场发展展望

（一）回归本源、服务实体

1. 理财产品通过增加权益性资产配置，支持实体经济

基于资本市场在直接融资中的重要性日益显著，在当前监管层鼓励、引导理财产品投向权益市场的大背景下，借助政策优势，抓住时代机遇，不同特色的权益类理财产品将日渐活跃在资本市场。

2. 持续深化资本市场改革并提升直接融资比重

全市场实施注册制和不断完善市场退出机制不仅是建立健全资本市场基础制度的重要内容，也是进一步加强资本市场顶层设计、稳步推进资本市场改革的核心要义。注册制事关企业如何发行上市，是资本市场改革的核心，是进一步理清政府与市场关系、完善市场激励约束机制的关键。退出机制事关上市之后如何退出市场，是注册制得以顺利实施的前提，若无市场化、常态化的退市制度，则会导致宽进严出，市场供求失衡，注册制也难以推行。两者相辅相成，共同构成资本市场的根基。进一步讲，资本市场的改革是个系统性工程，除了根基性制度外，信息披露机制、投资者保护机制等其他的配套机制也要进一步完善。伴随资本市场制度建设取得更大进展，资本市场的历史顽疾必将逐步化解，直接融资比重势必显著提升，服务实体经济的功能将显著增强。

3. 加强债券市场互联互通，增强债券市场服务实体经济的能力

2020年7月，中国人民银行和证监会发布《中国人民银行、中国证券监督管理委员会公告（2020）（第7号）》（以下简称"第7号文"），同意银行间债券市场与交易所债券市场相关基础设施机构开展互联互通合作，这标志着我国债券市场在互联互通进程上取得重大突破。根据"第7号文"，互联互通是指银行间债券市场与交易所债券市场的合格投资者通过基础设施连接，买卖两个市场交易流通债券的机制安排。

展望未来，在顶层设计的安排下，我国债券市场有望实现互联互通、协同高质量发展，从而更好地支持实体经济。具体来看，一是监管层将进一步明确互联互通的实现方式。随着互联互通进程的推进，投资者可以实现在两个市场之间一点接入式的切换。二是实现交易机制的协同。2010年，上市银行允许进入交易所市场。监管层希望通过商业银行的进入提高交易所市场的活跃度和交易量，但是直至今日，商业银行在债券市场的交易一直不活跃，其中一个重要原因是，银行在交易所市场只能进行竞价交易，这与银行更适合协议交易的特性不适应。"第7号文"允许上市银行通过互联互通或者直接开户的方式，在交易所债券市场进行现券协议交易，从而有利于打破商业银行在交易所债券市场不活跃的现状，从而有助于打破市场分割。

（二）完善金融理财产品体系并实现净值化转型

1. 完善估值体系

采用市价估值法的前提是公允市场定价，但是，由于非标准化底层资产大多无公允市场定价，净值化转型需要进一步强化估值体系建设，根据资产持有目的、现金流特征等，完善估值方法和估值模型。

2. 强主动投资管理能力

打破刚性兑付并净值化转型后，保本型理财产品将逐渐退出市场，预期收益率的导向作

用消失,产品的历史净值表现和历史年化收益率成为投资者参考的重要依据。金融机构应该进一步增强主动投资管理能力,加强投研布局,通过优化大类资产配置获取超额回报并增强抗风险能力,跨越周期稳健地创造价值。

3. 丰富净值化产品体系

完善固定收益类、混合类、权益类、商品及金融衍生品类四大产品线,通过风险收益特征不同的多元化产品满足风险收益偏好不同的各类投资者需求。同时,根据自身禀赋和投资者的差异化需求,创设主题产品、特色产品,打造具备核心竞争力的产品,拓展细分领域。

(三)提高机构投资者的参与度和促进市场参与主体多元化

1. 进一步放开机构投资者的交易限制,积极推动中长期资金进入市场

随着批设更多银行理财子公司、保险资产管理公司等,银行理财子公司和保险资产管理公司等长线机构投资者在资本市场的地位将不断提升。由于银行和保险等机构投资者投资风险稳健,将有助于向资本市场引入中长期投资资金,有利于稳定资本市场预期。

2. 培育境内机构投资者

大力发展公募基金和私募基金是培育境内机构投资力量的重要内容。在培育境内机构投资者方面,监管层十分注重引导境内机构投资者树立长期投资和责任投资理念,这有利于不断丰富交易策略,提升运用金融产品的能力。

3. 推动养老金投资

养老金投资具有长期性、安全性和收益性特征。大力发展养老金投资,对于市场树立长期投资和价值投资的成熟投资理念有着重要意义。未来,一方面加快推进我国养老第三支柱建设,另一方面大力推动养老型金融理财产品创新,将有助于促进养老金入市,进一步壮大机构投资力量。

(四)金融科技赋能金融理财升级转型

1. 智能投顾

随着金融科技的发展,更多的金融机构将推出在线智能投顾服务,为投资者提供一键投资、资产配置、净值展示、信息披露、风险评估、风险错配提示等应用场景。未来,伴随投资顾问业务不断开放,进一步人机结合为投资者提供个性化的金融理财规划和全天候的金融资产配置服务,将成为金融理财行业发展的重要趋势。

2. 智能风控

随着市场成熟程度的不断提高以及金融科技的高速发展,利用大数据、人工智能、区块链等现代数字信息技术高效识别用户风险,基于政府基础设施建设做到各类产品智能化,做到风险与收益相匹配将成为金融理财市场发展的内在要求。

3. 智能营销

借助于大数据平台,各类金融理财机构可以更好地做好市场细分,有针对性地对投资者进行精准分层、营销,并通过数字化渠道提供生动形象的场景化金融,与投资者教育等互联互通,构建金融理财新生态,增加客户黏性。

(五)持续深化对外开放水平

随着我国金融理财市场双向开放进程不断推进,我国金融理财市场已经成为境外投资主体人民币资产配置的重要选择,金融理财市场开放的成效初显。未来,我国金融理财市场高质量开放的步伐将进一步加快。

1. 金融理财市场对外开放的深度和广度进一步增加

随着我国经济持续发展,可以预期,将有更多的全球投资者进入境内金融理财市场配置资产。同时,伴随外资机构持股比例限制的进一步放开以及更多的外资金融机构在境内设立分支机构,其国际化经验将助力市场投资风格切换,推动我国金融理财业务转型。

2. 要素开放向规则开放转变,金融理财市场基础制度进一步完善

纵观全球,我国金融理财市场的规模、流动性、活跃度等已经位列前茅,但是配套规则比如投资者保护指数等仍然排名相对落后。未来,要继续坚持市场化、法治化、国际化的改革方向,通过接轨国际标准、优化金融理财市场生态,让外资愿意扎根国内市场,成为我国金融理财市场的中长期资金,进行长线资金配置,必将有利于我国金融理财市场的健康发展。

3. 协调推进改革

金融理财市场开放必然带来跨境资金频繁流动,一方面有利于增加市场活跃度,另一方面也会带来额外的风险,因此,金融理财市场开放要与资本项目可兑换、利率与汇率市场化改革、人民币国际化等统筹推进,有效应对开放带来的风险和挑战。

第二节　金融理财市场的监管

一、什么是金融理财市场监管?

(一)金融理财市场监管的概念

金融理财市场监管是指一个国家或地区的中央银行或其他金融监管当局,对各种类型金融理财市场运行的监督管理。具体来看,包括货币市场监管、资本市场监管、金融衍生品市场监管、其他理财市场监管等。

(二)金融理财市场监管的目标

金融理财市场监管的目标是指对金融理财市场进行监管后取得的最终效果。概括地讲,金融理财市场监管的目标主要包括维护金融安全和稳定、保护投资者利益、维持高效运行的金融体系等三个方面。

(三)金融理财市场监管模式

1. 监管模式

金融理财市场监管模式是指通过何种标准确定被监管对象,包括功能监管和机构监管两类。

功能监管是指以金融业务性质为标准确定监管对象,同一功能和法律关系的业务,不管从事该业务的机构如何,都由相同监管机构监管。其优势在于:一是有利于实现对跨机构的金融产品实施有效监管,避免监管空白和监管重复。二是有助于监管公平,避免监管套利。其劣势在于:一是随着金融产品的创新,可能会出现难以确定功能类别的金融产品,从而难以确定其监管归属。二是功能监管从业务性质出发进行监管,无法把握金融机构整体上面临的风险,难以很好实现审慎监管。

机构监管是指以机构类型为标准确定被监管对象,同一类型机构的所有业务,不管业务性质如何,都由归属的监管机构监管,基本框架是按照银行保险机构、证券机构的划分来设立监管架构,对该类型机构的市场准入、持续性运营、市场退出进行监督管理。其优势在于:

一是更容易发挥监管机构的专业优势,减少监管的成本。二是更容易评价金融机构的风险,有助于达成审慎监管目标。审慎监管分为微观审慎监管和宏观审慎监管,微观审慎监管关注个体金融机构的资格、持续性运营、市场退出监管,要求金融机构在满足一定的监管指标后才能准入;在持续性运营过程中,要求满足资本充足率、资产质量、风险管理、内部控制等一系列审慎经营的指标;如果指标不满足要求,将对金融机构实施处罚甚至要求退出市场。宏观审慎是微观审慎的延伸,是通过防范和化解系统性风险从而保障整个金融系统稳定的监管理念。由于审慎监管考虑的是某个机构或者机构整体上的风险防范能力,机构监管有助于达成这样的效果。其劣势在于:一是容易产生金融监管套利。金融监管套利是指金融机构利用监管标准的差异和不协调来减轻监管负担,从而获得更低成本或超额利润的行为。当金融机构从事的金融业务复杂,交叉业务多,同一类型业务在不同机构开展,此时,由于机构不同,监管部门不同,同一业务将面临不同的监管标准,很容易产生不公平竞争和金融监管套利。监管套利的出现,使得原有监管规则被规避,监管效果被弱化。二是容易产生监管空白。当金融业务的区分日益模糊,可能会出现多家监管机构相互推诿责任、监管处于缺位状态,从而出现监管盲区的问题和现象。三是容易产生监管重复。随着金融交叉业务的不断出现,单个金融机构参与不同金融市场,从而使得机构监管出现交叉,即同一机构的同类型业务被多家监管者进行监管的现象。

机构监管和功能监管从不同的维度对金融理财市场进行监管,各有优劣势,两者是相互协调的关系。顺应金融理财市场发展,监管者应该正确处理两者的关系,发挥机构监管和功能监管合力与协同效应。

2. 监管体制类型

金融理财市场监管体制是指对金融理财市场实施监管的一系列法律法规和组织机构设置的总和。包括:

(1) 分业监管体制,又称作多头监管体制、机构监管体制。是将金融体系划分为银行、保险、证券等领域,每个领域分别设立专门的监管机构。

(2) 统一监管体制,又称作集中监管、综合监管体制。是由一个统一的机构行使所有金融监管职能。

(3) 不完全统一监管体制,又称作不完全集中监管、不完全综合监管体制,是在分业监管体制基础上进行的改进。包括牵头监管、"双峰"监管、伞式+功能监管三种体制模式。牵头监管是在不同的监管机构之间指定牵头监管机构,实现各监管机构的磋商协调。"双峰"监管是指设立两类监管机构,各自负责不同的监管目标,一类监管机构通过审慎监管实现维护金融稳定的目标,一类监管机构通过对市场行为进行监管实现保护投资者利益的目标,即行为监管。伞式+功能监管是指由一个监管机构作为伞形监管人负责金融控股公司的综合监管,同时对于金融控股公司从事的不同类型业务,又指定不同监管机构进行功能监管。

二、金融理财市场监管的历史演进与特点

(一) 历史演进

1. 20世纪90年代—2006年:确立监管框架

这一阶段属于我国金融理财市场的监管探索时期。伴随金融机构陆续开展理财业务,相应的监管政策相继出台,确立了金融理财产品的运行框架,并根据金融理财市场的发展情

况,不断进行规范和补充。1997年11月,《证券投资基金管理暂行办法》颁布,这是我国首次颁布行政法规规范证券投资基金运作。2005年,原银监会颁布《商业银行个人理财业务管理暂行办法》,系统性地规定了银行理财业务的各项监管要求,成为规范银行理财业务的首部核心监管文件。

2. 2007—2016年:金融创新、金融乱象与金融监管并行

总体而言,在这一阶段,金融理财市场创新活跃,但同时,部分金融理财创新不断突破监管限制,金融理财市场出现各种不规范行为,金融监管不断发力治理市场乱象并与金融创新持续博弈。

2007年,为防止宏观经济过热,保持物价水平基本稳定,中国人民银行加强表内信贷管控。在此背景下,银行希望通过金融创新实现信贷出表,以满足企业的融资需求。信托公司投资限制少,可以发放贷款,成为银行首选的通道,"银信合作"理财产品迅速增长。2012年5月,证监会举办证券公司创新发展研讨会,鼓励金融创新。2012年6月,保险投资改革创新闭门讨论会召开,13项保险投资新政(征求意见稿)极大拓宽了保险投资品种和投资范围。银行理财产品表外业务通道不断扩展。2013年,互联网货币基金产品推出后,监管层默许了垫资型互联网货币基金创新,这成为促进互联网理财产品快速扩张的重要条件。

金融创新极大促进了金融理财市场的发展,但由于长期以来实行分业监管,缺乏统一的监管标准,在监管宽松和金融创新名义下,金融乱象产生,突出表现在:一是影子银行。主要表现形式是银行发行理财产品或者通过同业负债募集资金,将募集的资金购买信托受益权、券商资管计划、基金特定资管业务、保险资管等,借助信托、券商、基金、保险等通道将资金最终投向地方融资平台、房地产行业等非标准债权或者进行债券、股票等投资。影子银行通过层层嵌套绕过监管部门对信贷规模和限制性领域的监管,不能真实反映金融体系风险,而且无需缴纳法定存款准备金,导致实际流入市场的货币量增加,削弱宏观调控力度。二是互联网金融理财市场的乱象。互联网金融理财市场快速发展,但长期以来监管环境宽松。这导致:首先,互联网金融理财的发展偏离轨道。P2P是典型的网络融资模式,P2P平台是专门为借款人与投资人实现直接借贷提供信息中介服务的金融信息中介。但是由于长期处于监管真空地带,P2P平台为吸引客户,满足投资者对产品收益性、流动性、安全性的偏好以及借款人对借款长期限、低成本的偏好,将大额、长期限借款标的拆分成多个小额、短期限标的,对投资者承诺刚性兑付,并采用资金池模式进行运作。此时,P2P平台由金融信息中介异化为信用中介,存在期限错配、资金池、信用风险等一系列潜在问题。同时,由于P2P平台崇尚流量为王的竞争思路,为了迅速做大做强牺牲风险控制,大量不合规的借款人进入平台,信用风险事件频发,部分P2P平台借新还旧,沦为庞氏融资。其次,在监管宽松的大环境下,互联网金融理财市场准入门槛低,违法违规行为层出不穷,尤其是非法集资、金融诈骗的行为屡见不鲜。典型的做法是:包装、发行金融理财产品,夸大产品的收益性并承诺刚性兑付,大规模虚假宣传吸引投资者入局,募集资金后借新还旧维持、随意挪用资金进入房市股市等高风险市场甚至卷款跑路,导致部分投资者出现重大投资损失,滋生了金融风险,影响了正常的社会金融秩序和社会稳定。

在此背景下,金融监管及时跟进,严厉打击各类不合规、不合法业务以及打着创新幌子的违法违规业务。但是,由于监管标准不统一且监管环境相对宽松,金融机构选择更多过桥机构进行掩饰以应对监管约束,资金链条进一步拉长,并在金融体系内空转,积累了风险。

3. 2017年至今：高标准、严监管

金融理财市场的快速发展在丰富金融理财产品序列、满足投资者多样化需求、推进利率市场化进程等方面起到重要作用，但与此同时，金融理财市场出现的乱象，偏离"受人之托、代客理财"本源，提高了社会融资成本，扰乱了金融秩序，累积了金融风险。2017年，由于多起金融理财领域风险事件的引爆，银监会密集发布七项文件，开展"三三四十"等系列专项治理行动，其中，"三违反"指的是"违法、违规、违章"业务活动；"三套利"指的是"监管套利、空转套利、关联套利"业务活动；"四不当"指的是"不当创新、不当交易、不当激励、不当收费"业务活动；"十个方面"指的是十大银行业市场乱象。经过专项整顿，金融理财市场乱象得到初步遏制，但是，市场乱象和系统性风险隐患仍未消除，监管制度建设有待进一步深入。2018年，"资管新规""理财新规"等一系列监管政策密集发布，监管力度不断增加。

2017年至今的金融理财市场监管，打破了以往不同监管机构各自为政的局面，中国人民银行、中国银保监会、中国证监会、外汇管理局、财政部、发改委等部门协力合作，统一监管框架，力求协同效应。金融理财市场按照监管导向有序转型，总体运行更加规范，市场呈现出积极的可持续发展态势。

（二）特点

1. 多头监管格局

在我国金融理财市场上，存在商业银行、证券公司、期货公司、基金公司、信托公司、保险公司等不同类型的金融机构，分别向投资者提供不同类型的金融理财产品和金融理财服务，同时对应不同种类产品、不同交易市场，有不同的监管主体，从而形成了多头监管格局。

从机构监管角度看，中国银保监会承担商业银行、信托公司、保险公司的金融理财业务的监管职责；中国证监会承担证券公司、期货公司、基金公司的金融理财业务的监管职责。

从不同的金融理财市场角度看，多头监管格局主要表现在：债券市场方面，监管主体包括发改委、财政部、中国人民银行、银保监会、证监会。具体的监管格局如表11.4所示。金融衍生品市场方面，场内金融衍生品市场接受中国证监会集中、统一监管，银行间场外衍生品市场的监管主体包括中国人民银行、中国银保监会。中国人民银行监督管理银行间市场，银保监会通过机构监管的方式，实施对银行业金融机构的微观审慎监管。证券公司开展金融衍生品柜台市场业务接受中国证券业协会的自律管理。证券公司在柜台市场发行、销售与转让的金融衍生品，直接实行事后备案。

表11.4 我国债券市场监管格局

类 别		监 管 机 关
产品发行监管（审批/信息披露监管）	政府债券	财政部
	央行票据	中国人民银行
	同业存单	中国人民银行
	金融债 — 政策性银行债、非银行金融机构债	中国人民银行
	金融债 — 商业银行债、证券公司短期融资券	中国人民银行、银保监会
	金融债 — 证券公司债	中国人民银行、证监会
	金融债 — 保险公司债	银保监会
	企业债	发改委

续表

类别			监管机关
产品发行监管（审批/信息披露监管）	公司债、可转债、可交换债		证监会
	非金融企业债务融资工具	中期票据、短期融资券	中国人民银行（指导交易商协会进行自律管理）
	资产支持证券	信贷ABS	中国人民银行、银保监会
		企业ABS	证监会
		资产支持票据（ABN）	中国人民银行（指导交易商协会进行自律管理）
	国际机构债		中国人民银行、发改委、财政部、证监会
交易市场监管	银行间债券市场		中国人民银行
	交易所债券市场		证监会
	商业银行柜台市场		中国人民银行、银保监会

2. 监管协调机制

在多头监管格局下，为了促进监管协调，建立了一系列协调机制。2007年8月，在证监会的统一协调下，上海证券交易所、深圳证券交易所、中国金融期货交易所、中国证券登记结算公司和中国期货保证金监控中心公司5家单位签署了股票市场和股指期货市场跨市场监管协作系列协议，确立了跨市场监管的制度框架。2007年12月，股指期货跨市场监管协调小组成立，标志着我国建立了金融衍生品市场与现货市场的跨市场监管协作机制。监管协作机制的内容包括信息交换机制、风险预警机制、共同风险控制机制和联合调查机制等。2012年2月，中国人民银行牵头，发改委、证监会参加的公司信用类债券部际协调机制成立，在促进债券市场互联互通、健全债券违约处置机制等方面起到了重要作用。2013年8月，由中国人民银行牵头的金融监管协调部际联席会议制度建立，在信息共享、双向开放、防范化解风险等金融领域重大问题上加强沟通协调。2017年11月，国务院金融稳定与发展委员会成立，统筹协调金融监管重大事项，金融监管步入"一委一行两会"时代。

三、金融理财市场监管中存在的主要问题与成因

（一）监管的有效协调不够

多头监管格局下，监管的有效协调不够。尽管我国不断完善监管协作机制，但是中国人民银行、银保监会、证监会、发改委、财政部等监管部门的行政级别相同，各部门对其他部门只具有建议权，监管框架主要由备忘录及相关系列文件来确立，并不具有强制约束力。不同监管部门在制定规则时，更多的是从本部门管辖市场的发展、本部门利益等角度出发，难以站在整体的、长远的角度考虑问题。而且，随着金融理财市场的不断创新，引起交叉风险等复杂问题，这给跨市场监管协调带来新的挑战。

（二）存在监管套利

不同监管部门的监管标准不一致，市场主体为了套利，选择监管标准低的市场发行、交易。进一步，基于监管竞争的压力，监管部门倾向于为了发展而放松监管标准，从而不利于整个金融理财市场的长远、规范发展。如何统一监管口径、避免监管套利，是我国金融理财

市场高质量发展面临的重要问题。

（三）存在监管空白和监管重复

1. 监管空白

随着金融理财市场创新和发展的加快，部分金融理财业务存在监管空白。主要体现在：一是跨市场、跨行业的金融理财业务容易存在监管空白。如银行表外理财；明股实债类投资；银信合作、银证合作、银基合作中投向非标的产品等，多层嵌套，透明度低，交易链条长，绕过了监管。二是复杂金融理财产品的监管存在盲区。如由于场外衍生品市场产品大多结构复杂，交易透明度差，是最容易产生风险和乱象的领域，因此，一直是金融监管的难点。如伴随我国场外期权市场的迅速发展，部分私募基金分拆份额，违反或突破投资者适当性原则，2018年4月证券业协会暂停证券公司与私募基金开展场外期权业务，进行整改规范。2020年4月，中国银行发生原油宝事件。原油宝产品的实质是银行价格挂钩场内交易期货合约的场外衍生品业务。市场上类似于"原油宝"这类金融业务还有很多，但是普遍面临降低投资者准入门槛、投资者教育不足等问题，市场亟待监管和规范发展。三是部分机构监管存在空白，尤其是互联网企业、投资顾问公司等非金融机构。

2. 监管重复

伴随金融理财市场的发展，交叉性产品不断出现，监管权力出现叠加，导致不同监管机构对功能相同的金融理财产品进行重复监管，出现碎片式监管、分割式监管现象，表明监管缺乏对资源的有效协调，有待提升对交叉性产品的监管能力。

（四）投资者保护不足

（1）监管目标不清晰。长期以来，监管部门存在"重发展、轻监管"的现象，更加重视金融理财市场的规模增长和发展，导致金融机构片面追求规模扩张，约束软化，投资者保护不到位，服务实体经济的质量不高。

（2）投资者适当性管理不到位。尚未真正实现"卖者有责"基础上的"买者自负"。

（3）违法违规行为时有发生，违法违规成本低。金融理财市场的违法违规行为突出表现在：某些无金融理财产品牌照的机构从事金融理财业务；某些金融理财产品在宣传推介的时候强调收益性和流动性，缺乏风险揭示；违背公平竞争要求，进行歧视性、排他性、绑定性销售。违法违规行为频繁发生严重破坏和冲击了正常的社会金融秩序。究其原因，一是执法不严，缺乏统一的执法标准，选择性执法、运动式执法行为屡有发生。二是对违法违规的处罚力度太低。法律责任包括刑事责任、行政责任、民事责任等。长期以来，我国金融理财市场监管中对违法违规行为的惩处存在"重刑事、行政责任，轻民事责任"的现象。监管部门对金融机构被查出的违法违规业务通常作出行政处罚，虽然针对情节严重的违法违规业务可能追究相关金融机构的刑事责任，但是行政责任和刑事责任的处罚标准低。同时，又缺乏严格的民事责任追究机制，投资者权益受到侵害时，很难主张权利诉求，得到民事赔偿。

四、"理财新规"

2018年4月27日，中国人民银行、中国银保监会、中国证监会、国家外汇管理局联合发布《关于规范金融机构资产管理业务的指导意见》（以下简称"资管新规"），从破刚兑、控分级、降杠杆、提门槛、禁资金池、除嵌套、去通道等七个方面规范资管业务，为整个资管市场确立统一的监管标准、创造良好的制度环境，促进资管市场回归"受人之托、代客理财"的本源。

2018年9月28日,中国银保监会发布《商业银行理财业务监督管理办法》(以下简称"理财新规")。"理财新规"作为"资管新规"的配套实施细则,适用于银行未通过子公司开展理财业务的情形,是目前商业银行理财业务核心监管文件,将全面规范银行理财业务,防控风险,标志着银行理财转型正式开启。"理财新规"的内容主要包括下面几个部分。

(一) 负债端

1. 表内不得开展资管业务

银行发行的理财产品主要有保本和非保本理财产品两大类。非保本理财产品为真正意义上的资管产品;保本理财产品按照是否挂钩衍生产品,可以分为结构性理财产品和非结构性理财产品,应分别按照结构性存款或者其他存款进行管理。结构性存款在国际上普遍存在,在法律关系、业务实质、管理模式、会计处理、风险隔离等方面,与非保本理财产品"代客理财"的资产管理属性存在本质差异。

2. 负债端打破刚性兑付

存在刚性兑付行为的,应当足额补缴存款准备金和存款保险保费,足额计提资本、贷款损失准备和其他各项减值准备,计算流动性风险和大额风险暴露等监管指标,并予以处罚。

(二) 投资端

1. 总体投资范围

商业银行理财产品可以投资于国债、地方政府债券、中央银行票据、政府机构债券、金融债券、银行存款、大额存单、同业存单、公司信用类债券、在银行间市场和证券交易所市场发行的资产支持证券、公募证券投资基金、其他债权类资产、权益类资产以及国务院银行业监督管理机构认可的其他资产。

2. 投资原则

投资非标债权类资产需满足期限匹配和限额管理两大原则,并纳入统一信用风险管理体系。(1)期限匹配是指非标资产的终止日不得晚于封闭式产品的到期日或者开放式产品的最近一次开放日,投资未上市企业股权及其受(收)益权的退出日不得晚于封闭式理财产品的到期日。(2)限额管理是指单一非标不得超过本行净资本10%、全部非标不超过理财净资产的35%和上一年度银行总资产的4%。(3)投资非标要比照自营贷款管理实施投前尽职调查、风险审查和投后风险管理等一系列流程,并纳入全行统一的信用风险管理体系。

3. 放开公募理财产品投资股票相关公募基金的限制

公募理财产品可以通过公募基金间接投资股票。理财子公司成立后,子公司发行的公募理财产品可以直接或间接投资股票;私募理财产品的投资范围由合同约定,可以投资于债权类资产和权益类资产等。权益类资产是指上市交易的股票、未上市企业股权及其受(收)益权。

4. 负面清单

(1) 不得直接投资于信贷资产,不得直接或间接投资于本行信贷资产。

(2) 不得直接或间接投资于本行或其他银行业金融机构发行的理财产品。

(3) 不得直接或间接投资本行发行的次级档信贷资产支持证券。

(4) 面向非机构投资者发行的理财产品不得直接或间接投资于不良资产、不良资产支持证券。

(5) 不得直接或间接投资非持牌机构的资管产品。

(6) 不得直接或间接投资于本行信贷资产受(收)益权,面向非机构投资者发行的理财产品不得直接或间接投资于不良资产受(收)益权。为银行理财投资他行信贷受(收)益权留出空间,但应当审慎评估信贷资产质量和风险。

(7) 商业银行理财产品投资于未上市企业股权及其受(收)益权的,应当为封闭式理财产品,并明确股权及其受(收)益权的退出安排。

5. 集中度及杠杆监管

集中度方面:每只公募理财产品持有单只证券或单只公募证券投资基金的市值不得超过该理财产品净资产的10%;商业银行全部公募理财产品持有单只证券或单只公募证券投资基金的市值,不得超过该证券市值或该公募证券投资基金市值的30%;商业银行全部理财产品持有单一上市公司发行的股票,不得超过该上市公司可流通股票的30%。杠杆方面:为了降低高杠杆带来的风险,每只开放式公募理财产品的杠杆水平不得超过140%,每只封闭式公募理财产品、每只私募理财产品的杠杆水平不得超过200%。其中,杠杆水平是指理财产品总资产/理财产品净资产。

(三) 净值化管理

(1) 实行净值化管理。坚持公允价值计量原则,确认和计量理财产品的净值,及时反映理财产品的收益和风险。对于商业银行已发行的保证收益型和保本浮动收益型理财产品,要按照结构性存款或其他存款进行规范管理。

(2) 为确保理财产品向净值化平稳过渡,允许符合条件的封闭式理财产品采用摊余成本计量。

(3) 商业银行发行理财产品,不得宣传理财产品预期收益率。

(四) 消除多层嵌套、实行穿透管理

(1) 禁止多层嵌套。所投资的资产管理产品不得再投资于其他资产管理产品(公募证券投资基金除外),从而避免资金空转,规范业务模式,缩短融资链条。

(2) 全面穿透。向上要能有效识别理财产品的最终投资者,向下要能有效识别理财产品的底层资产;充分披露底层资产信息,在全国银行业理财信息登记系统做好信息登记工作。未按照穿透原则,穿透登记最终投资者和底层资产信息,或者信息登记不真实、准确、完整和及时,银监部门可对其进行强制托管。

(3) 规范资金池运作。确保每只理财产品与所投资资产相对应,做到每只理财产品单独管理、单独建账和单独核算,不得开展或者参与具有滚动发行、集合运作、分离定价特征的资金池理财业务。

(五) 流动性风险管控

(1) 流动性管理。要求审慎决定是否采取开放式运作;开放式理财产品所投资资产的流动性应当与投资者赎回需求相匹配;开放式公募理财产品应当持有不低于该理财产品资产净值5%的现金或者到期日在一年以内的国债、中央银行票据和政策性金融债券;封闭式理财产品的期限不得低于90天。这有助于抑制理财产品短期化倾向,缓解期限错配问题。

(2) 压力测试。要求建立健全理财产品压力测试制度,压力情景、测试频率、事后检验、应急计划、负责压力测试团队的独立性等要满足监管要求。

(3) 加强开放式公募理财产品认购和赎回管理。在认购环节,要合理控制理财产品投资者集中度,审慎确认大额认购申请。当接受认购申请可能对存量开放式公募理财产品投资者利益构成重大不利影响时,商业银行可以采取设定单一投资者认购金额上限或理财产品单日净认购比例上限、拒绝大额认购、暂停认购等措施。在赎回环节,要综合运用设置赎回上限、延期办理巨额赎回申请、暂停接受赎回申请、收取短期赎回费等方式,作为压力情景下开放式公募理财产品流动性风险管理的辅助措施。其中,巨额赎回是指商业银行开放式公募理财产品单个开放日净赎回申请超过理财产品总份额10%的赎回。

（六）销售端

1. 降低销售门槛

公募理财产品单一投资者销售起点金额降为1万元人民币。这有助于提高资金募集能力。

2. 销售渠道收窄,实行专区销售和双录

只能通过本行渠道销售理财产品,或者通过其他银行业金融机构代理销售理财产品,销售渠道受限;商业银行通过营业场所向非机构投资者销售理财产品的,实施理财产品销售专区管理,并在销售专区内对每只理财产品销售过程进行录音录像。

3. 加强销售管理

（1）销售文本管理。销售文本应当全面、如实、客观地反映理财产品的重要特性,充分披露理财产品类型、投资组合、估值方法、托管安排、风险和收费等重要信息,所使用的语言表述必须真实、准确和清晰;在理财产品宣传销售文本中只能登载该理财产品或者本行同类理财产品的过往平均业绩和最好、最差业绩,并以醒目文字提醒投资者"理财产品过往业绩不代表其未来表现,不等于理财产品实际收益,投资须谨慎"。

（2）风险承受能力评估。对非机构投资者的风险承受能力进行评估,确定投资者风险承受能力等级,由低到高至少包括一级至五级,并可以根据实际情况进一步细分。只能向投资者销售风险等级等于或低于其风险承受能力等级的理财产品;不得通过对理财产品进行拆分等方式,向风险承受能力等级低于理财产品风险等级的投资者销售理财产品。

（3）销售授权管理。制定统一的标准化销售服务规程,建立清晰的报告路线,明确分支机构业务权限,并采取定期核对、现场核查、风险评估等方式加强对分支机构销售活动的管理。

4. 引入投资冷静期

在私募理财产品销售方面,借鉴国内外通行做法,引入不少于24小时的投资冷静期要求。冷静期内,如投资者改变决定,银行应当遵从投资者意愿,解除已签订的销售文件,并及时退还投资者的全部投资款项。

（七）投资者保护

（1）加强投资者适当性管理,遵循风险匹配原则,向投资者充分披露信息和揭示风险,不得宣传或承诺保本保收益,不得误导投资者购买与其风险承受能力不相匹配的理财产品。

（2）强化信息披露。商业银行应当及时、准确、完整地向投资者披露理财产品信息,并进一步区分公募和私募理财产品。公募理财需在本行官方网站或者按照与投资者约定的方式,披露登记编码、销售文件、发行公告、定期报告、到期公告、重大事项公告、临时性信息披露等;公募开放式理财产品应披露每个开放日的净值,公募封闭式理财产品每周披露一次净值,公募理财产品应至少每月提供理财产品账单;私募理财至少每季度披露净值和其他重要信息;银行每半年披露理财业务信息。

（3）集中登记。商业银行在全国银行业理财信息登记系统内对理财产品进行"全流程、穿透式"集中登记,防止"飞单"和"虚假理财"事件的发生。

五、监管展望

(一)统一监管框架、加强监管协调

1. 统一监管框架

通过一系列的顶层设计和制度完善,逐步统一监管标准,严格执行监管标准,更加注重交叉业务产品的监管,形成一体化、多维度的监管体系,最大限度消除监管套利。"资管新规"的主要精神在于实行公平的市场准入和监管,同一类型的产品适用同一监管标准,并从产品分类、投资者标准、产品投向限制、信息披露标准、风险监管指标、非标准化债权范围等多个方面统一监管标准。未来,在"资管新规"的框架下,监管标准统一将持续推动。如2017年8月,中国证监会发布《公开募集开放式证券投资基金流动性风险管理规定》,从集中度、流动性受限资产、规模等方面加强了对货币基金的监管力度。除货币基金外,市场上还发行了大量的"类货币基金"产品。这些"类货币基金"产品与货币基金非常相似:采用摊余成本法核算、风险偏好低、便利性强,在货币基金监管趋严的背景下,规模增长迅速。但是,对这些"类货币基金"产品的监管基本缺失。未来,"类货币基金"产品将纳入统一监管框架,与货币基金接受同样的严监管。

2. 加强监管协调

一是增强监管协调的约束力。充分落实国务院金融稳定与发展委员会的职责,将中国人民银行、发改委、财政部、证监会、银保监会等均纳入监管合力范畴,加强顶层设计,制定协调发展方案,定期对各部门政策展开协调。二是要丰富和完善信息共享机制。充分利用跨期现一码通账户系统等共享机制,实现跨市场的信息共享,为精准监管提供数据和信息基础。三是要加强交叉性、跨市场产品的监管协调。尤其是对于具备多属性的金融产品,明确监管分工和合作中的具体监管措施,实施有效监管。

(二)优化监管方式、提升监管效能

1. 统筹审慎监管与行为监管的协同体系

一方面,以业务的实质性监管为核心,坚持宏微观审慎监管,对金融机构的市场准入、持续性运营、市场退出进行全生命周期的严格监管。另一方面,从保护投资者权益出发,强化信息披露,加强对金融机构行为与投资者行为的动态监管,提高监管的前瞻性、主动性、适应性。

2. 统筹机构监管与功能监管的协同体系

现有的机构监管的逻辑不能适应金融理财市场的监管要求。未来,在现有监管体系基础上,准确界定产品属性和功能,着眼于产品的整体,以此确定监管措施,统一监管标准。从而避免监管空白和监管重复,提升监管效能。

3. 构建科技监管新模式

一是成立科技监管部门,加快监管科技的应用,推进监管科技基础能力建设,借助科技手段实现全方位实时穿透式监管。二是推进监管沙箱(regulatory sandbox)试点,平衡金融创新和金融监管。监管沙箱是一个"安全空间",在这个安全空间内,监管者在充分保护投资者权益的前提下,为入箱机构提供适度的监管豁免,探索有利于金融理财业务创新合理有序发展的监管规则。同时,注意测试环境和真实环境的差异性,反复测试、不断迭代优化后审慎出箱。

(三) 充分保护投资者的合法权益

(1) 要正确处理监管和发展的关系,回归监管本位,维护市场公平正义。

(2) 加强投资者适当性管理。按照风险程度统一适当性标准,建立准入管理和风险评级体系,明确金融机构与投资者的权利义务关系,严格监管不正当劝诱行为,向投资者真实传递金融理财产品风险和收益,帮助投资者树立正确的金融理财观,促进金融理财业务规范发展。

(3) 提高违法违规成本。一是严格监管行为,确保监管的权威性。要进一步规范执法标准并切实做到严格执行,对违法行为"零容忍"。二是加大对违法违规行为的处罚力度。2019年12月28日,新修订的证券法顺利通过,法治建设和投资者保护机制日益完善。同时,刑法修正案(十一)于2021年3月1日开始实施,进一步加大对金融市场违法行为的刑罚力度,这些都对投资者保护起到重要支撑。未来,通过制定新证券法实施细则、司法解释、指导案例等,确保新证券法的实施,并适时启动集体诉讼,完善民事赔偿机制,全方位保护投资者利益。

第三节 金融理财从业人员职业道德与职业操守

培养德才兼备、全面发展的人才是社会主义大学的基本任务,而职业道德是社会主义核心价值观和精神文明建设的重要内容,只有把社会主义核心价值观和精神文明融合在职业道德中,才能创造与新时代要求相适应的金融行业的崭新形象。同时,金融行业是经营货币资金的特殊行业,对误导和诱骗客户交易、商业贿赂、不当利益输送、内幕交易、泄露机构内部信息和客户商业秘密、不履行诚实信息披露与告知义务、超范围违规经营、财务会计记载和管理不规范等金融交易活动中的道德风险的控制有很高要求,而且金融行业特别是金融理财业又是典型的服务业,是践行社会主义核心价值观和展现社会主义社会文明程度的重要窗口,无论是建设普惠金融、改善金融服务、改变金融发展不平衡不充分方面的需要,还是出于在有效防控风险基础上促进行业的稳健和有序发展的客观要求,都必须造就一支真诚服务客户、正确对待岗位与利益的有职业道德和职业操守的从业人员队伍,这就要求大学的教育要高度重视学生思想道德品质、职业道德素质的培养,打造学生健全的心智和人格魅力,拥有健康、积极向上的职业道德观,使学生能够树立文明礼貌、爱岗敬业、诚实守信、与人友善、办事公道、忠诚廉洁、勤俭节约、遵纪守法、团结互助、开拓创新的道德品质和干一行爱一行、恪尽职守、忠于企业文化的职业精神,培养模范遵守各项管理规章制度的自觉性和深厚的自律特质,成为未来金融行业和金融理财职业的合格从业者。

一、职业道德的含义

(一) 什么是职业道德

职业道德是指同人们的职业活动紧密联系的符合职业特点所要求的道德准则、道德情操与道德品质的总和。它既是对本职人员在职业活动中的行为规范、标准和要求,又是职业对社会所负的道德责任与义务。职业道德是人们在职业生活中应遵循的基本道德,属于自律范畴,并通过公约、守则等对职业生活中的某些方面加以规范。良好的职业道德是每一个员工都必须具备的基本品质。

(二) 职业道德的内容

职业道德主要包括以下几方面的内容。

1. 忠于职守、乐于奉献

尊职敬业,是从业人员应该具备的一种崇高精神,是做到求真务实、优质服务、勤奋奉献的前提和基础。从业人员,首先要爱岗敬业、安心和热爱工作、献身所从事的行业,把自己远大的理想和追求落到工作实处,在平凡的工作岗位上做出非凡的贡献。从业人员有了尊职敬业的精神,就能在实际工作中积极进取,忘我工作,把好工作质量关。对工作认真负责,把工作中所得出的成果,作为自己的天职和莫大的荣幸;同时认真总结工作的不足和积累经验。敬业奉献是从业人员的职业道德的内在要求。随着市场经济的发展,对从业人员的职业观念、态度、技能、纪律和作风都提出了新的更高的要求。为此,在职业生涯中,每个人都要有高度的责任感和使命感,热爱工作,献身事业,树立崇高的职业荣誉感。要克服任务繁重、条件艰苦、生活清苦等困难,勤勤恳恳,任劳任怨,甘于寂寞,乐于奉献。要适应新形势的变化,刻苦钻研。加强个人的道德修养,处理好个人、集体、国家三者关系,树立正确的世界观、人生观和价值观;把继承中华民族传统美德与弘扬时代精神结合起来,坚持解放思想、实事求是,与时俱进,勇于创新,淡泊名利、无私奉献。

2. 实事求是、不弄虚作假

实事求是,不光是思想路线和认识路线的问题,也是一个道德问题。把实事求是作为履行责任和义务的最基本的道德要求,坚持不唯书、不唯上、只唯实,是经济工作者职业道德的核心。为此,在实际工作中,必须办实事、求实效,坚决反对和制止工作上弄虚作假。这就需要有心底无私的职业良知和无私无畏的职业作风与职业态度。如果夹杂着私心杂念,为了满足自己的私利或迎合某些人的私欲需要,弄虚作假、虚报浮夸就在所难免,也就会背离实事求是原则这一最基本的职业道德。

3. 依法行事、严守秘密

坚持依法行事和以德行事"两手抓"。一方面,要利用大力推进社会主义法治社会建设的有利时机,进一步加大执法力度,严厉打击各种违法乱纪的现象,依靠法律的强制力量消除腐败滋生的土壤。另一方面,要通过劝导和教育,启迪人们的良知,提高人们的道德自觉性,保守国家、企业和个人的秘密,把职业道德渗透到工作的各个环节,融于工作的全过程,增强人们以德行事的意识,从根本上消除腐败现象。

4. 公正透明、服务社会

优质服务是职业道德所追求的最终目标,优质服务是职业生命力的延伸。

(三) 职业道德的特征

1. 适用范围的有限性

每种职业都担负着一种特定的职业责任和职业义务。由于各种职业的职业责任和义务不同,从而形成各自特定的职业道德的具体规范。每一种职业道德都只能规范本行业从业人员的职业行为,在特定的职业范围内发挥作用。

2. 实践性

职业行为过程,就是职业实践过程,只有在实践过程中,才能体现出职业道德的水准。职业道德的作用是调整职业关系,对从业人员职业活动的具体行为进行规范,解决现实生活中的具体道德冲突。

3. 发展的历史继承性

由于职业具有不断发展和世代延续的特征,不仅其技术世代延续,其管理员工的方法、与服务对象打交道的方法,也有一定历史继承性。

4. 表达形式的多样性

由于各种职业道德的要求都较为具体、细致,因此其表达形式多种多样。

5. 兼有强烈的纪律性

纪律也是一种行为规范,但它是介于法律和道德之间的一种特殊的规范。它既要求人们能自觉遵守,又带有一定的强制性。就前者而言,它具有道德色彩;就后者而言,又带有一定的法律色彩。就是说,一方面遵守纪律是一种美德,另一方面,遵守纪律又带有强制性,具有法令的要求。因此,职业道德有时又以制度、章程、条例的形式表达,让从业人员认识到职业道德又具有纪律的规范性。

（四）职业道德的作用

职业道德是社会道德体系的重要组成部分,它一方面具有社会道德的一般作用,另一方面又具有自身的特殊作用,具体表现如下。

1. 调节职业交往中从业人员内部以及从业人员与服务对象间的关系

职业道德的基本职能是调节职能。它一方面可以调节从业人员内部的关系,即运用职业道德规范约束职业内部人员的行为,促进职业内部人员的团结与合作。如职业道德规范要求各行各业的从业人员,都要团结、互助、爱岗、敬业、齐心协力地为发展本行业、本职业服务。另一方面,职业道德又可以调节从业人员和服务对象之间的关系。

2. 有助于维护和提高本行业的信誉

一个行业、一个企业的信誉,也就是它们的形象、信用和声誉,是指企业及其产品与服务在社会公众中的信任程度,提高企业的信誉主要靠产品质量和服务质量,而从业人员职业道德水平高是产品质量和服务质量的有效保证。

3. 促进本行业的发展

行业、企业的发展有赖于高的经济效益,而高的经济效益源于高的员工素质。员工素质主要包含知识、能力、责任心三个方面,其中责任心是最重要的。而职业道德水平高的从业人员其责任心是极强的,因此,职业道德能促进本行业的发展。

4. 有助于提高全社会的道德水平

职业道德是整个社会道德的主要内容。职业道德一方面涉及每个从业者如何对待职业,如何对待工作,同时也是一个从业人员的生活态度、价值观念的表现;是一个人的道德意识、道德行为发展的成熟阶段,具有较强的稳定性和连续性。另一方面,职业道德也是一个职业集体,甚至一个行业全体人员的行为表现,如果每个行业、每个职业集体都具备优良的道德,对整个社会道德水平的提高肯定会发挥重要作用。

二、职业操守的含义

1. 什么是职业操守

职业操守是指人们在从事职业活动中必须遵从的最低道德底线和行业规范。它具有"基础性""制约性"特点,凡从业者必须做到。一个人不管从事何种职业,都必须具备良好的职业操守,否则将一事无成。

2. 职业操守的内容

职业操守是人们在职业活动中所遵守的行为规范的总和。它既是对从业人员在职业活动中的行为要求,又是对社会所承担的道德、责任和义务。其内容主要包括以下几点。

(1) 诚信的价值观。在业务活动中一贯秉持守法诚信,这种价值观是通过每个员工的言行来体现的。良好的职业操守构成我们事业的基石,不断增进我们的声誉。

(2) 遵守所在机构法规。遵守一切与供职的机构和单位业务有关的法律法规,并始终以诚信的方式待人处事,是我们的立身之本,也是每个员工的切身利益所在。

(3) 确保所在机构资产安全。确保供职的机构和单位的资产安全,并保证资产仅用于公司的业务。这些资产包括电话、设备、办公用品、专有的知识产权、秘密信息、技术资料和其他资源等。

(4) 诚实地制作工作报告。正确并诚实地制作工作报告是每个员工的基本责任。这里指的工作报告是在业务活动中产生或取得的信息记录,如工作记录、述职报告或报销票据等。任何不诚实的报告,例如虚假的费用报销单、代打卡等都是绝对禁止的。禁止向供职的机构和单位内部或外部组织提供不实的报告,或者误导接收资料的人员。尤其要注意,向政府机关、上级部门提供不实的报告将可能导致严重的法律后果。

(5) 不要泄密给竞争对手。与竞争对手接触时,应将谈话内容限制在适当的范围。不要讨论定价政策、合同条款、成本、存货、营销与产品计划、市场调查与研究、生产计划与生产能力等内容,也要避免讨论其他关联信息或机密。身为一名员工,可能会知悉有关所在供职的机构和单位或其他机构和单位尚未公开的消息。常见的内幕消息包括:未公开的财务数据;机密的商业计划;拟实施的收购、投资或转让;计划中的新产品。作为员工,都不要将这些泄露给竞争对手。

3. 良好的职业操守在职业岗位上的体现

一是对待工作要办事公道,坚持真理,公私分明,公平公正,光明磊落;热爱本职工作,遵守单位纪律与规范及规章制度,自律自洁,廉洁奉公,不利用工作之便贪污受贿或谋取私利,不索要小费,不暗示、不接受客人赠送物品,自觉抵制各种不良言行,不议论客人和同事的私事,不带个人情绪上班。

二是对待集体要坚持集体利益高于一切,正确处理个人利益、他人利益、班组利益、部门利益和单位利益的相互关系,树立良好的组织纪律观念,发扬团结协作、友爱互助、爱护公共财产的主人翁精神。

三是对待客人要文明礼貌,仪表端庄,语言规范,举止得体,待人热情,全心全意为客人服务,树立没有错的客人、只有不对的服务和来的都是上帝及客人的投诉是对我们最大的支持的理念、观念。

三、金融理财行业从业人员职业道德与职业操守

金融理财行业是直接服务人民群众的普惠金融的重要内容,其发展状况不仅关系着金融发展不平衡不充分问题能否有效解决,满足人民群众巨大的理财需求和实现财产性收入的稳步增长,促进和加快小康社会建设,还影响着金融机构能否成功实现业务转型升级、实现商业模式与盈利模式的创新和金融行业的稳健、持续发展。因此,确保金融理财行业的健康发展具有重要意义。而金融理财行业从业人员的职业道德观和职业操守观决定着能否赢得市场、客户的信任与尊重,最终决定着金融理财行业的未来。金融理财行业从业人员的职业道德与职业操守如下。

（一）认真贯彻执行党和国家有关经济金融工作的各项方针政策，自觉遵守各项法律法规、监管部门的各项监管规定要求及所在机构的各项内部管理规章制度，遵守社会公德，服从监管部门的监督和管理及所在机构的管理，遵守行业自律规则，履行社会责任，树立合规理念和合规意识，弘扬合规文化。

（二）遵守正直诚信原则，维护客户和其他相关方的合法利益，勤勉尽责，不弄虚作假。要廉洁奉公，不利用执业便利为自己谋取不正当利益和从事内幕交易或利益输送，拒绝任何形式的商业贿赂，不强迫或诱骗客户购买理财产品，不散布虚假信息，扰乱市场秩序。

（三）执业要恪尽职守，设计、销售和推荐理财产品要做好尽职调查，使产品符合市场、客户的风险收益偏好，全面、客观、充分揭示风险因素，对非固定收益产品不向客户承诺保本保收益，或与客户以口头或书面形式约定利益分成或亏损分担。不销售非所属机构代理的产品，不诋毁其他机构的理财产品或销售人员，不接受客户全权委托，不私自代理客户进行理财产品认购、申购、赎回等交易，不挪用客户交易资金或理财产品，准确、完整执行客户交易指令。

（四）坚持客观公正和客户至上原则，一切从客户的利益出发，了解客户需求、财务状况及风险承受能力，为客户设计、推荐合适的产品或服务，做出合理、谨慎的专业判断，为客户提供清晰的产品要素说明、准确的市场分析与预测、科学的资产组合配置策略、有效和高效的投资管理等专业服务，主动管理风险。对于客户的各项委托尽职尽责，确保客户的利益最大化和得到最好保障。

（五）具备专业胜任能力，在执业前取得相关执业资格并具备足够的专业知识与技能。要加强业务学习，参加行业监管部门和所在机构的各类岗位培训、持续教育和考核考试，不断提高业务技能和业务素质。

（六）树立专业精神和职业荣誉感，公平竞争，具备良好的团队协作素养，共同维护和提升行业的声誉和公众形象及服务质量。

（七）严格保守国家秘密、所在机构与客户的商业秘密及个人隐私。

复习思考题

1. 请简述金融理财市场发展过程和阶段。
2. 金融理财市场发展中存在的问题有哪些？
3. 请简述金融理财市场创新及其特点。
4. 金融理财市场开放包括哪些维度？
5. 银行理财产品创新的特点是什么？
6. 请收集工银理财权益类产品"博股通利"的资料，介绍该产品的特点和创新。
7. 请收集某只绿色债券的资料，介绍该绿色债券的特点和创新。
8. 请收集某只熊猫债券的资料，介绍该熊猫债券的特点和创新。
9. 请收集某只养老目标基金的资料，介绍该基金的特点和创新。
10. 我国金融衍生品市场由哪几部分组成？
11. 什么是金融理财市场监管？
12. 试比较机构监管和功能监管。

13. 金融理财市场监管体制类型包括哪些？
14. 请简述金融理财市场监管的历史演进。
15. 金融理财市场监管的特点有哪些？
16. 金融理财市场监管中存在的问题有哪些？
17. "理财新规"的主要内容有哪些？
18. 什么是职业道德？职业道德的内容、特征和作用包括哪些内容？
19. 什么是职业操守？职业操守包括哪些内容？
20. 金融理财行业从业人员职业道德与职业操守包括哪些内容？

参考文献

1. 〔美〕威廉·F.夏普等著：《投资学》，中国人民大学出版社2001年版。
2. 〔美〕滋维·博迪等著：《投资学》，机械工业出版社2002年版。
3. 〔美〕哈里·马科维茨著：《资产选择：投资的有效分散化》，首都经济贸易大学出版社2002年版。
4. 〔美〕威廉·F.夏普著：《投资组合理论与资本市场》，机械工业出版社2002年版。
5. 〔美〕斯蒂芬·罗斯著：《公司理财》（第五版），机械工业出版社2004年版。
6. 中国金融教育发展基金会金融理财师标准委员会：《金融理财原理》，中信出版社2004年版。
7. 中国金融教育发展基金会金融理财师标准委员会：《投资规划》，中信出版社2004年版。
8. 谢百三主编：《证券投资学》，清华大学出版社2005年版。
9. 葛正良编著：《证券投资学》，立信会计出版社2001年版。
10. 张亦春主编：《现代金融市场学》，中国金融出版社2002年版。
11. 陈永生主编：《证券投资原理》，西南财经大学出版社2001年版。
12. 曹广志、韩其恒编著：《投资组合管理》，上海财经大学出版社2005年版。
13. 薛林著：《权证风险控制与监管法律问题研究》，法律出版社2008年版。
14. 中国期货业协会编：《期货市场教程》，中国财政经济出版社2007年版。
15. 罗珉编著：《资本运作——模式、案例与分析》，西南财经大学出版社2001年版。
16. 施兵超编著：《金融衍生产品》，复旦大学出版社2008年版。
17. 章劼、艾正家主编：《证券投资学》，复旦大学出版社2006年版。
18. 刘红忠主编：《投资学》，高等教育出版社2003年版。
19. 张纯威、陆磊主编：《金融理财》，中国金融出版社2007年版。
20. 张颖主编：《个人理财教程》，对外经济贸易大学出版社2007年版。
21. 胡灿东主编：《理财策略》，山东人民出版社2000年版。
22. 苑德军、张颖主编：《个人理财》，中国广播电视大学出版社2007年版。
23. 邵运杰、何双极主编：《永恒的财富——黄金消费投资实用知识手册》，中国物价出版社2003年版。
24. 林功实主编：《个人投资理财》，清华大学出版社2002年版。
25. 韦耀莹、黄祝华主编：《个人理财》，东北财经大学出版社2007年版。
26. 万瑞嘉华经济研究部主编：《外汇投资指南》，广东经济出版社2001年版。
27. 万瑞嘉华经济研究部主编：《邮币卡投资指南》，广东经济出版社2001年版。
28. 张毅、朱敏主编：《基金投资——从入门到精通》，上海交通大学出版社2007年版。
29. 龙菊主编：《理财投资策划》，中国经济出版社2008年版。

30. 上海国际金融中心研究会、上海市职业能力考试院主编：《金融理财筹划》，上海人民出版社2006年版。
31. 雨笋主编：《黄金投资——五大品种指南》，中国科学技术出版社2008年版。
32. 顾嘉主编：《爱上收藏赚大钱——换个思路去理财》，中国经济出版社2009年版。
33. 刘晓斌主编：《这样理财最有效——中国居民投资指南》，中国经济出版社2008年版。
34. 王光、韩婧主编：《让银行帮你理财——个人金融投资全攻略》，人民邮电出版社2008年版。
35. 邹亚生编著：《银行营销导论》，对外经济贸易大学出版社2006年版。
36. 关红著：《如何成为金牌理财规划师》，武汉大学出版社2009年版。
37. 杨老金主编：《理财规划师专业能力》，经济管理出版社2008年版。
38. 中国银行业从业人员资格认证办公室编：《中国银行业从业人员资格认证考试辅导教材：个人理财》，中国金融出版社2010年版。
39. 新浪财经，http://finance.sina.com.cn/。
40. 《中国证券报》2008年各期。
41. 郭田勇主编：《金融监管学》（第四版），中国金融出版社2020年版。
42. 纪志宏主编：《金融市场创新与发展》，中国金融出版社2018年版。
43. 殷剑峰、王增武主编：《财富管理机构竞争力报告》，社会科学文献出版社2019年版。
44. 中国银保监会：《商业银行理财业务监督管理办法》，2018年9月。
45. 中国银保监会：《中国银保监会有关部门负责人就〈商业银行理财业务监督管理办法〉答记者问》，2018年9月。

图书在版编目(CIP)数据

金融理财学/艾正家主编. —3 版. —上海:复旦大学出版社,2021.8
普通院校金融理财系列教材
ISBN 978-7-309-15723-9

Ⅰ.①金… Ⅱ.①艾… Ⅲ.①金融投资-高等学校-教材 Ⅳ.①F830.59

中国版本图书馆 CIP 数据核字(2021)第 103802 号

金融理财学(第三版)
JINRONG LICAIXUE
艾正家　主编
责任编辑/姜作达

复旦大学出版社有限公司出版发行
上海市国权路 579 号　邮编:200433
网址:fupnet@fudanpress.com　http://www.fudanpress.com
门市零售:86-21-65102580　团体订购:86-21-65104505
出版部电话:86-21-65642845
上海华业装潢印刷厂有限公司

开本 787×1092　1/16　印张 32.25　字数 785 千
2021 年 8 月第 3 版第 1 次印刷
印数 1—6 100

ISBN 978-7-309-15723-9/F・2802
定价:68.00 元

如有印装质量问题,请向复旦大学出版社有限公司出版部调换。
版权所有　侵权必究